CB134115

Revista de Direito Tributário

94

MALHEIROS EDITORES

Revista de Direito Tributário

Publicada sob os auspícios do
Instituto Geraldo Ataliba — IDEPE — Instituto Internacional de Direito Público e Empresarial
Presidente: Prof. Aires Barreto

ISS 0102-7956

Diretores:
Aires Barreto, Eduardo Bottallo,
Paulo de Barros Carvalho (Coordenador)

Diretores Executivos:
Pedro Luciano Marrey Júnior, Fernando Albino,
J. Artur Lima Gonçalves

Fundadores:
Aliomar Baleeiro (†), Antonio Roberto Sampaio Dória (†),
Rubens Gomes de Sousa (†), Cléber Giardino (†), Geraldo Ataliba (†)

Conselho Editorial:
Adilson Abreu Dallari, Alberto Xavier, Alcides Jorge Costa,
Alfredo Augusto Becker (†), Américo Lacombe,
Antonio Carlos Nogueira Reis, Antonio Correa Meyer, Carlos Mário Velloso,
Célio de Freitas Batalha (†), Celso Antônio Bandeira de Mello, Diva Prestes Malerbi,
Eduardo Bottallo, Elizabeth Nazar Carrazza, Estevão Horvath,
Eugênio Doin Vieira, Gilberto de Ulhôa Canto (†), Heron Arzua,
José Roberto Vieira, José Souto Maior Borges, Luciano da Silva Amaro,
Luiz Carlos Bettiol, Marçal Justen Filho, Misabel Abreu Machado Derzi,
Ormezindo Ribeiro de Paiva, Osíris Azevedo Lopes Filho, Paulo Ayres Barreto,
Pérsio de Oliveira Lima, Renan Lotufo, Roque Antonio Carrazza,
Sacha Calmon Navarro Coelho, Wagner Balera

Conselho Internacional:
Hector Villegas e Rubens Asorey (Argentina)
José Luiz Shaw e J. Pedro Montero Traibel (Uruguai)
Humberto Medrano (Peru)
J. J. Ferreiro Lapatza, Carlos Palao Taboada
e Juan Ramallo Massanet (Espanha)
Victor Uckmar e Franco Gallo (Itália)
J. von Horn Jr. (Holanda)

REVISTA DE DIREITO TRIBUTÁRIO
publicação trimestral de
MALHEIROS EDITORES LTDA.
Rua Paes de Araújo, 29, 17º andar - conj. 171
CEP: 04531-940 - São Paulo, SP
Tel. (0xx11) 3078-7205
Fax. (0xx11) 3168-5495
Diretor Responsável: Álvaro Malheiros
Diretora: Suzana Fleury Malheiros

Assinaturas e comercialização:
CATAVENTO DISTRIBUIDORA
DE LIVROS S.A.
Rua Conselheiro Ramalho, 928
CEP 01325-000 - São Paulo - SP
Tel. (0xx11) 3289-0811 - Fax. (0xx11) 3251-3756
Supervisão Gráfica: Vânia Lúcia Amato
Composição: *Scripta*
Impressão: Paym Gráfica e Editora Ltda.

SUMÁRIO

XIX CONGRESSO BRASILEIRO DE DIREITO TRIBUTÁRIO

SESSÃO DE ABERTURA 9

HOMENAGEM A GERALDO ATALIBA 10

– Paulo de Barros Carvalho

CONFERÊNCIAS

O PRINCÍPIO DA SEGURANÇA JURÍDICA NO CAMPO TRIBUTÁRIO 21

– Paulo de Barros Carvalho

CONTRIBUIÇÕES SOCIAIS NO SISTEMA TRIBUTÁRIO 32

– José Eduardo Soares de Melo

BASE DE CÁLCULO CONCRETA – MODIFICAÇÃO ACIMA DA CORREÇÃO MONETÁRIA E PRINCÍPIO DA ESTRITA LEGALIDADE TRIBUTÁRIA 47

– Aires F. Barreto

MESAS DE DEBATES

A) **ORDEM TRIBUTÁRIA E INTERDISCIPLINARIEDADE**

Imposto sobre a renda: generalidade, universalidade e progressividade 55

– Regina Helena Costa

Crimes contra a ordem tributária 61

– Antônio Sérgio Pitombo

Tributação e tutela do meio ambiente 64

– Consuelo Yoshida

Planejamento tributário e o princípio da capacidade contributiva 69

– José Artur Lima

B) **TRIBUTOS ESTADUAIS E MUNICIPAIS**

Tributação das telecomunicações 76

– Heleno Tôrres

A manutenção de crédito de ICMS – Incentivos fiscais e "inidoneidade 82

– Roque Antonio Carrazza

ISS – Serviço proveniente do exterior 87

– Anna Emília Cordelli Alves

ISS – Serviços controvertidos 90

– Eduardo Domingos Bottallo

C) PROCESSO JUDICIAL E PROCEDIMENTO ADMINISTRATIVO

Penhora "on line" e a indisponibilidade de bens do devedor ... 97
– Renato Lopes Becho

Liminares, cautelares e tutela antecipada no processo tributário ... 102
– Lúcia Valle Figueiredo

Súmula vinculante e a Emenda Constitucional 45 ... 107
– Sacha Calmon Navarro Coêlho

D) CONTRIBUIÇÕES

Limites constitucionais para a instituição de contribuições ... 113
– Misabel Derzi

Não-cumulatividade: restrições ... 118
– Alcides Jorge Costa

Contribuições de intervenção no domínio econômico (CIDEs) ... 122
– Osíris de Azevedo Lopes Filho

Desvinculação do produto da arrecadação: efeitos ... 125
– Estevão Horvath

E) ALTERAÇÕES NO CÓDIGO TRIBUTÁRIO NACIONAL E COMPENSAÇÃO

Decadência e prescrição em face da Lei Complementar 118 ... 130
– Eurico de Santi

Recuperação judicial do empresário e da sociedade empresária ... 138
– Valdir de Oliveira Rocha.

Compensação tributária ... 142
– Roberto Quiroga Mosquera

F) REPÚBLICA E CONSTITUIÇÃO FEDERAL

Importância dos postulados republicanos do direito tributário ... 151
– José Delgado

Princípios constitucionais ... 160
– Roque Antonio Carrazza

Federação e eticidade nas relações de direito público, e mormente na relação tributária ... 168
– João Otávio Noronha

OFICINAS

1) PROCESSO JUDICIAL/PROCEDIMENTO ADMINISTRATIVO ... 173
2) IMPOSTO SOBRE SERVIÇOS DE QUALQUER NATUREZA ... 188
3) CONTRIBUIÇÕES SOCIAIS ... 209

SESSÃO DE ENCERRAMENTO ... 228
– Eugênio Doin Vieira

TESES APROVADAS NO XIX CONGRESSO

O CRÉDITO DE ICMS DECORRENTE DE OPERAÇÃO SUJEITA A BENEFÍCIO FISCAL CONCEDIDO AO VENDEDOR POR OUTRO ESTADO SEM PREVISÃO EM CONVÊNIO E AS MEDIDAS A SEREM TOMADAS PELO ESTADO PREJUDICADO (DO ADQUIRENTE) 234

– Aldo de Paula Jr.

EFICÁCIA DO ART. 3º DA LEI COMPLEMENTAR 118/2005 254

– André Parmo Folloni

PRESCRIÇÃO DO DIREITO DO CONTRIBUINTE À RESTITUIÇÃO DO INDÉBITO TRIBUTÁRIO E A NORMA "INTERPRETATIVA" VEICULADA PELO ART. 3º DA LEI COMPLEMENTAR 118/2005 (Ensaio sobre a aplicabilidade de norma no tempo) 271

– Thiago Buschinelli Sorrentino

XX CONGRESSO BRASILEIRO DE DIREITO TRIBUTÁRIO 290

DEPOIMENTOS

I Congresso Brasileiro de Direito Tributário – *Breve Reminiscência* 294

– Xavier de Albuquerque

II Congresso Brasileiro de Direito Tributário 294

– Paulo de Barros Carvalho

IV Congresso Brasileiro de Direito Tributário 295

– José Souto Maior Borges

V Congresso Brasileiro de Direito Tributário – *Respeito à Constituição* 295

– Aires F. Barreto

VII Congresso Brasileiro de Direito Tributário 297

– Roque Carrazza

IX Congresso Brasileiro de Direito Tributário 297

– Eduardo Domingos Bottallo

XIV Congresso Brasileiro de Direito Tributário 298

– José Eduardo Soares de Melo

XV Congresso Brasileiro de Direito Tributário 298

– José Artur Lima Gonçalves

XVI Congresso Brasileiro de Direito Tributário 299

– Sacha Calmon Navarro Coêlho

XVIII Congresso Brasileiro de Direito Tributário 299

– Maria Leonor Leite Vieira

DOUTRINA

Sobre a Resolução 71/2005 301

– Paulo de Barros Carvalho

INSTITUTO GERALDO ATALIBA – IDEPE
Instituto Internacional de Direito Público e Empresarial
PRESIDENTE: PROF. AIRES F. BARRETO

XIX CONGRESSO BRASILEIRO DE DIREITO TRIBUTÁRIO (HOMENAGEM A GERALDO ATALIBA)

26, 27 e 28 de outubro de 2005

PRESIDENTE DE HONRA DO CONGRESSO
GERALDO ATALIBA (*in memoriam*)

PRESIDENTE DA COMISSÃO CIENTÍFICA
PROF. PAULO DE BARROS CARVALHO

PRESIDENTE DA COMISSÃO EXECUTIVA
PROFA. MARIA LEONOR LEITE VIEIRA

PRESIDENTE DA COMISSÃO DE TRABALHOS
PROF. MARCELO FORTES

CONFERENCISTAS
PROF. GERALDO ATALIBA (*in memoriam*)
PROF. PAULO DE BARROS CARVALHO
PROF. JOSÉ EDUARDO SOARES DE MELO
PROF. AIRES F. BARRETO

SESSÃO DE ABERTURA

PRESIDENTE DO IDEPE (PROF. AIRES F. BARRETO) – Bom dia a todos! Estão abertos os trabalhos do *XIX Congresso Brasileiro de Direito Tributário*, em *Homenagem ao Professor Geraldo Ataliba*, cujo desaparecimento completará, dia 15 de novembro próximo, uma década. Para nossa satisfação, nós temos à Mesa a Dra. Ana Maria Ataliba, esposa do Prof. Geraldo, que muito nos honra nesta oportunidade.

Antes de anunciar os componentes da Mesa, queria convidar a todos para que, de pé, ouvíssemos o *Hino Nacional*. [*É entoado o Hino Nacional – Palmas*]

***

Compõem a Mesa o Prof. Paulo de Barros Carvalho, que – perdoe a minha confidência – acaba de ser eleito "Tributarista do Ano" pela IOB; o Prof. Eduardo Bottallo, que coordenou todos os trabalhos relativos a esta homenagem – e que merece, portanto, uma menção especial pela atuação que teve relativamente a este Congresso dedicado aos 10 anos do desaparecimento do Prof. Geraldo Ataliba.

Também compondo a Mesa os Diretores do IDEPE, Dr. Eduardo Soares de Melo, Dr. Estevão Horvath, Dra. Maria Leonor Leite Vieira, Paulo Ayres Barreto, que também – desculpe o registro que faço – há poucos dias foi aprovado no exame da sua tese de Doutorado, obtendo na PUC a nota 10.

Subseqüentemente, compõem a Mesa o Dr. José Artur Lima Gonçalves; o Prof. Roque Antonio Carrazza; a Profa. Elizabeth Nazar Carrazza; a Dra. Olga Cacilda Arruda, Presidente do TIT; o Dr. Aniz Kfouri Jr., representando o Dr. Luiz Fraga D'Urso, Presidente da Ordem dos Advogados de São Paulo; a Dra. Maria Odete Bertazi, Vice-Presidente do IASP e representando também, neste ensejo, o Dr. Rubens Aprobato Machado; a Dra. Rosoléa Folgosi, que sempre atuou dedicadamente em todas as coisas do Instituto Geraldo Ataliba – IDEPE; a Profa. Mary Elbe Queiroz; a Profa. Elga Kruger; o Prof. Eugênio Doin Vieira; a Dra. Raquel Novaes; o Prof. Eurico Diniz de Santi; a Dra. Maria Fernanda. E, como dizia eu, especialmente repetindo, presente a esposa do Prof. Geraldo, Ana Maria Ataliba.

Tenho, nesta oportunidade, a satisfação de passar a palavra ao eminente Professor Titular da PUC e da USP, Prof. Paulo de Barros Carvalho, que fará uma homenagem ao Prof. Geraldo Ataliba. Com a palavra o Prof. Paulo de Barros Carvalho.

HOMENAGEM A GERALDO ATALIBA

PROF. PAULO DE BARROS CARVALHO – Sr. Presidente, Srs. Componentes da Mesa, Srs. Congressistas. É com imenso prazer e com uma forte dose de emoção que faço esta homenagem ao grande professor, ao grande amigo, à grande figura que foi o Prof. Geraldo Ataliba.

Não seria o momento, propriamente, de se fazer um retrospecto da vida do eminente Jurisconsulto. Tantas homenagens já lhe foram prestadas, que o melhor que poderia fazer, neste momento, é ressaltar aspectos da sua obra, da sua contribuição – que eu diria *maiúscula* – para o desenvolvimento não só das letras jurídico-tributárias do país, mas do próprio direito público brasileiro.

O Prof. Geraldo Ataliba, como sabemos, era amigo – e eu poderia dizer amigo íntimo – dos grandes publicistas brasileiros. Aquelas figuras icônicas que fizeram seu tempo e eram de difícil aproximação. Não era comum o jurista ter acesso a um Seabra Fagundes, a um Rui Cirne Lima, a um Lourival Vilanova, a um Oswaldo Aranha Bandeira de Mello. O Prof. Geraldo Ataliba privava da amizade, da confiança, desses publicistas e, além disso, desfrutava de um grande prestígio entre eles. Eu me lembro que, quando apresentou pela primeira vez sua tese sobre a classificação dos tributos, num parecer brilhante, imediatamente o Dr. Rubens Gomes de Souza, principal co-autor do Código Tributário Nacional, acatou a idéia, e em um parecer que foi emitido semanas depois já utilizava a classificação dos tributos de Geraldo Ataliba, tal seu poder de persuasão, tal sua capacidade de difundir idéias, de implantar rumos. Eu diria que o Prof. Geraldo Ataliba disse isso num texto que escrevi em sua homenagem e que saiu numa *Revista de Direito Tributário*.

É uma aventura, é uma satisfação para todos nós, termos vivido no mesmo tempo histórico que o grande Geraldo Ataliba, que foi grande em todos os setores. E aproveito para fazer a minha homenagem – que é uma homenagem sincera, de quem conheceu muito de perto a vida familiar do Prof. Geraldo Ataliba – a Ana Mara Ataliba, que está aqui presente, porque, assim como o Geraldo foi grande na vida pública, foi grande no Direito, foi inovador, foi um revolucionário, ele o foi também como chefe-de-família e eu diria como amigo, amigo incondicional, amigo em momentos de grande apuro, de grandes dificuldades. Aproveito para rememorar apenas que, durante a Revolução, ele, como Reitor, fez da PUC uma trincheira contra o regime de exceção. No dia do aniversário da Revolução, dia 1º de abril, ele colocava a bandeira da PUC a meio-pau. Quando cobrado dessa conduta, dava uma desculpa irônica, uma desculpa, assim, meio na brincadeira: dizia que a cordinha da bandeira não tinha funcionado bem, por isso os órgãos de segurança do país poderiam ficar tranqüilos, que na próxima vez seria diferente. Em cada aniversário da Revolução estava lá a bandeira do Brasil a meio-pau na PUC/SP, que recebia os exilados.

Tive a oportunidade de conhecer o ex-Ministro Celso Furtado, figura ilustríssima, um dos maiores economistas da América Latina do seu tempo. Pois bem, o Prof. Geraldo Ataliba foi pessoalmente procurá-lo e, num momento em que o Ministro não gozava de grande prestígio político e, também, tinha sérias preocupações com sua segurança pessoal, convidou-o a ocupar uma sala na PUC e dar um curso, curso de meses, na PUC. Foi quando tive a oportunidade de conviver com o Ministro Celso Furtado, que é uma figura extraordinária.

Isso dá um certo lado, um ângulo, uma perspectiva, da vida do Prof. Geraldo Ataliba, mas que eu gostaria de reapresentar, tratando efetivamente da contribuição extraordinária que Ataliba deu às letras jurídicas do país. Em certos momentos foi um precursor e inovou tanto no campo do direito constitucional, no campo do direito administrativo e no campo do direito tributário. Vejam que isso não é fácil...

Uma vez perguntei-lhe como ele havia conseguido ver algo de novo numa tese de direito administrativo, porque nenhum dos grandes administrativistas brasileiros colocava a questão daquele modo. Então, o que teria feito Geraldo Ataliba para vislumbrar aquela saída e, portanto, discriminar uma categoria que não era apresentada desta forma pela doutrina?

Ele dizia: "Exatamente porque eu não sou um administrativista, eu conheço o direito administrativo, mas faço questão de não mergulhar inteiramente na doutrina, senão ficarei preso". Aproveitou para me dar um conselho: "Quando se quiser criar, num determinado campo, não podemos nos deixar prender por uma leitura intensa, por uma leitura exaustiva, a respeito da matéria. Normalmente o que se faz é levantar toda a doutrina, toda a jurisprudência, e ler todo aquele material, para depois falar sobre a matéria". E ele me dava esse conselho – que eu recebi meio atônito, porque não era a prática usual estudar as categorias principais –, de que, assim que se entende o tema, se passa a pensar, a refletir, a meditar, numa atitude de retroversão sobre aquilo que foi lido, porque assim despontava a criatividade. Ele disse que foi em um desses procedimentos que ele teria intuído aquela distinção, que era uma distinção que trazia uma diferença muito grande.

Perguntei a alguns administrativistas, e todos elogiaram a construção do Prof. Geraldo Ataliba no direito administrativo, que não era propriamente sua área. No direito constitucional ele via uma série de coisas que outros não viam – e, quando digo "outros", são os grandes constitucionalistas brasileiros e estrangeiros. Como ele via? Também por esse caminho. O caminho do conhecimento, mas logo associado ao da reflexão. No direito tributário o Prof. Geraldo Ataliba foi um precursor, todos sabemos. Houve a grande revolução de Becker, ele se impressionou muito com a obra de Becker, com os pontos que Alfredo Augusto Becker colocava. Só que expandiu essa doutrina, primeiro divulgando Becker em todo o Brasil e fora do Brasil, e depois tratando de certas matérias de tal modo que ganhavam uma expressividade todo especial; é daí saiu a distinção que ele usou e que implantou entre *hipótese de incidência* e *fato imponível*.

Na época, a expressão "fato gerador" havia granjeado prestígio imenso, todos falavam em "fato gerador". "Fato gerador" é expressão muito forte, muito intensa, também na comunicação havia sido usada por Gaston Jèze em um artigo publicado na *RDA* 2. A expressão "fato gerador" foi acolhida por todos. Mas Alfredo Augusto Becker se levantou para dizer que era uma expressão ambígua, que poderia gerar a falácia da equivocidade e que, portanto, devia ser rejeitada como uma expressão destinada a representar tanto a descrição hipotética, que o legislador fazia, quanto o fato concreto que ocorria em determinadas condições de espaço e de tempo e que fazia nascer, cada vez que ocorresse, uma relação jurídica tributária.

Pois bem, Geraldo Ataliba encantou-se com essa proposta de Alfredo Augusto Becker, e apresentou a distinção. Alfredo

Augusto Becker falava em "hipótese de incidência" para descrição que a lei fazia e "hipótese de incidência realizada" para o fato que ocorria em certas condições de espaço e de tempo.

O Prof. Geraldo Ataliba, dando um passo à frente, estabeleceu expressões diferentes: "hipótese de incidência" para descrição da lei, mas "fato imponível" para o acontecimento do mundo factual, do mundo da realidade física, e que poderia ser observado em determinadas condições de espaço e de tempo. Essa distinção "pegou", expandiu-se também de forma admirável, foi acolhida em todas as escolas. E até hoje se utiliza a distinção entre *hipótese de incidência* e *fato imponível*.

Hoje, parece, até, uma coisa muito simples, uma contribuição pequena, mesmo porque estamos familiarizados, já, com a dualidade de expressões. Mas à época era uma autêntica revolução. Quanto à classificação dos tributos, ele fez um trabalho que eu diria admirável e que guarda atualidade plena nos dias de hoje. A classificação dos tributos em *vinculados* e *não-vinculados* é uma classificação que vinha do texto constitucional, que era tirada diretamente do texto constitucional – e, portanto, não vinha misturada com conotações econômicas, financeiras, políticas, éticas etc. A distinção partia do exame atilado da hipótese de incidência dos tributos. Onde houvesse uma atuação do Poder Público e, em função dessa atuação, viesse a nascer a relação tributária, nós teríamos um *tributo vinculado*. Mas vinculado a quê? A uma atuação do Estado. Como a palavra "vinculado" pode lembrar a vinculação dos atos administrativos, eu faço logo esse esclarecimento. Vinculado a quê? A uma atuação do Estado, a uma atuação efetiva ou potencial do Poder Público. Prestando serviços ou exercitando – à época, regularmente – o poder de polícia. Sempre que isso ocorresse, nós estaríamos diante de um *tributo vinculado*. E a outra parte? Era ocupada pelos *tributos não-vinculados*, tributos não-vinculados a uma atuação do Estado – isto é, sempre que a hipótese de incidência estipulasse um comportamento qualquer, uma conduta qualquer, um fato qualquer, independente de uma atuação do Estado, nós estaríamos diante de um tributo não-vinculado a uma atuação do Estado.

Os Srs. vão dizer, certamente, que essa classificação contempla apenas um lado do mosaico, dos tributos; não explica, por exemplo, as contribuições sociais, as contribuições de intervenção no domínio econômico etc. Mas o que eu quero ressaltar é o seguinte: essa classificação é uma classificação interna, é uma classificação que diz respeito a um exame analítico da norma jurídica tributária. As classificações – nós sabemos, é uma lição surrada –, não são certas nem erradas, são úteis ou não-úteis. Quanto a isto, uma pequena observação: não são certas ou erradas desde que bem-construídas, e a construção de uma classificação é uma atividade lógica, e é na lógica dos termos que vamos estudar a definição, a divisão e a classificação.

O que chama a atenção na construção do Prof. Geraldo Ataliba é que ele foi diretamente por uma intuição intelectual bem manifesta, ele foi à classificação como ela deve ser, a classificação mais rigorosa é aquela que divide o universo em dois setores, dois setores que se excluem mutuamente. E assim ele fez: os tributos são *vinculados* ou *não-vinculados*, pronto. Depois, os tributos vinculados serão as taxas e a contribuição de melhoria. As taxas poderão apresentar-se como taxas de serviço ou como taxas de polícia. Vejam como ele vai desdobrando; mas o impulso inicial é no sentido de uma dicotomia, dicotomia exaustiva do universo dos tributos, tributos vinculados ou não-vinculados.

Acontece que as classificações são perspectivas pela quais nós examinamos certos objetos, certos setores do mundo que nos cerca. As classificações não existem efetivamente, são recursos mentais que nós utilizamos. Por isso, posso produzir infinitas classificações a respeito de um mesmo objeto, desde que eleja critérios, que sejam orientadores dessa classificação. E o Prof. Geraldo Ataliba escolheu esse critério, da atuação do Poder Público. E de onde vinha esse critério? Diretamente do texto constitucional. Esta era uma contribuição genuinamente jurídica que ganhou espaço, e até hoje ela continua vigorando, ao menos para aquelas situações em que examinamos a norma na sua intimidade estrutural, a norma vista por dentro, a relação interproposicional que a norma estabelece, a hipótese e o conseqüente.

Sempre que a hipótese, no seu critério material, mencionar um acontecimento que traga a vinculação do Estado, prestando serviços públicos ou exercitando poder de polícia, e a base de cálculo estiver medindo efetivamente esta atividade, nós teremos uma taxa.

Muito bem. Essa classificação foi admiravelmente bem-feita, por isso até hoje perdura. Não há classificação melhor que esta, que divide o mundo dos objetos em duas regiões que se esgotam, que se exaurem, uma é o complemento da outra e não há uma terceira possibilidade, a lógica recomenda uma classificação mais precisa. É certo que existem outras classificações que nos permitem ver as relações das normas com outras normas, e aí, sim, vamos estudar as contribuições de intervenção no domínio econômico, as contribuições sociais de um modo geral – que à época do Prof. Geraldo Ataliba não estavam tão em voga, havia pouquíssimas, eram uma figura sem a projeção, sem a dimensão semântica, de que desfruta hoje.

Esta classificação foi tão boa, foi tão bem-feita, que segue presente até hoje. Eu tenho, inclusive, a satisfação de adotá-la sempre, quando analiso a norma jurídica tributária por dentro, antes de analisá-la com relação a outras normas. É essa classificação que me parece a mais adequada. E também obteve uma aliança decisiva, porque nada mais, nada menos, que Rubens Gomes de Souza, em parecer que proferiu, digamos assim, 15 dias depois de entrar em contato com essa classificação, já adotava a classificação dos tributos em *vinculados* e *não-vinculados*. E Rubens Gomes de Souza foi alguém a quem todos atribuíam uma prudência muito grande, uma prudência científica, intelectual, uma prudência cognoscitiva muito grande, e ele foi sensível a esta contribuição – que eu diria "decisiva" – do Prof. Geraldo Ataliba.

No quadro das coisas em que às vezes ele se mostrava até intolerante – se bem que esse traço da intolerância que nós podemos registrar no Prof. Geraldo Ataliba era contrastado com uma enorme abertura: ele era intolerante com certas transgressões a valores que ele elegia como valores importantíssimos mas, ao mesmo tempo, aberto para o diálogo como ninguém, poucos assuntos (eu não conheço assunto que não pudesse ser, num momento adequado e da forma adequada, exposto ao Prof. Geraldo Ataliba, sempre encontrando nele uma repercussão muito interessante) –, uma delas era a da interpretação literal: ele repudiava de forma incisiva, de forma enfática, a interpretação literal.

Temos uma tendência a partir para essa interpretação literal, que tinha, até, certo prestígio àquela época, era considerada como um dos meios para se abrir o texto e revelar o verdadeiro conteúdo, sentido e alcance da matéria legislada. Era um dos instrumentos, uma das ferramentas, a interpretação literal; outra, a interpretação histórico-evolutiva; outra, a interpretação lógica; outra, a interpretação teleológica; e outra, a interpretação sistemática. Pois bem, ele não aceitava a interpretação literal. Alguns até ponderavam: "Mas, Professor, sem ler o texto da lei, nós não podemos entrar no conteúdo e entrar no sistema, integrar a lei ao sistema" – e ele respondia, prontamente: "Mas isso não é interpretar literalmente, isto é travar contato com a fórmula literal que o legislador gravou, e a partir daí começar a interpretar". Ele já não aceitava como interpretação, como meio de interpretação, mas como um pressuposto de interpretação. É claro que, sem ler, não podemos adivinhar o conteúdo, entrar no conteúdo: se o médico não olhar para a radiografia, ele não poderá interpretá-la, e muito menos compreendê-la. Era nesse ponto que ele se tornava intolerante, e isso, hoje, é uma premissa praticamente indiscutível. A interpretação literal é a chamada função da leitura no esquema hermenêutico. *Leitura*, *interpretação* e *compreensão* são as três funções hermenêuticas. *Leitura* é um pressuposto, é fundamental para que comecemos a interpretar, para depois compreender. Mas aquilo que está muito claro, hoje, naquela época não estava claro. Quando se dizia *in claris cessat interpretatio*, ele dizia: "Mas quem disse que *é claro* já está interpretando" – o que é evidente: se eu digo que uma proposição é clara, é porque eu a interpretei; então, a idéia está claramente exposta.

Eu me lembro de uma afirmação de Romeiro no seguinte sentido: *a forma é o fundo aparecendo*. O fundo aparece sempre pela forma. Não há outro modo de o fundo aparecer. Não há outro modo de a idéia aparecer, de o sentimento aparecer, de a imagem aparecer, de a percepção aparecer, de a lembrança aparecer. O único modo é pela forma. Eu tenho que dizer alguma coisa; dizendo alguma coisa, as pessoas sabem aquilo de que eu me lembrei, o que eu imaginei, o que eu sonhei, o que eu pensei. A forma é o fundo aparecendo. E ele se digladiava pela tese de que davam muita importância à interpretação literal, mas ela era apenas o ponto de encontro de todos nós. Se distribuirmos, aqui, um trecho da Constituição Brasileira e quisermos contar as letras, as palavras, os acentos, as vírgulas, chegaremos a uma estranha coincidência: um grupo tão seleto de juristas concordando absolutamente em tudo – são tantas vírgulas para todos, são tantas palavras, tantas letras, todos concordando com aqueles dados. Por quê? Porque esse é apenas o ponto de encontro dos juristas, todos nós nos encontramos no plano da literalidade ou no plano da expressão do direito positivo brasileiro. Aí, sim, começam as trajetórias gerativas de sentido, os percursos que vão gerar o sentido – quer dizer, aí começa a interpretação, e caminhamos em direção à compreensão do texto legislado.

Esta visão bem clara para Geraldo Ataliba, no seu tempo – e eu digo no seu tempo, até 1995, não é? Não vai tanto tempo assim também... –, aquilo que ele via com tanta clareza, hoje, a Ciência põe com tanta clareza. Ninguém em sã consciência fala mais – a não ser em salões de menor expressão – em interpretação literal, ninguém leva a sério a interpretação literal, não existe interpretação literal: o que existe é a necessidade de ler o texto para poder interpretá-lo, que é outra coisa, e que é exatamente aquilo que ele propugnava.

Pois bem, o Prof. Geraldo Ataliba assumiu uma posição de vanguarda, uma posição grandiosa, diante da temática das normas gerais do direito tributário. Havia na Constituição de 1967, no art. 18, § 1º, um texto que dizia: "Lei complementar estabelecerá normas gerais de direito tributário, disporá sobre conflitos de competência entre as entidades tributantes e regulará as limitações constitucionais ao poder de tributar" – mais ou menos isso.

Geraldo Ataliba, imediatamente, foi o primeiro jurista brasileiro a levantar essa tese. Dizia ele: "Essas normas gerais a que alude o art. 18, § 1º, da CF de 1967" (que alguns chamam de Constituição de 1969, mas foi, em realidade, uma Emenda) "esse artigo 18, § 1º – repito – estabelece Normas Gerais de Direito Tributário". E ele perguntava, logo: "Mas que normas gerais são essas? Onde elas começam? Por onde vão? Onde terminam?". Ninguém sabe o que são "normas gerais". O legislador, que passou com tanto cuidado, que costurou com tanto esmero, as competências tributárias, procurando preservar o princípio da Federação, o princípio da autonomia dos Municípios, numa estrutura complexa como é a do Estado Brasileiro, não cometeria o desatino de, depois de tudo isso, dar um "cheque em branco" à União, dizendo que ela pode criar normas gerais de direito tributário.

E, aqui, invoco, até, o testemunho do Prof. Alcides Jorge Costa, que é um homem dotado de grande honestidade intelectual, defensor da tese oposta, e que diz até hoje, para quem quiser ouvir, que ele não sabe o que são *normas gerais de direito tributário*. Então, o Prof. Geraldo Ataliba dizia: "Isso é um perigo". E a Federação Brasileira e a autonomia dos Municípios não podem correr esse perigo, porque, a qualquer momento, a União, mediante lei complementar, poderá estabelecer, a título de "normas gerais", normas que mexam, por exemplo, no lançamento de certos tributos, normas que mexam nos prazos de pagamento, nas formas de escrituração etc. de certos tributos, dos Estados e dos Municípios – e, com isso, estaria invadindo a competência dos Estados e dos Municípios.

Imaginem se uma lei complementar, a pretexto de editar normas gerais de direito tributário, restringisse os serviços tributados a um número mínimo: a arrecadação dos Municípios cairia vertiginosamente.

É com esse raciocínio que ele combatia tenazmente essa interpretação. Entretanto, aqueles que lutavam pelo fortalecimento da União, da pessoa política de direito constitucional interno "União", aqueles que lutavam pelo seu fortalecimento, em detrimento dos Estados e em detrimento dos Municípios, fizeram um *lobby* muito grande. A União é politicamente muito forte, todos nós sabemos, e esse *lobby* foi significativo. A verdade é que no art. 146, se não me engano, da Constituição de 1988 o legislador pretendeu afastar o problema. Afastar como? Dizendo peremptoriamente, em três incisos: num deles, compete à lei complementar instituir ou, melhor, regular limitações constitucionais ao poder tributário; noutro, dispor sobre conflito de competência; e noutro, estabelecer normas gerais de direito tributário – querendo dizer: "Agora, pronto, está tão especificado, está tão determinado no plano da própria Constituição, que essas doutrinas que se contrapõem não terão mais campo".

Entretanto, o trabalho do legislador constituinte, que pareceu tão fácil no exame do primeiro instante, não teve esse efeito, porque Geraldo Ataliba percebeu que pela dicção do artigo constitucional chegaríamos a um absurdo, porque diz "estabelecer normas gerais especificamente sobre" – o que já causa um certo mal-estar – e aí vêm crédito tributário, obrigação tributária, tributos, definição de tributos, dos fatos geradores, contribuintes. Enfim, o legislador, no afã de cobrir extensamente toda a matéria, de esgotar toda a matéria, disse a seguinte tolice: "Compete à União, mediante lei complementar, estabelecer normas gerais especificamente *sobre tudo*" – e quem diz "tudo" está dizendo muito pouco, ou quase-nada. Volto, agora, ao Prof. Alcides Jorge Costa, que participou desse movimento, favorável ao fortalecimento político-jurídico da União como pessoa política de direito constitucional interno, e ele disse que não sabe onde começam e onde terminam, não sabe o que são "normas gerais". Ora, a pretexto de "normas gerais" podemos colocar à disposição o que quisermos, então. Surge, daí, uma má interpretação por parte da doutrina também, que diz, desde logo: "Há uma corrente dicotômica e uma corrente tricotômica".

Vejam como nós, juristas, somos, às vezes, apressados. Alguns dizem: "Eu sou favorável à corrente dicotômica"; e outros dizem: "Não, eu fico com a corrente tricotômica". Só que essa dicotomia e essa tricotomia não se estabelecem, apenas aparentemente se pode sugerir alguma coisa parecida. Mas, vejam, o Prof. Geraldo Ataliba dizia que a *lei complementar* tem uma função só: estabelecer normas gerais de direito tributário. Agora, que as *normas gerais de direito tributário* tinham duas funções: dispor sobre conflitos e regular limitações constitucionais.

Com isto ele dava substância à expressão "normas gerais". O que são *normas gerais*? São aquelas que dispõem sobre conflitos ou que regulam limitações. Ele dava conteúdo à expressão. Agora, essas duas funções eram da norma geral de direito tributário, ao passo que a outra corrente dizia que a lei complementar tinha três funções:

dispor sobre conflitos, regular limitações e estabelecer normas gerais de direito tributário.

Então, há uma corrente "monotônica" – chamemos assim, já que a doutrina gosta de certos nomes exóticos – e outra tricotômica, nunca uma dicotômica e uma tricotômica.

Quando isso se estabelecia? O Prof. Geraldo Ataliba, que tinha uma intuição lógica muito forte, dizia: "Isso é um absurdo; corrente dicotômica, tricotômica, isso é um absurdo!". Ele chefiou um grupo de juristas que o seguiram nessa linha, e eu posso dizer que fui um dos primeiros seguidores, ao lado do Prof. Roque Carrazza, do Prof. Aires Barreto etc. Fomos seguidores da linha do Prof. Geraldo Ataliba nesse ponto, também.

Vejam, então, quantas contribuições importantes, decisivas, o Prof. Geraldo Ataliba dava, deu, para a doutrina. Criou um novo meio de se estudar o direito tributário. Entendia que todas as soluções passavam pela Teoria Geral do Direito. Aliás, esse foi o fruto de um dos primeiros Cursos de Especialização em Direito Tributário da PUC/SP, em que ele era o coordenador e me colocou como subcoordenador – se bem que ele fizesse tudo, não é? Nas sessões de seminário as questões dadas eram muito práticas; mas, depois de um minuto, um minuto e meio, a discussão já estava no plano teórico, numa questão, duas, não em todas – que curiosa observação! Aí comentamos no seu livro também, Prof. Celso Antônio Bandeira de Mello, com o Prof. Arruda Alvim, o Prof. Michel Temer, Celso Bastos, que trabalhavam na área de Constitucional, para saber se as experiências eram as mesmas, e eles disseram que eram exatamente as mesmas, uma questão prática, sem entrar em discussão. Em poucos minutos as pessoas estão discutindo o que era matéria, já, de Teoria Geral do Direito. Por exemplo: uma empresa – vejam que questão prática – emite uma nota fiscal, e a nota fiscal é um – nós chamávamos – dever instrumental ou formal, o código chama de "obrigação acessória", vamos falar em "obrigação acessória", expedir nota fiscal é uma obrigação acessória; a nota fiscal tem que ter tantas vias, com cores diferentes; e numa delas, uma nota que foi expedida, não saíram os dados relativos à gráfica. Em um problema dessa natureza, o que fazer? Um problema mais prático que esse é difícil em direito tributário. Pois bem, logo, em um minuto, já se estava dizendo: "Esta é uma obrigação acessória"; outro dizia: "Mas, se é obrigação acessória, então, é uma obrigação; o que é uma *obrigação*?". Pronto: matéria de Teoria Geral do Direito. Enfim, a obrigação é um vínculo abstrato mediante qual uma pessoa, na condição de sujeito ativo, tem o direito objetivo de exigir de outra, na condição de sujeito passivo, o cumprimento de determinada prestação. Isso é "obrigação" para a Teoria Geral do Direito. Mas nós chegamos a esse ponto em poucos minutos, a partir de uma questão muito prática. Este é apenas um exemplo, porque em todas as situações o itinerário era o mesmo: começava-se a discutir um assunto, e em pouco tempo íamos à Teoria Geral do Direito.

O Prof. Geraldo Ataliba já estava vacinado com relação a isso; por quê? Porque nós fomos alunos do Prof. Oswaldo Aranha Bandeira de Mello, que tinha a seguinte estratégia para tratar do direito administrativo: ele ia falar do *ato jurídico administrativo* e começava dizendo: "O ato jurídico administrativo, antes de ser *administrativo*, é um ato *jurídico*; então, vamos à Teoria Geral do Direito, para saber o que é *ato jurídico*". Estudávamos a teoria do ato jurídico, e aí, sim, ele dizia: "Agora podemos entrar no lado administrativo do ato jurídico: o que o ato jurídico administrativo tem que não permite que ele seja simplesmente um ato jurídico? É porque ele tem esse aspecto (...)" – aí, dava a doutrina dos atos administrativos.

O Prof. Geraldo Ataliba estava vacinado com relação a esse procedimento. Tudo começava na Teoria Geral do Direito, e aliava a isso uma paixão incontida pela Constituição e pelo direito constitucional, ele era, realmente, um grande constitucionalista. Dizia que seus estudos não eram na profundidade que ele gostaria que fossem. Mas, se havia um campo em que ele realmente era extraordinário, era no direito constitucional. No direito constitucional ele transitava, ele se movimentava, com uma facilidade, com uma fluência, com uma determinação, com um entusiasmo inusitado. Ele me dizia sempre o seguinte: "Paulo, eu não sei como alguns estudantes de Direito, tendo temas tão importantes para tratar, como os poderes do Congresso Nacional, a tripartição de Poderes no Brasil, a Federação, a República, vão tratar, por exemplo, do aviso prévio nas relações de trabalho..." – é um exemplo, um simples exemplo. Não que não seja um importante estudo, todos são importantes; mas ele não se conformava com a opção que certas pessoas faziam em detrimento desses temas grandiosos. Ele gostava de falar dos poderes do Presidente da República; e, nesse sentido, mantinha um diálogo muito importante com o STF. O Min. Carlos Velloso, seu amigo, seu particular amigo e admirador, disse, num texto em homenagem ao Prof. Geraldo Ataliba, que o STF não fazia homenagens: era uma prática, uma tradição; só que no caso do Prof. Geraldo Ataliba fez, porque não houve sessão uma vez em que quatro Ministros foram ao sepultamento do Prof. Geraldo Ataliba. Quer dizer, sem querer fazer, o STF fez uma grande homenagem: naquele dia não foram discutidas questões constitucionais porque não havia quórum, e não havia quórum porque quatro dos Ministros estavam fazendo sua homenagem ao Prof. Geraldo Ataliba.

Mantinha o STF sob vigilância, e uma vigilância que só ele sabia praticar, porque ele ligava imediatamente para o Ministro que desse um voto meio desviado dos seus ideais e cobrava, veementemente: "Mas, Ministro, como é que o Sr. dá um voto desse? Um constitucionalista, homem que conhece a República, que conhece a Federação!". Aí, o Ministro se explicava: "Não, mas é que você não entendeu bem, é assim, assado, etc." – mas ficavam sempre receosos desse "puxão-de-orelha" do Prof. Geraldo Ataliba, que tinha a liberdade e a autoridade para fazer isso. O Min. Velloso pode confirmar, a qualquer momento.

Quando ia tomar chá com os Ministros, no intervalo das sessões do STF, às vezes ele fazia verdadeiros discursos; começava a falar, iam se aglomerando em volta dele, e ele dizia: "Precisamos fazer isso, é absurdo, a Constituição merece um tratamento mais digno, mais...". Essa função, realmente, ele a exercia com maestria. E faz muita falta, hoje, faz uma falta muito grande, alguém que possa chamar a atenção dos Ministros, naturalmente com a amizade, com a proximidade, com a autoridade que o Prof. Geraldo Ataliba tinha.

Pois bem. Não quero prolongar essas considerações. Achei que a melhor forma de se fazer uma homenagem ao Prof. Geraldo Ataliba seria selecionar alguns itens da sua construção – construção que, eu repito, aconteceu no direito tributário, no direito administrativo menos e no direito constitucional.

Estar ao lado do Prof. Geraldo Ataliba significava estar atualizado com relação às doutrinas. A todo instante ele não titubeava em chamar a atenção: *Não se fala em "níveis de governo", que absurdo! Não há desnível entre os governos. Como existe a isonomia das pessoas políticas de direito constitucional interno, todas estão no mesmo nível jurídico. Sob o ângulo político, não há dúvida, a União é mais forte. Sob o ângulo econômico, também é mais forte, mas sob o ângulo jurídico todas elas vão exaurir sua competência diretamente no texto constitucional.* Então, aí, às vezes abusava das palavras, quando tinha intimidade: *É uma besteira falar em 'níveis' daquela esfera de governo; não há desnível jurídico entre os governos.* E estava sempre pronto para fazer essas advertências a qualquer um de nós. Evidentemente que nós, seus discípulos, acatávamos de plano e com pouca discussão, com poucos pedidos de esclarecimentos. Outros discutiam mais, mas acabavam se convencendo, como foi o caso do Prof. Celso Antônio Bandeira de Mello, que tinha vastíssimos argumentos, que tem uma grande capacidade de argumentação, daí contestava o Prof. Geraldo Ataliba, e se estabelecia uma discussão muito grande. Discussão que me faz lembrar os tempos do Colégio São Luiz, quando fazíamos o Ginásio juntos. Havia uma diferença de três anos, digamos assim: eu estava no 1º ano. Dali saíram muitas pessoas que hoje fazem parte do cenário jurídico nacional, principalmente aqui em São Paulo. O Prof. Fábio Comparato e outros que eram mais adiantados – já estavam o Prof. Manoel Gonçalves no Clássico e outro no Científico, havia a divisão entre o Clássico e o Científico, entre Exatas e Humanas etc. –, mas eu estava, digamos, na 1ª Série, Prof. Ataliba e Prof. Celso Antônio Bandeira de Mello na 3ª ou 4ª série. Eles saíam todo dia pela Av. Paulista, discutindo em altos brados, paravam na rua, discutiam; eles eram amigos inseparáveis. E paravam e discutiam, e as pessoas até ficavam olhando, e pensavam: "O que será que estão discutindo com tanta intensidade?". Já discutiam questões sociais, questões políticas e também questões jurídicas. Acho que a nenhum desses três, ao menos no início, nunca passou pela cabeça outro tipo de estudo que não fosse o do Direito. De modo que eles viviam com questões jurídicas desse tomo.

Pois bem, o Prof. Geraldo Ataliba era uma pessoa que selecionava valores e lutava, circunscrevia os valores de forma bem nítida e lutava tenazmente por esses valores. Entre esses valores nós temos o Municipalismo, por exemplo. Ele era um municipalista, ele brigava pelo Município, brigava pelos direitos, pelas prerrogativas do Município. Brigava, portanto, pela separação dos Poderes, e sabia perceber onde havia qualquer ameaça à tripartição dos Poderes, onde se esboçava qualquer ameaça contra a Federação. Lutava contra o fortalecimento da União; o fortalecimento da União vem exatamente em detrimento da boa estruturação federativa.

E, substancialmente, Prof. Geraldo Ataliba era um republicano. Republicano convicto. Também discutia e brigava, se fosse possível, pela República. Por coincidência ou ironia do destino, seu desaparecimento se deu exatamente no dia da comemoração da República, dia 15 de novembro.

Pois bem, dizendo estas palavras, pretendo fazer uma homenagem à pessoa de Geraldo Ataliba, ao amigo que tive a oportunidade de ser – e, num determinado momento, de ser com grande proximidade. Fazer uma homenagem ao cientista do Direito que foi Geraldo Ataliba, ao político do Direito, quer dizer, aquele que luta para um Direito mais justo, mais racional, mais eficaz, um Direito mais presente. Ele foi um grande político do Direito, um grande orador do Direito, das letras jurídicas, um grande professor, professor que sensibilizava, que mobilizava a platéia, professor que era interrompido, às vezes por duas ou três oportunidades, com palmas, dando sua aula, expondo. As pessoas aplaudiam, ele esperava que os aplausos cessassem, continuava, inflamava a platéia e, com isso, passava idéias, em termos científicos e pela via da emoção.

O Prof. Geraldo Ataliba mereceria todos os encômios. Este Congresso existe porque existiu o Prof. Geraldo Ataliba, no seu particularíssimo modo de ser e de existir. Ele imprimiu esse caráter que o Congresso e o Instituto procuram manter íntegro. E, com isto, faço também as minhas homenagens ao Prof. Aires Barreto, que é o Presidente do IDEPE e que, juntamente com a Diretoria e todos aqueles que participam das decisões, faz um esforço muito grande para manter exatamente esse clima, o modo de ser do Congresso, até hoje.

Agradeço imensamente a atenção de todos, e termino por aqui minhas palavras. Muito obrigado! [*Palmas*]

APRESENTAÇÃO DO CONCURSO "GERALDO ATALIBA"

PRESIDENTE DO IDEPE (PROF. AIRES F. BARRETO) – Antes de passar a palavra ao Prof.

Eduardo Bottallo, para falar do "Concurso Geraldo Ataliba", queria registrar a presença, no auditório, da Profa. Regina Helena Costa, da Profa. Eliana Barbieri Bertachini e do Prof. William Roberto Grapella, que foi companheiro de escritório do Prof. Geraldo Ataliba.

Passo a palavra ao Prof. Eduardo Domingos Bottallo.

PROF. EDUARDO DOMINGOS BOTTALLO – Bom dia a todos! Companheiros da Mesa, saúdo-os na pessoa do Prof. Aires Barreto, querida Ana Maria, Prof. Paulo de Barros Carvalho, ainda sensibilizado pela maravilhosa homenagem que foi prestada.

Minha comunicação é muito breve, muito objetiva. Há um ano atrás, por ocasião do XVIII Congresso Brasileiro de Direito Tributário do Instituto Geraldo Ataliba – IDEPE, e já antecipando a data que este ano se comemora, nós lançamos um concurso de monografias de âmbito nacional destinado a jovens autores das áreas mais diretamente cultivadas pelo Prof. Geraldo Ataliba – "Direito Tributário" e "Direito Constitucional" –, a fim de poder marcar também por este aspecto, também pelo contato das novas gerações, a efeméride que esse ano se comunica. Instituímos, então, o "Prêmio Geraldo Ataliba", que seria outorgado por uma Comissão integrada pelos mais importantes nomes do direito tributário e direito público no Brasil. Todos eles ligados intimamente à vida e à obra do Prof. Geraldo Ataliba. Os Profs. Aires Barreto, Carlos Mário Velloso, Celso Antônio Bandeira de Mello, José Souto Maior Borges, Paulo de Barros Carvalho, Roque Antonio Carrazza e eu próprio tivemos o privilégio de também integrar esse grupo de professores, todos eles discípulos, amigos e grandes companheiros de Geraldo Ataliba.

Tivemos uma surpreendente recepção desse concurso: recebemos, sem muita divulgação, sem grande alarde em torno do evento, quase 40 trabalhos de todos os pontos do território nacional, todos eles trabalhos de altíssima qualidade – o que, de certa forma, criou para a Comissão um problema, um problema de seleção, e que levou a Comissão, na verdade, até a mudar um pouquinho a regra do concurso, uma vez que a previsão original era de que 5 das teses apresentadas fossem selecionadas, e ao fim, ao cabo, a Comissão acabou selecionando 6 dessas teses.

O prêmio que o Instituto Geraldo Ataliba – IDEPE irá outorgar aos autores dessas teses – são todos jovens, a idade máxima de 35 anos – é um prêmio cujo valor é o fato de haverem sido, nos seus muitos casos, os primeiros trabalhos selecionados por essa Comissão. Eu acredito que esse prêmio acompanhará esses moços pelo resto da sua carreira jurídica e, provavelmente, por mais galardões que eles possam obter – e certamente obterão –, esse será sempre um prêmio de grande destaque na vida profissional de cada um deles.

Os jovens vencedores são de vários Estados da União – temos vencedores do Estado do Ceará, do Estado do Rio de Janeiro, de São Paulo, do Paraná, do Rio Grande do Sul –, o que mostra a repercussão nacional dessa iniciativa. O prêmio será entregue no último dia do nosso Congresso, na próxima 6ª feira. Mas hoje, ao término dos nossos trabalhos do dia, durante a realização do nosso coquetel de confraternização, será lançado o livro que congrega essas teses vencedoras, e que também mereceu uma consideração muito especial, porque tivemos o privilégio de reunir, junto com as teses vencedoras nessa obra, textos elaborados pelos membros da Comissão e pelos Diretores do IDEPE, destacando aspectos da vida e da obra de Geraldo Ataliba. Um livro importante, muito evocativo, que nos emociona muito, que nos comove muito e que, como eu disse, será lançado hoje à tarde. Quero deixar de público o agradecimento a todos os professores, muitos aqui presentes, que aceitaram o convite para participar dessa obra, e também nossos mais sinceros agradecimentos não só aos jovens autores que foram selecionados, mas sim a todos aqueles que participaram do concurso e que revelaram que a palavra do direito público ainda está muito forte no Brasil nessas novas gerações.

Quero também deixar de público nossos agradecimentos à Editora, que com muito entusiasmo acolheu a idéia de publicar esse livro e colocar à disposição do público brasileiro.

E agora, em nome do Instituto Geraldo Ataliba – IDEPE, Profa. Maria Leonor Leite Vieira, nossa Diretora, fará a entrega do primeiro exemplar dessa obra à querida Ana Maria Ataliba, esposa do Prof. Geraldo Ataliba. [*Palmas*]

Eu queria também fazer uma breve e última menção, em especial: gostaria de convidar a todos para nossa conferência de hoje.

PRESIDENTE DO IDEPE (PROF. AIRES F. BARRETO) – Queria registrar, aqui, os agradecimentos especiais que a Diretoria do IDEPE faz ao Prof. Eduardo Bottallo, porque, como eu disse, foi o responsável seja pela idéia do "Prêmio Geraldo Ataliba", seja por torná-la efetiva, conduzindo, coordenando com galhardia, com correção, com muito tino, esse "Prêmio Geraldo Ataliba", que se manifestou, agora, pela edição desse belíssimo livro.

Isto posto, passo a palavra ao Prof. José Eduardo Soares de Melo para falar sobre as Oficinas, como é que elas funcionarão. Mas, antes disso, quero registrar a presença, entre nós, do Prof. Osíris de Azevedo Lopes Filho. Com a palavra o Prof. José Eduardo Soares de Melo.

PROF. JOSÉ EDUARDO SOARES DE MELO – Bom dia a todos! Também quero cumprimentar a pessoa do Prof. Aires, todos os Membros da Mesa, em particular o Prof. Paulo, pela brilhante homenagem.

Também serei muito rápido. Esse ano no Congresso nós estamos introduzindo uma novidade: eu gostaria que olhassem o programa, no período da tarde, amanhã, a partir das 4:15h, vamos realizar três Oficinas sobre temas variados, um a respeito do "Processo Administrativo Judicial", outro sobre "ISS" e o terceiro sobre as "Contribuições Sociais".

Na pasta, vocês receberam essa folha branca, que diz o seguinte: "Ao Congressista, solicitamos a gentileza de indicar a Oficina de que pretende participar"; e mais adiante a indicação das questões que querem ver abordadas.

Nosso grande objetivo, ao introduzir essa novidade, é permitir que os Congressistas não fiquem apenas assistindo às palestras, mas tenham também a oportunidade de debater as questões. Pedimos, para que haja um encaminhamento racional, que aqueles que tiverem interesse em participar das Oficinas façam aqui a indicação e formulem a pergunta até o final do dia. Com essas perguntas nós poderemos filtrar as questões, e amanhã cada um de vocês, embora indique a Oficina do seu interesse, evidentemente terá a liberdade de entrar e sair de qualquer das salas. E não teremos palestras nas Oficinas; o que ocorrerá será um debate, pergunta/resposta, para tentar tornar mais prático e mais objetivo com relação aos temas. Devolvo a palavra ao Prof. Aires.

PRESIDENTE DO IDEPE (PROF. AIRES F. BARRETO) – Encerrando os trabalhos de abertura do Congresso, eu gostaria de convidá-los para, após um brevíssimo intervalo, participar da Mesa "Ordem Tributária e Interdisciplinariedade", que ocorrerá sob a presidência do Des. Mairan Maia e com a participação do Prof. Sérgio Pitombo, que falará sobre "Crimes Contra a Ordem Tributária", do Prof. José Artur Lima Gonçalves, que falará sobre "Planejamento Tributário e o Princípio da Capacidade Contributiva", da Profa. Consuelo Yoshida, que discorrerá sobre "Tributação e Tutela do Meio Ambiente", e também da Profa. e Desa. Regina Helena Costa, que discorrerá sobre "Imposto sobre a Renda: Generalidade, Universalidade e Progressividade".

Está encerrada a Sessão. [*Palmas*]

CONFERÊNCIA

O PRINCÍPIO DA SEGURANÇA JURÍDICA NO CAMPO TRIBUTÁRIO

PROF. PAULO DE BARROS CARVALHO

PROF. EDUARDO DOMINGOS BOTTALLO – Vamos reiniciar os nossos trabalhos, passando, então, à conferência de hoje.

É necessário que se faça uma explicação, porque, conforme os Colegas devem ter visto na programação do Congresso, o conferencista de hoje deveria ser o Min. Carlos Mário Velloso. Ocorre, entretanto, que, lamentavelmente, a mãe do Ministro faleceu, e ele agora, na última hora, nos avisou que não poderia vir participar deste evento.

Em razão disso, e para nossa alegria – e com nossos agradecimentos também –, solicitamos ao Prof. Paulo de Barros Carvalho que assumisse a responsabilidade de fazer a conferência de hoje. E o Prof. Paulo de Barros Carvalho, com muita gentileza, com muito espírito de cooperação, atendeu ao nosso pedido. De modo que teremos a satisfação, então, de ouvir a palestra do Prof. Paulo de Barros Carvalho, que será, agora, apresentado pelo Prof. Aires Barreto, Presidente do IDEPE.

PRESIDENTE DO IDEPE (PROF. AIRES F. BARRETO) – Conta-se que um transeunte, vendo uma obra de construção civil que se iniciava, pergunta a um dos homens que ali trabalhava: "O que você está fazendo?". E o homem lhe responde: "Eu estou assentando tijolos". O transeunte, insatisfeito, pergunta a um segundo trabalhador: "O que você está fazendo?". E ele responde: "Estou assentando argamassa de cal e areia". Ainda insatisfeito, ele se dirige a um terceiro trabalhador, e diz: "O que você está fazendo?". E o terceiro trabalhador diz: "Estou erigindo um templo, onde, depois de pronto, virei fazer as minhas orações com minha mulher e com minha família".

O Prof. Paulo de Barros Carvalho é dessa modalidade, dessa estirpe do terceiro homem, que respondeu dizendo que estava construindo um templo, porque a vida do Prof. Paulo de Barros Carvalho é marcada pela construção de um templo de muitas cúpulas, um templo de muitas torres, um templo de muitos campanários.

Eu queria fazer um parêntesis para lembrar-lhes que no Nordeste, eu não sei se é predominância, é lá na Bahia ou em Pernambuco, as igrejas faziam-se com duas torres, mas uma delas nunca era erigida, porque, se fosse completada, cessavam as doações. E, então, inúmeras igrejas persistem – isso é um fato até hoje – com apenas uma cúpula.

Paulo de Barros Carvalho, contrariamente, é um homem de muitas cúpulas. É um homem de muitas cúpulas porque tem como primeira a do Magistério: é Professor Titular da Faculdade de Direito na PUC/SP. É Professor da Faculdade de Direito do Largo de S. Francisco, da USP. É Doutor em Direito Tributário pela PUC, desde 1973. É Livre-Docente, conquistado em 1981. É o único Professor, Srs. e Sras., que alcançou por concurso a titularidade de duas das mais relevantes instituições representativas das Escolas de Direito Tributário no Brasil – feito inédito e que provavelmente não será repetido no tempo. É ainda Presidente do IBETE e Diretor Científico do nosso Instituto Geraldo Ataliba – IDEPE, Instituto Internacional de Direito Público e Empresarial. É inusual sua dedicação à atividade docente.

Eu lembro que Paulo Ayres Barreto, que compõe a Mesa, houvera perguntado no passado, num dia não muito longínquo, se ele não se cansava de tantas atividades docentes. E o Prof. Paulo respondeu: "O segredo é fazer aquilo que a gente gosta". É ele Professor de Direito Tributário, Lógica Jurídica no Curso de Mestrado e Doutorado da PUC desde 1971. É

Professor nos cursos de Graduação, Mestrado e Doutorado da USP desde 1972. É Coordenador do Programa de Estudos Pós-Graduados em Direito da PUC desde 1993.

Disse ontem, e reitero aqui: eleito "Tributarista do Ano de 2005". Mas fiquei sabendo recentemente que o Prof. Paulo de Barros Carvalho recebeu dois títulos importantíssimos, o de "Cidadão Pernambucano" e o de "Cidadão Paraibano".

Como eu disse, ele construiu um templo que tem uma outra cúpula: a cúpula dos seus escritos científicos, como autor de obras jurídicas. Tem vários livros: *Decadência e Prescrição em Direito Tributário*, *Regra-Matriz do ICM*, *Teoria da Norma Tributária*, de 1974; *Comentários ao Código Tributário Nacional*, em co-autoria com Rubens Gomes de Souza e Geraldo Ataliba; *Curso de Direito Tributário*, já perto da 20ª edição; *Fundamentos Jurídicos da Incidência* – esta última obra lhe valeu a Cadeira de Titular na Faculdade de Direito do Largo de S. Francisco, e foi lançada também na Argentina, com o título *Derecho Tributario – Fundamentos Jurídicos de la Incidencia*, e na Itália, sob a designação *Diritto Tributario*. Em ambos os lançamentos o Prof. Paulo de Barros Carvalho foi merecidamente prestigiado por professores brasileiros e estrangeiros.

No ano passado seguiram do Brasil para Bolonha, na Itália, cerca de 100 professores que se juntaram aos principais catedráticos europeus para, na Universidade mais antiga do mundo, reverenciar a obra do nosso conferencista. Estiveram presentes no lançamento da obra de Paulo de Barros Carvalho na Itália, entre outros, Victor Uckmar, Ferreiro Lapatza, Augusto Fontozzi, Franco Gallo – expressões significativas e expoentes do mundo do Direito, e particularmente do direito tributário.

Mas a terceira cúpula da sua trajetória, da sua vida, é marcada pela maneira afável e atenciosa com que atende aos seus orientandos, sendo um constante estimulador da pesquisa científica.

O quarto campanário: a coordenação que realiza, já há 18 anos, do Grupo de Estudos a Propósito da Obra e do Pensamento do grande mestre Lourival Vilanova.

Prof. Paulo de Barros Carvalho, há uma cúpula derradeira, ainda não erigida, mas a maior de todas: é a que pretendemos construir, caro Professor, em razão da sua mais nobre e cara virtude – qual seja, a de nunca ter perdido, em nenhuma situação, a observância estrita do rigor científico. Obrigado! [*Palmas*]

Prof. Paulo de Barros Carvalho – Boa tarde a todos! Sr. Presidente do Instituto Geraldo Ataliba, que me saudou de forma tão generosa e tão afetiva; ilustres Representantes, aqui, da Diretoria, Prof. Eduardo Bottallo, Prof. Paulo Ayres; Srs. Participantes do *XIX Congresso de Direito Tributário*, que é feito em homenagem ao Prof. Geraldo Ataliba. Naturalmente todos eles o foram, mas esse particularmente, pela circunstância de que já se passaram 10 anos do desaparecimento do ilustre Professor. E eu venho substituir o Min. Carlos Mário Velloso. E o faço com essa honra, e também para tratar de um assunto que vem preocupando a todos: o da segurança jurídica no campo tributário.

O clima que nós vivemos – não é preciso usar muitas palavras – é de intranqüilidade. Todos sabemos. Decisões judiciais não são devidamente cumpridas. Decisões judiciais são objeto de avaliações extrajurídicas, e isto esvazia um aspecto fundamental do Direito, que é a sua coatividade, seu teor de juridicidade. No momento em que a Receita Pública, ouvindo a Procuradoria, resolve não levar às últimas conseqüências uma decisão judicial, tira a tranqüilidade do universo de contribuintes no Brasil. É uma situação muito delicada, e que chega às fronteiras da desobediência civil. Na desobediência civil, nós vemos grupos inconformados com determinações prescritivas do Direito posto, e que assumem a responsabilidade de não cumprir certas determinações.

Isso se aproxima, isso nos leva, evidentemente, a uma situação de caos. É o caos da sociedade. Uma sociedade sem estruturação jurídica, sem respeito ao Direito posto, é uma sociedade vulnerável, uma sociedade que não pode garantir ao cidadão os seus direitos, as suas prerrogativas.

Agora, o que fazer num momento como esse? Os congressos de Direito, os congressos de um modo geral, são reuniões mais de política do Direito que realmente uma reunião científica. Ainda que essas reuniões sejam compostas por cientistas, nesse momento o que se vê é um planejamento para o futuro, como nos comportar diante das situações novas. E eu devo dizer aos Srs. que não é momento expositivo, não haveria tanto o que expor sobre o princípio da segurança jurídica. As noções coincidem, conjugam-se para nos dar aquele aspecto que todos conhecem, a segurança jurídica tem uma figura bidirecional, porque ela se volta para o passado, garantindo as decisões que já se consolidaram – coisa julgada, o ato jurídico perfeito –, e se volta para o futuro, na medida em que promete critérios de certeza para aplicação do Direito.

Assim é a *segurança jurídica*. Que, como lembrava o Prof. Aires, há pouco, não é simplesmente um princípio, é um *sobreprincípio*. Porque, para que se realize a segurança jurídica, é necessário que se sigam outros princípios. Como é que cumprimos a segurança jurídica? Quando obedecemos aos princípios da estrita legalidade, da igualdade, da anterioridade, da irretroatividade. Quer dizer, realizando os princípios jurídicos tributários é que nós teremos, então, o ensejo de proclamar o *princípio* – que, no caso, seria um *sobreprincípio* – *da segurança jurídica*. Há segurança jurídica onde houver o cumprimento adequado, o cumprimento previsto, dos vários princípios que regem a atividade tributária no país.

De modo que falar sobre a segurança jurídica em termos expositivos, primeiro, seria repetir uma série de noções de autores memoráveis que já se manifestaram sobre o assunto. Eu preferiria fazer na forma de breves reflexões. Reflexões sobre o que significa a segurança jurídica em termos de uma cosmovisão do fenômeno jurídico. O que significa "segurança jurídica"? E é nesse sentido que faço a primeira reflexão, para perceber que ali onde houver Direito, haverá a presença do *valor*.

Expondo essa mesma matéria dias atrás, eu fazia no quadro negro uma redução drástica do Direito. Se nós reduzirmos o Direito à sua expressão mais simples, se formos despojando o Direito de todas as palavras que o legislador usa na sua atividade prescritiva, de todos os torneios de linguagem, de todos os estilos empregados para passar os comandos normativos, nós ficaremos com duas regiões. Eu faço até um diagrama onde há o *universo dos fatos*. Os fatos são *lícitos* ou *ilícitos*. São dois domínios que esgotam o universo dos fatos jurídicos. O que não cair no subdomínio do *lícito* cairá, certamente, no do *ilícito*. Não há uma terceira possibilidade, é a *lei do terceiro excluído*.

Pois bem. Esta é uma imagem. Os fatos jurídicos são lícitos ou ilícitos. E, ao lado, eu faço uma outra imagem, um outro diagrama, onde aparecem as *regulações da conduta*. As condutas são, necessariamente, a *proibida*, a *obrigatória* e a *permitida*. Não há uma quarta possibilidade. É a *lei deôntica do quarto excluído*.

Todas as condutas intersubjetivas, todas as condutas inter-humanas, caem, necessariamente, numa dessas três sub-regiões: ou serão uma *conduta permitida*, ou uma *conduta obrigatória*, ou uma *conduta proibida*. Não havendo a quarta possibilidade.

Com isto, eu penso reduzir o Direito à sua expressão mais simples. Na visão dos sistemas procura-se, evidentemente, o último reduto da Economia, da Sociologia, do Direito. E, se nós formos nesse caminho, vamos ver que o Direito se resume realmente a isso. O legislador separa o mundo dos *fatos lícitos* do mundo dos *fatos ilícitos* e separa, quanto à *regulação da conduta*, três regiões: a região do *obrigatório*, do *proibido* e do *permitido*.

Se nós examinarmos bem esse diagrama, veremos que entre os fatos, o mundo dos fatos, o fato lícito é um fato avaliado positivamente pela sociedade. Só por ser lícito, ele já recebe o sinal positivo, o sinal axiológico positivo. É um fato que nós elegemos como um fato lícito, um fato positivo. E o fato ilícito? Já será timbrado com o sinal negativo, porque é um fato indesejado. Vejam o *valor*. Logo na divisão dos fatos em *lícitos* e *ilícitos*. Aí, passamos para o outro quadro, e veremos que as condutas permitidas são condutas avaliadas positivamente pelo legislador, tanto assim que são permitidas, são condutas que não prejudicam, que se presumem adequadas ao convívio social. As condutas obrigatórias, além de serem permitidas, são de cumprimento necessário; então, elas são mais valiosas ainda que as condutas permitidas. Eu não diria "mais valiosas", elas são mais necessárias, o cumprimento dessas condutas se faz necessário, com grande intensidade; então, recebem o sinal positivo pela sociedade. E as condutas proibidas? São condutas que recebem uma avaliação negativa. Então, vejam, quanto aos fatos, são positivos os lícitos, negativos os ilícitos. Quanto às condutas, *positivas as permitidas* e as obrigatórias, e *negativas* as proibidas.

Aí está o Direito reduzido à sua expressão mais simples, o Direito despojado de todos os seus elementos sobressalentes, e mostrando claramente, ostensivamente, o *valor*. É por isso que o Prof. Miguel Reale diz que "Direito é Valor", que onde houver Direito haverá, necessariamente, esse componente axiológico que nós chamamos de *valor* ou de *estimativa*, como quiserem.

Pois bem. Isso, analisando a raiz, o Direito na sua raiz. O deôntico na sua intimidade estrutural. Ele se manifesta sempre assim e em caráter universal, também sempre foi assim em todos os países, em todos os lugares, em todos os tempos. Mas, além disso o legislador, ao compor a disciplina dos comportamentos intersubjetivos, muitas vezes proclama os valores, como no art. 5º da CF – "Todos são iguais perante a lei", e aí vêm outros esclarecimentos, de que maneira realizar essa igualdade.

Há dispositivos em que o legislador, a despeito de serem necessariamente caracterizados em termos axiológicos, proclama outros valores. Quando o legislador não trata ostensivamente dos valores, ele o faz na implicitude dos temas. Por exemplo, princípio da não-cumulatividade do IPI e do ICMS: O legislador dá um processo em que se abate de certas operações o montante cobrado nas operações anteriores. Ele dá um processo, um procedimento, um programa de realização, mas de realização do quê? De um fim. Este fim, como diz o Prof. Miguel Reale, é sempre um valor. O Prof. Miguel Reale diz: "Fim nada mais é que um valor enquanto tomado como razão de ser da conduta". Ora, se nós temos uma conduta de abater o montante cobrado a título de IPI nas matérias-primas, na aquisição de matérias-primas, produtos intermediários, materiais, embalagem, para cotejar esses valores com o devido na saída do produto, esse processo, esse programa, esse procedimento, visa a um fim, ele está preordenado a um fim; então, esse fim é um valor, e esse valor nós sabemos qual seja, ele pode ser dito de maneiras diferentes, mas é a distribuição eqüitativa da carga tributária, uma distribuição mais justa do peso do tributo, entre aqueles que vão arcar com este encargo. De modo que o que eu quero salientar para vocês é que o *valor* está na raiz do dever-ser, começa por aí. Outras vezes está proclamado, com todas as letras, ostensivamente pela construção do legislador. E outras vezes não está, mas está na implicitude do processo previsto pelo legislador. E isto não falha. Eu acho que a presença inexorável dos *valores* no Direito é algo que se torna muito difícil objetar, não vejo autor que conteste esta posição.

Pois bem. Então, conhecer o Direito é avaliar esses valores, é emitir um juízo de valor sobre esses valores – e, portanto, emitir um juízo de sobrevalor. Agora, é claro que o Direito é composto por um valor que adere a um determinado objeto. No caso, esse objeto é a conduta, é a linguagem do legislador, prescrevendo a conduta.

Há algumas definições que são – digamos assim – o centro comum das atenções de todos aqueles que tratam do *valor*;

e nós estamos pensando, aqui, na segurança jurídica. Pois bem, *valores* são preferências por núcleos de significação, ou, melhor, são centros significativos que expressam uma preferibilidade por certos conteúdos de expectativa; assim são os valores. Os valores denotam uma preferência. É por isso que no eixo dos valores não há o *ponto-zero*. Esse *ponto-zero* seria o ponto de indiferença entre o valor e o desvalor, entre a segurança jurídica e a insegurança jurídica. Haveria um momento num eixo qualquer em que nós identificaríamos o *ponto-zero*. Tratando-se de valores, não há esse *ponto-zero*.

Pois bem, os valores que têm essa contextura, que se apresentam como núcleos de significação, que denotam a preferência de um sujeito motivado conscientemente perante um objeto, esses valores têm uma série de características que foram estudadas por Johann Hessen e pelos culturalistas de um modo geral, por Max Scheller, por Nicolai Hartmann, e no Brasil por Miguel Reale, intensamente. O Prof. Lourival Vilanova tem páginas sobre os valores, já que ele é um seguidor da Escola de Baden. A Escola de Baden deu – digamos assim – uma "injeção" de culturalismo naquilo que nós conhecíamos como uma visão analítica, meramente analítica, do Direito, não provocando uma concepção sincrética, mas provocando um temperamento na visão rigidamente analítica que vinha da Escola de Marburgo.

Os valores hoje são estudados em nove itens, que seriam traços lógicos na presença de um valor. Que valor? Qualquer valor – e, portanto, aplicam-se em cheio ao valor que nos interessa agora, que é a *segurança jurídica*.

Sobre a existência dos valores – antes de entrar nos nove tópicos, vamos nos permitir também falar dos valores sem ficar repetindo o valor, sem ficar repetindo, por exemplo, o justo, isso é injusto, e isso é injusto por essa razão e é injusto por aquela. Não, podemos percorrer esses traços lógicos e ficar falando a respeito do valor ou refletindo a respeito do valor sem cair numa ordem de repetição, que seria cansativa e também não traria grandes acréscimos. Mas o que se diz do valor, o que alguns dizem, é que os valores não existem como os outros objetos do mundo, não têm consistência. Os objetos do mundo *são*; os valores *não são*, os valores *valem*. O modo específico de ser dos valores é o *valer*. Enquanto os objetos são do mundo natural, ou são do mundo ideal, ou são do mundo metafísico, ou são do mundo cultural, os valores, não: *os valores valem*. O que se pode dizer dos valores é que eles valem. Não haveria definição para os valores que não essa. *Os valores valem*.

Isso é o que se chama *niilismo ontológico*, é um *nada* em termos de ser. *Os valores não seriam*. Acho que esta é uma visão muito radical a respeito dos valores.

Se nós falamos dos *valores* é porque eles têm um mínimo de existência. Agora, o mínimo de existência é *valer*, é outra coisa, é outro modo de tratar o valor. É conferir-lhe esta condição específica de ser, os valores existem na medida em que eles valem – aí, sim –, mas eles existem como algo que vale. É um modo específico de ser e de existir.

Pois bem. Indo aos nove traços que caracterizam um valor qualquer, e que nós podemos aplicar imediatamente ao valor que nos interessa – *segurança jurídica* –, eu gostaria de refletir junto aos Srs. da seguinte maneira. O primeiro característico, o primeiro traço, que manifesta a presença do valor é a *bipolaridade*. Onde houver um valor, haverá necessariamente o *desvalor*. Vejam uma diferença muito grande com relação aos objetos ideais. Um triângulo, por exemplo, é um objeto ideal; ele se opõe a quê? Não há oposição ao triângulo. Não é da essência do objeto ideal opor-se necessariamente a outro objeto ideal. Agora, os valores, não: onde houver o valor, haverá necessariamente o *desvalor*. É um eixo bipolar. Um eixo bipolar onde nós não encontraremos o ponto de indiferença, que é o *ponto-zero*. Onde houver o bem, é porque há o mal. Onde houver o belo, haverá o feio. Onde houver o profano, haverá o sacral – e assim por diante. Não há valor onde não houver, na outra ponta, o desvalor. E isto é aquilo que se chama a *dialética do sim e do não*, que está sempre presente quando tratamos de um valor. O desvalor está do outro lado, à nossa vista, em termos metafóricos. É a *bipolaridade*.

Agora, há uma outra característica. Esses pólos não estão simplesmente na ponta do eixo, eles se implicam mutuamente. Então, o bem implica o mal, e o mal implica o bem; há uma implicação recíproca. É por isso que Johann Hessen e mais o Prof. Reale se referem a *implicação bipolar*, porque são dois pólos que se implicam, os dois pólos poderiam estar ali sem essa relação de implicação recíproca.

Depois, *referibilidade*. Os valores sempre se referem a algo. De um lado, eu terei o sujeito, examinando, em atitude cognoscente perante um objeto, e emitindo um ato de valoração – e, aqui, algo muito importante: *o valor não está no objeto*. Por exemplo, se eu disser que este copo é um objeto útil para esse fim, o "útil", o valor "utilidade", não está no copo: sou eu, num ato de valoração, que estou atribuindo valor ao copo.

Então, essa referibilidade é fundamental. Agora, ela não se confunde com a *preferibilidade*. Pode haver referibilidade sem preferibilidade. Eu posso me referir a um objeto e depois me referir a outro, e me referir a outro, sem exercitar qualquer ato de valoração que implique preferência de um em detrimento, naturalmente, de outro. *Preferibilidade* é um dado característico dos valores. E essa preferibilidade vai ser utilíssima para nós, juristas, quando, diante do quadro dos valores constitucionais, e muitas vezes percebendo que eles se entrechocam, pudermos montar uma hierarquia. Fica a pergunta: "Mas pode haver hierarquia entre dispositivos constitucionais?". Eu diria, *sintaticamente*, que não. Estão todos no mesmo plano. Agora, *axiologicamente*, necessariamente sim, por um outro traço que os valores têm e que vem logo abaixo, que eu já vou referir.

Então, vejam, uma coisa é *referibilidade*, o valor sempre se refere a um determinado objeto. Agora, outra coisa é *preferibilidade*, que é um traço fundamental, decisivo, na presença do valor. Essa preferibilidade é que vai puxar o outro elemento lógico dos valores, que é a *tendência à ordenação hierárquica*: onde houver um punhado de valores, haverá *relações de subordinação*. Alguns perguntam: "Mas, em certo momento, em certa medida, eu não posso coordenar valores?". Pode, mas apenas no exame do primeiro momento, exame do primeiro instante, porque, em seguida, a preferibilidade, que é um traço inerente aos valores, vai fazer com que eu tenha que dar preferência a um, e não a outro; e com isso eu vou montando a hierarquia das normas jurídicas.

Todos os direitos organizaram-se na forma hierárquica. Isso é uma lição da História, uma lição implacável da História. Não se tem notícia de um direito não organizado hierarquicamente, a ponto de se dizer que a *hierarquia* não é um princípio do Direito, é um axioma do Direito, é um pressuposto indeclinável, inafastável, na construção de qualquer ordem de direito positivo. Então, essa tendência à ordenação hierárquica está ligada irremediavelmente à preferibilidade. Como a preferibilidade está, digamos assim, fincada no Direito como um traço lógico, ela vai determinar também uma outra característica, que é a gradação hierárquica.

Depois, a *incomensurabilidade*: os valores são incomensuráveis. É por isso – aplicando, aqui, a capacidade contributiva –, que tantas e tantas vezes se pretendeu dar um *quantum* para realizar o *princípio da capacidade contributiva*. Haverá respeito à capacidade contributiva quando se tributar até o limite "X"; isso fez parte até de tentativas de direitos positivos, ocorreu na Alemanha, na Bélgica, ocorreu na Argentina, e necessariamente fracassou, porque os valores não são quantificáveis, não são mensuráveis. Seria um absurdo atribuir pontos aos quadros, aos objetos de arte, às obras literárias, por exemplo, atribuir tantos pontos em termos de belo. Seria um absurdo, algo que não se compatibiliza com a feição lógica dos valores, a incomensurabilidade.

Agora, há um outro dado que é decisivo, também: *inexauribilidade*. Os valores são inexauríveis. Se eu disser, se eu predicar a justiça de uma conduta humana, dizendo "essa decisão do magistrado, Fulano de Tal, é justa", nem por isso vai me faltar justiça para atribuir a uma outra conduta que eu venha a apreciar. E se apreciar milhares, milhões de condutas? Sempre haverá o valor *justiça*, porque ele não se esgotou, ele não se exauriu na primeira, nem na segunda e nem na centésima vez em que eu o utilizei. *Inexauribilidade* é outro dado inerente a todo e qualquer valor.

Agora, os valores necessitam de um suporte, de uma base, para aderirem a essa base. Sozinhos, autonomamente, eles não existem, não podem ser cogitados, o belo, a justiça, independentemente das condutas, dos atos, dos seres humanos, dos objetos, da Natureza; é necessária essa *objetividade*. *Objetividade* nesse sentido, os valores requerem sempre um objeto, para a ele aderirem. É essa aderência que caracteriza a presença do valor; então, eu vejo utilidade nesse copo. O copo é o suporte, e nesse suporte eu posso construir o valor *utilidade*. Naquela decisão do magistrado, naquele ato do pai-de-família, naquele comportamento que uma pessoa teve com relação a outra, no trânsito, eu posso atribuir valores, porque eu tenho esse suporte. E aí se chama *objetividade*.

Falar de justiça, independentemente de qualquer coisa, ou do belo, independentemente dos objetos, de uma paisagem, de uma situação qualquer, de uma mulher bonita etc., não tem sentido. O belo pairando no ar. Aí se chama *objetividade*. E, aqui, como último traço, lógico, dos valores, nós temos a *historicidade*. Os valores não "caem do céu". Não aparecem de uma hora para outra. Eles vão sendo depositados gradativamente com o correr da História, com a marcha do tempo. E, portanto, eles têm que ser estudados com esta projeção para o passado. Essa historicidade que está presente na caracterização de todo e qualquer valor.

Vamos falar em *segurança jurídica*? Vamos. Mas, para tanto, vamos examinar como o Direito Brasileiro se tem manifestado a respeito da segurança jurídica, quais os caminhos que ele utilizou para fixar esse valor. A *historicidade* é um dado importante. Eu diria um *dado incisivo*, do qual não se pode abrir mão no estudo de qualquer valor.

Pois bem, esses elementos, como integram todos os valores, são elementos muito úteis para nós. Ao tratarmos de um valor como este, falar de *segurança jurídica*, damos as noções, citamos os grandes autores, os grandes Mestres, mas nesse rol de elementos teremos um caminho muito interessante para explorar e muito interessante para refletir sobre os valores. Nós sabemos que não só a *segurança jurídica*, no campo tributário, mas a própria *justiça*, mas a própria *igualdade*, e outros valores – alguns explícitos, outros implícitos –, esses valores todos estão ameaçados. Eu repito, esse aspecto me parece importantíssimo nesse momento: nós vivemos um trecho, um intervalo, da nossa História em que as instituições jurídicas estão postas de uma forma até que bem-estruturada. Todavia, os atos de valoração, a aplicação, não são feitos em consonância com esses pressupostos, com esses marcos. E é nesse sentido que congressos como este que nós vivemos passam a ser momentos muito importantes para a tomada de consciência. Porque, vejam: o valor pressupõe *preferibilidade*, mas de uma consciência motivada, e essa motivação nós vamos colher em alguns movimentos, em alguns instantes, da vida nacional. Quando as pessoas se unem em torno de uma situação, em torno de um momento histórico qualquer, ou quando se unem, aqui, para discutir os rumos do direito tributário, nesse momento, uma tomada de posição firme com relação aos valores é algo que me parece da maior importância.

Eu acho que situações como esta podem nos motivar para fazer aquilo exatamente que foi feito com a Medida Provisória 232. Vejam que reação interessante da sociedade: foi anunciada a medida provisória, houve aquela inconformidade geral, os grupos se uniram, motivaram-se reciprocamente, começaram a exercer pressão sobre os órgãos responsáveis da sociedade – no caso, o Sr. Presidente da República, Congresso Nacional –, e o Governo Federal retirou a medida provisória. É claro, retirou para voltar num outro momento – aí, não me parece muito importante esse aspecto. Mas a motivação da consciência nacional se fez presente, se fez valer. Por quê? Porque houve uma ameaça aos direitos fundamentais tributários dos contribuintes, e eles se uniram e, mesmo sem estar presentes a um Congresso como este – que eu reputo ser, de todos os congressos de que tenho participado, um dos mais sérios e com a maior tradição, com a mais larga tradição, este, do Instituto Geraldo Ataliba –, sem que isso ocorresse, houve essa combinação nacional para reagir e fazer com que o Governo abrisse mão daquela insistência, e, portanto, para que a Medida Provisória 232 não fosse editada.

De modo que, nesses momentos, o que importa, mesmo, é a *reflexão*. E a reflexão que depois será desdobrada em novos momentos, será falada, será praticada em petições, aquilo fica na nossa cabeça e no nosso inconsciente, e depois passa para o nível do consciente, e depois passa para o nível da ação. Mas esse tipo de reflexão me parece importante. Os valores não são muito prestigiados. É um tema difícil, muito delicado, em que os filósofos se mostram muito reservados, mas algumas conquistas já existem. Hoje se sabe que o ato de valoração – os valores – depende da intuição emocional, não depende da intuição intelectual nem da intuição sensível, visão, tato, paladar etc.; depende da intuição emocional. Quando mais emocionalmente ligado ao caso, ao assunto, mais propenso eu fico para detectar valores, para produzir valores e para exercitar esse ato de valoração.

É por isso que, quando nós nos apaixonamos por um tema, por um trabalho, não direi sempre, mas tende a sair um trabalho de alta qualidade. Por quê? Porque nós estaremos muito atentos, muito envolvidos emocionalmente, e esse envolvimento emocional é o que nos dá acesso aos valores. Max Scheller diz isso com todas as letras: *o caminho para os valores é a intuição emocional*. A intuição é o mais importante instrumento cognoscitivo. A intuição chega antes. Nós não sabemos explicar por que chegamos e como chegamos àquela conclusão, mas a intuição já nos apontou.

Há um filósofo inglês que foi magistrado. Ele se pôs a pensar a respeito de como emitir suas decisões. Ele começava a ler o processo, lia a primeira página, a segunda, ia lendo, até que, num determinado momento, disparava a intuição, apontando que, por exemplo, o direito estava do lado do autor. Por que na p. 83, e não na p. 118? Por quê? Isso ele não sabia explicar. Às vezes, logo no começo do processo ele já sentia, já disparava a intuição: o autor tem razão, ou o réu tem razão. Muito bem. Quando ele se certificava dessa intuição, ele passava a fundamentar em termos intelectuais aquilo que ele já houvera decidido pela intuição. E aí ele faz um elogio à *intuição*. A essa intuição que faz com que pessoas já nasçam, muitas vezes, por um problema genético ou por outros elementos que eu não sei propriamente identificar, com vocação para serem artistas, para tocar piano, e tocam de ouvido, sem nunca terem aprendido, e outros não têm a menor noção – aquele tem, dizem que ele tem o "dom" do piano, mas isso é a intuição. *Intuição* de que Nicolai Hartmann, tratando dos valores, diz: "A intuição é emocional sim, mas é intuição emocional composta eideticamente". *Eidética* é a busca das essências, da fenomenologia, a redução fenomenológica consiste em ir despojando o objeto que queremos conhecer, e despojando até chegar a um ponto em que não dá mais, é a chamada *unidade irredutível*, vai um pleonasmo, unidade irredutível do objeto. Para conhecer o objeto, isso nós fazemos automaticamente. Quando olhamos para uma carteira, por exemplo, ela é enfeitada de várias maneiras, ela é de um tipo completamente diferente de outras, mas nós diremos imediatamente: é uma carteira. Por quê? Porque nossa mente faz essa redução, vai despojando o objeto de tudo aquilo que não é essencial, e fica apenas com o *eidos*, com a essência.

Pois bem. Nicolai Hartmann, que é seguidor de Hessen, diz que os valores pressupõem a intuição emocional eideticamente promovida, quer dizer, a intuição emocional ao mesmo tempo em que se faz essa redução. Nós examinamos um caso – naturalmente, aqui, os exemplos são todos voltados ao Direito, à justiça –, examinamos um processo, vamos tirando tudo aquilo que não diz muito respeito, o excesso de retórica, o excesso de provas etc., e chegamos a um último reduto, e sobre aquilo atua a nossa intuição.

Então, vejam, tudo isso é muito interessante pensar, na medida em que o Direito tem sempre o dado axiológico. Nós não podemos nos livrar do dado axiológico. Em Teoria do Conhecimento os autores já dizem: "Os objetos naturais podem ser surpreendidos no espaço e no tempo, são objetos empiricamente examinados, observados, e o ato cognoscente é a explicação pela lei da causalidade física"; já, com relação aos atos do mundo ideal, os números, conceitos etc., o ato cognoscente é a intuição intelectual, que não é a intuição emocional da qual falamos; intuição intelectual.

Agora, quando chegamos aos objetos culturais, onde há um suporte físico e junto dele, em termos de aderência, o valor, como nós vimos, inexoravelmente, porque onde houver o Direito haverá o valor, o ato cognoscente é sempre a *compreensão*. Muitas vezes nós dizemos "compreender" um teorema matemático, mas a palavra certa seria "demonstrar" o teorema matemático, porque, aí, é pela intuição intelectual. No caso dos objetos culturais, pela presença do valor, o ato cognoscente chama-se *compreensão*. É por isso que nós *compreendemos o Direito*. O Direito que passa como um texto qualquer pelas três funções hermenêuticas – *leitura*, *interpretação* e *compreensão*. Eu leio o texto, depois desenvolvo o processo de interpretação até um determinado momento, em que eu passo a compreendê-lo.

É claro que eu posso voltar, reler o texto; então, voltam a função *leitura*, a função *interpretação*, e eu chego a uma outra *compreensão*. E assim vou até o fim da existência. Mas essas três funções são inerentes a toda compreensão. E a compreensão é o modo como nós devemos examinar os objetos culturais. Por quê? Porque aí está o valor. E o Direito sempre traz o valor. Ora, *segurança jurídica* é um valor da mais alta relevância. Alguns dizem que ele está implícito no tempo, ele está explícito nas normas, no Preâmbulo da Constituição – alguns dizem: "Não, essas não são normas jurídicas, não têm o teor de juridicidade". Têm exatamente o mesmo teor, apenas não estão articuladas na forma dos outros dispositivos, em parágrafos, incisos, alíneas. Mas o Preâmbulo da Constituição é um trecho muito bonito da Constituição Brasileira, eu tive a oportunidade de ler em São Luiz do Maranhão, no dia 5 de outubro, quando foi aprovada a Constituição, há 17 anos, 17 anos passados. Naquele dia fazia aniversário o texto constitucional, e eu tive a oportunidade de ler.

Pois bem, é uma proclamação de valores, é uma proclamação de programas – que o legislador Constituinte chama, aqui, de *programas*, ali, de *valores*, porque programas nada mais são que valores. Programas, valores, projetos, procedimentos – e por que *procedimento*, *projeto* e *programa* são valores? Porque eles não existem sem estar preordenados à realização de um fim, e o fim é um valor enquanto tomado como razão de ser da conduta.

Portanto, eu pretendo ter feito algumas reflexões sobre o *princípio da segurança jurídica em matéria tributária*. O que nós temos de concreto é que vivemos uma situação crítica, temos que tomar consciência e planejar nossas ações, assim como as autoridades governamentais também. Acho que elas estão bem conscientes, porque estou me colocando na posição de contribuinte, de sujeito passivo de imposições tributárias. Portanto, as entidades tributantes estão tomando consciência.

Agora, todo esse empenho do Fisco e do contribuinte deve estar pautado segundo os princípios constitucionais brasileiros; princípios que são, hoje eu diria, *valores*. Valores manifestamente apresentados em dicções inequívocas ou valores implicitamente contidos, mas com a mesma força dos valores manifestados no texto.

Agradeço imensamente a atenção de todos, e cumprimento, mais uma vez, a Direção do Instituto Geraldo Ataliba por este Congresso cheio de emoção, por aquele "telão" de ontem, onde o Prof. Geraldo Ataliba, 10 anos depois, com todo aquele poder retórico, com toda aquela força de expressão, com todo aquele entusiasmo, volta a nos transmitir mensagens inesquecíveis. Muito obrigado a todos! [*Palmas*]

Prof. Eduardo Domingos Bottallo – Meus prezados Congressistas, o Instituto Geraldo Ataliba tem sempre, ao longo desses quase 20 anos de realização de Congressos, contado com a participação muito intensa do Prof. Paulo de Barros Carvalho. Nos últimos 10 anos o Prof. Paulo de Barros Carvalho tem sido uma referência singular do nosso Instituto, e essa referência singular, que o Prof. Paulo de Barros Carvalho é, faz com que praticamente todo ano a gente o convide para que se encarregue de uma das conferências do nosso certame.

Este ano nós havíamos reservado para o Prof. Paulo uma missão sobretudo relevante, mas espinhosa, do ponto de vista emocional, que era exatamente abrir este Congresso, pedindo a ele que fizesse a grande e inicial homenagem à figura de Geraldo Ataliba, dada, evidentemente, a íntima relação que ambos mantiveram durante a vida do nosso inesquecível Mestre.

O Prof. Paulo de Barros Carvalho, como todos sabemos, desempenhou com grande galhardia essa missão, que eu sei que para ele foi muito espinhosa, exatamente por causa desta carga emocional que ela contém. Mas os fatos quiseram que a gente também acabasse convocando novamente o Prof. Paulo, para que ele não quebrasse a tradição de ser um dos nossos permanentes conferencistas durante o Congresso.

É claro que as razões que fizeram com que o Prof. Paulo hoje assumisse a responsabilidade de fazer essa exposição são indesejáveis. A dor que o Min. Velloso deve estar sentindo é muito forte. Mas, de qualquer forma, tenho certeza de que nós todos ficamos bastante enriquecidos com essa exposição, com a profundidade das idéias do Prof. Paulo e, sobretudo, com esta grande capacidade que ele tem de associar seu pensamento a objetivos de ordem prática, objetivos de ordem material, no sentido de mostrar que o pensamento científico, por mais profundo que possa ser, sobretudo no campo do Direito, há de estar sempre ligado à realidade social.

Eu quero mais uma vez, então, Prof. Paulo, agradecer de coração, em nome de todos nós, por se ter desincumbido com tanta galhardia desse encargo de última hora que nós – no bom sentido – impusemos. Afinal de contas, o Prof. Paulo é nosso Presidente Honorário, e a gente, às vezes, abusa um pouco dessa condição.

Queria avisar que faremos, agora, a realização das Oficinas que estavam programadas. E, para que não haja maior demora, eu pediria aos Colegas que se dirigissem já às salas onde essas Oficinas se realizarão, dentro das opções que foram feitas anteriormente, e eu vou anunciar aqui.

Os Colegas que irão participar da Oficina a respeito de "Processo Judicial e Administrativo" deverão dirigir-se ao Auditório Casa Blanca. Os Colegas que irão participar da Oficina sobre "Imposto sobre Serviços de Qualquer Natureza", à Sala Sidney Dubay. E os Colegas que irão participar da Oficina sobre "Contribuições Sociais", à Sala Elizabeth Lisboa.

Prof. Paulo está me dizendo que o Auditório Casa Blanca é este aqui, de modo que quem for participar da Oficina sobre processo fique onde está, não é? E os demais, por favor, dirijam-se às outras salas, para darmos continuidade aos trabalhos.

Muito obrigados a todos; mais uma vez, muito obrigado, Prof. Paulo! [*Palmas*]

CONFERÊNCIA

PROF. GERALDO ATALIBA

[O XIX Congresso Brasileiro de Direito Tributário prestou uma homenagem à memória do Prof. Geraldo Ataliba através da exibição de um vídeo de palestra por ele proferida em 1994.]

CONFERÊNCIA

CONTRIBUIÇÕES SOCIAIS NO SISTEMA TRIBUTÁRIO

PROF. JOSÉ EDUARDO SOARES DE MELO

PRESIDENTE DA MESA (PROF. EDUARDO DOMINGOS BOTTALLO) – Prezados Colegas, vamos reiniciar nossos trabalhos com a conferência a cargo do Prof. José Eduardo Soares de Melo, que será apresentado pelo Prof. Paulo Ayres Barreto, a quem, agora, passo a palavra.

PROF. PAULO AYRES BARRETO – Digníssimo Presidente desta Mesa, Prof. Eduardo Domingos Bottallo. Muito me apraz, muito me honra, o fato de ter sido escolhido pela Diretoria do Instituto Geraldo Ataliba – IDEPE para saudar o Prof. José Eduardo Soares de Melo.

Cumprirei este relevante mister na condição de aluno, amigo e admirador deste notável Jurista. Sobejamente conhecido por todos os que se dedicam ao estudo do direito tributário, o Prof. José Eduardo Soares de Melo é jurista de predicados incomuns. Tudo em sua carreira acadêmica, em sua atividade profissional, refoge aos padrões de normalidade.

Destaca-se inicialmente sua titulação acadêmica. Graduou-se em Direito pela USP, pela Faculdade de Direito do Largo de S. Francisco, nossa velha e sempre nova Academia. Tornou-se Mestre, Doutor pela PUC/SP. Faz parte do restritíssimo grupo de professores livre-docentes do Brasil – grupo, esse, que, em matéria tributária, talvez seja possível contar nos dedos da mão. Por força dessa sua invulgar titulação, o Prof. José Eduardo Soares de Melo tem participado de diversas Bancas Examinadoras em teses de Mestrado e Doutorado na USP, na PUC, na Universidade Mackenzie, na Universidade Federal do Paraná, na Federal de Minas Gerais e no Centro de Extensão Universitária.

Com todos esses títulos, exerce atividade docente com entusiasmo contagiante. Tenho a oportunidade de sempre verificar o cuidado, o zelo, o carinho, com que o Prof. José Eduardo Soares de Melo prepara cada uma das suas manifestações. Por mais conhecido que seja o tema, por mais sobejamente por ele já tratado o assunto, ele tem sempre o cuidado de preparar cada uma de suas manifestações com extremo zelo e cuidado.

É Professor Associado da PUC/SP e Membro do seu Conselho Departamental. Foi durante 10 anos Professor de Direito Tributário da Escola de Administração de Empresas da FGV. É, atualmente, Professor em inúmeros Cursos de Especialização em Direito Tributário, dentro os quais destaco os cursos do próprio Instituto Geraldo Ataliba – IDEPE, do Instituto Brasileiro de Estudos Tributários do IBET, da GV *Law*, e Cursos de Especialização que se realizam em todo este país.

É verdadeiramente impressionante a quantidade de convites que recebe anualmente o Prof. José Eduardo Soares de Melo para se apresentar aos mais seletos auditórios, seminários, congressos, simpósios, que se realizam nacional e internacionalmente. No âmbito internacional o Prof. José Eduardo é *Visiting Schoolar* da Universidade da Califórnia, em Berkeley, onde passou um bom tempo dedicando-se única e exclusivamente a conhecer outros sistemas, estudar, trocar idéias com professores no âmbito internacional. Diretor Acadêmico do Instituto Geraldo Ataliba – IDEPE, e durante vários anos Diretor e Conselheiro do Instituto dos Advogados de São Paulo.

No plano profissional, o Prof. José Eduardo Soares de Melo é um advogado vitorioso e um parecerista requisitadíssimo. Foi durante 24 anos Juiz do Tribunal de Impostos e Taxas de São Paulo. Nesse Tribunal exerceu efetiva liderança, e suas lições, que sempre influenciaram aquele Tribunal, continuam até hoje sendo acatadíssimas e influenciando decisivamente a jurisprudência desse que é um dos mais respeitáveis Tribunais Administrativos do Brasil.

Impressiona fortemente a produção científica do Prof. José Eduardo Soares de Melo. Tem vários livros publicados, dentro os quais se destacam *O Imposto sobre Produtos Industrializados na Constituição*, *Contribuições Sociais no Sistema Tributário*, *Curso de Direito Tributário*, *ICMS, Teoria e Prática*, já na 8ª edição, *ISS – Aspectos Teóricos e Práticos*, na 4ª edição, *A Importação no Direito Tributário*, *Imposto sobre Serviço de Comunicação*, *A Não-Cumulatividade Tributária* – este, em co-autoria com Luiz Francisco Lipo – e *Impostos* – em co-autoria com Leandro Paulsen.

Podem perceber os Srs. que o Prof. José Eduardo Soares de Melo já cuidou à exaustão das contribuições, do ISS, do IPI, do ICMS, e tem seu *Curso de Direito Tributário*. Portanto, toda vez que se realiza um congresso, um simpósio, um evento, e que se estabelece uma Mesa sobre determinado tema, o nome do Prof. José Eduardo Soares de Melo vem naturalmente, porque ele está sempre apto a cuidar de contribuições, de IPI, de ISS ou de qualquer tema geral de direito tributário.

É autor, ainda, de ensaios e centenas de valiosos artigos publicados em obras em co-autoria e revistas especializadas em direito tributário. Como os Srs. podem perceber, não há tema relevante de lei tributária que não tenha sido objeto da meditação profunda do Prof. José Eduardo Soares de Melo. Em conseqüência da relevante contribuição à Ciência do Direito.

Segue Souto Borges, que, no seu *Ciência Feliz*, diz: "A meta de todo caminho do pensamento deve ser o saber do coração", um ensaio de felicidade. E, se o caminho escolhido foi o da Ciência, que seja uma Ciência feliz.

É, acima de tudo, um ser humano extraordinário. Família bem-constituída; e, nesse sentido, não há como falar do Prof. José Eduardo Soares de Melo sem fazer menção à sua esposa, a Tancinha, sempre presente, acompanhando o Prof. José Eduardo Soares de Melo de forma muito efetiva – a ponto de, certa feita, num desses jantares em que se reúnem os tributaristas do Brasil, se ver a Tancinha discutindo vivamente com Norberto Bobbio –, com paciência, porque, acima de tudo, é uma grande companheira.

Apesar da sua ditosa atividade profissional, brilhante carreira acadêmica, José Eduardo Soares de Melo é uma pessoa simples, que não fala de si mesmo, segue as lições do Padre Vieira: "Faça virtude por cautela, porque quem faz bem foge da luz e não quer ser visto. Porque faz bem, porque a luz é o maior perigo das boas obras. A virtude é como segredo, só se conserva se oculta".

Assim é José Eduardo Soares de Melo. Vamos ouvi-lo! [*Palmas*]

PROF. JOSÉ EDUARDO SOARES DE MELO – Em primeiro lugar, quero agradecer as gentis palavras do Paulo Ayres – o que não é novidade. E poderia devolver todos os elogios, porque o Paulo é também uma pessoa discreta, uma pessoa simples, mas com convicções jurídicas doutrinárias profundas. E não cansamos de repetir que na semana passada se submeteu a rigoroso exame para Doutorado na PUC, e obteve a nota 10. Também fico feliz com a companhia do Bottallo, esse homem multifacetário, muitas atividades, que é o nosso grande "guru", o nosso grande Jurista.

Quero apenas fazer, aqui, uma crítica ao Paulo, que fez uma omissão: não falou das minhas netinhas. Eu acho que, se elas estivessem aqui, iam ser muito mais agradáveis que me ouvir falar durante uma hora. Mas iriam criar um pouco de confusão.

Antes de começar a falar sobre o tema que escolhi, quero evocar as palavras do Ataliba, porque a minha vida profissional e pessoal foi muito marcada pela influência do Ataliba; aliás a de todos nós. Mas não vou, aqui, destacar os dotes jurídicos, intelectuais, que todos conhecem, já foi muito repetido. Apenas referir a década de 70, naqueles cursos da PUC, aos sábados pela manhã, de que o Bottallo e o Paulo já faziam parte – o Roque acho que usava calça curta, e espiava pela janela –, eram cursos empolgantes; íamos para a PUC, para o TUCA, às 8:30h da manhã, e ficávamos até as 3, 4h da tarde. Esse foi o grande entusiasmo pelo seu vigor científico e tudo que nos transmitiu.

Depois, um pouco mais adiante, quando fui fazer o Mestrado, escolhi e tive a felicidade de ele aceitar ser meu Orientador, e ocorreu uma das primeiras realizações: a publicação do meu primeiro livrinho de IPI.

Num outro momento da vida, trabalhando sempre em empresa, pensava em outra atividade. Mas havia dificuldades – para onde vou, o que eu faço? Aí, Ataliba estendeu a mão, e tive durante algum tempo o convívio no seu escritório, sendo vizinho de sala do Cléber Giardino e do Aires, e durante um tempo assistente na USP. E, depois, todos esses Congressos (só não participei do I Congresso), assistindo aqui, com vocês, depois aqui na Mesa, contando com a generosidade dos amigos do IDEPE.

Ataliba teve grande influência na minha vida profissional, na minha vida acadêmica. E também reitero a participação da minha família, minha mulher e meus filhos, que vieram aqui para bater palmas e vão ficar até o fim. Espero que vocês também o façam.

***

Eu havia escolhido um tema relativo à tributação dos serviços (âmbito do ISS, PIS, COFINS, ICMS) na visão conceitual e prática. Porque, embora eu já lecione há muito tempo, minha formação, meu dia-a-dia, é como advogado. Penso que a teoria é muito importante para examinarmos os textos legais e sabermos também fazer sua aplicação prática.

Depois de ouvir a palestra do Bottallo, fiquei um pouco complicado, e resolvi mudar minha fala. E o que pretendo fazer com vocês nessa hora, para não cansá-los? Tratar das contribuições sociais, uma visão panorâmica das contribuições sociais dentro do contexto constitucional e segundo suas aplicações práticas e, primacialmente, dos grandes problemas que têm sido enfrentados pelos empresários, pela Receita Federal e perante a Justiça. E sempre me sirvo das lições do Ataliba, ou seja, toda essa invocação levando em consideração aquilo que ele tanto enaltecia, o regime jurídico tributário, os princípios constitucionais tributários e a incidência da tributação sobre os negócios jurídicos privados ou negócios jurídicos públicos.

Então, pautado nessa diretriz, vou fazer algumas considerações sobre as contribuições sociais no sistema tributário. Vejam o seguinte, em qualquer estudo que venhamos a fazer sobre matéria tributária, temos que nos deter na Constituição Federal, embora as medidas provisórias, os regulamentos, sejam importantes para sabermos qual será a diretriz fazendária, como é que eu devo aplicar, como devo orientar aquele meu cliente, ou, mesmo, numa sala-de-aula, em termos práticos, como está pensando a Receita Federal. Se não fizer uma análise da Constituição Federal, dentro dos seus conceitos, dos seus princípios e Das figuras tributárias, de nada adiantará.

Então, como é que eu devo examinar a Constituição no tocante às contribuições sociais? É claro que, se nós lermos apenas o Sistema Tributário Nacional (arts. 145-156 da CF), encontramos as figuras tributárias. O art. 153, o art. 155, o art. 156, são muito precisos ao dispor sobre as competências relativamente aos impostos, às taxas, até há vaga menção à contribuição de melhoria e aos empréstimos compulsórios do art. 148. Mas é verdade que as contribuições sociais estão esparramadas no texto constitucional. Não posso apenas olhar o art. 149 e verificar a competência da União para instituir as contribuições sociais, de intervenção no domínio econômico e as de interesses de categorias econômicas ou profissionais. Isso não basta.

Nós todos, aqui, aprendemos que a melhor interpretação, o melhor exame da matéria jurídica, é segundo a visão sistemática. E olhando a Constituição, vamos verificar que em outros tópicos do texto constitucional encontramos as figuras das contribuições sociais. Elas estão dispostas no art. 195, as contribuições da seguridade social, seja quando se refere aos sujeitos passivos das obrigações tributárias (o empregador, a empresa, a entidade equiparada, os trabalhadores), seja quando trata da sua materialidade ou base de cálculo, no que concerne a receita, faturamento, ao lucro, até às receitas de concursos de prognósticos, ou mesmo quando cogita do PIS/ COFINS de importação.

Então, nesse primeiro momento, o exame do texto do art. 149 e do art. 195 se revela fundamental. Mas as contribuições não se encontram apenas nesses preceitos, sem esquecer o art. 149-A, que instituiu essa malsinada figura da COSIP, a contribuição sobre serviços de custeio da iluminação pública, que nada mais é que aquela disfarçada "taxa de iluminação pública".

Nossa análise, no âmbito das contribuições, tem que ser mais abrangente. E, assim, examinaremos também outras figuras esparsas – o que vou fazer num exame detido nesse curto espaço de tempo: as contribuições para o PIS/PASEP, mencionadas no art. 239 da CF; as contribuições do sistema "S", os serviços sociais privados, implicitamente previstos no art. 240; o art. 212, § 5º, que trata do salário-educação; e algumas coisas soltas, como CPMF; emenda constitucional; o art. 7º, III (FGTS).

Então, essa visão permite um primeiro conhecimento das contribuições sociais. Como dizia Ataliba, é imprescindível precisar o regime jurídico tributário. Por quê? Ao lado do regime jurídico tributário encontramos, a partir do art. 194 da CF, o regime jurídico previdenciário, que foi tanto enfatizado no vídeo a que assistimos na 2ª feira. O princípio da solidariedade tem que ser considerado como forma de eqüidade. Não significa que todos têm que pagar para Previdência Social, mas sim de uma forma equânime, eqüitativa, a distribuição das cargas tributárias.

O regime jurídico é imprescindível em qualquer estudo, curso, em qualquer congresso. Quando estamos examinando uma obrigação de recolher dinheiro aos cofres públicos, preciso ver se essa obrigação decorre de uma multa, de uma indenização, de uma situação contratual ou de figura tributária. Embora o Ataliba criticasse muito o Código Tributário Nacional, no próprio célebre livro *Hipótese de Incidência Tributária*, acabou aceitando a definição do art. 3º, estabelecendo que se trata de prestação pecuniária compulsória, instituída em lei, e cobrada mediante atividade administrativa plenamente vinculada. E até firmou um conceito constitucional de "tributo". Por quê? Porque, no âmbito das contribuições, encontramos as *contribuições compulsórias*, ou seja, há uma previsão, a tal da hipótese de incidência, a figura é abstrata na lei, e a situação concreta real, que por aquele fenômeno da adequação (subsunção), nasce a obrigação tributária.

Ao lado dessas contribuições compulsórias, que rapidamente mencionei, também vislumbramos *contribuições facultativas*. E uma delas se encontra no art. 8º da CF, que trata da contribuição confederativa. Sabemos que a filiação a sindicato é facultativa. Sou obrigado a estar inscrito na OAB, posso fazê-lo com relação ao Instituto, Associação, ou até mesmo sindicato. E muitas vezes, no nosso escritório de Advocacia, recebemos aquele carnê do sindicato. Nada tenho contra o sindicato, talvez até preste maravilhosos serviços. Mas não sou obrigado a me filiar ao sindicato. E qual é o resultado que decorre de esta contribuição confederativa ter, ou não ter, regime tributário, como já existe súmula do STF? É que, se tiver regime tributário, devem ser observados todos aqueles princípios que, dia a dia, lemos, aprendemos e aplicamos na nossa atividade profissional: *legalidade*, *tipicidade*, *retroatividade*, *anterioridade*, *isonomia*, *vedação de confisco*, *capacidade contributiva*. E se aquela figura jurídica – a contribuição confederativa – não tiver natureza tributária, o que acontece? Se eu me filiar ao sindicato, acredito que aquela exigência (fixação do valor) não necessita ser veiculada por uma lei, poderá sê-lo por uma resolução, por uma decisão de assembléia. Se não tem natureza tributária, pode ser exigida, instituída, no mesmo exercício em que se tratou dessa matéria.

Então, o regime jurídico é fundamental. E – como já foi reiterado pelo Paulo no primeiro dia – temos que verificar onde se situam as contribuições sociais no plano das *espécies tributárias*, sempre relembrando que essas classificações não são necessárias, elas são úteis. E o STF já fez a classificação das contribuições sociais, no magnífico voto do Min. Velloso, quando apreciou assunto relativo à contribuição social sobre o lucro. Então, essa classificação é sobremodo útil. Aqui sou um pouco rebelde, pois discordo da classificação de tributo em *vinculado* ou *não-vinculado*, porque, a partir da Constituição de 1988, as contribuições sociais passaram a ter uma característica que vou abordar com vocês.

Ao lado dos impostos, que vemos arrolados nos arts. 153, 155 e 156 da CF, que, pela sua simples leitura, não revelam não uma atividade do Governo; quando esses preceitos tratam de importação, exportação, operações sobre o crédito, operações mercantis, prestação de serviços, estamos diante de negócios jurídicos privados de que o Governo não participa, e, por ter realizado esses negócios, tenho que puxar o dinheiro do bolso e pagar o imposto.

Contrariamente, quando estamos diante de serviço público específico e divisível, prestado ou colocado à disposição do contribuinte, e do exercício regular do poder de polícia, a CF, no art. 145, é clara, estamos diante de uma taxa; é o *tributo vinculado*.

Não há novidade alguma no que estou dizendo, apenas vou tentar colocar a contribuição social num regime jurídico diferenciado, com certas implicações tributárias.

Mas qual é a importância de pensar no vinculado ou não-vinculado? É o princípio que decorre e tem que ser aplicado cada vez que se mexe num imposto ou numa taxa. Quando o art. 145, § 1º, da CF cogita do *princípio da capacidade contributiva*, só é aplicável aos impostos. Por quê? Porque cada negócio jurídico revela uma densidade econômica e só deverei pagar, acoplado aos princípios de proporcionalidade, progressividade, universalidade, na medida em que há um fato jurídico que eu pratiquei, uma situação jurídica que diga respeito à minha pessoa privada – o princípio da capacidade contributiva. Contrariamente, o que norteia a taxa é o *princípio da retributividade*.

Eu teria também que mencionar que as outras figuras tributárias revelam princípios específicos. A própria contribuição de melhoria, à qual a Constituição dedica uma simples linha, fala o seguinte: "Tem que pagar contribuição de melhoria quando ocorre uma obra pública e uma valorização imobiliária" – é o *princípio da proporcionalidade*, da valorização daquele imóvel. O próprio empréstimo compulsório do art. 148, que a Constituição expressa: "Tem que pagar compulsório"; não é porque alguém vendeu, porque alguém comprou ou que se prestou um serviço, tem que se dar um dinheiro para o Governo porque ocorreu uma calamidade, um investimento público de relevante interesse nacional, e o princípio que norteia é o *princípio da devolução*, da restituição. Tanto isso é verdade que há muitos anos atrás, quando se criou a figura do compulsório do combustível, a lei que estipulou essa figura tributária estabeleceu que todos nós, quando colocássemos gasolina no carro, teríamos que pagar mais 28%, e que aquele dinheiro seria devolvido em quotas de um determinado fundo.

O STF estabeleceu a diretriz de que aquele tributo era inconstitucional, porque o que estava previsto implicitamente nessa figura tributária era a recomposição patrimonial. A contribuição é um imposto? A contribuição é uma taxa? Ela pode ser um imposto – e, aí, seguiria o princípio da capacidade contributiva quando nós estamos diante de um negócio do contribuinte (por exemplo, PIS COFINS). Quando uma empresa fatura, em razão de venda de mercadorias ou prestação de serviços, quando aufere lucro, estamos diante de um negócio mercantil. Então, esse negócio mercantil, muito similar ao ICMS, ao ISS, deveria seguir o princípio da capacidade contributiva. E qual é o efeito de seguir esse princípio? É que a carga tributária não pode ser elevada, não posso ter uma alíquota de contribuição social sobre o lucro de 20%, 30%, porque implica confisco, vedado pelo art. 150, IV, da CF

A contribuição social revela a característica de uma taxa basicamente numa contribuição do art. 195, quando dispõe que os trabalhadores têm que recolher ao INSS, ou seja, na medida em que nós, sendo autônomos ou sendo empregados, pagamos ao INSS, e esperamos que haja aquela retribuição através dos serviços. Mas vou um pouco mais adiante, e acho que a contribuição social não deve ser imposto ou taxa. Por quê? Porque é da natureza, é da essência da contribuição social a sua destinação. Pode haver desvio de finalidade, pode ocorrer malversação do dinheiro que a gente paga à Previdência ou paga a determinados fundos, mas a destinação é fundamental, seja para um fundo, seja para um órgão.

Muito felizmente, a Profa. Misabel Derzi, que esteve aqui e nos brindou com uma magnífica palestra sobre os limites constitucionais das contribuições sociais, e o Prof. Luciano Amaro elaboraram trabalhos monumentais, há cerca de 20 anos, na *RDTributário* 55 – quem tiver oportunidade de ler, eu recomendo que o faça –, sobre a classificação dos tributos. E ali os dois juristas disseram o seguinte: o que interessa, o timbre, a nota marcante da contribuição social, o *plus* constitucional, é sua destinação. É verdade que uma grande parte da doutrina respeitada diz que no direito tributário temos que nos preocupar com o nascimento da obrigação tributária e sua extinção. Para onde vai o dinheiro é irrelevante, isto não é matéria tributária, é matéria financeira. Mas me parece que o texto constitucional tem uma direção diferente. O próprio Prof. Ataliba dizia – e sempre defendeu isso –, ele mesmo, aqui, na sua palestra mostrada em vídeo mencionava o seguinte: temos um norte, uma direção, não podemos seguir em direção diferente. Então, quando se cria uma contribuição social e essa destinação é banalizada, vulgarizada, e não se direciona para um determinado fundo, para um determinado órgão, podemos cogitar da sua inconstitucionalidade. E essa questão da destinação nos leva também a examinar um outro ponto fundamental das contribuições sociais: a questão da *parafiscalidade*.

A parafiscalidade, segundo se aprende, é figura que foi criada na época da II Guerra Mundial, quando havia necessidade de recursos momentâneos para fazer face a catástrofes. As pessoas morriam, havia problemas de saúde, e, se se fosse criar uma figura tributária, arrecadar dinheiro, passar pelos cofres públicos, para o Tesouro Nacional, não adiantaria mais nada. Então se pensou, na França, o seguinte: vamos criar uma figura tributária em que a destinação do produto da arrecadação daquele tributo seja direcionada diretamente para um órgão, para a Cruz Vermelha.

Isto tem implicação com a chamada *capacidade tributária ativa.* O Prof. Roque, na monumental obra *Curso de Direito Constitucional Tributário*, examina muito bem a distinção. A competência é a aptidão para criar tributos, com embasamento constitucional, a capacidade nada mais é que o direito de fiscalizar, arrecadar, cobrar e receber aquele tributo. Vou tentar ser mais claro.

Quem pode criar contribuição social, basicamente, é a União, com exceção do art. 149-A, da CF, que trata da COSIP, que compete aos Municípios. Então, quem cria é a União, quem legisla é a União, mas a arrecadação no âmbito da seguridade social era para o INSS.

Então, esta capacidade é obrigatória, com âmbito constitucional no art. 165, II, da CF, que estabelece um orçamento específico para a seguridade social. Se o dinheiro é desviado, é um outro problema. Então, não se pode destinar para outro órgão. Há capacidade facultativa quando uma Prefeitura do Litoral entrega seus carnês de IPTU para um escritório de contabilidade fazer a cobrança ou entrega para um banco; isto não é obrigatório, mas se insere no âmbito da capacidade, também.

Então, desta forma, pensaria que estamos diante de cinco espécies tributárias, algumas com características parecidas com outras, mas que, tratando-se de contribuição social, a nota característica, o chamado "*plus* constitucional", muito bem observado pela Misabel e pelo Luciano, é a destinação a um órgão, a um fundo, seguindo o regime jurídico tributário.

Essas espécies tributárias, essas contribuições sociais, encontramos, em primeiro lugar, no art. 149 da CF. Trata competência da União, contribuições sociais genéricas, contribuições de intervenção no domínio econômico e contribuições de interesse de categorias econômicas ou profissionais. Em primeiro lugar, quais são essas contribuições sociais genéricas? Alguns doutrinadores dizem que é um primeiro elemento, contribuição social genérica, existindo outras contribuições que são previstas no texto constitucional, como o próprio salário-educação do art. 212, § 5º, ou a do art. 7º, III, a contribuição ao FGTS, que se amoldam àquela figura do art. 149. Há uma referência constitucional, mas não diz a Constituição quais são essas contribuições sociais genéricas. Depois vamos, rapidamente, voltar à elas.

Deparamos com as contribuições de intervenção no domínio econômico. Essas contribuições, chamadas "CIDEs", no passado já tiveram grande importância, quando o Estado era mais intervencionista. Vou dar dois exemplos. Uma delas é a contribuição para o IBC (Instituto Brasileiro do Café). Essa contribuição não foi recepcionada pelo novo texto, mas incidia em razão das exportações de café. Outra contribuição do passado era a contribuição para o IAA (Instituto do Açúcar e do Álcool), em razão das operações com essa atividade econômica. Vou dar um exemplo de uma contribuição anterior ao vigente sistema constitucional tributário que foi recepcionada pela Constituição, que é o denominado *adicional ao frete para renovação da Marinha Mercante*. O que é isso? Essa figura jurídica foi instituída em 1967, com o seguinte nome: "taxa de Marinha Mercante". Nós sabemos que o *nomen iuris*, a denominação, é irrelevante, não é só porque o art. 4º do CTN assim se expressa; é que precisamos conhecer o conteúdo, a essência. Então, essa contribuição foi criada com o nome de "taxa", e em razão do quê? Em razão de carregamento de bens, de mercadorias, em importação. Ora, não havia um serviço público específico e divisível, nenhum exercício regular de poder de polícia. Os importadores foram à Justiça. Mudaram a lei? Não, mudaram o nome do tributo, que passou a ser rotulado como "taxa de renovação da Marinha Mercante". Agora, estamos renovando a Marinha Mercante, não só para manter a Marinha Mercante anterior. O judiciário entendeu que era uma figura *sui generis*, não tinha natureza tributária. E foram se seguindo decretos-leis, até que surgiu a Constituição de 1988. E, aí, o que houve de importante? Essa contribuição poderia ser recepcionada? Por quê? Porque os Estados e o Distrito Federal passaram a ter uma nova competência, que é para instituir o "S" do ICMS, o serviço de transporte. Se já temos o imposto específico de competência estadual e distrital para tratar de serviço de transporte, como é que pode convalescer com uma figura que ninguém sabe bem o que é? Mas o STF, embora dois trabalhos jurídicos magníficos tivessem sido elaborados – um do Sacha e outro do Gilberto de Ulhôa Canto – mostrando que não tinha mais sentido tratar de uma contribuição se já havia um imposto específico –, entendeu que os dois deveriam coexistir, e disse uma coisa um tanto quanto triste na sua ementa, mencionando que pouco interessa e que não existe mais o Fundo de Marinha Mercante. Ora, se é da essência da contribuição destinar um fundo para reaparelhar aquela atividade que estaria temporariamente desarranjada! Todo aquele que realiza importação, além de se preocupar com imposto de importação, com IPI, com PIS/COFINS-importação, agora, com o ISS, deve também pensar no adicional da Marinha Mercante. E – o que é pior – esse adicional de Marinha Mercante é recolhido, se não houver o pagamento, por ocasião do desembaraço aduaneiro do bem importado, ninguém consegue entrar com aquele bem. Esse adicional compõe a base de cálculo do ICMS.

Esta contribuição é o exemplo típico daquela que foi recepcionada do sistema anterior. Mas, antes de analisar, rapidamente, as características dessas outras CIDEs, quando é que deveria ocorrer a instituição dessa contribuição? O texto constitucional cogita de dois vocábulos muito claros. Primeiro, "intervenção". Segundo, "domínio econômico". Se é intervenção, é a intromissão, a ingerência do Poder Público numa área que não é da sua atuação. Não teria sentido o Governo intervir numa área dele mesmo e arrecadar dinheiro dos particulares. Então, a intervenção só se justifica quando o Governo vai se intrometer, organizar, administrar e, então, arrecadar numa área do particular, numa área da atuação privada. Que é a tal da área do domínio público.

E o texto constitucional mostra, então, quais são as atividades públicas e as atividades privadas. As atividades privadas, nas quais o Governo pode intervir, estão previstas nos princípios do art. 170 da CF, como também Ataliba mencionou, há mais de 11 anos. E as outras atividades públicas, que são as atividades públicas genéricas, os serviços públicos específicos e divisíveis, onde encontramos o pedágio, as obras públicas, as atividades monopolizadas. Se isso já é da competência constitucional do Governo, da União, como é que ele vai intervir? Então, em primeiro lugar, a intervenção é numa área de um particular. Em segundo lugar, essa intervenção devia ser transitória, porque da essência do nosso texto constitucional – ou seja, diretriz constitucional – privilegiar o princípio da autonomia privada. O exercício regular de uma atividade econômica. Então, isto é temporário.

A indústria cinematográfica vai mal? Então, o Governo declara: "Vou intervir neste domínio econômico, preciso de um tanto de dinheiro, que vou arrecadar dos exibidores nacionais ou estrangeiros". E temporariamente, quando com essa massa de dinheiro conseguirá rearranjar, reorganizar, este segmento pertinente à ANCINE. Nenhuma CIDE tem essa característica de transitoriedade. E, mais ainda, deveria haver proporcionalidade e vinculação a uma determinada categoria profissional.

Os Profs. Bottallo e Roque elaboraram magnífico parecer, há três anos, quando foi criada a CIDE-combustível, que tem origem na Emenda Constitucional 33/2001, e que diz que nas operações com petróleo e combustíveis será instituída uma contribuição de intervenção no domínio econômico, alterando-se o texto do art. 149, nas importações, nas operações de comercialização do mercado interno. E dentre os inúmeros argumentos que foram arrolados pelos nossos queridos Mestres encontra-se a questão da *atividade monopolizada*. Se a atividade do petróleo é exercida através da PETROBRÁS, uma concessionária, não deixa de ser serviço público. O próprio Ataliba e o Aires sempre repetiram: o fato de um particular desenvolver atividade pública pelo regime de concessão não a muda de serviço público para serviço privado. Então, essa atividade monopolizada nunca poderia ser objeto de uma CIDE, de uma intervenção no domínio econômico. Mas parece que esse caminho não foi, aliás, muito bem observado.

Quando chegamos em casa, ou estamos no nosso escritório, ou no nosso estabelecimento, e pegamos a conta de luz, além de incidir o ICMS (calculado por dentro e calculado por fora), temos duas figuras, uma do FUST e a outra do FUNTEL. Essas duas contribuições – o próprio nome está dizendo – destinam-se a atividades de telecomunicações. Mas, se formos examinar cada um daqueles preceitos dessas normas que criaram FUST e FUNTEL, o que nós encontramos é destinação diversificada, até para hospital, para biblioteca. Então, não há – como deveria haver – uma plena vinculação: atividade particular, intervenção do Governo, destinação a um determinado fundo que estivesse indiretamente vinculado àquela atividade.

Voltando ao art. 149, encontramos também a contribuição de interesse de categoria econômica ou profissional. O Prof. Ataliba falou claramente sobre a contribuição para a OAB – se bem que a jurisprudência seja um pouco oscilante, hora dizendo que é tributo, hora dizendo que não é tributo. Mas, se for tributo, tem que seguir todo o regime jurídico tributário.

Passamos ao art. 149-A, que trata da contribuição para custeio do serviço de iluminação pública. Veio uma emenda constitucional – a Emenda 39 – e criou essa figura tributária. Então, de início, pensamos: se é uma nova figura, uma nova exigência, inserida no texto constitucional, tenho que pagar, recolher, por quê? Porque assim quis o legislador que está no Congresso Nacional. Mas não é bem assim. Precisamos verificar se cada modificação no texto constitucional se amolda às outras figuras jurídicas, se realmente se harmoniza com as outras espécies tributárias. E essa malsinada COSIP decorreu do fato de o STF ter entendido que a "taxa de iluminação pública" é um imposto disfarçado. Porque toda a coletividade se serve daquela rua que tem uma boa iluminação. O STF, pela Súmula 670, determinou que isto é inconstitucional. Se é inconstitucional porque não é imposto, e ela é um imposto e não é taxa, então, vamos criar a COSIP.

Passamos, agora, para as do art. 195 da CF, contribuições à seguridade social. O STF, em 1992, proferiu a primeira decisão relativa à contribuição social sobre o lucro. Ocorreu o seguinte. Veio a Constituição e dispôs que tem que pagar, agora, quem tiver lucro, resultado positivo das atividades operacionais, não propriamente aquele lucro do imposto de renda, que sofre alguns ajustes, mas quem tiver lucro tem que recolher 8% para o Governo. Só que as contribuições da seguridade, pelo próprio art. 195, têm que observar o período nonagesimal toda vez que instituídas e aumentadas, somente os fatos que ocorrem após 90 dias é que poderão ter efeito tributário. Mas o Governo não fez isso. Criou essa contribuição e sem esperar os 90 dias. Por quê? Porque as empresas geralmente apuram seus resultados ao final do exercício, 31 de dezembro, e, apurando seu exercício e havendo lucro, deveriam recolher. Se esperasse o período dos 90 dias, no dia 31 de dezembro daquele ano ainda estávamos nos 30 ou 40 dias, e os 90 dias só alcançariam os lucros auferidos e apurados no final do outro exercício. Houve a cobrança, foi-se ao Judiciário, e o STF, em junho/1992, relator o Min. Moreira Alves, entendeu, com base no princípio da anterioridade nonagesimal, citando o Prof. Roque Carrazza, que aquela contribuição não poderia ser exigida, porque violava o princípio da anterioridade e, mais, tinha natureza tributária.

Daí em diante não se discutiu mais. As contribuições previstas no art. 195, embora não estejam no capítulo do Sistema Tributário Nacional, têm natureza tributária e devem seguir todo o regime jurídico tributário, com algumas peculiaridades. A primeira, período nonagesimal; a segunda, que não se aplica a imunidade do art. 150, porque não se trata de imposto, aplica-se a isenção para o art. 195.

Quando foi promulgada a Constituição de 1988, o art. 195, I, nominou o sujeito passivo da obrigação tributária. Inicialmente se falava "empregador", depois se colocou "empresa ou entidade equiparada", a partir da Emenda 20/1998. E se diz também em razão do quê? Em primeiro lugar se cogitava de faturamento. Depois, com a Emenda 20/1998, passou a se tratar de faturamento ou receita. Em termos bem objetivos, o que se extrai daí? Quando se cogitou de faturamento, isso há mais de 20 anos, o Ataliba e o Cléber Giardino elaboraram um estudo, que deve estar na *RDTributário* 27 ou 28, analisando a inclusão da base de cálculo do PIS ou não. Diziam o seguinte: quando está escrito "faturamento", não devo entender apenas aquela empresa que emite documento chamado "fatura", porque nem todos são obrigados a emitir fatura, às vezes se emite um recibo, um cupom de máquina registradora. Vou ao supermercado e vou exigir uma fatura; então não é o papel "fatura", e sim o que está subjacente àquilo, que é a prática de negócios jurídicos, venda de serviços mercantis ou prestação de serviços.

O termo "faturamento" não era abrangente, mas as normas da Receita Federal, as portarias do Ministro da Fazenda, entendiam que "faturamento" se equiparava a "receita bruta". E nós sabemos, pelos princípios jurídicos, com a observância dos critérios contábeis, que "receita" são aqueles valores que ingressam no patrimônio do contribuinte não com caráter de transitoriedade, que esses seriam os meros ingressos, meras entradas, como o Bottallo nos demonstrou, aqui, na aula do ISS, tratando da base de cálculo, preços de serviço. A empresa, uma loja de calçado, vende a mercadoria, ocorre operação mercantil; além do ICMS, vai pagar a COFINS e vai pagar o PIS, porque realizou um ato que teria implicação com o faturamento. Mas se essa própria loja de calçados, essa empresa, fizer uma operação no mercado de capitais e receber dividendos, ou, então, alugar algum imóvel, algum terreno, que ela tenha, vai auferir outro resultado operacional, que – esse, sim – pode ser classificado como "receita".

A Lei Complementar 7/1970, do PIS, e a Lei Complementar 70/1991, da COFINS, que falam de "faturamento", permaneceram até novembro/1998, quando foi editada a Lei 9.718, que passou a tratar de "receita". Mas somente a Emenda 20/1998, de 15 de dezembro, é que tratou de "receita". Então, não poderíamos aplicar uma norma constitucional com efeito retroativo.

O próprio STJ, que acompanhava esse entendimento da equivalência entre "receita" e "faturamento", passou a entender que estaríamos alterando um conceito – instituto de direito privado –, violando os arts. 109 ou 110 do CTN. Essa é a discussão que se coloca.

Só para lembrar que quando a Constituição foi promulgada se tratava do sujeito passivo "empregador". E logo se discutiu sobre aquela pessoa que tem faturamento, e que aufere receita, mas não tem empregado algum; uma corretora de valores ou, então, alguns amigos que se reúnem e criam uma locadora de vídeo, não têm empregados. Então, é empregador de quem? Essa discussão foi célebre no STF. Embora quatro TRFs entendessem que "faturamento" tinha sua equivalência em "receita", o Tribunal da 5ª Região – onde estava o Min. Hugo de Brito Machado –, disse que não, que era um conceito da Consolidação das Leis do Trabalho que foi recepcionado pela Constituição. Então, se na Consolidação das Leis do Trabalho só existe empregador quando existe empregado, empresa que não tem empregado não tem que pagar. Foi como decidiu o STF também na questão da folha de salário, ou basicamente na folha de salário cujo efeito repercute no empregador.

"Folha de salário" é característica típica da Consolidação das Leis do Trabalho. Só quem tem empregado é que pode e tem que pagar salário, os demais rendimentos não têm essa natureza. E, quando o STF decidiu que era inconstitucional essa exigência tributária, imediatamente baixaram a Lei Complementar 84. Aí continuamos no exame dessas contribuições da seguridade social, encontramos uma regra nova, que é uma contribuição na importação de bens. E, aqui, faço o seguinte paralelo. Há uma emenda constitucional – Emenda 42 – que mexeu no art. 149 e que alterou o art. 194, e nesses dois preceitos se diz que se tem que pagar PIS e COFINS em importação de quaisquer bens ou na importação de serviços prestados no exterior. Isto foi no ano passado, e logo foi editada uma lei federal dizendo que quem promover as importações de bens ou quem contratar serviços no exterior e for remunerar esses serviços, um serviço pago, também tem que recolher PIS e COFINS, isto está na Constituição, isso é objeto de questionamento.

Ontem, aqui, numa das Oficinas, questionamos também uma matéria que está sendo examinada pelo Judiciário, que é a própria base de cálculo desse PIS/COFINS-importação. A Emenda 33 dispôs que quem tiver que pagar tem que considerar o valor aduaneiro. "Valor aduaneiro" não é uma expressão criada por qualquer administrador tributário; o valor aduaneiro decorre do chamado Acordo de Valoração Aduaneira, que são normas que têm que ser observadas, as normas do GATT, as normas do MERCOSUL, que integraram nosso ordenamento jurídico. E nessa compreensão do "valor aduaneiro", que tem cinco métodos de apuração complicados, não se cogita desses tributos. Então, quando vem o legislador – e esta é a parte tormentosa – e diz que quem importar terá que pagar PIS e COFINS-importação, a base de cálculo será o valor aduaneiro com os acréscimos do imposto de importação, do IPI, do ICMS, das próprias contribuições, do ISS, é tributo sobre tributo, isso é inconstitucional. Em primeiro lugar, fere as regras do valor aduaneiro.

Um outro problema prático que também surge com relação ao PIS/COFINS-importação é relativo a *serviço*. Se no âmbito municipal nós temos uma Lista muito criticável anexa à Lei Complementar 116/2003, para pagar ISS, podemos dizer se aquilo é serviço ou não é serviço. Mas no âmbito do serviço prestado no exterior a norma apenas estabelece o seguinte: houve um serviço no exterior; quando for ocorrer o fato financeiro, remessa, entrega, pagamento, crédito, tem que recolher. Mas que serviço é esse? Não existe uma lista internacional. Será aquele serviço que nosso direito privado entende como aquela obrigação de fazer? E dou o exemplo célebre da locação/arrendamento mercantil.

Mesmo o STF há mais de quatro anos tendo decidido que locação não é serviço, é cessão do espaço, é obrigação de dar, a Lista a prevê no subitem 3.01, vetado, mas logo adiante arrola outras situações de locação. Daria a seguinte opinião: quando se for fazer o pagamento relativo a um serviço prestado no exterior e esse não tiver a natureza de "serviço" – exemplo: o famigerado arrendamento mercantil, o *leasing*, que agora o STF diz que tem que pagar ICMS –, então, poderemos cogitar da sua discussão.

O art. 239 da CF trata especificamente de contribuições para o PIS e para o PASEP e se refere às Leis Complementares 7/1970 e 8/1970. Alguns doutrinadores entendem que o fato de a Constituição ter feito referência expressa a esses dois diplomas normativos engessou os elementos da obrigação tributária – fato gerador, base de cálculo – nos moldes da referida legislação. Mas isto está um tanto quanto ultrapassado. Essas contribuições não estão no capítulo da seguridade social. Se não estão no capítulo da seguridade social, teriam que encontrar enquadramento em outro item. Talvez fosse no art. 149. Mas o STF, quando examinou a ADI 1, entendeu que tanto a contribuição para a COFINS (art. 195) como a contribuição para o PIS (art. 239) coexistem, embora tenham o mesmo fato gerador, a mesma base de cálculo. E temos que conviver com essa situação.

Examinemos as contribuições do art. 240, que às vezes passa despercebido, e é de grande importância. O art. 240 estabelece que ficam ressalvadas do disposto no art. 195, da seguridade, as contribuições realizadas pelos empregadores que tenham como base de cálculo a folha de salários e estejam enquadradas no sistema sindical. O que é isso? É o chamado "sistema 'S'", são os serviços sociais autônomos. E faço, aqui, um paralelo. Tem muita importância a Medida Provisória 258, que diz que a competência para cobrar essas contribuições de terceiros, que nós não sabemos quais são, passa do INSS para a Receita Federal Brasil. E quais são essas contribuições de terceiros, onde se enquadram as do art. 240? São contribuições que não são da competência do Fundo de Seguridade Social, não vão para a seguridade social. Essas contribuições são as contribuições devidas ao SESC, ao SESI, ao SENAI. O STF decidiu que essas contribuições do art. 240 são destinadas a entidades privadas. Quando criados o SESC, o SENAI, SESI e SENAC, nas décadas de 40 e 50, estabeleceu-se personalidade jurídica privada, não são fundos públicos. Mas – talvez pelo relevantes serviços prestados ou por *lobby*, não sei – a Constituição resolveu ressalvar essas contribuições, e precisava encontrar lugar para encaixá-las. O STF determinou que são contribuições sociais genéricas do art. 149 aquelas contribuições sociais.

Empresa comercial tem que recolher, pela legislação, contribuições para o SESC, SESI, SENAI. Então, o que acontece? Há uma vinculação indireta: recolhe esses valores que teriam por objetivo o serviço profissional dos comerciários, o aprendizado, o bem-estar à coletividade, e reverterá indiretamente para aquele empregador.

Mas, e as empresas prestadoras de serviços? Seus funcionários, seus empregados, não são comerciários. Podem freqüentar o SESC, o SENAC? Conceitualmente, literalmente, a empresa prestadora de serviços, a financeira, a industrial, nada deveria recolher para o SESC, para o SENAC. Foram elaborados dois pareceres, um do Prof. Arnoldo Wald, outro do Prof. Ives Gandra, pinçando o art. 577 da CLT, que tem uma grande classificação sindical, mostrando os relevantes serviços prestados, e tudo mais. E o Judiciário entendeu que mesmo as empresas prestadoras de serviços, os hospitais, as empresas de contabilidade e as empresas de vigilância, embora os seus empregados não sejam do setor comercial, e sim do setor serviço, devem recolher essa contribuição.

E surgiram duas novas contribuições. Uma para as empresas vinculadas a transporte, o tal do SEST e o SENAT. Foram criadas, e as empresas têm que fazer o recolhimento. Mesma pergunta: alguém trabalha numa empresa de transporte, muito bem, aquele valor recolhido, aquela contribuição do sistema "S", vai implicar uma atividade de ensino, uma atividade de valorização daqueles profissionais; mas, e o comerciário e o industriário, que nada têm a ver com transporte? Aí, a própria legislação já se encarregou de dizer que quem colaborar e tiver que pagar para SEST e SENAT, porque está vinculado a transporte, fica desobrigado do SENAI e do SESC. Aí, vamos para o SEBRAE, que foi criado já na nova Constituição e que tem por objeto fundamental, primacial, o apoio à micro e pequena empresa, e ficou perdido, porque sua base de cálculo seria um adicional daquelas contribuições de SESI, SENAI e SESC, mas não foi recepcionado, porque ele passou a existir depois (não está no art. 240). O Judiciário, recentemente, decidiu que aquela contribuição tem a natureza de CIDE. Encontrou-se um caminho. Mas, se é intervenção no domínio econômico, qual é o domínio econômico? Posso entender que o domínio econômico é de uma pequena ou de uma grande empresa ou de um segmento econômico industrial, comercial, prestação de serviços, financeiro; então, contribuição de intervenção no domínio econômico – e se recolhe desta forma.

Encontramos também outras contribuições que estão soltas no contexto. Fiz uma breve referência no início, e vou, agora, amarrar a questão, que é a contribuição para o FGTS, desde 1966, em que cada empregador, quando paga o salário do seu empregado, deposita 8% na conta do banco e, se ele for despedido sem justa causa, multa de 40%.

Como o Governo teve o problema das perdas dos resíduos inflacionários e precisava de um valor para fazer face a essas perdas, editou-se a Lei Complementar 110, que diz que, além dos 8%, tem que depositar mais 0,5%; e, se despedir sem justa causa, além dos 40%, mais 10%, durante um período de tempo. Onde entra o direito tributário nessa história, se o FGTS está no art. 7º, III, como direito social? Há muitos anos tive a felicidade de ter um contato com o ex-Ministro Victor Nunes Leal. Eu trabalhava numa empresa, e se discutia a natureza jurídica das contribuições ao FGTS. Não sei se o Ministro produziu algum trabalho nesse sentido, mas já ele ensinava que tinha natureza tributária do contexto da Constituição da época, que era a Constituição de 1967. O STF, numa ação direta de inconstitucionalidade, decidiu que tem natureza tributária, deve seguir todo o regime jurídico tributário e deve ser aplicado o princípio da anterioridade – ou seja, esse acréscimo de 0,5% ou os 10% na despedida indireta não podem ser exigidos, cobrados, no mesmo exercício –, tem que esperar o ano que vem. Então, foi importante para definir esta situação.

Há ainda algumas outras contribuições, que também já tiveram decisão. Mas a colocação importante é sua implicação jurídica. Por exemplo, o chamado seguro de acidente do trabalho, o tal do SAT. Dependendo do risco, onde pode ter mais acidentes ou menos acidentes, o empresário tem que colaborar com 1%, 2%, 3% e com outros adicionais, deferindo a competência para o Executivo dizer qual a atividade preponderante. É claro, se estamos seguindo o regime jurídico tributário, regime da legalidade, não poderia, em termos de quantificação da obrigação tributária, vir o legislador e dizer que o Executivo é que pode disciplinar a matéria. Mas o STF acabou aceitando essa discussão, esse questionamento, e não criou mais problema.

Finalmente, queria comentar com vocês um grande questionamento relativo à *não-cumulatividade* das contribuições sociais. Nós convivemos durante muitos anos, desde 1967 até agora, com o regime da não-cumulatividade do IPI e do ICMS e, de certa forma, um regime implícito para o ISS nas obras civis. Será que a não-cumulatividade para as contribuições sociais, PIS, COFINS, é obrigatória ou facultativa? Ou seja, o legislador pode ou deve criar? Segundo, tem que seguir a mesma sistemática de ICMS e IPI? É claro que é uma matéria muito complicada, e que nem sempre a legislação que trata do PIS e da COFINS é harmoniosa, é criteriosa. Então, vou tentar, em dois ou três minutos, fazer algumas considerações.

Em primeiro lugar, no IPI e no ICMS o denominado princípio da não-cumulatividade pode ser às vezes rotulado de técnica, de sistema, mas o modelo constitucional engendrou um ciclo mercantil, negocial, ou seja, tributos que incidem sobre as várias fases, desde a produção até o consumo. Então, uma empresa que vai fabricar um pneu e que tem necessidade da matéria-prima, do produto intermediário, passa por uma etapa, vai para o atacado, para o varejo. Temos cinco ou seis etapas. Se em todas essas etapas nós fizéssemos incidir o IPI, pelo menos em uma ou duas, e o ICMS em várias delas, teríamos uma carga tributária elevada. A razão da não-cumulatividade consiste, primeiro, em evitar a superposição de cargas tributárias. Mas não basta a leitura do art. 153, para o IPI, ou do art. 155, para o ICMS. Tenho que fazer uma análise sistemática e ir lá, no art. 170, nos princípios da atividade econômica. E há um preceito muito importante, que é a defesa do consumidor, é para o preço resultar mais baixo.

Ontem o Senado aprovou uma medida provisória, que o Presidente ainda não sancionou, tratando de desonerações. Por exemplo, quem comprar um aparelho de computador vai ter alíquota-zero; isso deve repercutir no preço. No ICMS, que é mais rico, temos várias etapas. Não vou falar, aqui, da sistemática do ICMS, que levaria muito tempo. Mas sempre a carga tributária que aquele industrial, aquele comerciante, sofreu está prevista no preço, ele vai abater e vai compensar, vai diminuir em face da carga tributária que terá nas suas vendas, e desse resultado, se examinado um ciclo operacional de seis ou sete etapas do início até o fim, o Governo só deveria receber um ICMS da diferença do preço inicial 100 para a diferença do preço final 500. Não é valor acrescido, é uma diferença. Isto é fácil no âmbito do ICMS e do IPI, embora as leis complementares tenham cerceado o direito a crédito. Por que não serve esta sistemática para efeito de aplicação das contribuições sociais? Primeiro, ela é obrigatória ou ela é facultativa? Só há uma referência constitucional de não-cumulatividade de contribuições, qual é? O § 12 do art. 195, incluído pela Emenda Constitucional 45, disse que a lei que dispuser sobre o regime da não-cumulatividade poderá estabelecer diferenciação tendo em vista a atividade econômica ou a intensividade da mão-de-obra. Podemos entender que não é obrigatória a não-cumulatividade para PIS e COFINS, mas podemos até pensar que seria, porque uma empresa comercial tem várias etapas, paga ICMS, e esse faturamento decorre de operação mercantil. Então, deveríamos abater a carga tributária. Só que o Prof. Marco Aurélio Greco colocou com muita precisão o seguinte: se no IPI e no ICMS estamos diante de operações jurídicas com conteúdo econômico, mas há circulação daquele bem, daquela mercadoria, no PIS e na COFINS temos faturamento e receita, ou seja, o faturamento de quem eu comprei, ou a receita auferida de quem eu adquiri aquele bem, é diferente do meu. Como posso fazer o confronto? Veio esta menção constitucional, mas antes já havia uma lei federal tratando de instituição de não-cumulatividade para o PIS e depois para a COFINS. Acho que é facultativa, mesmo porque eu não poderia, como empresário ou como advogado, orientar alguém a que faça todos os abatimentos, que geraria um auto de infração, uma representação por crime contra a ordem tributária. Então, qual é a sistemática da legislação? O contribuinte apura ao final do mês seu faturamento e sua receita, e, entrando na sistemática da não-cumulatividade, não considera mais a alíquota normal do PIS de 0,65%, ou da COFINS, de 3%; tem que considerar para a COFINS 7,6% e para o PIS 1,65%. Embora possa usufruir desses chamados benefícios de não-cumulatividade, fazer algum desconto, a carga tributária, a alíquota, é mais elevada. Então, esse contribuinte olha a lei, em primeiro lugar, vai verificar como é que pode fazer, faturou, vendeu, apurou receitas, apurou aquele valor, vai poder descontar créditos, gastos que ele fez, mas não todos os gastos, não os gastos com mão-de-obra – é proibido –, mas gastos relativos aos insumos. Vem a lei e lista o que pode considerar; e, na prática, muitas vezes embora esteja no regime da não-cumulatividade, o que pode abater é tão pequeno, é tão insignificante, que, com aquela alíquota expressiva, ele passa a pagar mais tributo. Esse já é um grande defeito.

O segundo problema é que nessa sistemática de abatimento vem o legislador infraconstitucional, o administrador tributário, e cria novos empecilhos. Um deles: há uma resposta a consulta na Receita Federal que diz o seguinte: se um industrial – suponhamos – adquire uma lingoteira, que serve para a corrida do aço numa indústria siderúrgica, mas o consumo daquele insumo não é imediato, não é integral, como nos primórdios se tratava para o IPI, não pode descontar o crédito. Então, ficou casuístico; isso é um primeiro defeito, não são todos os gastos. O segundo defeito, que também é muito gritante, é o seguinte: quando a Constituição estabelece apenas no art. 195, no âmbito da COFINS, que pode haver tratamento diferenciado, a isonomia ali considerada, quando se trata de segmento econômico, atividade econômica e mão-de-obra, só poderia diferenciar talvez dizendo que o banco paga mais, eu trato não-cumulatividade para banco, ou não trato, ou faço para o comércio. E as restrições são as seguintes: as empresas que apuram resultado com lucro presumido, sociedades civis de advogados, estas não podem considerar a não-cumulatividade, as empresas que sejam imunes ou aquelas que praticam substituição tributária. Vejam o seguinte: este rol de exceções à não-cumulatividade seria até prejudicial àquelas empresas que têm tratamento favorecido.

É verdade que todas essas questões ainda deverão ser enfrentadas pelo Judiciário. Mas esta é uma questão muito importante, que temos que considerar.

Eu procurei, aqui, seguir rigorosamente o tempo. Agradeço a vocês a atenção e a paciência dizendo o seguinte: nós devemos lembrar do Ataliba realmente com muito carinho e com muita felicidade, porque as fecundas lições que ele nos ministrou continuam vivas, imprescindíveis para a boa consideração do Direito. Obrigado! [*Palmas*]

Presidente da Mesa (Prof. Eduardo Domingos Bottallo) – Meus prezados Colegas, se fosse aceitar uma afirmação que o Prof. José Eduardo fez no início de sua exposição de hoje, quem deveria receber os comprimentos por esta palestra sou eu. E eu explico. O Prof. José Eduardo disse que tinha preparado um outro tema, e que ele mudou de opinião depois de ouvir alguma coisa que eu disse, aqui. Eu me congratulo por isso não pelo que eu falei, que não deve ter sido coisa muito importante, mas por ele ter mudado o tema, porque, na verdade, sua exposição a respeito das contribuições é mais que uma conferência, é um manual teórico-prático de contribuições, que serve de guia para todos aqueles que de algum modo, como professores ou como profissionais, têm interesse no assunto. Eu próprio já tinha tomado uma decisão pessoal: saindo daqui, vou comprar este DVD, para pôr na minha biblioteca. Acho que este é o maior elogio que posso fazer à exposição que o Prof. José Eduardo fez. Tem gente que não gosta muito de professor, é com certa ironia que se costuma dizer que "quem sabe faz; quem não sabe, ensina". Evidentemente, o Prof. José Eduardo Soares de Melo acabou de nos dar uma demonstração de quanto é falsa essa afirmação.

Muito obrigado, Prof. José Eduardo! Obrigado, Prof. Paulo Ayres! Convido a todos para retomar aos nossos trabalhos por volta de 14:15h, com a "Mesa de Debates 'F' – República e Constituição Federal". Até lá, então, e obrigado! [*Palmas*]

BASE DE CÁLCULO CONCRETA – MODIFICAÇÃO ACIMA DA CORREÇÃO MONETÁRIA E PRINCÍPIO DA ESTRITA LEGALIDADE TRIBUTÁRIA

PROF. AIRES F. BARRETO

PRESIDENTE DA MESA (PROF. JOSÉ EDUARDO SOARES DE MELO) – Na última parte do nosso *Congresso Brasileiro de Direito Tributário*, antes de mais nada, queria convocar os vencedores do "Prêmio Geraldo Ataliba" para que sentassem aqui, conosco, na Mesa: Alexandre Macedo Tavares, Fábio Soares de Melo, Francisco Miranda Pinheiro, Júlio Rafael Virgenz Werneck, Lílian Márcia Belmont Emerick e Marcelo de Azevedo Granato. [*Palmas*]

Vamos fazer uma sessão final de uma só vez, devido ao adiantado da hora. Peço, então, ao Prof. Eduardo Domingos Bottallo que inicie esta parte final.

PROF. EDUARDO DOMINGOS BOTTALLO – Prof. José Eduardo Soares de Melo, ilustre Presidente desta Mesa, em nome de quem cumprimento todos os Professores e ilustres Autoridades que a compõem. Ilustres Colegas vencedores do "Concurso Geraldo Ataliba", Sras. Congressistas, Srs. Congressistas. Eu fui encarregado, com muita satisfação e com muita honra, de fazer a apresentação do conferencista que vai proferir a última palestra deste conclave, o Prof. Aires Fernandino Barreto.

É claro que, a exemplo dos demais conferencistas, participantes das Mesas de Debates, Aires Barreto é um nome nacionalmente conhecido. Mas, independentemente do dever protocolar, é sempre importante relembrar certas coisas a respeito de S. Exa.

Aires Barreto é Advogado, Professor, Consultor e Parecerista em matéria tributária. É pós-graduado em Direito Municipal e Direito Administrativo pela USP. É Professor dos Cursos de Pós-Graduação da PUC/SP, da *GV Law*, do Centro de Estudos de Extensão Universitária, do IBETE e, obviamente, do nosso Instituto, do qual é Presidente, por aclamação de seus Membros, desde a morte do nosso saudoso fundador, Prof. Geraldo Ataliba.

É Diretor da *Revista de Direito Tributário*, Membro do Conselho Editorial dos *Cadernos de Direito Tributário e Financeiro* da RT, Membro do Conselho de Estudos Jurídicos da Federação do Comércio de São Paulo e Membro dos Institutos dos Advogados de São Paulo.

Sua obra jurídica é bastante conhecida e apreciada. É autor do livro *Base de Cálculo, Alíquota e Princípios Constitucionais*, Max Limonad, 1998, um livro essencial para quem se dedica ao estudo desse tema; do livro *Imunidades Tributárias, Limitações Constitucionais ao Poder de Tributar*; do livro *ISS na Constituição*, publicado pela Editora Dialética em 2003 e agraciado pela Academia de Direito Tributário com o "Prêmio Gilberto de Ulhôa Canto", destinado ao Livro do Ano de 2003. É coautor do *Curso de Direito Tributário*, da Editora Saraiva, dos *Comentários ao Código Tributário Nacional*, da Editora Saraiva, da *Constituição Brasileira 1988 – Interpretações*, da Editora Forense, do *Manual do IPTU*, da Editora Revista dos Tribunais. É autor também do trabalho "Tributos e indexação", publicado pela *RDTributário* 60, e premiado com o título de Autor do Ano de 1993 pela Academia Brasileira de Direito Tributário. E também foi escolhido no ano de 1979 como o "tributarista do ano", por eleição direta, pela IOB.

Como se vê, trata-se de um dos mais conhecidos e respeitados nomes do direito tributário brasileiro. Amigo e colaborador direto de Geraldo Ataliba, com quem produziu notáveis obras jurídicas. Como os Colegas já estão sabendo, nós estamos lançando neste Congresso um livro em homenagem ao Prof. Geraldo Ataliba. E, como parte dessa edição, afora os trabalhos premiados, de autoria daqueles jovens autores que ali estão, nós também pedimos a cada um dos Membros da Comissão Julgadora e da Diretoria do IDEPE que produzisse um texto, à sua escolha, tendo como ponto de referência a figura de Geraldo Ataliba – seja um depoimento pessoal, seja uma análise de algum aspecto mais técnico da obra do Mestre.

O texto de Aires Barreto é um contraponto de um dos mais notáveis trabalhos que os dois escreveram, Aires Barreto e Geraldo Ataliba, sobre *atividade-meio* e *atividade-fim*, conceitos essenciais para determinação jurídica e constitucional da hipótese de incidência do ISS – do qual, sem dúvida alguma, Aires Barreto é um dos mais notáveis e respeitados especialistas do Brasil.

Tudo isso, entretanto, não teria tanta importância se por trás de todos esses títulos, galardões e obras não estivesse um extraordinário ser humano. E esta é a dimensão que eu gostaria de brevemente detalhar, nesta oportunidade.

Eu me recordo de alguns dos meus professores – homens notáveis, muitos deles, hoje, transformados em nomes de ruas, nomes de praças –, e, obviamente, as recordações que eu tenho desses professores passam pelas lições que deles recebi, pelos ensinamentos que orientaram minha vida profissional. Mas, muitas vezes, não muito mais que isso. Ficaram suas lições, mas não ficou a imagem do homem. De outros professores, entretanto, a lembrança é muito mais abrangente, é muito mais completa, eu não me lembro apenas das lições que recebi, dos ensinamentos que esses professores me passaram, mas me lembro também das pessoas que eles eram, dos exemplos que eles nos deram por serem o que eram – e, vejam, sem querer fazer alusão alguma a Fernando Pessoa, eu não estou falando, aqui, de semideuses; eram pessoas humanas, pessoas que tinham suas qualidades, seus defeitos, mas que, sobretudo, eram "pessoas" na melhor expressão dessa palavra, que é muitas vezes dita, e às vezes, de tanto se dizer, se perde o sentido do seu significado substancial, "pessoas".

Desses autores, desses professores que se tornam nomes de rua, a gente acaba se tornando colegas. Dessas pessoas que vivem perto de nós, eles não são apenas colegas, eles são amigos. E é esta dimensão que eu gostaria de destacar da minha relação com o Prof. Aires Barreto: ele não é apenas o meu colega, ele é o meu amigo.

Hoje de manhã, quando eu cheguei aqui, logo cedinho, não tinha quase ninguém aqui, mas estava lá o Prof. Eurico de Santi preparando-se para a brilhante palestra que ele proferiu. E ele, meio brincando, meio sério – e eu falo isso em público, até, movido pela profunda afeição que ele sabe que eu tenho por ele, quase que paternal, se não paternal; eu digo que, se eu sou um jardineiro, o Eurico é uma das flores mais lindas que eu já consegui cultivar em toda a minha vida –, estava comentando a respeito daquela música que foi tocada no fim da conferência do primeiro dia, dizendo: "Professor, foi 'brega', mas foi bonito". E, na verdade, eu visto a carapuça, porque eu sou meio "brega", mesmo, não tenho nenhuma vergonha de dizer em público que eu adoro o Roberto Carlos, com toda a "breguice" que ele tem. E, agora, justamente para confirmar isso que eu acabei de confessar em público – que sou "brega" e que adoro o Roberto Carlos –, vou encerrar estas palavras fazendo mais uma "breguice" e anunciando: com vocês, o meu amigo Aires Barreto! [*Muitas palmas*]

PRESIDENTE DO IDEPE (PROF. AIRES F. BARRETO) – Eu queria agradecer imensamente as palavras generosas, fraternais, amigas, do Prof. Eduardo Bottallo. Nem quero tecer grandes considerações sobre isso, para não ser levado pela emoção.

Ele sabe que eu devoto a ele uma grande, uma enorme consideração como pessoa, como amigo, cuja amizade nada tem de "brega"; ao contrário, é muito especial, é muito "chique".

Eu quero crer que foi – quero crer, não: estou certo de que foi – uma homenagem, indevida, embora, dos meus Colegas de Diretoria terem me escolhido para uma conferência. Rigorosamente, quem nasce para palestrante não pode ser conferencista. Se não como homenagem, como carinho, como consideração, como afeto. E, então, não me olhem do altiplano do conferencista, senão na planície do palestrante, se tanto posso merecer.

***

Eu queria dizer-lhes de *inconformismo*. Não aquele inconformismo que nos trouxe excelentemente o Min. João Otávio Noronha. Eu quero falar, agora, como contraponto, de um outro inconformismo. É de conhecimento geral de quantos militam na área tributária que a jurisprudência, inclusive das nossas mais elevadas Cortes, sedimentou-se no sentido de que a modificação da base de cálculo concreta do IPTU, que eu chamo de *base calculada*, acima da correção monetária exige lei. É objeto, até, da Súmula 160 do STJ, que diz: "É defeso ao Município atualizar o IPTU, mediante decreto, em percentual superior ao índice de correção monetária".

Eu nunca me senti conformado e confortável com essa orientação jurisprudencial, que, *datissima venia*, não realiza o magno princípio da estrita legalidade. Então, se eu retomo esse tema, a despeito da existência de uma jurisprudência sedimentada, a despeito da existência de uma súmula do STJ, é porque, primeiro, os nossos Congressos primam pelo diálogo, pelo contraponto – uma das nossas Editoras é, até, a Dialética. O segundo ponto que me leva a tentar reexaminar essa questão é o conselho oportuno do Min. José Delgado, não na data de hoje, mas em outra conferência, quando salientou – isso está publicado numa revista sulina – que "os equívocos jurídicos devem ser enfrentados", pois eles – abro aspas – "se transformam na verdade do amanhã e, depois que os equívocos jurídicos se transformam na verdade do amanhã, para desconfigurá-los é muito difícil, porque, em regra, não há o chamado inconformismo dos juristas do Direito".

Esse é um Congresso dedicado a Geraldo Ataliba. E falar de Geraldo Ataliba é falar das suas teses. Foi Geraldo quem despertou a doutrina para a necessidade de apartar o direito tributário do direito financeiro, da ciência das finanças. Foi ele que se embrenhou na mata virgem e desbastou arbustos e sebes por onde, depois, adentraram assim iniciantes, como iniciados.

Todos nós aprendemos com Geraldo Ataliba, todos nós, aqui, somos seus discípulos. O aprimoramento das suas teses veio, efetivamente, pelas mãos de Roque Carrazza, de Paulo de Barros Carvalho, de Eduardo Bottallo, de José Eduardo Soares de Melo, de Sacha Calmon, de Eugênio Doin Vieira e de tantos outros, sempre com base nos ensinamentos de Geraldo. E nós sabemos que o difícil é ingressar na floresta virgem; depois, abertas as primeiras trilhas, tudo fica mais fácil, mais confortável. Dentre as obras de Geraldo Ataliba, ele escreveu um livro excepcional e notável, o *Hipótese de Incidência Tributária*. Uma das teses fundamentais desse livro é, exatamente, distinguir – em face da existência de uma expressão extremamente endeusada à época – "fato gerador"; mostrar, como ele fez, que era uma expressão que gerava equívocos, porque ora significava o conceito, ora significava o fato concretamente ocorrido. Desfazendo o equívoco, Geraldo distinguiu "hipótese de incidência" de "fato tributário", que ele preferia designar de "fato imponível".

Mostrou ele, ademais disso, a unidade da hipótese de incidência. E usava exemplos recolhidos ora de Paulo de Barros Carvalho, ora de Lourival Vilanova, no sentido de que para Lourival é como se examinássemos uma maçã, que, a despeito de, se cortada, deixar de ser uma maçã, para ser duas metades de maçã, na sua unidade pode ser examinada em função do seu peso, da sua cor, da sua consistência, do seu tamanho, do seu aroma – enfim, de uma série de aspectos. Mais adiante, o Prof. Paulo de Barros Carvalho usou esse exemplo e apresentou como sendo uma esfera de aço, que não pode ser partida e continuar uma esfera de aço, mas que também pode ser observada em função de todos os seus atributos, de todos os seus aspectos.

Salientaram esses juristas, e depois Paulo de Barros Carvalho com Roque Carrazza, a circunstância de que a subsunção é do conceito do fato ao conceito da norma, e adentraram a análise da "hipótese de incidência" de Geraldo Ataliba, focalizando seus aspectos – o aspecto material, o aspecto espacial, o aspecto temporal, o aspecto pessoal e o aspecto quantitativo. Geraldo dizia que todos os aspectos são relevantes, nenhum é mais importante que o outro. Eles são entrelaçados, formam uma unidade indecomponível, indissociável. Ele advertia: não há fato tributário à míngua de um dos aspectos da hipótese de incidência.

Deixava ele claro que o principal, a consistência, embora não abdicasse dos demais, era o aspecto material, e depois, apresentando esse aspecto material como a imagem abstrata de um fato, ele usava, freqüentemente, o exemplo do espelho. Mais adiante, essa visão foi aperfeiçoada por Paulo de Barros Carvalho, quando diz: "Num critério material nós haveríamos de observar sempre (...)" – lembrando ele que Direito era linguagem – um verbo e o respectivo complemento.

"Ser proprietário de bem imóvel urbano", "auferir renda", "promover operações mercantis", "exportar produto nacional", "importar produto estrangeiro" – e por aí afora –, requer, sempre, um verbo e o respectivo complemento.

Destacava Geraldo Ataliba a necessidade da presença do aspecto espacial, da coordenada de lugar, que diz respeito ao local em que é devido o tributo, e que engendra problemas. No âmbito de eficácia da lei, por exemplo, no caso do Município que se esgota nos limites do seu território, mas que nem sempre reflete uma verdade, porque existem situações outras em que há limitação da competência, como o caso do IPTU, que se há de limitar ao perímetro da própria zona urbana, sem alcançar os limites de todo o Município.

Ele mostrava que era necessário entrelaçar o aspecto espacial com o aspecto temporal, pena de não ser possível dizer onde era devido o tributo. Salientava: é preciso saber *quando* é devido o tributo, para depois dizer *onde* é devido. E ele dizia: esse aspecto tem especial relevo. Quando se cuida de impostos de competências dos Estados-membros ou dos Municípios, há que se conjugar o critério material com o critério territorial. Só com essa conjugação é que se pode saber a quem é devido o tributo.

Na atualidade, essas lições são freqüentemente olvidadas. Ainda ontem comentávamos a questão do art. 6º da Lei Complementar 116, que prevê a possibilidade de instituição de responsabilidade, e lá está dito que a instituição dessa responsabilidade pode implicar o afastamento do contribuinte. Ora, "afastar o contribuinte" implica admitir que se possa fazê-lo apenas dentro dos limites do próprio território, e nunca para afastar o contribuinte que está no Município vizinho, porque a eficácia da lei não vai além dos limites do seu território.

Geraldo destacava que, no aspecto temporal, não é possível pretender-se a ocorrência do fato tributário se o tempo escolhido é anterior à própria consumação. Dizia ele: nenhum tributo pode ser exigido antes que se verifique, efetivamente, o aspecto temporal, antes da conclusão daquele que seja esse aspecto da hipótese de incidência. Isso fulminava a chamada "substituição para a frente", fulminava, exemplificativamente, a chancela de ingresso que é exigida em muitos Municípios. Não é a chancela em si mesma que é inconstitucional. Exige-se a chancela do ingresso previamente, mas, para tanto, quer-se que o ISS seja pago antes da realização do espetáculo que efetivamente poderá dar origem ao nascimento desse imposto municipal.

A doutrina, sempre com base nos ensinamentos do Prof. Geraldo Ataliba, seguido do Prof. Paulo de Barros Carvalho, mostrava que os fatos chamados "fatos geradores" – terminologia, esta, equivocada, como criticada por Geraldo – ou eram simples, ou eram complexos. Mas Paulo dizia: ou são todos simples, ou são todos complexos; o que importa é o resultado, não o ciclo que conduziu a esse resultado. O que é relevante é a data de verificação do fato, é o momento em que ele se realiza. E salientava, nos seus exemplos: pouco importa o processo de constituição da renda ao longo do exercício; o que importa – dizia ele – é a sua verificação ou no último átimo de 31 de dezembro ou no primeiro átimo de 1º de janeiro de cada ano. Assim, pouco importa que alguém seja proprietário de bem imóvel urbano no dia 30 de maio, tomando em circunstância que o fato só pode considerar-se ocorrido no dia 1º de janeiro de cada ano.

A seguir, Geraldo destacava o aspecto pessoal – "sujeito ativo", como a Constituição designou. Aqui, eu tenho defendido, freqüentemente, o entendimento de que, se o critério material pode ser sintetizado num verbo e respectivo complemento, também posso e devo encontrar no texto constitucional o sujeito passivo natural, que é o agente, o sujeito dessa ação. Se eu tenho verbo e complemento, eu tenho sujeito dessa ação, como contribuinte natural.

Roque Carrazza, num excelente livro – *Sujeito Ativo da Obrigação Tributária* –, deixou claro que, relativamente ao aspecto pessoal, é preciso ter em conta que a competência tributária é indelegável, intransponível, deixando claro, ainda hoje, que é possível ocorrer a transferência da capacidade tributária ativa. Isto é, aptidão para figurar no pólo positivo da obrigação tributária, num fenômeno que se costuma designar de "parafiscalidade" – expressão, essa, que levou Baleeiro a chamá-la de "expressão afortunada", e Geraldo Ataliba a dizer que era "malfadada".

O importante é ter presente que, além desses aspectos, Geraldo Ataliba destacava a real importância para o aspecto quantitativo. Para ele, o aspecto quantitativo era nada mais que uma perspectiva dimensível da consistência material da hipótese de incidência. Posteriormente, Paulo de Barros Carvalho disse: "Não, o aspecto quantitativo está no conseqüente da norma tributária". No antecedente nós vamos encontrar critério material, espacial, temporal, e no conseqüente o critério pessoal e quantitativo: critério pessoal, sujeito ativo, sujeito passivo; critério quantitativo, base de cálculo e alíquota.

Mas o importante, que eu queria trazer à análise dos Srs., é que, se Geraldo viu a importância de destacar *hipótese de incidência* e *fato tributário*, quão importante é também destacar a *base de cálculo*, enquanto conceito normativo, da *base de cálculo concreta*, verificada, depois da mensuração do critério definido pela hipótese. São duas realidades distintas, inconfundíveis. *Base de cálculo* é o padrão, é o critério, é referência para medir um fato. *Base de cálculo* significa fundamento, apoio para cálculo, critério para medir, padrão para avaliar, é a descrição. *Base de cálculo* é a descrição legal de um padrão ou unidade de referência, que possibilita a quantificação da grandeza financeira do fato tributário. É critério para medir. Se – ainda invocando as lições do Prof. Paulo de Barros Carvalho – a síntese do critério material é um verbo e respectivo complemento, e se eu chego ao critério pessoal pela verificação de quem é o agente dessa ação, relativamente à base de cálculo, eu chego a ela através da verificação de outro complemento, que, no meu tempo, se chamava "objeto indireto". Isto é, auferir renda de que valor? Prestar serviço de que preço? Importar produto estrangeiro de que valor? Em si, é sempre esse adjunto adnominal que mostra qual é a dimensão que pode ter esse fato. Mas a base é sempre o valor. "Preço", "custo", "renda", são todos alternativas, são espécies, melhor dizendo, do gênero "valor". Já, a base calculada é uma outra coisa. Base calculada, ou base de cálculo em concreto, é a medição do fato, à luz de um critério legal.

Na Espanha, Juan Ramallo Massanet usa um exemplo notável. Ele dizia: "É preciso distinguir realidade matemática e realidade física". Realmente, uma coisa é o dizer que no Pólo Norte está menos 50 graus; nem por isso estou sentindo frio. Outra coisa é suportar menos 50 graus, estar lá, no Pólo Norte, despreparado para isso. E num outro exemplo notável: quando nós usamos a expressão "unidade de medida 'metro'", eu posso estar me referindo a duas realidades: uma física, dizendo que "metro" é um símbolo que está depositado na cidade de

Sèvres, na França, e que corresponde à décima-milhonésima parte do meridiano terrestre, sendo, portanto, critério para medir, unidade de medida; e outra coisa é dizer que esse púlpito tem um metro. Base calculada é a mensuração de alguma coisa à luz de um critério legal, à luz de uma definição de um metro de mensuração. São realidades, portanto, absolutamente distintas.

Muito bem. Mas, se são realidades absolutamente distintas, vejamos o seguinte: como é que nós podemos analisar essa noção à luz do princípio da estrita legalidade? Nós aprendemos com Geraldo que, para cumprirmos o princípio da estrita legalidade em matéria tributária, haveremos de percorrer, de erigir em lei, o aspecto material, o aspecto temporal, o aspecto espacial, o aspecto pessoal e o aspecto quantitativo – ou, se quiserem utilizar a terminologia utilizada pelo Prof. Paulo de Barros Carvalho, nós vamos eleger os critérios do antecedente – critério material, temporal e espacial – e os critérios do conseqüente – critério pessoal e critério quantitativo.

Feito isso, está exaurido o princípio da estrita legalidade: foi cumprido integralmente, esgotou-se com a descrição em lei da hipótese de incidência e do conseqüente respectivo. Não há, aí, número algum. Fala-se em "renda líquida", fala-se em "valor venal", fala-se em "preço do serviço", mas não há número, e já se esgotou a observância ao princípio da estrita legalidade. Isso ninguém questiona; não encontrei um doutrinador que dissesse: "Não, uma vez descritos os critérios material, temporal e espacial, pessoal e quantitativo, não está criado o tributo". Não encontrei um só autor que dissesse isso.

Apesar disso, a doutrina não tem dado solução adequada a essa questão, afrontando a Constituição e o Código Tributário Nacional. Por quê? Porque interpreta inadequadamente o art. 97 do CTN, e se esquece de que o princípio da legalidade está satisfeito com a descrição, em lei, dos critérios do antecedente e do conseqüente. O art. 97, § 1º, do CTN é – para usar a terminologia de Sainz de Bujanda – *precepto didático*, ou seja, é um preceito dirigido ao legislador ordinário, no sentido de que: "Olhe, para mudar o conceito de 'base de cálculo', é preciso lei". Por isso, para primeiro dizer que, para a majoração do tributo, a modificação de sua base de cálculo que importa torná-lo mais oneroso, mas modificar a base de cálculo é mudar o conceito, o critério legal. Modificar a base é alterar, portanto, o conceito da lei.

Imaginem. Todos nós sabemos que o imposto sobre a renda tem a renda líquida obtida em função da dedução prévia de gastos com saúde e de gastos com instrução, até um certo limite. Suponhamos que amanhã a lei pretenda dizer que o imposto sobre a renda não incidirá mais sobre a renda líquida – sem entrar no mérito sobre se isso seria constitucional, ou não –, mas o imposto sobre a renda incidirá, sim, sobre a renda bruta. Há mudança do conceito legal, que carece de lei e que só pode ser feita pela lei, tanto em sentido material quanto em sentido formal.

Esse exemplo nós podemos colher, ainda, quando se julgou o caso-paradigma – que acabou gerando, posteriormente, a uniformização da jurisprudência –, quando se analisou o caso de Parnaíba, lá no Estado do Piauí. Nessa ocasião, o Min. Xavier de Albuquerque disse: "É preciso não confundir as coisas". O § 1º do art. 97 do CTN diz respeito à modificação do conceito de "base de cálculo", do conceito erigido pela lei. E dava exemplo do passado, reclamando que o Fisco queria considerar, para efeito de obtenção do lucro presumido no imposto sobre a renda, não mais o valor do boi magro, mas o do boi gordo. Naquele tempo não se falava em febre aftosa. E ele destacava: para alterar o conceito de "boi magro" para "boi gordo" precisa de lei, porque vai haver um aumento do tributo em decorrência de modificação do seu conceito legal. Seria o mesmo se a lei do Município dissesse que "valor venal" é o preço médio do imóvel no mercado imobiliário. E depois, mais adiante, uma outra lei viesse a dizer que "valor venal" é o maior preço obtido no mercado imobiliário. Mudança do conceito legal, a exigir lei.

Mas a concreta apuração do valor do conceito legal, transformando em cifra, é ato do Executivo, é ato administrativo. Diz o 142 do CTN: "Compete privativamente à autoridade administrativa constituir o crédito tributário pelo lançamento, (...)", etc. – inclusive mensuração concreta do valor. Por isso, didaticamente, como insisto, dizia Sainz de Bujanda, o § 2º do art. 97 do CTN diz: "Não constitui majoração de tributo (...) a atualização do valor monetário da respectiva base de cálculo". Melhor seria, terminologicamente, se dissesse "a apuração do valor monetário" ou "a apreensão do valor monetário". Mas, de toda sorte, a apuração se dá por ato de lançamento – e, portanto, ato infralegal; e, portanto, em matéria de competência do Executivo; e, portanto, que não carece de lei.

Vejam as incongruências a que a falta de meditação pode conduzir. Para instituir o tributo, primeiro, lembrem-se – volto a insistir –, não há número algum. Tem-se uma lei que diz que o critério material é auferir renda, que o momento é 1º de janeiro de cada ano, que, no território nacional, o sujeito passivo é quem aufere renda e que a base de cálculo é o valor da renda líquida. Cadê o número? Não tem número, nenhuma materialização, porque isso não é objeto da matéria legislativa, não é objeto da observância do princípio estrito da legalidade. Como é que se pretende dizer que a apuração concreta, a mensuração concreta, de um fato tem que ir buscar sua comparação com o valor havido no ano anterior? Eu pergunto: a doutrina não ensina que as obrigações são autônomas? Que a obrigação nasce, vive e desaparece? E a obrigação no ano "A" nada tem a ver com a obrigação do ano "B"? A obrigação do mês 1 nada tem a ver com a obrigação do mês 2? E por aí afora. Então, eu pergunto: será que pode haver um princípio da legalidade para instituir tributo que não tem número algum? E um princípio de estrita legalidade para aumentar? Para aumentar confrontam-se os números desse e do outro? Valor venal concreto ou renda líquida concreta do exercício "A" ou do exercício "B"?

Alguém dirá: o problema é que a espécie de lançamento é diferente no caso do imposto "A" ou do imposto "B". Mas isso é absolutamente irrelevante, porque a espécie de lançamento não pode ter o condão de manipular o princípio de estrita legalidade; se não, bastaria mudar os critérios de lançamento para tornar exigível tributo em função dos números apresentados.

Eu gostaria de trazer à revista dos Srs. o seguinte. Em 1980 – a grande maioria, aqui, não havia sequer nascido – realizava-se uma Mesa de Debates para discorrer sobre sistema de atualização da base de cálculo do IPTU. Nessa oportunidade, o Prof. Heron Arzua, que é lá do Paraná, disse o seguinte: "Sr. Presidente, [*o Presidente era o Geraldo Ataliba*] eu gostaria até de discordar, estou achando que essa Mesa de Debates vai acabar ficando sem finalidade, porque todos nós vamos concordar em um certo sentido e que a decisão do STF é equivocada. Sempre me impressiona, afinal de contas, que essa decisão seja unânime, seja até de Plenário. Se não unânime, pelo menos quase a maioria absoluta dos Ministros do STF" – e prossegue, aspas: "É evidente que não passaria do 1º para o 2º ano da escola de qualquer Faculdade de Direito quem dissesse que a matéria de quantificação de apuração do valor venal, base imponível do IPTU, dependeria de lei. Seria um absurdo tão grande em qualquer curso de Direito, que quem dissesse isso seria reprovado. E todas as manifestações aqui estão provando isso".

Mais adiante, adotando uma posição contrária, mas cujos argumentos não convencem, o Prof. Ives Gandra Martins disse: "Eu gostaria de trazer algumas ponderações, realmente é possível que eu não passasse do 2º ano se o Prof. Heron fosse professor da Faculdade". E, mais adiante ainda, encontro o Prof. Paulo de Barros Carvalho, falando sobre o tema; diz: "De forma que essa afirmação que o Prof. Ives fez, com certeza, e que até não passaria do 1º para o 2º ano, eu diria que, em termos de PUC, seria do 4º para o 5º ano. Lá, o Direito Tributário era no 4º ano".

E Paulo, logo a seguir, diz: "Vejam, a base de cálculo, falando de imposto sobre a renda, é o valor da renda líquida. Assim, a admitir que é preciso lei, nós teríamos que admitir o seguinte: seria lícito ao contribuinte postular o pagamento do imposto sobre sua renda líquida, quando ultrapassasse 500 ou 600%". "Isso seria um absurdo" – diz ele. "Num ano, o contribuinte auferiu 500 mil Cruzeiros, no outro foram 5 milhões de Cruzeiros; então, teríamos aumento na base de cálculo de 500%. Teria que haver uma lei nesse sentido? Não – diz ele –, o que ocorreu foi apenas que o valor apurado na base de cálculo se traduziu, monetariamente, num valor superior pela obrigação anterior".

Se nós admitirmos que, para versar a base calculada, quantificar a base de cálculo, para isso for preciso lei, então, vamos precisar de uma lei para o ICMS a cada vez que se vender uma camisa no mês "A" por preço superior à atualização monetária, à correção monetária em relação ao mês anterior. Uma lei para cada transação, no ICMS, no imposto "A", no imposto "B", no imposto "C". Por que não? Só para o IPTU? O que me surpreende mais é a incongruência relativamente ao IPVA. Nós vamos encontrar, seja na doutrina, seja em decisões judiciais, a falta de uniformidade, enquanto, de um lado, firmou-se a jurisprudência no sentido de que, acima da variação oficial de correção monetária, é preciso lei relativamente ao IPVA. Pelo menos numa análise que consegui efetuar, as decisões judiciais dizem: "IPVA: não houve alteração da base de cálculo" – REsp 8.309; "Base com critérios objetivos de lei não afeta a legalidade da exigência do IPVA" – REsp 50.905. Em agravo regimental, destacava o Relator, o Min. Marco Aurélio, que a simples correção da tabela não modifica o fato gerador e nem a base de cálculo. A base é o valor do veículo. E para o IPTU, não vale? O descompasso fica mais evidente quando se tem em conta que, no IPTU, a base é o valor venal do imóvel, mas, para tanto, consideram-se as peculiaridades de cada um dos imóveis: frente, profundidade, localização na quadra, idade da construção, estado de conservação. E no IPVA? É o valor do veículo segundo o ano e modelo, ponto. Não se considera se é seminovo, se é pouco ou muito rodado, bem ou mal-conservado, acabado. Nós sabemos que tem carro, aí, que é batido até no certificado, mas todos têm o mesmo valor na tabela. Todavia, no caso do IPTU, prossegue-se dizendo que a lei da correção monetária, a atualização, carece de lei.

O Min. José Delgado disse: "Manifeste seu inconformismo, mostre que isto não pode continuar, porque é uma afronta ao princípio da estrita legalidade. Matéria de apuração concreta de valor é matéria do Executivo, é mediante ato administrativo, não sujeito ao princípio da estrita legalidade". Eu me lembro de que o Prof. Damásio de Jesus contava, na Federação do Comércio – onde fazemos parte do Conselho –, que um certo cidadão ia, todos os domingos, para uma praça, numa cidade do Interior, e lá bradava: "Sejam honestos, não se corrompam, não prevariquem". E no outro fim-de-semana ele voltava e fazia as mesmas observações. Diz que, anos após, alguém perguntou: "O Sr. acha que convenceu alguém, o Sr. acha que, por essas suas observações, alguém deixou de ser corruptível, alguém deixou de prevaricar?". E esse cidadão teria respondido: "Eu não me preocupo com isso. O importante é que eu siga manifestando aqui as minhas convicções de que não fazer isso, não ser corrompido, não prevaricar, é o comportamento certo, correto e adequado".

Os julgados poderão mudar, em nome do prestígio do princípio da estrita legalidade. Todavia, mesmo que não mudem, não poderão tolher o entendimento que temos sobre estrita legalidade. Aquele que aprendemos com Geraldo Ataliba. Obrigado! [*Palmas*]

MESA DE DEBATES "A"

ORDEM TRIBUTÁRIA E INTERDISCIPLINARIEDADE

PRESIDENTE DA MESA: PROFA. ELIZABETH NAZAR CARRAZZA

MEMBROS DA MESA: PROFA. REGINA HELENA COSTA,
PROF. ANTÔNIO SÉRGIO PITOMBO,
PROFA. CONSUELO YOSHIDA, PROF. JOSÉ ARTUR LIMA GONÇALVES

PRESIDENTE DA MESA (PROFA. ELIZABETH NAZAR CARRAZZA) – Estamos dando início à primeira Mesa, que versará sobre "Ordem Tributária e Interdisciplinariedade". Compõem esta Mesa o Dr. Antônio Sérgio Pitombo, Professor da USP; o Dr. José Artur Lima Gonçalves, Professor da PUC; a Dra. Consuelo Yoshida, Professora da PUC e Desembargadora Federal; e a Dra. Regina Helena Costa, também Professora da PUC e Desembargadora Federal.

Vamos dar início aos trabalhos com a Profa. Regina Helena Costa, que, em razão das suas funções, precisará se retirar um pouco mais cedo. Vai falar sobre "Imposto sobre a Renda: Generalidade, Universalidade e Progressividade". Professora, com a palavra.

IMPOSTO SOBRE A RENDA: GENERALIDADE, UNIVERSALIDADE E PROGRESSIVIDADE

PROFA. REGINA HELENA COSTA – Muito bom dia a todos! Inicialmente, saúdo os meus Colegas de Mesa, Profa. Elizabeth Carrazza, Profa. Consuelo Yoshida, Prof. Pitombo, Prof. José Artur Lima Gonçalves, todos meus Mestres, meus companheiros de Academia. Agradeço também ao convite para estar uma vez mais no Congresso Brasileiro de Direito Tributário, nessa sua XIX edição, e cumprimento todos os meus colegas Congressistas.

É sempre um prazer estar aqui, mas, neste ano, um prazer ainda maior, tendo em vista a especial homenagem que estamos promovendo em torno da figura do Prof. Geraldo Ataliba, cujo falecimento comemora 10 anos agora, no próximo dia 15 de novembro.

Ouvindo as palavras do Prof. Paulo de Barros Carvalho, ainda há pouco, lembrei-me de muitas passagens do convívio que tive nos últimos anos de vida do Prof. Geraldo Ataliba. Lembrei-me que tive o privilégio de ser sua orientanda na dissertação de Mestrado e, portanto, de ter a oportunidade de absorver muito das lições do Professor, de uma maneira bastante próxima. Boa parte do que vou dizer hoje, nessa minha singela exposição sobre os critérios informadores do imposto sobre a renda, tem a ver com o que aprendi com o Prof. Ataliba e com aquilo que consta da minha dissertação de Mestrado, que depois se tornou um livro, intitulado *Princípio da Capacidade Contributiva.*

Então, penso que é sempre bom recordar que o Prof. Geraldo Ataliba, que nos faz imensa falta, tinha como uma das suas características inesquecíveis a veemência com que defendia suas idéias. Penso que seja sempre bom que isso seja registrado, como exemplo de como nós devemos acreditar e defender nossos pontos de vista.

Muito bem, a minha fala, como já antecipei, será extremamente despretensiosa, até porque não se trata de tema novo, polêmico. O intuito é provocá-los a uma reflexão com relação a esses critérios que a Constituição estabelece, e que devem ser observados pela legislação do imposto sobre a renda.

A exposição tem como foco, primeiramente, esse dispositivo do art. 153, § 2º, I, da CF, segundo o qual o imposto sobre a renda "será informado pelos critérios da generalidade, da universalidade e da progressividade, na forma da lei". A idéia é que nós façamos uma brevíssima análise desses três conceitos e, depois, uma reflexão crítica com relação à aplicação desses critérios, pela legislação. Será que realmente o legislador infraconstitucional está cumprindo, está atendendo às exigências constitucionais? É exatamente essa indagação que singelamente pretendo examinar.

Pois bem, o primeiro registro que devemos fazer com referência a esses três critérios é que, evidentemente, todos – *generalidade*, *universalidade* e *progressividade* – são desdobramentos do *princípio da isonomia*. Quando nós tratamos desses critérios, todos revelam uma faceta da isonomia no campo tributário. Nós sabemos que o princípio da isonomia está entre os princípios mais importantes do Direito; para alguns cientistas, ele é o princípio jurídico mais importante. E não poderia deixar de ser da mesma forma quando nós tratamos de direito tributário, que é justamente o âmbito que vai lidar com aqueles valores fundamentais para o ser humano – a *propriedade* e a *liberdade*. Logo, a isonomia tem um brilho especial quando estamos no contexto da disciplina das relações jurídico-tributárias.

Os três conceitos defluem da idéia de *isonomia*. Vamos recordar, rapidamente, o que vem a ser cada qual. Por primeiro, quero lembrá-los de que "generalidade" e "universalidade" são conceitos que não têm sido empregados de maneira uniforme pela doutrina. Quem já se preocupou em examinar detidamente esses critérios deve ter percebido que o que alguns autores denominam, o que boa parte dos autores denomina, de "generalidade", como critério informador do imposto sobre a renda, outros tantos autores entendem ser "universalidade", e vice-versa: o que outros doutrinadores entendem ser a "universalidade" como critério informador do imposto sobre a renda, boa parte da doutrina acha que é "generalidade". Então, existe uma confusão – digamos assim – entre *generalidade* e *universalidade*, um intercâmbio de conceitos; e isso ainda está muito longe de ser uniformizado. Há, desse modo, falta de uniformidade no emprego desses conceitos.

Vou utilizar, aqui, os conceitos nas definições que são mais usuais. Portanto, aquilo que lembrarei como sendo *generalidade* e como sendo *universalidade*, para efeito de imposto sobre a renda, é aquilo que é mais corrente.

A *generalidade* significa que todas as pessoas que aufiram renda e proventos de qualquer natureza são sujeitos passivos do imposto sobre a renda. Todo aquele que realizar uma situação, uma conduta, que esteja descrita como hipótese de incidência do imposto sobre a renda – portanto, auferimento de renda e proventos de qualquer natureza – é, em princípio, sujeito passivo da obrigação correspondente. Disse "em princípio" por quê? Porque temos exceções ao princípio da generalidade. Nós sabemos que o princípio da generalidade impõe que quem realiza um comportamento descrito em lei como apto a fazer nascer obrigação tributária será, conseqüentemente, sujeito passivo dessa obrigação. Esse o significado de "generalidade", entendida como princípio amplo do direito tributário. "Generalidade" no imposto sobre a renda significa que quem auferir renda e proventos de qualquer natureza, em princípio, é sujeito passivo desse imposto. Mas há exceções, e as exceções são, basicamente, as *imunidades* e as *isenções*.

Todos sabem que quando falo em "imunidade" estou me reportando à exoneração tributária fixada no plano constitucional; já, quando falo em "isenção" estou significando exoneração tributária colocada no plano infraconstitucional. Temos, por exemplo, rendas que são intangíveis pelo imposto sobre a renda, como é o caso das imunidades previstas no art. 150, VI, da CF. A renda das pessoas políticas, a renda dos partidos políticos, a renda de templos – e assim por diante. Há várias rendas que não podem ser alcançadas porque a própria Constituição houve por bem afastar a competência tributária em matéria de imposto sobre a renda. E temos também a possibilidade de o legislador tributário outorgar isenção em matéria de renda.

Percebe-se que "generalidade", na acepção que estou tomando, diz com a sujeição passiva do imposto sobre a renda. Esse critério – que é o primeiro dos três estampados expressamente na Constituição – diz com a sujeição passiva. Então, em princípio, todo aquele que auferir renda e proventos de qualquer natureza é contribuinte do imposto sobre a renda, não importa que tipo de pessoa seja, não importa seja pessoa física, não importa seja pessoa jurídica; quer dizer, não deve haver distinção de qualquer maneira, não deve haver discriminação a justificar que alguém que aufira renda e proventos de qualquer natureza não venha a ser contribuinte desse imposto – ressalvadas as exceções, como lembrei, das imunidades e das isenções.

Essa idéia de "generalidade" aparece também em outro dispositivo constitucional, que é aquele do art. 150, II. Como sabem, o art. 150, II, diz que, "sem prejuízo de outras garantias asseguradas ao contribuinte, é vedado à União, aos Estados, ao Distrito Federal e aos Municípios: (...) II – instituir tratamento desigual entre contribuintes que se encontrem em situação equivalente, (...)". Traduz a idéia de *isonomia*, segundo a qual todos devem pagar o imposto sobre a renda se auferirem renda e proventos de qualquer natureza. A segunda parte desse dispositivo vai indicar outra coisa, que vou mencionar logo mais.

A generalidade tem a ver, necessariamente, com o princípio da capacidade contributiva. Quer dizer, quem auferir renda e proventos de qualquer natureza, desde que essa situação revele capacidade contributiva na situação específica, é contribuinte desse imposto. Guardemos essas idéias, para retomá-las daqui a pouco.

O segundo critério vem a ser a *universalidade*. Também manifestação da isonomia, só que, aqui, expressada de um outro modo. Percebam que a universalidade não diz respeito à sujeição passiva, no sentido de que todas as pessoas devem ser contribuintes do imposto. A universalidade diz respeito às espécies de renda, a significar que toda e qualquer renda e todo e qualquer provento devem ser considerados para efeito de incidência desse imposto. Não importa se a renda advém do trabalho, se a renda advém do capital ou se a renda decorre da combinação de ambos. Para lembrar a dicção do art. 43 do CTN, não importa a espécie de renda, a modalidade de renda: todas as rendas e proventos deverão ser considerados universalmente para que, então, o imposto possa atingir de maneira isonômica, não é? Essa idéia é bem distinta de "generalidade", porque, se esta sinaliza sujeição passiva, diz respeito à sujeição passiva, a universalidade diz respeito à base de cálculo do imposto. A legislação do imposto sobre a renda deve considerar as rendas e proventos universalmente, na sua totalidade. "Universal" – o que quer dizer isso? "Universal" quer dizer "total"; a abrangência deve ser a maior possível, para fazer com que a isonomia seja respeitada nesse contexto, necessariamente.

Notem que aqui também, evidentemente, podemos ter exceções. São as mesmas, quer dizer, podemos ter eventualmente isenções, como podemos ter imunidades alcançando essa idéia. Mas a regra é que o imposto deve considerar a base de cálculo do imposto, deve considerar todas as rendas, sejam de que espécie forem, porque, se não, não teremos universalidade. Universalidade pela metade, ou universalidade parcial, não é universalidade, é uma contradição em termos.

Observem que ainda a Constituição, nesse mesmo dispositivo que lembrei há pouco, o art. 150, II, dá conta de que a universalidade há de ser considerada para que tenhamos isonomia também nesse ponto, com relação à exigência fiscal do imposto sobre a renda.

Há pouco lembrei ser vedado às pessoas políticas instituir tratamento desigual entre contribuintes que se encontrem em situação equivalente – o que faz homenagem à idéia de *generalidade*. E a segunda parte desse inciso II prossegue: "proibida qualquer distinção em razão de ocupação profissional ou função por eles exercida, independentemente da denominação jurídica dos rendimentos, títulos ou direitos". Isso alude à *universalidade*, porque não importa o nome que o rendimento tenha, não importa a denominação que a lei venha a lhe atribuir: o fato é que todos os rendimentos, todas as rendas, devem ser conjugados para que se possa apurar devidamente, isonomicamente, a base de cálculo do imposto sobre a renda. Cuida-se de uma outra noção, essa já reportada à idéia de *base de cálculo*.

Chegamos ao terceiro critério referido expressamente na Constituição, que é a *progressividade*. A progressividade, por sua vez, significa, como todos sabem, uma técnica de tributação que se traduz em imprimir alíquota maior na medida em que se aumenta a base de cálculo; ou seja, quanto maior a base de cálculo, a alíquota a incidir sobre ela deve ser maior. Significa que teremos diversas alíquotas – a, justamente, fazer valer a idéia de igualdade sob esse prisma, no imposto sobre a renda.

Assim, se "generalidade" diz respeito à sujeição passiva, se "universalidade" diz respeito à base de cálculo, a *progressividade*, por sua vez, reporta-se a outra grandeza que compõe o aspecto quantitativo da hipótese de incidência, que é a *alíquota*. As alíquotas são progressivas na medida em que aumenta a dimensão da base de cálculo.

Essa técnica de tributação é a técnica usada no mundo inteiro, e cada vez mais freqüentemente. Contrapõe-se a uma outra, que é a chamada "proporcionalidade". A *proporcionalidade* é muito criticada, porque significa que a alíquota é invariável, não importando qual venha a ser a dimensão da base de cálculo. Ainda que seja uma base de cálculo muito expressiva, a alíquota é a mesma que terá impacto numa base de cálculo diminuta. Não há diferentes alíquotas, como há quando falamos em "progressividade". Por que a progressividade é uma determinação constitucional? Porque temos que pensar que estamos num país onde há uma fortíssima concentração de renda, e o Constituinte entendeu que somente a progressividade pode fazer com que possamos chegar perto de atingir a idéia de *igualdade material*. Como temos poucas pessoas detendo a maior parte da riqueza e muitas pessoas sem riqueza alguma, pobres ou, até mesmo, miseráveis – como muitos no país o são –, é preciso fazer da distribuição de riqueza um instrumento de justiça. Ou seja, estou falando de *justiça distributiva*, e a progressividade é um mecanismo, é um instrumento, para que se possa implementar a justiça distributiva. Quem aufere mais renda e proventos, vai pagar mais imposto sobre a renda; quem aufere menos renda, vai pagar imposto menor; e quem não tem renda acima de um mínimo não vai pagar. Essa idéia, bem singela, denota o que se pretende por meio do *princípio da capacidade contributiva*, a que me referi há pouco – princípio, esse, que gera como um dos seus efeitos, como uma das suas conseqüências mais importantes, justamente, a noção de *progressividade*.

O que advogo aqui é que, ainda que a Constituição fosse silente com relação à progressividade como critério informador do imposto sobre a renda, como está expresso no art. 153, § 2º, nós teríamos que chegar à mesmíssima conclusão por conta do que diz o art. 145, § 1º, quando preconiza: "Sempre que possível, os impostos terão caráter pessoal e serão graduados segundo a capacidade econômica do contribuinte, (...)". Tal graduação, na minha modesta leitura, não é outra coisa senão *pro-*

gressividade. Graduar o impacto, graduar a exigência do imposto, e no caso do imposto sobre a renda, especificamente, é estabelecer a lei alíquotas diversas, alíquotas que progridem na medida em que a base de cálculo aumenta.

Desse modo, se nós formos olhar para esses critérios a esta altura, vamos chegar a que conclusão? Vamos chegar à conclusão de que o imposto sobre a renda e proventos de qualquer natureza, segundo o que a Constituição claramente estabelece, deverá ser informado por esses três critérios – o que significa dizer que esse imposto deverá incidir sobre todas as espécies de renda e proventos, seja qual for sua natureza; que todos os contribuintes, todas as pessoas, sejam físicas ou jurídicas, que realizem esse fato – ou seja, auferimento de renda e proventos de qualquer natureza – serão contribuintes desse imposto; e, mais, que, quanto maior o acréscimo patrimonial que se revelar, portanto, quanto maior a base de cálculo, maior deverá ser a alíquota sobre ela incidente.

Muito é possível extrair da Constituição a respeito de como deve ser a legislação do imposto sobre a renda, de como esses critérios estabelecem uma moldura da exigência fiscal que estamos examinando.

Lembrados esses conceitos, que são de todos conhecidos, a questão, agora, é – como já havia mencionado – fazer uma brevíssima reflexão crítica sobre se tais critérios estão sendo efetivamente atendidos. Vou me cingir a lembrar alguns aspectos da legislação do imposto sobre a renda da pessoa física, para que nós confrontemos com esses critérios e possamos concluir se estão atendidos, ou não.

A primeira idéia, justamente, é a idéia de *generalidade*. Vimos que quem venha a auferir renda e proventos de qualquer natureza é potencialmente sujeito passivo deste imposto. O que acontece quando olhamos a legislação do imposto sobre a renda da pessoa física e descobrimos aquele limite de isenção? Que é baixíssimo: ainda mesmo com a recente atualização da tabela do imposto sobre a renda, o limite continua muito baixo. Se olharmos para esse limite, será que a mencionada *generalidade* não está indo longe demais? Essa é a primeira questão que eu coloco ao pensamento dos meus colegas Congressistas. Porque da progressividade se extrai também a noção de *mínimo vital*, não é? O *mínimo vital* significa a quantidade de riqueza que uma pessoa deve ter para se manter e manter a sua família com dignidade. Essa quantidade de riqueza tem que ser fixada pelo direito positivo, e é claro que esse conceito, de "mínimo vital", varia no tempo e no espaço. Cada sociedade, de acordo com cada cultura, de acordo com o nível de desenvolvimento de cada país. Evidentemente que o mínimo vital aqui jamais seria o mínimo vital da Suíça, por exemplo. Mas, de qualquer maneira, há que se ter presente a noção de um *mínimo vital*, ou seja, a quantidade de riqueza suficiente e necessária para habilitar alguém a viver com dignidade e a sustentar sua família com dignidade.

A pergunta é: será que é possível, com o valor fixado pela legislação do imposto de renda, isso estar ser atendido? Sabemos que não, não é possível imaginar que com aqueles limites, mensal e anual, de isenção possa alguém viver dignamente. Observem que o que faz, aqui, a legislação do imposto sobre a renda é incluir no campo de "contribuintes" pessoas que não têm condição de ser contribuintes. Isso não é de hoje, vem de sempre. E é preciso lembrar que pessoas estão tendo que contribuir, estão tendo, já, retenção na fonte do imposto sobre a renda nos seus salários, mas que não têm condições de contribuir, porque isso afronta a idéia de *mínimo vital*, afronta a idéia constitucional de "mínimo" que se pode buscar lá na própria definição do salário mínimo. O art. 7º, IV, da CF diz: aquilo que habilita alguém a viver, a arcar com os custos de *moradia*, de *saúde*, de *previdência*, *assistência médica*, de *lazer*. É possível acreditar que, com a quantia que é estabelecida como limite de isenção, alguém possa fazer isso, bem como sua família? A meu ver, o critério da generalidade está sendo aplicado de maneira incorreta: eis algo para todos refletirem.

Também, com relação à progressividade, não me parece que o imposto sobre a renda seja progressivo. Não tem sido progressivo nos últimos anos. E isso é uma clara afronta ao que estabelece não só a Constituição, expressamente, nesse dispositivo que estamos analisando, como ao próprio *princípio da capacidade contributiva*. Apenas para que tenham uma idéia, dados da FGV referentes ao ano de 2002 apontam que os 1% mais ricos deste país detêm 13,42% da renda nacional. Os 1% mais ricos asseguram 13,42% da renda nacional, enquanto os 50% mais pobres detêm 12,98% dessa renda. Portanto, os 1% mais ricos têm mais renda que os 50% mais pobres. Isso, como todo mundo sabe, aponta o Brasil como um dos países onde há maior concentração de renda no mundo. O legislador tributário não pode ignorar essa situação, não pode deixar de tornar o imposto sobre a renda instrumento de justiça distributiva, ademais num contexto grave como esse. Recordo-me de que em 1986 o imposto sobre a renda da pessoa física era autenticamente progressivo. A Tabela do IRPF previa nada menos que 12 alíquotas, 12 alíquotas distintas, variando de 5% a 60%. Havia 12 classes de contribuintes – vamos dizer assim. À época, podíamos dizer: "O imposto é progressivo".

Outra é a situação que temos hoje. Temos duas alíquotas apenas, 15% e 27,5%, sendo que esta última é a alíquota provisória que se tornou permanente.

Em verdade, não podemos dizer que só existem duas categorias de contribuintes quanto à quantidade de renda auferida no Brasil. Fazer essa afirmação é um acinte. É preciso que o legislador atente para isso, porque está sendo vulnerada a Constituição nesse aspecto, sem dúvida alguma, na minha opinião.

E, por fim, quanto ao critério da *universalidade*. Também aqui existem alguns problemas. Já extrapolei meu tempo, mas apenas gostaria de deixar registrado o seguinte: quando se fala em tributação do imposto sobre a renda *universalmente*, o que acontece na legislação do imposto sobre a renda? E não é só com a pessoa física – embora esteja comentando exclusivamente em relação a pessoa física –, o que acontece? Existem hipóteses da chamada "tributação em separado". *Tributação em separado* que é considerada definitiva. Todo mundo sabe que, quando se formaliza a declaração do imposto de renda anualmente, deve-se indicar as hipóteses de tributação em separado. Elas apenas são informadas, mas não serão conjugadas às outras rendas, às demais rendas, para que se possa, então, ter uma base de cálculo universal.

"Tributação em separado" é conceito absolutamente contrário ao de tributação feita de acordo com o critério da universalidade. O que vai em separado não é, evidentemente, conjugado, não é universal; logo, a universalidade não é tão universal assim... Ganhos de capital, por exemplo, têm tributação em separado. Também valores de renda auferida, de aplicação em Bolsa e outras hipóteses. A legislação, por razões práticas, por ser mais prático para o Fisco, acaba separando certas hipóteses e dizendo: "Aqui, a renda será tributada separadamente, não será incluída no total" – e, portanto, a universalidade fica, aí, amputada. Trata-se de um problema, pois há sinais evidentes de que o critério da universalidade não está sendo atendido.

Estas eram as palavras que queria trazer aos Srs., apenas para provocá-los, já que estamos abrindo esse Congresso tão bem inspirado pela homenagem ao Prof. Geraldo Ataliba. Espero, então, que tenha sido, de alguma maneira, provocativa a todos vocês. Muito obrigada! [*Palmas*]

PRESIDENTE DA MESA (PROFA. ELIZABETH NAZAR CARRAZZA) – Agradeço a participação da Profa. Regina Helena Costa, que sempre com brilho e clareza expõe suas idéias. E quero também aproveitar a oportunidade para prestar uma homenagem ao Prof. Geraldo Ataliba. Não o fiz logo que tomei a palavra, mas não posso, na verdade, deixar de fazê-lo.

Eu pertenço ao primeiro grupo de trabalho e fui da primeira equipe do Prof. Geraldo Ataliba. Devo dizer que o Prof. Geraldo Ataliba sempre foi de uma generosidade enorme, imensa, e sempre promoveu todos aqueles que trabalhavam ao seu lado. Então, tudo o que a equipe de direito tributário da PUC é hoje, deve, sem dúvida, ao Prof. Geraldo Ataliba. Ele foi o chefe de escola, e sem dúvida alguma ele nos "carregou nas costas" e nos empurrou para a frente, desde o início.

Vou passar a palavra ao Prof. Antônio Sérgio Pitombo, que vai falar sobre "Crimes Contra a Ordem Tributária". Professor, 20 minutos, por favor.

CRIMES CONTRA A ORDEM TRIBUTÁRIA

PROF. ANTÔNIO SÉRGIO PITOMBO [*texto sem revisão do autor*] – Quero agradecer a gentileza do convite de estar aqui participando do *XIX Congresso Brasileiro de Direito Tributário*. Quero cumprimentar a Organização, particularmente a Dra. Maria Leonor Leite Vieira, pela beleza do encontro que homenageia o Prof. Geraldo Ataliba, que é, sem dúvida, um brasileiro que merece sempre ser recordado.

O tema que venho a tratar com os Srs. é, realmente, um tema tormentoso, o tema dos *crimes tributários*. Se nós analisarmos em conjunto a doutrina sobre esta matéria, e se verificarmos os julgados dos tribunais, os mais variados do país, do STJ e do STF, todos constataremos a quantidade de teorias e teses com que se refere ao crime tributário.

O que eu diria aos Srs. é que todos que nos inspiramos na lição de Tullio Ascarelli no sentido de que o operador do Direito deve ter novas idéias, em vez de sutis interpretações, no caso concreto, precisamos mudar um pouquinho a idéia de Ascarelli, precisamos de velhas idéias, ao invés de sutis interpretações.

Na matéria dos crimes tributários é uma vergonha o que alguns doutrinadores vieram a fazer. Procurando trazer para todos nós, operadores do Direito, problemas. Porque não utilizam conceitos que todos nós temos na Faculdade de Direito, e copiam, muitas vezes, autores de fora, sem encarar a situação concreta do Direito Brasileiro.

A primeira premissa que temos que ter no tratamento desta matéria é que *crime tributário*, no Brasil, é instrumento de pressão contra o contribuinte, ponto. Não se tem, na idéia de crime tributário, a noção clássica, ou não se aproveita a noção clássica para a construção dos tipos delitivos. "Crime tributário" no Brasil não é algo formatado como uma perspectiva de conduta proibida, socialmente reprovada, em que há a tutela de um valor constitucional relevante. Poderia vir a ser, e poderíamos dar um tratamento legislativo sério; mas não é isso que acontece no Direito Brasileiro. Portanto, a premissa fundamental para se discutir seriamente o que é *crime tributário* precisa ser: crime tributário é apenas um instrumento de pressão, que se utiliza da persecução penal para constranger o contribuinte a pagar. E, fundamentalmente, para que o contribuinte não venha a exercer seus direitos no que se refere aos abusos do Fisco. Mas, se isto é verdade, é preciso pensar que esta é uma criação dos anos 60. E é preciso verificar que o legislador, de lá para cá, não dá tratamento equilibrado a essa matéria.

Nenhum dos Srs., ao examinar um auto de infração tributária, confunde "devedor de tributo" com "sonegador". Todos nós, *ictu oculi*, sabemos a diferença entre o *devedor* e o *sonegador*. Não obstante, o legislador sempre trata os dois na mesma situação. Os Srs. podem verificar que, em determinados momentos, qualquer auto de infração tributária se torna inquérito policial, representação criminal e inquérito policial; *sonegador* e *devedor*, os dois na mesma posição, têm que suportar a polícia judiciária e têm que suportar – e, aqui, não se pode perder a perspectiva ontológica – os efeitos perversos de se dar a representação criminal nas mãos dos funcionários públicos, que, afinal de contas, fiscalizam essa matéria.

Mas, se isto é absurdo, o absurdo também continua em um outro aspecto. Tanto *devedor* como *sonegador* podem pagar o tributo antes do recebimento da denúncia, e para alguns até depois, como forma de extinguir a punibilidade. Mais uma vez, *sonegador* e *devedor* na mesma posição.

Vejam os Srs. que o legislador brasileiro não consegue dizer a todos nós o simples. E eu quero convidar os Srs. exatamente a examinar a questão do crime tributário com singeleza. E o que é o "crime tributário"? O que se pode propor como "crime tributário"? Em regra, o *crime tributário* é um estelionato praticado em face do Fisco. Esta é a maneira mais simples de se ter a noção da infração penal tributária. Portanto, todos os elementos constitutivos do crime de estelionato, do art. 171 do CP, têm que estar presentes para a constituição ou a configuração do crime tributário. São eles: a existência de um ardil, um artifício, a ocorrência de um erro, a existência de uma vantagem econômica e a constatação de um prejuízo. *Ardil*, *erro*, *vantagem* e *prejuízo*, elementos constitutivos, todos interligados na estrutura do estelionato, que também se repetem na estrutura do crime tributário.

O *ardil* praticado pelo contribuinte, que leva a *erro* o Fisco, traz uma *vantagem econômica* ao contribuinte, em *prejuízo* do Erário. Quatro elementos constitutivos que devem estar presentes no crime tributário.

É claro que o legislador pode se antecipar, criando tipos delitivos de perigo. Não obstante, há dúvida sobre a eficácia deste tipo de incriminação, e principalmente quanto ao respeito ao princípio da culpa, quando se criam crimes de perigo. Mas, de qualquer maneira, em gênero, o que nós temos é a similitude entre um crime e outro.

E o legislador brasileiro optou por uma fórmula simples, também, *reduzir ou suprimir tributo* – arts. 1º e 2º da Lei 8.137. A questão que se nos apresenta é: o que é o *tributo* dentro da estrutura da persecução penal e o que é o *tributo* dentro do próprio universo do crime? E aí é que vêm as teorias para complicar para todos nós, operadores do Direito. O tributo – vou dizer aos Srs. sem a menor sombra de dúvida, não obstante parcela da doutrina, assim eu entendo – é elemento constitutivo do tipo. É muito fácil verificar isso, porque o legislador assim impôs: *reduzir ou suprimir tributo*. Portanto, meus Srs., sem a definição desse elemento normativo "tributo" é impossível falar na ocorrência do crime, na ocorrência material do crime. Se há indefinição quanto à existência, no mundo do Direito, do tributo, não posso ter crime tributário.

E vejam os Srs. que não podemos nos apaixonar por essas tendências doutrinárias – vamos chamar de – "modernosas". Condição de procedibilidade? Por quê? Qual o fundamento concreto para se afirmar que *tributo é condição de procedibilidade*? A questão está no exercício da ação penal ou está na própria ocorrência material do tipo e na verificação do elemento constitutivo. Eu diria aos Srs. que não há sombra de dúvida de que nós estamos falando de uma questão de tipicidade penal; eu não fecho o juízo da tipicidade se não tenho demonstrada a ocorrência de tributo. E todos os Srs. sabem que na definição para o mundo do Direito, o tributo depende do resultado do processo administrativo tributário. Portanto, é claro que a verificação desse elemento constitutivo depende do processo administrativo tributário; e o legislador deveria atentar a isso, porque nada mais absurdo que aquele indivíduo que tem direito de discutir o auto de infração tributária vir a ser processado, e mais à frente a própria Administração reconhecer que o tributo é indevido, ou que o valor que lhe era cobrado era a mais do que deveria ser. Todos nós temos o direito de contestar os autos de infração tributária que não são pertinentes.

Mas, quando isto ocorre, é necessária uma "ginástica", na prática, para se salvar a situação concreta. Entra-se com *habeas corpus* para que o tribunal – aí, sim – possa encerrar a ação penal. Mas aquele sujeito, que jamais deveria ter sito processado, passou pelo processo criminal. E muitas vezes – e aí, sim, podemos perceber o quanto há de perverso nessa estrutura legislativa brasileira – pagou para não ser réu da ação penal. E, portanto, a minha premissa se confirma: *crime tributário no Direito Brasileiro é apenas instrumento de cobrança.* Mais que isso, a persecução penal é apenas uma forma de constranger o contribuinte a não litigar. Diria que, em matéria de crime tributário, o que, aqui, trago aos Srs. é a evolução da jurisprudência do STF.

Se nós analisarmos Brasil afora, vamos verificar o quanto os tribunais se perderam no meio destas doutrinas, que, afinal de contas, ligeiras, vieram nos perturbar, atrapalhando conceitos que todos nós temos desde a Faculdade. Mas foi o STF que começou a reconstruir a melhor interpretação do *crime tributário.* Isso se inicia com julgamento em que era relator o Min. Nelson Jobim, que ainda terminou confundindo um pouco a questão com a condição de procedibilidade. Mas isso evoluiu, e hoje há a decisão fundamental no HC 8.011, em que é relator o Min. Sepúlveda Pertence, e mais os precedentes do Min. Peluso, que tem tido – e é muito importante dizer – um papel importantíssimo na jurisdição daquela Corte, alterando, inclusive, fundamentalmente, a conclusão quanto aos crimes tributários com a afirmativa de que *tributo é elemento constitutivo do tipo*, e nada mais.

Vejam os Srs., portanto, que aquelas discussões sobre diferença de instâncias, de que não há sentido em aguardar o processo tributário, que isso retiraria do Ministério Público o poder de denunciar, tudo isso não tem o menor sentido. Estamos falando de um crime que depende da verificação concreta do tributo – e, portanto, não há como iniciar o processo criminal sem a constatação do tributo. E mais uma questão se nos apresenta como de alta complexidade: a prescrição penal em relação aos crimes tributários. Se é verdade que o juiz penal pode suspender o processo criminal para que se decida a questão tributária, a questão é o que acontece com a prescrição. E mais uma vez os Srs. vão ver na doutrina que surge uma série de teses. Eu sugeriria algo muito simples: ir à Lei. O Código de Processo Penal resolve essa questão: basta observar o art. 93, em que se afirma que o juiz criminal, se a questão for complexa, evidentemente pode suspender o processo para que se dirima essa questão em outra instância; mas a conseqüência direta disso está no Código Penal, são as causas impeditivas da prescrição. Quando isto ocorre, a prescrição, evidentemente, não pode continuar caminhando. Não há por que criar teorias complexas sobre este tema, se a lei resolve.

Diria mais aos Srs. – e aí o último ponto, que eu não vou cansá-los, no dia de hoje, com assunto de direito penal, sendo que os Srs. têm tantos temas tributários mais interessantes para tratar: a confusão que se faz em relação a *crime material* e *crime formal.* Alguns dizem: o crime previsto no art. 1º da Lei 8.137 seria crime material; o crime previsto no art. 2º da Lei 8.137 seria crime formal. Isso tem – a discussão não é acadêmica – um efeito concreto para todos nós, no dia-a-dia. Para aqueles que afirmam que é crime material, há necessidade do corpo do delito, exame de corpo do delito, e, portanto, demonstração material da ocorrência do fato típico. Para aqueles que dizem que o crime é formal, não há necessidade do exame de corpo do delito.

O que eu diria aos Srs.? Primeiro, que nosso legislador é tão caprichoso que nós não conseguimos entender, em variados momentos, qual a diferença entre o art. 1º e o art. 2º. Evidentemente, os tipos do art. 1º são crimes materiais que trazem resultado no mundo fenomênico – e, portanto, é necessário o exame de corpo de delito. Aliás, aqui faço uma observação: jamais o auto de infração tributária pode ser considerado o corpo de delito, ali não está prova material do crime. No processo penal brasileiro o *corpo de delito* afere-se a partir da prova feita no juízo criminal, seja na primeira fase da *persecutio criminis*, seja na segunda; mas, de qualquer maneira, sem perícia não há demonstração concreta da ocorrência do fato. Mas vamos ao art. 2º, é verdade que o art. 2º é composto de condutas de crimes formais: "fazer declaração falsa". Perguntaria aos Srs.: falso que não se demonstra, que não se discute? Essa declaração é verbal? Evidentemente, não. É claro que esse falso é um falso material que traz resultado. "Deixar de recolher, no prazo legal, valor de tributo ou contribuição social", isso não traz resultado no mundo fenomênico? Isso é um crime em que um simples agir traz o resultado? Evidentemente, não. "Deixar de aplicar, ou aplicar em desacordo com o estatuído, incentivo fiscal", isso não traz conseqüência concreta, que pode ser apurada por perícia? Evidentemente que esses crimes trazem resultado econômico, que vem representado na contabilidade e que vem representado na documentação tributária. Portanto, altera-se a realidade concreta, para permitir uma constatação da ocorrência material. Se isto é verdade – os Srs. me desculpem –, é impossível afirmar que no art. 2º nós temos crimes formais.

Eu diria que o de que temos que ter consciência é exatamente o que o dizia no começo. Em matéria de crime tributário, nós precisamos voltar à simplicidade na discussão do tema. Temos, sim, juízo da tipicidade. Temos, sim, certeza de que o tributo é elemento constitutivo do crime; temos que ter a certeza, que é fundamental à definição jurídica do tributo, para que se possa imputar a alguém a ocorrência de crime. Temos que ter a certeza absoluta de que nos crimes materiais há necessidade da prova da infração material, prova da ocorrência material do fato – e, portanto, evidenciação do corpo de delito. E queremos, antes de mais nada, que o processo penal brasileiro respeite as regras que estão na Constituição da República.

Processo penal, *direito penal* e *crime tributário* têm esta grande vantagem. Todos nós sabemos usar a Constituição, e ela é feita para isso, e é feita para muito mais, para que cada cidadão possa discutir os momentos abusivos, que o Brasil já viu vários, desde a Inconfidência Mineira, os excessos da Administração Pública. Tem o cidadão brasileiro o direito de discutir seus tributos. Mais que isso, tem o direito de não ser processado, salvo nas hipóteses em que há prova de materialidade, indício de autoria. Caso contrário, todos continuaremos aceitando que *tributo*, no Brasil, é só um instrumento de pressão contra o contribuinte.

Muito obrigado! [*Palmas*]

PRESIDENTE DA MESA (PROFA. ELIZABETH NAZAR CARRAZZA) – Agradeço a fala do Prof. Antônio Pitombo, que colocou aquilo que já sentíamos, com toda clareza, ali do púlpito. Passo a palavra, agora, à Profa. Consuelo Yoshida, que vai tratar da "Tributação e Tutela do Meio Ambiente": 20 minutos, Professora.

TRIBUTAÇÃO E TUTELA DO MEIO AMBIENTE

PROFA. CONSUELO YOSHIDA [*texto sem revisão da autora*] – Bom dia! Quero, em primeiro lugar, agradecer ao convite que me foi feito para participar deste evento de direito tributário, lembrando que cada vez mais a tributação ambiental está sendo palco de investigação. E vou explicar por que ela é tão importante, principalmente para estimular determinadas condutas ambientalmente saudáveis e desestimular aquelas que são consideradas degradadoras ou poluidoras do meio ambiente.

Efetivamente, se pensarmos apenas em termos de educação ambiental, não é suficiente para globalizar o setor econômico. Vivemos numa sociedade capitalista, e é assim que temos que encarar o problema da degradação ambiental. Têm que haver estímulos econômicos, tributários e financeiros. Então, minha exposição é um pouco mais abrangente, não é apenas do ponto de vista dos instrumentos tributários, porque vocês vão verificar que alguns aspectos que interessam para a proteção ambiental não constituem assunto ou elemento essencial para os tributaristas.

Mas quero saudar, então, mais uma vez, a oportunidade de estar aqui, nesta homenagem ao Prof. Geraldo Ataliba – está presente a Profa. Elizabeth Carrazza, muito emocionada, dizendo que nem poderia ficar falando muito, de tão marcante que é também na vida dela a presença do Prof. Geraldo Ataliba; acho que na vida de todos nós, que admiramos sua pessoa.

Então, começando minha exposição, reitero a relevância destes instrumentos de forma abrangente, e o que quero falar aqui, para vocês, é sobre a efetividade ou a eficiência dessas políticas tributárias e econômico-financeiras na área ambiental.

Reparem que já estou falando em "eficiência", e *eficiência ambiental* e *eficiência econômica*. São dois critérios muito importantes que não podemos, através desses instrumentos, inviabilizar, criar mais custos, atrapalhando o desenvolvimento industrial e a atividade industrial. O *princípio do desenvolvimento sustentável* até hoje não conseguiu um equilíbrio adequado exatamente por conta do aumento dos custos, das limitações das atividades industriais. Os Estados Unidos não assinarem o Protocolo de Kioto, porque importa redução de gás ("efeito estufa"), redução das atividades econômicas, e os Estados Unidos têm aquela visão de crescer sempre, e a tecnologia é que resolve. Vários Estados estão assinando e tomando suas atitudes em relação ao Protocolo de Kioto, preocupados com o "efeito estufa", contra a determinação do Governo Federal. O fenômeno ambiental está se tornando irreversível. Não é que estes fenômenos todos estejam ocorrendo, e que sejam uma atividade antrópica, não. Mas, efetivamente, o "tufão" existe, porém, na sua intensidade, a seca está muito pior.

Então, aqui, vamos falar de impostos, taxas, contribuições, compensação financeira ou participação nos resultados pela utilização dos recursos naturais, exploração econômica, minerais, potencial hidrelétrico e, agora, cobrança do próprio uso da água. Tudo isto é custo. Estamos ficando preocupados, à medida que se exige também licenciamento; e, se vocês observarem, a Constituição estabelece competência comum quanto ao poder de polícia ambiental.

Se houver – e isso está ocorrendo – cobrança de taxas de licenciamento nos níveis federal, estadual e – por que não? – também municipal, o que quer dizer isto? Há uma preocupação com o aumento crescente dos custos da própria prevenção do dano ambiental. E, reversamente, a possibilidade das medidas compensatórias ambientais, que já estão sendo utilizadas de forma indiscriminada, e também a Lei de Crimes Ambientais; a possibilidade da reparação do dano ambiental foi eleita como prioritária, de tal sorte que várias vantagens processuais penais ocorrem, principalmente quando se trata de crimes de menor potencial ofensivo, que são a maioria dos crimes ambientais.

Então, o que está acontecendo? Estímulo à degradação, porque é muito mais fácil resolver depois, através de medidas compensatórias. E a própria poluição ambiental fica muito amenizada com esta nova regra da Lei de Crimes Ambientais.

Esta é uma preocupação que todos nós temos, para que haja um equilíbrio. A finalidade, como eu disse, é a proteção ambiental. Então, não vamos pensar em criar mais tributos, mais taxas, sob pretexto de proteção ambiental. Vocês já viram a imensa carga tributária, e é a União que mais tem condições de criar tributos ambientais, ninguém vai agüentar. A atividade econômica não suporta mais! É um pouco preocupante, por isso vamos falar mais nos estímulos, nos incentivos, nos subsídios. Principalmente os incentivos tributários devem ser estimulados e efetivamente implementados, para que haja maior efetividade na política ambiental.

Qual é o cuidado que nós temos que ter? Todas as políticas devem ter a preocupação com a proteção ambiental, para que não haja falta de sintonia. Dou o exemplo da política de assentamentos através do INCRA, quer dizer, desapropriação para fins de reforma agrária: da forma como estão sendo feitos os assentamentos – ainda mais com o problema das invasões, disso nem estou cogitando –, contribuem para o desmatamento, sob diversas formas. Vou dar, aqui, o próprio critério para identificar se o imóvel é produtivo ou improdutivo: é o grau de utilização da terra. Ora, a derrubada das florestas eventualmente existentes é estimulada, exatamente para que o imóvel não seja considerado improdutivo, sendo, assim, passível de enquadramento na desapropriação para fins de reforma agrária.

Esse tipo de falta de sintonia precisa ser corrigido, sob pena de acelerar o processo de degradação. Eu digo que os assentamentos estão sendo muito preocupantes porque o INPE os detecta através de satélites. Os invasores, os "sem-terra", estão sendo utilizados pelas madeireiras: eles invadem e fazem a derrubada e vendem para as próprias madeireiras. É muito importante que estes movimentos sociais sejam feitos, mas que tenham a preocupação de poupar a devastação do meio ambiente.

Um exemplo louvável é o ITR: as áreas que têm que ser preservadas, áreas de preservação permanente, reservas legais e outras áreas de interesse ecológico, são excluídas da base de cálculo da área tributável. Com isso, é óbvio que vai haver interesse do proprietário em manter aquelas áreas em pé. É isto que nós estamos dizendo da incorporação, da dimensão ambiental em todas as políticas, e não apenas este viés da política ambiental.

A política ambiental, por sua vez, tem que usar mais incisivamente esses instrumentos todos, econômicos, tributários e financeiros. Lembro, agora, a preocupação externada no Princípio 16 da *Carta do Rio* (em 1992 ocorreu aqui a ECO/1992), conhecido como "Princípio do Poluidor-Pagador": as autoridades nacionais devem esforçar-se para promover a internalização dos custos de proteção do meio ambiente e o uso dos instrumentos econômicos, levando-se em conta que o poluidor deve, em princípio, assumir o custo da poluição, tendo em vista o interesse do público, *sem desvirtuar o comércio e os investimentos internacionais*.

Esta última frase é muito importante – "não desvirtuar o comércio", o equacionamento do desenvolvimento sustentável e também dos investimentos internacionais. Quando verificamos o enunciado de diretrizes acerca das políticas tributárias econômico-financeiras com compromisso ambiental, sempre estão tentando explorar esse enunciado da *Carta do Rio*. Por exemplo, Alejandro Altamirando, que é uma autoridade, participou do evento tanto no Rio de Janeiro quanto em Recife – eventos internacionais onde se discutiu tributação ambiental –, chama de responsabilidade do Estado, porque sem ele não há como poder resolver, harmonizar, estas situações tão incongruentes, que eu mostrei para vocês. Ele diz que se tem que incentivar, mais que penalizar; avaliar adequadamente as implicações políticas e considerar os aspectos distributivos; além disso, projetar a eficácia e a eficiência econômica e ambiental desses chamados "ecotributos".

Essa questão do aspecto distributivo é muito interessante. A Profa. Regina até disse, é possível, através do direito tributário, fazer justiça distributiva. Agora, o que não conseguimos é, por exemplo, através de um imposto sobre grandes fortunas, fazer com que as camadas mais pobres melhorem, do ponto de vista econômico-social. É isto que está faltando. E desde Estocolmo, passando por Johanesburgo, identifica-se como prioritária a erradicação da pobreza. Sem estas políticas sociais não é possível avançar no combate à degradação ambiental. Estão aí ocupações irregulares à beira de represas, formas de exploração predatórias à beira dos rios – etc., etc.

Nós temos essa dificuldade de avançar para resolver o problema da pobreza. A justiça distributiva que o direito tributário consegue viabilizar não é suficiente. [*inaudível*] também fala dos princípios de uma ótima eficiência da política fiscal, e aí, rapidamente, ele fala da *suficiência* – quer dizer, a arrecadação tem que ser suficiente para cobrir os gastos públicos decorrentes da necessidade de reduzir a poluição –, capacidade de se adaptar, sempre pensando numa flexibilidade da estrutura impositiva, para que não prejudique o desenvolvimento econômico, guardando coerência com todas as normas impositivas, transparência, continuidade, tem que haver persistência, no tempo, dessas medidas, factibilidade – ou seja, serem concretizáveis na prática –, comodidade, mínimos custos para os contribuintes e economicidade, mínimos custos também para a Administração Tributária.

Na oportunidade da ECO/1992 foram elencadas quatro diretrizes, quatro critérios, acerca de um eficiente tributo ambiental. A *eficiência ambiental* vem em primeiro lugar, a *eficiência econômica* e o *baixo custo* em segundo; depois, ser *barato e simples* e *não provocar efeitos relevantes no comércio e na competitividade internacional*, que é aquela partezinha final do princípio da *Carta do Rio*/1992.

Então, reparem, é muito mais complexa a tributação ambiental, porque nós buscamos todos esses aspectos. Alejandro Altamirando – novamente – diz quais são os objetivos desses "ecotributos": minimizar o dano ambiental, influenciar a conduta dos sujeitos passivos para que eles venham a reduzi-lo ou, então, ser estimulados a condutas ambientalmente saudáveis e também possibilitar instrumentos de indenização à sociedade.

O problema todo, internalização dos custos, na verdade não ocorre numa sociedade capitalista, porque o que é para uma sociedade capitalista? É custos mais lucros. É sempre repassado para a sociedade. O poluidor pode investir em equipamentos antipoluição, mas acaba repassando tudo para o consumidor. Então, é inevitável, há uma internalização, mas ao mesmo tempo se repassa aos consumidores.

E, por fim, ele fala da fonte de financiamento do custo ambiental. O Prof. Ricardo Lobo Torres, em livro coordenado por Heleno Tôrres, elenca princípios e valores no direito tributário ambiental e cataloga, sistematiza, princípios vinculados à liberdade. Fala, inclusive, do *princípio da imunidade do mínimo existencial ecológico*: haveria um mínimo que não poderia ser tributado. E, efetivamente, lá na Europa há problemas a respeito da cobrança pelo uso da água. O custo está tão elevado, que se vai ter que adotar algum tipo de política para isentar, porque deve haver acesso à água, por causa desse mínimo existencial ecológico. São várias as dificuldades na implantação. Até hoje nós estamos com dificuldades no Brasil exatamente para verificar quanto cobrar, de quem cobrar e quem é que vai pagar mais para subsidiar essas camadas mais baixas da população.

Como *princípios vinculados à Justiça* ele elenca o princípio do poluidor-pagador – ou seja, quem polui tem que arcar com esse princípio de justiça –, do consumidor-pagador, capacidade contributiva, custo/benefício.

Como *princípios vinculados à segurança* ele elenca os princípios da precaução, da prevenção, da legalidade tributária – ele fala em "flexibilização da legalidade das taxas", e depois vou exemplificar com uma taxa do IBAMA que está sendo cobrada – e, ainda, da tipicidade tributária.

E por fim ele elenca os *princípios vinculados à solidariedade*, que seriam a capacidade contributiva solidária e o princípio da solidariedade do grupo. Teríamos que ter um painel sobre contribuições, e a grande discussão seria, por exemplo, relativa às cobranças do SEBRAE: as grandes e médias empresas contribuem para as pequenas empresas. É exatamente pelo princípio da solidariedade social. Tudo justifica a solidariedade social. Mas é mais ou menos por aí a lógica da proteção do meio ambiente.

Vocês imaginam, nós estamos pensando nas futuras gerações, é um direito intergeracional – põe solidariedade nisso, não?

Mas, indo nesta linha, apenas para ver as cinco categorias de instrumentos econômicos que a OCDE considera: tributos em geral, subsídios, empréstimos ou créditos facilitados, muito importantes, mecanismos de depósito em garantia reembolsáveis – lá existe esse mecanismo, como se fosse uma caução reembolsável: ela é oferecida no início de uma atividade poluidora, é exigida obrigatoriamente e depois pode ser reembolsada.

Existe realmente um sistema de licenças, várias licenças que são exigidas e cobradas, e os instrumentos consistentes em prêmios e castigos são os incentivos ou, então, as onerações.

Com essa dupla face funcionam esses mecanismos, todos. É uma associação de medidas de desestímulo à degradação e de incentivo à prevenção.

Já falei sobre o problema do risco de inversão dessa lógica. Agora, passo a alguns exemplos. Quanto à taxa incluída na Política Nacional do Meio Ambiente, chamada "taxa de controle e fiscalização ambiental", lá no finalzinho da lei, como já é praxe – art. 17-B da Lei 6.938, acrescentado pela Lei 9.960 –, sua primeira versão foi considerada inconstitucional, houve liminar, uma cautelar, suspendendo os dispositivos, e acabou sendo editada nova lei, a Lei 10.165, também questionada, mas não concedida liminar; mas, enfim, o fato gerador desta taxa é o exercício regular do poder de polícia do IBAMA para controle e fiscalização de atividades potencialmente poluidoras e utilizadoras de recursos naturais.

Um outro exemplo de taxa de preservação ambiental verifica-se no Arquipélago de Fernando de Noronha. Há uma taxa cujo fato gerador é a utilização efetiva ou potencial, por parte das pessoas visitantes, da infra-estrutura física lá implantada e também para o acesso e fruição do patrimônio natural histórico.

Qual a finalidade extrafiscal e regulatória? Nós teríamos, por exemplo, o Decreto federal 755/1993, estabelecendo diferentes alíquotas de IPI para veículos movidos a gasolina e a álcool. Se houvesse esse tipo de política, todo mundo iria optar por esses novos veículos *flex fuel*. Então, não existe uma política consistente em favorecer ou incentivar a compra de equipamentos ou de veículos de tal sorte a que se melhorasse a qualidade do meio ambiente, diretamente. Nesse caso, o intuito de estabelecer alíquotas diferenciadas foi para incentivar a produção do álcool, visando à diminuição da importação do petróleo; mas acabou surtindo a diminuição dos níveis de poluição atmosférica nas cidades.

Aconteceu realmente, foi a troca, a renovação da frota, que diminuiu sensivelmente a poluição pelo monóxido de carbono. Mostro vários exemplos, mas um exemplo de instrumento financeiro importante: o *ICMS-ecológico*. Aqueles Municípios que têm restrições de uso e ocupação dos seus territórios, em virtude da existência de unidades de conservação e terras indígenas, recebem maior fatia do ICMS. Também, se têm sistemas ou projetos e invistam no tratamento de água e esgoto e coleta de lixo de forma adequada, eles recebem uma partilha maior desse ICMS. Isto é um incentivo às políticas ambientais.

Por fim, gostaria de falar de questão bastante tormentosa. Só vou pontuar, meu tempo está acabando. Nesses estímulos e incentivos tributários temos que ser bastante criteriosos. Sabemos o que é renúncia fiscal. Se vocês localizarem, sempre há a proibição de instituição de isenções arbitrárias com favoritismo ou privilégio. O objetivo deve ser sempre para fins econômicos e sociais. E aqui eu cito Souto Maior Borges, bastante enfático nesta linha, e Roberto Ferraz, que chega até a dizer que somente poderá ser conseguida de maneira vinculada e continuada a prática de atividades diretamente promotoras do bem comum pelo beneficiário.

É muito arriscado ficarmos indiscriminadamente concedendo isenções. A oneração também tem seus problemas. Então é certo que é feita, no caso da extrafiscalidade: esses são os princípios da capacidade contributiva e da vedação do confisco. Cedem estes princípios diante de previsão constitucional e por conta, no caso do IPTU progressivo no tempo, de que seja cumprida a função social da propriedade. O imóvel que está cumprindo sua função social, imóvel urbano, vai passando por fases: primeiro há um parcelamento compulsório, depois um IPTU progressivo no tempo, e finalmente há a desapropriação, pagando com títulos da dívida pública.

Efetivamente, temos esses mecanismos, que acabam tentando conciliar estes princípios contraditórios. E só menciono, por fim, a divergência, a discussão que existe, mas já está pacificada, sobre a questão da possibilidade de instituirmos tributação sobre atos ilícitos. Antes do CTN, que agora tem o art. 118, temos a posição de Amílcar Araújo Falcão, que dizia que toda perplexidade provém da não-consideração da consistência econômica do fato gerador; e daí ele é a favor da cobrança das atividades ilícitas, acha um equívoco não tributar, pois de outro modo o Estado estará [*interrupção*]. Quem diz que "não deve cobrar" diz que o Estado se estaria locupletando com ações que ele mesmo proíbe, e de algum modo se associando à ilegalidade, dela tirando proveito.

O certo é que vem da influência da doutrina alemã, onde há a questão da interpretação econômica ou jurídica do fato tributário. Mas o art. 118 do CTN diz: "A definição legal do fato gerador é interpretada abstraindo-se: I – da validade jurídica dos atos efetivamente praticados pelos contribuintes, responsáveis, ou terceiros, bem como da natureza do seu objeto ou dos seus efeitos". O STJ, em 1998, em recurso especial envolvendo peculato, sonegação fiscal proveniente de atuação ilícita, decidiu que tais operações das atividades ilícitas ou imorais são tributáveis, posto que a definição legal do fato gerador é interpretada com abstração da validade jurídica dos atos efetivamente praticados pelos contribuintes; etc., etc. E entendeu que não constitui [*interrupção*] esta oração da ação penal para ambos os crimes de provimento ao recurso.

Isto no REsp 182.563, relator o Min. José Arnaldo da Fonseca, 5ª Turma.

De outro lado, temos doutrinas importantes. Alfredo Augusto Becker, que distingue os dois momentos em que ele acha que não é possível, ali estruturando elementos essenciais do conceito de tributo. Então, não pode haver hipótese de incidência abarcando em si fato ilícito, mas é possível a abstração da ilicitude por ocasião do lançamento quando a hipótese de incidência tem como elemento integrante o fato econômico ou o ato humano, considerado em sua realidade fática – como, por exemplo, o exercício da profissão.

São matérias bastante novas, todas elas objeto de controvérsias, chegando ao Judiciário.

Era esta a visão que eu queria passar para vocês. Muito obrigada! [*Palmas*]

Presidente da Mesa (Profa. Elizabeth Nazar Carrazza) – Agradeço as palavras da Profa. Consuelo e peço desculpas por estar incomodando, passando bilhetinho – não é, Professora? –, por causa do tempo. Infelizmente me é cobrado esse papel. Mas o tema foi tratado com propriedade, como era de se esperar; um tema muito interessante, principalmente no atual momento.

Passo a palavra, agora, ao Prof. José Artur Lima Gonçalves, que vai falar sobre "Planejamento Tributário e o Princípio da Capacidade Contributiva".

PLANEJAMENTO TRIBUTÁRIO E O PRINCÍPIO DA CAPACIDADE CONTRIBUTIVA

Prof. José Artur Lima Gonçalves – Obrigado, Profa. Elizabeth Carrazza! Bom dia aos Colegas! Serei breve, porque sei que todos estão com fome.

Esse tema não podia ser mais oportuno senão num ambiente de homenagem ao Prof. Geraldo Ataliba. Estamos vivendo uma conturbação no país, de total desorganização institucional, na minha maneira de ver. Existe uma inversão completa da ordem dos fatores, o que faz com que a atividade de arrecadação tributária esteja tecnicamente "correndo atrás" da prática atinente ao gasto do dinheiro público – gasto, este, que é feito de forma absolutamente descontrolada.

Temos participado de diversos encontros, junto com vários de vocês, onde ouvimos técnicos da Receita Federal, por exemplo, com honestidade de propósitos e com seriedade, afirmarem, dos mais altos postos, que a carga tributária no Brasil não é alta. Isso é o que se diz: o que é alto no Brasil é o volume do gasto.

Para quem tem uma formação jurídica um pouco mais estruturada nos conceitos constitucionais, uma frase como essa – "a carga tributária no Brasil não é alta, o que é alto é o gasto, e a culpa é sua, porque o gasto é seu, e não meu, que sou o órgão que faz a arrecadação" – soa com alguma estranheza. Mas, como essas pessoas são sérias, temos que entender que elas estão adotando um modelo de análise da realidade que implica um ponto de vista, baseado em princípios que elas adotam para o desenvolvimento de determinada função administrativa. Como elas não estão preocupadas com as categorias constitucionais, não estão preocupadas, sequer, em saber o que é uma função administrativa, para quê ela serve, se esses poderes que elas exercem são contidos ou não-contidos. Elas têm que dar eficiência técnica a uma atividade técnica – o que é perfeitamente compreensível.

Já, a partir da nossa ótica, do ponto de vista do modelo que nós devemos adotar, especialmente homenageando o Prof. Geraldo Ataliba, temos que recolocar as coisas nos seus devidos lugares, até porque existe aí uma chamada "moderna corrente de interpretação" que procura identificar na Constituição atual a existência de algo que se chamou de "solidariedade". Segundo o modo de colocação das idéias desta corrente moderna (algo novo), é como se não existisse solidariedade nos ambientes constitucionais anteriores – o que faria com que, para prestigiar esta tal "solidariedade", a capacidade contributiva em sentido econômico servisse, ela mesma, como entidade suficiente para a incidência da regra tributária.

Isso é muito perigoso, porque já começa tratando do assunto sem explicar para o interlocutor o que é que se entende como "capacidade contributiva". "Capacidade contributiva", é, sabidamente, conceito ambíguo, que não quer dizer uma só coisa, mas várias coisas. Assim, quando se usa "capacidade contributiva" no sentido do evento econômico que manifesta determinada aptidão de contribuir, evento econômico que forma uma massa de atos que os cidadãos estão praticando, atos, esses, que formam atividade econômica, nesse caso tem-se uma dada definição. Se eu estiver procurando efeitos jurídicos que a lei seleciona para extrair desse ambiente de manifestação de capacidade contributiva em sentido econômico, eu tenho uma outra conclusão.

Então, não é possível tratar desta questão a não ser a partir de uma definição ou de uma compreensão de que há mais de um significado que pode ser atingido por meio da utilização dessa expressão "capacidade econômica". Isto vai nos levar, infelizmente, a termos que observar alguns princípios que informam a formação do Estado Brasileiro; em outras palavras, a termos que procurar compreender a Constituição Brasileira de maneira um pouquinho mais adequada, um pouquinho mais simples – como disse o Dr. Pitombo. Sem complicar muito, dá para entender tudo direitinho, porque é muito perigoso dizermos, aqui, que toda pessoa que manifestar uma dada capacidade contributiva, por exemplo, auferir renda, será sujeito passivo de imposto sobre a renda. Se deixamos de fazer este aviso – e não foi isso que a Profa. Regina Helena Costa fez, pois, obviamente, quem leu sua obra toda entende o fundamento do seu raciocínio e sabe que ela não está se referindo a "capacidade contributiva" em sentido econômico (repito: não é isto que ela fez) – , como o executivo brasileiro tem procurado fazer, nós entendemos oportuno refazer a meditação, para estabelecer: "Cuidado, porque, se você estiver se referindo à capacidade contributiva em sentido econômico, não necessariamente o fato de você ter a aptidão vai significar que você é sujeito passivo". Este é o contorno que acho importante procurar delimitar aqui, hoje.

Não podemos esquecer que o Estado Brasileiro é formado por desejo do cidadão. O Estado Brasileiro não é um "treco" que nasceu independentemente da vontade do cidadão. Quem faz o Estado Brasileiro é o cidadão. Quem atribuiu as competências para o Estado Brasileiro foi o cidadão. Quem reconhece a autoridade do Estado Brasileiro é o cidadão.

Ao conferir essas competências administrativas e legislativas ao Estado, o cidadão lhe confere certos meios para que ele possa desempenhar estas competências legislativas e administrativas, sob pena de ficar capenga o modelo criado. O Estado não funcionaria de outra forma. Um dos meios que um particular confere ao Estado para que ele possa exercer suas funções é exatamente a *ação de tributar*. Então, a ação de tributar é um instrumento que o particular deu ao Estado – Estado, este, que foi criado por vontade do particular, para fazer aquilo que o cidadão quer que ele faça, na medida e intensidade que ele quer que seja feito. Fugir deste modelo é desconhecer a razão pela qual existe um Estado e a razão pela qual existe uma Constituição. Tudo vira um mero jogo de palavras.

Como é que esta ação de tributar vai funcionar? O Estado, por meio do exercício de certas competências, vai olhar para a atividade econômica em geral, onde eventos estão sendo produzidos e performados, sendo protagonizados por cidadãos, onde ele identifica manifestações de riqueza. Olhando para este universo de eventos econômicos, manifestadores de alguma espécie de riqueza (são atos, fatos e *status* que revelam esta potencial riqueza), o Estado vai atribuir efeitos jurídicos a estes eventos econômicos. E por que o Estado faz isso? Porque não consigo alcançar diretamente a norma jurídica, o sistema do ordenamento jurídico como conjunto de conceitos, não consegue se comunicar diretamente com o evento econômico, causal, positivo, físico, ele necessita da tradução desses eventos em fatos jurídicos que formam os conceitos daqueles eventos econômicos; então, tem que buscar a capacidade contributiva em sentido econômico e trazê-la para o plano das relevâncias jurídicas que vão interessar para os efeitos da norma de tributação, que é o instrumento que está à disposição do Estado para lhe trazer riqueza do particular, para que ele consiga bancar o custo da sua atuação.

Esta atividade de trazer determinado evento econômico, atribuindo-lhe certos efeitos jurídicos, para viabilizar a ação de tributar, tem que ser implementada de alguma maneira. Como é que se define quais serão os efeitos tributários daqueles eventos econômicos que se decide ir buscar no plano da atividade econômica? Tenho que resolver quem é que faz esta tarefa, e tenho que resolver como esta tarefa é feita. A opção que resta para o intérprete (para não discorrer demais sobre isso) é atribuir essa competência ou ao Poder Legislativo ou ao Poder Executivo, e o modo de operar esta competência vai ser ou por meio de lei, se for o Poder Legislativo, ou por meio de ato administrativo, se for o Poder Executivo.

É neste aspecto que reside todo o pano-de-fundo desta problemática referente ao que é *capacidade contributiva relevante*, pertinente para quem está preocupado com a Constituição como organização jurídica de um Estado a partir da vontade do cidadão.

Esta é a necessária resposta que tenho que dar, apartando daquela outra visão que quer saber como é que eu vou simplesmente dar eficiência e eficácia à atividade de trazer o recurso do particular para o Estado.

É neste ponto de definir quem é capaz de atribuir efeitos jurídicos aos eventos econômicos para fins tributários que reside o pano-de-fundo de toda esta discussão, como veremos logo mais adiante.

O ir buscar um dado evento econômico para atribuir a este evento, a este negócio, a este estado, a este fato, um dado efeito jurídico implica processo decisório. Alguém tem que tomar uma decisão a respeito de que eventos econômicos vou pinçar lá no ambiente da atividade econômica como um todo, que é protagonizada pelos cidadãos; tenho que decidir o que eu quero ir buscar em todo aquele universo enorme que compõe a atividade econômica.

Então, nesse processo decisório (a identificação), você localiza, você escolhe dentre vários o que lhe interessa, e você quantifica, valora ativamente, aquele índice de aptidão para pagar tributo, aquele evento econômico que interessa alcançar.

Qual é a técnica que você adota para fazer isso? Você faz uma descrição conceitual de dados objetivos que sejam suficientes para você, lendo aquele conceito de um determinado fato econômico ser capaz de identificar de que evento estamos cogitando. Então, necessito de uma descrição desses dados de ordem objetiva para que eu possa, lendo a hipótese que esteja em uma norma, ser capaz de ir lá e identificar o que está no plano dos eventos econômicos que eu devo trazer como relevantes em matéria tributária. Junto com estas descrições objetivas vêm dados de circunstâncias – melhor dizendo, de tempo e de lugar – que são relevantes para a identificação daquele evento econômico.

Esta atividade de escolher e identificar, quantificar e pinçar dali do meio dos eventos econômicos, para falar que "isto passa a ser relevante para minha ação de tributar", é atividade eminentemente política, porque o que a regula, no fundo, são elementos de natureza financeira, de natureza política, de natureza ética – e assim por diante. São diversas ordens de conveniência, este conjunto de coisas atrelado à competência para se tomar uma decisão, que configura uma dada decisão política.

A Constituição Brasileira desde sempre – na minha maneira de entender – já coloca e sempre colocou parâmetros constitucionais que devem regular o funcionamento desse processo decisório sobre os efeitos tributários que se quer dar aos eventos econômicos. Encontramos na Constituição parâmetros que a pessoa que tiver (que a gente venha a reconhecer que tem) autoridade para fazer essa seleção tem que observar na hora de tomar as decisões: *generalidade*, *progressividade*, *proporcionalidade*, *eqüidade* na forma de participação no custeio. Devem ser observados todos os direitos e garantias individuais, a solidariedade, que está posta, hoje, expressamente (e sempre esteve, na minha maneira de ver) – enfim, buscar isonomia quando se está viabilizando, instrumentalizando, a ação de tributar. Todos esses conceitos, princípios e valores estão na Constituição, informando e contendo esta atividade de decidir o que vai ser tributariamente relevante dentre todos aqueles eventos que compõem a atividade econômica.

Voltamos, aqui, ao assunto essencial, porque é necessário assumir uma posição sobre quem é o agente deste processo decisório. Porque, dependendo da opção que se toma pelo Legislativo ou pelo Executivo, você tem que prestar contas à premissa que você adota, que tem a ver com o que é o Estado, para quê ele serve, como é que ele nasceu e quem é que manda nesse Estado ao fim do dia.

Este processo é visivelmente protagonizado por alguém que positivamente põe uma regra e por alguém que negativamente contesta, conflita, oferece resistência, oferece crítica a esta atividade decisória. Nestas duas funções é que temos que alocar o cidadão, o Executivo e o Legislativo.

O resultado deste processo decisório (vou deliberar que um determinado evento econômico, com certas características, passa a ser relevante para fins de tributação) culmina com a criação de uma *hipótese de incidência tributária*. Porque, no instante em que eu defino a materialidade da hipótese de incidência, estou fornecendo dados objetivos para indicação de um ato, fato ou estado componente da atividade econômica, estou já, por via transversa, fornecendo a perspectiva dimensível dessa materialidade da hipótese de incidência, que é a base de cálculo; estou fornecendo quem titula aquela capacidade contributiva, quem performa e protagoniza a materialidade, que é o contribuinte em sentido constitucional – e assim por diante.

Então, o resultado desse processo decisório é a colocação de uma hipótese de incidência tributária. No Brasil, penso eu, quem pode fazer isto é o legislador. Não é possível cogitar da criação de hipótese de incidência tributária por meio de algum ato normativo que não seja a lei. Por que estou falando isso? Não é porque eu gosto, nem porque o Prof. Ataliba gostava, mas é porque o Estado, quando é criado pelo cidadão, recebe dele – cidadão – um mandato para exercer certas competências. Assim, o chamado "poder de tributar" do Estado não é nada que nasce a partir do Estado, que por si mesmo não nasce a partir de nada. O Estado é resultado de uma atribuição de mandato que lhe é feita pelo cidadão. O cidadão, ao criar o Estado, atribui-lhe o instrumento, que é a ação de tributar.

O Estado institui o tributo em nome do cidadão, com o consentimento do cidadão, porque atrás do consentimento existe a chancela das hipóteses em que o fato vai ser juridicamente relevante para fins fiscais e se tem o consentimento sobre a medida da carga fiscal, que é o objeto que nasce, que resulta, da incidência do mandamento daquela norma tributária.

Na minha maneira de ver, a amarração total desses princípios, de formação da matéria constitucional, é que determina que seja o legislador o competente, recusando-se a visão de que a legalidade é uma "regrinha" que cai do nada, como um comando despido de outra carga valorativa.

No uso desta competência legislativa que o legislador exerce para colocar a hipótese de incidência incidem todos aqueles valores, toda aquela relação principiológica de que vínhamos falando. O legislador, ao exercer a tarefa de desempenhar o processo decisório de atribuir efeito tributário a evento econômico, vai ter que observar progressividade, vai ter que observar generalidade, vai ter que pôr a isonomia – enfim, vai ter que prestar contas à solidariedade que se exige na forma da eqüidade, na forma de participação no custeio, e assim por diante.

Estes princípios todos contêm, delimitam, amarram, o exercício da competência legislativa, que é o objeto deste processo decisório de atribuição de efeitos tributários a cargo de agentes econômicos. Então, a capacidade contributiva, nesta acepção, vai funcionar como um limite material ao processo decisório de tipificação da hipótese de incidência. Amílcar Falcão falava, no seu *Fato Gerador da Obrigação Tributária*, que o princípio da capacidade contributiva é princípio eminentemente dirigido ao legislador. Por quê? Porque ele estava entendendo qual era a função que o legislador estava exercendo ao colocar a regra de tributação.

Olhando as coisas desta forma, confirma-se a estrutura de poder que o cidadão quis que o Estado Brasileiro adotasse. O cidadão instituiu o Estado Brasileiro de modo tal a adotar esta estrutura de poder, onde ele põe e atribui a competência por meio de um processo democrático e autoriza, avaliza, consente, com a edição da lei tributária, sob mandato dele próprio, cidadão. Fora desta estrutura não é possível cogitar de ambiente de República democrática e solidária. Não há alternativa possível.

Então, na hipótese de incidência vou encontrar uma série de descrições de conceitos abertos que me permitam, por meio de referência a dados objetivos, identificar o que para a lei é "capacidade contributiva" em sentido jurídico, o que vai permitir identificar o que é que no ambiente da atividade econômica, ou seja, na capacidade contributiva em sentido econômico, financeiro meramente, vai ser relevante para vir a ser considerado um dado fato imponível. Dentro daquelas manifestações de receitas e capitais, e conjugações de ambos, qualquer forma de manifestação de riqueza que vou encontrar no ambiente dos eventos econômicos e a que vou, por meio de lei, ser capaz de atribuir efeitos de natureza tributária.

É aí que vem a noção de "planejamento tributário". Onde é que cabe a discussão a respeito de *planejamento tributário*? Cabe exatamente na identificação dos espaços da atividade econômica que não tenham sido objeto daquelas decisões tomadas pelo legislador tributário e que tenham sido objeto, portanto, de descrição nas hipóteses de incidência tributária. A atividade de decidir e selecionar (isso do ponto de vista lógico, do ponto de vista lingüístico e do ponto de vista de técnica normativa) implica delimitar, pois quando eu seleciono algo que é do meu interesse e me comunico sobre aquele objeto, estou fornecendo dados objetivos para identificação daquele objeto e estou recortando, de uma realidade possível, um pedaço dessa realidade. Por isso que várias pessoas, em matéria jurídica, falam, sobre a mesma coisa, coisas diferentes; e por isso que um engenheiro e um médico não conseguem entender isto. Porque você faz cortes para montar seus modelos; então, quando a lei decide e escolhe, fornecendo dados de identificação daqueles eventos, a lei está recortando, está diminuindo a realidade considerada. Portanto, sempre vai sobrar matéria-prima econômica fora do alcance da regra de tributação, por definição. Nunca a partir de uma definição lingüística, e nunca atrelado à tipicidade, você vai conseguir cobrir o universo do objeto descrito, porque a escolha e a decisão implicam necessariamente um corte sobre dada realidade, aqueles efeitos constritores que Becker utilizava didaticamente.

Então, todos os eventos que escapam à descrição formulada por meio daqueles dados de ordem objetiva, todas aquelas características que encontro no plano da atividade econômica, juntamente com as circunstâncias de tempo e lugar, também relevantes, tudo que não esteja descrito naquele único veículo que eu reconheço como válido para instituição da hipótese de incidência tributária vai ser passível de utilização sem incidência de norma de tributação. Por isso que a atividade chamada vulgarmente, jornalisticamente, de "planejamento tributário" é exatamente a sabedoria de identificar onde, na atividade econômica, não existe âmbito algum de validade de regra de tributação passível de incidir, porque vou estar encontrando o âmbito dos eventos econômicos que não sejam juridicamente relevantes. Esta é que é a afirmação técnica. Por isso que eu não gosto de dizer que qualquer um que manifesta dada materialidade é contribuinte, necessariamente, de determinado tributo, porque isso não é adequado, é uma visão que interessa àquele técnico que exerce função administrativa. Merece nosso respeito, merece nossa consideração, porém nós temos um instrumental técnico para entender por que é que ele está falando que a carga tributária é baixa. Nós temos é que buscar a justificativa para mostrar para o cidadão o que está fora do âmbito possível de incidência de uma dada regra tributária. Então, tudo que manifestar riqueza no plano econômico, porém não estiver alcançado pelo âmbito de validade de uma dada hipótese de incidência, tudo isso estará fatalmente fora do âmbito de incidência – e, portanto, não comporá a carga tributária; e o particular tem todo o direito de praticar aquele ato sem vê-lo sujeito à incidência de norma de tributação que ele próprio pôs, que ele próprio mandou alguém fazer sob mandato dele.

Obviamente, o tempo não permite que tratemos, aqui, da patologia formal do negócio jurídico. O importante, parece-me, é definir o seguinte: o que está acontecendo hoje, por exemplo, no plano das torcidas de futebol e de jornal? Estão confundindo a atividade de verificar se há patologia com a atividade de criar norma tributária. Pretende-se atribuir ao processo de decidir se há, ou não, um defeito no ato jurídico, pretende-se atribuir a este momento jurídico, a incidência dos princípios que informam a atividade legislativa de pôr a hipótese de incidência tributária. Saber se é conveniente ou não, saber se é isônomo ou não, saber se convém submeter dado negócio econômico à incidência tributária, é algo que está contido no plano do processo decisório legislativo de colocar a hipótese de incidência, a norma tributária.

Quando vou tratar de verificar e decidir se um negócio jurídico é defeituoso ou não, os princípios e as regras que incidem nesta atividade de tomar essa segunda decisão não são aqueles mesmos; aqueles mesmos são impertinentes para o exercício desta segunda função. Para essa segunda função eu tenho outro conjunto de regras para dizer da validade formal e material daquele dado negócio jurídico praticado. Hoje tomam-se para uma atividade o valor e o momento aplicável a outra, e vice-versa – o que não é possível. Então, quando eu estiver tratando sobre se existe uma simulação ou não, se tenho defeito ou não tenho defeito, não está mais em causa a isonomia, não está mais em causa a solidariedade, não estão mais em causa a proporcionalidade e a generalidade; etc., etc. Pois o que está em causa, aqui, é algo intrínseco e circunscrito ao problema, à questão da formalização do negócio jurídico praticado.

A lei põe a norma tributária contida por determinados princípios. A atividade de decidir se o negócio é viciado, ou não, é regulada por outro conjunto de critérios, onde não cabem mais aqueles valores anteriormente discutidos. Esta confusão está sendo feita, e é gravíssima e perigosa, porque vai desembocar onde já desembocou, que é a atribuição ao Executivo, por meio de ato administrativo, da função de analisar se o negócio é válido, ou não. Dizem alguns: a Administração pode desconsiderar esse negócio, por entender que é dissimulado e que, sendo assim, deve incidir a norma de tributação.

Se eu olho o conjunto de aflições que estão por trás dessas conclusões, vou verificar que estou comprometendo a virtude constitucional brasileira de que a tributação só nasce a partir do consentimento do cidadão, por meio de atribuição de mandato ao legislador. Fora do ambiente de cidadania, lei do cidadão, da atribuição de competência sob mandato para que alguém exerça o consentimento do cidadão, da criação do tributo para o cidadão e do Estado para o cidadão, não é possível cogitar de Estado Democrático de Direito, e muito menos de implementação de solidariedade como um todo – à desculpa de quem pense o contrário. Fora dessa moldura o que existe é totalitarismo, é arbítrio, é colocar na mão de alguém que não tem meu mandato a decisão a respeito da arrecadação e do gasto da coisa pública.

Agradeço a paciência de vocês, peço desculpas pela demora, e estou à disposição dos Colegas. Muito obrigado! [*Palmas*]

PRESIDENTE DA MESA (PROFA. ELIZABETH NAZAR CARRAZZA) – Agradeço a participação do Prof. José Artur, pelas suas colocações, sempre pertinentes. Vou encerrar esta sessão, e quem tiver alguma questão para encaminhar à Mesa deverá fazê-lo por escrito, porque as questões serão respondidas por *e-mail*. Então, coloquem, por favor, o endereço eletrônico.

Retornaremos às 14:10h. Muito obrigada!

MESA DE DEBATES "B"

TRIBUTOS ESTADUAIS E MUNICIPAIS

PRESIDENTE DA MESA: PROF. MAIRAN MAIA

MEMBROS DA MESA: PROF. HELENO TÔRRES,
PROF. ROQUE ANTONIO CARRAZZA, PROFA. ANNA EMÍLIA CORDELLI ALVES,
PROF. EDUARDO DOMINGOS BOTTALLO

PRESIDENTE DA MESA (PROF. MAIRAN MAIA) – Boa tarde! Agradeço a todos os integrantes do presente Congresso, agradeço à Equipe Organizadora, na pessoa do Prof. Aires Barreto, pelo convite a mim formulado para presidência dos trabalhos na presente tarde. Cumprimento, nesta oportunidade, os ilustres integrantes da Mesa, Profa. Anna Emília Cordelli, Prof. Eduardo Bottallo, Prof. Roque Carrazza, Prof. Heleno Tôrres, já de todos bastante conhecidos. Na presente sessão os expositores tratarão do tema "Tributos Estaduais e Municipais".

Passo a palavra ao Prof. Heleno Tôrres, para que possamos ter, então, sua apresentação.

TRIBUTAÇÃO DAS TELECOMUNICAÇÕES

PROF. HELENO TÔRRES – Boa tarde a todos! Quero saudar, desde logo, o Des. Federal Mairan Maia, que preside esta Mesa, todos os presentes, em particular meus eminentes Colegas, cuja premência de tempo impede-me de fazer as demoradas referências que merecem e a respeito do quanto é significativo, para mim, estar ao lado desses eminentes Professores e grandes Juristas que conosco compartilham deste momento.

Também quero renovar minha imensa admiração por todo o trabalho que houve na organização deste evento, levado a cabo pela Profa. Maria Leonor Leite Vieira, Presidente do Congresso, e especialmente pela homenagem a este grande jurista que foi o Prof. Geraldo Ataliba. Toda a Organização está de parabéns!

No início do ano organizamos obra coletiva com trabalhos de alguns dos conselheiros do Conselho de Contribuintes que participaram de Curso de Especialização promovido por esta entidade, que tinha como preocupação fundamental o princípio da segurança jurídica em matéria tributária, especialmente no processo administrativo. Na ocasião, decidimos homenagear o Prof. Ataliba, mesmo que sob a dor de lembrarmos sua passagem, há 10 anos – e isso é uma triste lembrança, mas que ao mesmo tempo vivifica todos os seus valores e suas aspirações. Eu gostaria, aqui, de renovar essa minha homenagem a este imenso Jurista, que pontificou e segue pontificando na nossa doutrina.

***

Meu tema corresponde ao regime tributário das telecomunicações, e quero salientar que, infelizmente, não é minha pretensão esgotar toda essa temática em 20 minutos, tampouco tratar de todos os seus aspectos, porque a Mesa versa sobre "Tributos Estaduais e Municipais". É exatamente aqui, nesse domínio, que nós concentraremos nossa preocupação.

O chamado *direito das telecomunicações* tem como objeto o estudo da regulação jurídica dos serviços e da atividade de transporte de informação à distância, por meio de redes e sistemas de comunicação. E o *direito tributário das telecomunicações* ocupa-se exatamente das repercussões fiscais deste domínio, tanto sobre as empresas que prestam os serviços de telecomunicações quanto sobre as incidências tributárias no consumo e nas diversas modalidades de serviço. É um segmento especial do direito tributário, talhado naquele espaço que corresponde às multifacetárias possibilidades de incidências tributárias, no âmbito das pessoas que se dedicam à prestação dos serviços e na própria disponibilidade do serviço de telecomunicações.

Como é sabido, o art. 155, II, da CF prescreve a competência dos Estados e Distrito Federal para instituir imposto *sobre prestações de serviços de comunicação, ainda que as prestações se iniciem no exterior*. Neste, os serviços de telecomunicações somente coincidirão com seu campo de incidência quando se prestem à efetiva concretização de um ato de comunicação entre os utentes, a partir de alguma "prestação onerosa de serviços". Esta sempre foi a orientação do nosso legislador nacional e de todos os tribunais. Como diz Roque Carrazza, "o ICMS não incide sobre a comunicação propriamente dita, mas sobre a 'relação comunicativa', isto é, a atividade de, em caráter negocial, alguém fornecer, a terceiro, condições materiais para que a comunicação ocorra".

Como facilmente se pode verificar, a simples circunstância de uma pessoa comunicar-se com outra não faz nascer obrigação tributária, sem que antes se tenha a prestação onerosa de meios, de modo a tornar efetiva e concreta a comunicação que serve de motivo para a incidência tributária. Tampouco a colocação de meios que não coincidam com o aperfeiçoamento de tal efetivação da relação comunicacional pelos utentes interessados. Meios e fins hão de coincidir na efetiva prestação de serviços.

O que efetivamente se deve identificar, para os fins de incidência do ICMS-comunicação, como motivo para justificar algum ato de aplicação, é a presença da *prestação onerosa de serviço de comunicação* – quer dizer, de mensagem de qualquer espécie e veiculada por quaisquer meios que tenham condições efetivas para o provimento daquela finalidade, sob a égide de ato negocial e oneroso. Faz-se mister, portanto, que se opere um negócio jurídico que tenha por objeto a prestação de serviço de comunicação, de caráter sinalagmático e oneroso. Assim, não basta a simples colocação de meios à disposição, ou qualquer outro ato preparatório ou acessório da comunicação. O que permitirá a incidência do imposto, como tributação de serviço, será sempre um ato de comunicação efetivamente concretizado, a partir de um dado negócio jurídico.

A dissociação entre atividade-fim e atividade-meio é de todo incabível, como a falar, por exemplo, em locação de meios como algo destacado da atividade-fim, considerando esta com existência isolada em relação ao destinatário da comunicação e os serviços prestados pela administradora de telecomunicações. Não basta a disponibilidade dos meios, portanto; impende que isso se preste à efetiva concretização dos atos de comunicações pretendidos pelos usuários da telecomunicação, em regime oneroso.

O conceito de "serviço de telecomunicação" é usado na Constituição como "limite" ao exercício das competências impositivas. E repare-se bem que não usamos confundir o simples ato comunicacional, sobre que muitos se debruçam (o que não traz qualquer proveito), com o negócio jurídico de "serviço de telecomunicações", que é o que a Constituição qualifica como medida de competência ou de imunidade tributárias, como demonstraremos.

Para os desígnios da competência, não importa o ato natural de comunicação, entre pessoas presentes; mas o ato comunicacional entre ausentes, mediado por negócio jurídico que deve ter como "causa" jurídica a prestação de serviços que permitam a concretização de tal propósito, sejam quais forem o meio ou o conteúdo da mensagem. A simples circunstância de uma pessoa comunicar-se com outra não faz nascer obrigação tributária, sem que antes se tenha a prestação onerosa de meios, de modo a tornar efetiva e concreta a comunicação que serve de motivo para a incidência tributária. Tampouco a colocação de meios que não coincidam com o aperfeiçoamento de tal efetivação da relação comunicacional pelos utentes interessados. Meios e fins hão de coincidir na efetiva prestação de serviços, a partir de negócio jurídico previamente entabulado.

É comum à nossa doutrina usar de definições de "serviços" fundadas no recurso da "exclusão". Assim, "serviço" seria aquilo que não for "serviço público" (i), que seja espécie de relação que não configure subordinação, em contraste com o regime de relação de emprego, nos moldes do art. 3º da CLT (ii), que se defina como obrigação de "fazer", em oposição às obrigações de "dar" ou de "não-fazer" (iii), e que revele "conteúdo econômico", quantificável patrimonialmente, para se estremar daqueles atos altruístas ou beneficentes.

Não é a ocasião para pôr essas afirmações em debate, mostrando suas debilidades. Assim, nos serviços públicos que permitem sua tributação (art. 150, § 3º, da CF), nos serviços que envolvem obrigações de "dar", com entrega de material, bem como na impossibilidade de se usar da simples referência à gratuidade para afastar a presença de um serviço prestado, estes são casos que não se vêem atendidos.

A trilogia de etapas, a *transmissão*, a *emissão* e a *recepção*, como medidas de identificação dos serviços de comunicação, não podem ser eleitas como hipóteses autônomas de incidência, mas possibilidades a considerar pelo legislador, para os fins de colher aquela que, mediante interação comunicacional, se preste à melhor possibilidade para a exigibilidade do tributo. Induvidoso, há serviço de telecomunicação tanto na emissão quanto na recepção da comunicação, sem qualquer relevância ao que nela se veicule ou aos meios empregados, salvo para qualificação da diferença entre valor adicionado, cessão de meios, serviços conexos e serviços de comunicação. Quer dizer, por exclusão, tudo que não for *serviço adicionado* será também *serviço de telecomunicações*, mesmo que não necessariamente serviço de "comunicação".

É fundamental anteciparmos que os serviços de telecomunicações podem ou não servir aos fins de comunicação; logo, nem todo serviço de telecomunicação é necessariamente "serviço de comunicação", que é o núcleo da competência material dos Estados. Erra quem estabelece relação de gênero e espécie entre ambos, portanto. Eis por que o § 3º do art. 155 da CF restringe sua determinação imunitária, em matéria de impostos, exclusivamente aos serviços de "telecomunicações", quer dizer, aos serviços de comunicações veiculados por meios de telecomunicações.

De fato, o § 3º do art. 155 – segundo o qual: "À exceção dos impostos de que tratam o inciso II do *caput* deste artigo [*ICMS*] e o art. 153, I e II, [*impostos de importação e de exportação*] nenhum outro *imposto* poderá incidir sobre operações relativas à energia elétrica, *serviços de telecomunicações*, derivados de petróleo, combustíveis e minerais do país" (redação dada pela Emenda Constitucional 33, de 11.12.2001) – determina um espaço bem delimitado para o exercício da competência dos Estados. Resta garantida, assim, a tributação das telecomunicações limitadamente aos impostos ali referidos, como sucessores do chamado "imposto único" de telecomunicações. Nenhuma extensão pode ser praticada, a título voluntário, pelo legislador ou, mesmo, pelo aplicador das normas tributárias, ao pretender alcançar outros serviços prestados no âmbito das telecomunicações ou, mesmo, o fornecimento de bens ou materiais, a título de locação ou como meio auxiliar.

Sendo o conceito de "serviço" o núcleo material da *competência tributária*, há de se confinar, aqui, o legislador, aos seus limites. E para a tributação dos serviços reservou nossa Constituição competência exclusiva para os Municípios (art. 156, IV, da CF), salvo aqueles indicados na competência dos Estados (art. 155, III, da CF), dentre os quais se encontram os de "comunicações". De fato, em nossa Constituição o conceito de "serviços de qualquer natureza" foi definido pela negativa, quando se reporta aos "não compreendidos no art. 155, II". Porém, à tributação dos serviços de telecomunicações acrescenta-se o § 3º do art. 155 da CF, o qual determina medida expressa de imunidade tributária para qualquer outro imposto. Ora, como os "serviços de comunicação" encontram-se sujeitos ao ICMS, tal regra não se justifica como simples modalidade de norma interpretativa, mas como verdadeira imunidade, para todos os demais serviços típicos do ambiente de telecomunicações. Por conseguinte, não cabe, nesta hipótese, qualquer tentativa de raciocínio, tão em voga em outros casos, de "exclusão" na relação entre ISS e ICMS, ou mesmo de "preponderância", quando se apresentam relações-meios e relações-fins adicionadas de fornecimento de materiais ou, mesmo, de serviços conexos.

Como afirmado acima, tudo que não for "serviço oneroso de comunicação", mesmo que se tratando de serviço de telecomunicação, tampouco será passível de tributação pelos Municípios, mediante aplicação do ISS. E isso em virtude da imunidade contida no § 3º do art. 155 da CF. Em realidade, quando o art. 156, III, identifica a competência dos Municípios para tributar "serviços de qualquer natureza", à ressalva "não compreendidos no art. 155, II" deve-se acrescer o § 3º do mesmo artigo, pela vedação expressa a qualquer outro "imposto" sobre telecomunicações. Por conseguinte, extensões indevidas que possam ser feitas pelos Estados, no seio de convênios, a tal respeito, desbordariam do espaço que lhes foi reservado pela Constituição, em nítido conflito com a regra imunitária. Em resumo, nem todas as atividades de telecomunicações constituem "prestações onerosas de serviços de comunicação", e o que remanesce no espaço das *telecomunicações*, mas fora do conceito de "serviço de *comunicação*", encontra-se em induvidoso espaço de imunidade.

Dito de outro modo, *serviços de comunicação* podem ser prestados mediante serviços de telecomunicações, mas nem todos os serviços de telecomunicações constituem serviços de comunicação, para os efeitos da aplicação do ICMS-comunicação. Eis por que não se poderiam admitir alargamentos espontâneos, pelos Estados, mediante a edição de convênios, sobre hipótese de incidência sujeita exclusivamente à edição de lei complementar para tal hipótese. Convênios somente podem ser usados nos limites dos permissivos constitucionais (isenções e outras medidas exonerativas, conforme o art. 150, § 6º; e as situações definidas no art. 155, §§ 4º e 5º, da CF). Determinação material do fato jurídico tributário, da base de cálculo ou dos contribuintes dos impostos, e especialmente do ICMS, mesmo que a título de "esclarecimentos" ou como modalidade de "lei interpretativa", somente pode ser introduzida mediante lei complementar, como prevêem os arts. 146 e 155, § 2º, XII.

Denunciamos aqui, por exemplo, a inconstitucionalidade da Cláusula Primeira do Convênio 69/1998, no que excede ao conceito legislado, *in verbis*: "Os signatários firmam entendimento no sentido de que se incluem na base de cálculo do ICMS incidente sobre prestações de serviços de comunicação os valores cobrados a título de acesso, adesão, ativação, habilitação, disponibilidade, assinatura e utilização dos serviços, bem assim aqueles relativos a serviços suplementares e facilidades adicionais que otimizem ou agilizem o processo de comunicação, independentemente da denominação que lhes seja dada".

Em resumo, os serviços de telecomunicações somente coincidirão com o âmbito de incidência do ICMS quando se prestem à efetiva concretização de um ato de comunicação entre os utentes, a partir de alguma "prestação onerosa de serviços de telecomunicação", nos termos autorizados pela Constituição e por lei complementar. Na presença de qualquer ato oneroso de prestação de serviços de telecomunicações, para que se aperfeiçoe a incidência do ICMS, urge, pois, que tal serviço coincida com algum ato que concretize a relação-fim, não bastando a instrumentalização inerente às telecomunicações. Para todos os demais, contudo, vigora a imunidade assinalada no § 3º do art. 155 da CF, seja qual for a modalidade, ou meios envolvidos.

Diante dessas considerações, nenhum intérprete ou aplicador do Direito pode iniciar o tratamento administrativo ou tributário dos serviços de telecomunicações a partir da legislação infraconstitucional, sem antes munir-se de vigoroso estudo a respeito do regime constitucional que o envolve.

Ao lado desta questão coloca-se, ainda, o problema da imputação de efeitos equivalentes aos de telecomunicações para os serviços prestados por meio de satélites – o que merece discussão à parte.

A Lei Geral de Telecomunicações (LGT) prescreve, no seu art. 1º, competir à União, por intermédio do órgão regulador e nos termos das políticas estabelecidas pelos Poderes Executivo e Legislativo, organizar a exploração dos *serviços de telecomunicações*. E, no seu parágrafo único, essa organização inclui, entre outros aspectos, o disciplinamento e a fiscalização da execução, comercialização e uso dos serviços e da implantação e funcionamento de *redes de telecomunicações*, bem como da *utilização dos recursos de órbita e espectro de radiofreqüências*. Isso, contudo, não quer dizer que estes sejam espécies de *serviços de telecomunicações*. Distam disso. É que, sendo a *utilização dos recursos de órbita e espectro de radiofreqüências* instrumento fundamental para veicular as telecomunicações, seu tratamento não se poderia fazer em domínios distintos. Na verdade, o mais relevante dessa disposição consiste em afastar a capacidade espacial do conceito de "infra-estrutura de telecomunicações", posto não se confundir como parte integrante das redes (públicas ou privadas) ou, mesmo, da própria definição de interconexão de redes, como fizemos ver em páginas anteriores.

Confirmando essa opinião, o Regulamento dos Serviços de Telecomunicações prescreve que não constitui serviços de telecomunicações o provimento de capacidade de satélite. Na verdade, este é um esforço de precisão que pode ser perfeitamente resolvido no âmbito da própria Lei 9.472/1997, pois, ao dispor sobre "o espectro de radiofreqüências e da órbita", e após considerar, no art. 157, que "o espectro de radiofreqüências é um recurso limitado, constituindo-se em bem público, administrado pela Agência", afirma, no seu art. 172, que o "direito de exploração de satélite" se constitui pela "ocupação da órbita e o uso das radiofreqüências destinadas ao controle e monitoração do satélite e à telecomunicação via satélite" e se presta, com tais características, ao "transporte de sinais de telecomunicações". Tudo a comprovar a diferenciação técnica entre *capacidade espacial* e *serviço de comunicação*.

Vê-se, assim, às escâncaras, o quanto essa modalidade se distancia do conceito de "prestação onerosa de serviços de comunicação", cuja incidência somente pode ser aperfeiçoada em presença de atos de fornecimento, a título oneroso, de *serviços de comunicação* – quer dizer, de efetivas operações negociais que tenham "preço" como contraprestação de uma colocação de meios à disposição dos interessados em promover atos de comunicação; ou, como reconhecido pelo STJ, "quando um terceiro, mediante prestação negocial-onerosa, mantém interlocutores (emissor/receptor) em contato por qualquer meio". E, para não deixar qualquer sombra de dúvidas a respeito, prescreve o inciso VII do art. 12 da Lei Complementar 87/1996: "*Considera-se ocorrido o fato gerador* do imposto no momento das *prestações onerosas de serviços de comunicação*, feitas por qualquer meio, inclusive a geração, a emissão, a recepção, a transmissão, a retransmissão, a repetição e a ampliação de comunicação de qualquer natureza". Ora, a simples atribuição do direito de usar de "ocupação da órbita" e das "radiofreqüências" em nada se aproxima daquele conceito.

Tampouco pode-se usar da distinção, tão em voga, entre *atividade-fim* e *atividade-meio*, por ser de todo incabível à espécie. São fenômenos absolutamente distintos, e sequer aproximáveis. O provimento de capacidade de satélite não se confunde com a disponibilidade dos meios para prestação de serviços de telecomunicações, a exemplo do que ocorre com a interconexão de redes e outros. Limita-se à simples atribuição do direito de usar de "ocupação da órbita" e das "radiofreqüências", e só isso. Contudo, estes somente podem ser a "prestadores" de serviços de telecomunicação, como requer o § 1º do art. 163 da LGT, isto é, que o "uso de radiofreqüência" esteja "associado à concessão, permissão ou autorização para prestação de serviço de telecomunicações".

Importa lembrar que, para o satélite atingir seus objetivos, cumpre à base emitir sinais na sua direção, os quais serão recebidos pelo receptor do satélite, que os amplifica, converte espectralmente para *freqüência de transmissão* e os reenvia, como sinais destinados a todas as estações que operarem no espectro radioelétrico e se encontrarem na faixa de varredura ou *zona iluminada*, de cobertura do campo radioelétrico.

Ora, o prestador de telecomunicações, ao usar do satélite, transmite o conteúdo que ele queira, sem qualquer controle da "exploradora" ou da empresa "proprietária" do satélite. O "uso de radiofreqüência" presta-se ao êxito dos seus atos de comunicação sem que isso possa confundir-se com a "locação" do direito de exploração da capacidade satelital, obrigação de "dar" de todo inconfundível com a obrigação de "fazer" que configura o serviço de telecomunicação "transportado" pelas ondas hertzianas na "freqüência" e na "órbita" contratadas entre as partes.

Desse modo, as atividades técnicas do satélite não só se estremam do conceito de "serviço de telecomunicação" como não prevalecem sobre a própria noção específica de "capacidade espacial", por se prestarem a servir de veículo às prestações de serviços de telecomunicações e virem previamente garantidas contra quaisquer interferências prejudiciais, em cumprimento aos tratados internacionais da UIT, ao que toda a tecnologia dos satélites serve, não se configurando, por si só, como qualquer modalidade de serviço de telecomunicação autônomo àqueles que veiculam as faixas de freqüências alocadas nos *transponders* do satélite. E nossa LGT prescreve, como medida de garantia e proteção das faixas de radiofreqüência, no art. 159, que na destinação das faixas será considerado o emprego racional e econômico do espectro, objetivando "evitar interferências prejudiciais", ou seja, "qualquer emissão, irradiação ou indução que obstrua, degrade seriamente ou interrompa repetidamente a telecomunicação" (parágrafo único ao art. 159).

Conclui-se, desse modo, que a capacidade satelital encontra-se em âmbito de "não-incidência" em relação à materialidade do ICMS-comunicação; logo, não cabendo *incidência*, tampouco se poderia falar de alguma espécie de *isenção*, como pretendeu fazer o Convênio-CONFAZ 126/1998, ao supor a cessão onerosa de meios e infra-estruturas como passíveis de tributação e, mais, como integrantes da base de cálculo dos próprios serviços de telecomunicações, o que justificara sua *isenção*.

Como visto, ao estudar a tributação das telecomunicações, na realidade, em grande parte, a dificuldade concentra-se mesmo sobre a necessária separação conceitual dos atos de prestação de serviço daqueles que são de valor adicionado ou de outra categoria.

Infelizmente, pelo escasso tempo de que dispomos, vou encerrando, e fico à disposição para qualquer indagação que se faça *a posteriori*. Obrigado a todos pela atenção! [*Palmas*]

PRESIDENTE DA MESA (PROF. MAIRAN MAIA) – Cumprimento o Prof. Tôrres pela exposição clara ora apresentada, e passo a palavra ao Prof. Carrazza.

A MANUTENÇÃO DE CRÉDITO DE ICMS – INCENTIVOS FISCAIS E "INIDONEIDADE"

PROF. ROQUE ANTONIO CARRAZZA – Prof. Mairan Maia, digníssimo Presidente desta Mesa de Debates; Colegas debatedores, Profa. Anna Emília Cordelli Alves, Prof. Eduardo Bottallo, Prof. Heleno Taveira Tôrres; colegas Congressistas. É com satisfação que eu integro esta Mesa de Debates, neste *XIX Congresso Brasileiro de Direito Tributário*, que homenageia o inesquecível Prof. Geraldo Ataliba, há 10 anos desaparecido do nosso convívio.

Apesar das palavras magníficas que foram ditas esta manhã a respeito do inesquecível Mestre, peço vênia para acrescentar que Geraldo Ataliba era um homem admirável, que soube, como poucos, lutar pelas liberdades democráticas e pela consolidação do Estado de Direito. Distinguia-se de seus pares não apenas pelo notável saber jurídico, traduzido em milhares de conferências, aulas, pareceres e escritos em geral, como pelo acendrado amor ao próximo.

Geraldo Ataliba, de fato, tinha um coração generoso e bom, que o levava a preocupar-se com os mais necessitados. Caridoso, sem fazer praça, como recomenda Cristo, no *Evangelho de São Matheus*, ajudava os idosos, os doentes, os desvalidos – enfim, os feridos deste mundo. Tinha por lema o amor à Humanidade, de modo que, Sr. Presidente, é sempre com emoção que eu me recordo da figura exponencial de Geraldo Ataliba.

Dito isso, quero saudar o Prof. Aires Barreto, Presidente do Instituto Geraldo Ataliba – IDEPE, e também o Prof. Eduardo Bottallo, que, com sua competência e com sua dedicação, é o grande responsável pelo bom êxito deste evento científico.

***

Fui incumbido de lhes falar sobre "A Manutenção de Créditos de ICMS – Incentivos Fiscais e 'Inidoneidade'". No fundo, no fundo, como várias vezes tive a oportunidade de afirmar, "ICMS" não passa de uma sigla. Uma sigla que serve para designar pelo menos cinco impostos diferentes – a saber: o imposto sobre operações relativas à circulação de mercadorias; o imposto sobre prestações onerosas de serviços e transporte interestadual e intermunicipal; o imposto sobre prestações onerosas de serviços de comunicação; o imposto sobre a importação, a circulação, a distribuição ou o consumo de lubrificantes e de combustíveis líquidos e gasosos e de energia elétrica; e o imposto sobre a extração, a circulação, a distribuição e o consumo de minerais. São cinco impostos diferentes, exatamente porque têm hipóteses de incidência e bases de cálculo diferentes.

Todos sabemos que o que distingue um tributo do outro não é denominação que recebe, mas sua hipótese de incidência, confirmada por sua base de cálculo – o que, de resto, didaticamente vem proclamado no art. 4º do CTN.

Pois bem, o binômio *hipótese de incidência/base de cálculo* revela que debaixo da sigla "ICMS" se acomodam pelo menos cinco impostos diferentes. Eu digo "pelo menos" porque, em rigor, nada impediria considerássemos o imposto sobre a importação de lubrificantes, diferente do imposto sobre a circulação de lubrificantes, diferente do imposto sobre a distribuição de lubrificantes, diferente do imposto sobre o consumo de lubrificantes, diferente do imposto sobre o consumo de combustíveis líquidos – e assim avante. Deveras, caso fizéssemos uma análise combinatória, acrescentando a cada verbo um complemento, como predica o Prof. Paulo de Barros Carvalho, seguramente teríamos, debaixo do rótulo "ICMS", não 5, mas, talvez, 155 impostos diferentes.

Essa forma de designar com o mesmo nome tributos diferentes, além de não ser das mais louváveis sob o aspecto científico, na prática tem causado grandes confusões. É que o legislador, nem sempre afeito à melhor técnica, tem dificuldades para harmonizar o ICMS-operações mercantis, que alcança a execução de *obrigações de dar*, com o ICMS-prestações de serviços (de transporte transmunicipal ou de comunicação), que alcança a execução de *obrigações de fazer*. E, no entanto, é imprescindível que o faça, porque todos esses ICMS têm um *núcleo central comum* que exige se submetam aos mesmos princípios constitucionais, dentre os quais sobreleva o da *não-cumulatividade*.

Aliás, por falar em Constituição, a Lei Maior do ICMS é a própria Constituição. Geraldo Ataliba, a propósito, com inteira razão proclamava: "Fora da Constituição não se conhece ICMS". A própria Lei Kandir (Lei Complementar 87/1996) pode, quando muito, em matéria de ICMS, explicitar o que está implícito na Constituição, mas nada de substancialmente novo lhe pode agregar ou subtrair; falta-lhe titulação jurídica para tanto.

O que estou procurando significar é que a Lei Complementar 87/1996 – como, aliás, qualquer lei complementar – não tem o condão de buscar, nela própria, *fundamento de validade*. Pelo contrário: ela somente poderá irradiar efeitos *se* e *enquanto* estiver dentro da chamada "pirâmide jurídica", em cuja cúspide, em cujo patamar mais elevado, situam-se as normas constitucionais, verdadeiras matrizes de todas as manifestações normativas do Estado – de acordo com a lição clássica de Hans Kelsen. Assim, só para darmos alguns exemplos, a Lei Kandir não pode redefinir a regra-matriz do ICMS, porque tal regra-matriz está estampada na Constituição; também, a Lei Kandir não pode alterar, para mais ou para menos, o alcance do *princípio da não-cumulatividade*, que também tem sede constitucional; ainda, a Lei Kandir não pode anular, ainda que parcialmente, imunidades de ICMS, que estas estão garantidas na Constituição. E, se a Lei Kandir não pode fazer isso, por muito maior razão o comunicado-CAT, a instrução normativa, o convênio-ICMS etc. Por quê? Justamente porque, dentro da *pirâmide jurídica*, esses atos normativos ocupam posição muito inferior à ocupada pela predita Lei Complementar 87/1996.

Muito bem. Como os Colegas não ignoram, o perfil do *princípio da não-cumulatividade* do ICMS encontra-se traçado no art. 155, § 2º, I e II, da CF: "O imposto previsto no inciso II [*portanto, o ICMS*] atenderá ao seguinte: I – será não-cumulativo, compensando-se o que for devido em cada operação relativa à circulação de mercadorias ou prestação de serviços com o montante cobrado nas anteriores pelo mesmo ou outro Estado ou pelo Distrito Federal; II – a isenção ou não-incidência, salvo determinação em contrário da legislação: a) não implicará crédito para compensação com o montante devido nas operações ou prestações seguintes; b) acarretará anulação do crédito relativo às operações anteriores".

Vejam os colegas Congressistas que não estamos, aqui, diante de uma mera recomendação, que o legislador ou administrador fazendário seguirão, por boa, ou rejeitarão, por inconsistente. Não. Estamos diante de uma norma cogente, isto é, de obediência obrigatória. Ademais, essa norma que se hospeda nas dobras do art. 155, § 2º, I e II, da CF é de eficácia plena e de aplicabilidade imediata; por via de conseqüência, independe da edição de normas inferiores para irradiar todos os seus efeitos.

Mas, afinal, o que significa a assertiva "o ICMS será não-cumulativo"? *O ICMS será não-cumulativo* exatamente porque em cada operação ou prestação é assegurada ao contribuinte uma dedução correspondente aos montantes deste tributo devidos nas operações ou prestações anteriores.

Simplificando o raciocínio, a quantia a ser desembolsada pelo contribuinte a título de ICMS é o resultado de uma subtração em que o *minuendo* é o montante de imposto devido e o *subtraendo* é o total dos créditos gerados pelas operações ou prestações anteriores. Registro, por oportuno, que não é necessário que as operações anteriores tenham sido efetivamente tributadas por meio de ICMS; basta que, nelas, o ICMS tenha sido devido.

Também não é preciso que os créditos de ICMS advenham da mesma mercadoria que está sendo posta em comércio ou do mesmo serviço que está sendo prestado. Por quê? Porque o ICMS, ao contrário do antigo ICM, da Constituição de 1967, adotou a técnica "imposto contra imposto", e não "mercadoria contra mercadoria". Esclareço que o ICM, da Constituição anterior, incidia apenas sobre operações mercantis, ao passo que o ICMS, da Constituição atual, incide, como vimos, também sobre uma grande cópia de prestações de serviços. Daí haver adotado a sistemática "imposto contra imposto".

Na verdade, o que estou procurando transmitir aos colegas Congressistas é a idéia de que o contribuinte tem o direito de lançar em sua escrita fiscal os créditos de ICMS acumulados nas operações ou prestações anteriormente realizadas, para, no momento oportuno (em geral, a cada 30 dias), utilizá-los como "moeda de pagamento" desse tributo.

Era Cléber Giardino quem, com muita propriedade, lecionava: "O ICMS tem duas moedas de pagamento: a moeda corrente (de curso forçado) e os créditos provenientes das operações ou prestações anteriormente realizadas".

Também julgo imperioso enfatizar que não é a destinação que o contribuinte vai dar às mercadorias ou bens que adquire (venda, revenda, uso, consumo, integração no ativo fixo etc.) que vai determinar, ou não, a incidência do *princípio da não-cumulatividade* do ICMS. Só não geram créditos de ICMS as operações isentas ou em que não há incidência deste tributo.

Chega-se a essa conclusão por meio da interpretação *a contrario sensu* da já mencionada alínea "a" do inciso I do § 2º do art. 155 da CF. Acompanhem, por gentileza, meu raciocínio: se "a isenção ou não-incidência, salvo determinação em contrário da legislação, [*observem que a legislação poderá dispor de modo mais favorável ao contribuinte*] não implicará crédito para compensação com o montante devido nas operações ou prestações seguintes, e acarretará a anulação do crédito relativo às operações anteriores", segue-se que em todas as demais hipóteses haverá direito de crédito.

Novas restrições à utilização de créditos de ICMS, para fins de pagamento deste tributo, são inconstitucionais.

Ressalto que nem mesmo a lei complementar pode interferir no conteúdo e no alcance do *princípio da não-cumulatividade* do ICMS. Deve, apenas, explicitar um sistema de escrituração, em que, considerado certo lapso de tempo, venham registrados, de um lado, o imposto devido (o *quantum debeatur*) e, de outro, a expressão documental do abatimento correspondente; jamais, vedar a apropriação de créditos no ICMS.

Então, nesse particular, andou muito bem a Lei Complementar 87/1996 quando, em seu art. 20, estatuiu ser "assegurado ao sujeito passivo o direito de creditar-se do imposto anteriormente cobrado em operações de que tenha resultado a entrada de mercadoria, real ou simbólica, no estabelecimento, inclusive a destinada ao seu uso ou consumo ou ao ativo permanente, ou o recebimento de serviços de transporte interestadual ou intermunicipal ou de comunicação".

Aquilo, porém, que a Lei Complementar 87/1996, em seu art. 20, conquistou com as mãos, perdeu com os pés em seu art. 33, quando traçou uma série de marcos temporais, não previstos na Constituição Federal, para o pleno aproveitamento dos créditos de ICMS.

Não vou maçá-los lendo o longo art. 33 da Lei Kandir, mas peço vênia aos Colegas para me demorar um pouco em seu inciso I, que originariamente estabelecia que "somente darão direito de crédito as mercadorias destinadas ao uso ou consumo do estabelecimento, nele entradas a partir de 1º de janeiro de 1998". A Lei Kandir, como sabem, é de 1996. Pois bem, quando o dia 1.1.1998 estava chegando, foi editada a Lei Complementar 92/1997, adiando este março temporal para o dia 1.1.2000.

Quando o Milênio estava terminando – porque, enfim, a máquina do tempo ninguém consegue parar –, foi editada a Lei Complementar 99/1999, procrastinando o aproveitamento dos créditos das mercadorias destinadas ao uso ou consumo do estabelecimento para 1.1.2003. E, bem antes desse dia 1.1.2003 acenar no horizonte, uma nova lei complementar tratou do assunto: a Lei Complementar 114/2002, adiando tal aproveitamento para o dia 1.1.2007. Embora eu não tenha dons divinatórios, atrevo-me a dizer, só pelo "andar da carruagem", que o aproveitamento desses créditos irá para as calendas, quando não para as calendas gregas (que, como sabemos, não existiam)...

Retomando o fio da meada, todas estas restrições são flagrantemente inconstitucionais, porque arremetem contra o princípio da não-cumulatividade. Assim, a Lei Kandir merece aplausos quando declara que tudo gera direito de crédito de ICMS; merece repúdio quando condiciona o aproveitamento de créditos à observância de marcos temporais.

Muito bem. Como já lhes disse, o direito de crédito em tela independe, para surgir, da efetiva cobrança do ICMS nas anteriores operações ou prestações. Isto significa que o direito à compensação, autorizada no art. 155, § 2º, I, da Carta Magna, permanece íntegro ainda que, nas operações ou prestações anteriores, um dos contribuintes tenha deixado de recolher o tributo, ou a Fazenda de lançá-lo (salvo, é claro, por motivo de isenção ou de não-incidência).

Ora, a Lei Paulista do ICMS (Lei 6.374/1989), em seu art. 36, § 3º, estabelece que "não se considera cobrado, ainda que destacado em documento fiscal, o montante do imposto que corresponder a vantagem econômica decorrente da concessão de qualquer subsídio, redução da base de cálculo, crédito presumido ou outro incentivo ou benefício fiscal em desacordo com o disposto no art. 155, § 2º, inciso XII, alínea 'g', da Constituição Federal". Estatui, em suma, que não geram "moeda de pagamento de ICMS" os créditos oriundos de Estados onde os contribuintes receberam, à sorrelfa, benefícios fiscais de ICMS. A idéia vem reiterada no Comunicado-CAT 36/2004, da Secretaria da Fazenda do Estado de São Paulo, que, em sua ementa, "esclarece" sobre a impossibilidade de aproveitamento dos créditos de ICMS provenientes de operações ou prestações amparadas por benefícios fiscais não autorizados por convênio celebrado nos termos da Lei Complementar 24/1975.

Vejam os Colegas: o ICMS – todos sabemos disso – deveria ser uniforme em todo o território nacional. Até porque o ICMS tem uma vocação nacional. Os juristas estrangeiros que nos visitam estranham ao serem informados de que o nosso IVA (assim eles chamam o nosso ICMS) não é um imposto nacional, mas regional, já que da competência dos Estados-membros e do Distrito Federal. E estes mesmos juristas invariavelmente indagam: "Mas isto não gera a guerra fiscal entre os Estados, ou entre estes e o Distrito Federal?".

Não deveria gerar. Por quê? Porque, para evitar a guerra fiscal entre as unidades federadas, a CF foi sábia, estabelecendo, em seu art. 155, § 2º, XII, "g", que qualquer isenção, incentivo ou benefício de ICMS só terá validade se for conveniado, ou seja, acordado entre todas as partes interessadas: os Estados-membros e o Distrito Federal. Se não houver consenso entre as unidades federadas – é o que está prescrito na Constituição –, não pode haver qualquer incentivo, isenção ou benefício fiscal em matéria de ICMS. Noutro giro, nossa Constituição consagra o *princípio da uniformidade das alíquotas* do ICMS, para que todas as unidades federadas tributem em harmonia.

Isso acontece na prática? Raramente. Todos sabem que há Estados que concedem isenções de ICMS por meio de decreto, de portaria, de comunicado, malferindo a Constituição.

Mas ultimamente tem surgido uma outra prática inconstitucional: o Estado (ou o Distrito Federal) "finge" que recebe o ICMS do contribuinte, já que, uma vez embolsado, o devolve, a este mesmo contribuinte, sob a forma de benefícios fiscais ou financeiros. Só para registro, são *benefícios fiscais* as isenções, as remissões, as anistias, as reduções de bases de cálculo ou de alíquotas, a concessão de créditos presumidos, a concessão de parcelamentos etc. Já, são *benefícios financeiros* as subvenções, os financiamentos para aquisição de bens a serem incorporados ao ativo permanente, os empréstimos para o recolhimento do próprio tributo etc.

Voltando ao ponto central do raciocínio – e se os colegas Congressistas me permitem a metáfora –, é comum a unidade federada receber o ICMS na "portinhola da direita", devolvendo ao contribuinte, na "portinhola da esquerda", sob a forma de financiamentos, subsídios, créditos presumidos etc. o montante arrecadado.

Pergunto: o comerciante, industrial ou produtor paulista que adquire, em outra unidade federada, mercadorias "tributadas", dessa forma canhestra, por meio de ICMS tem o direito de aproveitar os créditos do tributo? A meu ver, tem. Ah, mas houve uma irregularidade! Houve uma irregularidade, mas o adquirente – penso eu – nada tem a ver com isso. Se a operação está devidamente documentada, ele tem "moeda de pagamento" de ICMS, e pode usá-la na hora de recolher o tributo devido.

O que não me parece juridicamente possível é compelir o contribuinte a fazer as vezes da Administração Fazendária, averiguando se seu fornecedor de outra unidade federada recebeu, ou não, esses benefícios indiretos, esses benefícios indevidos.

Em minha atividade profissional deparei-me com um auto de infração em que estava escrito que o contribuinte deveria ter diligenciado para apurar se aquele fornecedor recebia, ou não, benefícios de ICMS escusos. Então, o contribuinte tem que adivinhar, a despeito da nota fiscal formalmente em ordem, se seu fornecedor está recebendo benefícios que se chocam com o princípio da uniformidade das alíquotas do ICMS? É evidente que não!

O Estado, então, há de suportar os prejuízos? É evidente que não! Se ele se sente prejudicado – e muitas vezes está, mesmo, sendo prejudicado –, tem o foro competente para fazer valer seus direitos, que é o STF, a quem compete, nos termos do art. 102, I, "f", da CF, dirimir conflitos entre unidades federativas. Agora, o que o Estado absolutamente não pode fazer é delegar uma tarefa que é sua – qual seja, a de zelar pelo cumprimento da Constituição – ao pobre contribuinte que, com base nesta mesma Constituição, está se valendo por inteiro do princípio da não-cumulatividade.

Um raciocínio análogo pode ser desenvolvido em relação a notas fiscais inidôneas que o fornecedor dá ao contribuinte de ICMS. Se elas estão formalmente em ordem, não é juridicamente possível impedir o contribuinte de aproveitar os créditos de ICMS delas decorrentes. Basta, para que o contribuinte tenha o direito de desfrutar, por inteiro, do *princípio da não-cumulatividade* do ICMS, que: as operações tenham ocorrido regularmente; o fornecedor esteja inscrito no *Cadastro Geral de Contribuintes*; as mercadorias tenham sido efetivamente fornecidas; os documentos emitidos apresentem aparência de regularidade; e – claro – esteja presente a boa-fé.

Estas as idéias que, num primeiro momento, tomo a liberdade de submeter à douta apreciação dos colegas Congressistas. Muito obrigado! [*Palmas*]

Presidente da Mesa (Prof. Mairan Maia) – Parabenizo o Prof. Carrazza pela exposição eloqüente – como sói ocorrer –, e passo a palavra à Profa. Anna Emília Cordelli.

ISS – SERVIÇO PROVENIENTE DO EXTERIOR

PROFA. ANNA EMÍLIA CORDELLI ALVES – Muito boa tarde, Prof. Mairan Maia, Prof. Roque Carrazza, Prof. Eduardo Bottallo, Prof. Heleno Tôrres, demais Professores aqui presentes, colegas Congressistas! É com grande satisfação que nós estamos novamente reunidos aqui neste *XIX Congresso de Direito Tributário*, neste ano homenageando o Prof. Geraldo Ataliba, cuja existência, cuja vida marcante, acabou por marcar de forma indelével a minha existência pessoal e profissional e a de muitos de nós, aqui presentes.

Então, eu gostaria de lembrar, antes de abordar o tema que me foi delegado (importação de serviços do exterior), que uma das características mais marcantes do mestre Geraldo Ataliba residia num misto de indignação e de uma sólida base jurídica.

E, na verdade, eu acho que, neste momento, nós devemos tomá-lo como exemplo diante dos abusos que temos visto serem perpetrados nesse país, tanto no que diz respeito a desvio de atos legislativos, inclusive de emendas constitucionais, bem como desvio de atos administrativos. Então, eu acho que nós todos devemos buscar aprimorar e solidificar cada vez mais nossos conhecimentos jurídicos e nos munir daquela indignação que o Prof. Geraldo Ataliba tinha, e tentar buscar, de algum modo, um caminho para este país.

Penso que este país merece isso, e que conta com pessoas como nós, com o instrumental de que dispomos. Temos que incrementar cada vez mais esse instrumental, estudando cada dia mais e imprimindo nos nossos jovens profissionais o mesmo desejo de buscar cada vez mais solidificar nossa cultura jurídica, aliando-a à necessária indignação, sem a qual as mudanças não ocorrem.

Assim, se tivermos esse compromisso presente e efetivo, tenho certeza de que Geraldo Ataliba, de onde estiver, vai ficar realmente muito feliz e recompensado.

***

Começando por tratar do tema que me foi delegado, vou falar sobre a questão do ISS incidente sobre a importação de serviços do exterior. Na verdade, a previsão de tributação do ISS sobre serviços provindos do exterior veio à luz com a Lei Complementar 116/2003, que, quando, no seu art. 1º, previu o fato gerador, a hipótese de incidência do ISS, asseverou, no § 1º desse dispositivo, que "o imposto incide também sobre o serviço proveniente do exterior do país ou cuja prestação se tenha iniciado no exterior do país" – criando, portanto, o *ISS sobre a importação de serviços*.

Para analisar a possibilidade constitucional desse tipo de tributação, temos que analisar – como sempre devemos fazer em qualquer estudo – a matriz constitucional do ISS. Já tive a oportunidade de me manifestar a respeito desse assunto em trabalho publicado, no sentido de que entendo que o princípio adotado pela Constituição Federal para fins de cobrança do ISS é o *princípio da origem*, ou seja: a Constituição, ao estabelecer a matriz constitucional do referido imposto municipal, adota como *aspecto material* de sua hipótese de incidência não o serviço propriamente dito, e nem o consumo ou a fruição do serviço, mas sim a *prestação do serviço*; e, na medida em que é critério constitucional aferir a capacidade contributiva do prestador de serviço, da prestação de serviço propriamente dita, então, não podemos nos afastar desse princípio da origem, salvo se uma outra orientação constitucional vier a ser adotada.

Assim, a lei complementar (como nos ensina Roque Carrazza), exatamente por força da hierarquia das normas, não pode adotar outro critério senão aquele previsto constitucionalmente. Portanto, deflui da própria Constituição o *critério da origem*. Nesse sentido, o Prof. Aires Barreto disse, com muita propriedade, que deflui da Constituição que só é tributável a prestação de serviço, e não seu consumo, sua fruição, sua utilidade ou sua utilização. Ele diz mais a respeito do sujeito passivo. Toda vez que o legislador constituinte descreve um fato, quando ele distribui competências tributárias, está fazendo referência à pessoa produtora do fato. Sendo a síntese do critério material do ISS representada pelo verbo "prestar" e pelo respectivo complemento "serviço", o correto – diz aquele Jurista – é que o tributo atinge o produtor da ação "prestar serviço", o agente dessa ação, que, inexoravelmente, é o prestador do serviço.

No dizer de Héctor Villegas, o prestador do serviço é o destinatário constitucional tributário; esta é a verdadeira dicção constitucional. Portanto, o conteúdo econômico a ser medido no ISS é o valor da remuneração auferida pelo prestador do serviço. A própria lei complementar, no seu art. 1º, diz: "O imposto sobre serviços de qualquer natureza tem como fato gerador a prestação dos serviços da Lista anexa" – *portanto, tomando o critério da origem, o critério da prestação de serviço.*

Então, vamos verificar que *o ISS incide sobre a prestação de serviço, e não sobre serviços propriamente ditos.* Quer dizer, não incide sobre algo, mas incide sobre uma ação, a ação de "prestar serviços", que é nada mais nada menos que o esforço humano prestado a terceiros com conteúdo patrimonial e que vai gerar uma utilidade material ou imaterial. Em síntese, é este o aspecto material da hipótese de incidência.

Portanto, analisados os aspectos pessoal e material, temos que analisar o aspecto espacial do ISS municipal. Evidentemente que, se o critério constitucional é o critério da origem, *o aspecto espacial corresponderá ao território do Município onde está localizado o estabelecimento prestador.* Aliás, o próprio Decreto-lei 406/1968 adotava tal critério como norma geral, ao lado de uma única situação em que, excepcionalmente, adotava como aspecto espacial o local da prestação do serviço, mas *nunca* o local do estabelecimento tomador.

Bem, se o Decreto-lei 406/1968 tinha como regra geral o local do estabelecimento prestador e como regra especial o local da prestação do serviço, no caso de serviço de construção civil, a Lei Complementar 116/2003 amplia as hipóteses de aplicação dessa regra especial quando, em seu art. 3º, ao cuidar do aspecto espacial, diz: "O serviço considera-se prestado e o imposto devido no local do estabelecimento prestador ou do domicílio do prestador", exceto nas hipóteses previstas nos incisos I a XXII.

Portanto, a nova lei complementar manteve como regra geral o local do estabelecimento prestador ou do domicílio do prestador, ampliando as hipóteses de aplicação do critério do local onde o serviço é prestado (regra especial) para 22 serviços.

E, quando vamos analisar esses incisos I a XXII, vemos que o critério utilizado pela Lei Complementar 116/2003 foi a natureza daqueles serviços, nos quais há uma utilidade material, isto é, que o serviço se concretiza num fazer, e que esse fazer tem como resultado alguma coisa concreta, palpável e de ampla visibilidade. Por exemplo: os serviços de varrição de rua, de limpeza de vias e logradouros públicos, de controle e tratamento de efluentes, de florestamento e reflorestamento, escoramento de contenção de encostas, todos serviços que têm visibilidade, que são palpáveis e que são concretos. No meu entender, naquelas hipóteses legais, este é o critério adotado pela Lei Complementar 116 quando estabelece como aspecto espacial o local onde o serviço é efetivamente prestado.

Nas demais hipóteses temos que será considerado o local do estabelecimento prestador. Então, verificamos que, com relação à regra geral (que é a regra que leva em conta, como aspecto espacial, o local do estabelecimento prestador), sempre temos a prestação de uma obrigação de fazer, que vai consistir num fazer abstrato e que vai produzir uma utilidade imaterial.

Por exemplo, o serviço de suporte técnico em Informática, serviços de Psicologia, os próprios serviços de advogado, ou seja, um fazer abstrato e uma utilidade imaterial, ou hipóteses em que se tem um fazer concreto que se caracteriza, finalmente, numa utilidade material. Por exemplo, análises clínicas, polimento de piso, prótese sob encomenda.

Portanto, aparentemente, o critério de distinção entre aquelas hipóteses cujo aspecto espacial reside no local do estabelecimento prestador e aquelas em que o aspecto espacial consiste ou está no local da efetiva prestação de serviço parece ser o da visibilidade do serviço prestado, o controle efetivo, concreto e visível, palpável, daquele determinado serviço. Pelo menos é isso que deflui da análise da Lista de Serviços.

Vejam que a lei complementar adota esses dois critérios, o do local do estabelecimento ou do domicílio do prestador ou o do local onde o serviço é efetivamente prestado. O local do estabelecimento do tomador do serviço, do usuário do serviço, só é adotado com relação ao ISS sobre importação de serviços. É a única hipótese em que a lei complementar adota esse critério.

Analisando especificamente o ISS sobre importação de serviços, temos duas hipóteses: ou o serviço é completamente realizado no exterior, e seu resultado final é remetido aqui para o Brasil, ou temos um serviço que é parcialmente prestado no exterior e concluído aqui no Brasil. Então, vamos analisar aquele serviço que é prestado completamente em solo estrangeiro. Suponhamos um programa de computador que é elaborado no exterior e apenas remetido para o Brasil. Não poderá um fato que ocorre por inteiro no exterior ser colhido pela lei nacional ou pelas ordens locais municipais. De fato, estamos diante de uma questão de extraterritorialidade. Nessa matéria, gostaria de lembrar o que o Prof. José Eduardo Soares de Melo diz: "Os nacionais de um país somente devem ser tributados pelo país em que residem e não podem ser alcançados quando residentes no estrangeiro". "De fato – diz o Professor –, a extraterritorialidade só pode ser considerada em situações peculiares, com expressa determinação constitucional" – que não é o caso do ISS –, "e mediante celebração de acordo de tributação entre países" – que também não é o caso do ISS.

Ou seja, não se pode, então, alcançar um prestador do serviço que se encontre, que é residente, tem seu estabelecimento, no exterior. É bem verdade que o que se pretende, aqui, é igualar o custo de um serviço importado ao custo de um serviço nacional; quer dizer, se o serviço importado não for tributado, evidentemente que será prejudicial para o prestador de serviço nacional. Mas não é assim que se resolve; quer dizer, não é uma lei complementar que vai resolver esse problema de relacionamento entre países. Na verdade, entendo o problema, acho que ele tem que ser solucionado, mas a legislação, tal como posta hoje, não permite, a Constituição não permite.

Agora, quando a prestação ocorrer totalmente em solo brasileiro, ou seja, o serviço for realizado aqui – por exemplo, empresa estrangeira que é contratada por empresa nacional para uma auditoria –, em tese também poderia ser tributado pelo ISS. Por quê? Porque a lei complementar estabelece que neste caso o imposto será pago pelo tomador de serviço. Ela é clara ao alçar o tomador de serviço à condição de verdadeiro contribuinte. É bem verdade que a lei diz que o tomador de serviço será o responsável pelo pagamento do ISS desse serviço. Agora, também aqui nós temos uma inconstitucionalidade. Por quê? Porque, na verdade, o "contribuinte" continua sendo a empresa estrangeira prestadora de serviços de auditoria, que tem estabelecimento no exterior, e, na verdade, o tomador, aqui, não pode ser alçado à condição de responsável, porque a figura do responsável só pode existir quando nós tivermos a figura do contribuinte; e se nós não temos um contribuinte, exatamente pelos motivos arrolados pelo Prof. José Eduardo Soares de Melo, não poderemos ter, na falta do contribuinte, um responsável tributário – e daí também a impossibilidade, portanto, de colocar o tomador de serviço na qualidade de responsável tributário.

Bem, finalmente, temos a hipótese de um serviço que seja prestado em parte no exterior e em parte no Brasil. Parece-me que a mesma solução deve ser colocada, ou seja, o grande problema não reside no aspecto material: o grande problema reside no aspecto pessoal da hipótese de incidência, ou seja, o estrangeiro não pode ser colhido pelas ordens nacionais – e, nesse sentido, não haveria possibilidade de tributar qualquer serviço prestado por estrangeiro.

Na verdade, temos notícias de que o Município de São Paulo, por exemplo, está tributando a importação dos serviços, daqueles serviços que estão arrolados na Lista, adotando a mesma Lista de Serviços, a mesma alíquota, e, dada a impossibilidade de se alcançar o estrangeiro prestador de serviço, colocando o tomador do serviço – responsável tributário – como verdadeiro contribuinte.

Assim, a lei complementar, tal como posta, ainda precisa ser equacionada, porque isto – quer dizer, a solução deste problema – passa por uma previsão constitucional da possibilidade desse tipo de tributação.

É o que eu gostaria de colocar aos Srs., colocando-me, aqui, à disposição para discutir o assunto. Muito obrigada! [*Palmas*]

Presidente da Mesa (Prof. Mairan Maia) – Parabenizo a Profa. Anna Emília Cordelli pela precisão de suas palavras. Passo a palavra ao Prof. Bottallo, para sua exposição.

ISS – SERVIÇOS CONTROVERTIDOS

Prof. Eduardo Domingos Bottallo – Ilustre Des. federal Mairan Maia, ilustres Colegas de Mesa, Profa. Anna Emília Cordelli Alves, Prof. Roque Carrazza, Prof. Heleno Tôrres, minhas colegas e meus colegas Congressistas.

Considerações gerais

O tema que me cabe apresentar nesta Mesa versa pontos controvertidos relacionados com o imposto sobre serviços (ISS). Este assunto já foi abordado pela Profa. Anna Emília, e o que pretendo fazer é avançar um pouco mais em seu exame, trazendo algumas idéias que possam eventualmente contribuir para a reflexão conjunta do tema.

Inicialmente eu gostaria de destacar um aspecto que nem sempre chama muito a atenção: o ISS, pelo menos em teoria, é o imposto mais "legislado" do Brasil. Isso por uma razão muito simples, pois trata-se de imposto municipal – e, portanto, integrante dos perto de 6.000 sistemas tributários espalhados pelo território nacional, já que cada Município está investido de competência constitucional para organizar seus próprios sistemas tributários.

E justamente em função disso, em função da grande diversidade de leis ordinárias versando sobre o ISS, é que se destaca a importância da legislação complementar, cuja principal função é fixar pontos comuns para orientar esta multiplicidade de sistemas normativos. E, ao examinarmos as previsões que a Constituição tem a respeito da edição de leis complementares sobre o ISS, constatamos que não foi alheia ao legislador constituinte esta preocupação. Na verdade, sem contar o art. 146, a CF, sobretudo em razão da Emenda Constitucional 37/2002, abriga mais as seguintes hipóteses de edição de leis complementares a respeito do ISS: (a) para fixar suas alíquotas máxima e mínima (art. 156, § 3º, I); (b) para excluir de sua incidência a exportação de serviços para o exterior (art. 156, § 3º, II); (c) para regular a forma e as condições como isenções, incentivos e benefícios serão concedidos e revogados (art. 156, § 3º, III); e (d) para definir os serviços tributáveis (art. 156, § 3º, III).

Isto serve para reafirmar que a compreensão do ISS passa necessariamente pelo estudo dessas normas de natureza complementar. Na verdade, não procede a pretensão de buscar soluções para os problemas do ISS debruçando-se exclusivamente sobre as legislações municipais, por mais significativa que possa ser a contribuição que elas possam dar ao tema.

Como todos sabem também, durante muitos anos as normas gerais em matéria de ISS ficaram a cargo de dois diplomas: o Decreto-lei 406/1968, parcialmente modificado pelo Decreto-lei 834/1969. Posteriormente, a Lei Complementar 56/1987 reelaborou a Lista de Serviços tributáveis pelo ISS – e, assim, com ligeiras modificações, o quadro se manteve até o advento da Lei Complementar 116/2003.

No período anterior ao advento desse diploma ocorreu o exaurimento da legislação complementar em matéria de ISS. Na verdade, ao longo do tempo, as normas do Decreto-lei 406/1968 e do Decreto-lei 834/1969 foram perdendo densidade, tornando imperiosa, tanto sob o aspecto jurídico como sobre o econômico, uma nova disciplina para o tributo. E talvez um exemplo mais significativo do desgaste, do exaurimento, dessa legislação tenha sido dado pelo STJ.

Basta atentar, neste propósito, para a interessantíssima evolução da jurisprudência dessa Corte sobre a questão da competência territorial para cobrança do ISS. O Decreto-lei 406/1968 era muito claro na fixação da regra, quase-absoluta, segundo a qual era competente para arrecadar o ISS o Município onde localizado o estabelecimento do prestador. A única exceção era a construção civil.

Pois bem, a jurisprudência do STJ foi, gradativamente, reconstruindo essa regra, fazendo concessões cada vez mais amplas ao princípio do local da prestação do serviço. O objetivo visado por essa jurisprudência era evitar fraudes perpetradas por mecanismos de planejamento tributário consistentes em induzir contribuintes a adotar estabelecimentos de fachada em Municípios outorgantes de favores fiscais a quem viesse a se instalar em seus territórios.

Tendo este cenário como pano-de-fundo foi que veio a lume a Lei Complementar 116/2003, que, a par de aprovar uma nova Lista de Serviços tributáveis, deu nova disciplina ao ISS no plano das normas gerais.

A meu ver, longe de resolver os problemas preexistentes ao seu advento, a Lei Complementar 116/2003 abriu novos flancos de divergência de interpretação, alguns dos quais pretendo abordar, a seguir.

Houve ampliação do campo de incidência do ISS?

O primeiro ponto que me proponho a suscitar diz respeito ao âmbito do tributo. E, para que meu pensamento fique mais claro, vou me permitir fazer uma leitura comparativa entre o que constava do Decreto-lei 406/1968 e o que passou, a respeito, a dispor a Lei Complementar 116/2003.

Decreto-lei 406/1968: "O imposto tem como fato gerador a prestação por empresa ou profissional autônomo, com ou sem estabelecimento fixo, de serviço constante da Lista". Então, o critério adotado levava em conta a qualificação subjetiva do serviço, ou seja, prestação de serviços constantes da Lista *por empresa ou profissional autônomo*. Portanto, ao limitar o alcance do tributo à prestação exercida por empresa ou por profissional autônomo, o diploma revogado enfatizava a natureza empresarial ou profissional dessa prestação, pressupondo a idéia de uma organização profissional ou empresarial voltada ao seu exercício. Trata-se, a meu ver, de visão bastante correta, porque exclui uma série de situações que objetivamente poderiam parecer caracterizadoras da hipótese da incidência do tributo mas que, na verdade, não são. É que pode acontecer de um determinado serviço ser prestado, em caráter eventual, por quem não seja um profissional autônomo ou empresa organizada para essa atividade. Nestes casos, e em razão da não-qualificação do prestador, o efeito tributário dessa prestação fica descaracterizado.

Retomando o tema, a Lei Complementar 116/2003 dispõe: "O imposto tem como fato gerador a prestação de serviço constante da Lista, ainda que esses não se constituam como atividade preponderante do prestador".

Como se vê, não há mais menção à condição do prestador (profissional liberal ou empresa).

Estaríamos, então, diante de um extraordinário alargamento do campo de incidência do ISS?

É que, à primeira vista, bastaria a prestação de um serviço objetivamente tributável, ainda que a título esporádico e executado por um amador, para que o imposto se tornasse devido.

Obviamente, este não é o melhor caminho a ser trilhado.

Na verdade, esta nova conformação do campo de incidência do ISS exige adequada compreensão.

A mim parece que, mesmo que essa nova redação tenha abstraído a qualificação subjetiva do prestador, isso que era explícito continua presente, ainda que de modo implícito – ou seja, para que uma prestação de serviço constante da Lista possa ser tributável pelo ISS, é necessário que seja, como sempre foi, prestada por profissional autônomo ou por empresa. Caso contrário estaríamos aceitando a idéia de que o tributo teria passado a incidir sobre serviços gratuitos, sobre serviços religiosos, sobre serviços de benemerência, sobre serviços prestados em regime de relação de emprego, e qualquer outra excentricidade desse tipo, bastando, para tanto, que, objetivamente, figurasse na Lista anexa à lei complementar.

Mas este não é o único ponto potencialmente controvertido, já que a parte final do preceito é também bastante nebulosa: "ainda que esses não se constituam como atividade preponderante do prestador".

Se, de um lado, pode-se aceitar nesta locução uma ampliação do alcance do ISS, de outro, há de ser reconhecido que as prestações tributáveis, mesmo que não sejam preponderantes, somente serão consideradas quando baseadas numa organização empresarial ou profissional. Dou um exemplo: imaginem um centro de serviços organizado por empresa que se dedique à venda de pneus. Essa empresa tem por objetivo principal vender pneus, mas ela pode, como forma de atrair clientes, organizar um setor de conserto ou recauchutagem desses bens. Aí, sim, essa atividade de conserto ou recauchutagem, ainda que não-preponderante, poderá ser alcançada pela tributação do ISS, pela razão de se desenvolver dentro de uma estrutura empresarial organizada para esse fim. Já, o serviço eventual, o serviço que tenha sido prestado em circunstâncias que prescindem deste tipo de organização empresarial ou profissional, continua, a meu ver, fora do âmbito de tributação do ISS, exatamente pela falta do preenchimento desse elemento subjetivo de qualificação do sujeito passivo.

Competência territorial para cobrança do ISS

O segundo ponto que me proponho a abordar, em essência, já foi antecipado pela Profa. Anna Emília. Trata-se da competência territorial para a cobrança do ISS. A este propósito, parece-me oportuno reiterar afirmação que fiz há pouco, qual seja, a de que a jurisprudência do STJ, de certa forma, "derrubou" o Decreto-lei 406/1968, na medida em que, cada vez mais, prestigiou o local da prestação do serviço, em detrimento do local do estabelecimento do prestador, como critério para determinação do aspecto espacial da hipótese de incidência do ISS.

Pois bem, a Lei Complementar 116/2003 vivificou o critério originalmente acolhido pelo Decreto-lei 406/1968. Deveras, sob a óptica da lei complementar a regra continua sendo a do local onde o prestador mantém sua sede. A exceção é a do local onde o serviço é prestado. Só que o alcance dessa exceção foi substancialmente ampliado. A única exceção sob a óptica do Decreto-lei 406/1968 – ou seja, o serviço de construção civil – passou a contar 22 hipóteses, cada uma delas arrolada nos incisos do art. 3º da Lei Complementar 116/2003.

Então, ainda que o campo dessas exceções tenha aumentado significativamente, não podemos perder de vista que a regra continua sendo a do estabelecimento do prestador. A seu turno, o critério que o legislador complementar agora adotou para expandir o campo dessas exceções já foi apontado, com muita propriedade, pela Profa. Anna Emília: trata-se de serviços que se caracterizam pela expressão material de sua execução.

A conseqüência mais importante, do ponto de vista prático, que decorre dessa nova configuração é o próximo tema a ser examinado.

Expansão do sistema de retenção na fonte

Não se ignora que há uma tendência, não só em relação ao ISS, de se utilizar, cada vez mais freqüentemente, o sistema de tributação na fonte. E isso se explica por razões de ordem prática. A tributação na fonte é muito atraente sob o ponto de vista fazendário, porque torna desnecessária a fiscalização de um significativo universo de contribuintes. As fontes retentoras é que passam a ser o objeto principal da fiscalização – e, conseqüentemente, isso desonera a Fazenda Pública de fiscalizar os tributos retidos. Não se pode questionar a validade ou a utilidade desse sistema, mas o fato é que, em relação ao ISS, sua aplicação demanda óbvios cuidados.

Vale, pois, chamar a atenção para problemas potenciais que decorrem da maneira pela qual o mecanismo de retenção na fonte foi autorizado aos Municípios pela Lei Complementar 116/2003.

O art. 6º desse diploma dispõe: "Os Municípios e o Distrito Federal, mediante lei, poderão atribuir de modo expresso a responsabilidade pelo crédito tributário a terceira pessoa vinculada ao fato gerador da respectiva obrigação, excluindo a responsabilidade do contribuinte ou atribuindo-a a este em caráter supletivo do cumprimento, total ou parcial, da referida obrigação, inclusive no que se refere à multa e aos acréscimos legais".

Como se vê, os "responsáveis" a que se refere o dispositivo – vale dizer, os tomadores dos serviços – ficam obrigados ao recolhimento integral do imposto devido, multas e acréscimos legais, independentemente de ter sido efetuada sua retenção na fonte.

É necessário, contudo, que sejam fixados alguns parâmetros para a correta compreensão do alcance deste sistema de retenção na fonte.

Primeiramente, o Município somente pode erigir como fonte os tomadores dos serviços em relação aos quais tenha competência para tributar.

E quais são esses serviços?

Em primeiro lugar, os prestados por aqueles cujo estabelecimento esteja localizado em seu território. Então, quando o serviço é executado por prestador estabelecido no mesmo Município do tomador, a lei municipal pode determinar que este promova a retenção do ISS quando for pagar o preço avençado.

A segunda possibilidade ocorre nos casos em que o prestador, mesmo não mantendo estabelecimento no território de determinado Município, executa um daqueles serviços cuja competência para tributar se dá no local da prestação. Então, nesses casos, o tomador do serviço poderá ser levado a promover a retenção do ISS, caso assim determine a lei municipal a que se sujeita. São apenas estes os casos em que poderá ocorrer a retenção de imposto na fonte.

Entretanto, o que se tem constatado concretamente é que alguns Municípios praticamente abriram mão da possibilidade de tributar por outro critério que não seja o da retenção na fonte, mesmo nos casos em que isso implica impor ao tomador de serviços a obrigatoriedade de reter o imposto sobre atividades que não estão sujeitas ao tributo municipal do local onde está estabelecido. O expediente, pela sua manifesta inconstitucionalidade, tem gerado a ocorrência de inúmeros conflitos entre contribuintes, tomadores de serviços e Fazendas Municipais.

Outro aspecto bastante polêmico deste art. 6º é o que possibilita a não-exclusão da responsabilidade tributária do prestador dos serviços mesmo nos casos em que tenha ocorrido a retenção na fonte do ISS. Então, imaginem os Srs. a seguinte situação: o tomador do serviço, ao pagar o prestador, faz a retenção do imposto; só que, por uma razão qualquer, não recolhe à Fazenda Municipal o que reteve. Nesta hipótese, e pela expressão literal desse art. 6º, mesmo sofrendo a retenção, o prestador pode continuar responsável pelo tributo, inclusive pelos encargos decorrentes do não-recolhimento. Então, ele vai ter que pagar duas vezes: primeiro, porque foi retido, e segundo, paga novamente porque o tomador, que promoveu a retenção, não recolheu.

Há, ainda, outra situação emergente desse art. 6º que causa sérias preocupações, qual seja, a solidariedade no que se refere ao pagamento de penalidades. É altamente duvidosa a possibilidade de estender a multas e a outros encargos punitivos o princípio da solidariedade. De fato, quem não cometeu a infração, nem concorreu para que ela tenha sido cometida – no caso, o prestador de serviço –, não pode responder solidariamente por multas decorrentes de atos praticados pelo tomador do serviço. A meu ver, esta possibilidade atenta contra o princípio constitucional da pessoalidade da pena, que, obviamente, não está confinado ao campo do direito penal.

Como se vê, esse art. 6º encerra um grande número de problemas que desafiam a argúcia de intérpretes e aplicadores da legislação complementar pertinente ao ISS.

A base de cálculo do ISS

Tanto a legislação anterior como a atual dispõem que: "A base de cálculo é o preço do serviço". Mas o que é exatamente "preço do serviço"? Aí é que começam os problemas, que antes já existiam e que não foram eliminados pela Lei Complementar 116/2003.

Obviamente, "preço do serviço" haverá de ser o valor da remuneração devida ao prestador pela atividade que exerce. Acontece que muitas vezes o prestador do serviço recebe do tomador valores que não correspondem a este conceito. Exemplo comum dessa situação é o dos serviços de locação de mão-de-obra, em que a empresa locadora recebe do tomador dos seus serviços, além da parcela que corresponde à sua remuneração, o reembolso das despesas que ela tem com o pessoal que coloca à disposição de seu cliente. Pois bem, esse reembolso não é *preço do serviço*, já que não mede a capacidade contributiva do prestador de serviços. Não integra o patrimônio deste profissional. As lições dos Profs. Geraldo Ataliba e Aires Barreto, baseados nos conceitos de "entradas" e "receitas", extraídos do campo do direito financeiro, são exemplares a respeito.

Então, no caso de locação de mão-de-obra (aqui tomado como exemplo), há *receitas*, que compreendem a comissão, os honorários da empresa locadora, e há meras *entradas*, que são reembolsos de despesa que ela fez em interesse do seu cliente. Esses reembolsos não podem integrar o conceito de "preço do serviço".

A jurisprudência do STJ tem se debruçado sobre o tema e mostrado bem a diferença entre o que pode e o que não pode ser considerado *base de cálculo* do ISS, medida da capacidade contributiva do prestador.

As alíquotas mínimas

A Emenda Constitucional 37/2002, a fim de evitar a chamada "guerra fiscal" entre Municípios, determinou que cabe à lei complementar fixar as alíquotas mínima e máxima do ISS. A matéria, portanto, deixou de ser competência de cada Município.

A mesma Emenda Constitucional introduziu no ADCT o art. 88, segundo o qual, enquanto não dispuser a respeito a lei complementar, as alíquotas do ISS não poderão ser inferiores a 2%, ressalvadas algumas situações especiais, que agora não vêm a pêlo.

Pois bem, a Lei Complementar 116/2003 silenciou a respeito do assunto. A partir de então, alguns Municípios passaram a entender que estavam desobrigados de observar essa alíquota mínima, sob o entendimento de que o preceito das "Disposições Transitórias" teria perdido a eficácia.

Trata-se, a meu ver, de ponto de vista que não se sustenta. Na verdade, a Emenda Constitucional 37/2002 retirou dos Municípios competência para fixar as alíquotas do ISS; e, enquanto não for editada lei complementar a respeito do assunto, prevalece o quanto consta do art. 88 do ADCT, inclusive no tocante à proibição da outorga de benefícios fiscais tendo como base o ISS.

A Lista de Serviços tributáveis

Por último, gostaria de fazer algumas breves e rápidas observações a respeito da Lista de Serviços tributáveis pelo ISS. A Lei Complementar 116/2003 adotou método que se aproxima da Tabela de Incidência do IPI, organizando a lista em itens e subitens. Os itens não são normativos, e sim meramente interpretativos. Eles representam uma espécie de moldura dentro da qual os subitens devem ser aplicados, tomando-a como referência.

Oxalá esta sutileza possa ser sempre levada em conta na compreensão da novel Lista.

Sob outros ângulos, a Lista, a meu ver, apresenta alguns problemas.

O primeiro deles é o excesso de generalização de alguns serviços. Então, vejam, por exemplo, os serviços de Informática. A Lista refere-se a "assessoria" e "consultoria" em Informática – ou seja, expressões vagas, que podem trazer sérios atritos entre Fisco e contribuintes.

A Lista também reacende discussões que aparentemente já haviam sido solucionadas pela jurisprudência, ao considerar "serviços" situações que não são serviços. Lembro, a propósito, o posicionamento do STF ao declarar inconstitucional a cobrança do ISS sobre operações de *leasing*, por entender que não se está, no caso, diante de uma modalidade de prestação de serviço.

Entretanto, a Lista anexa à Lei Complementar 116/2003 menciona como tributável este falso "serviço", além de outros da mesma natureza (cessão de direitos, *factoring* etc.).

Isso sem contar a inclusão de atividades que estão claramente fora do alcance do tributo municipal, como é o caso dos serviços notariais ou operações realizadas por instituições financeiras.

Estas são as idéias que me permito trazer para reflexão dos presentes. Agradeço a atenção dispensada às minhas palavras. [*Palmas*]

PRESIDENTE DA MESA (PROF. MAIRAN MAIA) – Prof. Bottallo, como sempre, traz um assunto, que poderia ser monótono, mas não é, de uma forma muito agradável. Antes de encerrar a presente sessão, como se trata de um Congresso em homenagem ao Prof. Geraldo Ataliba, eu não poderia deixar de fazer, aqui, meu registro pessoal.

Assim como muitos dos Srs., o primeiro contato que tive com o Prof. Ataliba foi por meio das suas obras, ainda como estudante de Direito. E, particularmente, depois, tive a oportunidade de conhecê-lo pessoalmente, uma vez que integrou a Banca Examinadora do meu concurso de ingresso na Magistratura Federal, o que fez com que eu, então, mais rapidamente estudasse seus escritos, suas obras.

Como examinador, já que foi o primeiro contato pessoal que tive com ele, mostrou-se rigoroso, duro, porém humano. Ainda me lembro – isso foi em 1992 – que me perguntou sobre isenções, isenções heterônomas, e também o cumprimento e agradeço pelo tema da dissertação que escolheu – empréstimo compulsório –, pois na véspera, ainda em casa, abri o livro do Prof. Roque Carrazza e, por uma feliz coincidência, li todo o capítulo relativo ao tema, que veio a ser, então, o tema que encontraria no dia seguinte como dissertação da prova de exame ao concurso da Magistratura Federal.

Posteriormente tive a oportunidade de freqüentar alguns cursos organizados à época pela escola de magistrados e participar de seminários e congressos com o Professor. É claro que, sem embargo do conteúdo de suas colocações, de suas palestras, o que mais me chamava a atenção era o espírito questionador, era a sinceridade de suas críticas, e suas provocações. De modo que não é com surpresa – muito pelo contrário – que, hoje, num ambiente tão selecionado, com corpo de organizadores do quilate do Prof. Aires Barreto, do Prof. Bottallo, que também foi meu examinador no concurso da Magistratura do Estado, se presta e se reconhece a esse Professor o necessário carinho, a necessária reverência, pelo muito que contribuiu na formação de todos nós. Porque o Professor está sempre presente na mente dos alunos, e todos nós somos alunos do Prof. Ataliba.

Antes de encerrar, também, minha presente participação, agradeço uma vez mais o convite que me foi formulado pela Organização, na pessoa do Prof. Aires Barreto, e a pedido da Organização informo que, em razão do tempo, as inúmeras perguntas dirigidas à Banca serão respondidas por *e-mail* pelos destinatários. A Organização também pede à Dra. Maria Cristina Diniz Machado que compareça à portaria para falar com a Ana do IDEPE. E pede também aos Srs. que, tão logo após o intervalo, retornem para a conferência das 17h.

Cumprimentando os palestrantes pela qualidade das exposições realizadas, cumprimentando os Srs. Congressistas, bem como a Organização, declaro encerrada a presente sessão.

MESA DE DEBATES "C"

PROCESSO JUDICIAL E PROCEDIMENTO ADMINISTRATIVO

PRESIDENTE DA MESA: PROFA. MARIA LEONOR LEITE VIEIRA

MEMBROS DA MESA: PROF. RENATO LOPES BECHO, PROFA. LÚCIA VALLE FIGUEIREDO, PROF. SACHA CALMON NAVARRO COÊLHO

PRESIDENTE DA MESA (PROFA. MARIA LEONOR LEITE VIEIRA) – Da forma como terminamos o Congresso ontem, eu sei que todos ficamos muito emocionados, e alguns Congressistas até comentaram, durante o coquetel – a Dra. Lúcia não estava aqui, ontem –, que o Congresso poderia ter-se encerrado depois daquela conferência do Prof. Geraldo Ataliba que nós ouvimos.

Mas, por outro lado, vamos tirar dali um outro aspecto: a conclamação dele para que a gente estude, para que a gente examine e para que a gente se aprofunde na matéria do Direito.

Hoje, nesta Mesa, agora pela manhã, vamos discutir "Processo Judicial e Procedimento Administrativo", com temas muito atuais, muito relevantes, para provocar um pouco mais os Congressistas, todos nós, a estudar sempre e mais profundamente.

Vamos dar início, então, aos trabalhos, com a palestra do Prof. Renato Becho sobre a chamada "Penhora *On Line* e a Indisponibilidade de Bens do Devedor". Dr. Renato, todos já conhecem, já esteve aqui no Congresso algumas vezes, e tem examinado este assunto profundamente. Passo a palavra ao Dr. Renato, por 20 minutos.

PENHORA "ON LINE" E A INDISPONIBILIDADE DE BENS DO DEVEDOR

PROF. RENATO LOPES BECHO – Bom dia a todos! Cumprimento a Profa. Maria Leonor Leite Vieira, Diretora do IGA – IDEPE e Presidente desta Mesa. Recordo que ela foi a relatora do primeiro trabalho que eu apresentei no IDEPE. Cumprimento a Dra. Lúcia Valle Figueiredo, minha dileta Professora, que me examinou pelo menos três vezes – disciplina no Mestrado, Presidente da Banca Examinadora na Magistratura Federal e defesa de tese de Doutorado –, por quem tenho uma admiração pessoal muito profunda. E o Dr. Sacha Calmon Navarro Coêlho, meu Professor de Direito Tributário na UFMG, em Belo Horizonte, de quem fui monitor, e minha referência como Magistrado Federal e Professor.

Expor no Instituto Geraldo Ataliba, e depois da palestra de ontem, faz com que eu fale de público um pouco do Prof. Geraldo Ataliba. Até para que façamos minimamente esse elo de ontem para hoje, que para mim é tão importante. De certa forma, estou falando depois do Prof. Geraldo Ataliba, da sua conferência que encerrou os trabalhos de ontem à noite.

Em 1993 eu era professor de Direito Tributário na Universidade Federal de Viçosa. Era também o chefe do Departamento de Direito, cargo correlato a diretor de faculdade. No primeiro ano daquele curso, pensei: nossa chance de ter um grande evento de direito tributário naquela Universidade, no interior de Minas Gerais, é nessa data. Chamamos para uma noite espetacular o Prof. Sacha Calmon, a Profa. Misabel Derzi e o Prof. Geraldo Ataliba.

Passamos três dias na Universidade Federal de Viçosa. Vocês imaginam, então, meu contato com o Prof. Geraldo Ataliba naquela oportunidade: tomar café da manhã, almoçar, jantar, andar pela Universidade, ouvir suas palestras, suas aulas privativas – enfim, partilhar do seu convívio. Com certeza absoluta, o Prof. Geraldo Ataliba faz muita falta. Até numa época em que alguns professores de Direito Tributário colocam regras acima dos princípios, eu vejo a falta que o Prof. Ataliba faz. Vou procurar homenageá-lo dando minha visão em relação ao art. 185 do CTN, tratando um pouco da penhora *on line* e da indisponibilidade de bens do devedor.

***

A Lei Complementar 118, de 9.2.2005, alterou o Código Tributário Nacional em alguns artigos, principalmente – mas não só – para adaptá-lo à nova Lei de Falências (Lei 11.101/2005, também do dia 9 de fevereiro). Além dessa adaptação, identificamos uma busca por maior efetividade no processo de execução fiscal, pela alteração ou inclusão de alguns dispositivos de relevo. Centraremos na alteração havida pelo acréscimo do art. 185-A.

A redação do dispositivo está assim vazada:

"Art. 185-A. Na hipótese de o devedor tributário, devidamente citado, não pagar nem apresentar bens à penhora no prazo legal e não forem encontrados bens penhoráveis, o juiz determinará a indisponibilidade de seus bens e direitos, comunicando a decisão, preferencialmente por meio eletrônico, aos órgãos e entidades que promovem registros de transferências de bens, especialmente ao Registro Público de Imóveis e às autoridades supervisoras do mercado bancário e do mercado de capitais, a fim de que, no âmbito de suas atribuições, façam cumprir a ordem judicial.

"§ 1º. A indisponibilidade de que trata o *caput* deste artigo limitar-se-á ao valor total exigível, devendo o juiz determinar o imediato levantamento da indisponibilidade dos bens ou valores que excederem esse limite.

"§ 2º. Os órgãos e entidades aos quais se fizer a comunicação de que trata o *caput* deste artigo enviarão imediatamente ao juízo a relação discriminada dos bens e direitos cuja indisponibilidade houverem promovido."

Das possibilidades dadas pelo legislador, a que melhor está surtindo efeito é o bloqueio de valores depositados em agentes financeiros fiscalizados pelo Banco Central. Pelo convênio desse com vários tribunais, os juízos determinam os bloqueios ao Banco Central, que repassa a ordem para os agentes financeiros. Posteriormente, os juízos são informados por cada banco dos efetivos que restaram indisponíveis para livre movimentação. O momento posterior é a transferência de tais numerários para conta em banco público, à disposição do juízo, em conta específica para esse fim. Essa sistemática já é bastante comum nas execuções trabalhistas. Agora, está disponível também para as execuções fiscais.

Gostaria de levar minha explanação para uma linha mais acadêmica. Encontrei uma referência de Norberto Bobbio no seu livro *Teoria da Norma Jurídica* (pp. 45-46) que gostaria de submeter ao presente tema. De acordo com o filósofo italiano, existe diante de qualquer norma uma tríplice ordem de problemas: (i) se a norma é justa ou injusta, (ii) se ela é válida ou inválida, (iii) se ela é eficaz ou ineficaz.

A respeito da segunda das possibilidades – que prefiro abordar primeiro –, *se ela é válida ou inválida*, anoto que o art. 185-A veio veiculado por lei complementar, passando a compor o Código Tributário Nacional. Não me parece, pelo menos em princípio, que ela tenha qualquer problema de validade. O Prof. Sacha Calmon Navarro Coêlho nos ensina – e eu me coloco de acordo com seu modo de pensar – que o Código Tributário Nacional, hoje, cumpre um papel talvez até um pouco além daquele que uma interpretação sistemática do art. 146 da CF apontaria, um papel de normas gerais, de documento onde nós vamos ter os dispositivos de caráter mais amplo. Em brevíssima síntese, temos que o texto legal é válido.

Sobre *se a norma é eficaz ou ineficaz* – a terceira das colocações de Bobbio –, entendo que, em princípio, ela pode ser eficaz. Por que digo que ela pode ser eficaz? Porque temos um instrumental tecnológico, hoje, que nos permite, de alguma forma, aplicar essa norma com eficácia. Esse programa do Banco Central, da penhora *on line*, permite esse bloqueio. Os juízes trabalhistas, inclusive, já fazem isso há muito tempo. Alguns advogados estão informando aos juízos, em suas contestações, caso seja determinado o bloqueio *on line*, qual ou quais contas preferem ver bloqueadas, onde vai haver numerário suficiente para satisfação do credor trabalhista. Essa medida evita bloquear valores excedentes aos determinados pela decisão judicial.

Além do bloqueio determinado por via do BACENJUD, temos condições técnicas, pela Informática, de fazer rastreamentos e bloqueios de bens móveis e imóveis, de veículos, por exemplo (via DENATRAN e CONTRAN). Há a possibilidade de unificação dos cadastros imobiliários, que se poderá solicitar também *on line*. O mesmo se diga para a Comissão de Valores Mobiliários e para a Bolsa de Valores, para fazer esse tipo de bloqueio nas transações com ações. Então, identifico, em princípio, que a norma é eficaz, porque nós temos a tecnologia para isso, e vários juízos já o realizam. Se vamos atingir os objetivos (aumentar a efetividade das execuções fiscais), depende de cada caso concreto.

Em terceiro lugar – que Bobbio coloca no primeiro –, podemos perquirir *se a norma é justa ou injusta*. Se nós formos muito positivistas, se nós formos kelsenianos, poderemos deixar de realizar uma análise valorativa. Não precisaríamos nem entrar nesse tópico. Mas queremos entrar nesse tópico, sim. E entendemos que a apresentação de um caso concreto pode ser útil para essa verificação.

Exposição de um caso concreto

Vou usar como referência, como pano-de-fundo, um caso concreto, a história de um processo que está comigo. Iniciou-se contra uma pessoa jurídica que, em princípio, deve, naquele executivo, 10 milhões de Reais. A empresa não foi localizada num primeiro momento, o que acarretou a citação de uma pessoa física que teria sido apontada como responsável tributária. Em sua defesa, sustentou que era somente representante da pessoa jurídica, só assinando alguns documentos societários em nome de outras pessoas jurídicas, as quais ele representava. Seguimos nossa tese de Doutorado, e, não vendo indícios de uma responsabilidade objetiva, retiramos essa pessoa da lide. Entretanto, após essa decisão, nada mais localizamos, mais nenhuma pessoa, nenhum patrimônio, nem se sabia onde estava a empresa.

Por vicissitudes processuais, acabou-se atingindo como responsáveis tributários os ex-proprietários, que tiveram bens penhorados. À vista desse fato, como tiveram seus patrimônios penhorados, eles resolveram ser os investigadores desse processo, e vieram a juízo informando o ocorrido.

Eles venderam a empresa a um estrangeiro, que, por sua vez, "vendeu-a" a três *offshore*. Uma está no Caribe, outra em uma ilha na Europa e a terceira em uma ilha na Ásia. A executada, a *holding*, não tem patrimônio algum. A controlada, por sua vez, é empresa ativa, que vende suas mercadorias no comércio. Essa é a empresa efetiva que está por trás desses nomes fictícios, conforme apontado pelos ex-proprietários, que estão com 10 milhões de Reais de patrimônio pessoal bloqueados. Conforme dito, eles estão fazendo todo o serviço investigativo, que deveria ser dever do Estado, e eles estão trazendo quais são os documentos registrados nas Ilhas Maurício, quais documentos estão registrados nas Ilhas Jersey, e mostrando que esse estrangeiro é quem assina isso tudo. Aquela pessoa em relação à qual eu não via responsabilidade objetiva no primeiro momento é, na verdade, o único detentor de todas essas pessoas jurídicas, sendo que apenas uma é atuante.

Hoje – resumindo a história –, estão todos dentro do processo, para verificarmos qual é a responsabilidade de cada um.

Nesse caso, determinei e fiz a penhora eletrônica. Pessoalmente, quando defiro a penhora eletrônica *on line*, no chamado "BACENJUD", vou a uma tela do Banco Central e determino que as instituições bancárias bloqueiem os valores das pessoas ali elencadas, até um determinado montante.

Existem vários problemas, inclusive para se determinar o montante a ser bloqueado. Não se consegue ainda fazer uma determinação global, só se consegue fazer uma determinação por conta bancária. Então, se eu lanço uma ordem de bloqueio de 10 milhões de Reais e se, por acaso, essa pessoa tiver 5 contas com quaisquer valores que não superem 10 milhões de Reais (por exemplo, 5 contas com 9 milhões de Reais), todas elas serão integralmente bloqueadas, até que se desbloqueie o excesso. É lógico que esse processamento vai demandar um certo tempo.

Já fizemos isso nesse caso que eu estava mencionando; conseguimos bloquear 700 Reais. A dívida é de 10 milhões!

Fico pensando também nos milhares de processos de execução que estão nos arquivos vivos, aqueles com a baixa do art. 40 da Lei de Execução Fiscal. No país inteiro são centenas de milhares, pelo menos uns 500 mil, sendo uns 300 mil no meu Fórum. Vários podem estar em uma situação como essa. Uma empresa *offshore* que ninguém vai localizar, nunca, se localizar não tem o que efetivamente penhorar, e nós ficamos com esses processos que foram para o arquivo. Essas pessoas vão escapar de pagar seus tributos. Não é por outro motivo que tantos de nós, aqui, vamos pagar um pouquinho a mais por conta dessa evasão fiscal...

Numa situação como essa, imagino que os Colegas aqui presentes vêem que não temos apenas um certo interesse acadêmico pelo art. 185-A do CTN. Temos um vivo interesse prático.

Pelo que estamos dizendo aqui, os Colegas já devem ter percebido que entendemos que em certos casos a penhora *on line* é uma medida justa, sim.

Esse dispositivo acrescentado pela Lei Complementar 118, de fevereiro deste ano (2005), serve para situações como a desse processo que acabei de mencionar para os Colegas, pois o devedor estava se ocultando do Estado. Agora, não vai servir para todos os processos. Até porque nós não temos uma condição operacional para fazer esses procedimentos em todos os casos.

Cautelas necessárias para o deferimento da medida

Os casos de deferimento exigem, no mínimo, aqueles com as cautelas expressadas pelo próprio legislador. Tem que ter havido uma citação da parte, tem que ter passado o prazo para ela indicar bens a serem penhorados, tem que ter passado a fase de o oficial de justiça tentar levantar bens e de terem sido infrutíferas as pesquisas do Estado, da Fazenda Pública, para localizar bens. No meu modo de ver, esse texto só terá sua validade constitucional se nós superarmos esses quatro aspectos e chegarmos em uma situação de completa incapacidade dos meios de execução, de realização, de identificação de patrimônio. Enfim, o processo deve estar caminhando para não ser efetivo.

Caso contrário (se se generalizar a medida) a norma perderá sua constitucionalidade. No nosso modo de ver, deixa de ser ética, naquela ética posta pelo legislador. Nesse sentido também que Norberto Bobbio vem apresentando se a norma é justa ou se ela é injusta. Então, ela vai ser justa se for dentro de um contexto como o aqui mencionado. Evidentemente, se não tivermos esses quatro caminhos prévios, o princípio do devido processo legal vai estar descumprido. É por isso que falamos que é um dispositivo jurídico, válido e provavelmente eficaz, se for a quinta medida, se for o quinto momento.

Mas entendo que em vários casos o art. 185-A será útil.

A natureza dessa medida

Gostaria, agora, de apresentar um aspecto procedimental, mencionando meu modo de ver quanto à natureza desse bloqueio de bens, dessa penhora *on line*. Sabemos que essa discussão tem se levantado e não se tem tornado unânime. Ela pode ter natureza cautelar ou, de fato, ter uma natureza executiva. Se for cautelar, o executado com bens ou valores bloqueados poderá indicar quais ele gostaria de ver penhorados, e os demais seriam desbloqueados. Se tiver natureza executiva, apenas o excesso será desbloqueado, e – independentemente do tipo dos bens, se dinheiro, ações, veículos ou imóveis – ficarão à disposição do juízo.

Em um primeiro momento pareceu-nos tratar-se de uma medida cautelar, cautelar incidental, no curso do processo. O Estado poderia ter movido uma medida cautelar fiscal prévia, se fossem os pressupostos dessa medida. Só que, aqui, nós estamos diante de outros acontecimentos, que não são aqueles da medida cautelar fiscal – principalmente quando há indício de que a empresa, grande devedora do Estado, esteja dilapidando seu patrimônio, fazendo doações, vendendo a qualquer valor, transferindo bens para o exterior.

Não seria razoável exigir do juízo de execução que, passado o prazo para citação e nomeação de bens à penhora, viesse a parte, que procurou se ocultar do Poder Judiciário, fazer exigências quanto à escolha de bens para a realização da penhora.

O excesso de penhora

Como mencionado, é possível que esse procedimento de bloqueio de bens acarrete excesso de penhora. No texto legal há a identificação dessa possibilidade, prevista no § 1º do artigo em comento. O juiz, quando houver esse excesso, imediatamente liberará o que for excessivo. Evidentemente que essa imediatidade prevista pelo legislador é uma imediatidade jurídica e processual. Quem se escondeu do Fisco, e principalmente do Poder Judiciário, que não venha, agora, a exigir que o excesso de penhora seja liberado no dia seguinte. É claro que temos uma série de procedimentos de verificação.

Como o juiz vai escolher se forem bens de natureza diferente (créditos em conta corrente – depósitos à vista; aplicações financeiras; títulos da dívida pública do Governo Norte-Americano, custodiados num banco estrangeiro com agência aqui no Brasil; ações; imóveis e veículos – por exemplo)? Como ele vai escolher qual patrimônio liberar?

Nesse momento entendemos que se deve aplicar o art. 11 da Lei de Execução Fiscal, que prevê uma ordem de penhora. Então, o artigo, talvez considerado por muitos como texto sem importância, pode ser útil. Não pensem que, agora, o devedor vai poder dizer: "Sr. Juiz, eu quero que se penhore a minha casa na praia, que vale 10 milhões de Reais, que é menos importante para mim". Esse momento foi o segundo das etapas, e não o quinto. Se ele foi citado, teve a oportunidade de oferecer bens à penhora, deveria ter feito essa escolha naquele momento. Agora, nesse caso, no quinto momento, é o juiz quem vai escolher. Evidentemente que se vai seguir a ordem de liquidez. Então, logicamente que nós vamos primeiro selecionar os de maior liquidez, para depois ir liberando os de menor liquidez.

Contextualizando

Vendo, ontem, a palestra do Prof. Geraldo Ataliba sobre a questão ali posta, da prisão do depositário infiel, quando ele sustentou sua constitucionalidade – que é um tema polêmico –, ainda pensei: "Bom, de repente, se o Prof. Geraldo Ataliba estivesse aqui presente – e provavelmente ele está –, ele iria entender um pouco o porquê de eu não ser radicalmente contra a penhora *on line* e a indisponibilidade geral de bens do devedor".

Encerrando, e devolvendo a palavra à Profa. Maria Leonor Leite Vieira, vou reforçar para os Colegas que vejo como uma medida excepcionalíssima, que nós preferimos que não seja aplicada, desejando principalmente que a maior parte dos devedores faça como vários fazem atualmente: na oportunidade: vão discutir o mérito, vão discutir o que nós discutimos aqui, no Congresso Geraldo Ataliba; vamos discutir o fato imponível, a regra-matriz tributária, vamos discutir de fato o direito tributário. Então, logo depois da citação, apresentar os bens à penhora, e evidentemente que vamos atuar na nossa área tributária e não precisar de um dispositivo excepcionalíssimo como esse.

Muito obrigado a todos! [*Palmas*]

PRESIDENTE DA MESA (PROFA. MARIA LEONOR LEITE VIEIRA) – Obrigada, Dr. Renato! Meus parabéns pela sua palestra, embora rápida, mas acho que conseguiu demonstrar a excepcionalidade com que deve ser tratada essa penhora eletrônica, que tem trazido problema para todos que operam com o Direito, realmente, em todos os segmentos vistos, e que deve ser tratada, mesmo, com essa excepcionalidade, com essas características que aqui ele demonstrou e obediência à Constituição. Passo, imediatamente, a palavra à Dra. Lúcia, para que possamos também adiantar esse tempo.

LIMINARES, CAUTELARES E TUTELA ANTECIPADA NO PROCESSO TRIBUTÁRIO

PROFA. LÚCIA VALLE FIGUEIREDO – Bom dia a todos! Sra. Presidente desta Mesa, Dra. Maria Leonor Vieira, Prof. Renato Becho, Prof. Sacha Calmon Navarro. Inicialmente quero dizer da minha gratificação e do meu agradecimento em poder participar deste Congresso Geraldo Ataliba. Inclusive, conheci muito o Geraldo Ataliba, e, enquanto o Prof. Renato Becho falava, imaginei Geraldo Ataliba vendo a penhora *on line*. O que diria ele sobre a penhora *on line*? No ano passado tive a oportunidade de ouvir a Profa. Maria Leonor falar da penhora *on line*, e já fiquei profundamente indignada. Aposentei-me em 1998, não tínhamos ainda penhora *on line*, que é relativamente recente. Bom, as maldades que vêm sendo praticadas pelo Executivo – e o que se converte em lei via medida provisória ou via projetos de lei – são cada vez mais acentuadas e vêm, de uns anos para cá, e cada vez mais, espremendo quanto podem o contribuinte.

É certo que o Prof. Renato Becho diria: o contribuinte desatento, o contribuinte que nos deixa – contribuintes que realmente cumprimos nossas obrigações – em situação mais difícil. Mas o Prof. Geraldo Ataliba cobrava – isso eu conversava com a Profa. Maria Leonor, cobrava até de nós, juízes – as decisões desarrazoadas, quando não estava patrocinando a causa, mas cobrava decisões *desarrazoadas*. Ou, então, caso se escrevesse num livro alguma coisa que ele não gostasse, reclamava – e, às vezes, tão enfaticamente! Recordo-me que, de certa feita, estava eu para julgar, ele me telefonou (não era causa patrocinada por ele, isso ele não fazia, porque era 100% ético, e não iria se expor a isso). Embora a causa não fosse patrocinada por ele, era uma causa que não queria ver desgastada, e disse: "Já sei que você vai julgar essa causa assim, assim, assim". Respondi: "Vou". "Você leu o que eu escrevi?". Falei: "Li, Professor". "Acho que você não leu bem". [*Risos na platéia*] Acrescentei: "Professor, vou fazer um esforço e vou ler melhor". Naquela ocasião, ainda adiei por uma sessão o julgamento. Adiei por uma sessão e resolvi ler mais, porque era um memorial conjunto. Ele não patrocinava a causa, mas no memorial o advogado juntara um artigo escrito por ele.

Bem, aí eu liguei para ele e falei: "Professor, desta vez o Sr. não me convence mesmo, continuo com minha posição e vou continuar, o Sr. goste, ou não". Respondeu-me ele: "Gostei da sua posição, não da posição que você vai adotar juridicamente, mas da posição de não se deixar sensibilizar por qualquer argumento de autoridade. Isso que é juiz!".

Então, vejam, ele era uma pessoa assim, realmente ficava – se me permitirem usar uma expressão leiga – "patrulhando" o juiz, no sentido de fazer com que o juiz praticasse a defesa do Direito, isso era muito importante. Então, afirmo que ele não gostaria da penhora *on line*, porque era um defensor – isso a gente vê no *República e Constituição* –, e um defensor ardoroso, do devido processo legal.

Essa era uma introdução que não podia deixar de fazer, justamente reverenciando a memória do Prof. Geraldo Ataliba. Aliás, eu a reverencio todas as vezes em que falo. Lembro-me quando ele dizia que o administrador está sujeito à lei e ao ordenamento jurídico; logo – fazia a ressalva –, "não à 'leizinha', mas à lei no sentido total, à lei no seu contexto, à lei na sua expressão dentro do ordenamento jurídico". Geraldo foi, sem dúvida – senti e lamentei profundamente, ontem, não ter podido vir –, um grande orientador para todos nós, professores e juízes, e faz muita falta, sobretudo para os juízes – sinto isso –, sobretudo para os juízes. Porque os juízes não se sentiam à vontade em fazer certas arbitrariedades enquanto ele estava vivo, pelo menos os juízes do núcleo de relacionamento de Geraldo Ataliba.

Então, descontando o tempinho em que fiz esta introdução, entro no meu tema

***

O tema, em si, é longo. Tentarei falar brevemente dos principais aspectos. Primeiro, acho importantíssimo dizer que do inciso XXXV do art. 5º da CF, ao prever que qualquer ameaça de lesão seja submetida ao Judiciário, já se pode deduzir que o poder acautelatório do juiz deriva diretamente da Constituição. Portanto, lei alguma pode tirar esse poder acautelatório do juiz. Vamos ver, em seguida, um pouquinho mais à frente, a nova lei do agravo; discute-se sua constitucionalidade. Mas vejamos.

Então, se o poder acautelatório do juiz deriva diretamente da Constituição, nós não precisaríamos, em tese, que a lei do mandado de segurança possibilitasse a concessão de liminar, que houvesse uma cautelar no Código de Processo Civil e, sobretudo, de uma tutela antecipada, que veio em boa hora.

Deixei de judicar em 1998, e verifico que, enquanto eu ainda judicava, estudei muito a tutela antecipada, li bastante coisas sobre tutela antecipada, e estava absolutamente convencida – como até hoje estou – de que *tutela antecipada* e *liminar em mandado de segurança* são coisas diferentes. Todavia, não entendo por que os advogados, normalmente, hoje, não pedem, não interpõem, mesmo quando não há controvérsia factual, mandado de segurança, mas interpõem uma ação pedindo, solicitando, a tutela antecipada – quando a mim me parece, e me parecia quando juíza, que a tutela antecipada seria mais dificultosa de se dar que o mandado de segurança.

Vejamos o porquê: os requisitos da liminar do mandado de segurança são o perigo da demora e o relevante fundamento. Isso faria com que o juiz devesse obrigatoriamente conceder a liminar caso existentes esses dois pressupostos; a lei diz: "concederá a liminar". Já, na tutela antecipada temos a verossimilhança. A verossimilhança parece-me mais consistente que o *fumus boni juris*, que se analisa na liminar. O juiz poderá, a requerimento da parte, antecipar total ou parcialmente os efeitos da tutela no pedido inicial, desde que, existindo prova inequívoca, se convença da *verossimilhança da alegação*, haja *fundado receio de dano irreparável ou de difícil reparação* e fique caracterizado o *abuso de direito da defesa ou o manifesto propósito protelatório do réu.* E o juiz está obrigado a motivar as razões do seu convencimento.

Bem, a tutela pode ser revogada ou modificada a qualquer tempo, em decisão fundamentada. Então, vejam: a tutela tem, segundo penso, requisitos mais dificultosos que a própria liminar em mandado de segurança, que é também provimento acautelatório, mas é procedimento exatamente para proteger o bem de vida que está sendo disputado. É o bem de vida que se pretende, e não sua substituição em pecúnia. Pretende-se o próprio bem de vida, num mandado de segurança. Agora, vejam, durante muito tempo – isso também conversava com a Profa. Leonor –, quando o juiz negava essa liminar, havia um mandado de segurança contra ato judicial que custou para ser aceito, mas na Justiça Federal foi largamente aceito. Depois, com as modificações processuais, o mandado de segurança praticamente foi esquecido, na medida em que tínhamos – tínhamos e temos, por poucos meses mais – o agravo de instrumento. Gostaria de introduzir um pouco estes conceitos indeterminados que permeiam tanto o mandado de segurança quanto a tutela antecipada: *grave lesão, abuso de direito, verossimilhança, fundado receio de dano irreparável.* Os conceitos indeterminados não trazem – consoante penso –, de forma alguma, qualquer discricionariedade para o juiz. Os conceitos indeterminados têm que ser interpretados, têm que ser trazidos à zona da certeza, certeza positiva ou negativa, mas têm que ser trazidos à zona de certeza.

Então, diante de conceitos indeterminados não temos discricionariedade judicial, mas temos, sim, interpretação. E vemos que, tanto num caso quanto no outro, na tutela antecipada é expressa a lei ao dizer que o juiz deverá fundamentar sua decisão. Isto é dito, sobretudo, porque o juiz poderá conceder a tutela antecipada. A meu ver, o juiz deverá conceder a titula antecipada se estiver diante de um desses requisitos. Mas deve haver expressa motivação. Na liminar não se fala expressamente da motivação, mas essa motivação, para mim, deriva do texto constitucional, do art. 93, IX e X, da CF, em que está prevista a obrigatoriedade de motivação das decisões judiciais e das decisões administrativas. Extraio do inciso X que as decisões administrativas do Executivo também devem ser motivadas, porém isso não nos interessa – interessa-nos, e muito, quando estivermos diante do processo administrativo. Afirmo que, da mesma forma, as decisões administrativas, no processo administrativo, têm obrigatoriamente que ser motivadas, com motivação cabal.

Mas vejam que os pressupostos, tanto da liminar quanto da tutela antecipada, são: *perigo da demora, relevante fundamento, grave lesão, receio de dano irreparável ou de difícil reparação.*

Bom, aí vem a lei, esta que modificou o agravo, que deve exigir 90 dias, contados do dia 19.10.2005, a Lei 11.187, e diz o seguinte: "Das decisões interlocutórias caberá agravo no prazo de 10 (dez) dias, na forma retida, salvo quando se tratar de decisão suscetível de causar à parte lesão grave e de difícil reparação, bem como nos casos de inadmissão da apelação e nos relativos aos efeitos em que a apelação é recebida". Então, com relação à apelação está mais fácil a questão do agravo, porque está expresso que nos casos de apelação, de não-recebimento da apelação, ou de a apelação ser recebida em efeito diferente do que deveria ser, cabe o agravo não-retido. Nos outros casos só caberá o agravo retido, salvo se a decisão for suscetível de causar, à parte, lesão grave e de difícil reparação. Muito bem, e quem vai converter este agravo, que deve ser retido – quer dizer, a norma é de que o agravo seja retido –, em agravo de instrumento, agora, é o inciso II do art. 527, que diz: "converterá o agravo de instrumento em agravo retido, salvo quando se tratar de decisão suscetível de causar à parte" – quer dizer, o juiz converterá – "grave lesão ou de difícil reparação". Agora, pergunto para vocês (e é isso que eu falava com a Profa. Leonor): não sei no que ficamos, porque, evidentemente, se o juiz, ao receber o agravo, achar que há grave lesão e de difícil reparação, converterá o agravo retido em agravo de instrumento, porque a forma normal vai ser o retido. Muito bem, pergunta-se: se ele achasse isso, já não deveria ter dado essa liminar ou essa tutela antecipada, ou, então, já não poderia reconsiderar a decisão, normalmente, num pedido de reconsideração? Sabe-se que o pedido de reconsideração não suspende o prazo, mas as pessoas normalmente pedem a reconsideração e o agravo junto, para dar ao juiz a possibilidade de reconsiderar. Então, vejam, para mim existe inconstitucionalidade, porque, por via indireta ou, até, direta, tira-se o poder acautelatório do juiz, na medida em que o juiz vai decidir alguma coisa, decide algumas coisas importantes, como a liminar em mandado de segurança ou a tutela antecipada, decide e somente em agravo retido o tribunal conhecerá, ou, então, depois da sentença o tribunal conhecerá, por meio de uma cautelar. Ninguém perde por esperar que essa cautelar dada ao relator do tribunal vá se modificar. O jeito que estão encontrando de acelerar a jurisdição não é outro, é eliminar recursos. Eu sei que agravos tumultuam; é uma quantidade enorme mesmo, e já está sendo feita uma arbitrariedade pelos juízes, que é a seguinte: o relator despacha, decide monocraticamente, muito bem, isso é normal, o relator tem a competência de decidir monocraticamente; mas a parte agrava regimentalmente, o relator não leva o agravo regimental, nem reconsidera, e faz o seguinte: quando chega na hora do mérito, leva o agravo e declara "prejudicado o pedido liminar, tendo em vista que já há decisão de mérito". Bem, isso é denegação de justiça.

Agora, imaginem se já estiver autorizado a deixar que o agravo seja retido, se vai converter esse agravo, primeiro porque, do meu ponto de vista, é uma contradição. Como é que aquele que acha que a grave lesão, só se mudar de juiz na Vara, isso acontece, poucas vezes, mas acontece. Às vezes o juiz é substituído por um outro que tem uma visão mais ampla; então, esse outro vai aceitar, vai aceitar que o agravo suba, deixe de ser retido. Mas, afora um caso excepcional, não vejo como entender que vai haver esta modificação – e, por enquanto, não vi qualquer grande reclamação dos advogados.

É engraçado que é para indignar, porque há restrição de direitos e garantias, quer dizer, se está deixando que uma decisão monocrática do juiz singular, de primeira instância, seja sempre decisão monocrática, mas pode ser até uma decisão monocrática de um tribunal, se a competência for do tribunal [*interrupção*].

Agora, vejam: então, quando é dada a liminar exatamente sob esses pressupostos, tanto a do mandado de segurança quanto a da tutela antecipada, a liminar é um pouquinho mais, a tutela antecipada é mais dificultosa no meu entender, mas também tem mais oportunidades, porque, quando ficar caracterizado o abuso de direito e de defesa, etc., etc.

Mas aí entendo que existe, tanto na tutela antecipada quanto na liminar – apesar de na tutela antecipada haver dispositivo expresso dizendo que pode ser modificada a qualquer momento –, uma preclusão *pro judicato*. Poderá ser modificada, sim, mas se houver algum motivo superveniente deverá ser motivada. Nem a tutela antecipada nem a liminar podem ser modificadas, simplesmente. Podem ser modificadas, *v.g.*, no exemplo dado da substituição de juiz: não pode o juiz chegar, entender diferentemente, modificar aquela liminar – vamos pensar numa liminar de mandado de segurança –, simplesmente cassar a liminar, por entender que não é o caso. A meu ver, existe uma preclusão *pro judicato*. Claro que pode mudar ao receber, por exemplo, as informações, ou ocorrer que o juiz perceba que a parte não disse a ele tudo aquilo que deveria dizer. Aí, é normal que ele modifique sua decisão, cassando a liminar. Eu mesma fiz isso inúmeras vezes, mas aí eram casos em que já havia dúvida e em que eu pedia que, tão logo viessem as informações no mandado de segurança, ou pode ser a contestação na tutela antecipada, por exemplo, me viessem os autos conclusos.

Sobretudo nos processos de faculdade, há casos em que se percebe ser a continuação da liminar detrimentosa, se houver fatos importantes não conhecidos pelo juiz. Muitas vezes – o Prof. Sacha foi juiz, e sabe quantas vezes o juiz é enganado, quantas vezes.

Bem, na questão dos danos irreversíveis às partes (e daqui a pouco encerrarei, nos meus 20 minutos), o juiz há de ter que usar a proporcionalidade (teoria, atualmente, cada vez mais bem-construída pelo STF). A fim de saber o que são "danos irreversíveis" – diríamos que, na verdade, tudo é reversível, tudo é reversível via indenização. Porém, o peso do dano para a parte deve ser confrontando com o peso para a outra parte – no caso, a autoridade. Devem ser vistas a razoabilidade e a proporcionalidade.

Na questão dos danos irreversíveis devemos também trabalhar o princípio da proporcionalidade, sobretudo na tutela antecipada, não tanto na liminar. E, ainda, uma última coisa que gostaria de dizer sobre a cautelar do art. 800, que vem sendo bem pouco usada atualmente, porque, como é possível pedir a tutela antecipada, usam pouco a cautelar.

Há casos em que acho que a cautelar deveria ser usada como medida hábil para proporcionar bom desenvolvimento para o processo, para o chamado processo principal; mas, normalmente, noto é que diminuiu muito a cautelar, por força da tutela antecipada.

O problema realmente é esse. Há um desgaste de determinados instrumentos, na medida em que eles são "bombardeados" – utilizando, se me permitirem, linguagem vulgar – também pelos advogados. Tutela antecipada virou uma coisa assim: todo mundo pede tutela antecipada, todo mundo, e não pedem nem parcial, pedem total. E muitas vezes não seria o caso de tutela antecipada, total ou parcial. Aliás, o advogado nem pede a parcial, já pede a total.

Também gostaria de falar do problema da satisfatividade da liminar. Muitas vezes o juiz se nega a dar liminar porque acha que vai ser satisfativa; o mesmo quanto à tutela antecipada. Tanto numa quanto na outra – sobretudo na liminar do mandado de segurança –, a satisfatividade pode ser de fato, nunca será de direito; esta é opinião de grandes processualistas, como Arruda Alvim, Nelson Nery e Tereza Arruda Alvim Wambier. A satisfatividade não pode ser de direito, a satisfatividade só será de direito quando vier sentença de mérito.

Encerro aqui minha exposição, lembrando que, por favor, os advogados leiam com cautela a Lei 11.187/2005, que deve entrar em vigor em 90 dias – 90 dias, até que foi dado prazo para os advogados protestarem, para algumas argüições de inconstitucionalidade. Não sei se o STF dará, mas, felizmente, temos alguns excelentes Ministros que são muito estudiosos, preparados e defensores do devido processo legal.

Portanto, exortaria a que estudassem essa lei à luz, exatamente, dos conceitos indeterminados, que tanto no mandado de segurança quanto na tutela antecipada são os mesmíssimos. Permitem ao juiz fazer esta conversão de retido em agravo de instrumento.

Muito obrigada!

Presidente da Mesa (Profa. Maria Leonor Leite Vieira) – Realmente, acho que vão se delineando para todos as razões por que cada um é convidado para a Mesa do Congresso do IDEPE. A Dra. Lúcia deixa muito bem claro que participou efetivamente, e até hoje segue a cartilha do Prof. Geraldo Ataliba, "puxando a orelha" de todos nós para que estejamos atentos para a defesa do Direito em toda sua inteireza, seja de um lado ou de outro, ou seja, operando o Direito em qualquer dos seus segmentos, como eu dizia agora há pouco.

Isso é muito relevante para que nós, advogados, não nos vejamos abandonados.

Eu realmente sou – tenho sido – uma defensora do Poder Judiciário, e os argumentos trazidos pela Dra. Lúcia nos auxiliam nesse trabalho, seja de advogado, seja de julgador, em qualquer área administrativa ou judiciária, seja ao juiz – aliás, um deles está aqui presente.

Por favor, Dr. Sacha, a palavra é sua.

SÚMULA VINCULANTE E A EMENDA CONSTITUCIONAL 45

PROF. SACHA CALMON NAVARRO COÊLHO – Meus caros Colegas de Mesa. Para não ser "puxado pela orelha" pelo nosso querido mestre Geraldo Ataliba, venho falar da tribuna, porque ele não admitia que se falasse da Mesa.

Meu tema, Srs. e Sras., é "Súmula Vinculante e a Emenda Constitucional 45". A relevância do tema estaria, em princípio, em se saber se a Emenda Constitucional, obra do constituinte derivado, ao instituir a dita *súmula vinculante*, estaria a ferir direitos fundamentais, direitos insuscetíveis de serem atingidos por emenda constitucional. Porque é óbvio que as emendas também estão sujeitas ao controle de constitucionalidade das leis. Soberana, mesmo, é sempre a obra do constituinte originário.

Por este ângulo eu não vejo maiores problemas, porque o STF, com razão, ao discutir o efeito vinculante da ação direta de constitucionalidade, quando introduzida, deixou claro que esse efeito vinculativo que vinculava o Poder Judiciário, as instâncias inferiores e a Administração era perfeitamente consonante com a Constituição e em nada feria os direitos fundamentais.

Então, o que me sobra para dizer a respeito deste assunto? Essa questão da vinculação das decisões do STF a muitos parece uma ditadura jurisdicional. Assim não penso. Eu escrevi um livro – felizmente esgotado –, *O Controle de Constitucionalidade das Leis e do Poder de Tributar*. A primeira parte tratava da evolução dessa questão na Inglaterra, na França, na Áustria, nos Estados Unidos e, finalmente, no Brasil. A segunda parte cuidava das minhas esperanças e entusiasmo em que a adoção pelo Brasil de um sistema misto de controle de constitucionalidade iria agregar eficácia e rapidez à resolução dos conflitos jurídicos existentes na sociedade.

Veio recentemente a lume uma obra de Fernando Facuri Skaff, chamada *Justiça Constitucional e Tributação*. É um livro que eu recomendo a todos, uma reflexão profunda sobre a experiência brasileira de coexistência do controle concentrado das leis e do controle difuso de constitucionalidade das leis; o quadro que ele mostra é realmente perturbador, porque não está funcionando no Brasil a coexistência desses dois sistemas, e – muito pelo contrário – está criando problemas seríssimos. E nós não estamos percebendo na devida profundidade esse imbróglio que a Constituição de 1988 criou ao monumentalizar os direitos e garantias individuais, ao constitucionalizar intensamente quase todos os ramos do Direito e ao adotar dois sistemas de controle da constitucionalidade que, no fundo, são antípodas. Os países que adotam o controle misto são poucos, entre eles o Brasil; ou se tem o controle concentrado, ou se tem o controle difuso.

Mas realmente vou tratar desse efeito vinculante no leito adequado ao seu tratamento, que é esse do controle de constitucionalidade das leis e da eficácia das decisões das Cortes Supremas. Para logo, sou parlamentarista – e, portanto, amigo das Cortes Constitucionais; não me agrada o presidencialismo, e não me agrada o feitio do STF à moda dos Estados Unidos, por razões óbvias.

Recentes julgamentos nos fazem até descrer, pela vulgaridade com que se conduzem os Ministros, que nós estamos diante de uma Suprema Corte – uma fogueira de vaidade, uma exposição de divergências, até desrespeitosas, desrespeitosas à figura de um outro Ministro. Bem, mas isso não vem ao caso.

Como vocês sabem, existem dois tipos de controle de constitucionalidade: o difuso e o concentrado. Pelo *controle difuso*, qualquer juiz, em qualquer recanto do Brasil, pode, *incidenter tantum*, declarar a inconstitucionalidade de uma lei. E julgar a questão conforme sua convicção. Evidentemente, a declaração de constitucionalidade operada por um juiz monocrático é sempre provisória, porque a última palavra é dada no controle difuso pela pronúncia final do STF, o que pode demorar 5, 6, 8, 10 anos, agravado pelo fato de nós – diferentemente dos Estados Unidos, onde se originou o controle difuso – não termos o *stare decisis*, ou seja, uma decisão tomada pela Suprema Corte Americana, no controle difuso, vale *erga omnes*, e não apenas *inter partes*. Por isso, Mauro Cappelletti insistia na superioridade do controle concentrado europeu sobre o controle difuso, mas ressaltava que os males do controle difuso, pelo menos nos Estados Unidos, estavam superados pela adoção do *stare decisis*, ou seja, pelo efeito *erga omnes* (uma decisão tomada entre duas partes teria efeito obrigatório e, portanto, vinculante para todos os casos semelhantes).

O que gera nos Estados Unidos um trabalho intenso por parte dos advogados é distinguir, dizer: "Este caso não é igual àquele caso já julgado, porque a matéria fática ou a questão jurídica apresentam uma nuança que pode determinar uma nova orientação".

Já, no *controle concentrado* – como o nome indica – um só órgão concentra o poder de declarar constitucional ou inconstitucional a lei. Os juízes, de um modo geral, não têm esse poder. A Corte Constitucional nasceu por obra pioneira de Hans Kelsen na Áustria, já na primeira metade do século passado, 1924/1925. Portanto, é um controle recente, trabalhado, pensado, elaborado. O controle americano vem de envolta com as tormentas da história daquela gente, fugindo das tiranias dos reis da Inglaterra.

Então, esses dois sistemas diferem nisso. Num, somente uma Corte tem poder de declarar inconstitucionalidade da lei; no outro, todos os juízes indistintamente têm esse poder; o controle difundido por todos os juízes e o controle concentrado em determinado órgão jurisdicional.

No Brasil muitas vezes os juízes dizem que a lei é inconstitucional, os tribunais dizem que a lei é inconstitucional, e o STF diz que a lei é constitucional, ou vice-versa. Então, o controle difuso, realmente, quando demora muito para que a Corte se pronuncie, pode gerar problemas sérios, mormente porque em matéria tributária isso pode gerar ações rescisórias contra decisões já passadas em julgado e que deram ao contribuinte uma determinada certeza que acaba indo por água abaixo. Em matéria tributária isso é realmente muito sério.

No controle concentrado tal não pode ocorrer. Porque ou se alega por via direta a inconstitucionalidade da lei em tese, como ocorre no Brasil com a ação direta de inconstitucionalidade ou a ação direta de constitucionalidade, ou sobe pela via da exceção. A questão é apresentada ao Dr. Renato Lopes Becho, há uma *prejudicial*, uma exceção de inconstitucionalidade, e ele pára o processo e faz subir a exceção de inconstitucionalidade, para que a Corte previamente se pronuncie: "Não, a lei é constitucional, pode julgar"; "A lei é inconstitucional, julgue conforme o nosso ditame". Então, o Becho prossegue no exame da questão sem problema algum, e a incerteza é afastada quanto à constitucionalidade, ou não, de uma lei; ele vai se ater à *quaestio juris*, à *quaestio facti*, envolvida na controvérsia.

Aquele livro me provocou uma profunda reflexão. Eu acho, realmente, como o Min. Pertence, que os dois sistemas são até certo ponto incompatíveis (...) o sistema misto. E há uma questão histórica: o STF foi praticamente criado, crescido, tornou-se adulto, dentro do sistema difuso de controle das leis. Tanto isso é verdade que, quando ele teve, pela primeira vez, que enfrentar uma questão candente, "fugiu da raia": foi com o "Plano Collor". "Plano

Collor", evidentemente, inconstitucional. Foi intentada uma ação direta de inconstitucionalidade, e o STF omitiu-se, temeroso de dizer que a obra de salvação daquele Presidente fluente e influente, que era o Fernando Collor de Mello, estaria sendo embaraçada pelo STF. Ele não quis assumir essa responsabilidade, e, numa decisão estranhíssima, decidiu que não era inconstitucional. Era inconstitucional, é evidente: como é possível um Presidente "congelar" o direito de propriedade das pessoas, a disponibilidade dos seus dinheiros? É óbvio que era inconstitucional, feria vitandamente a Constituição. Mas o STF disse assim: "A lei não é inconstitucional, não; agora, ressalvo que cada juiz, de acordo com seu poder geral de cautela, examinando o caso concreto, com razoabilidade, pode, em preliminar, considerar a lei inconstitucional e liberar os Cruzados".

Eu, que na época era juiz federal, já estava liberando antes dessa decisão, mais daí para a frente foi uma avalancha. Há vários casos em que o STF se demitiu, por exemplo, o reajuste do 147% dos aposentados, que estava previsto na ADCP. O Governo tomou posição. Entrou contra uma ação de inconstitucionalidade por omissão, foi rejeitada, e os casos se avolumaram, entupiram o Judiciário, a ponto de cada juiz ter milhares de ações. E isso foi se arrastando por 10, 11 anos, até que terminou num grande acordo, porque não havia solução jurídica pronta para essa questão. Sempre se alega, contra esse amplo poder do STF, o argumento *ad terrorem*: "Se você decidir assim, vai ocorrer isso, você vai ficar com a culpa".

Então, nosso STF não está preparado para o controle concentrado. Em todo caso, reconhecendo a morosidade das suas decisões, a demora com que os recursos extraordinários suscitados são julgados (caminho do controle difuso), o STF vem, por duas maneiras, tornar eficaz sua atuação. Primeiro, dando efeito vinculante às suas decisões no controle concentrado, quer no caso da ação direta de constitucionalidade, que é expresso na Constituição, após Emenda, e também nas suas decisões nas ações diretas de inconstitucionalidade, inclusive às suas liminares, até com o instituto da reclamação contra o não-cumprimento ou o descumprimento, por parte do juiz, de decisão tomada pelo STF. E, por outro lado, negando que os juízes possam decidir antes da sentença final – quer dizer, coibindo o uso de liminares. As liminares no Brasil – que é uma maneira que os advogados acharam de tornar o processo ordinário menos ordinário, no mau sentido – estão sendo constantemente diminuídas. Nós temos pelos menos 14 casos em que não é possível dar liminar, mormente em questões que tendem a ter vulto muito grande, questões relativas a funcionários públicos, questões tributárias, compensação, e vários casos – que não vem a pêlo descalvar neste momento.

O que eu quero dizer, em suma – já que meu tempo é curto –, é que não vejo questão de inconstitucionalidade na adoção da *súmula vinculante*. Acho muito demorado o processo para que uma decisão sumular venha a ser considerada, uma decisão que venha a gerar uma súmula é um processo complicado, demorado, exige reiteração de decisões, tem que ser tomada pelo menos com oito votos dos Ministros da Suprema Corte. O melhor para a sociedade seria que essas questões de constitucionalidade e de inconstitucionalidade fossem resolvidas de pronto, para diminuir a incerteza e a insegurança do Direito. Porque o que a sociedade quer do Judiciário realmente, para lá de ele ser justo, é que ele seja célere e que cesse o estado de indefinição, o estado de insegurança, cessem as decisões controvertidas, por exemplo.

Tenho um caso, vários de vocês têm, um caso pessoal, que é o problema da COFINS dos profissionais liberais. O Prof. Geraldo Ataliba e a Profa. Lúcia Valle Figueiredo sempre acharam que a lei complementar é formalmente votada com maioria absoluta dos membros do Congresso Nacional, já que ela complementa a Constituição, tem seus conteúdos predeterminados pela Lei Maior. O Congresso não escolhe – "Eu vou tratar este assunto por lei complementar e aquele outro por lei ordinária" –, não tem o poder de escolha. Quem lhe determina o conteúdo é a Constituição. A Constituição é como um prédio acabado onde falta pôr janela, porta, lambri – e quem faz isso é a lei complementar. Quando o dispositivo constitucional é não auto-aplicável – *not self enforcing*, para usar a terminologia americana, então, o conteúdo é predeterminado. É o constituinte que diz: "Aqui, este caso, exige lei complementar".

Pois bem. O Prof. Hugo de Brito Machado, pretextando que nós tínhamos isenção dada por lei complementar, diz que essa isenção só poderia ser tirada por outra lei complementar. Mas, como o STF já havia adotado a tese de que as contribuições sociais previstas no art. 195 da CF poderiam ser instituídas e alteradas por lei ordinária, não era caso de lei complementar. Eu me quedei inerte, até que, um dia, o Prof. Hugo de Brito Machado falou assim: "Mas você é uma besta, você não está acreditando na minha tese, não?". Falei: "Não, não estou acreditando, e, aliás, discordo frontalmente, você sabe disso. Eu acho que essa lei complementar a que você se refere é apenas na casca, no nome, porque na verdade é lei ordinária, e se é ordinária pode ser alterada por outra lei ordinária". Falou: "Então, faça o seguinte: entre com ação e vá depositando". E eu segui o conselho: se esse danado me chamou de besta, vou deixar de ser besta. Já tem quatro ou cinco anos que estou depositando e o STF não recebe os recursos extraordinários das decisões dos TRF, porque adotou a tese do Hugo, surpreendentemente adotou a tese do Hugo. Falou: "Não pode, essa isenção só podia ser tirada por lei complementar"; o STF finge que está tudo bem, e quando os recursos extraordinários batem no STF voltam, não são admitidos.

Mas a coisa não se resolve, porque constantemente o Ministério Público está dizendo que o STJ usurpou uma função constitucional e que é um problema de hierarquia de leis, que a Constituição está ferida, e eu não sei até quando vai durar isso. O fato é que estou depositando todo mês, e quero uma solução. Ou pode, ou não pode. O STF tem que se pronunciar e acabar com essa indefinição, até porque existem milhares de escritórios de profissionais liberais, mormente advogados, que não entraram com ação e não depositaram, e podem, nos cinco anos para trás, ser severamente punidos, ao adquirir um passivo tributário imenso, corrigido monetariamente.

Em suma, se a súmula ou o efeito vinculante das decisões da Suprema Corte, quer no controle concentrado das leis, quer no controle difuso das leis, realmente trouxer à sociedade brasileira, aos justiçáveis, certeza e segurança do Direito, eu verei isso com bons olhos. Não me alinho àqueles que acham que o efeito vinculante retira do juiz e da sociedade o direito ao devido processo legal, *data venia* das opiniões daqueles que pensam em contrário.

Muito obrigado! [*Palmas*]

PRESIDENTE DA MESA (PROFA. MARIA LEONOR LEITE VIEIRA) – Muito bem, Dr. Sacha, muito obrigada, parabéns pela sua exposição! Eu estava lembrando agora, Dr. Sacha, que ontem o Prof. Paulo de Barros Carvalho, em homenagem, pela manhã, ao Prof. Geraldo Ataliba, lembrava que o Prof. Geraldo cobrava, como a Dra. Lúcia reiterou aqui, posições até dos Ministros do STF. A respeitabilidade dele era tamanha, que ele cobrava essas posições. Hoje em dia eu não sei o que ele ia fazer, eu acho que ele ia bater nos Ministros, não? [*Risos*] Ele tinha muitas posições a serem tomadas.

Mas, encerrando esta Mesa, eu convidaria a todos para tomar um café. Eu perguntava para outro mineiro aqui do meu lado, o Dr. Sacha – não deu tempo de conversar, mineiro também, pelo menos mineiro de coração, não é, Dr. Sacha? –, como é que nós poderíamos separar os "modernosos" mineiros que estão por aí dos outros que ainda falamos "uai".

Mas esses que ainda falam "uai", gostaria de convidá-los para um café, agora, de 10 minutos, com pão-de-queijo, que está sendo servido no salão. Chegaram aqui duas perguntas, uma para a Dra. Lúcia, uma para o Dr. Sacha. A Dra. Lúcia disse que responderá em um instante. São duas questões que passo a ela. A do Dr. Sacha, como é muito específica, eu pediria que aquele que perguntou viesse aqui para conversar com o Dr. Sacha, para depois ser respondida por *e-mail*.

PROFA. LÚCIA VALLE FIGUEIREDO [*texto sem revisão da autora*] – Em uma das perguntas se diz que o TJRJ determinou que em todos os casos a liminar em ação de inconstitucionalidade só pode ser dada pelo Pleno daquele Tribunal – ou seja, mesmo que haja perigo na demora etc., só o Pleno pode dar.

Bom, aí, não é uma ação de inconstitucionalidade, é uma ação que envolve uma exceção de inconstitucionalidade, então eu acho que existe uma ilegalidade do Tribunal de Justiça quando determina que seja o Pleno que dê, porque o que o Pleno tem que fazer é pronunciar-se sobre a inconstitucionalidade, mas na questão já de mérito. A liminar pode ou não ser levada para o Pleno, pelo relator. Se o relator entender que é uma matéria complicada, ele pode levar ao Pleno; mas o relator tem competência singular para dar esta liminar. Portanto, eliminar uma competência do relator em detrimento da parte eu acho que é um caso de ilegalidade, até inconstitucionalidade, porque quebra o devido processo.

A outra questão também é simples. A pergunta é sobre se pode o magistrado rever sua decisão sobre o deferimento da tutela antecipada, lastreada exclusivamente em matéria de direito, quando em outro processo análogo, na apreciação do mérito até da própria tutela, sua convicção sofreu alteração. Tal alteração, se positiva, pode ocorrer *extra ofício*.

Aqui, para mim, é a mesma coisa que no mandado de segurança. Quando o juiz entendeu diferentemente em outro processo, isso não quer dizer que ele deva, daqui para a frente, modificar suas decisões em matéria só de direito. E não deve porque o juiz de primeira instância tem que dar condições, não abortar a matéria, para que outros tribunais se pronunciem. Eu já passei pelo problema de liminar em mandado de segurança, até escrevi sobre isso, e adotei que a posição do juiz deve ter *standards* objetivos, e não subjetivos. Portanto, não é porque o juiz mudou de idéia que deixa de haver relevância na matéria. Se está sendo discutida a questão constitucional, se se está discutindo lesão grave à parte, tudo isso é relevante, ainda que no mérito o juiz vá decidir posteriormente de maneira diversa, não é o caso de deixar de dar a liminar ou a tutela antecipada se as questões de direito persistem e outros poderão ter decisões diferentes. Então, acho que o juiz não deve quebrar o caminho.

Muito obrigada! [*Palmas*]

PROF. RENATO LOPES BECHO [*texto sem revisão do autor*] – Dra. Maria Leonor me deu a palavra porque nós trocamos alguns bilhetinhos, aqui. Ela escreveu para mim, antes: "Como nós, mineiros do "uai", nos separamos desses "modernosos", que têm trazido tanta confusão?".

E nós nos separamos deles, dos "modernosos", não dos mineiros "modernosos", dos "modernosos" em geral, lendo os clássicos, lendo Geraldo Ataliba, principalmente *República e Constituição*, além de tantos outros. E lendo, por exemplo, Platão, como eu comentava ontem, no coquetel, numa roda de Colegas. Nós estávamos falando o que estamos lendo. Eu falei: "Eu estou lendo Platão, *Górgias*, atualmente, terminando". Uns vieram falando o que estavam lendo de romance. Outros falaram: "Ah! Quando leio livro jurídico...". Falei: "Mas eu não estou lendo um livro jurídico, estou lendo Platão a trabalho", separando a Dialética da Retórica. Tirando aqueles que se pavoneiam como juristas, só retóricos, como *Górgias* e como aqueles outros, não me recordo agora, os quatro com quem ele falava, Polo, Górgias, Káliklis, principalmente, retirando os Káliklis, os Górgias e os Polos, e indo para um procedimento dialético, com os clássicos. Aí a gente separa os modernos dos "modernosos".

Obrigado! [*Palmas*]

MESA DE DEBATES "D"

CONTRIBUIÇÕES

PRESIDENTE DA MESA: PROF. EURICO DE SANTI

MEMBROS DA MESA: PROFA. MISABEL DERZI, PROF. ALCIDES JORGE COSTA, PROF. OSÍRIS DE AZEVEDO LOPES FILHO, PROF. ESTEVÃO HORVATH

PRESIDENTE DA MESA (PROF. EURICO DE SANTI) – Bom dia! Iniciando a Mesa sobre "Contribuições" deste *XIX Congresso Brasileiro de Direito Tributário*, em homenagem ao Prof. Geraldo Ataliba, gostaria de informar a composição da Mesa. À minha direita, a Profa. Misabel Derzi, Procuradora-Geral, atualmente, do Município de Belo Horizonte, Professora da Universidade Federal de Minas Gerais. À minha esquerda, o Prof. Alcides Jorge Costa, eterno Titular da USP. À nossa direita, o Prof. Osíris de Azevedo Lopes Filho, Advogado atuante, importante homem importante dentro da história da tributação do Brasil, também ex-Secretário da Receita Federal. E, à minha esquerda, o Prof. Estevão Horvath, Professor, Mestre, Doutor, Livre-Docente pela USP e Professor da PUC e da USP, também.

Passo a palavra, imediatamente, à Profa. Misabel Derzi, que irá falar sobre "Limites Constitucionais para a Instituição de Contribuições". A Profa. Misabel Derzi, lembrando aos Srs., é a "jovem tributarista brilhante" citada pelo Prof. Geraldo Ataliba, ontem, em sua conferência.

LIMITES CONSTITUCIONAIS PARA A INSTITUIÇÃO DE CONTRIBUIÇÕES

PROFA. MISABEL DERZI – É uma alegria estar aqui nesse *XIX Congresso Brasileiro de Direito Tributário* do Instituto Geraldo Ataliba e nesta Mesa composta por esses nossos Colegas, ilustres Professores de Direito Tributário, Prof. Eurico de Santi, Prof. Alcides Jorge Costa, Prof. Estevão Horvath e nosso Prof. Osíris de Azevedo Lopes Filho. A todos os participantes deste evento, minhas saudações!

Na verdade, esta minha intervenção, que não ultrapassará os 20 minutos regulamentares, como foi solicitado, refere-se às limitações a que se sujeitam as contribuições, do ponto de vista da Constituição. As limitações constitucionais aplicáveis às contribuições.

O art. 149 da CF estabelece que compete à União instituir, como nós sabemos, contribuições sociais, inclusive para a seguridade social, contribuições de intervenção no domínio econômico e corporativas, todas destinadas – diz a Constituição – ao custeio da atuação da União nas áreas respectivas.

Estes são os parâmetros da Constituição. Pressupomos, sem discutir, que as contribuições efetivamente têm natureza tributária, por isto elas estão sujeitas às limitações constitucionais ao poder de tributar. Pressupomos também que tais limitações constitucionais ao poder de tributar partem, na sua essência, de dois grandes princípios da mais alta relevância, que na verdade orientam todo o sistema tributário: de um lado, o *federalismo*, cláusula pétrea da Constituição, e, por outro lado, o *Estado Democrático de Direito*, que aparece no capítulo das limitações por meio de direitos e garantias individuais e sociais, também cláusula pétrea ou núcleo irreversível da Constituição de 1988.

Então, para falarmos sobre contribuições e para falarmos sobre limitações ao poder de tributar, em primeiro lugar, temos que pressupor que estamos falando de *tributos*, temos que pressupor que esses princípios são efetivos, evidentemente não devem estar apenas presentes em nossa Constituição nominal, mas fazem parte – e devem fazer parte – de nossa prática constitucional. É preciso efetivamente acreditar nesses valores e confiar nesses grandes princípios que norteiam a Constituição.

Do ponto de vista do federalismo, é preciso entender que o princípio federativo não só dita a limitação ao poder de tributar, norteando as imunidades no que tange aos impostos – pelo menos a recíproca –, mas também inspira a autonomia jurídica, dinâmica, administrativa e financeira de Estados e Municípios, com profundos reflexos no sistema tributário. Os arts. 153, 155, 156 e 149 da CF desenham a distribuição do poder de tributar. Desenham a distribuição do poder de tributar entre as pessoas políticas da Federação, para dotálas de competência legislativa no que tange à criação de tributos próprios e competência administrativa para arrecadar.

A Constituição, por sua vez, estabelece que a criação ou exercício da competência residual da União, no que tange aos impostos ou às contribuições de custeio da seguridade social, não deve ter como modelo hipóteses ou bases de cálculo dos impostos já previstos na Constituição, nem ser cumulativa. A Constituição, então, já preordena essa distribuição do ponto de vista federativo no suposto de que os principais impostos distribuídos sejam, pelo menos, em grande parte, suficientes para manter os entes federativos e garantir o cumprimento de suas funções.

A partir do momento em que o STF, depois do advento da Constituição de 1988, decidiu, em um precedente conhecido, em caso referente ao Adicional ao Frete para Renovação da Marinha Mercante, que as contribuições especiais, especialmente as de intervenção no domínio econômico, são uma quarta espécie tributária, totalmente estranha aos impostos – portanto, uma espécie diferente –, nós passamos a adotar, pelo menos do ponto de vista jurisprudencial, a posição de que a União pode criar tributos incidentes sobre fatos e bases de cálculo comuns aos de competência dos demais entes políticos da Federação, desde que sejam – ou pareçam ser – contribuições de intervenção no domínio econômico. Discricionariamente, a União poderá criar contribuições de intervenção, porque não será possível, disse o STF, comparar espécies diferentes, ou seja, contribuições especiais como quarta espécie e impostos como outra espécie distinta.

A partir deste momento, o sistema federativo passa a sofrer um abalo. A ambição da União sempre foi a de ser adotado um IVA federal, à moda do ICMS estadual – o tributo que tradicionalmente sempre foi o mais produtivo do sistema, no entanto entregue à competência estadual.

A partir desse momento, a partir da Constituição de 1988, a União construiu seu IVA federal, embora nenhuma alteração das normas constitucionais tivesse ocorrido. Se nós somarmos o IPI mais as contribuições não-cumulativas do PIS e da COFINS, vamos ter um tributo federal, não-cumulativo, de quase 14% sobre o valor dos preços dos produtos e da receita ou faturamento das empresas.

Ao lado desse IVA federal, nós temos o ICMS dos Estados, com alíquota interna de 18%, além do ISS do Município, com alíquota média, em território nacional, de 2 a 3%. Então, vejam bem os Srs., a União, por meio da elevação das alíquotas do PIS e da COFINS, não-cumulativos, começa a exaurir as bases dos tributos estadual e municipal. "Exaurir as bases" significa concorrer nas mesmas bases de incidência. A capacidade de consumo nacional é limitada, ou seja, a capacidade econômica do contribuinte o é. Evidentemente, os tributos da União, além de reduzirem e concorrerem com as mesmas bases do ICMS e do ISS, incidem cumulativamente (em especial o PIS e a COFINS) sobre o próprio ICMS e sobre o próprio ISS, que estão ali, embutidos no valor dos faturamentos e das receitas das empresas.

Ao mesmo tempo, a União inventa contribuições de intervenção no domínio econômico: CIDE sobre os combustíveis, para exaurir a base do ICMS sobre a venda, a comercialização, dos combustíveis; e ela vai passar a inventar uma CIDE para cada grande setor objeto de tributação do ICMS: uma CIDE para telecomunicações, outra CIDE para energia elétrica – e assim por diante. Nós temos os três entes políticos da Federação trabalhando em bases concorrenciais. Este é o problema das contribuições, à luz da Federação Brasileira.

No que tange às limitações constitucionais ao poder de tributar, ligadas elas ao Estado Democrático de Direito, devemos partir de duas raízes fundamentais que o caracterizam. No topo dessa modalidade de Estado, a *justiça* e, a seu lado, a *segurança jurídica*. O Estado de Direito não é o Estado das leis, evidentemente; é mais que isso, é o Estado do Direito. E os clássicos princípios que limitam o poder de tributar não poderiam deixar de limitar o poder de criar contribuições, são limitações constitucionais ao poder de tributar.

Então, não vamos repetir cada um deles. *Legalidade*, *anterioridade* e/ou *espera nonagesimal* – aliás, princípios reforçados após o advento da Emenda Constitucional 42/2003. Compreendida na *segurança*, é claro, a irretroatividade do direito, e não apenas a irretroatividade das leis. A *proibição do confisco* e a *capacidade econômica* consolidam o Estado de Direito. Mas nós só vamos medir o que é *confisco* a partir do conhecimento daquilo que é *capacidade econômica*. Todos estes princípios, que são limitações constitucionais ao poder de tributar, iluminam, sem dúvida alguma, as contribuições. Mas isso não é suficiente, no Estado Democrático de Direito. A *justiça* tem que espelhar tudo isso em termos de Estado de Direito e mais em termos de justiça, não só retrospectiva para trás como prospectiva, na proteção da confiança. A *justiça* significa apenas aplicar a segurança, a capacidade contributiva, no conceito do justo na forma comparativa. *Justiça* sempre foi, classicamente, conceder o mesmo tratamento aos equivalentes ou aos iguais, ou seja, dar tratamento tributário equivalente, igual, aos iguais. Portanto, a *justiça* supõe a *segurança*, mas supõe um *plus*, a idéia dos justos, supõe a comparação entre as pessoas equivalentes, de igual capacidade econômica, e o tratamento equivalente. Como o que é "justo" oscila ao longo do tempo, nós sabemos disso, alguns grandes filósofos contemporâneos, como Luhmann, sempre dizem que o Direito é, na sua essência, o atendimento às expectativas, porque nós formamos, do ponto de vista cultural, aquilo que consideramos o justo, e temos expectativas de que essa justiça seja atendida. Então, o Direito, na sua essência, é, ao mesmo tempo, segurança e consolidação das nossas expectativas. Trair estas expectativas é trair o próprio Direito.

Neste evento, que é um evento em homenagem a Geraldo Ataliba, eu não poderia deixar de colocar algo teórico que não fosse uma homenagem a Geraldo Ataliba, e lamentando a falta que esse ilustre Jurista nos faz há mais de uma década. Realmente, Geraldo Ataliba, apesar da prática brasileira, apesar de ter vivido muito tempo da sua vida profissional ainda no período da Ditadura Militar, nunca perdeu a fé e nem a crença nos valores da Constituição. Usou a lógica material e a metodológica no ponto certo, ou seja, desenhou as normas, a regra-matriz das contribuições, de modo que elas espelhassem esses grandes princípios e valores.

Se nós acreditamos nos valores constitucionais, se nós acreditamos que as promessas do legislador têm que ser cumpridas, se nós acreditamos em Federação e Estado Democrático de Direito, isso se reflete na nossa lógica e na nossa metodológica. A lógica material e a metodologia não são estranhas ao objeto, mas inerentes à sua natureza.

Ao conceito de Hans Kelsen, segundo o qual "fazer igualdade ou justiça" era simplesmente aplicar corretamente a norma, porque a norma, sendo abstrata e geral, aplica-se a todos igualmente, respondeu Norberto Bobbio, com toda razão, na mesma linha de Geraldo Ataliba, que, "ao contrário, trata-se do inverso, a norma é abstrata e geral porque devemos dar o tratamento equivalente aos iguais". Assim, não podemos inverter nossos valores.

Geraldo Ataliba nunca aceitou que a contabilidade – apesar de respeitar os contadores, apesar de respeitar a Ciência Contábil – dissesse o que é o imposto sobre a renda. De jeito algum! Por isso que ele não admitia esse raciocínio. A contabilidade é que deve ser feita de modo a retratar as contas como manda a Constituição. O que é acréscimo patrimonial tem que se refletir por meio da contabilidade, não o inverso.

Desses ensinamentos não nos podemos esquecer jamais. E, portanto, se acreditamos nisso, de fato, o modelo que temos de lógica deôntica, e lógica material nas contribuições, reflete apenas o modelo em que, no nosso consciente ou inconsciente, de fato, acreditamos. Nós não acreditamos em justiça. Nós não acreditamos, na verdade, em Estado de Direito. Nós não acreditamos na proteção da confiança. Nós não acreditamos nas promessas do legislador.

Por isso, a norma, a regra-matriz, das contribuições tem, de acordo com nossos tribunais, o seguinte modelo: *Hipótese de incidência*, um pressuposto qualquer que o legislador federal queira eleger. Provavelmente, como ele é racional, ele vai eleger um pressuposto que seja indício de capacidade econômica, porque é difícil "tirar leite de pedra". Só por isto. *Conseqüência*, deve ser adaptada, dever ser instrumental a canalizar recursos para o Estado, com o seguinte artifício, que Geraldo Ataliba sempre criticou: o legislador coloca na norma que cria tal contribuição uma *finalidade* prevista na Constituição, mas como *causa final*, estranha à estrutura da norma tributária, mera destinação do produto arrecadado. Estamos dentro do império daquilo que o art. 4º do CTN efetivamente quis repelir.

Isso é que funciona, na realidade. A norma que vigora entre nós, a regra-matriz que é aplicada pela União e pelo Poder Judiciário, é esta, quando não deveria ser. Se Geraldo Ataliba estivesse aqui, ele diria: "Por que devemos nos perguntar se a lógica é que nos envia a esse destino?". Ou: "Nós devemos perguntar o contrário, existe federalismo? Existe Estado de Direito? Existe proteção da confiança? Existe segurança jurídica? As promessas são para serem cumpridas ou não são?" – aí, sim, aí vem a nossa lógica e a metodológica; ou seja, quando nós dizemos que o direito tributário nada tem a ver com isso, funcionamos com uma lógica coerente, com nossa crença e com nosso estudo.

Então, o que diz a Constituição é que as contribuições nascem para custear a atuação da União nas respectivas áreas, mas não exigimos que essa atuação ocorra, nem como finalidade, porque – diriam alguns – isto está fora do direito tributário, isto é coisa, lá, do direito orçamentário. Há um movimento nacional para se dar efetividade ao direito orçamentário; ao mesmo tempo em que há esse movimento, ele se anula, porque estão a exigir que passem quatro anos ligados ao plano plurianual, que tem a duração de quatro anos, para verificarmos se efetivamente o Estado praticou aqueles atos de intervenção que ele prometeu praticar.

Isso não é, para nós, pressuposto. Isso é uma coisa, lá, do direito orçamentário. Então, o direito tributário pode funcionar assim, sem proteção da confiança, sem obediência às promessas do legislador e da Constituição. A norma tributária não funciona porque não a tornamos efetiva, porque nós nos subordinamos a uma lógica que é resquício dos tempos autoritários.

Geraldo Ataliba não. Ele criou uma teoria dos tributos vinculados e não-vinculados, e colocou já na contribuição de melhoria uma circunstância intermediária que era a atuação do Estado, a obra pública, e disse, nas últimas obras, em que reformulou seu entendimento: "A verdadeira contribuição tem que ter como pressuposto a atuação do Estado" – ou seja, no mínimo, deveríamos exigir ano a ano, para consolidar uma cobrança qualquer, a demonstração dos programas em que foram aplicados os recursos das CIDEs, para que se legitimassem. Isso é pressuposto. Isso deveria ser ordem constitucional.

Então, estamos, ainda, com resquício de uma lógica que se sobrepõe aos nossos valores materiais, porque não acreditamos neles, não temos noção de justiça prospectiva. O Brasil não tem noção de justiça prospectiva. E eu mesma, digo aos Srs., estou me incluindo nisso. Não estou querendo acusar ninguém, mas não adianta trabalharmos, não esperem tirar da lógica e da metodológica o que elas não podem dar. Não esperem tirar da lógica e da metodológica, que estão a serviço do objeto e da natureza do objeto, o que não colocamos nelas.

Nós estamos a nos esquecer das lições de Geraldo Ataliba. Concluindo, primeiro, não podemos continuar a trabalhar com a ausência de noção de *justiça prospectiva*, ou seja, o *direito a adquirir direitos*. *Justiça* não é tratar igualmente os iguais. Isto é também, mas não é suficiente. Isto chama-se *justiça regressiva, retrospectiva*. A *justiça*, num determinado momento, deve incorporar e considerar iguais aqueles que têm os mesmos direitos adquiridos, aqueles que realizaram os mesmo atos, os mesmos fatos, mas nós sabemos que *justiça* não é apenas isso. Vários dos nossos direitos e dos tributos a pagar são formados ao longo do tempo. O imposto de renda é um tributo de período. Por isso, como não temos noção de *justiça prospectiva*, até hoje temos dificuldade em saber a lei aplicável ao imposto sobre a renda, porque, depois de derrubar uma súmula que manda aplicar ao imposto de renda a lei que estiver em vigor no ano do lançamento – súmula francamente retroativa –, o STF, que também não tem noção de *justiça prospectiva*, justiça para frente ao longo do tempo, está a ressuscitar a súmula evidentemente retroativa.

Então, todas as vezes que nossos direitos, que se formam ao longo do tempo, estão no meio do caminho, porque ainda não se completaram todos os requisitos exigíveis, não temos o direito adquirido, mas às vezes simples expectativa de direito. Não obstante, em razão do longo tempo já decorrido, podemos ter um forte *direito a adquirir direitos*, no dizer de Pontes de Miranda - direito que sumariamente desconhecemos. Ou seja, traímos a confiança: o legislador pode trair a confiança de quem quiser aqui em nosso país, já que não conseguimos reconhecer os direitos transitórios. O legislador inventa contribuição previdenciária para quem já se aposentou. Ele muda o Estatuto do Servidor Público na hora que ele quiser, mesmo para aqueles que estão na beira da aposentadoria, mesmo para aqueles que modelaram sua vida acreditando nas promessas do legislador, mesmo para aqueles que estão na Previdência Social prestes a se aposentar há mais de 20 ou 30 anos. Ora, isso não ocorreria nos países mais evoluídos, como se dá na Europa, que aplica o chamado "direito transitório".

Então, o direito de transitoriedade é fundamental para qualquer mudança constitucional, assim como o direito do planejamento. Os planejamentos obrigam. A palavra do legislador obriga. É fundamental que passemos a acreditar nisso e trabalhemos a nós mesmos. Então, não acreditamos na verdade, na boa-fé legítima, não somos leais no tempo, não somos fiéis, não temos memória de fidelidade alguma, tanto no plano pessoal – é cultura nacional – como no direito público. O Estado não paga precatório, e daí? Ele desvia fundo, é daí? Recentemente ele fundiu toda a receita da Previdência Social, como? A receita é única do Tesouro, e daí? Somos assim mesmo. Nós precisamos, se quisermos ter uma outra observância da norma constitucional, temos que passar a confiar, a acreditar e exigir que isso ocorra. Mas a lógica e a metodológica, a regra-matriz das contribuições, têm que refletir o que nós queremos que reflita. Na verdade, nós usamos uma lógica e uma metodológica anteriores com as quais Geraldo Ataliba, logo depois do advento da Constituição de 1988, não trabalhava mais. Ele usou o modelo das contribuições de melhoria, a circunstância intermediária, e passou a exigir aquela circunstância intermediária no pressuposto das contribuições. Certo ou errado, ele entendeu e ele acreditou de verdade, ele queria que isso fosse efetivo. Mas nós, não; esquecemos destas lições básicas. A nossa norma é a seguinte: é um juízo hipotético, abstrato, cuja hipótese de incidência para as contribuições é o fato qualquer que o legislador federal quiser eleger. Basta que ele diga "Isto é uma contribuição" – porque ele manda aplicar os recursos em uma finalidade (ainda que essa aplicação não ocorra). E é com esse modelo normativo que funciona o direito tributário, modelo que nos deixa perplexos.

Há uma obra muito interessante de Althusser sobre essa questão. Implantado o Comunismo na União Soviética, sobreviveram formas anteriores, do ponto de vista religioso. Mesmo regime político tão forte quanto o Comunismo não conseguiu espantar toda a estrutura que no inconsciente daquele povo ainda sobreviveu, do ponto de vista lógico. É preciso, portanto, que façamos um trabalho em nós mesmos para espantarmos os resquícios da era autoritária, para entendermos que, se acreditamos na Constituição, se esse modelo tem que ser implantado, a lógica e a metodológica têm que servir para isso.

Para terminar, gostaria de citar Niklas Luhmann, em homenagem a Geraldo Ataliba, que soube fazer tão bem essa modelação. Ele colocou tão bem aquilo que é fundamental ao direito tributário. Jamais se curvou às regras da contabilidade, muito menos da lógica e da metodológica. Elas, sim, deveriam servir aos grandes valores constitucionais. Diz Luhmann: "Mostrar confiança é antecipar o futuro. É comportar-se como se o futuro fosse certo. Poder-se-ia dizer que, por meio da confiança, o tempo se invalida ou ao menos se invalidam as diferenças de tempo". Muito obrigada! [*Palmas*]

Presidente da Mesa (Prof. Eurico de Santi) – Muito obrigado, Profa. Misabel! Isso me fez recordar, no I Congresso do IDEPE que foi em 1992, no Cad'Oro, Prof. Eugênio Doin presidindo a Mesa, onde participavam a senhora e a Profa. Lúcia Valle Figueiredo, com o *charme* do Prof. Doin e com o charme dessas duas professoras magníficas falando. Foi um momento muito interessante, meu início de Mestrado da PUC, e foi meu primeiro contato com essa escola.

Dois avisos rápidos. Todas as palestras do Congresso estão sendo gravadas, e as fitas podem ser adquiridas logo ao final de cada palestra. Segundo aviso: por gentileza, aqueles que enviarem perguntas para a Mesa, coloquem também o *e-mail* caso, eventualmente, elas não possam ser respondidas pela Mesa. Assim os palestrantes têm condição de retornar e responder às dúvidas dos Srs.

Prof. Alcides sempre marca a todos com suas intervenções e colocações, e inicio citando um comentário que ele faz a respeito da não-cumulatividade, se ela é um princípio ou não-princípio. O Professor sempre cita que no início era o caos, e hoje em dia vivemos o caos dos princípios.

Prof. Alcides Jorge Costa, "Não-Cumulatividade: Restrições".

NÃO-CUMULATIVIDADE: RESTRIÇÕES

Prof. Alcides Jorge Costa – Aos meus companheiros de Mesa, os meus cumprimentos. Aos presentes, idem. E, com isto, passo diretamente à matéria que me foi atribuída: devo cuidar da "Não-Cumulatividade: Restrições". Estamos falando de "Contribuições" que é o título geral desta sessão.

Ao falar da não-cumulatividade em contribuições, estamos falando de PIS/COFINS. Só existe a cumulatividade em tributos plurifásicos, como, por exemplo, COFINS e PIS, que são cobrados em cada etapa da circulação econômica. Todos sabem do desastre econômico que é a cumulatividade. É objeto de atenção no mundo inteiro; e; obviamente; ela se faz sentir muito mais agudamente em países mais industrializados. É por isso que na Europa as preocupações com a não-cumulatividade – ou com a cumulatividade, melhor dizendo – iniciaram-se logo depois da I Guerra Mundial, ocasião em que foram criados vários impostos que classifico, genericamente, de "impostos de vendas", que eram plurifásicos e cumulativos.

A luta foi bastante grande, bastante demorada, à procura de um caminho que levasse à não-cumulatividade e, ao mesmo tempo, mantivesse aqueles impostos. E quem, aparentemente, conseguiu mais sucesso nessa luta foi a França, cujo modelo foi depois adotado como o melhor para permitir a harmonização fiscal da Comunidade Econômica Européia, hoje União Européia.

Sabemos que o modelo francês – refiro-me ao modelo francês para tornar mais fácil o entendimento posterior – não apareceu da noite para o dia: resultou de uma longa evolução e de uma interação entre prática e teoria. De qualquer forma, quase que a prática acabou sendo mais importante que a teoria. E foi o seguinte: logo em seguida à I Guerra, e em substituição a um imposto também plurifásico e cumulativo que havia sido criado durante a guerra – porque guerra é uma coisa muito cara –, apareceu na França a *taxe sur les chifres d'affaires*, que traduzo livremente por "imposto sobre a receita bruta", cujos efeitos cumulativos eram evidentes. Sendo a França, já, um país muito, muito industrializado àquela altura, começou a gritaria.

Para evitar a cumulatividade, começaram a ser criados os que chamamos de *impostos únicos* – ou seja, em lugar da *taxe sur le chiffre d'affaires*, certos produtos ficavam sujeitos a tributação uma vez apenas. Até que, em 1936 – e isto sempre no âmbito do ciclo industrial –, o imposto passou a ser cobrado em cada fase da industrialização, como era antigamente o IPI no Brasil, só que com suspensão do imposto, ou seja, passava do produtor "A" para o "B", deste para "C", e assim por diante, até o fim do ciclo industrial, com suspensão do imposto; esta suspensão aplicava-se apenas àquilo que ia ser utilizado como matéria-prima, produto secundário ou material de embalagem, na produção no elo seguinte.

Por fim, em 1948, em lugar de suspensão do imposto – e, aí, para atender a necessidades do Tesouro –, passou-se a adotar a cobrança do imposto em todas as fases, mas com a possibilidade de, em cada fase, o contribuinte creditar-se do que havia recebido e deduzir daquilo que havia de pagar. Apareceu aí esse pagamento – vamos dizer – parcelado. Mas sempre sobre matérias-primas, produtos secundários e material de embalagem.

Estou simplificando a história ao máximo, porque no meio do caminho iam sendo introduzidas algumas exceções permitindo outros créditos etc.; mas basicamente era isso.

Por fim, depois de muita luta, em 1954 chegou-se ao modelo atual. Era permitido o crédito de equipamento, de tudo, com o quê, realmente, se evitava a cumulatividade. E este modelo foi adotado pela Comunidade Européia e que inspirou o Brasil quando o introduziu no IPI, que naquela altura se chamava de imposto de consumo. Mas, ao introduzir isso no imposto de consumo, o Brasil realmente não copiou a última lei francesa, copiou a penúltima, ou seja, permitia apenas – como até hoje – o crédito de matérias-primas, produtos secundários e material de embalagem: é a chamada *dedução física*.

Havia também aqui no Brasil o imposto de vendas e consignações, que era altamente cumulativo: cobrava-se nas vendas em cada fase, e dos industriais, dos produtores e dos comerciantes, e tudo de uma ponta à outra do ciclo econômico.

Instituiu-se o ICM na Reforma de 1965. Mais uma vez, na hora de legislar, copiou-se o modelo da penúltima lei francesa, não da última. Até que, por fim – e eu refiro isso para melhor entendimento do que ocorreu com as contribuições –, só com a Lei Complementar 87/1996 é que foi estabelecida uma não-cumulatividade para valer. Mas a Lei Complementar 87 vem tendo vigência de partes sucessivamente adiada, de modo que o ICMS ainda carrega um bocado de cumulatividade.

E as contribuições? Parecia que, enfim, com aquela reforma de 1965, tinha sido extinta a cumulatividade no sistema tributário brasileiro. Só que, a horas tantas, isso já no período militar, alguém teve a brilhante idéia – brilhantíssima, aliás – de criar o chamado *FINSOCIAL*, que recaía sobre cada etapa e era, por isso mesmo, cumulativo. Era previsível o que ia acontecer: foi criado com uma alíquota pequena, mas era previsibilíssimo que esta alíquota iria crescer.

Na Constituição de 1988 este FINSOCIAL foi convertido em COFINS, Contribuição para o Fim Social, e passou a pertencer à arrecadação destinada à seguridade social. E, aí, sua alíquota foi aumentando, e ressuscitou o problema da cumulatividade no sistema tributário brasileiro.

Estou falando de COFINS, mas podem aplicar isto ao PIS também, porque os dois andam paralelos.

E levantou-se uma grita generalizada que demorou a ser atendida, e que acabou sendo atendida – vamos ver em que condições quando foi criada a não-cumulatividade da COFINS. E será que foi, realmente, criada a não-cumulatividade da COFINS?

Se quero atingir a não-cumulatividade, tenho dois métodos, basicamente: o do imposto sobre imposto ou o da base sobre base. No primeiro, faço como no ICMS, ou seja, o imposto pago numa fase é deduzido na outra, e assim por diante. De modo que, pelo menos teoricamente, a tributação final corresponde à aplicação da alíquota sobre o preço final de venda ao consumidor. Este é o sistema *imposto sobre imposto*. E o imposto *base sobre base*? É algo diferente. Simplesmente, na minha contabilidade, tomo os números referentes a tudo aquilo que foi utilizado na minha atividade, produção ou comércio, tomo tudo isto e deduzo aquilo que recebi de terceiros. Basicamente, é isto. E, depois, sobre a base assim computada, vou aplicar a alíquota do tributo. Os dois sistemas – base sobre base, imposto sobre imposto – apresentam algumas diferenças não-essenciais que, obviamente, o tempo não permite que sejam tratadas, aqui.

Geralmente adota-se o sistema *imposto sobre imposto*, porque o sistema *base sobre base* exige sempre a existência de uma contabilidade mais elaborada, o que sabemos não estar ao alcance de todas as empresas. E assim chegamos à não-cumulatividade da COFINS, em que se adotou um sistema meio-a-meio, meio *base sobre base* e meio *imposto sobre imposto*. Por que digo isto? Digo porque está escrito na lei, e estou me referindo à Lei 10.833/2003, está escrito na lei que esta contribuição, com incidência não-cumulativa, tem como fato gerador o faturamento mensal, assim entendido o total das receitas auferidas pela pessoa jurídica, independentemente de sua denominação ou classificação contábil – ou seja, abrange toda a receita.

No art. 3º a lei determina que, do valor da contribuição calculada mediante a aplicação da alíquota à base de cálculo, devem ser descontados os créditos determinados pela aplicação da mesma alíquota a bens, serviços etc. constantes de uma série de itens (nove, exatamente) que enumera, e que vão desde mercadorias adquiridas para revenda até bens recebidos em devolução.

No ICMS e no IPI, nos quais há um método *imposto sobre imposto* puro, o contribuinte credita-se do tributo que recaiu sobre as operações de aquisição de insumos, de equipamento, e debita-se do imposto que recai sobre as operações de venda que efetua. O que recolhe aos cofres públicos é a diferença entre débitos e créditos. O método não seria utilizável no cálculo da COFINS e do PIS porque a base de cálculo destes tributos é a receita bruta, que abrange diversos itens, tais como receitas financeiras e de aluguéis. Assim, na apuração dos créditos não haveria como saber quais os relativos, por exemplo, a juros e aluguéis pagos, dado que estes são tributados em bloco, como integrantes da receita bruta da pessoa jurídica que os recebe. Assim, o que a Lei 10.833/2003 faz é utilizar-se de um método misto: o contribuinte aplica a alíquota à soma dos insumos, equipamentos etc. que recebe e debita-se da contribuição incidente sobre sua receita bruta. Há, pois, uma combinação do método *imposto sobre imposto* com o *base sobre base*.

Falo em "imposto sobre imposto" por se tratar da expressão habitualmente utilizada, embora devesse, com mais propriedade, falar, no caso, em "tributo sobre tributo", ou em "contribuição sobre contribuição". Neste ponto, quero salientar que o Código Tributário Nacional não menciona "contribuição" como espécie do gênero "tributo". Na ocasião, a Comissão que o reviu entendeu que todas as contribuições eram redutíveis à espécie "imposto" ou à espécie "taxa", não sendo necessária uma terceira espécie, ou melhor, reduzindo a espécie à contribuição de melhoria. As Constituições posteriores à Emenda Constitucional 18/1965, entretanto, sempre referiram as contribuições, além da de melhoria, subdividindo-as em três subespécies – a saber: sociais, de intervenção no domínio econômico e de interesse de categorias econômicas e profissionais –, reguladas por normas constitucionais não-coincidentes em parte das aplicáveis aos impostos. Entendo, por tudo isso, que as contribuições são categorias dogmáticas que se caracterizam, constitucionalmente, por sua finalidade, e não pelas hipóteses de incidência. A exceção é constituída pelas contribuições para a seguridade social, cujas hipóteses de incidência estão previstas na Constituição.

Isto posto, volto à COFINS. O que já foi dito permite concluir que esta contribuição, tal como configurada, não é totalmente não-cumulativa, por duas razões. A primeira é que a lei conservou o método cumulativo para vários ramos de atividade e para várias categorias de contribuintes, como as pessoas jurídica sujeitas ao imposto de renda pelo lucro presumido ou as optantes pelo SIMPLES. A segunda é que, mesmo em relação aos contribuintes incluídos no regime dito não-cumulativo, ainda há cumulatividade, dado que os créditos não se estendem a tudo.

A Lei 10.833/2003 merece também uma crítica pela complexidade que sua aplicação significa, tal o número de remissões que nela se fazem a outras leis e a posições da Nomenclatura Comum do MERCOSUL. Isto para não falar em remissões a outros dispositivos da própria lei, servindo de exemplo o art. 13, que diz: "O aproveitamento de crédito na forma do § 4º do art. 3º, do art. 4º e dos §§ 1º e 2º do art. 6º, bem como do § 2º e inciso II do § 4º e § 5º do art. 12, não ensejará atualização monetária ou incidência de juros sobre os respectivos valores".

Voltando ao título dado pelo programa deste Congresso – "Não-Cumulatividade: Restrições" –, pode-se dizer que a não-cumulatividade da COFINS é limitada, vale dizer, esta contribuição guarda, ainda, uma grande cumulatividade.

O que se falou da COFINS aplica-se à contribuição para o PIS/PASEP.

Para terminar, saliento que falei da cumulatividade e da não-cumulatividade que ocorre dentro da COFINS. Há contribuições de intervenção no domínio econômico, mas são monofásicas – o que, por princípio, exclui a cumulatividade interna em cada uma delas. Sobre a cumulatividade do sistema tributário haveria considerações a fazer, mas que fogem ao objeto desta nossa conversa e que demandariam tempo.

Era isto o que tinha a dizer. Muito obrigado! [*Palmas*]

PRESIDENTE DA MESA (PROF. EURICO DE SANTI) – "Contribuições de Intervenção no Domínio Econômico", Prof. Osíris.

CONTRIBUIÇÕES DE INTERVENÇÃO NO DOMÍNIO ECONÔMICO (CIDEs)

PROF. OSÍRIS DE AZEVEDO LOPES FILHO – Interessante: ontem, vendo a palestra do Prof. Ataliba, exibida em vídeo, vi que ele, ao iniciá-la, começou a se preparar fumando, e eu estou num estado de tosse que sei ser impeditivo do fumo. Espero superar os 20 minutos de exposição, com que a Presidência me honrou, sem tossir, pois não irei fumar.

Mas, já que começo com problema de saúde... É de se definir as contribuições em geral, as chamadas "contribuições especiais", como a panacéia arrecadatória desse país, utilizadas pelo governo Fernando Henrique e agora, em exacerbação, pelo governo "Lulábia" da Silva. Ainda que se fale muito, na imprensa, em *imposto*, as contribuições – não só interventivas, mas também as securitárias, as sociais e as corporativas – correspondem, no mínimo, a 70% da arrecadação federal. O que é significativo no país, em termos de financiamento, via tributos, do aparelho estatal são as contribuições.

E há todo um esforço, principalmente dos tributaristas, dos constitucionalistas, para tentar conter ou disciplinar as contribuições, com base na Constituição. Mas esse trabalho de manejar a Constituição tem sido muito orientado para as regras jurídicas, e essa Constituição é fundamentalmente Constituição principiológica. As normas jurídicas são de dois tipos, os princípios, muito desprestigiados pela formação kelseniana, que inspira forte corrente do direito tributário – vale, para essa corrente, a norma que tem sanção, e as normas jurídicas em geral. Mas a abrangência do princípio é muito maior, não joga com a regra do "sim ou não" da norma jurídica isolada. Vejo, para solucionar o problema da tentativa de conter essa fúria arrecadatória da União, voltar à valorização da Federação. Como é o federalismo fiscal nesse país, como é que foi concebido? Primeiro, influenciado pelo federalismo americano: dar competência tributária potente a cada ente público para se financiar. A Constituição que realmente mais progrediu nesse sentido foi a de 1988. Só imaginar o ICMS, como produto da fusão de seis tributos anteriores, mostra que a idéia foi valorizar não diria a periferia, mas toda a estrutura organizatória da nossa Federação.

A utilização das contribuições pela União, instituindo várias novas modalidades desse tributo, mostra uma deslealdade com o modelo federativo, que é ponto básico do Estado Democrático Brasileiro. A União é desleal com o modelo federativo, posto que exacerba a criação de novas fontes de financiamento tributário, por meio da instituição de contribuições.

Cria-se contribuição exatamente para não dividir o produto da sua arrecadação com os Estados e Municípios. Além disso, ela provoca a "guerra fiscal". A verdadeira "guerra fiscal" não é atrito de Goiás com Distrito Federal, Bahia com Rio Grande do Sul, em torno da instalação da Ford, há alguns anos atrás. A verdadeira "guerra fiscal" é a União invadir as bases econômicas ou o que se chama de *materialidade tributária* dos Estados e dos Municípios, como falou a Dra. Misabel, há pouco. Essa é que é a "guerra", com a carga tributária em 38% do PIB, ela é indutora à evasão, porque o objetivo fundamental de qualquer ser vivo – e a empresa é um ser vivo – é sobreviver, continuar a existir. E, para continuar a existir, o meio é deixar de pagar o tributo devido, em *evasão* ***light*** ou praticando-se um crime – a *sonegação* – ou, ou sendo mais astucioso, fazendo a *elisão tributária*. Tais comportamentos estão em expansão. A necessidade é criativa. Carga tributária elevada é indutora à evasão, sonegação e elisão.

Parece-me que o art. 145, § 1º, da CF merece uma interpretação que não privilegie a literalidade. Com base em tal dispositivo surgiu o entendimento de que a *capacidade contributiva* é medida para a graduação em caráter exclusivo para os impostos. A ênfase da vinculação da aptidão para suportar o fardo tributário, embora tenha sido realizada no texto constitucional citado como pertinente aos impostos, não a exclui como elemento inerente a todos os tributos, posto que eles necessariamente deverão, no ponto de vista do sujeito passivo, ter aferidos o grau de sua intensidade e a possibilidade de serem suportados.

A materialidade da incidência das contribuições, de uma forma geral, tem sido a mesma ou próxima à dos impostos, a que elas se assemelham. A distinção efetiva ocorre quanto à finalidade. Enquanto nos impostos impera a regra fixada no art. 167, IV, da sua não-afetação a órgão, fundo ou despesa, como norma geral, as contribuições estão vinculadas a uma destinação determinada, aí residindo uma característica identificadora específica de tais tributos. Pelo menos, era o que os distinguia antes das Emendas Constitucionais instituidoras do Fundo Social de Emergência, rebatizado de Fundo de Estabilização Fiscal, e atualmente recauchutado como Desvinculação das Receitas da União – DRU.

Em face desse desvio de 20% do produto da sua arrecadação, que tais desvinculações acarretaram, ocorreu, por disposição constitucional, alteração do direcionamento dos recursos arrecadados a título de contribuição.

Pelo menos parcialmente, deu-se-lhes a destinação típica dos impostos – atender à necessidade de cobrir as despesas públicas previstas no Orçamento.

Há na tecnocracia uma permanente inconformidade em cumprir a Constituição. Já se fala em elevar a DRU para 40% do montante arrecadado dos impostos e das contribuições. É o método da mutação gradualista e lenta. Mas voraz. Ano que vem, ano de eleições gerais, pode ser que não seja factível realizar essa elevação descaracterizadora da finalidade das contribuições, pois ficaria muito exposto o Governo que realizasse tal alteração em época eleitoral, quando se sabe que tais recursos desviados de sua finalidade vão compor o *superávit primário*, montante de recursos destinados ao pagamento da dívida pública mobiliária do país.

Em verdade, afora o desvio de recursos já mencionado, a CIDE relativa às atividades de importação ou comercialização de petróleo, gás natural e seus derivados e álcool combustível, prevista na Emenda Constitucional 33/2001, no primeiro ano da vigência da sua lei instituidora, a Lei 10.336/2001, teve desvio de aplicação em relação aos fins previstos na citada Emenda Constitucional que a previu.

Nessa linha de desvios de finalidade, a comprometer a legalidade da contribuição interventiva, é de se citar, como caso de inobservância do disciplinamento respectivo, a Lei 9.998, de 17.8.2001, que cria o Fundo de Universalização dos Serviços de Telecomunicações – FUST, financiado por contribuição interventiva destinada a cobrir "o custo exclusivamente atribuível ao cumprimento das obrigações da universalização dos serviços de telecomunicações, que não possa ser recuperado com a exploração eficiente do sistema".

Em breve a arrecadação dessa contribuição chegará ao acumulado de 4 bilhões de Reais, que não foram aplicados na finalidade prevista na lei instituidora. Tributo interventivo sem aplicação interventora.

As CIDEs têm-se constituído em instrumento eficaz para aumentar a arrecadação federal, faltando-lhes, entretanto, a observância da finalidade interventiva.

Por outro lado, há, inegavelmente, função arrecadadora na manipulação dessas contribuições, para fornecer recursos ao Tesouro Federal, desencontrada da finalidade, vocação e fundamento das contribuições.

E há quebra da harmonia e interdependência entre os componentes da Federação, que devem orientar a existência do federalismo fiscal, como inscrito na atual Constituição.

Com efeito, o modelo adotado no Brasil não se baseia apenas na outorga de competência para a instituição de tributos poderosos, a cada ente federado, para prover os recursos tributários de que necessita para cumprir suas atribuições.

Se, no ponto de vista jurídico e político, há igualdade, atribuída pela Constituição, entre os entes federados, é no exercício do poder de tributar que se revela a fragilidade desse mecanismo de sustentação financeira, dada a heterogenia dos Estados-membros e Municípios entre si. Há Estados e Municípios desenvolvidos e outros subdesenvolvidos.

Para melhorar a distribuição de renda regional e local, foi instituída a participação de alguns entes no produto da arrecadação de impostos da competência de outro ente. É o caso dos Fundos de Participação dos Estados e dos Municípios, com partilha dos recursos do imposto de renda e do IPI. Trata-se de receita tributária transferida após sua realização como arrecadação.

Todavia, para dar maior segurança e rapidez à participação nos recursos tributários, foi atribuída a titularidade direta no produto da arrecadação de certos impostos. Vale dizer, o imposto é da competência de um ente, entretanto outro ente tem como receita própria parte da arrecadação, quando ela é gerada. A arrecadação na sua origem já pertence a terceiro ente, como receita própria, distinto do titular da competência. É o que ocorre com o imposto de renda retido na fonte, nos pagamentos feitos pelos Estados e Municípios, suas autarquias e fundações, a terceiros; 25% da arrecadação do ICMS pertencem aos Municípios; 50% da arrecadação do IPVA pertencem aos Municípios.

Este modelo de financiamento equilibrado dos entes federados tem perdido atualidade. A União, mediante as contribuições especiais, desbalançou a harmonia financeira do sistema e tem promovido uma "guerra fiscal" cruel contra a periferia do Estado Nacional, vitimando também, pelo seu apetite voraz, o padecente tributário, cujos bolsos são extorquidos pelos seus tributos. As contribuições, incidindo sobre a mesma base econômica dos impostos, representam mais de 70% da arrecadação federal, não sendo objeto de partilha. Há extrema centralização do produto da arrecadação dessas contribuições, em detrimento dos Estados e Municípios.

O conjunto de materialidades suscetíveis de acolherem a aplicação das contribuições é amplíssimo. Em verdade, entre as variáveis econômicas adequadas à incidência tributária, apenas a *propriedade* restou fora do elenco de incidência das contribuições.

A lealdade que deve presidir as relações entre os entes componentes da Federação não pode permitir se utilize o argumento de que não há limitações rígidas ao poder de tributar em matéria de contribuições. Tendo as contribuições a mesma ou semelhante materialidade econômica dos impostos, de se aplicar a elas as mesmas regras pertinentes aos impostos, mormente em relação ao pacto federativo e ao respeito à capacidade contributiva, que tem sido vulnerada pela excessiva concentração de contribuições baseadas no faturamento e na receita bruta das empresas, onerando o processo econômico, pelo simples operar das empresas, sem considerar resultados de natureza econômica mais razoáveis para suportar incidência tributária, como o lucro e a criação de valor agregado.

Há que impor limites à expansão das contribuições, em razão do equilíbrio federativo e do respeito à capacidade contributiva. É o que se espera que ocorra. [*Palmas*]

Presidente da Mesa (Prof. Eurico de Santi) – Ao Prof. Osíris, muito obrigado! O Prof. Estevão escreveu na Livre-Docência sobre não-confisco, e é interessante ele verificar aqui, na relação entre os tributantes e contribuintes, eu penso em não-confisco mas, ao mesmo tempo, o aumento da tributação pode implicar também em razão da competência tributária, como acontece com a União em relação aos Estados e Municípios, configurando não simplesmente uma análise econômica, mas um fato econômico que pode ser juridicizado até para conter esse avanço.

Passo, então, para o Prof. Estevão, que vai cuidar justamente desse tema interessante que é o "Desvio do Produto da Arrecadação: Efeitos". Prof. Estevão Horvath!

DESVINCULAÇÃO DO PRODUTO DA ARRECADAÇÃO: EFEITOS

PROF. ESTEVÃO HORVATH – Boa tarde a todos! Cumprimento os meus Colegas de Mesa, na pessoa do Prof. Eurico de Santi.

É difícil falar sobre as contribuições depois de todos esses excelentes juristas que me antecederam. Não é tema por si só muito fácil no direito tributário, para não dizer que é dos mais intrincados. De qualquer forma, o que tenho para dizer, talvez pudesse fazê-lo em cinco minutos. Vou lembrar o Prof. Geraldo Ataliba: dentre as várias lições que extraí do pouco convívio que tive com ele e também de outras que foram relembradas pelos Colegas que começaram a conviver com ele antes, uma das coisas que ele também dizia: "É bom insistir no óbvio, porque o óbvio muitas vezes pode não parecer óbvio para muita gente". Como para mim é absolutamente óbvio que desvincular o produto da arrecadação da contribuição descaracteriza a própria contribuição, torna-se difícil justificar isso, justamente por ser tão óbvio. Eu vislumbro as contribuições como uma espécie tributária diferente (não vou entrar em detalhes, aqui), diferentes dos impostos, das taxas, por exemplo; elas têm um regime diferente, nem que seja pelo fato de o produto da sua arrecadação ser afetado e também pelo fato de elas só poderem ser cobradas na presença de uma determinada finalidade.

Alguns as chamam de tributo finalístico, outros, de vinculação finalística. Seja lá como for, parece-me claro que naquela classificação tributária que a Constituição de 1988 fez ela projetou – como dizia Giannini – "uma sombra da Ciência das Finanças". E com o tempo isso está parecendo mais claro; com os estudos que estão sendo feitos a respeito das espécies tributárias, especialmente no que já se escreveu recentemente sobre as contribuições, pelo menos eu tenho visto isso de forma mais clara.

É com os impostos que as contribuições são normalmente mais identificadas; alguns até as chamam de "impostos com destinação específica". Aliás, esta expressão parece-me muito útil do ponto de vista didático: a expressão "imposto com destinação específica" é a que melhor explica as contribuições em geral. Por que eu digo só "didático"? Porque, no meu modo de ver, *data venia* de quem assim as denomina, tecnicamente é inapropriado. Primeiro porque, conforme penso, a contribuição não é imposto; e segundo: se for imposto, não pode, por disposição constitucional proibitória, ter destinação específica (art. 167).

Mas o fenômeno que acontece normalmente é esse. O que acontece? O legislador da União escolhe o fato que seria de um imposto e atribui uma destinação específica. Uma destinação específica que eu diria *obrigatória*. Isto eu passei a pensar desde o primeiro momento em que a Profa. Misabel Derzi, há muito tempo atrás, logo depois da Constituição de 1988, escrevendo sobre as contribuições, criou uma frase muito significativa, e que eu utilizo sempre, até hoje, que é: as contribuições têm uma *parafiscalidade obrigatória*, constitucionalmente obrigatória. Isso significa que, além da delegação da capacidade tributária ativa para outra pessoa que não a própria União, já está implícito nisso que ela (a contribuição) é cobrada para alguma determinada finalidade, e, por isso mesmo, o produto da sua arrecadação tem que ser destinado a cumprir essa finalidade. Então, as duas características principais – aliás, eu diria que são duas absolutamente imbricadas – das contribuições são sua *finalidade* e o *destino do produto da arrecadação*.

Para a instituição de impostos bastam a competência constitucionalmente outorgada para cada uma das pessoas políticas e a manifestação de vontade política do legislador de cada uma das esferas da Federação – isto eu acho que é bastante evidente. Nas contribuições existe um *momento prévio*, não basta a manifestação de vontade política, a manifestação de vontade política só pode acontecer desde que presente uma determinada finalidade constitucionalmente escolhida. Porque finalidades sociais, finalidades de intervenção do domínio econômico, finalidades corporativas, é opção política, mas é juridicamente o que existe hoje. Então, não podem existir contribuições? Obviamente que sim. O art. 149 da CF assim o diz, *desde que seja para perseguir finalidades específicas*. Assim sendo, o que aconteceu, no meu modo de ver, para provocar a existência dessas contribuições? Seguramente sucedeu que o Estado passou a interferir, a intervir, na sociedade de maneira mais forte, e os recursos então existentes ordinariamente não eram mais suficientes. Então, houve necessidade de se conseguir fontes novas de recursos, o que se deu por meio das contribuições. Isto significa que o legislador só está autorizado a cobrar as contribuições porque existem certas finalidades que o Constituinte escolheu. Ao mesmo tempo em que escolheu essas finalidades, ele já reconheceu que era função e dever do Estado atuar, mas ao mesmo tempo reconheceu que o Estado não teria recursos suficientes para fazer isso. E, portanto, permitiu que se cobrassem contribuições.

Isto me parece que está, até, didaticamente colocado no art. 195, quando trata das contribuições para a seguridade social, ao dizer que "a seguridade social será financiada por toda a sociedade, de forma direta e indireta, nos termos da lei, mediante recursos provenientes dos orçamentos da União, dos Estados, do Distrito Federal e dos Municípios, e das seguintes contribuições sociais: (...)" – ou seja, todo o dinheiro público tem que servir para perseguir essa finalidade, que é uma atuação do Estado, em última análise; mas, reconhecendo que esses recursos ordinários, que servem para outras coisas também, não seriam suficientes, permitiu que se cobrasse uma remuneração à qual ele denominou "contribuições". Estas não necessariamente – parece-me – precisam ter as mesmas características da contribuição especial, que a doutrina refere; podem ter todas as características, podem ter algumas. A única contribuição especial de verdade talvez seja a de melhoria.

Seja como for, algumas características básicas, alguns fundamentais pressupostos existem previstos na Constituição, expressos implicitamente em vários momentos no que se refere às contribuições. O primeiro deles, como eu já disse, é a *finalidade*. Eu diria que existe uma regra de competência que diz: "Dada a presença de tal finalidade – por exemplo, a necessidade de o Estado intervir em determinado setor da economia –, então, pode-se cobrar uma contribuição". Para mim, aí se chega ao ponto óbvio: se é verdadeira esta premissa de que, havendo essa finalidade, o Estado pode cobrar uma contribuição, parece que o produto da arrecadação dessa contribuição somente pode ir para fazer frente a essa finalidade, senão não é contribuição; não adianta chamar de "contribuição", podia chamar de qualquer outra coisa.

No Brasil, no mínimo estas características das clássicas contribuições especiais (ou "tributos" especiais da doutrina estrangeira) têm que estar presentes nas três grandes espécies de contribuições previstas no art. 149, tanto para as interventivas quanto para as sociais e as de interesses corporativos.

E aqui chego a um outro ponto que também foi tocado pela Profa. Misabel, de uma certa maneira, que eu colocaria em outras palavras, que é o elo de ligação, ou não, entre o chamado direito tributário e o direito financeiro. É muito comum nós ouvirmos dizer, e lermos nos juristas clássicos, que o direito tributário termina no momento da arrecadação de tributo. O que é feito com a arrecadação de tributo é outro problema, como se fosse um outro planeta.

Acho que isso foi muito importante, esta observação, desde a criação do tributo até sua arrecadação é objeto de estudo da Ciência do Direito Tributário. Isto foi de extrema relevância numa determinada época para afirmar bem o conceito, a definição, de "tributo" do direito positivo. E isso continua sendo verdade, só que com uma nova dose de interpretação voltada à realidade. Nós separamos – isso é lição, entre outros, do Prof. Geraldo Ataliba – os ramos do Direito somente para efeitos didáticos; o Direito é uma coisa só, ele é único e incindível, e só pode ser separado em ramos para estudar melhor aquele determinado ramo.

Para certos tributos a destinação do produto de arrecadação passou a ter relevância. Para o empréstimo compulsório, por exemplo – lembrou o Prof. Osíris –, a Constituição diz expressamente que o produto da arrecadação tem que ir para fazer frente às razões que motivaram sua cobrança. Outro tanto acontece com as contribuições. Então, evidentemente, este é um dado importantíssimo, jurídico, qual seja, a vinculação absoluta da arrecadação à finalidade para qual as contribuições foram cobradas. Se não, em primeiro lugar, não haveria legitimidade do Estado para cobrar as contribuições.

Em outras palavras, eu diria que a competência para cobrar contribuição só tem cabimento desde que seja para cumprir uma finalidade também constitucionalmente prevista. Claro, é um outro mundo, um outro universo de cogitações, estudarmos, por exemplo, o que é "domínio econômico" e o que é "domínio econômico passível de intervenção" e que propicia a cobrança de uma contribuição interventiva. Isso é um outro assunto.

Mas o fato é: a competência da União para criar contribuição só acontece se existir o cumprimento da finalidade, em primeiro lugar – e eu diria: a finalidade pressupõe a destinação. Se não há destinação, deixa de existir a competência. Inexistindo a competência, não se pode ser obrigado a pagar; pagando-se, obviamente, deve ser repetição do indébito – outro óbvio, para mim. "Ah! Mas isso é direito financeiro, é o orçamento que vai dizer como é que vai fazer". O Prof. Alcides Jorge Costa, agora, neste pequeno intervalo entre uma palestra e outra, comentou acerca da progressividade do imposto de renda, e chamou a atenção, em pouquíssimas palavras, com a objetividade que lhe é peculiar, para um detalhe importante. A gente se preocupa muito com a progressividade do imposto de renda. De que adiantaria o imposto de renda ser mais progressivo do que ele não é – vamos dizer assim –, se os recursos arrecadados pelo imposto de renda são aplicados pelo Estado atual em benefício daqueles que têm maior renda, por exemplo? É dizer: não dá para separar mais – se é que isso foi possível tempos atrás – o problema da entrada de dinheiro da questão dos gastos públicos. Ou, então, se não era assim antes, ou se não se enxergava assim, parece-me que não dá para ver diferente, hoje em dia. O direito tributário tem que ser visto, hoje em dia, em conjunto com o direito financeiro. Até porque a própria doutrina acaba dizendo que o direito tributário foi tirado, é uma parte do direito financeiro; então, tem que haver justiça nos ingressos e justiça nos gastos. Aliás, de uma certa maneira, a Constituição Espanhola, por exemplo, uma das mais recentes da Europa, diz isso – a conexão ingresso/gasto; e acho que estamos chegando a isso, também. E as contribuições – ainda que inconscientemente por parte do legislador constituinte de 1988 –, acho que servem para perseguir esta idéia.

O Prof. Paulo Ayres Barreto, na sua tese de Doutorado, no trabalho que foi mencionado pelo Prof. Aires Barreto ontem – justamente sobre a destinação do produto de arrecadação das contribuições, um trabalho belíssimo, que eu não tive tempo de ler com muita calma, mas muita coisa eu li –, faz várias distinções entre o desvio da arrecadação no plano legal, a alteração da destinação depois de ela ter sido feita legalmente e o desvio no plano infralegal e no plano fático. Como eu disse, não vou entrar em grandes detalhes, até porque não teríamos tempo para tanto. Mas quero deixar patente que, seja onde for, o desvio descaracteriza a contribuição, fazendo com que a exação não constitua uma contribuição: ou é um imposto de competência residual da União (devendo obedecer, portanto, ao art. 154 da CF), ou é locupletamento ilícito do Estado, é confisco, é alguma coisa que não poderia acontecer. Se o tributo é indevidamente pago, ele gera direito à repetição. Não vou entrar em cogitação de autores que dizem, por exemplo, que, "se é indébito, não se pode falar em repetição de débito tributário, porque, se se pagou indevidamente, aquilo não era tributo". Parece-me um pouco um jogo de palavras. O fato é que, se se pagou uma quantia em dinheiro, a título de tributo, indevidamente, ela tem que ser restituída ao contribuinte. Não importa de que maneira tenha sido indevido. O princípio republicano, eu diria, já implica isto, a legalidade tributária, pela qual o Fisco só pode cobrar até aquilo que a lei determina de tributo, como também não pode deixar de cobrar até o último centavo. Da mesma forma, o contribuinte não pode deixar de pagar até o último centavo que a lei manda, e não pode pagar nenhum centavo a mais do que lei determina.

Qualquer razão que motive pagamento indevido de tributo gera direito à restituição. Não precisaria o CTN, no art. 165, por exemplo, dizer os motivos de repetição do indébito tributário. Felizmente, parece-me que ele contempla todas as possibilidades. Mas, ainda que não contemplasse, isso é um princípio constitucional implícito: pagando-se indevidamente o tributo, ou tributo que não era devido, ou não era devido naquela proporção, ele tem que ser devolvido. E outro tanto não teria por que não acontecer com relação às contribuições.

Vou citar duas frases, para dizer que alguns outros autores pensam também que a destinação deva ser exclusiva para aquela situação que lhe deu causa. Por exemplo, o Prof. carioca Aurélio Pitanga Seixas – que, embora trate de tema semelhante, o faz numa visão bastante diferente da nossa, partindo de premissas teóricas bastante diferentes daquelas com que nós estamos acostumados a lidar –, em trabalho recente publicado em obra coletiva, cujo título é "A integralidade orçamentária, contribuições", trata dessa conexão entre o Orçamento e as contribuições. Ele diz – como eu disse, numa linguagem diferente da que eu usaria: "A contribuição parafiscal, como é um imposto especial, exceção ao princípio da integralidade orçamentária, deve destinar a sua receita tributária exclusivamente à destinação extraordinária que lhe deu causa". Então, por outras vias, ele chega à mesma conclusão a que chegamos nós.

E também lembro de um acórdão proferido em um recurso extraordinário em 1998 (depois, se quiserem, eu posso até mencionar o número) com um voto – infelizmente vencido – do Min. Carlos Velloso, no qual ele diz o seguinte: "Uma ressalva é preciso ser feita: é que caso há no sistema tributário brasileiro em que a destinação do tributo diz com a legitimidade deste, e, por isso, não ocorrendo a destinação constitucional do mesmo, surge para o contribuinte o direito de não pagá-lo. Refiro-me às contribuições parafiscais, sociais, de intervenção do domínio econômico e de interesse de categorias profissionais ou econômicas (art. 149 da CF) e aos empréstimos compulsórios".

Resumidamente, eu diria: desvio de arrecadação do produto de arrecadação de contribuições é *crime de responsabilidade*, em primeiro lugar. Depois, para o contribuinte gera o *direito à repetição*. E o que nós poderíamos tentar a partir de agora – se é que ainda não estamos fazendo – é fazer com que esse voto vencido do Min.

Carlos Velloso se transforme num acórdão do Pleno da mais alta Corte, por maioria absoluta ou por unanimidade, se for possível.

Muito obrigado! [*Palmas*]

PRESIDENTE DA MESA (PROF. EURICO DE SANTI) – Obrigado, Prof. Estevão! Eu também já tinha anotado para fazer esse registro. Tive a oportunidade de ler, cuidadosamente, o trabalho do Paulo Ayres. É um trabalho muitíssimo interessante, é um trabalho que conversa com toda essa escola, com 15, 20 anos dela, retomando esses conceitos fundamentais dessa escola, que remete ao Prof. Geraldo Ataliba, que remete à Profa. Misabel Derzi, ao Prof. Estevão Horvath também. O Paulo soube subir aos ombros desses gigantes e enfrentar a questão que o Prof. Osíris comentou, defendeu que o art. 4º CTN não foi recepcionado pela Constituição, a destinação é constitucional, é obrigatória. Trabalhar nos planos comentados pelo Prof. Estevão é constitucional, emendas não podem desviar produto da arrecadação. No plano legal, se a lei desviar, a lei é ilegal; no plano infralegal menos ainda. e no caso de fáctica defende que no caso de desvio fáctico, gera assim, direito a repetição do indébito

O trabalho foi defendido na última 5ª, com nota 10.

Feito esse registro, agradeço a todos os componentes da Mesa. Declaro encerrada esta sessão, convidando todos a participar, às 13:15h, das discussões sobre as monografias. Muito obrigado! [*Palmas*]

MESA DE DEBATES "E"

ALTERAÇÕES NO CÓDIGO TRIBUTÁRIO NACIONAL E COMPENSAÇÃO

PRESIDENTE DA MESA: PROFA. SALETTE NASCIMENTO
MEMBROS DA MESA: PROF. EURICO DE SANTI,
PROF. VALDIR DE OLIVEIRA ROCHA, PROF. ROBERTO QUIROGA MOSQUERA

PRESIDENTE DA MESA (PROFA. SALETTE NASCIMENTO) – Saúdo os ilustres Componentes da Mesa, Prof. Eduardo Bottallo, Prof. Eurico de Santi, Prof. Valdir de Oliveira Rocha e Prof. Roberto Quiroga. Gostaria, primeiro, de deixar patente que muito me honra associar-me, aqui, às homenagens ao Prof. Geraldo Ataliba. Fui aluna desse grande Jurista, e ele deixou lições memoráveis, e a melhor lição que um operador do Direito poderia receber: ele nos ensinou a perquirir, valorar, os princípios informativos do direito constitucional e tributário, e isso, na verdade, é uma lição para toda a vida, que eu até hoje tenho sempre em mente.

Então, sem mais, passemos aos trabalhos de hoje. O Prof. Eurico de Santi nos brindará com uma palestra sobre a "Decadência e Prescrição em Face da Lei Complementar 118". Com a palavra o eminente Professor.

DECADÊNCIA E PRESCRIÇÃO EM FACE DA LEI COMPLEMENTAR 118

PROF. EURICO DE SANTI – Profa. Salette, muito obrigado pela gentil apresentação! Gostaria de cumprimentar também meus queridos amigos e companheiros de painel, Profs. Valdir de Oliveira Rocha, Roberto Quiroga e Eduardo Bottallo.

1. Objetivo da exposição

O tema é "Decadência e Prescrição em Face da Lei Complementar 118". Três são as questões que pretendo trabalhar nesta exposição: a primeira, relativa à idéia de *lei interpretativa*, posta pelo art. 3º da Lei Complementar 118; a segunda, sobre a procedência, ou não, do prazo de 10 anos para repetição do indébito, constituído pelo STJ, antes e depois da edição desse diploma legal; terceira, enfim, sobre como fica a tese dos 5 mais 5 anos do prazo decadencial do direito do Fisco de lançar nos tributos sujeitos ao lançamento por homologação.

A abordagem que pretendo imprimir não é opinativa nem dogmática, mas uma reflexão de fundo sobre esses temas: minha exposição busca compreender por que esse tema continua suscitando dúvidas dentro da nossa jurisprudência. Parece-me que a questão fundamental, aqui, remete à tradicional oposição entre *regras* e *princípios*.

2. O problema na argumentação com "princípios"

Há teses, aparentemente modernas, que retratam essa discussão trazendo à colação Dworkin e Alexy, mas a discussão não é nova: o primeiro texto de Dworkin trabalhando a questão dos princípios, no caso "Riggs *vs.* Palmer", surgiu em 1968, quase há 40 anos. Nessa linha, pretendo trazer alguns reflexos do uso desmedido dos princípios na argumentação da dogmática do direito tributário. Não poderia deixar de iniciar citando o trocadilho – sempre inteligente – do espírito leve e arguto do Prof. Alcides Jorge Costa, aqui, em tom profético: "No início era o caos... E hoje vivemos o caos dos princípios". De fato, a banalização do uso dos princípios tornou a argumentação jurídica – salvo raras exceções – altamente genérica e superficial: é sempre fácil concordar com diretivas de valor que envolvem noções abstratas e genéricas como "justiça", "igualdade", "liberdade" etc. Daí é um passo para, diante de posição doutrinária compartilhada pelos interesses do auditório, utilizar um princípio qualquer para fundamentá-la: todos concordam não com a argumentação ou com o princípio em si, mas com a conclusão aparentemente decorrente. Assim, em nome da conclusão, pode-se aplicar o princípio republicano, o da igualdade, o da capacidade contributiva, o da lealdade, o da dignidade da pessoa humana, o do federalismo ... ou da justiça – seja, lá, qual for –, que todos irão concordar. Disso decorre um certo esvaziamento na argumentação jurídica mediante a banal utilização de princípios não suficientemente esclarecidos e elucidados.

O primeiro passo para enfrentar qualquer tema – ensina Paulo de Barros Carvalho – é entender o uso do termo objeto de nossas indagações: que é "princípio"?. Genaro Carrió, no livro *Sobre el Derecho e su Lenguage*, e Atienza e Manero, no livro *Las Piezas del Derecho*, indicam seis acepções para o vocábulo "princípio": (i) "princípio" com norma muito geral, que todos devem cumprir; (ii) como norma vaga e imprecisa – exemplo: "a propriedade deve atender à sua função social", o *princípio da função social da propriedade*; (iii) como norma programática, voltada aos fins que de certa forma apontam para valores dirigidos a determinado fim; (iv) como norma dirigida aos órgãos aplicadores do Direito, enquanto diretriz interpretativa – exemplo: "as leis penais devem ser interpretadas em sentido estrito"; (v) como regra doutrinária de interpretação – por exemplo: "a lei não contém palavras inúteis"; e, enfim, a sexta e mais relevante acepção, (vi) "princípio" como norma que expressa valores, positivados ou não, dentro do nosso ordenamento jurídico – por exemplo: o altamente complexo, difícil de ser apreendido e delineado, princípio da igualdade, "todos são iguais perante a lei".

Metáforas ajudam, mas não é suficiente dizer que princípios têm peso e colocá-los numa balança imaginária, para verificar qual prevalece. Deveras, muitas vezes é difícil aplicar os princípios também porque sequer temos idéia clara dos argumentos que estão em jogo. Por exemplo, consideremos que eu tenha um Labrador preto; esse objeto é, ao mesmo tempo: (i) algo que é de minha propriedade; (ii) um cachorro; (iii) um animal; (iv) uma coisa preta; (v) uma coisa que está a 2.000km de Brasília – bem, todas essas perspectivas fazem parte deste meu objeto. Agora, a questão: é quando vou pensar na aplicação do princípio da igualdade, qual dessas perspectivas deve servir como paradigma? Igualdade em relação aos objetos pretos? Igualdade em relação aos cachorros? Igualdade em relação aos Labradores? Igualdade em relação aos animais? Igualdade em relação aos seres vivos? Ou igualdade em relação às coisas que estão a 2.000km de Brasília? Ou igualdade em relação às coisas que pertencem ao meu patrimônio? Igualdade em relação a quê? Ou seja, além de dificuldade em se definir o que é "igualdade", há toda dificuldade, e conseqüente subjetividade, na definição dos termos-referências dessa igualdade.

Eis o grande desafio de se trabalhar com os princípios. Eles existem, são peças do Direito, estão aí, o tempo todo: as Constituições, fazendo valer os direitos fundamentais, positivaram esses valores; então, eles estão postos no ordenamento, nós temos que trabalhar com eles. Mas como? Como trabalhar seriamente com os princípios? Como não deixar que preencham vazios argumentativos, funcionando como fundamentos simplórios para nossos interesses pessoais?

3. Premissas dessa argumentação

Premissas de minha argumentação: *primeira*, o Direito não é um sistema em que a decisão é livre. Se a decisão for livre, não é mais Direito e Direito não serve mais para nada. Na verdade, Direito é um sistema em que se colocam dois pontos fundamentais, um momento da produção normativa de uma norma válida, vigente e eficaz e um outro momento da sua aplicação. Se o intérprete, o juiz, o aplicador, o agente fiscal ou jurista puderem fazer o que quiserem com a lei posta, então, já não se pode, mais, falar de Direito como instrumento regulador de condutas, mas em expediente criativo sob o mote inspirador da letra da lei, que funcionaria como simples motivação da criatividade do intérprete. Só há sentido no Direito se efetivamente houver uma relação entre a lei, a Constituição – como defendia o Prof. Geraldo Ataliba – e a aplicação do Direito: a aplicação do Direito não é livre. Sabemos que os textos jurídicos são vagos, ambíguos, que temos problemas no ato de aplicação, mas que também tais textos representam algum conteúdo na Constituição, nas leis (de novo ouço a voz do Prof. Geraldo Ataliba): há um sentido mínimo das palavras, há o uso paradigmático das palavras que é consolidado no tempo e no espaço social e que não pode ser comprometido, sob pena de comprometer o próprio Direito, a própria legalidade, a própria função do Direito. Em suma, o Direito não é um sistema em que a decisão é livre.

Segunda, a utilização de princípios na legislação e na argumentação realiza sua "justiça", busca resolver contingentemente casos concretos à sua forma, mas tem um preço, também: os princípios introduzem no sistema uma grande indeterminação, pois remetem a solução sempre para o caso concreto. Ora, se tenho que analisar o caso concreto para entender a lei, não sei o que fazer sem o caso concreto – ou seja: não tenho previsibilidade e não tenho segurança diante da legalidade. Esse problema também foi apontado por Ferreiro Lapatza: a indeterminação do sentido dos princípios remete ao intérprete a função de construir seu sentido na aplicação no caso concreto. Que significa isso? Responde o Catedrático de Barcelona: delegação de competência ao aplicador da lei para o aplicador do Direito. Isso é ótimo, pois muitas vezes o aplicador do Direito pode construir a melhor solução, mas pode construir a pior solução, também.

Outro lado relevante, muitas vezes esquecido, no que diz respeito à questão dos princípios, é a própria existência das regras. O Direito, posto por regras, através de critérios objetivos – as regras sempre empobrecem os valores –, tem um problema: as regras são sempre sub-ótimas, elas não resolvem todos os casos, mas elas existem justamente para isso, elas cristalizam valores, e em função dessa cristalização de valores elas objetivam realidades, objetivam circunstâncias, objetivam informações, objetivam prescrições. Um exemplo muito claro é a imunidade do livro posta na Constituição. A Constituição determina que o livro é imune. Essa imunidade decorre do princípio da liberdade de expressão. Se, daí, se aceitar que todos os suportes comunicativos que atendam à liberdade de expressão são imunes, teríamos grande margem de discricionariedade e uma ampla delegação de competência ao intérprete, que poderia entender como imunes as transmissões de TV, as novelas, o teatro, a publicidade – ou seja, tudo. Por outro lado, se, ao invés de interpretar a imunidade como princípio, identifico-a com a regra que decorre do princípio da liberdade de expressão, temos que considerar a preferência do legislador em beneficiar restritivamente o livro como imune. É certo que as regras não podem prever todos os casos futuros, elas são necessariamente sub-ótimas em relação aos princípios. Há injustiça na aplicação das regras? Sim, sempre; mas ao menos garantem a realização de uma outra forma de justiça: a segurança do Direito.

O fato é que as regras servem e existem justamente para dispensar os princípios, objetivando e simplificando as decisões e oferecendo certezas. Se não fosse assim, para quê regras? Melhor seria aplicar somente os princípios. Em vez de definir competências por regras, cada Estado, cada ente tributante, teria sua competência definida pelo ideal sopesamento dos princípios da igualdade e federativo, em conformidade com o interesse público e o bom senso!

Acho que ninguém gostaria – nem os Srs., nem nós – de ter um sistema tributário pautado simplesmente através de princípios. As normas de competência são regras que contêm princípios, que delimitam princípios, que restringem princípios. É difícil definir princípio: uma das melhores definições que ouvi de "princípio", o que é "princípio", como é que se trabalha com "princípio", foi do Prof. Edvaldo Brito, na defesa da sua Livre-Docência na USP. Dizia o Professor baiano que a melhor definição que ele conhecia de "princípio" é que "princípio é uma 'coisa fofa'", como uma nuvem no ar, difícil de pegar, de se aproximar. Mas como pode ser uma "coisa fofa" se, na verdade, os princípios são os alicerces do ordenamento jurídico? Acompanhando o Prof. Edvaldo Brito, ousaria, respondendo que os princípios, então, nesse sentido, são os "alicerces fofos" do ordenamento jurídico.

4. Uma específica acepção de "princípio"

E vejam que se tem que tomar cuidado para entender em que sentido está sendo utilizado o princípio, aqui. Quando o Prof. Geraldo Ataliba defende os princípios, e dentro de uma base kelseniana, dentro de uma visão forte, buscando o Estado de Direito, protegendo a Constituição contra a Ditadura, por exemplo, os princípios de que ele fala nem sempre são esses princípios mais difíceis de serem apreendidos, mas a *legalidade*, que, dentro de uma visão moderna, não é princípio, é *regra*. A *anterioridade*, que não é, nesse sentido, um princípio impreciso, difícil, trata-se, também, de regra objetiva. Assim ainda a *irretroatividade*, que também é fácil de aferir, é *regra*, não princípio. Ou seja, quando Bandeira de Mello e Ataliba trabalham com os princípios, o que eles fazem, em grande parte de sua argumentação, é enaltecer a força de regras postas na Constituição e que balizam a própria idéia de Estado de Direito.

O fundo da tese é a seguinte. Os princípios informam as regras, e as regras, para fugir da subjetividade dos princípios, para facilitar a vida dos "amarelinhos", dos operadores comuns do Direito, dos agentes fiscais, para conter a discricionariedade, para conter a corrupção na aplicação das regras, as regras cristalizam os princípios. E, nesse sentido, do conflito entre a regra que decorre de um princípio e um princípio que muitas vezes informa a própria regra, há de prevalecer sempre a regra, não o princípio. Se fosse o contrário, seria o adeus às regras, e simplesmente a vida plena incontida, imprecisa e discricionária dos princípios.

5. Segurança jurídica e legalidade

Uma argumentação rápida, aqui, no que diz respeito ao *princípio da segurança jurídica*. Da segurança jurídica – que seja o princípio fundamental que talvez defina e define o próprio Direito – temos a *legalidade*. Mediante a legalidade, temos a *previsibilidade*. Legalidade que decorre de processo de produção é a legalidade no sentido de existir lei, lei escrita e anterior, que cria a possibilidade de prever fatos futuros. Agora, dentro da legalidade, criada pela lei, que constitui a própria noção de Estado de Direito, mediante a possibilidade de todos compartilharem o mesmo código lingüístico, resta, ainda, um problema interno à legalidade, que decorre da legalidade, que é a *aplicação da legalidade*: na aplicação da legalidade temos problemas de imprecisão, porque a lei é feita de palavras, a lei muda de sentido em função do tempo; além disso, precisa de provas para ser subsumida aos seus dizeres, suas hipóteses – e disso criamos outro problema, uma *instabilidade da legalidade*, que decorre da própria dificuldade na sua aplicação.

Nosso desafio é controlar a aplicação dessa legalidade. Porque num tempo temos uma legalidade do IPI, por exemplo nos casos do crédito-prêmio e da alíquota-zero, noutro tempo o STJ muda de posição, e temos outra legalidade sobre o crédito-prêmio do IPI e a alíquota-zero.

É o nosso caso, aqui: num tempo temos uma legalidade, posta por lei, sobre decadência e prescrição, que o prazo é cinco anos, o *dies a quo* do prazo prescricional do direito do contribuinte de repetir o indébito é o momento da extinção do crédito tributário; e o *dies a quo* do prazo decadencial do Fisco de lançar é o primeiro dia do exercício subseqüente àquele em que ocorreu o fato gerador. Noutro tempo muda-se essa legalidade, porque o STJ muda essa interpretação dos aplicadores do Direito: é como se a legalidade na aplicação corroesse a legalidade da legislação, ou seja, a aplicação da legalidade, que tem certos *standards*, acaba comprometendo e corroendo a própria legalidade, corroendo, dessa forma, o próprio Direito, comprometendo o próprio Direito.

6. Problemas de fato e problemas de direito

É interessante notar, nesse conflito entre princípios e as regras de decadência e prescrição, como se comportam dois princípios: a *segurança jurídica* e a *legalidade*. Um problema é o desafio de realizar a legalidade, mediante ato administrativo ou judicial, pela chamada incidência jurídica, que pressupõe uma subsunção: surgem *problemas de fato* e *problemas de direito*.

Problemas de direito: a lei muda de sentido em função do tempo, em função da vontade, das contingências do intérprete. *Problemas de fato*: as provas somem no tempo e no espaço. Como é que o Direito faz para contornar esse problema da própria legalidade que surge desafiando o princípio da segurança jurídica? O Direito cria, por exemplo, regras de restrição da própria legalidade, da própria instabilidade da aplicação da legalidade no tempo – *e.g.*: o *princípio da irretroatividade*, que garante que a lei não volte no tempo, que resolve a questão do art. 3º da Lei Complementar 118.

Outra providência fundamental para que o Direito não fique para sempre na pendência de aplicar, interpretar e provar: cria-se a decadência, e a decadência incide justamente sobre a aplicação administrativa, determinando que tempo se tem para aplicar a lei ao fato provado e, também, em que momento do tempo este direito se extingue.

7. Decadência não faz justiça

A decadência faz justiça? Não. A decadência não existe para fazer justiça. A decadência e a prescrição não são regras que fazem justiça. Ao contrário, fazem injustiça: quem deve não paga, quem tem direito não recebe.

E para quê servem? Só servem para construir certeza e segurança onde não há certeza e nem segurança. São expedientes normativos postos mediante regras: as hipóteses das regras de decadência e prescrição são um fato objetivo, é o relógio, o tempo; passou o tempo demarcado pelo prazo, acabou-se, não há mais o que se falar, está extinto o direito; é o tempo normativamente correndo contra o direito e pelo Direito, é o tempo contra a justiça. E o tempo não é justo.

8. Nem prescrição faz justiça

Fechada a via administrativa, pode restar aberta a via judicial para aplicação do Direito ao caso concreto. Aqui funciona a prescrição, também criada pelo Direito, com fundamento na segurança jurídica, em detrimento da instabilidade gerada por essa legalidade que busca uma aplicação incerta; cria-se a prescrição atingindo também a aplicação judicial.

Em suma, o Estado de Direito pressupõe segurança na produção que cria o suporte normativo "lei", mas esse suporte normativo "lei" gera uma instabilidade dessa legalidade, que, sendo aplicada a qualquer tempo, gera incerteza, desigualdade, e compromete a própria liberdade, porque, se há uma lei que não sei como interpretar, não sei como aplicar essa lei – não sei se são 5 anos, 10 anos –, não sei como compreender essa lei, também não sei como me comportar perante esse Estado de Direito, não consigo entender os limites da minha obrigação, da minha permissão, da minha proibição – e, nesse sentido, vejo comprometida também a minha própria liberdade perante o Direito.

9. Premissas dirigidas às conclusões

Algumas premissas fundamentais para chegar às conclusões.

Primeira premissa: decadência e prescrição no direito tributário – assim como lançamento, crédito, obrigação – são matérias de lei complementar: segundo o art. 146 da CF, devem ser reguladas por lei complementar.

Segunda premissa: decadência e prescrição tributárias são dirigidas ao sistema tributário, e como existem muitas peculiaridades na positivação do direito tributário, pois são regras que se contrapõem à legalidade do direito tributário, que não é a mesma legalidade do direito civil, então, não há por quê trazer do direito civil decadência e prescrição, que até hoje nem os civilistas sabem exatamente o que são, para dentro do Código Tributário Nacional. E também é irrelevante saber qual a diferença entre decadência e prescrição: o Código Tributário Nacional trabalha como prazos. O Código Tributário Nacional raramente – acho que nenhuma vez – comenta a palavra "decadência": o art. 173 prevê prazo de extinção do direito de lançar, o art. 174 demarca o prazo para o executivo fiscal – os nomes, aqui, não são relevantes. Em suma, não há que se pretender aplicar as categorias do Código Civil ao direito tributário: são legalidades distintas, universos diversos. Já temos problemas suficientes no direito tributário com três ou quatro dispositivos de decadência e prescrição e prazos distintivos; não é necessário trazer os do direito civil: não há solução ali, também.

Terceira premissa: na aplicação das regras decadência e prescrição, do confronto entre estas regras e os princípios informadores dessa regras, hão sempre que prevalecer as regras de decadência e prescrição. Não há sentido em aplicar princípios de igualdade, princípios de legalidade, no que diz respeito à decadência e à prescrição. Pois a única razão para essas regras existirem são a restrição e a contenção da legalidade no tempo, restringir subjetividade e construir a única objetividade possível dentro do Direito, que é a aplicação do tempo – e a extinção das obrigações e dos direitos subjetivos em função desse critério objetivo e certo. Talvez um dos mais certos, o tempo. Enfim, porque decorrem da segurança jurídica, a decadência e a prescrição só podem ser mitigadas pelo mesmo princípio que as justifica, ou seja, a segurança jurídica.

Quarta e última premissa: não se pode mitigar a aplicação da decadência e da prescrição em nome de princípios abstratos que contrariam sua própria razão de existir, como *igualdade* e *justiça*.

10. Evolução jurisprudencial e conclusões

Resumindo, e contando toda essa história. Tudo começou há 15 anos, quanto o Código Tributário Nacional já tinha mais de 30 anos e o direito de lançar do Fisco era de cinco anos a contar do primeiro dia do ano subseqüente àquele em que ocorreu o fato gerador. Neste contexto, o prazo da repetição do indébito contava-se da extinção do crédito tributário, realizado pelo pagamento antecipado, cinco anos: uma regra clara e objetiva. Havia apenas no art. 173 do CTN algumas dificuldades na interpretação do termo inicial "primeiro dia do exercício seguinte àquele em que o Fisco poderia lançar", em razão da imprecisão do vocábulo "exercício" (anual, semestral ou mensal). De resto, também o art. 150 do CTN era interpretado no sentido de que o *dies a quo* para o direito de lançar era a ocorrência do fato gerador; e para o direito de repetição, a data do pagamento antecipado (indevido). Sendo que, nesta época, o prazo decadencial para lançamento das contribuições previdenciárias, segundo a Lei 8.212, era 10 anos.

Analisando o empréstimo compulsório sobre combustíveis, Hugo de Brito Machado, no TRF da 5ª Região, e Asfor Rocha, no STJ, pretendendo fazer justiça com a decadência e a prescrição, e em nome do princípio da legalidade (que é sempre instável, reitero), mudaram simplesmente o sentido do vocábulo "extinção": antes, "extinção" era o pagamento antecipado, agora passou a ser uma construção criativa, eu posso criar o que eu quero com texto normativo. Dentro desse mote, então, numa nova acepção, muito bem-construída, concebeu-se a tese que a extinção do crédito tributário não se dá com o pagamento antecipado: pagamento antecipado não é pagamento, é só uma antecipação do pagamento. A extinção dá-se com o pagamento antecipado mais a homologação prevista no art. 150, conforme prevê o art. 156 do CTN. Construiu-se um novo sentido. Ou seja, a jurisprudência por 30 anos entendeu o mesmo texto com um sentido; de repente, em função do caso concreto do empréstimo compulsório sobre combustíveis, num ato simbólico criou-se um novo sentido para o vocábulo "extinção", estendendo o termo inicial do pagamento antecipado para a "homologação tácita" do pagamento antecipado (mais 5 anos): resolveu, assim, esse caso concreto fazendo "justiça" e permitindo, com o prazo total de 10 anos, o exercício da repetição do indébito deste empréstimo compulsório indevido, abrindo, destarte, a possibilidade de aplicação desta tese para todos os demais casos de repetição de indébito relacionada a tributos sujeitos a homologação: assim, surgiu a tese dos 5 mais 5 anos para o contribuinte. A regra que nasceu para objetivar, a regra que nasceu para construir segurança onde não há segurança, foi corrompida em nome da "justiça".

Na seqüência desse julgado – agora, em nome do *princípio da igualdade* –, criou-se, para compensar o Fisco, a tese dos 10 anos para o Fisco lançar nos tributos sujeitos a lançamento por homologação: uma igualdade estranha, pois não há qualquer relação de eqüidade entre (i) o direito de repetir algo que foi pago indevidamente e (ii) o direito de lançar algo devido, sem que haja qualquer relação entre um e outro processo. Construiu-se, então, a tese – também mais que criativa – de se interpretar o "poderia", do art. 173, I, do CTN: não mais, como antes, "o poder de lançar não exercido no exercício em que ocorreu o fato gerador", mas o "poderia" como "a perda do poder que não foi exercido no prazo de 5 anos a contar do fato gerador e que, extinto, funciona como novo termo inicial do direito de lançar". Construiu-se, assim, a tese dos 5 mais 5 anos do direito do Fisco de lançar nos tributos sujeitos a lançamento por homologação, com fundamento no princípio da igualdade.

Verificamos, também, que o STJ, mediante voto do Min. José Delgado, recuou no que diz respeito à tese da reabertura do prazo por ação direta de inconstitucionalidade, percebendo que, como a ação direta de inconstitucionalidade é imprescritível, todos os direitos subjetivos se tornariam também imprescritíveis. É a insegurança total dentro do nosso Direito.

Enfim, no que diz respeito à Lei Complementar 118, que pretende fazer retroagir a tese dos 5 mais 5 anos do direito do contribuinte. Parece-me que o STJ gastou muito argumento, muitas páginas, para dizer o óbvio: a lei não pode voltar ao passado. Esta lei só vale para os fatos geradores futuros – no caso, fatos geradores do indébito tributário (pagamentos indevidos) futuros, a partir da vigência dessa lei, a partir do dia 9.6.2005. Os fatos que ocorrerem a partir daí – esses fatos, sim – devem ser sujeitos a prazo de 5 anos. E os anteriores, que ocorreram antes do dia 9 de junho, ficam sujeitos à tese vencedora do STJ, de 10 anos.

Sempre sustentei, desde minha defesa de tese, que o prazo não é de 10 anos para o contribuinte, é de 5: entendo que há um defeito na construção dogmática da tese dos 5 mais 5 anos. Também não consigo encontrar plausibilidade para a tese dos 5 mais 5 anos para o direito do Fisco, nem sustentabilidade para a tese da reabertura do prazo mediante acórdão em ação direta de inconstitucionalidade.

Entendo que, com o mesmo suporte do legislativo do Código Tributário Nacional, o STJ poderia voltar atrás, comprometendo mais uma vez a "legalidade" construída pela sua própria jurisprudência; mas só poderia voltar atrás com os fundamentos da lei pretérita, ou seja, dentro dos lindes do próprio Código Tributário Nacional. Agora, o que não se pode fazer é utilizar a Lei Complementar 118 para voltar atrás, reconstruindo, novamente, uma outra interpretação legal com base nesse novo dispositivo: poderia refazer a interpretação dos mesmos dispositivos, mas não pode a lei voltar ao passado para alterar esses dispositivos.

Uma última observação, também temerária: decadência e prescrição foram construídas e postas para ofertar certeza e segurança jurídica. Em função da legalidade, comprometeu-se o código funcional da decadência e da prescrição, criou-se esse grande problema entre nós: a insegurança e a incerteza sobre esses prazos (5 ou 10 anos). O que existe para colocar um limite na incerteza e na insegurança tornou-se o maior marco da incerteza e da insegurança no direito tributário.

Agora, novamente, voto do Min. Albino Zavascki aplicando regra de direito intertemporal, regra intermediária, pretende equalizar o prazo antigo com o prazo novo, tentando aplicar novamente o princípio da igualdade entre o contribuinte que estava submetido à lei anterior e o contribuinte submetido à lei nova. A meu modo de ver, é uma nova tentativa de fazer justiça, aplicar princípio onde não é domínio dos princípios, mas de regras objetivas, informadas pela busca da certeza e da segurança no Direito.

Em suma, fechando minha exposição, pedindo desculpas por ter avançado no tempo – sempre o tempo!

Pode haver lei interpretativa? Não.

Procede a tese dos 10 anos do direito do contribuinte de repetir o indébito? A meu modo de ver, nunca procedeu! Mas, como STJ construiu essa jurisprudência, ela haveria de se manter como posição desse Tribunal Superior a respeito do sentido da lei.

Como fica a aplicação da Lei Complementar 118? Antes do dia 9 de junho, prazo de 10 anos, conforme entendimento firmando pelo STJ. Depois de 9 de junho, 5 anos, mas só depois da vigência da lei.

Procede a tese de 10 anos do direito do Fisco? A meu modo de ver, não. Ela tem uma série de contradições e vem caindo, pela própria inconsistência, dentro do próprio STJ, na 2ª Turma. E agora a tendência é, com a Lei complementar 118, aplicar mais uma vez o princípio da igualdade ao reverso, e eliminar absolutamente a tese dos 10 anos que beneficia o Fisco.

Concluindo, numa frase poética – já que esses princípios não levam senão a metáforas e a poesias: "O tempo consome os fatos e o direito que deles advém. No tempo, a lei ganha sentido, nasce o direito. No tempo, morrem os fatos, somem as provas. No tempo e pelo tempo, o direito extingue o direito, ocorrem a decadência e a prescrição. No tempo e pelo tempo, Chronos devora, implacável, o direito que de sua seiva surge. Decadência e prescrição não são formas de fazer justiça; são formas concretas, objetivas, empobrecidas, que o Direito encontrou para conviver com esse Deus tão poderoso: o tempo".

Muito obrigado! [*Palmas*]

PRESIDENTE DA MESA (PROFA. SALETTE NASCIMENTO) – Cumprimento o eminente Prof. Eurico de Santi, pela brilhante palestra! Ressaltou aspectos interessantíssimos do *tempus regit actum*, não é mesmo? E, sem mais, concedo a palavra ao eminente

Prof. Valdir de Oliveira Rocha, que nos brindará com sua palestra.

RECUPERAÇÃO JUDICIAL DO EMPRESÁRIO E DA SOCIEDADE EMPRESÁRIA

PROF. VALDIR DE OLIVEIRA ROCHA – Bom dia a todos! É uma grande satisfação estar mais uma vez participando do Congresso Brasileiro de Direito Tributário. Saúdo a eminente Dra. Salette, Presidente desta Mesa, meus Colegas e Amigos, Dr. Eurico, Dr. Quiroga, Dr. Bottallo.

A primeira coisa que devo registrar em torno do assunto a expor é que recebi o convite por escrito, acolhi o tema, saiu no programa como "Reflexos da Lei de Recuperação Fiscal", mas depois eu me vi na contingência de obter esclarecimentos. Porque falar de "recuperação fiscal" neste momento seria um pouco extemporâneo. Combinei, então, com a coordenação do Congresso que discorreria sobre "Recuperação Judicial do Empresário e da Sociedade Empresária", que seria uma coisa mais confortável. Mas – ledo engano – não se revelou confortável, dado que os aspectos de direito tributário constantes da Lei 11.101, de fevereiro deste ano, não são muitos, mas são bons, naquele sentido de instigarem muito nossa imaginação criadora, pelo problemas relevantes que apresentam. Eu gosto, naturalmente, de me voltar mais aos problemas que para as coisas aplanadas, na expectativa de que alguém suponha que se deva prestar alguma atenção para ver se sai, entre outras coisas, alguma que preste, que se salve, algo que valha. Vou desenvolver um esforço nesse sentido, e não terão a frustração de sair daqui com a resposta feita: vão sair com o alento de terem que pensar um pouquinho mais em torno do assunto.

A Lei 11.101 foi publicada em edição extra do *Diário Oficial* do mesmo dia em que promulgada, 9 de fevereiro. Nessa mesma edição extra do *Diário Oficial da União* consta também a Lei Complementar 118, que provocou uma série de polêmicas em torno da questão de saber se a norma poderia ser interpretativa para retroagir, como há pouco mencionou nosso caro Eurico. Essa lei traz outras disposições igualmente relevantes. Algumas dessas novidades da Lei Complementar 118 – e ela precisou vir junto à ordinária porque está imbricada de algum modo com a Lei 11.101 – dizem com aspectos a serem vistos com muito bons olhos, porque resolvem claramente algumas situações. Por exemplo, sucessão por conta de aquisição de um fundo de comércio ou estabelecimento: agora fica claro, através do novo texto do Código Tributário Nacional, a partir da redação dada, que a alienação de filial de unidade produtiva, isolada em processo de recuperação judicial, não gera responsabilidade do adquirente Se adquiro uma parcela de sociedade empresária, não estou comprando problemas.

Devo tratar um pouco mais dessa recuperação judicial. Antes, quero noticiar outra coisa – e aí já começam os problemas. No que toca propriamente com essa recuperação judicial, diz-se que ela depende da apresentação da prova de quitação de todos os tributos – isso está no Código Tributário Nacional, portanto, com esse sentido material de lei complementar.

Claro que não é só a quitação mediante pagamento, porque o próprio dispositivo novo do Código Tributário Nacional coloca algumas modalidades que são alternativas. Algumas se prestarão, e outras não. Por exemplo, depósito no montante integral pouco valerá. Ora, quem está "quebrado", quem está em situação de precisar ser recuperado, pouco provavelmente terá a possibilidade de proceder a depósito integral. Há outras hipóteses, como as das reclamações e recursos: se o valor do tributo está sendo questionado, pode ser uma razão para afastar essa exigência de prova de quitação, até porque o próprio contribuinte reconhece que o tributo não está quitado, mas não está quitado porque sustenta ser indevido.

Mencionem-se, igualmente, a liminar, nas várias situações, e o parcelamento. Ah! Então, está bom, então tem parcelamento. Seria bom se este parcelamento fosse alguma coisa um pouco mais automatizada no próprio texto da Lei 11.101, que é a nova Lei de Falências. Mas isso não acontece bem assim. Ainda o texto do CTN, agora no § 3º do art. 155-A, está prever que lei específica disporá sobre as condições de parcelamento dos créditos tributários do devedor em recuperação judicial. Logo, não se considere isoladamente o problema, porque, se "a lei disporá", claro que se dará nos seus termos. Na verdade, isto é uma ironia: não existe essa lei, essa lei, ela não veio; se ela não veio, devemos pensar essa falta em termos de problema. Qual seria essa lei específica? Vou falar disso logo adiante. Seria uma lei da União, seria uma lei dos Estados e do Distrito Federal, seria a lei dos Municípios? E se a lei não vier? Suponhamos que viesse uma lei da União, uma lei federal, e não viessem a dos Estados e nem a dos Municípios. Teríamos que aplicar o § 4º do art. 155-A, se o aceitarmos em sua literalidade. A inexistência da lei específica a que se refere o § 3º do artigo importa aplicação de leis gerais de parcelamento do ente da Federação ao devedor em recuperação judicial, não podendo, nesse caso, ser o prazo de parcelamento inferior ao concedido pela lei federal específica.

Bem, o que é a *recuperação judicial*? O que é a *recuperação*? Observam-se vários empregos da palavra "recuperação" na linguagem cotidiana. Normalmente a recuperação é para aquele que precisa se restabelecer, aquele que de algum modo está um pouco fora da sua situação de normalidade. Quando se fala, então, em "recuperação extrajudicial", de empresário ou de sociedade empresária, daquela sociedade que está passando por maus bocados, qual seu objetivo? Naturalmente, o objetivo é colocar aquela empresa, se possível, nos seus devidos trilhos, de tal modo que seja viabilizada a superação das dificuldades, sua crise econômica ou financeira. Não vou nem falar da *recuperação extrajudicial* prevista na nova lei, porque desta não há nem que se cogitar, porque o Fisco, o Erário, nunca poderá participar dessa negociação. Mas a recuperação judicial importa também assembléia de credores, plano em que o empresário ou a sociedade empresária em dificuldades procurará viabilizar sua vida funcional regular.

O que temos que ter presente desde logo é que para a recuperação judicial da empresa (falemos "empresa" para resumir *empresário e sociedade empresária*) haverá necessidade de relacionar todos os débitos e apresentar um plano para alienar, às vezes, o estabelecimento, promover decisões, enfim, usar de várias alternativas previstas na lei – o que seria, aqui, cansativo simplesmente repetir. É preciso deixar claro desde logo que os créditos tributários não estão abrangidos na recuperação judicial. Então, se não estão abrangidos, a que título, a que propósito, se traz isto? Bem, se não estou enganado, as empresas que estão em situação muito difícil não estarão com essa situação complicada apenas diante dos credores privados; muito provavelmente estarão em situação até mais complicada diante do próprio Fisco. E, se assim é, seria interessante que estes débitos também estivessem sendo levados em consideração. Acontece que o Estado não pode transacionar, e é muito bom que não transacione nessas situações, porque sempre haveria, aí, aquela suspeita de que poderia haver um atentado à moralidade administrativa. Tais créditos devem ser considerados de um modo muito objetivo. Seria uma questão para sonhadores imaginar que, desconsiderados os créditos tributários, a recuperação judicial seria exitosa na generalidade dos casos.

Então, o que se prevê? Está apontado no novo dispositivo, acrescido ao Código Tributário Nacional, que lei específica disporá sobre as condições de parcelamento de créditos tributários do devedor em recuperação judicial. Muito bem, então, isto não está na lei de recuperação judicial, mas pode levar ao mesmo caminho, ou poderia levar ao mesmo caminho, houvesse essa lei específica que até agora não existe, e nem se sabe quando é que esta lei realmente existirá – até porque é um projeto, e não se sabe, ainda, qual vai ser a sorte dele, e nem se ele vai resolver, por conta de alguns problemas que vou colocar em seguida.

O impasse está, então, diante do que é, do que seria o conteúdo dessa lei específica, a dispor sobre o parcelamento de débitos tributários do contribuinte em processo de recuperação judicial, porque há algo muito importante a considerar: após a juntada aos autos do plano aprovado pela assembléia-geral de credores, decorrido certo prazo, sem objeção de credores, o devedor apresentará certidões negativas de débitos tributários. É condição, então, que sejam apresentadas as certidões negativas de débitos tributários. Claro que o contribuinte tem aquelas alternativas, que já mencionei, de mostrar que está com reclamação ou recurso administrativo em curso, porque questiona tributos ou porque está munido de uma liminar; enfim, diferentes hipóteses. Não levantarei a questão do depósito, porque é pouco provável que ele tenha sido feito.

Ora, se aqui temos esse óbice, temos que verificar como isto pode ser ultrapassado, e se hoje há condições de ser ultrapassado prontamente. De que natureza seria essa lei específica que não existe? Salvo a possibilidade de algum Município ou um Estado da Federação já ter baixado sua lei – fato que ignoro –, provavelmente estariam esperando um primeiro passo da própria União.

Tal lei haveria que ser uma lei ordinária ou uma lei complementar? Poderia dispor, sendo uma lei federal, para os Estados, o Distrito Federal e os Municípios? Raciocinemos um pouquinho. A primeira resposta levaria a dizer: essa lei poderia ser ordinária, não haveria necessidade de ser lei complementar (por que fazer esta exigência, quando a própria lei do Código Tributário Nacional não a faz?). Depois, poderíamos acrescentar outra indagação: uma lei ordinária poderia ter aplicação supletiva aos Estados, ao Distrito Federal e aos Municípios? O Prof. Bottallo – que, para nossa satisfação, compõe esta Mesa – escreveu um brilhante texto, que está no último exemplar da *Revista da Associação dos Advogados de São Paulo*, em que coloca um aspecto que me parece muito relevante. Diz: a União não pode legislar nessa matéria sobre um assunto que é da competência dos Estados e dos Municípios. E põe uma série de motivações, inclusive valendo-se do dispositivo constitucional que impede a União de conceder isenções de tributos estaduais e municipais.

De um outro lado, o Prof. Hugo de Brito Machado manifestou-se no sentido de que isto pediria uma interpretação conforme à Constituição e, pela sua construção, esta lei haveria que ser complementar. Diz: essa lei seria uma lei supletiva. A lei supletiva é aquela que cede diante de uma manifestação em contrário; então, a qualquer momento, se o Estado, o Município, passa a legislar sobre a matéria, ela cede. Eu acho que os dois têm um pouco de razão, mas construo – ainda que incipientemente – uma terceira forma de se ver isso. Parece-me, sim, que a matéria pode ser objeto de parcelamento. Parece-me, sim, que a lei complementar pode dispor sobre parcelamento para a União, para os Estados, para o Distrito Federal, para os Municípios. Isto não impede que estes também legislem acessoriamente sobre aspectos – vamos dizer – mais procedimentais. De onde eu tiro isto? Eu tiro isto do art. 146 da CF, cujo inciso III prevê normas gerais em matéria de legislação tributária, inclusive sobre a extinção do crédito tributário. E, se assim é, precisamos refletir sobre o que seriam "normas gerais em matéria de legislação tributária". As *normas gerais em matéria de legislação tributária*, por certo, não esgotam as possibilidades reservadas às leis complementares. Mas vou ficar apenas nesse ponto. As *normas gerais em matéria de legislação tributária* são aquelas que revelam, põem à clara luz, aquilo que já está posto na Constituição Federal, ainda que de um modo não tão transparente: positivo e negativo.

Até há pouco gostava de usar um exemplo que dizia com o negativo fotográfico – logo mais terei que adaptar este exemplo, porque, com essas maquininhas novas, que não têm mais negativo, muito rapidamente ele ficará ultrapassado. Mas, observem, há várias situações que, mediante uma construção clara, tranqüila, podem ser tiradas do texto constitucional. As *normas gerais em matéria de legislação tributária* colocam a olho nu o que está implícito na Constituição, mas não se esgota nesse papel o reservado àquelas. Eu diria que há também – isso, aliás, já disse há muitos anos atrás (então, não é uma construção feita de encomenda para a presente situação) – um outro papel que é muito importante, e que nós normalmente não contestamos, que é a *supletividade* das normas gerais em matéria de legislação tributária. Assim, por exemplo, a lei vem, institui o tributo, coloca todos os seus requisitos, e não indica o prazo de seu recolhimento. Ora, o tributo é exigível. Exigível quando? Exigível agora mesmo, daqui a 10 anos, exigível daqui a 2 anos? Põe-se, aqui, novamente, a questão de tempo, que foi objeto da palestra anterior. Há um dispositivo no Código Tributário Nacional que diz que o prazo de recolhimento será de 30 dias, "salvo disposição em contrário".

Quando se fala em "decadência", qual o prazo de decadência? Ah! O prazo de decadência é de 5, é de 10 anos. Não é, Dr. Eurico? Mas penso que se que vai além. Por quê? Porque este prazo também está na órbita dos entes menores, os Estados, o Distrito Federal e os Municípios. O Código diz: "salvo disposição em contrário". Por quê? Porque, com isto, se a União vem e dispõe que o prazo de decadência dos tributos em geral não é de cinco anos, mas de cinco meses, ou de cinco dias, ou de cinco horas, torpedearia aqueles entes, que, logo, poderão dispor, sim, que o prazo de decadência em relação aos tributos da competência de cada um deles é outro. Já me deparei com muitos juristas que dizem que o prazo de decadência colocado pelos Estados, pelos Municípios, pelo Distrito Federal, pode ser menor que de cinco anos; maior, não. Não entendo essa colocação: se eu aceito aquele, tenho que aceitar o outro, também. Porque isto está na órbita, está no comando, daqueles entes.

Daí que eu diria, conjugando com as preocupações do Prof. Bottallo e do Prof. Hugo, que é necessária, sim, a vinda de lei específica, e que há de ser lei complementar, da União. Observe-se que a lei complementar da União, quando trata de determinados assuntos, assume feição de lei nacional, e isso não é coisa absolutamente nova.

Muito bem: qual é a atual situação da questão? Há projetos de lei que dispõem sobre a recuperação judicial, que, enfatizo, não se aplica a determinadas entidades – incluo nisso partidos políticos; logo, caso haja algum partido político "quebrado", não poderá se valer da lei que acaso venha.

Parece-me que, tratando-se de projetos de lei ordinária, de pouco serviriam. Em todo caso, eu não haveria de ser tão rígido, porque, se viermos a ter lei ordinária, não tenho dúvida de que será aplicada em relação à União; não há por quê haver qualquer restrição, e provavelmente observaremos sua aplicação até mesmo diante dos Estados, dos Municípios e do Distrito Federal, que, afinal de contas, poderão, com carradas de razão, contestar sua aplicação diante deles.

Um dos projetos de lei procura resolver a situação de modo muito fácil, muito tranqüilo, mas não "pegaria": simplesmente propõe a revogação do art. 57 da Lei 11.101, que é justamente aquele dispositivo que impõe a apresentação de certidões negativas depois de aprovado o plano pela assembléia de credores.

Basicamente, é isso o que eu poderia lhes oferecer de mais importante ante aquilo que até aqui constatei diante dessa lei de recuperação judicial. Essa lei contém outras disposições importantes, como em relação à preferência de créditos, não-suspensão do curso das execuções fiscais. Mas esses aspectos todos me parecem menores diante desse grande problema, que realmente há de preocupar todos os juristas, não só os comercialistas, mas também – e sobretudo – os tributaristas.

Muito obrigado pela atenção! [*Palmas*]

Presidente da Mesa (Profa. Salette Nascimento) – Agradeço ao Prof. Valdir Rocha pela brilhante palestra, que suscitou questões que acho que repercutirão no Judiciário, teremos que nos debruçar para solucioná-las. Cumprimento S. Exa.

Agora, com a palavra o Prof. Roberto Quiroga, para sua palestra "Compensação Tributária".

COMPENSAÇÃO TRIBUTÁRIA

Prof. Roberto Quiroga Mosquera [*texto sem revisão do autor*] – Bom dia a todos! Meu tema é um tema, eu diria assim, muito prático, acho que na prática advocatícia, nos últimos anos, o tema da compensação nos tem preocupado e tem gerado inúmeros trabalhos relacionados à possibilidade de liquidação de dívidas fiscais por intermédio do princípio da compensação tributária.

Também não tenho dúvida de que nos últimos anos o tema da compensação trouxe a possibilidade de o Judiciário também analisá-lo com muita profundidade. Sem dúvida nenhuma, tivemos um avanço muito grande nesse tema, desde a Lei 8.383. O que fez também com que a jurisprudência nesse período caminhasse de forma bastante forte, hoje produzindo julgados de extrema relevância acerca da compensação.

E qual a razão disso? Por que a compensação, nesses últimos anos, tomou essa importância, tanto na prática advocatícia quanto na questão jurisprudencial? Basicamente, por sua rapidez. Tínhamos como meio para reaver valores pagos indevidamente – quem se recorda? – a famosa ação de repetição do indébito ou, na área administrativa, os pedidos de restituição. As pessoas não confiavam no sistema, uma vez que o próprio Fisco, naquelas oportunidades, nada restituía, ou, se restituía, o fazia com muito atraso. Nos dias atuais a restituição teve também um avanço muito grande, com possibilidade de rapidez um pouco maior, mas também ela não resolveu os problemas *in totum*. Daí por que a sistemática ou a metodologia de compensação de créditos com débitos fiscais trouxe um grande incremento. A realidade é que esse tema, hoje, praticamente desbancou outros instrumentos como a repetição de indébito. Eu, em 20 ou 23 anos na área tributária, devo ter ingressado com umas duas ou três ações de repetição do indébito, quando muito, quando no passado se ingressava com muitas repetições de indébito; obviamente, provavelmente todas ainda estão em curso para que sejam recebidos os valores pagos em anos passados.

Bem, agora, o tema da *compensação*; é o segundo ponto que eu gostaria de tratar. Há uma restrição de estudos em matéria de compensação, e hoje basicamente ela está atrelada a questões federais. Temos a possibilidade muito restrita de compensação na esfera estadual, e praticamente inexiste o sistema de compensação tributária na esfera municipal. Nosso campo de trabalho, hoje, está extremamente ágil e forte em matéria federal, com alguns casos em matéria estadual – basicamente quanto os créditos acumulados isso pode ser feito, mediante pagamento a fornecedores –, e em matéria municipal, salvo engano, a restrição é quase que total.

Então, ainda que a compensação tenha evoluído nesses anos, da forma que referi, ela tem uma evolução muito centrada nos tributos federais. E qual será a razão de a compensação ter avançado em matéria federal? E aí o terceiro ponto nessas questões introdutórias que eu queria colocar. Na matéria federal temos sistemas de arrecadação de tributos antecipadamente, que fazem com que se estimule justamente esse instituto, diferentemente de em outras esferas, em que se pode ter o mesmo sistema, mas em menor grau de habitualidade.

No plano federal temos sistemas como o do imposto de renda na fonte antecipado, que faz com que efetivamente seja gerado imposto ou tributo a recuperar. Hoje temos sistema de fonte praticamente em tudo, até na COFINS, até no PIS. Enfim, quase todos os tributos federais contam com arrecadação pelo sistema antecipado de fonte, que estimula a necessidade de uma legislação relacionada à compensação. É verdade que em outras esferas também temos sistema de antecipação ou do chamado "fato gerador presumido", como a Emenda Constitucional coloca como nomenclatura. Mas na matéria federal, sem dúvida, esses são sistemas totalmente proliferados, são sistemas que contemplam quase todos os tributos hoje vigentes. Daí por que a compensação também surge como tema importante na matéria federal.

Então, estes são os três pontos que me pareciam importantes, introdutórios, para justamente, primeiro, falar da relevância do tema, porque que ele é relevante, como ele surge em termos nacionais, nas três esferas políticas. E, por fim, quais as razões que estimulam a produção legislativa e, mesmo, jurisprudencial de normas relacionadas à compensação.

Ingressando mesmo no tema da compensação, se nós pudéssemos tentar dar um conceito, uma definição, do que é "compensação", permitam-me talvez lançar uma idéia. A compensação seria um encontro de quantias idênticas relacionadas a direitos recíprocos. Se nós tentássemos sintetizar o que é "compensação", é a liquidação de direitos recíprocos. Que direitos? Créditos e débitos. Essa talvez seja uma forma de definir "compensação". Portanto, a compensação pressupõe uma bilateralidade, uma reciprocidade. Essa definição doutrinária, na verdade, revela algumas propriedades, algumas características, da compensação. E essas características, fundamentalmente, hoje, já estão, na verdade, na lei civil; a compensação tributária, obviamente, decorre de um direito comum, do direito civil.

E quais são essas propriedades, essas características, que nosso direito comum atribui à compensação? A primeira é justamente a *reciprocidade* como núcleo conceitual do tema. A segunda característica, a propriedade que se pode retirar dessa síntese conceitual, é, na verdade, a *liquidez e a certeza* desses direitos recíprocos; ou seja, é impossível falar em "compensação" se não houver direitos recíprocos, no caso, líquidos e certos; decorre da própria natureza, da reciprocidade dos direitos existentes.

Terceira propriedade importante também, quando se falo de "compensação", é que há de existir *vencimento, termo*. Sem *termo* não se pode falar em "compensação". E o termo pode ser termo passado ou pode ser termo futuro; portanto, pode ser prazo vencido ou prazo a vencer. E esse aspecto do termo, em qualquer compensação, coloca-se justamente porque ele vai identificar o momento em que essa reciprocidade há de se liquidar. Sem o "termo" não se consegue falar, justamente, do primeiro critério, a que eu me referi, da definição de "compensação", que é *liquidação de direitos recíprocos*. Portanto, liquidação pressupõe termo, que é justamente o terceiro item de qualquer matéria que fale de compensação.

E, por fim, qual seria a quarta característica para se falar de qualquer compensação? É o critério da *fungibilidade*, identidade das qualidades dos direitos. Ou seja: não se pode pensar em compensação sem pensar no conceito de "fungibilidade". A fungibilidade dos direitos é que permite a compensação. A infungibilidade não permite compensação, ou, quando muito, seria uma exceção à compensação. A fungibilidade é importante no direito tributário, como vemos ao constatar que a Lei 8.383, lá atrás, só permitiu a compensação de tributos por espécie. A evolução agora, quando temos a compensação de tributos de espécies diferentes, decorre do quê? Da fungibilidade. E dentro da fungibilidade temos essa subcaracterística que é a identidade de qualidade do direito. Há de existir também uma identidade de qualidade do direito, sem a qual a compensação fica dificultada.

Então, se eu pudesse resumir as quatro propriedades que a compensação exige para qualquer processo legislativo – e ainda estou tratando desses conceitos em matéria pré-jurídica, ou seja, a idéia de compensação como conceito –, seriam, justamente, a primeira de que eu falei, a *reciprocidade*; a segunda seria a *liquidez e certeza*; a terceira diria respeito à existência de um *termo*; e por fim, a *fungibilidade*, identidade da qualidade.

Essas são as quatro características, os quatro pontos fundamentais para se conversar a respeito de *compensação*.

Se isso é verdade, se se pode dizer que essas propriedades, hoje, estão contempladas não só no direito comum brasileiro, no direito civil, como em grande parte dos textos legislativos mundiais, porque é conceito doutrinário de longa data, que vem do Direito Romano e se perpetrou, na verdade, nas legislações civis, como nós temos isso em matéria tributária? Diferentemente, um pouquinho, do que o Prof. Eurico colocou a respeito de decadência e prescrição, neste particular, a matéria tributária guarda similitude de conceitos, guarda essa identidade definitória com relação à compensação. E parte dos grandes problemas que tivemos na jurisprudência que vou comentar mais a seguir decorre justamente de particularidades que a legislação colocou na matéria de compensação que fugiam um pouco a esse tema ou a essas características que já referi. Um exemplo que eu já dei foi justamente a impossibilidade de compensação entre tributos de espécies diferentes.

Tributo, nesse sentido, tem uma fungibilidade perfeita, seja imposto de renda, seja IPI, seja uma contribuição, seja, enfim, qualquer tributo federal. É fungibilidade total, uma vez que o tributo em si vai se revelar como um bem fungível, que é pagamento de dinheiro, de pecúnia. Mas a legislação tributária brasileira inicialmente restringiu, e hoje mudou, mas esses conceitos, sem dúvida, são importantes para se falar em compensação em matéria tributária.

Quais seriam, então, as primeiras duas idéias para analisar *compensação* no direito tributário? São duas idéias básicas, sem as quais não conseguimos raciocinar. Primeiro, a compensação – portanto, esse encontro de quantias idênticas relativas a direitos recíprocos – pode dar-se de forma direta – eu diria *ex officio* – por parte do contribuinte. E quando isso é possível? Quando a lei estipula ou determina todos os conceitos para uma compensação direta, não há necessidade de prévia participação da Administração Tributária. Este é o primeiro conceito. A compensação pode ser direta, na qual o contribuinte, vinculado à norma legal, a aplica sem participação prévia da Administração Tributária. Há também uma segunda hipótese para se pensar em compensação, na qual a lei, no caso específico, pode delegar previamente à Administração Tributária a verificação de condições para que esse encontro recíproco de direitos se possa realizar.

Existiria uma terceira hipótese? Claro, porque eu falei que são duas. São os casos em que a compensação é proibida. Mas, aí, não estamos falando de *compensação*, estamos falando de *não-compensação*. E, analiticamente, não é uma terceira hipótese. Ou seja, a compensação em matéria tributária, hoje, no passado ou no futuro, só pode ter esses dois espaços de entendimento: *compensação direta*, sem prévia participação da Administração Tributária, e compensação não indireta, mas *compensação mediante homologação*, tendo em vista uma delegação da lei, à autoridade administrativa, para a verificação do cumprimento das condições.

Como hoje nós temos compensação, cuja existência começou na Lei 8.383, lá no passado – e agora vou me restringir à matéria tributária federal –, o art. 170 do CTN, com essa modificação do art. 170-A, veio justamente contemplar essas duas hipóteses. O Código Tributário Nacional, o legislador, depois de todas as experiências que teve com compensação, relacionadas a possibilidades, gerou a jurisprudência do STJ a respeito de impossibilidade de compensação em casos em que não há trânsito em julgado. O que ele veio trazer? A possibilidade de existir compensação em matéria tributária em duas hipóteses. Primeira: compensa. Por quê? Porque a lei permite, ponto. Segunda: não compensa. Pede o "amém" da Administração Tributária por quê? Porque a lei delegou a ela esse poder. E o art. 170, basicamente, traz estas características. Hoje, nosso sistema de compensação do art. 170 do CTN, especificamente em matéria federal, tributos federais, uma legislação toda própria, contempla essas duas sistemáticas.

É verdade também que a lei ordinária, depois federal, que começa na Lei 9.430, com outras alterações, veio trazer também a terceira hipótese, que é uma *não-hipótese*: as proibições de compensação. Mas são não hipóteses, nós não estamos falando de compensação, propriamente, em matéria federal. E esse art. 170 do CTN simplesmente adotou aquilo que a doutrina já vinha manifestando com relação à compensação, suas propriedades, suas características e seus pontos peculiares.

Bem, o que fala, mais, o art. 170? Também daquelas características a que me referi. Portanto, dentro do instituto da compensação, tenho que falar de *liquidez*, tenho que falar de *certeza*, tenho que falar de *termo* e tenho que falar também de *fungibilidade*. Então, vamos ver como a norma brasileira, hoje, prevê todas essas características para efeito dos tributos federais.

Qual a legislação de que nós estamos falando? Eu não gosto de falar muito em número de lei, porque sempre muda. Mas o marco agora contemporâneo – vamos esquecer a Lei 8.383 – da compensação é a Lei 9.430. Essa lei, alterada por várias leis – por três leis, fundamentalmente –, na verdade, é o marco da compensação do que nós estamos falando nos dias atuais. E o que prevê essa Lei 9.430? Primeiro ela diz que os créditos – como eu já disse que é propriedade natural de qualquer compensação – têm que ser líquidos e certos. A idéia de liquidez nesse caso é a possibilidade de quantificação dos direitos; ou seja, quando me refiro a liquidez, eu estou me referindo a um processo humano por intermédio do qual o ser humano consegue quantificar estes valores dos direitos em pecúnia. Já, a certeza diz respeito à impossibilidade ou à falta de controvérsia; portanto, eu só terei direito líquido e certo quando eu puder quantificar em pecúnia esse direito e quando não houver controvérsia sobre o direito. Daí por que entendo correta a manifestação do STJ – agora legislada por intermédio do art. 170-A do CTN – na qual se diz que somente podem ser compensados tributos relacionados a créditos que eventualmente tenham discussão judicial quando estes estejam plenamente certos. E a certeza dar-se-á por intermédio do trânsito em julgado de qualquer processo judicial. Ou seja: o que o STJ e o que o CTN, por intermédio do art. 170-A, trouxeram – e que gerou grande controvérsia entre os advogados, no mundo advocatício –, a meu ver, nada mais representa que a adoção de entendimentos doutrinários relacionados a essa propriedade da compensação, qual seja, *liquidez* – portanto, quantificação – e *certeza* – portanto, não-existência de controvérsia.

Então, hoje, em termos federais, temos a compensação respeitando esse primeiro princípio acerca da *liquidez e certeza*. E a *fungibilidade*? A fungibilidade, nos dias atuais, também é adotada – a meu ver, posição bastante correta, com algumas exceções ou com alguns equívocos. Hoje temos a fungibilidade de tributos federais, é a regra geral. Posso ter fungibilidade quanto à espécie do tributo, mas também posso ter fungibilidade com relação aos chamados créditos que o contribuinte tem, como contribuinte ou como responsável tributário. Ou seja, hoje, quando falamos de *compensação*, entendemos como "créditos próprios" não somente aqueles que o contribuinte paga por uma relação direta com a hipótese, mas, na verdade, também quando ele paga numa relação indireta com a hipótese, como responsável tributário. Daí por que, hoje, a norma federal respeita a fungibilidade, a unicidade com relação à espécie de tributo federal, mas também respeita a fungibilidade com relação ao conceito do que é "tributo próprio" ou "tributo não-próprio". Hoje temos a possibilidade de compensação com praticamente todos os tributos, e dentro de uma regra de fungibilidade admissível.

O problema atual é que nós sabemos que, agora, com essa super-Receita – o INSS, portanto, pertencendo ao mesmo órgão estatal, à mesma Administração Pública –, temos uma restrição à fungibilidade que poderia eventualmente ser oposta. E também temos a impossibilidade da fungibilidade na troca de créditos e débitos entre contribuintes diferentes – ou seja, não posso me aproveitar de créditos de terceiros para compensar débitos próprios.

Em princípio, não há uma quebra da fungibilidade, uma vez que aí não haveria reciprocidade, eis que para haver reciprocidade é preciso uma operação prévia, uma operação antecedente. Qual é a operação antecedente quando me refiro a créditos de terceiros? Cessão de direitos. Ou seja, para que possa haver reciprocidade, que é fundamento principal da compensação, preciso de uma operação prévia, antecedente. Qual é? A cessão de direitos.

Então, o que está proibido não é a compensação. O que se proíbe, para efeito de compensação, é essa cessão de direitos – e, portanto, a eficácia da compensação. Com relação à fungibilidade, entendo que hoje a norma federal também contempla, de forma adequada, praticamente, toda a questão dessa característica da fungibilidade, sendo que existem essas duas restrições a que me referi, passíveis de dúvidas e análises.

E, por fim, em termos do quarto requisito da compensação, que seria o termo, os vencimentos, hoje, a lei federal prevê a possibilidade de compensação de créditos vencidos, passados, ou de créditos vincendos, futuros. Portanto, respeitando o termo relacionado àquele conceito inicial que eu referi, de compensação.

Como é o processo de compensação? Dentro dos meus últimos 5 minutos, dos 20 minutos regulamentares. Hoje nós temos, portanto, dois tipos de compensação, como já referi: a direta e aquela na qual a Administração atua previamente. Vamos falar da compensação direta. A compensação direta foi a grande mudança, foi a grande revolução, acho que foi o grande avanço da legislação federal, na qual, mediante uma declaração de compensação, eu compenso, ponto. Por quê? Porque a lei permite, ponto. É a compensação direta, apelidada de *perdicomp*. Essa é a compensação mais famosa, é a compensação que atendeu à necessidade dos contribuintes de fazer compensação imediata. Qual a razão por que o legislador mudou? Por uma razão simples – e aí vem até o termo "simples", vai ser usado duplamente: para atingir a simplicidade do sistema fiscal. Só para que se tenha uma idéia, no sistema antigo, em que a Administração previamente homologava, só em São Paulo tínhamos mais de 100 mil pedidos de homologação de compensações, o que era totalmente inviável para a Administração Tributária. A Receita Federal, obviamente, jamais cumpriria com esses prazos ou com prazos razoáveis tendo só em São Paulo mais de 100 mil pedidos de compensação naquele período da Lei 8.383, que poderiam chegar, no total, a 1 milhão, a 2 milhões.

A mudança legislativa que nós tivemos simplesmente deveu-se a uma necessidade de simplicidade do sistema. A Administração Tributária, acolhendo a doutrina tradicional da compensação direta, estabeleceu que a lei estipula as condições, o contribuinte faz. Essa é a realidade. Então, hoje temos a *perdicomp*, que, na verdade, é o sistema utilizado pela legislação, e, como norma infralegal, a Instrução Normativa 460/2004. Se indeferida esta compensação direta, se entendida de forma inadequada, gerará processo administrativo perante o Ministério da Fazenda. Ou seja, hoje, após a declaração de compensação, temos um rito procedimental que segue basicamente o rito do processo administrativo fiscal (PAF).

Resumindo, e colocando de maneira singela esses pontos. O primeiro ponto, o indeferimento de compensação feita de forma direta, gerará, na verdade, aplicação de multa por atraso no pagamento do tributo, podendo também acarretar aplicação de multa isolada, por vários motivos, em especial fraude ou simulação com relação à compensação. Após, obviamente, esse indeferimento, temos um rito procedimental que basicamente coincide com o rito do PAF, que é uma manifestação de inconformidade ao Conselho de Contribuintes, que julgará a validade, ou não, daquela compensação realizada.

Bem, dentro dos meus 20 minutos, imagino que estas são as questões que entendo interessantes para serem abordadas em um Congresso. Eventualmente, quanto a questões muito particulares, coloco-me à disposição para responder às perguntas. Entendi que seria melhor analisar a compensação tributária tendo em vista as normas que regulam a compensação comum, dentro do direito comum. E, a meu ver, a compensação tributária, nos dias atuais, guarda quase uma similitude total com o instituto da compensação civil. Daí por que entendo que não temos grandes discussões legais ou constitucionais acerca do tema, hoje. As grandes questões são mais operacionais e infraconstitucionais.

Obrigado! [*Palmas*]

Presidente da Mesa (Profa. Salette Nascimento) – Agradeço ao Prof. Roberto Quiroga pela brilhante palestra, "Compensação Tributária"! Temos muitíssimas questões preponderantes sobre essa matéria na Justiça Federal, e sempre surgem questões, que S. Exa. muito aclarou, com sua palestra.

É orientação do Congresso que as perguntas sejam respondidas posteriormente. Mas acho que ainda temos alguns minutos, o Prof. Eurico gostaria de...?, Pois não, com a palavra, Professor.

Prof. Eurico de Santi [*texto sem revisão do autor*] – Há duas questões que oferecem a oportunidade de aclarar um pouco os pontos da minha exposição. Na verdade, não quero denunciar nem decretar morte ou guerra aos princípios. Pelo amor de Deus! São fundamentais, fazem parte do nosso Estado de Direito, estão positivados, têm função importante, temperam o Direito. Mas digamos que eles têm um certo espaço de aplicação, um dado *locus* de aplicação, e há certas matérias – como, por exemplo, especificamente é o caso de decadência e prescrição – em que existe uma reação do ordenamento jurídico à imprecisão e aos problemas. Na verdade, *decadência* e *prescrição* são matérias que surgem justamente para conter a insegurança do Direito, justamente para conter os problemas do Direito. Com fundamento no princípio da segurança do Direito, há a criação de regras fechadas e objetivas para disciplinar essa matéria difícil, que justamente corta a legalidade em função do tempo.

Então, *decadência* e *prescrição* são matérias reservadas a regras. O legislador constituinte, ordinário, originário, pode criar disciplinas que regulem determinados comportamentos, ora por regras, ora por princípios. Se ele opta por princípios, isso tem um preço, indeterminação e delegação de competência; é tudo que não se quer em matéria de decadência e prescrição. O que procurei demonstrar foi que, no caso de decadência e prescrição, não posso associar essas matérias e temperar a compreensão dessas regras com princípios, que acabo distorcendo a regra que existiu para conter justamente distorções e flutuações em termos de interpretação. Decadência é a principal [*inaudível*] para construir certeza.

As duas questões têm relação com essa primeira introdução, uma é do Antônio Sá, do Rio de Janeiro, pergunta bastante interessante, que, na verdade, questiona um outro ponto da minha exposição, que diz respeito à imunidade. Ele argumenta, lembrando Getúlio Vargas, que a imunidade do livro surgiu porque Getúlio Vargas aumentava a alíquota do papel que era importado e a alíquota da tinta, para poder bombardear e atacar a imprensa de forma indireta. Então, de certa forma, isso foi uma reação constitucional para liberalizar, para garantir à imprensa sua livre expressão. Tanto que faz toda uma argumentação, aqui, demonstrando que por trás dessa imunidade há uma questão histórica, e que tem um fundamento de ser.

Concordo com o Antônio, acho que é efetivamente essa a razão de existir dessa regra. Mas o que aponto aqui, o ponto essencial dessa argumentação, tem a ver com decadência e prescrição. É que existe uma opção do legislador constituinte de positivar, através da imunidade, a liberdade de expressão como princípio e pagar o preço de legislar como princípio, que é a indeterminação da aplicação dessa regra; ou a opção dele é fechada através de uma regra, como ele fez, dizendo que o livro é imune. Quando ele faz essa opção, tenho que aceitar, humildemente, que a opção foi a regra, sob pena de, num balanceamento entre a regra e o princípio, fazer prevalecer o princípio, a regra perder efeito e eu entrar no mundo de subjetividade imensa no que diz respeito às imunidades, que tem reflexos não só no que diz respeito ao contribuinte, mas ao próprio Estado – lembrando que o Estado somos todos nós.

A outra questão também tem esse sentido. A Dra. Patrícia, um pouco indignada com as minhas posições, contrapõe de novo essa mesma força. Ela coloca, primeiro, como é que estão os princípios que não foram positivados, qual a fundamentação para considerar que os princípios não são positivados? Não disse isso. Hoje em dia, aliás, é uma tendência das Constituições modernas positivar todos os princípios, e esse é o grande desafio da Teoria do Direito, como interpretar esses princípios, como aplicá-los, essa valoração imensa, incontida, desse ordenamento, como resolver isso dando respostas objetivas, dando certeza, dando segurança, dando objetividade para o Direito – que é a grande demanda do Direito, principalmente em áreas empresariais, como a nossa.

Então é óbvio isso, e a minha posição é: estão positivados, a dificuldade é trabalhar essa positivação dos princípios com as regras que também decorrem desses princípios.

A questão que ela coloca é bem interessante, para ser equacionada: como fica o princípio da celeridade processual com a inexistência da prescrição intercorrente no processo administrativo? Esse é um bom exemplo desse conflito entre princípios e regras. Se não foi colocada uma regra específica extinguindo um processo administrativo, extinguindo essa forma de construção do crédito – e lembrando que crédito é coisa pública, decorre de uma lei pública, é interesse público, é crédito que entra para os cofres públicos para gastos públicos –, ou seja, se inexiste um regra específica que extingue esse processo de controle, eu não posso, através de um princípio, em nome da celeridade, extinguir esse crédito tributário, criando uma prescrição intercorrente que não tem previsão legal. Se ela é efetivamente importante para a sociedade, que se crie uma disciplina que construa a prescrição intercorrente. Mas, ao contrário disso, o próprio CTN, Art. 151, dispõe que, oferecida impugnação ou recurso administrativo, está suspensa a exigibilidade do crédito. Se está suspensa a exigibilidade do crédito, não tem sentido correr prescrição contra o crédito, que, aliás, cá entre nós, fui por algum tempo, juiz do Tribunal de Impostos e Taxas, beneficia o próprio contribuinte, é ele que não está pagando. E, se ele quiser acelerar o processo administrativo, tem mil formas de fazer isso. Mas o que sempre acontece é o contrário, é o advogado protelando o processo administrativo – seguindo, é claro, uma cláusula bastante interessante, que já estava em Pontes de Miranda, que dizia que *decadência* não é instituto que favorece o devedor, mas favorece o credor; ou seja, é um incentivo exercer mais rápido o direito, pois, quanto mais rápido eu exerço meu direito, mais rápido tenho meu direito exercido, o tempo corre contra o credor, o tempo corre contra a Fazenda, o tempo passa na Fazenda, o processo passa pela Fazenda, e quando da prática do tribunal, quando julgado o processo, procura-se o regulamento da época, já não há mais regulamento da época. Procura-se o fiscal que lavrou o auto dessa diligência, e ele já se aposentou. Vai-se até a empresa, a empresa não existe mais, já não há mais caixa, não há mais provas, já não há mais crédito. Ou seja, o tempo corre contra o interesse público. Então, nesse sentido, a demora, nesse processo beneficia, na verdade, a parte que é a devedora.

Então, no meu modo de ver, esse conflito entre celeridade e falta de regra, na verdade, revela exatamente isso: tenho que ter essa regra específica para extinguir o crédito, sem isso não tenho como criar do nada uma objetivação para extinguir o crédito.

Por fim, só, rapidamente, comentando uma questão que chegou agora, sobre a Lei 6.830, art. 40, que foi alterada, que indaga se o art. 40, que trata da prescrição intercorrente, é inconstitucional, porque deveria estar tratada em lei complementar. Acho que não é o caso, parece-me que prescrição intercorrente no que diz respeito a processo executivo fiscal não é matéria – pelo menos não entenderia assim – específica de decadência e prescrição de lei tributária. Entendo que a decadência tributária está voltada a extinguir prazos de constituição de crédito; prescrição tributária, prazos de execução fiscal. Entrou dentro do processo, já não é mais matéria tributária, é matéria de processo, no meu modo de ver; pode perfeitamente ser tratada perfeitamente por lei ordinária.

Obrigado!

PRESIDENTE DA MESA (PROFA. SALETTE NASCIMENTO) – Com a palavra o Prof. Roberto Quiroga.

PROF. ROBERTO QUIROGA MOSQUERA [*texto sem revisão do autor*] – A primeira pergunta versa sobre créditos decorrentes de decisão judicial transitada em julgado em que se reconheceu o direito de compensar apenas o mesmo tributo – exemplo, FINSOCIAL *vs.* COFINS.

É possível fazer com que a Receita Federal acate a compensação com débitos de qualquer tributo no seu âmbito de recolhimento? Essa questão foi muito comum, muita gente, quando do advento da Lei 8.383, entrou com ação e conseguiu um trânsito em julgado, dizendo: "Olha, mesmo tributo". Depois a lei mudou. Hoje já existe resposta a consulta da Receita Federal dizendo que no caso de alteração da legislação é admissível a compensação dentro das regras atuais da Lei 9.430. Há duas respostas na consulta dizendo estes termos, são publicadas, não sei o número, mas me recordo, hoje em dia nós tivemos um caso específico relacionado a esse tema, onde admitida a compensação.

Segunda questão: *É possível, no seu entendimento, a compensação com créditos adquiridos de terceiros via escritura pública?* Não. Não é possível, uma vez que, como eu me referi à cessão de créditos, ela não está vedada pelo sistema, o que está vedado é a compensação de créditos não originários, e sim créditos derivados. Ou seja, hoje, só posso compensar créditos originais com débitos originais, não posso compensar créditos derivados – portanto, decorrentes de uma cessão de crédito com créditos originais. Essa é a vedação, hoje, da legislação.

É possível a empresa compensar com créditos seus o IR/fonte de empregados? Entendo que é possível, havia um ato declaratório que provocava dúvidas a respeito desse tema, mas hoje, no conceito de "crédito próprio", sendo o seu próprio crédito como contribuinte ou seu próprio crédito como responsável tributário, é admissível a compensação, a meu ver.

O Sr. senhor vê diferença de natureza jurídica entre a repetição do indébito fiscal e a compensação tributária feita em razão de tributo indevido? Em caso de resposta negativa, como vê a aplicação do art. 166 do CTN? Entendo que repetição do indébito nada mais é que – claro, o art. 166 do CTN não diz ação de repetição do indébito – o direito de pleitear a devolução desse valor. Não analisei a questão, mas entendo que a natureza me parece semelhante, seja por intermédio de uma ação de repetição de indébitos, seja por um procedimento administrativo, como é o caso do procedimento hoje previsto na Lei 9.430, seja por intermédio de uma ação declaratória com pedido de compensação, com tutela ou sem tutela. Ou seja, sinteticamente, entendo que tenham a mesma natureza. Não analisei com profundidade, é uma pergunta muito interessante, mas acho que têm a mesma natureza.

De acordo com sua exposição, há que se falar em compensação quando se apresentam as quatro características do instituto – quais sejam: reciprocidade, liquidez e certeza, termo e fungibilidade. Estando presentes esses requisitos, como o Sr. vê a limitação de 30% para compensação de prejuízos de exercícios anteriores? Essa limitação não fere princípios constitucionais (igualdade, isonomia, segurança jurídica, entre outros)? Não vou discutir a questão dos 30%. Mas, respondendo à questão relacionada à compensação, entendo que não há identidade de conceitos. Quando estou me referindo a *compensação*, estou me referindo a imposto a pagar ou a imposto a restituir. Quando estou me referindo a *compensação de prejuízos de imposto de renda*, estou me referindo a base de cálculo do tributo, e não estou me referindo à mesma natureza de imposto. Poder-se-ia dizer: "Ah! Mas, na verdade, essa base de cálculo impactaria o núcleo do ano subseqüente". Sem dúvida, isto é verdade, eu também não omito. Mas isso não guarda a mesma similitude da compensação. Só posso compensar com direitos da mesma natureza. Quando compenso imposto a restituir com imposto a pagar, é a mesma natureza. Quando pego uma outra natureza, que é base de cálculo, para tentar compensar, aí existe ilogicidade na compensação, a fungibilidade não seria respeitada, porque são bens de qualidades diferentes, ou direitos de qualidades diferentes.

Presidente da Mesa (Profa. Salette Nascimento) – Cumprimento os ilustres Profs. Eurico de Santi, Valdir de Oliveira Rocha, Roberto Quiroga e Eduardo Bottallo. Aprendi muito com as palestras de V. Exas., e acho que todos os presentes. Convido os Srs. para o lançamento do livro da Profa. Clarice V. de Araújo, *Semiótica do Direito*, a seguir, também lembrando que às 11h teremos a conferência do Dr. José Eduardo Soares de Melo. Reiterando meus agradecimentos a Mesa, a todos os presentes, declaro encerrada a sessão. [*Palmas*]

MESA DE DEBATES "F"

REPÚBLICA E CONSTITUIÇÃO FEDERAL

PRESIDENTE DA MESA: PROF. AIRES F. BARRETO

MEMBROS DA MESA: MIN. JOSÉ DELGADO,
PROF. ROQUE ANTONIO CARRAZZA, MIN. JOÃO OTÁVIO NORONHA

PRESIDENTE DA MESA (PROF. AIRES F. BARRETO, PRESIDENTE DO IDEPE) – Gostaria de convidar para compor a Mesa que versará o tema "República e Constituição Federal" o eminente Min. José Delgado, do STJ. Quero, com muita honra, convidar também para compor a Mesa o Min. João Otávio Noronha, do STJ. Convido, a seguir, o ilustre Professor da PUC/SP, onde é Titular, o Prof. Roque Carrazza. Sem maiores delongas, vou passar a palavra ao eminente Min. José Delgado. Apenas queria salientar que S. Exa. dedicou-se sobremodo a estudar o direito tributário. Além de ser notável especialista no campo do direito civil, onde tem obras de extraordinário valor, o Ministro também dedicou especialmente suas atenções ao direito tributário. Certa feita, ouvi do Min. José Delgado a seguinte expressão: "O STJ tem 800 anos de experiência". O que ele quis dizer com isso? Que o julgador e o STJ levam a lei na sua bagagem de conhecimentos pessoais, a soma das demais bagagens dos demais Ministros formando, efetivamente, um Tribunal de 800 anos de sabedoria.

Ele, o Min. José Delgado, é o Decano desses Ministros. Decano não em função de idade, Decano em função de como se dedica, de como se empenha, de como se conduz naquele Tribunal. Quando, nas poucas vezes em que casos nossos, como advogado, têm batido às portas do STJ e eventualmente são distribuídos ao Min. José Delgado, eu digo aos meus companheiros de escritório que teremos uma excelente decisão, pouco importa se a favor ou contra, porque, num ou outro sentido, sempre será uma decisão absolutamente bem-fundamentada. Esse é o nosso conferencista Min. José Delgado, a quem eu passo a palavra.

MIN. JOSÉ DELGADO – Eminente amigo Presidente destes nossos trabalhos, Dr. Aires, Prof. Aires. Feliz, agradeço, primeiramente, as palavras que a meu respeito proferiu. Não acreditem em nada do que o Prof. Aires disse, ele é meu amigo de muitos anos, e amigos foram feitos para elogiar os amigos. E o meu querido amigo Prof. Aires foi excessivo, agora, nas suas menções. Outra passagem é que os amigos presentes agora, aqui, neste Auditório devem ter visto a cara de satisfação do meu querido amigo Min. Noronha quando o Prof. Aires me chamou de "Decano do STJ". Noronha fez um rosto de alegria deste tamanho! Mas observem que S. Exa. me chamou Decano em idade, me vêem com mais antigo, eu sou o décimo em antigüidade!

Meus queridos amigos, o Prof. Roque, com muita honra nos encontramos mais uma vez. E a todos a minha homenagem, a todos os presentes neste Auditório, neste Congresso em que se presta homenagem a um sábio, a um homem a quem o direito tributário no Brasil deve a união de seus princípios, com a valorização da dignidade e da cidadania. Todos nós sabemos, todos nós conhecemos, que a vida de Geraldo Ataliba e o sacrifício com que ele viveu foram padrões de conduta de anos a eles dedicados, a fazer com que o direito tributário brasileiro fosse realmente um Direito respeitado e que fosse interpretado e aplicado considerando o homem, o cidadão, como o centro de suas atenções.

E, para isto, sempre pregou – e continua pregando, nas lições que deixou – a necessidade de a Constituição ser utilizada como veículo maior, como realmente ela o é, através dos seus postulados, dos seus princípios e das suas regras, na interpretação e na aplicação do direito tributário. É em homenagem a Geraldo Ataliba, em homenagem a este Congresso, que resolvi voltar ao tema da "Importância dos Postulados Republicanos do Direito Tributário", que é o tema central deste momento e a respeito do caos, do estrago; as idéias que me parece necessário ser revisitadas, ou reorganizadas, ou reformuladas, se for o caso, na época contemporânea.

Dentro dessa visão, este trabalho que elaborei, que acabei de corrigir quando vinha no avião, hoje, dividi em quatro campos. Primeiramente destacando a importância dos postulados na interpretação do direito tributário, visão dos métodos não-clássicos na atualidade, na interpretação do direito tributário, em confronto com os métodos clássicos de interpretação do Direito. Na segunda parte, a supremacia dos postulados republicanos na interpretação e aplicação do direito tributário. Na terceira parte, os postulados republicanos e a capacidade contributiva do contribuinte, visão jurisprudencial do STF. E a quarta e última parte, enunciados doutrinários, quer dizer, sínteses de pensamentoa doutrinários a respeito da importância destes postulados na interpretação e aplicação ao direito tributário.

Vou tentar lhes fazer uma síntese dentro da programação, aqui. Trinta minutos, Sr. Presidente? Trinta minutos para cada palestrante?

Min. João Otávio Noronha – Se V. Exa. precisar de mais tempo, eu cedo o meu. V. Exa. é mais antigo, pode confiscar! [*Risos*]

Min. José Delgado – Observem bem, observem novamente a satisfação como ele fez de chamar mais a atenção, aqui. Isto é um costume, isto é costumeiramente. Mas V. Exa. chegara lá, também, se Deus quiser! São os votos que eu lhe desejo! [*Risos*] Trinta minutos é o prazo para cada um? Trinta minutos, não é?

Atendendo a esse prazo, vou lhes apresentar, de modo resumido, qual é o meu pensamento.

Primeiramente, eu quero lhes chamar a atenção para a importância dos *postulados* na interpretação do direito tributário e os métodos que devem ser empregados, na atualidade, para a visão desses postulados. Estou me filiando a uma corrente, hoje, que cada vez mais se aperfeiçoa no Brasil, no sentido de que temos que olhar o ordenamento jurídico e seu conteúdo dogmático dentro de três níveis: um é o nível dos *postulados*, o outro é o nível dos *princípios*, o outro é o nível das *regras*.

No nível dos *postulados* – segundo especialmente Humberto Ávila e outros doutrinadores –, temos que observar que os postulados têm uma carga de natureza absoluta; na interpretação de um postulado jurídico não podemos tomar posições flexíveis, temos que tomar posições cada vez mais de sua valorização, e fazer com que ele atue com toda sua força, eficácia e efetividade.

Segundo, temos que valorizar os *princípios*. E os princípios, embora suportem uma interpretação não de natureza absoluta, mas de natureza relativa, que muitas vezes eles têm que se adequar a determinadas situações fáticas, deverão ficar vinculados ao princípio da hierarquizarão da construção do pensamento e da sua aplicação.

E, por fim, a aplicação das *regras*, o segmento das regras, todas a vezes em que elas não conflitem com os princípios, e especialmente com os postulados.

A única discordância que nós tínhamos a respeito da posição de Humberto Ávila é onde ele afirma que os princípios estão numa posição hierárquica inferior às regras, porque os princípios surgem das regras, e, entre um princípio e uma regra, se deverá fazer opção pela regra, mesmo que a regra vá de encontro ao princípio. Ainda não estou convencido deste posicionamento, uma corrente que existe no Direito Alemão, mas que necessita, ainda, de uma reflexão muito grande para que nós possamos, em todas as situações, falar genericamente desta possibilidade. Penso que ente lógico com a possibilidade de exceções deverá perdurar, devem perdurar no atual momento que estamos vivendo na interpretação do Direito, especialmente do direito público, estes três níveis de trinomia, hierarquização: importância dos *postulados*, com natureza absoluta – carga de eficácia total; importância dos *princípios*, com sua natureza relativa – carga que, portanto, pode sofrer flexibilidade; e aplicação das *regras* – que terão carga total desde que não conflitem com os princípios e, conseqüentemente, com os postulados.

Sintetizando este pensamento, lembro-lhes que temos que trazer para interpretar estes postulados, estes princípios e estas regras primeiramente os métodos clássicos de interpretação, métodos que foram cultuados durante muito tempo em todos os ramos do Direito, especialmente no campo do direito constitucional e do direito tributário. Estes métodos clássicos, todos nós sabemos, são métodos que estão inseridos na nossa cultura jurídica, e que são o da *interpretação filológica* ou *gramatical*, o *lógico* ou *sistemático*, o *histórico* e o *teleológico*. Ocorre que sabemos que estes métodos, com o evoluir do tempo e com as complexidades que o atendimento jurídico vem apresentando, a cada dia que passa – e, conseqüentemente, com as visões e com as mudanças das visões constitucionais e com a proteção que, hoje, o atendimento jurídico dá ao cidadão e à dignidade humana, considerando que especialmente no regime democrático, com uma forma de governo republicana, os destinos do Governo passam a ser executados de acordo com a vontade do povo, e não com a vontade do governante –, não são mais suficientes, em muitas oportunidades e muitas ocasiões, para que nós possamos estreitar norma jurídica no comando de sua idéia, tudo aquilo que ela quer que seja em benefício da dignidade humana e da cidadania.

Os Srs. estão a observar que já repeti três ou quatro vezes este postulado da *dignidade humana* e da *cidadania*. E vou repetir muitas vezes, porque estamos a defender que o direito tributário, todos nós que trabalhamos com direito tributário não estamos ainda conscientizados – nem nós e muito menos, muito menos, há essa conscientização por parte do poder tributante –, de que, a partir dos postulados republicanos, postos na Constituição Federal, e dos princípios e dos subprincípios em harmonia com os postulados do regime democrático, também dos princípios e dos subprincípios, tudo há de ser dirigido ao direito tributário, quando ele se torna uma situação concreta de aplicabilidade em benefício do cidadão e da valorização de sua dignidade humana.

Então, estamos a entender que estes métodos, hoje, não são suficientes. Por essa razão, estamos a pregar que há a necessidade de uma visitação – ou de uma revisitação, como queiram – a autores que vêm assinalando para que outros caminhos sejam adotados na interpretação das normas tributárias; especialmente os autores que vou lhes mencionar, numa síntese.

Nós sabemos que Juarez Freitas, numa magnífica obra intitulada *A Interpretação Sistemática do Direito*, prega que devemos seguir os métodos da interpretação do Direito, especialmente do direito público. Devemos adotar 10 posturas. Essas posturas muitas vezes seguem uma posição de hierarquização, outras vezes seguem uma posição de interligação. Quais são estas 10 posturas que devemos adotar?

Primeira postura: Deve um intérprete jurídico, conquanto em atividade funcionalmente distinta da do legislador, exercer conscientemente o papel hermenêutico de revelar a elasticidade do direito objetivo, sede em que, na prática, a subjetividade é momento constitutivo da objetividade, e vice-versa. Então – conclui –, *interpretar é sistematizar*.

Segunda postura: Deve o intérprete saber priorizar princípios, normas e valores, pautando sua visão rumo aos elementos mais altos e nobres do sistema. *Interpretar é hierarquizar*. Eu acrescentaria, aqui, priorizar postulados, princípios, normas e valores.

Terceira postura: Deve o intérprete jurídico sobrepassar as *antinomias*, no sentido ampliado aqui proposto, eis que é tarefa vital sua – observem que estou dando ênfase aos vocábulos de maior expressividade, na relação viva com o texto – resguardar o binômio segurança/justiça, o qual não pode ser convertido em oposição, sob risco de perda da sistematicidade legítima, isto é, daquela que guarda uma decisão social voluntária. Enfim, *interpretar é unificar*.

Quarta postura: Deve o intérprete jurídico, procurando a máxima isenção quanto às partes postas contra, empenhar-se para que o labor exegético se faça harmônico com os postulados. Eu acrescento: princípios fundamentais do sistema, entre os quais o da legalidade. *Interpretar é fundamentar*.

Quinta postura: Deve o intérprete jurídico reconhecer as premissas preexistentes na construção de silogismo e de sua exegese, purificando-as sob o prisma da racionalidade infra-subjetiva, no intuito de alcançar uma escolha axiológica, fundamentada, não-arbitrária e livre da garantia da coexistência das demais liberdades. *Interpretar é manejar o metacritério da hierarquização axiológica* – postulados com natureza absoluta, princípios com sua natureza relativa, regras com a força e eficácia que elas contêm.

Sexta postura: Deve o intérprete jurídico perceber o caráter problemático do evento hermenêutico nas especificidades do caso concreto, porém dialeticamente, precisa construir o sistema a partir de uma visão dedutiva de suporte indutivo, de modo que o caminho rumo aos princípios – aqui, citaria eu: aos postulados e princípios – e o caminho para as normas seja o mesmo, cuidando para que a extensão da interpretação não se torne maior que a interpretação do sistema. Enfim, *interpretar é sintetizar*.

Sétima postura: deve o intérprete jurídico ter bem presente a seleção, vitalizando seu espírito e do conjunto dos enunciados; jamais concluir ou apenas a partir do exame de normas singulares ou de meras justaposições normativas, dado que a interpretação sistemática não é somente um elemento da Hermenêutica, nem um simples somatório, mas a junção concreta dos elementos. Enfim, *interpretar é relacionar*.

Oitava Postura: Deve o intérprete jurídico realizar a observação da totalidade dos fatos coletados e efetuar um diagnóstico seguro para, a seguir, no bojo do sistema, encontrar o melhor e mais conciliatório tratamento para as controvérsias, no sentido de, ao mesmo tempo, superá-las e conservar a sistematicidade do Direito. *Interpretar é diagnosticar*.

Nona postura: Deve o intérprete jurídico, como base do sistema objetivo, lutar para superação de trinomia de avaliação e justiça sem se sobrepor autoritariamente ao Direito, pressuposta sua razoabilidade mínima no Estado Democrático. Bem, *interpretar é concretizar a máxima justiça possível*.

Décima postura (e última): Deve o intérprete jurídico salvaguardar a essência da idéia do Direito como sistema, bem como acolher a possibilidade de sua evolução contínua, certo de que, quanto mais complexo este for, tanto mais carecerá de estabilidade; longe de se manter inerte o sistema, deve-se modificá-lo, emprestando uma exegese renovadora. Enfim, *interpretar é aperfeiçoar*.

Então, temos aí, meus queridos amigos, já, uma corrente defendendo um método não-clássico de interpretação. Não é que vamos abandonar os métodos clássicos de interpretação, mas vamos trazer, juntamente com os métodos clássicos de interpretação, esta corrente que eu chamarei de *decálogo contemporâneo da interpretação do direito público* – decálogo, este, que se concentra, como lhes anunciei, em que *interpretar é sistematizar*; *interpretar é hierarquizar*; *interpretar é unificar*; *interpretar é fundamentar*; *interpretar é manejar o metacritério da hierarquização exegética, da hierarquização axiológica*; *interpretar é sintetizar*; *interpretar é relacionar*; *interpretar é bem diagnosticar*; *interpretar é concretizar a máxima justiça possível*; e, por fim, *interpretar é aperfeiçoar*.

A pergunta que eu lhes faço, e a respeito da qual não vou lhes dar resposta, deixo-lhes apenas para meditação, é se nós, na atualidade – quando digo "nós", somos nós, operadores do Direito; nós, aplicadores do Direito; nós, juristas; nó,s professores; nós, advogados; nós, juízes; nós, consultores; nós, pareceristas –, neste início do século XXI, estamos interpretando o direito tributário com essas mensagens aqui postas, especialmente considerando o Preâmbulo da Constituição Federal e seu art. 1º, onde os postulados republicanos estão à mostra, sem dúvida alguma, não somente por parte do legislador constituinte, que os introduziu na Constituição Federal, e também por nós, cidadãos, que assim queremos e assim aceitamos, e também por parte do Estado, que com eles convive, mas que constantemente os desrespeita.

Em outra quadra, dentro deste campo, também, dos métodos não-clássicos, causa-me muita influência, tem me causado muita influência, a pregação, já analisada e vista, de Gomes Canotilho quando ele defende que, além de outros métodos de interpretação, temos que pensar, atualmente, especialmente no campo do direito público, em um conjunto de métodos que vêm sendo desenvolvidos, e que podemos resumir na seguinte espécie: primeiramente, devemos pensar muito no chamado *método jurídico*, que é o método hermenêutico clássico, que eu já lhes apresentei, e que necessita de um aperfeiçoamento. Ao lado deste aperfeiçoamento, devemos evoluir para criar linhas para a concepção de um chamado *método tópico-problemático*. Esse método tópico-problemático, que é a interpretação, deve partir de algumas premissas. Primeiramente se tem um caráter prático da interpretação constitucional, dado que toda interpretação procura resolver os problemas concretos. Caráter aberto fragmentário ou, em determinada lei constitucional, preferência pela discussão do problema em virtude da abertura de normas constitucionais, que não permitam qualquer dedução subjuntiva a partir delas mesmas. Ainda, pensar no aperfeiçoamento de um método, que é chamado *método hermenêutico-concretizador*, que defende a idéia que a leitura de um texto normativo inicia pela pré-compreensão dos seus sentidos através do intérprete. Que a interpretação da Constituição é uma compreensão de sentido, um preenchimento de sentido juridicamente criador, em que o intérprete efetua uma atividade prático-normativa, concretizando a norma constitucional, para e a partir de uma situação histórica concreta, que o intérprete deve ter como pressuposto o primado do texto constitucional, com toda sua força e efetividade, em face do problema, e não o primado do problema perante a norma.

Por fim, prega também Canotilho que, ao lado destes métodos clássicos e dos métodos não-clássicos hoje trabalhados, temos que pensar no aperfeiçoamento de seguir uma linha do chamado *método científico-espiritual*, por ter natureza valorativa e sociológica; devemos pensar no homem com todas as suas complexidades no momento que ele está vivenciando; deve levar em conta as bases de valoração, a ordem dos valores, quer dizer, os ditames axiológicos que estão presentes em todo o texto constitucional. O sentido e a realidade da Constituição como elemento de um processo de integração. E fala, ainda, em complementação a essas idéias, no possível surgimento, hoje, de um *método donativo estruturante*, que tem como postulado básico a metódica jurídica que deverá investigar as várias funções de realização do direito constitucional, quer quando esse Direito é aplicado no campo da Administração, quer quando esse Direito é aplicado no campo do Poder Judiciário.

Dentro desses pensamentos, meus queridos Amigos, é que nós temos de refletir se realmente, no momento atual, o princípio republicano, o postulado republicano, tem atendido, se ele realmente tem sido interpretado na aplicação do direito tributário, se realmente ele tem sido interpretado e aplicado como quer a Constituição – isto é como nós cidadões queremos.

Devemos observar a Constituição Federal desde o seu Preâmbulo, que nós não temos o costume de investigar. E nós sabemos que é lá que vamos encontrar o contexto filosófico da Constituição Federal, a espiritualidade da Constituição Federal. A mensagem mais forte, a carga mais forte da Constituição Federal, está em seu Preâmbulo, quando ele menciona o Estado Democrático, onde mostra que opção nossa foi por um Estado Democrático, destinado a assegurar o exercício de direitos sociais e individuais, a liberdade, a segurança, o bem-estar, o desenvolvimento, a igualdade e a justiça como valores supremos. Observe-se a carga que o Preâmbulo da Constituição Federal deu a esses valores: colocou-os como valores supremos, quer dizer, como valores máximos, *de uma sociedade fraterna, pluralista e sem preconceitos, fundada na harmonia social e comprometida, na ordem interna e internacional, com a solução pacífica das controvérsias*.

Observem que esse afirmar da Constituição consagra a idéia hoje posta, legislada, determinada em seu art. 1º, de que fizemos a opção por um regime democrático, que deverá atuar em uma forma de governo republicana. Isto é o que está em seu art. 1º, de modo bem claro, quando diz que a República Federativa do Brasil, constituída pela União, Estados, Distrito Federal e Municípios, é um sistema harmônico, e tem como objetivos fundamentais a soberania nacional (inciso I), a cidadania (inciso II), a dignidade da pessoa humana (inciso III), os valores sociais do trabalho e da livre iniciativa (inciso IV), o pluralismo político (inciso V) – e outras regras, que são complementadas pelo art. 3º.

A forma republicana de governo, nós temos que pensar, concentra a idéia de que as funções executivas e legislativas, especialmente, são exercidas em sistema de negócios jurídicos públicos, na forma de contrato público, onde há obrigações recíprocas, que são assinaladas por intermédio de cláusulas ditadas pela Constituição Federal, em que o povo se faz representar pelos seus delegados e estes delegados, por sua vez, devem atuar com vinculação absoluta aos princípios da responsabilidade, da relatividade e da temporariedade.

Por outro lado – temos desenvolvido nas nossas meditações –, a forma republicana adotada pela Constituição Federal de 1988 exige, na prática, o quê? Que os dirigentes do Estado desenvolvam suas ações com vínculos diretos a diretrizes consagradas no texto da Carta Magna, que se voltam para priorizar a soberania, a cidadania, a dignidade humana, os valores sociais do trabalho e da livre iniciativa e o pluralismo político, entre outros valores. Estes são postulados republicanos da mais alta categoria, são postulados republicanos que não podem ter uma interpretação relativa, têm que ter uma interpretação de absoluta e integral efetividade e eficácia; não podem ser maltratadas, em circunstância alguma e em momento algum, sob pena de violação grave à Constituição Federal.

Além de todos estes postulados centrais que eu lhes mencionei, todos nós sabemos que temos outros, postos no corpo da Constituição Federal; postulados que muitas vezes são chamados de *princípios*, como o princípio federativo, o da separação dos Poderes, o presidencialista, o da legalidade, o da liberdade e do inafastabilidade do controle jurisdicional, e outros que estão postos no art. 5º e outros dispositivos da Carta Magna.

Enfim, trazendo todos esses pensamentos para a área tributária, o que podemos concluir? Nós tiramos quatro conclusões que eu lhes apresento, com base nesses pensamentos que estamos, aqui, a desenvolver. Os postulados republicanos na área tributária proíbem, conseqüentemente:

(a) a concessão de qualquer vantagem tributária a um determinado grupo de pessoas, ou a categoria de pessoas, sob forma de privilégio – pensamento que colhi da obra do Roque, *O Sistema Constitucional de Direito Tributário*;

(b) a criação de um tributo por lei que não tenha por destinação os interesses dos vários segmentos sociais e por finalidade desenvolver o país. Os postulados republicanos o proíbem de modo absoluto;

(c) que os contribuintes, em quaisquer condições, sejam tratados, quando na mesma faixa de incidência, de modo desigual;

(d) que as regras positivas do direito tributário sejam interpretadas sem que primeiramente haja consideração à valorização da dignidade humana e da cidadania.

Essas quatro proibições a meu ver, estão presentes nos postulados republicanos. Então, após fazer esta enunciação destes quatros campos que mencionei, termino afirmando que o postulado republicano é tido, por assim ser, como o mais importante na determinação da eficácia e da efetividade da Constituição Federal. E volto, mais uma vez, ao ensinamento de Roque Carrazza. Em sua obra *Curso de Direito Constitucional Tributário*, 19ª edição, ele lembra que o postulado republicano "alcança não só a União como as demais pessoas políticas existentes no Estado Brasileiro" (p. 70), bem como destaca sua relevância, ao ponto de qualquer desrespeito a esse postulado acarretar ou poder acarretar "a declaração de inconstitucionalidade de todo e qualquer ato emanado do Poder Público (lei, decreto, portaria, ato administrativo etc.) que, de modo efetivo ou potencial, venha a lesá-lo" (p. 73). Continua Roque: "A par disto, a vulneração deste princípio [*que hoje eu estou elevando a postulado*] pode ensejar a decretação de intervenção Federal nos Estados-membros (...), a propositura, pelo Procurador-Geral da República, de ação direta interventiva, perante o STF (...) e a caracterização de crime de responsabilidade, caso seja tentada, pelo chefe do Executivo, a mudança, por meio violento, desta forma de governo (...)" (p. 73).

Ultimo esta parte com seguinte frase: a influência das idéias acima anotadas do direito tributário é uma realidade, não podemos fugir, por mais que o poder tributante tente fugir, e muitas vezes nos coagir a fugir. Deve ser, portanto, colocado como primeira postura a ser adotada pelo jurista quando chamado a interpretar ou a aplicar o direito tributário.

A seguir, meus queridos Amigos, em homenagem a este postulado republicano, faço a análise de como o STF tem analisado este postulado, tendo em vista a capacidade contributiva do contribuinte. Considerando que, como postulado republicano, nele está ínsito o princípio de que nenhum tributo deverá ser instituído e cobrado – nenhum imposto especialmente, o imposto com o regramento estabelecido na CF, expressamente, art. 145, § 1º – quando afetar as necessidades básicas do cidadão. O STF, em vários do seus julgamentos – fiz um levantamento de 20 –, tem feito homenagem a esse postulado. Cito-lhes apenas um: o STF decidiu, no RE 18.976 (vejam que é muito antigo esse recurso, ele foi julgado há 20 anos atrás), que os impostos devem ser graduados de acordo com a capacidade econômica dos contribuintes, pelo quê não se pode aniquilar essa capacidade, não permitindo que o cidadão, sujeito passivo da exigência tributária, possa gozar de uma existência digna, da sua livre iniciativa, do livre exercício de atividade econômica e de sua propriedade privada.

Lembrei, neste instante, de uma conversa que tive há pouco tempo com o Robson, meu querido amigo – evidentemente, do direito tributário nordestino, do Rio Grande do Norte –, por quem eu tenho profunda admiração pela sua contribuição, hoje, ao aperfeiçoamento do direito tributário, graças às luzes e às orientações que lhe têm sido transmitidas pelo Mestre de todos nós, Paulo de Barros Carvalho. Analisávamos que nós temos um salário mínimo instituído no país, mas Robson, na sua inteligência, lá no Seridó do Rio Grande do Norte, nas suas "férias" – entre aspas, porque o jurista nunca entra em férias, entra em férias apenas o corpo, mas não a mente, não o espírito –, em uma 6ª feira, em sua fazenda, estava ajudando sua família a efetuar o pagamento dos trabalhadores, e se lembrou de fazer uma pesquisa entre aqueles trabalhadores que estavam recebendo o salário mínimo: aquele trabalhador ia comprar o quê? Pão, leite, feijão, farinha, arroz? Não, porque trabalhador que ganha salário mínimo não tem direito à dignidade humana de comer arroz mais esses elementos básicos. E observou que, daqueles 300 Reais que ele estava pagando, descontava para a Previdência Social 280 e poucos Reais e, ainda, pagava 26,7% de imposto – se eu não estiver enganado, não é, Robson? Então, descontem de 286 Reais os 26,7%, e vejam em quanto é que está, hoje, o salário mínimo no Brasil. Porque o ICMS não é pago pelo comerciante, o ICMS é pago pelo contribuinte, é pago pelo adquirente da mercadoria. E o Robson lembrava que esse trabalhador não paga água, porque mora em casa da fazenda; não paga luz, porque há motor próprio, e a energia que não for da fazenda também não é paga. Porque, se ele pagasse energia e pagasse água, ele pagaria ainda mais, o percentual seria ainda maior.

Então, a pergunta que lhes faço é a seguinte: este procedimento está coerente com o chamado postulado republicano, que, como conduta maior, determina a postura de integral valorização à cidadania e à dignidade humana? Será que não é momento de uma reflexão, por todos nós, a respeito destes temas? Será que uma carga tributária – e isto transfiro para o final de nosso trabalho –, de quase 40% do PIB, sem que serviços públicos necessários e essenciais nos estejam sendo entregues com resultados positivos, não estaria ofendendo esses postulados republicanos? Não será o momento de a sociedade começar a se organizar – especialmente a sociedade jurídica – e refletir sobre essa situação? Não será o momento de valorizar ao máximo o movimento já iniciado aqui em São Paulo – que eu não sei se continua, não tenho notícia –, onde o estabelecimento comercial indica quanto você está pagando de imposto ao adquirir, por exemplo, uma geladeira, ou o supermercado informa, quando você vai comprar carne – àqueles que podem comprar carne –, que o quilo da carne é "tanto", e você está pagando "tanto" de imposto? Este movimento não deverá ser cada mais desenvolvido e ampliado, para que nós possamos, talvez daqui a 100 anos, ter modificado esse quadro, em benefício das futuras gerações? As gerações que irão ser responsáveis pela guarda do nosso passado, as gerações que irão zelar pelo menos para defender as nossas idéias de hoje?

São propostas que eu lhes deixo para meditação e com o incentivo de que devemos cada vez mais investigar nossas posturas científicas e lançar nossas idéias para discussões em todos os ambientes, mesmo que as resistências do poder tributante sejam as mais fortes possíveis. Porque o poder tributante, ao meu pensar, ainda não está conscientizado de que o Estado, especialmente o Estado do século XX, o Estado do século XXI, do século que nós estamos vivenciando, não pertence aos detentores do poder: o Estado pertence ao povo, é o povo quem dirige o Estado. O Estado não é uma casa, uma propriedade particular com detentores, os detentores do poder: o Estado é uma casa que pertence ao povo, e, em face do princípio republicano, é o povo quem dirige, é o povo quem determina as atividades governativas a serem exercidas pelo Estado.

Essas idéias devem se espalhar através de mensagens que poderão ser produzidas por teses de Mestrado, por teses de Doutoramento. Especialmente a possibilidade de o Poder Judiciário ser chamado atualmente, neste século XXI, a controlar esta atividade extravagante do Estado e a permissibilidade constitucional de interferir, até, na conduta dos próprios atos administrativos estatais e evitar determinadas dotações orçamentárias que são dirigidas para obras supérfluas ou para realizações que não atendam à valorização da dignidade humana e da cidadania – como, por exemplo, a chamada *propaganda institucional*. Porque nós sabemos – abrindo um parêntesis – que em determinados Estados as dotações orçamentárias destinadas à propaganda institucional muitas vezes são maiores que as destinadas programas sociais. Se os Srs. fizerem uma comparação com o orçamento, com a proposta orçamentária que se encontra em tramitação no Congresso Nacional para ser aprovada, vão verificar que as dotações orçamentárias reservadas para a prática da chamada *propaganda institucional* para o próximo ano são em um percentual muito pouco diferente das dotações orçamentárias destinadas às políticas de investimentos sociais.

Basta dizer que as políticas de investimentos sociais para favorecer os jovens para o próximo ano foram cortadas em 80% em relação aos dois últimos, para atender àquela destinação constitucional que é decorrente do postulado republicano. E tudo isso é feito com quê? É feito com a arrecadação tributária, é feito com o chamado "furor tributário" do Poder Executivo, com o beneplácito do Poder Legislativo. E nós não temos, ainda, elementos para o controle a ser exercido pelo Poder Judiciário, que, numa situação de tal natureza, possa proibir que essa verba, que essa dotação orçamentária, seja destinada à execução daquela obra prevista no orçamento e determinar que ela seja destinada a atender realmente àquelas determinações que estão na Constituição Federal, que visam a valorizar cada vez mais o postulado republicano e edificar a cidadania e, especialmente, o ser humano.

Termino dizendo que elaboramos, a respeito, deste tema, 25 enunciados, quer dizer, sínteses de pensamentos postos sobre o postulado republicano. E vou, apenas nestes minutos que me restam, apresentar 3 postulados.

O constitucionalismo republicano é idéia que tem sua origem no liberalismo radical. O republicanismo representa apenas uma variante da ideologia democrática burguesa; o republicanismo tem como objetivo conciliar os princípios de tradição liberal com a filosofia de Augusto Comte. A forma republicana de governo foi adotada pela Carta Magna de 1988, seguindo tradição iniciada com a Constituição de 1891, como postulado fundamental da ordem constitucional. E temos mais de um século de vivência desse postulado, e mais de um século de desrespeito a esse postulado.

Na forma republicana de governo o povo é o titular da coisa pública, isto nós aprendemos. Só os executores do Poder Executivo é que não aprenderam, ainda.

Outro enunciado: de acordo com o pensamento de muitos autores, especialmente Canotilho, o primeiro caráter de um Estado é o caráter republicano. Caráter, o que é? É postura de comportamento. O primeiro caráter de um Estado é portar uma comunidade política, uma unidade coletiva de indivíduos que se autodetermina politicamente através da criação e manutenção de instituições políticas próprias, aceitas na decisão e participação dos cidadãos do governo.

E continuo, com outros enunciados, a desenvolver esta tese, trazendo algumas situações práticas.

Por fim – embora já tenha falado três vezes em "fim", devido ao entusiasmo e à alegria de aqui me encontrar (mas agora é fim, mesmo) –, no nosso entender há, hoje, um profundo conflito a ser solucionado, a ser debatido, a ser discutido, a ser dirigido para receber idéias de direção, para uma solução entre o postulado republicano e as teorias que permitem e influenciam o aumento da arrecadação, e especialmente o comportamento do Executivo no sentido de conseguir esse aumento da arrecadação.

Já tivemos o século da industrialização, já tivemos o século das conquistas sociais trabalhistas, já tivemos o século do

Renascimento, já tivemos o século XX, que foi o século da tecnologia. Mas nunca tivemos um século voltado para a *cidadania*. E todos os doutrinadores estão a pregar que o século XXI é o *século da cidadania*, é o século da libertação da cidadania – observem os movimentos na Comunidade Européia e até nas outras comunidades que pregam princípios não-democráticos, em que o homem está cada vez mais elevando sua posição e seus problemas estão cada vez mais aflorando. Se nós não nos conscientizarmos de que o século XXI é o século da cidadania, não sabemos o que é que vai acontecer no limiar deste século para seu final. É evidente que não podemos admitir no século XXI, que será o século da cidadania – ficar calados e bater palmas –, o constante abuso de direito que vem sendo perpetrado pelo Poder Executivo, com o apoio do Poder Legislativo, especialmente no referente aos brasileiros, impingindo-nos a carga tributária com a qual estamos convivendo, em afronta direta, mas muito direta, eficazmente direta, ao postulado republicano e, conjuntamente, ao postulado da democracia.

Agradeço-lhes a atenção com que fui ouvido! [*Palmas*]

PRESIDENTE DA MESA (PROF. AIRES F. BARRETO, PRESIDENTE DO IDEPE) – Viram que eu não exagerei, absolutamente, quando falei do Min. José Delgado. E não falei, mas puderam sentir como ele é um expositor notável e dono de uma didática ímpar. Parabéns, Ministro!

Tenho, agora, a satisfação, o privilégio, a honra, de passar a palavra ao Prof. Roque Antonio Carrazza. O Prof. Roque Antonio Carrazza é Professor Titular de Direito Tributário da PUC/SP. É autor de um notável *Curso de Direito Constitucional Tributário*, todo estruturado em função dos alicerces constitucionais – que não podem ser desconsiderados em nenhum momento, como salientava o Prof. Geraldo Ataliba.

É também autor de um livro sobre *ICMS*, que já tem dezenas de edições. É autor de um recém-lançado e extraordinário, belíssimo, livro sobre *Imposto sobre a Renda*. Não pode faltar na biblioteca de quem pretenda estudar este imposto o livro do Prof. Antonio Roque Carrazza sobre imposto de renda – um livro notável, eu terminei de ler, e fiquei encantado; é um livro irretocável, que vai ser objeto de citação constante por todos aqueles que se dedicam ao direito constitucional tributário.

É autor citado reiteradamente no STJ no STF por suas lições – o que ficou evidenciado aqui, inclusive na conferência do Min. José Delgado. É expositor de primeiríssima linha e, ademais, disso costumo dizer que o Prof. Roque Carrazza tem uma qualidade que é dele e do Prof. Celso Antônio Bandeira de Mello: ambos falam do mesmo modo que escrevem. Com a palavra o Prof. Roque Carrazza! [*Palmas*]

PROF. ROQUE ANTONIO CARRAZZA – Prof. Aires Barreto, Presidente desta Mesa; eminentes Mins. José Delgado e João Otávio Noronha; colegas Congressistas. É uma grande honra para mim retornar a esta Mesa de Debates, agora para versar o tema "República e Constituição Federal". E minha honra é redobrada por estar ao lado dos eminentes Mins. José Augusto Delgado e João Otávio Noronha e do não menos eminente Prof. Aires Barreto. São todos juristas excepcionais, que, cada um dentro de seu campo de atuação, têm contribuído decisivamente para o aperfeiçoamento das instituições e para o progresso da Ciência do Direito.

Agradeço as palavras amáveis com que o Prof. Aires Barreto, Presidente do Instituto Geraldo Ataliba – IDEPE, me apresentou.

O Min. José Delgado lembrou muito bem que dentro da Constituição existem normas mais importantes e normas menos importantes. As mais importantes são aquelas que veiculam princípios, princípios constitucionais.

Tanto é assim, que a eventual desobediência a um princípio constitucional acarreta conseqüências muito mais danosas ao edifício jurídico que a eventual desobediência a uma regra constitucional. E isso por uma razão muito simples: os princípios constitucionais são as *vigas mestras* do edifício jurídico.

Permitam-me relembrar que "princípio constitucional" é uma regra básica, implícita ou explícita, que, por sua grande generalidade, ocupa posição de preeminência no mundo do Direito e, por isso, vincula o entendimento e a boa aplicação seja dos simples atos normativos, seja dos próprios mandamentos constitucionais.

Observem que o princípio constitucional interfere na interpretação e na aplicação até das normas constitucionais. Ninguém ignora que, por vezes, uma norma constitucional aceita duas, três, interpretações. Qual haverá de prevalecer? *A priori*, respondo: aquela que estiver em sintonia com o princípio constitucional que lhe for mais próximo. Daí costumar-se dizer que os princípios são vetores para soluções interpretativas.

Com efeito, na análise de qualquer problema jurídico, por mais trivial que seja ou por mais trivial que pareça ser, deve o jurista alçar-se ao altiplano dos princípios constitucionais. Para quê? Para verificar em que sentido, em que direção, os princípios constitucionais apontam. Nenhuma interpretação será havida por jurídica – e, portanto, por boa – se fizer *tabula rasa* de qualquer princípio constitucional.

Mas alguém poderia observar – com toda razão – que um princípio constitucional não passa de uma regra. Concordo. É, porém, uma regra básica, que, por ter um âmbito de validade maior, orienta a interpretação de outras regras, inclusive das regras constitucionais.

No mundo do Direito o princípio constitucional exerce uma função axiologicamente mais importante que a da regra, inclusive a constitucional. "Axiologia", como nos ensinou o Prof. Paulo de Barros Carvalho na tarde de ontem, é a Ciência dos Valores. Então, o que estou tentando expressar é que o princípio constitucional tem uma carga valorativa muito maior que a da simples regra, ainda que constitucional.

Muito bem. Dentre os princípios constitucionais, merece destaque o *republicano*. Este princípio encontra-se delineado já no art. 1º da CF, que proclama ser o Brasil uma República Federativa. Essa diretriz vem reforçada no parágrafo único deste mesmo art. 1º, que estatui que "todo o poder emana do povo, que o exerce por meio de representantes eleitos, ou diretamente, (...)". Abro, aqui, um ligeiro parênteses para dizer que, no mais das vezes, nossa democracia é representativa; é, porém, direta nos casos de plebiscito, referendo ou iniciativa popular.

Volto à idéia central, para dizer que o *princípio republicado* é tão marcante que, como enfatizou o Min. José Delgado, lei alguma, nenhum poder, nenhuma autoridade, poderá, às claras ou sub-repticiamente, derrogá-lo ou, de algum modo, amesquinhá-lo.

Enfim, o Brasil é uma República. "República" é o tipo de governo, fundado na igualdade formal das pessoas, em que os detentores do poder político o exercem em caráter eletivo, representativo, transitório e com responsabilidade.

Prazerosamente eu escandiria os elementos dessa definição. Mas, como todos estamos angustiados pelo fator tempo, vou logo dizendo que o princípio republicano deita raízes no próprio *princípio da igualdade*. De fato, o princípio republicano caminha paralelamente com o princípio da igualdade. Por quê? Porque numa República todos são formalmente iguais. Nela não há diferenças entre pessoas, entre nobres e plebeus, entre poderosos e humildes, entre fortes e fracos, uma vez que a todos a Constituição e as leis nivelam.

Outro dia eu estava lendo a passagem histórica, que todos conhecem, da volta de D. João VI a Portugal para jurar, perante as Cortes, a Carta de 1821. Pois bem, esta Constituição continha um artigo interessante: são imunes aos impostos os nobres e os clérigos. Marnoco e Souza, o maior constitucionalista português do século XIX, justificou este artigo, e o fez da seguinte maneira: "Protegendo ao rei, os nobres com sua espada e os clérigos com suas orações, eles já estão pagando impostos e, assim, não precisam desembolsar somas de dinheiro em favor do Erário".

Este sistema, que hoje nos faz sorrir, perdurou em Portugal até 1912, quando, finalmente, lá foi proclamada a República; e, aí, todos os cidadãos passaram a concorrer para as despesas públicas, recolhendo tributos de acordo com suas forças econômicas.

E assim deve ser, numa verdadeira República. Pessoas que estão na mesma situação jurídico-econômica devem receber idêntico tratamento fiscal. Em contranota, pessoas que se encontram em situações jurídico-econômicas distintas devem ser diversamente tributadas, na medida de suas desigualdades.

Em linha de princípio, não pode haver privilégios fiscais. Eles só se sustentam se prestigiam valores consagrados na Constituição: o valor *liberdade*, o valor *cidadania*, o valor *bem-estar social*, o valor *proteção aos hipossuficientes*. Ninguém fica magoado ao saber que uma pessoa idosa, comprovadamente carente, é isenta de IPTU. Mas os verdadeiros cidadãos se insurgem quando uma elite econômica recebe vantagens fiscais, que não podem existir, em última análise, em função do princípio republicano.

Ontem eu estava ministrando uma aula no curso regular e falava sobre a remissão como causa extintiva de obrigações tributárias. "Remissão", como sabemos, é a dispensa legal do pagamento de tributos. E eu enfatizava que somente a lei da pessoa política competente pode perdoar débitos tributários. Não o decreto; não a portaria; tampouco o ato administrativo.

Nesse momento, alguém me perguntou: "Por quê?".

A resposta é simples. Em primeiro lugar, em função do princípio da legalidade, que norteia o agir da Administração Pública, aí compreendida a Administração Fazendária.

Mas não só por isso: também em razão do *princípio da indisponibilidade do interesse público*, que é uma das manifestações do princípio republicano. Nós, particulares, desde que maiores e capazes, podemos perdoar aos nossos devedores. Assim agindo, estaremos até atendendo a um preceito bíblico. Já, o agente fiscal não pode fazer isso. Por quê? Porque ele não é o dono da coisa pública (da *res publica*). O dono da coisa pública é o povo. Somente o povo pode dispor da coisa pública – o que faz por meio de seus representantes imediatos: os legisladores.

Em suma, por trás da remissão tributária está o princípio republicano.

Vejamos uma outra questão digna de nota. Todos nós sabermos que, no mais das vezes, os tributos são arrecadados pela própria pessoa política que os instituiu. De fato, se nós dermos revista em nosso direito positivo veremos que, quase sempre, a mesma pessoa política que criou em abstrato o tributo acaba por arrecadá-lo – depois, é claro, que ele nasce em concreto, com a ocorrência de seu fato imponível. Dito de outro modo, mais técnico: no mais das vezes, a mesma pessoa política que exercitou a competência tributária acaba por exercitar a capacidade tributária ativa.

Ocorre, no entanto, que a capacidade tributária ativa é delegável por lei. Lei editada pela própria pessoa política tributante. Em razão disso, nada impede que terceira pessoa – portanto, pessoa diversa daquela que criou o tributo – venha, a final, a arrecadá-lo. Basta que esta terceira pessoa tenha recebido autorização legislativa para assim proceder. Esse fenômeno tem o nome técnico de *parafiscalidade*.

"Parafiscalidade" é justamente a delegação de capacidade tributária ativa que a pessoa política, por meio de lei, faz a terceira pessoa, que, por vontade desta mesma lei, passa a dispor do produto arrecadado. Só há falar em parafiscalidade quando pessoa diversa daquela que criou o tributo o arrecada para si, para o implemento de suas finalidades, para a consecução de seus objetivos institucionais.

Pois bem. Esta terceira pessoa tanto pode ser de direito público como de direito privado. Se for, porém, de direito privado, deverá necessariamente perseguir finalidades públicas. Deverá ser, pois, um *ente paraestatal* – que, como o próprio étimo da palavra indica, caminha paralelamente ao Estado, mirando, tanto quanto ele, o bem comum, que Renato Alessi, com muita propriedade, chama de *interesse público primário*.

Já, uma empresa privada (uma empresa comercial, uma empresa industrial, uma empresa produtora), essa não pode ser aquinhoada com a parafiscalidade. Qual a razão disso? É que ela não persegue finalidades públicas, não estando, destarte, em sintonia com o princípio republicano.

A empresa privada visa precipuamente ao lucro, ao bem-estar de seus acionistas. Objetivo, sem dúvida, lídimo, ainda mais numa economia de mercado como a nossa; mas não *objetivo público*.

Logo, em função do princípio republicano, o dinheiro arrecadado mediante o exercício da tributação deve ter destinação pública. Absolutamente não pode haver tributação que favoreça uma elite, uma classe dominante, uma ocupação profissional – como, de resto, vem proclamado no art. 150, II, da CF.

Entrando em outro assunto, o princípio republicano também se manifesta no *princípio da capacidade contributiva*.

Como não se ignora, o princípio da capacidade contributiva encontra-se veiculado no art. 145, § 1º, primeira parte, da CF: "Sempre que possível, os impostos terão caráter pessoal e serão graduados segundo a capacidade econômica do contribuinte, (...)".

Geraldo Ataliba, o Mestre de todos nós, dizia que o princípio da capacidade contributiva hospeda-se nas dobras do princípio da igualdade. E eu me atrevo a ir além do Mestre, pois, a meu ver, o princípio da capacidade contributiva é o próprio princípio da igualdade aplicado à tributação por meio de impostos. Noutros termos, a igualdade, nos impostos, exige que se leve em conta a capacidade econômica dos contribuintes.

A idéia, no fundo, é esta: todos devem pagar impostos, justamente para manter a coisa pública, a *res publica*, a república. Todavia, cada um deve pagar impostos de acordo com suas forças econômicas.

Era Benjamin Franklin quem dizia: "Há duas coisas absolutamente certas neste mundo: a morte e os impostos". Muito bem, já que os impostos são inevitáveis, que cada um os suporte de acordo com suas aptidões econômicas. Assim, quem tem mais, deve pagar mais imposto; quem tem menos, deve pagar menos imposto; quem tem pouco, deve pagar pouco imposto; e quem tem apenas o *mínimo vital* (o mínimo indispensável para sobreviver) este está dispensado do encargo de pagar impostos.

É um objetivo altamente louvável, mas – convenhamos – difícil de ser alcançado. Como fazer com que cada um pague impostos de acordo com suas aptidões econômicas? Há fórmulas para isso, porém nenhuma infalível, nenhuma absolutamente segura. A melhor, a meu ver, é a fórmula da *progressividade das alíquotas*. As alíquotas dos impostos devem ser graduadas de tal modo que aumentem à medida em que forem aumentado as bases de cálculo destas figuras exacionais. Portanto, quanto maior a base de cálculo do imposto, tanto maior haverá de ser sua alíquota.

Estou convencido de que, pelo menos em tese, todos os impostos devem obedecer ao princípio da capacidade contributiva. Na prática, porém, poucos conseguem fazê-lo.

Alguns impostos bem que tentam. É o caso do IRPF. Os Colegas sabem que ele tem três alíquotas: uma, de 0%, para quem tem rendimentos diminutos; outra, de 15%, para quem tem rendimentos um pouco mais expressivos; e uma derradeira, de 27,5%, para quem – pelo menos no entender no

Estado Brasileiro – tem rendimentos polpudos, expressivos.

Já é uma tentativa, tímida embora, de se imprimir ao IRPF caráter pessoal, graduando-o de acordo com as condições econômicas do contribuinte. Chamo esta tentativa de "tímida" porque não me parece que três alíquotas sejam suficientes para abarcar todo o universo de rendimentos possíveis das pessoas físicas.

Em outros ordenamentos jurídicos – como, por exemplo, na Espanha – as alíquotas vão de 0% a 55%, passando por todos os degraus intermediários: 5%, 10%, 15%, até 55%. Reconheço que uma alíquota de 55% é excessiva. E não apenas uma alíquota de 55%: também uma alíquota de 40%, 45%, 50%. Ocorre que, alhures – pelo menos assim é na Espanha –, estas alíquotas maiores são reservadas aos detentores de fortunas incomensuráveis. A classe média naquele país, quando tributada, está na faixa dos 5%, 10%, ao contrário do que se dá no Brasil, em que a classe média já cai na faixa máxima, na faixa dos 27,5% – o que se me afigura altamente deplorável.

Apenas para melhor travejar minha idéia, permitam-me fazer a seguinte colocação: um engenheiro que, no Brasil, ganha 3.000 Reais por mês é proporcionalmente tão tributado, por meio de IRPF, quanto o empresário Antônio Hermírio de Morais – sabidamente, o homem mais rico do país. Para o engenheiro, é muito. Tanto que, se ele fosse cidadão espanhol, estaria na faixa mínima (quando não, na faixa isencional). Já, para o empresário é pouco, pois, se tivesse domicílio espanhol, fatalmente cairia na faixa dos 55%.

Mas, bem ou mal, o IRPF cumpre o princípio da capacidade contributiva. Cumpriria melhor, segundo estou convencido, caso se multiplicasse o sistema de deduções e abatimentos da base de cálculo deste tributo. Hoje, lamentavelmente, são poucas as deduções, poucos os abatimentos que a lei, a esse propósito, autoriza fazer. Vejam os Colegas: podem ser abatidas as despesas médico-hospitalares, mas não as despesas com medicamentos. O que me soa no mínimo um contra-senso, pois que são os medicamentos que produzem a cura. Já se disse que o remédio, quando não mata, cura. Entretanto – repito –, as despesas com medicamentos não são dedutíveis na base de cálculo do imposto em questão.

Podem ser abatidas as despesas com instrução própria ou de dependente econômico, mas até patamares absolutamente irrealistas. Quem custeia os próprios estudos, ou quem tem – como eu – filhos em idade escolar, sabe que o que a legislação autoriza a abater equivale, quase sempre, a uma mensalidade por ano, quando, a meu ver tudo, que fosse comprovadamente dependido, a este título, deveria ser afastado da base de cálculo da tributação por meio de IRPF.

Mas os descalabros não param por aí. Com efeito, não podem ser abatidas da base de cálculo do IRPF as despesas com aluguéis. Se bem que, caso a Constituição fosse adequadamente aplicada, as despesas com educação, própria ou de dependentes econômicos, deveriam ser totalmente abatidas. Acompanhem, por favor, meu raciocínio: a Emenda Constitucional 26, de 14.2.2000, alterou a redação do art. 6º da Carta Magna, de modo a inserir, no rol dos direitos sociais, a moradia. Eu me lembro que, quando a nova redação entrou em vigor, humoristas fizeram *blague* com o dispositivo, dizendo que, via emenda constitucional, todos tinham recebido uma casa própria.

Mas, vejam como o Direito opera. A Emenda Constitucional 26/2000 atirou demagogicamente no que viu, e acabou atingindo o que não viu. Realmente, se todos têm direito à casa própria, e se alguns, para exercitarem esse direito, são obrigados a pagar aluguel, segue-se que a quantia necessária para tal pagamento não pode ser havida como renda; não, pelo menos, para fins de tributação específica. Eu tenho minha casa própria – e, portanto, não tenho despesas adicionais para morar, para exercitar um direito que a Constituição me assegura. Meu vizinho, pelo contrário, sendo mais jovem e estando a ensaiar os primeiros passos em sua profissão, mora no apartamento em frente e, não sendo seu proprietário, vê-se compelido a desembolsar quantias de dinheiro a título de aluguel. Essas quantias não me parecem devam ser levadas a tributação por meio de IRPF.

Alguém talvez diga que o Regulamento do Imposto sobre a Renda – cuja sigla, expressivamente, é "RIR" – não permite tal dedução. O Regulamento, não; mas a Constituição, adequadamente interpretada, sim. Ora, havendo um conflito entre o regulamento, ato normativo infralegal, e a Constituição, matriz de todas as manifestações normativas do Estado, claro que haverá de prevalecer esta última.

No IRPF, torno a dizer, ainda se procura obedecer ao princípio da capacidade contributiva. Outros impostos tentam fazê-lo, mas raramente o conseguem. É o que se dá com o IPTU: a meu ver, o proprietário de um imóvel urbano de alto luxo, localizado em bairro estritamente residencial, deve ser, por força do princípio da capacidade contributiva, proporcionalmente mais tributado por meio de IPTU que o proprietário de um imóvel modesto, localizado em bairro da periferia do Município. Esclareço que quando digo "deve ser proporcionalmente mais tributado", eu quero significar que deve ser submetido a uma alíquota maior.

De fato, se a alíquota for a mesma, o princípio da capacidade contributiva estará sendo postergado.

E o ITBI – várias vezes me perguntaram –, também deve obedecer ao princípio da capacidade contributiva? Eu entendo que sim: quem tem forças econômicas para adquirir um imóvel de 5 milhões de Reais deveria ser proporcionalmente mais tributado por meio de ITBI (mais conhecido pela sigla SISA) que quem, a duras penas, ajuntou 50 mil Reais para comprar uma *kitnet*, um "quarto-e-sala".

Registro, por oportuno, que o Município de São Paulo até que tentou. De fato, por meio de lei estabelecera uma progressividade de alíquotas do ITBI. Ocorre, no entanto, que essa legislação foi, reiteradas vezes, declarada inconstitucional, inclusive pelo STJ, cuja jurisprudência é no sentido de que a alíquota do ITBI deve ser única, mesmo para as mais vultosas transmissões onerosas de bens imóveis. Diante disso, o Município acabou se curvando à realidade, tanto que a legislação já foi modificada e as alíquotas são – pelo menos aqui na Capital de São Paulo – as mesmas, independentemente do montante da transação imobiliária realizada.

E o IPVA pode obedecer ao princípio da capacidade contributiva? Não só pode, como deve. Realmente, o proprietário de um automóvel de marca há de ser proporcionalmente mais tributado por meio do IPVA que o proprietário de um automóvel dito "popular". Esta idéia foi reforçada pela Emenda Constitucional 42/2003, que inseriu um § 6º no art. 155 da CF, estabelecendo que o IPVA poderá ter (na verdade, "deverá ter") alíquotas diferenciadas em função do tipo e utilização do veículo automotor. Com este dispositivo fico mais tranqüilo para continuar proclamando – como de há muito faço – que o taxista é imune ao IPVA, não dependendo, pois, da edição de leis isentivas para não ser compelido a recolher esse tributo. Esta minha convicção é antiga, e parte do pressuposto de que, para o taxista, o automóvel, longe de ser um instrumento de lazer ou, mesmo, um mero meio de locomoção, é uma verdadeira ferramenta de trabalho. É o instrumento imprescindível para que possa exercer sua profissão. Daí ser imune ao IPVA.

Voltemos, porém, à idéia central, para que ela não se disperse.

Se todos os impostos devem obedecer ao princípio da capacidade contributiva, como devemos interpretar a locução "sempre que possível", esculpida na primeira parte do § 1º do art. 145 da CF? Eu me recordo de que, quando a Carta de 1988 entrou em vigor, em muitas mesas de debates, juristas chegaram a sustentar que o princípio da capacidade contributiva não passava de uma falácia, de um programa de ação, de uma norma programática. Houve até quem dissesse que o dispositivo estaria fazendo mera recomendação às pessoas políticas, que poderiam, solene e impunemente, ignorá-lo. Confesso que este modo de pensar sempre me causou estranheza. Será que a Constituição existe para dar conselhos, máxime em matéria tributária? Conselhos a que as pessoas políticas atenderão, por bons, ou rejeitarão, por inconsistentes? Nunca me pareceu que fosse assim. Muito bem, depois de algum elucubrar, cheguei à conclusão de que todos os impostos devem obedecer ao princípio da capacidade contributiva, exceção feita àqueles poucos cuja regra-matriz constitucional não permite que isso aconteça.

Um deles é o ICMS-operações mercantis. Quem suporta sua carga econômica – isso foi lembrado pelo Min. José Delgado, há poucos instantes – não é o comerciante que pratica a operação mercantil, mas o consumidor final da mercadoria. E esta carga econômica é sempre a mesma, quer o consumidor final seja pobre, quer o consumidor final seja rico, quer o consumidor final seja paupérrimo. Vamos dar um exemplo forçado: digamos que, neste momento, no bar da esquina, entrem o mega-empresário Antônio Ermírio de Morais e um mendigo e comprem, cada um deles, um maço de cigarros da mesma marca. Ambos pagarão o mesmo preço pelo maço de cigarros, e embutido neste preço estará o mesmo montante de ICMS. Um, que tem fantástica capacidade contributiva; outro, que não tem capacidade contributiva alguma – tanto que perambula pelas ruas e espicaça a comiseração pública. E, no entanto, ambos suportarão a mesma carga econômica de ICMS. Por quê isso? Porque não é da índole, não é da essência constitucional, do ICMS ter caráter pessoal e ser graduado segundo a capacidade econômica do contribuinte.

Como não é da índole, não é da essência constitucional, do IPI. Todos nós já fomos a uma loja de móveis e perguntamos: "Quanto custa esta mesa?". Custa, digamos, 100 Reais, mais o IPI. Assim, comprando a mesa, pagaríamos 125 Reais se, por hipótese, a alíquota aplicada para esse tipo de negócio jurídico com produto industrializado fosse 25%.

Portanto, a meu ver, a expressão "sempre que possível", contida na primeira parte do § 1º do art. 145 da F, há de ser assim interpretada: a menos que sua regra-matriz constitucional não o permita, os impostos sempre terão caráter pessoal e serão graduado segundo a capacidade econômica do contribuinte.

Vejam os colegas Congressistas que não estou reescrevendo a Constituição, muito menos a interpretando de acordo com os meus gostos ou as minhas idiossincrasias. Não. Estou submetendo o parágrafo constitucional em foco a uma interpretação sistemática, que toma por ponto de referência o princípio republicano.

Mas, de fato, o IPI e o ICMS, neste particular, são deficientes, já que não têm como obedecer ao princípio da capacidade contributiva. O próprio Constituinte de 1988 parece que se deu conta disso, porque logo tratou de compensar a apontada insuficiência, estabelecendo que estes dois impostos devem obedecer ao *princípio da seletividade*.

Melhor explicitando, o IPI e o ICMS devem ser seletivos em função da essencialidade, respectivamente, dos produtos industrializados (art. 153, § 3º, I, da CF) e das mercadorias e serviços (art. 155, § 2º, III, do mesmo Diploma Magno).

Cumpre-se o princípio da seletividade comparando-se produtos industrializados, no caso do IPI, e mercadorias e serviços, no caso do ICMS. Nunca, evidentemente, discriminando-se contribuintes em função de raça, sexo, ocupação profissional etc.

Dito de um modo bem linear, os produtos industrializados, mercadorias e serviços de primeira necessidade devem ser menos onerados que os supérfluos ou voluptuários. Evidentemente, o princípio da seletividade visa a favorecer os consumidores finais, que são os que suportam a carga econômica do IPI e do ICMS.

Em relação ao IPI o preceito da seletividade, bem ou mal, está sendo obedecido. Operações com produtos industrializados essenciais, de primeira necessidade, são menos tributadas por meio de IPI que operações com produtos industrializados voluptuários, suntuários. Exemplifico: calçados são produtos industrializados de primeira necessidade, e, por isso, quando comercializados, são submetidos a tributação por meio de IPI debaixo de alíquota-zero. "Alíquota-zero", pelo menos dentro de minha ótica, é uma modalidade de isenção. Já, em operações com bebidas alcoólicas, com armas de fogo, com cartas de jogo, com automóveis de alto luxo – todos, produtos industrializados não-essenciais – as alíquotas do IPI são bastante gravosas.

Há, é certo, algumas demasias, alguns senões, mas eu insisto em que, bem ou mal, o princípio da seletividade, no caso do IPI, vem sendo obedecido. Quando não, o Poder Judiciário – aqui, tão brilhantemente representado pelos Mins. João Otávio Noronha e José Delgado – tem se encarregado de restabelecer o primado da Constituição Federal.

O mesmo, infelizmente, não podemos dizer do ICMS. O princípio da seletividade no caso do ICMS não está sendo obedecido. E não está sendo obedecido por uma razão muito simples: o art. 155, § 2º, III, da Lei Maior estatui que o ICMS poderá ser seletivo em função da essencialidade das mercadorias ou dos serviços. Fazendo uma interpretação meramente literal do dispositivo, alguns estudiosos não se pejam em proclamar que, se o ICMS poderá ser seletivo, então, poderá não ser seletivo. Com o apoio que um segmento doutrinário lhe dá, o Governo não se tem importado com o princípio da seletividade no ICMS. Assim, na prática, o ICMS não é seletivo em função da essencialidade das mercadorias ou dos serviços.

Ocorre que, como Rui Barbosa já ensinava, no século retrasado (no século XIX), sempre que a Constituição confere a uma pessoa política um poder, ela, em verdade, está lhe impondo um dever. Daí a expressão "poder-dever". De modo que, adequadamente interpretado, este dispositivo constitucional está a determinar seja o ICMS seletivo, em função da essencialidade das mercadorias e serviços.

Em suma, esta singela locução "poderá ser" há de ser juridicamente interpretada como um peremptório "deverá ser".

Na prática, porém, não é isso que acontece. Muito pelo contrário, o princípio da seletividade, no caso do ICMS, é subvertido. Com efeito, operações com mercadorias essenciais ensejam, não raro, uma tributação maior por meio de ICMS que operações com mercadorias supérfluas. Dou-lhes um exemplo: o fornecimento de energia elétrica é tributado, por meio de ICMS, sob uma alíquota de 25%, ao passo que operações com bebidas alcoólicas são tributadas, em São Paulo, sob uma alíquota de 18%; em outras unidades federadas, sob uma alíquota de 17%; havendo até Estados que dão subsídios – e, aí, as alíquotas caem para 12%, 9%. Evidentemente, a energia elétrica, que ilumina os lares, que movimenta a indústria, que possibilita o comércio, é uma mercadoria muito mais essencial que a bebida alcoólica. Esta distorção acontece por força de uma interpretação meramente literal do art. 155, § 2º, III, da CF. Uma interpretação que, inclusive, atropela o próprio princípio republicano.

Não desejo prolongar-me demais, mas faço questão de afirmar que o Poder Judiciários tem competência para controlar o cumprimento do princípio da seletividade, inclusive no ICMS, para que, efetivamente, operações e prestações essenciais recebam tratamento fiscal mais favorável.

Como vêem, colegas Congressistas, o contribuinte brasileiro precisa de amparo. E este amparo pode e deve vir – e seguramente virá – de todos nós, que fazemos do direito tributário a matéria de nossa especial preferência.

Muito obrigado! [*Palmas*]

PRESIDENTE DA MESA (PROF. AIRES F. BARRETO, PRESIDENTE DO IDEPE) – Agradecendo a exposição do Prof. Roque Antonio Carrazza, eu queria salientar o seguinte: sempre, entre nós, foi sabido que os concursos do Banco do Brasil eram os paradigmas dos grandes concursos; ser aprovado em concurso do Banco do Brasil significava que a pessoa era extremamente capaz, competente e inteligente, porque era o concurso mais difícil que havia sobre a face da Terra, em termos nacionais.

Quando se ouviu o nome do Min. João Otávio Noronha... Quem será João Otávio Noronha? Vamos pesquisar, você conhece, você já ouviu falar. Até que alguém diz que ele era do Banco do Brasil. Não é preciso dizer mais: será um excelente julgador, será alguém cujos votos, seguramente, estarão sempre no caminho certo, firmes nas suas convicções, bem-fundamentados, claros, explicitados devidamente e com lastro na Constituição. É o que nós temos visto, Ministro, nos seus julgados. Nós aprendemos a admirá-lo manuseando, lendo, seus votos, cada dia mais encantados com sua capacidade, com sua inteligência e com a observância das diretrizes que imprimem seus votos a partir da Constituição.

Para nós, é um privilégio, é uma honra, privilégio para todos os Srs., também, ter a oportunidade de ouvir o Min. João Otávio Noronha, a quem eu passo a palavra. [*Palmas*]

MIN. JOÃO OTÁVIO NORONHA – Inicialmente eu gostaria de cumprimentar o Prof. Aires Barreto, de cumprimentar meus Mestres da Mesa, todos eles. José Delgado, que dispensa qualquer outro comentário; não porque seja o Decano do STJ, mas que, antes de tudo, é meu inspirador, em cujas luzes busco o clarão para minha inteligência e meus julgamentos no STJ.

Depois, o Prof. Roque Carrazza, cuja exposição já "arrasou", como disse o Delgado; eu não deveria nem falar. Sei que é muita ousadia, mas fiquei prestando atenção nas palavras do Prof. Roque, quando ele falava da proporcionalidade na tributação, e fiquei deveras preocupado em qual deveria ser a alíquota, reduzir em 50% ainda seria pouco.

Eu gostaria de conversar com vocês, um pouco, neste final de Congresso. E, como já estamos em um final de tarde, poderíamos combinar, nos meus 30 minutos, dividi-los em 10, 10 e 10, ou seja: uma fileira fica acordada, enquanto outras duas dormem, para poder me tolerar.

Eu queria falar um pouquinho, hoje, dentro do tema "República e Constituição Federal", e abranger dois aspectos. Falar um pouquinho da *Federação* – e, conseqüentemente, da Federação na tributação, ou seja, os princípios federativos, se estão, ou não, sendo observados na tributação – e tocar em uma questão que eu tenho estudado e tenho procurado desenvolver, e que acho que o Brasil precisa discutir, que é a *eticidade* nas relações de direito público, e mormente na relação tributária. O país passa por uma crise ética nesta relação direito público, e penso que é chegado o momento de os agentes, é chegado o momento de os juristas, os políticos, ou seja, é chegado o momento de o cidadão discutir a *eticidade* na relação pública. Dentro do conceito de federalismo devemos ter em conta que a Federação outra coisa não é que um tratado constitucional, ou seja, um acordo constitucional. Hoje, já está superado o pensamento de que a Federação seria um acordo internacional; na realidade, é um tratado constitucional, porque a Constituição é que baliza cada uma das Federações, e cada país tem seu modelo de Federação. Mas nós não podemos desprezar que existe um núcleo comum tratando-se de Federação, e este núcleo comum está na prevalência do Estado Federal central mas, ao mesmo tempo, na autonomia dos Estados-membros que integram esta Federação. Esta autonomia se expressa na medida em que se pode construir seu Poder Judiciário, que se pode organizar seu serviço administrativo, seus serviços públicos, mas sempre pautado, sempre balizado, por um autorizativo constitucional, e sempre tendo em conta as normas traçadas pela Constituição.

Portanto, na Federação temos dois princípios capitais, que traduzimos pela lei da participação e pela lei da autonomia. A *lei da autonomia* eu acabei de descrever, de enunciar, como uma certa relativa autonomia que têm os Estados de se organizar e, no campo tributário, instituir suas leis tributárias, mas sempre atentos ao comando supremo da Constituição. Ou seja, essa autonomia não é ampla, ela sofre restrições. Quando examinamos a Constituição Federal, quando examinamos as competências tributárias e administrativas, vamos ver que no nosso sistema federativo a competência do Estado-membro é sempre residual - ou seja, tudo que não for da União e tudo que não for do Município residualmente pertence ao Estado-membro, quer dizer, aos Estados-membros. Mas a Constituição é tão rica – eu diria "bilionária" – ao enumerar as competências da União, que pouco sobra aos Municípios e aos próprios Estados-membros. Se olharmos atentamente, vamos ver que residual é a da União, e não a dos Estados, tal o elenco de atribuições reservadas no texto ou na Carta Constitucional. Dentro desse contexto, segundo a *lei de participação*, os Estados têm o poder de participar do destino da Federação; e isso é feito pela organização política, que no Brasil é bicameral – ou seja, o Senado representa os Estados e a Câmara o povo, e através da manifestação dos senadores deveriam, pelo menos hipoteticamente, os Estados manifestar sua participação na Federação.

O ponto cardeal de uma Federação é a *supremacia jurídica do Estado Federal*. Esse é o princípio fundamental da Federação. Mas eu gostaria, aqui, de chamar a atenção para o exagero que vem ocorrendo no Brasil no que tange a essa supremacia. A Constituição precisa ser interpretada tendo sempre em conta seus princípios fundamentais, e dentre os princípios fundamentais elencados no art. 1º está a Federação, a própria Federação, com respeito, sobretudo, à soberania, à cidadania e à dignidade humana.

Bom, se estamos falando em Federação, e Federação pressupõe uma certa autonomia dos Estados-membros, o que é importante, aqui, frisar é que esta autonomia não pode, não deve, numa Federação, ser suprimida em face da aplicação do princípio da supremacia jurídica do Estado Federal.

Portanto, ao interpretarmos as repartições das receitas tributárias dentro da Constituição, ao interpretarmos o Sistema Tributário Nacional, temos que ter sempre em mente este princípio fundamental esculpido no texto do art. 1º. E a Federação começa a ser arranhada quando esta supremacia chega a sufocar os Estados-membros. Eu gostaria de buscar na História o texto original da Constituição de 1988, a Constituição-cidadã – e, aqui, dizia o Min. José Delgado que nós precisamos interpretá-la na sua espiritualidade; pois, então, eu pretendo ir hoje ao centro espírita ouvir o Dr. Ulisses Guimarães, para saber se as modificações inseridas no texto da Constituição nos últimos tempos estão dentro daquela espiritualidade do Constituinte, e vamos constatar que "não". A Constituição originariamente em 1988 havia equilibrado as receitas tributárias entre os entes federativos, e as reformas subseqüentes estão exatamente a descalibrar, a estabelecer uma insuportável desproporção entre as receitas dos entes federados e a receita hoje reservada ao ente federal central. Isso se dá, primeiro, pela omissão dos representantes do Estado no Senado Federal, pela frágil estrutura política legislativa deste país. E, quando examinamos o texto da Constituição, verificamos que ele tem verdadeira cláusula aberta em favor da União, na forma do texto do art. 154, I, quando diz que pode a União instituir outros tributos, desde que não sejam cumulativos e que não tenham fato gerador ou base de cálculo próprios dos outros impostos discriminados na Constituição. Tal permissibilidade não se assegura aos Estados-membros nem aos Municípios.

E o que eu questiono é se nós deveríamos ter uma cláusula aberta em matéria tributaria reservada à União, tal qual esculpida no texto do art. 154, I, porque a capacidade, ou seja, a legitimidade de tributar tem que ser exercida dentro dos limites traçados pela Constituição.

Hoje já estamos diante de uma carga tributária diria "insuportável"... Insuportável para quem? Os empresários dizem que para as empresas, e eu digo para o povo, até porque – eu não canso de dizer – empresa não paga imposto, banco não paga imposto, quem paga imposto somos nós. A CPMF somos nós que pagamos, o imposto de renda do Banco do Brasil, do Banco Nacional, do Banco Itaú, do Banco Real, do Banco BRADESCO, todos nós pagamos este imposto nas tarifas, nas taxas de juros. Então, só existe um contribuinte efetivo, que é o povo, o cidadão. E esta carga, então, decerto, se mostra de há muito insuportável, esta "insuportabilidade" vai se agravando, porque temos um Estado perdulário, um Estado que gasta muito e gasta mal, temos um Estado que não tem credibilidade no campo do crédito, por isso paga taxa de juros elevada, nós temos um Estado que distribui mal a renda e nós temos um Estado que não é seletivo nos seus gastos.

Isso faz com que ele tenha constantemente que aumentar tributos. É verdade que nós tivemos, neste ano, um belíssimo exemplo de cidadania, de força da cidadania, quando aquela famosa medida provisória restou não-aprovada, rejeitada no Congresso.

O que eu me pergunto é: em um governo politicamente organizado, como era o passado até certo tempo? Como era este no começo do mandato? Será que esta cidadania encontraria a mesma receptividade no Congresso Nacional? Isso nos leva a uma reflexão: é preciso criar, urgentemente, instrumentos constitucionais mais eficazes na limitação do poder de tributar. E, se não se aumentam impostos, mais, com a criação de novos tributos da Receita, se não se aumenta a receita tributária pela criação de novos tributos, pela alteração da alíquota, se faz, agora, constantemente, abusivamente, pela mudança da base de cálculo. A COFINS é um exemplo típico: a empresa vai suportar a base de cálculo da 97. Em boa hora parece-me que o STF vai refrear – o STF, e não o STJ, porque essa matéria é de índole eminentemente constitucional. Por isso, é preciso, também, criar instrumentos que inibam as constantes reformas tributárias e constitucionais a bel-prazer do Presidente e do Ministro da Fazenda de plantão. É chegado o momento de a cidadania brasileira entender que a Constituição é um instrumento de refreamento do Poder; assim, não haverá espaço – como tem ocorrido no Brasil –, para a possibilidade de cada Presidente da República ter sua Constituição. Por isso já passamos da Emenda Constitucional 50, e vamos por aí afora. E o mais interessante é que nosso sistema constitucional doutrinariamente é apontado como rígido – imaginem se fosse flexível!

Essas constantes modificações dos textos constitucionais, estas reformas fiscais semestrais, se não bimestrais, estão a impedir uma correta compreensão do próprio sistema tributário. Nenhum tribunal consegue – nem o STJ, com todas as luzes e os olhos azuis do Min. Delgado – estabilizar sua jurisprudência. Até porque, quando estabilizada a jurisprudência do STJ, com o entendimento contrário ao poder tributante, edita-se uma lei complementar, a Lei Complementar 118, que, depois de 50 anos de existência do Código Tributário Nacional, foi interpretar o art. 168... Poderia – e pode – o legislador modificar o texto do Código Tributário Nacional, mas que o faça às escâncaras, com clareza: "Estou modificando a norma!". Mas não pelo subterfúgio da norma interpretativa que inova, que modifica, contendo implicitamente, na realidade, aquele poder tributante, uma censura a uma interpretação já consolidada ao longo dos anos.

É nesta esteira que eu quero, aqui e agora, falar um pouquinho da *eticidade* nas relações de direito público. A primeira coisa a que quero chamar a atenção – falei, inclusive, em Recife, no seminário da Profa. Mary Elbe, que aqui está presente – é que nós precisamos distinguir e urgentemente separar conceitos de interesse público e de interesse da Fazenda Pública. São coisas diversas – interesse da Fazenda Pública é o interesse na arrecadação, no aumento do caixa do Governo. É legítimo que o tenham o Secretário da Fazenda Nacional, o Secretário do Tesouro. Mas esse interesse não pode, não deve, ser confundido com o interesse público, porque o interesse público é o interesse da prevalência da ordem jurídica, na observância dos princípios e dos postulados constitucionais e legais. Testilha com esse interesse a atitude governamental de editar leis inconstitucionais com a habitualidade, testilha com o interesse público o comportamento do agente fazendário que não devolve *sponte propria* o tributo arrecadado em razão de edição de lei inconstitucional, que obriga o cidadão recorrer ao Poder Judiciário, que só obtém êxito depois de uma longa caminhada, de um longo *iter* processual, depois de suportar todos os recursos protelatórios no Poder Público, para, ao final, obter um precatório (que, se der sorte, nenhum deputado vai apresentar uma emenda de prorrogação por mais 10 anos...). Eu pergunto, em termos de eticidade no Estado de Direito: é esse o comportamento que se deve, que se pode esperar do Poder Público?

Afinal, o que é o *exercício da função pública*, seja no Legislativo, seja no Judiciário, seja no Executivo? É um mau vício enxergar as atividades públicas sempre pelo lado do poder. Celso Bandeira de Mello faz uma observação que me parece extremamente feliz: nós precisamos ver as atividades públicas muito mais pelo lado de seu dever. Portanto, as atividades não decorrem de poder, vamos dizer de um poder-dever, mas muito mais de um dever-poder. Em que o poder é um revés, um instrumento do dever, e só existe para que o dever possa ser cumprido, desincumbido, pelo titular ou pelo agente público. Não sou eu Ministro, não sou eu Magistrado, para ter poder; mas me investi neste cargo para ter o dever de entregar a prestação jurisdicional, para ter o dever de resolver os conflitos de interesses, e, conseqüentemente, me valer do poder como um instrumento do exercício deste dever, aqui e agora, no exercício da Magistratura, para imantar as minhas decisões de estabilidade, de modo a que os conflitos possam ser definitivamente resolvidos.

Não é diferente no campo tributário. É inadmissível, em um Estado de Direito, que o cidadão recolha um tributo que veio a ser declarado *a posteriori* inconstitucional e a Fazenda Pública se nega a devolvê-lo com a correção devida e com os encargos devidos. E, aqui, quero importar, da relação obrigacional privada vista com uma lucidez incrível já na Alemanha, como um processo, como sistema de totalidade, onde o resultado é mais que a soma de debito e crédito, mas é um conjunto de fatores que se desenvolvem no tempo e que exige uma relação de cooperação, ou seja, um comportamento; e comportamento é exatamente o que se espera da parte contrária, no sentido de colaborar para que a relação se ultime conforme a expectativa, atinja seu resultado, qual seja, o adimplemento, e do mesmo modo podemos transportar tal princípio para a relação obrigacional tributária. É verdade que têm fontes diferentes: enquanto a relação obrigacional privada pode decorrer da lei, mas costumeiramente decorrer da vontade das partes, já, a relação obrigacional tributária decorre obrigatoriamente da lei; mas essa lei, essa conduta, quem nos traz é o ordenamento jurídico, aquele dever de convivência, é a expectativa que surge entre os entes participantes dessa relação de que a outra parte vai agir com boa-fé, vai trabalhar para que a relação obrigacional atinja seu escopo e seu propósito, que é o adimplemento.

Ora, a edição de normas inconstitucionais tributárias faz com que surja um ilícito, e, conseqüentemente, o dever de reparar, de indenizar, de repor ao contribuinte aquilo que lhe fora confiscado de modo contrário à ordem constitucional. E a expectativa do cidadão é de que aquele Estado que avança sobre seu patrimônio, quando legitimamente autorizado, também lhe devolva este patrimônio quando ilegitimamente dele se apossou. E esta relação de *eticidade*, estas normas de comportamento, são traduzidas como *boa-fé* – boa-fé, aqui, visualizada não no seu sentido subjetivo anímico, psicológico, mas a boa-fé no seu sentido objetivo, como norma de conduta que deve pautar os agentes ou os integrantes de uma relação obrigacional.

É hora de importarmos do direito privado um pouco deste princípio de eticidade – princípios de eticidade que devem e podem ser aplicados –, analisado em um belíssimo estudo, no Direito Brasileiro, de Clóvis do Couto Silva, que tem uma obra chamada *A Obrigação como Processo*. Esses princípios devem, podem e têm – eu diria – que ser observados pelo juiz no processo.

E como observá-los, mormente no que tange às interpretações das normas? O Min. José Delgado, em que pese à literalidade do art. 168 do CTN, tem dito – e eu tenho refletido muito sobre isso – que no imposto, quando recolhido e declarado inconstitucional, os juros de mora devem incidir desde o efetivo recolhimento. Talvez fechando os olhos para esses princípios pelos quais se deve pautar o juiz, aplicando jurisprudências já sedimentadas desde o TFR, entendendo que é em face da lei e a partir do trânsito em julgado, que ele tem resistido – é a voz solitária, mas a mais bela do Tribunal, certamente. É o nosso tenor. Portanto, essa mesma transposição que se faz, e que eu prego para a relação obrigacional, eu prego para as relações administrativas, para a indenização na desapropriação, tendo em conta o princípio fundamental do justo preço. Não é razoável que o agente público subavalie o imóvel para dele se apossar, obrigando o desapropriado a percorrer longos caminhos no Judiciário para obter o *justo preço*, que era a condição necessária, indispensável até, para que a desapropriação se efetivasse. Tudo isso está, agora, a chamar a atenção dos aplicadores, dos operadores do Direito, principalmente do juiz e – por que não dizer? – também dos agentes administrativos, que devem pautar-se dentro do princípio da legalidade. Portanto, fere a boa-fé objetiva, fere uma norma de conduta ética e uma norma de conduta expressa na Constituição, traduzida pelo princípio da legalidade, quando o agente administrativo se recusa a cumprir aquilo que se encontra inserido em texto constitucional ou em texto legal.

Eis, meus Colegas, em síntese, a reflexão que eu queria trazer a este Congresso. Muito obrigado pela atenção dispensada! [*Palmas*]

PRESIDENTE DA MESA (PROF. AIRES F. BARRETO, PRESIDENTE DO IDEPE) – O Ministro, estou convencido, disse tudo aquilo que todos nós gostaríamos de ouvir! [*Palmas*]

Em face do adiantado da hora, agradecendo muitíssimo a generosidade da presença do Min. José Delgado, do Min. João Otávio Noronha e do mestre Prof. Antonio Carrazza, está encerrada esta sessão. Depois de um breve intervalo voltaremos para a conferência.

OFICINAS

DISCUSSÃO DE DÚVIDAS: INTERATIVIDADE

1ª OFICINA
PROCESSO JUDICIAL/PROCEDIMENTO ADMINISTRATIVO

COORDENADOR DA MESA: PROF. EDUARDO DOMINGOS BOTTALLO

PARTICIPANTES DA MESA: PROF. PAULO CONRADO,
PROFA. MARIA LEONOR LEITE VIEIRA,
PROF. MARCELO VIANA SALOMÃO

COORDENADOR DA MESA (PROF. EDUARDO DOMINGOS BOTTALLO) – Vamos dar início a esta Oficina, cujo tema é "Processo Judicial e Administrativo em Matéria Tributária".

Fazem parte da Mesa a Profa. Maria Leonor Leite Vieira, o Prof. Marcelo Salomão e o Prof. Paulo Conrado.

Antes de começarmos os trabalhos, cabem algumas explicações a respeito da proposta de organizar, neste Congresso, Oficinas de Trabalho. O que nos levou a imaginar esse tipo de atividade foi a constatação da existência de uma certa frustração dos Congressistas, que consiste em não poderem ouvir a opinião dos expositores, os palestrantes, sobre questões específicas de seu interesse. Nas Mesas de Trabalho o tempo é muito restrito, nunca sobrando espaço suficiente para que as perguntas sejam respondidas. Então, as Oficinas têm o propósito de atenuar, tanto quanto possível, essa frustração.

Folgo, de outra parte, em observar que esta foi a Oficina que recebeu o maior número de inscrições – o que confirma o grande interesse prático que temas de processo tributário (administrativo e judicial) despertam.

Quero também deixar claro que não é propósito dos integrantes da Mesa fazer exposição longa sobre as questões trazidas. De sorte que as manifestações serão bem objetivas, bem curtas, justamente para que todos tragam seu ponto de vista e que possamos examinar o maior número possível de questões.

O Prof. Paulo Conrado teve a bondade de fazer uma organização das perguntas, de forma que eu vou seguir o roteiro que ele preparou.

Então, aqui está a primeira pergunta: *Nas ações cautelares, de caução antecipatória de penhora em face da Fazenda Nacional, a fim de suspender a exigibilidade do crédito tributário, antes do oferecimento de embargo da execução fiscal: (1º) O valor da causa é o valor da caução oferecida, que deve superar o valor do crédito, ou é um valor arbitrado pelo autor de acordo com o que ele considera ser o benefício patrimonial auferido? (2º) Caso seja o valor total da caução oferecida, não haverá duplicidade de pagamento de custas quando do oferecimento da ação principal, anulatória ou declaratória?.*

PROF. PAULO CONRADO – Eu responderei isso, Professor, de maneira bem objetiva, pensando na regra segundo a qual as ações cautelares são acessórios independentes, de modo que o bem jurídico da vida nelas debatido é em tese, e nessa hipótese que propõe me parece que isso acontece de fato, coincide com o bem jurídico da vida que seria objeto da ação principal.

De modo que o valor a ser definido como o montante da causa deverá ser o valor do próprio crédito tributário que eu suponho, essa ação principal que se seguirá será uma ação anulatória do débito que está inscrito na dívida ativa, mas que ainda não foi executado. Essa ação que consta, aqui, da pergunta me parece que diz respeito àquela situação do "limbo", em que o crédito tributário está inscrito na dívida ativa mas ainda não foi executado, de modo que o contribuinte não tem a oportunidade de apresentar nem exceção de pré-executividade, nem embargos, toma a iniciativa de promover, de provocar, o Judiciário via cautelar, com o intuito de promover, na seqüência, a ação principal, que seria anulatória, aguardando, quando da propositura da execução, a movimentação natural – penhora, embargos etc. e tal. Mas, de toda sorte, nessa ação, especificamente, parece-me que a vinculação aconteceria em vista do valor da causa. Melhor dizendo, seria apurado em vista do valor da própria ação anulatória da ação principal. E não me parece que com isso se possa falar em cumulação de custas. Absolutamente tranqüilas a doutrina e a jurisprudência, que me parecem acertadas, nesse sentido, sobre a autonomia do processo cautelar em relação ao processo principal. Tanto assim, que, da outra ponta, os encargos da sucumbência são fixados também autonomamente. Se o contribuinte sai vitorioso na cautelar, vai ser destinatário dos honorários advocatícios, independentemente dos honorários que seriam fixados na ação principal.

Parece-me que não é possível querer dizer que haja sobrecarga de custas nessa hipótese; a não ser que se pretenda o melhor dos dois mundos.

Coordenador da Mesa (Prof. Eduardo Domingos Bottallo) – Nós temos na Mesa o privilégio de contar com a participação do Prof. Paulo Conrado, Juiz Federal especializadíssimo em processo tributário – até porque este foi o tema da tese de Doutoramento que ele defendeu recentemente, com muito brilho e grande êxito, na PUC.

Temos também o privilégio de contar com a Profa. Maria Leonor Leite Vieira, Advogada com muita experiência e, ademais, Juíza do Tribunal de Impostos e Taxas de São Paulo; portanto, uma grande especialista em processo administrativo.

E, ainda, o Prof. Marcelo Salomão, um dos advogados mais proeminentes da região de Ribeirão Preto. Estas participações tornam bastante confortável a função do Coordenador.

Coordenador da Mesa (Prof. Eduardo Domingos Bottallo) – Eu também concordo com as observações do Prof. Paulo Conrado a respeito dessa questão, mas me permito fazer uns pequenos comentários, não exatamente sobre ela, mas algumas variantes que são sugeridas pelo que foi proposto.

A questão refere-se a "ação cautelar de caução antecipatória". Eu acho que também seria possível que este pedido fosse formulado na própria ação principal, através de um pedido de antecipação de tutela. Com isso, então, o problema das custas em duplicidade sequer em tese se colocaria.

A antecipação de tutela foi instituída exatamente com o objetivo de evitar duplicidades de ações. E, mais que isso, a antecipação de tutela não só se aplica a qualquer tipo de ação como, também, ela passou a integrar o rol daquelas medidas judiciais previstas no art. 151 do CTN que suspendem a exigibilidade do crédito.

Esta é a primeira observação que me ocorre. Especulando um pouco mais, entendo que poderia ser dispensada a caução em dinheiro.

Muitas vezes o autor da ação não tem a disponibilidade de recursos para oferecer a caução em dinheiro, e o processo está naquele "limbo" que o Prof. Paulo Conrado lembrou – ou seja, está naquela fase entre o esgotamento do processo administrativo e o ajuizamento da execução fiscal. O contribuinte propõe ação anulatória, porque não pode, não quer esperar o ajuizamento da execução, e precisa imediatamente da certidão negativa. Nesse caso, pode oferecer uma caução, não em dinheiro, mas em bens, ou mesmo uma fiança, não com o objetivo de obter a suspensão da exigibilidade do crédito, mas com o objetivo de garantir futuramente a execução desse crédito, com o quê ele poderá obter, se não a certidão negativa, a certidão positiva com efeitos de negativa, nos termos do art. 206 do CTN.

Profa. Maria Leonor...

Profa. Maria Leonor Leite Vieira – Agora que fui provocada pelo Dr. Eduardo Bottallo, como diz a Profa. Lúcia Figueiredo sempre, advogado cria o direito e leva esse direito ao juiz, para que ele decida.

E com essa circunstância, Dr. Eduardo Bottallo, que foi com a prática processual caminhando, aí, por outras vias, e nós temos que criar esse caminho sempre (temos ouvido isso no Congresso desde ontem), me chama a atenção isso que o Sr. comenta, porque, agora, com o mero despacho do juiz que determina a citação, já começa a contar o prazo que interrompe a prescrição, acho que situações como essa ocorrerão mais constantemente talvez, e principalmente quando a jurisprudência, não é o caso do Dr. Paulo Conrado, a jurisprudência não aceita a pré-executividade. Então, com essa necessidade de certidão, até para se garantir, o contribuinte vai procurando esses caminhos processuais mais adequados, ele cria esses caminhos até para ver como o Judiciário vai se posicionando, e provocando o Judiciário para se posicionar nesse sentido.

Com o mero despacho do juiz que determina a citação já está correndo o prazo? Isso interrompe a prescrição?

Isto realmente tem provocado muito meu raciocínio, para ver o que é que isso vai provocar no mundo real, as circunstâncias em que isso vai se desenvolver e o que vai provocar, não é?

COORDENADOR DA MESA (PROF. EDUARDO DOMINGOS BOTTALLO) – Vamos, então, à segunda questão, que diz respeito a: *Viabilidade, ou não, da discussão, em sede administrativa, de questão já submetida ao exame do Judiciário por um dos instrumentos processuais previstos no art. 38 da Lei 6.830/1980.*

PROF. MARCELO VIANA SALOMÃO – Pelo que estou entendendo, a pergunta considera que o contribuinte já levou a questão, por vontade sua, ao Judiciário, diretamente. No meu modo de ver, ele efetivamente abriu mão do caminho administrativo; ele podia ter a opção de aguardar, e vir uma eventual cobrança administrativa. Mas não, ele quis provocar o Judiciário, para levar aquela cobrança a ter uma decisão de mérito na esfera judicial, passível, portanto, de transitar em julgado. Parece-me, sim, que uma conduta desta natureza do contribuinte, de procurar o Judiciário antes de se iniciar um processo administrativo, gera a impossibilidade de nascedouro de um processo administrativo que seja absolutamente idêntico a esse processo judicial. Vale dizer, não entendo correta a existência em duplicidade de uma ação na esfera judicial, iniciada pelo contribuinte, e uma com nascimento posterior, mas trâmite concomitante, na esfera administrativa. Penso, ainda, que talvez a melhor solução seja a de que, caso venha o auto de infração neste caso, deva o mesmo ser suspenso, aguardando a decisão final do processo judicial. É uma cautela válida, pois, como sabemos, aquele pode acabar sem um julgamento de mérito, situação na qual seria absolutamente legal a continuidade do processo administrativo.

Acho que não tem condições a simultaneidade exatamente da mesma ação, com as mesmas discussões jurídicas. Salvo engano, a eminente Ministra Eliana Calmon proferiu voto que começou a tranqüilizar esta questão, decidindo que a Administração pode, sim, até lançar e suspender imediatamente, para que fique garantido o direito e se precavenha com relação à decadência. Isso eu acho plenamente coerente com o sistema. O que não consigo admitir é a simultaneidade, no meu modo de ver, de uma ação absolutamente idêntica, mérito, todos os questionamentos, no Poder Judiciário e na esfera administrativa. Ainda mais quando o contribuinte, que tem direito ao processo administrativo, acabou optando pelo Poder Judiciário. Penso assim respeitando, também, os princípios da economia processual e da eficiência administrativa.

COORDENADOR DA MESA (PROF. EDUARDO DOMINGOS BOTTALLO) – Prof. Paulo...

PROF. PAULO CONRADO [*texto sem revisão do autor*] – Parece-me que a solução que vem prevista no art. 38, se não me engano, no parágrafo único, acho que é um único parágrafo ali mesmo, da Lei 6.830 confunde o fenômeno da concomitância com o da litispendência, que vem prescrito no Código de Processo Civil. O fenômeno da litispendência vem definido no Código de Processo Civil ao lado da coisa julgada. A coisa julgada é uma forma de litispendência qualificada, de modo que me parece que só haverá litispendência onde houver possibilidade de haver coisa julgada.

Acrescentei.

Como no processo administrativo não há possibilidade de coisa julgada, não podemos imaginar um processo administrativo litispendente com o processo judicial. Por isso a necessidade de chamar o fenômeno de outra forma – parece-me que o vocábulo "concomitância" cai bem. Se não é litispendência, não podemos aplicar a sorte típica da litispendência, que é a extinção do processo mais recente. De modo que a convivibilidade das duas instâncias me parece possível. Evidentemente que o processo judicial tem uma potência de coisa julgada. Desde que sobrevenha a coisa julgada, prejudicada vai estar a processualidade administrativa. Nessas hipóteses parece-me que o julgador administrativo deve interpretar o art. 38 de modo a compatibilizá-lo com o sistema, e não tomá-lo na sua literalidade, extinguindo a instância administrativa. Deve suspender o julgamento do processo administrativo até que sobrevenha a notícia de que efetivamente [*inaudível*] a coisa julgada se formou, porque pode perfeitamente ser que não haja coisa julgada, que a autoridade jurisdicional extinga o processo sem julgamento de mérito, e aí o sujeito fica sem coisa julgada judicial, sem um pronunciamento judicial e sem um pronunciamento administrativo.

Parece que essa seria a solução que reputo ideal, independentemente de os objetos coincidirem, ou não. Parte da premissa de que os objetos estão coincidindo. Naquilo que não coincidir, aí, evidentemente, cada um com o seu processo, e pronto, acabou, não há qualquer confusão, a não ser naqueles itens que, conquanto diferentes, se apresentem prejudiciais; aí, a autonomia é apenas aparente. Esta a solução que imaginaria para esse problema.

Profa. Maria Leonor Leite Vieira – Eu só queria asseverar que constantemente a Administração, seja aqui o Conselho de Contribuintes federal, o Tribunal de Impostos e Taxas de São Paulo, baixa os processos em diligência – o Dr. Marcelo (um dos advogados mais atuantes do Tribunal de Impostos e Taxas) vem acompanhando isso; os processos são baixados em diligência para que a Procuradoria junte cópia do processo judicial e informe o que está sendo discutido e em que pé está a situação que está sendo discutida no judiciário. Essa é uma praxe, mesmo, na jurisprudência administrativa. Isso já é muito conveniente, ainda mais com todos esses comentários que o Dr. Paulo Conrado fez. Se não for assim, poderá causar impactos tanto para uma quanto para outra das partes do processo.

Coordenador da Mesa (Prof. Eduardo Domingos Bottallo) – Eu apenas completaria que a concomitância, que o Prof. Paulo precisou muito bem, teria que ser considerada sob aspecto puramente formal, não de conteúdo. Explico melhor: se, por exemplo, administrativamente eu impugno um auto de infração e, ao mesmo tempo, ingresso em juízo com uma ação anulatória deste auto de infração, então, obviamente, são incompatíveis a discussão administrativa e a discussão judicial, exatamente porque sob o ponto de vista processual existe uma identidade manifesta entre aquilo que eu pretendo na esfera administrativa e aquilo que estou buscando na esfera judicial.

Agora, a situação mais comum não é essa. Freqüentemente ocorre a concomitância entre, digamos, uma ação declaratória de inexistência de relação jurídica e a lavratura de um auto de infração contra o autor da ação, tendo por objeto determinada cobrança com base na relação jurídica que está sendo controvertida em juízo. Nesse caso, a mim me parece que a subsistência das duas instâncias é perfeitamente válida, porque não há identidade de objeto. O que se pretende administrativamente é desconstituir um determinado auto de infração, e o que se pretende judicialmente é outra coisa, ou seja, a declaração da inexistência de uma relação jurídica. Embora a tese em discussão possa ser comum a ambas as situações, os pedidos são diferentes, e a mim me parece que a concomitância prejudicial há de ser dos pedidos, e não dos fundamentos do pedido.

Prof. Paulo Conrado [*texto sem revisão do autor*] – Essa hipótese que coloca, Prof. Bottallo, da ação declaratória, é muito interessante. Faço questão, aqui, só de consignar o problema à luz do art. 151 do CTN. Nos termos desse dispositivo, a impugnação administrativa funciona como causa de suspensão de exigibilidade do crédito tributário, de modo que esse efeito tem que ser garantido ao contribuinte que já propôs ação declaratória. Acaso o julgador administrativo negue ao contribuinte o acesso à instância administrativa, vai estar atribuindo ao prévio exercício do direito de ação declaratória o caráter de sanção. O contribuinte que antes promoveu ação declaratória recebe uma sanção, que é não ter acesso à instância administrativa, e, conseqüentemente, a suspensão de exigibilidade do crédito tributário.

O contribuinte que ficou "deitado em berço esplêndido", não promoveu a ação declaratória, está esperando auto de infração, recebeu, impugnou, esse vai ser receptáculo desse efeito do art. 151, que me parece completamente desarrazoado, apenas para reforçar aquilo que disse.

Coordenador da Mesa (Prof. Eduardo Domingos Bottallo) – Temos, aqui, outra questão: *A manifestação de inconformidade em face do deferimento de declaração de compensação tem os mesmos efeitos da suspensão da exigibilidade de crédito tributário, nos termos do art. 151 do CTN?.*

O art. 151, III, do CTN alude à impugnação ou aos recursos, nos termos das leis que regulam o processo administrativo; de modo que a suspensividade está diretamente conectada à lei que regula uma determinada modalidade de processo administrativo tributário. A situação descrita na pergunta é mais ou menos a seguinte: houve um pedido à Receita Federal para que autorizasse uma compensação. Sendo negada essa compensação, a parte oferece uma "manifestação de inconformidade" – que, em tese, corresponde a uma impugnação. Houve, portanto, a instauração de uma discussão administrativa sobre o tema, que, a meu ver, se contém dentro do conceito amplo de "processo administrativo" a que alude o art. 151, III, do CTN.

Vejo que o Dr. Paulo e a Dra. Leonor concordam com este entendimento.

A segunda questão proposta diz respeito ao "efeito devolutivo e suspensivo nos recursos administrativos". Como se sabe, os recursos administrativos têm efeitos suspensivos em matéria tributária, isso por força do mesmo art. 151, III, do CTN. Passemos, então, à outra questão, que diz respeito à "responsabilidade dos sócios por débitos fiscais das sociedades".

O CTN, no seu art. 135, III, trata de hipótese não de responsabilidade solidária, e sim de responsabilidade pessoal dos administradores, tratando-se de dívidas fiscais resultantes de violação da lei ou do contrato. Nesse particular, tal responsabilidade tem que ser caracterizada em função das circunstâncias de fato que deram origem ao débito. A Fazenda tende a interpretar de forma muito ampla o que significa "infração à lei ou ao contrato". Trata-se de raciocínio bastante literal pelo qual, se a lei determina que o contribuinte pague o tributo, "não pagar o tributo" é uma infração à lei; logo, o simples fato do não-pagamento do tributo já gera responsabilidade pessoal dos administradores da empresa. Essa interpretação não convence. Segundo entendo, a responsabilidade pessoal dos sócios por dívidas da sociedade deve ser medida pelo exame da causa do débito, e não pela existência, em si, do débito.

Se o débito resultou de ato lesivo ou ilegal dos seus administradores, então, parece-me que fica caracterizada a responsabilidade destes.

Agora, se a empresa deixou de pagar seus tributos porque não tem dinheiro, porque suas atividades não foram bem-sucedidas, fracassaram – e, nesse contexto, não houve nenhuma gestão temerária, não houve nenhum ato que poderia ser imputado como má gestão ao sócio ou administrador –, então, parece-me não ter sentido a responsabilidade pessoal.

Com o advento do Código Civil de 2002 essa questão adquiriu parâmetros de compreensão mais claros, mais nítidos.

Até o advento do Código Civil de 2002 a figura da *desconsideração da personalidade jurídica* era tratada casuisticamente no campo da jurisprudência. O CC, no seu art. 50, "dogmatizou" a figura da desconsideração da personalidade jurídica, fixando que o sócio ou o administrador respondem nos casos de confusão patrimonial ou desvio de finalidade. Então, embora não se trate da mesma coisa, a responsabilidade pessoal que os administradores têm por dívidas fiscais da sociedade (art. 135 do CTN) apresenta clara similaridade com a figura da desconsideração da personalidade jurídica. Com base neste quadro, tenho sustentado que as hipóteses do art. 50 do CC – ou seja, confusão patrimonial e desvio de finalidade – podem servir de parâmetros para determinar a compreensão do art. 135, III, do CTN. Neste sentido, as hipóteses em que o administrador poderia responder por dívidas fiscais da sociedade seriam apenas quando resultantes de confusão patrimonial ou de desvio de finalidade.

Tendo presente a hoje pacífica idéia da unidade do Direito, cuja compartimentalização se justifica apenas por razões propedêuticas. É perfeitamente possível que se busque no campo do chamado direito privado parâmetros para compreensão dos efeitos tributários de determinadas figuras. Isso é preconizado pelo próprio art. 110 do CTN, que faz a "ponte" – digamos assim – entre o direito privado e o direito tributário.

Estas seriam as observações que eu teria para fazer a respeito da questão.

PROF. MARCELO VIANA SALOMÃO – Eu queria falar sobre dois pontos. O primeiro é um a que o Prof. Bottallo já chamou a atenção e com que me deparo constantemente em minha atuação como advogado no egrégio Tribunal de Impostos e Taxas de São Paulo, qual seja: a questão da responsabilidade no direito tributário. Penso o seguinte: a fiscalização, ao exercer sua função e se deparar com uma operação de compra e venda e não encontrar a empresa vendedora, passa a chamá-la de "inidônea" e a considerar que praticou ato ou atos inidôneos. Aí, sem maiores esforços para confirmar esta suposta inidoneidade e sem praticar os atos que a Constituição Federal e a própria Administração Paulista definem para a declaração de uma empresa e/ou seus documentos como inidôneos, avança sobre quem comprou! Aqui o Prof. Bottallo frisou claramente o fato de o Código Tributário Nacional trazer, em seu bojo, uma exceção em termos de responsabilidade. É que há a regra geral da responsabilidade do Código Tributário Nacional mas, quando ele regula a responsabilidade em caso de dolo, fraude, má-fé, define expressamente que ela é pessoal do dono da empresa. Então, o ponto que quero frisar é que, se a fiscalização tem a convicção de que aquela empresa vendedora agiu com dolo, fraude ou má-fé, apesar de ter autorização da Administração para tanto, que inclusive cobra uma taxa para concedê-la, e que ainda não tenha praticado atos que evidenciassem à coletividade que deixou de ser idônea, obviamente que a fiscalização não pode, simplesmente, se voltar contra, e imediatamente, quem comprou, ou seja, o adquirente de boa-fé, que cumpriu todos os atos que a legislação impõe, ou seja, praticou um ato jurídico perfeito.

Agora, se o argumento do Fisco é que está indo atrás de um responsável solidário, porque teria havido algo ilícito por parte da empresa vendedora, sabendo o Fisco que ela é a contribuinte, ele tem a obrigação de ir atrás dos sócios de tal empresa, vez que eles, sim, têm responsabilidade pessoal com relação ao débitos de sua empresa decorrentes de condutas ilegais, fraudulentas etc. Inúmeras vezes o Tribunal de Impostos e Taxas, corretamente, no meu modo de ver, disse: "Realmente, não há diligência no sentido de localizar os sócios da firma vendedora". Ou, pior: "Está aqui, realmente, o endereço dos sócios" – e os sócios não foram procurados, sendo que têm responsabilidade pessoal. E em diversos destes casos o egrégio Tribunal de Impostos e Taxas determinou que se diligenciasse a localização de tais pessoas ou cancelou a cobrança equivocadamente transferida para a empresa compradora, sem que se cumprisse a regra do Código Tributário Nacional que disciplina a responsabilidade pessoal dos sócios e diretores das empresas.

Então, na verdade, meu objetivo era só chamar a atenção para isso. Fiquei muito contente de ver isso ressaltado pelo meu mestre Bottallo.

A segunda questão, também destacada pelo Prof. Bottallo, é a grande diferença entre *inadimplência* e *sonegação*. Não dá para um país com o nosso nível de tributação chamar o inadimplente de "sonegador", tanto que para a inadimplência já existe a punição do próprio sistema, qual seja, a imposição de uma multa. Esta conduta de simplesmente não pagar um tributo no dia do seu vencimento é, evidentemente, diferente daquela desenhada no tipo penal, que implica dar informação incorreta ao Fisco, alterar as informações contábeis e documentais, alterar valores etc. Esta diferença é crucial para a correta aplicação do nosso direito positivo, em especial no âmbito do direito penal tributário. Há total diferença entre quem declara, corretamente: "Estão aqui as minhas informações de ICMS, o que eu comprei, o que eu vendi, está aqui a minha GIA, e não tenho condições de pagar". Esse não é sonegador, esse é inadimplente. O sonegador é aquele que, ao apresentar a GIA, a apresenta, conscientemente, com dados falsos.

COORDENADOR DA MESA (PROF. EDUARDO DOMINGOS BOTTALLO) – Sobre a questão que o Prof. Marcelo acabou de expor existem votos excelentes no Tribunal de Impostos e Taxas de São Paulo, muitos da lavra da Profa. Maria Leonor Leite Vieira. Existe em São Paulo um serviço accessível pela Internet denominado "SINTEGRA". Trata-se de um programa de informações fiscais pelo qual o contribuinte pode saber se seu fornecedor está, ou não, em situação regular perante a Secretaria da Fazenda. Entretanto, a folha fornecida pelo órgão contém o seguinte registro: "A Secretaria da Fazenda não assume a responsabilidade pelas informações por ela prestadas". As palavras não são as mesmas, mas o sentido sim. Então, soa verdadeiramente absurdo que um órgão da responsabilidade da Secretaria da Fazenda de São Paulo pretenda escusar-se de responder pelas informações que ele própria presta. Até parece que os burocratas ignoram que a CF, em seu art. 19, II, veda aos órgãos públicos recusarem fé aos documentos que emitem.

PROFA. MARIA LEONOR LEITE VIEIRA – Não, Dr. Eduardo, por favor. Mas acho que esse "SINTEGRA" pelo menos vem provocando uma reação da Fazenda – que as discussões administrativas neste assunto são de longa data, não é, Dr. Marcelo? É a publicidade que é meio "capenga". Assim quando o contribuinte fica sem saber se aquela empresa de quem ele comprou está aqui em São Paulo – alguém bateu à porta: "estou vendendo feijão, quer comprar feijão?". Eu compro o feijão, recebo a nota fiscal, está tudo direitinho, bonitinho. Daí a pouco sou autuada porque comprei de quem não tinha condições de vender, de quem não existe naquele endereço, não estava em condições regulares perante o Fisco.

Eu sempre dizia isso no Tribunal de Impostos e Taxas. Muito bem, então eu tenho que falar assim: "Espere um pouquinho aqui, fique aqui, que eu vou lá – sei lá eu! – em Araraquara, ver se você existe mesmo, se você está lá inscrito. Daqui a pouco eu volto, e aí eu compro feijão". É claro que esta circunstância é impossível. Mas, com o "SINTEGRA", o que a Fazenda tem buscado realmente é exercer aquele princípio estabelecido também na CF, no art. 37, a *eficiência do serviço público*. A eficiência não é só na cobrança, a eficiência também é na prestação do serviço público. Isso está meio comprometido em todos os níveis no país, mas é, pelo menos, é uma tentativa do Estado de dar publicidade a esses atos que constantemente pratica na fiscalização de quem deve ser fiscalizado pela Fazenda. E só quem tem a incumbência de fiscalizar é a Fazenda. Por óbvio, o contribuinte não pode sair à rua fiscalizando aqueles de quem ele está adquirindo. Mas também, por outro lado, a Fazenda tem a obrigação e o direito de fazer essa verificação e essa demonstração, dar publicidade a todos esses atos. Esse comprometimento está estabelecido no art. 37 da CF. Mas com a atuação dos advogados, com a atuação da própria Fazenda, que vem pretendendo modificar tudo isso – aqui mesmo, no Congresso, temos inúmeros fiscais, inúmeros julgadores também, de primeira ou de segunda instância, no Estado, participando – para tentar modificar tudo isso. Pelo menos, é um passo a mais do que não tinha publicidade alguma.

COORDENADOR DA MESA (PROF. EDUARDO DOMINGOS BOTTALLO) – A próxima solicitação a ser examinada envolve três temas bastante importantes: *Coisa julgada administrativa*, *Prescrição intercorrente no processo tributário administrativo e judicial* e *Efeitos da decadência no processo administrativo tributário*.

Coisa julgada administrativa. Vou pedir à Profa. Maria Leonor para manifestar-se a respeito.

PROFA. MARIA LEONOR LEITE VIEIRA – Rapidíssimo, Dr. Eduardo. O art. 156, num dos seus incisos, o IX ou o X – agora me foge –, estabelece que a decisão administrativa irreformável extingue o crédito tributário. Então, se a decisão administrativa não pode mais ser reformada naquelas circunstâncias, ela "transitou em julgado" – vamos colocar entre aspas aqui, "transitou em julgado"; teríamos outras circunstâncias dentro do processo, mas não podemos entrar nisso agora –, extingue-se o crédito tributário. Uma coisa que provoca o meu raciocínio, que tem provocado o raciocínio de todos nós, é quando a Fazenda resolve, depois da decisão administrativa irreformável, estabelecida assim no Código Tributário Nacional, nas leis reguladoras do procedimento administrativo, federal, estadual ou municipal, bater as portas do Poder Judiciário para modificar aquela decisão – como se a Administração pudesse ela mesma dizer: "O outro órgão a quem eu dei a incumbência de fazer o julgamento julgou errado; então, agora, eu, o Ministério Público Federal (e o Ministério Público tem feito isso com o Conselho de Contribuintes, aqui em São Paulo, e uma tentativa de fazer isso também para o Tribunal de Impostos e Taxas, estudando para fazer esta revogar) – quero revogar a decisão do órgão administrativo incumbido de fazer o julgamento".

Mas os termos, para mim, são muito claros no art. 156 do CTN, que diz que decisão administrativa irreformável, se for favorável ao contribuinte, não se tem mais que mexer nela.

COORDENADOR DA MESA (PROF. EDUARDO DOMINGOS BOTTALLO) – Dr. Paulo, alguma observação sobre esse assunto?

PROF. PAULO CONRADO [*TEXTO SEM REVISÃO DO AUTOR*] – Eu teria, para fazer contraponto a isso que a Profa. Maria Leonor disse. Eu até acho interessante ter, finalmente, um ponto de discordância, para a coisa ficar um pouco mais "quente". Mas, enfim, parece-me possível, sim, a propositura de ações pelo Fisco. E quanto a essas ações a que a Prof. Maria Leonor se refere eu me calçaria exatamente no art. 156, no inciso que também não lembro qual, é Profa. Leonor, porque lá se fala que a decisão administrativa irreformável é aquela da qual não caiba mais ação anulatória, e essa ação anulatória é, em tese, a que parece ter surgido agora, mas em rigor já está aí prevista desde sempre no Código Tributário Nacional.

O fenômeno da *coisa julgada* é um fenômeno que se põe vinculado até nessas sentenças, é assim que define a coisa julgada o art. 467 do CPC. *Coisa julgada* não me parece fenômeno afeito ao processo administrativo. As decisões administrativas seriam suscetíveis de definitividade por influxo exclusivamente do prazo prescricional dessa ação anulatória. Decorrido esse prazo, aí, sim. E não me parece que exista um problema nesse caso, "problemas existenciais" na Administração Pública, porque quem proferiu a decisão não é órgão representativo da vontade administrativa, é um órgão administrativo que exerce função jurisdicional atipicamente. Tanto assim que se sustenta inclusive, no Tribunal de Impostos e Taxas de São Paulo, a possibilidade de um órgão emitir juízo de inconstitucionalidade de uma clara visão. Eu não concordo com isso. Mas, enfim, numa clara idéia de que um órgão não é exercente de função administrativa, ele *está* organicamente administrativo, mas funcionalmente é um órgão jurisdicional. Manifesta ele, portanto, interesse público primário. O interesse público secundário é aquele que seria titularizado pela Administração Pública, que é receber o dinheiro que foi constituído no crédito tributário. Esse seria buscado pela Procuradoria através de ação como essa. Eu concordo plenamente que, talvez, dentro das políticas públicas, essa seja uma opção péssima, sem dúvida. Mas, do ponto de vista jurídico-formal a composição do sistema, não vejo, de fato, problemas para propositura dessa ação. Pode ser que haja problema no julgamento de mérito. Agora, não me parece que seja possível dizer que o pedido é juridicamente impossível, que falta interesse de agir à Administração Pública, ou argumentos dessa ordem.

COORDENADOR DA MESA (PROF. EDUARDO DOMINGOS BOTTALLO) – Prof. Marcelo...

PROF. MARCELO VIANA SALOMÃO – Eu, com todo respeito ao meu amigo e professor Paulo Conrado, vou discordar, com veemência. Parece-me que a Constituição de 1988, de forma brilhante, traz como garantia individual do cidadão brasileiro o processo administrativo. A Constituição Federal, ao cuidar da jurisdição administrativa, fala expressamente em *devido processo legal* e em *ampla defesa*. Eu não consigo entender *devido processo legal* e *ampla defesa* se não for para ter uma decisão terminativa, porque não é só o direito de poder levar os meus argumentos que está garantido, mas sim que eles sejam analisados por alguém competente, inclusive para finalizar a lide administrativa de forma irreversível, caso se conclua que a Administração Pública nada tem a receber. E, por fim, parece-se que perderia todo sentido a existência do processo administrativo se ele estivesse submetido a um órgão julgador da Administração e, mesmo este órgão dizendo que não há crédito para a Administração, que ela pudesse, por outro órgão seu, levar um crédito a que sabe não ter direito (pois assim ela mesma decidiu através de um tribunal competente para tanto) para nova e idêntica discussão no Poder Judiciário. Os tribunais e conselhos de julgamento administrativo são órgãos julgadores e representam, sim, a interpretação administrativa final do respectivo ente administrativo. Ou seja, para dizer se ele tem direito, ou não, a determinado crédito. Assim, se eles estão dizendo que não há direito ao crédito, no meu modo de ver, está absolutamente acabado, encerrado, o caso – e, portanto, totalmente inaceitável que ele mesmo, Estado, União ou Município, através de outro órgão seu – qual seja a Procuradoria –, possa levar isso a juízo.

Além disso, tenho dificuldade tremenda para entender, por uma questão de legitimidade, contra quem o Estado proporia uma ação destas. Seria contra o próprio Estado, já que foi ele mesmo quem decidiu que não tem crédito nenhum? Estado contra Estado? União contra União?

Considero, então, que, além do CTN, no 156, já citado por minha eterna Profa. Maria

Leonor, é a própria vontade da Constituição – pois me parece ser absolutamente sem sentido existir um processo administrativo, embasado no devido processo legal, se ele puder chegar a um fim que nada significa, em que qualquer uma das partes possa levar a questão novamente a ser discutida, agora no Judiciário, como se de nada tivesse valido o processo administrativo.

Sou, como diversos dos Srs., grande defensor do processo administrativo, e continuarei lutando para que ele cada vez mais tenha de fato a força que a Constituição já lhe deu de direito. Abraço, portanto, publicamente o movimento mencionado pela minha Profa. Maria Leonor, que tanto dignificou o egrégio Tribunal de Impostos e Taxas, pelo reconhecimento da força do processo administrativo tributário. Entre outras coisas positivas, isso irá desonerar o Poder Judiciário. Aliás, neste ponto, é importantíssimo mencionar que hoje tenho melhores resultados no Tribunal de Impostos e Taxas que no Poder Judiciário. E, como sabemos, também o Conselho de Contribuintes tem primado por proferir decisões brilhantes, interpretando de forma ótima a legislação tributária brasileira.

Coordenador da Mesa (Prof. Eduardo Domingos Bottallo) – Isso, sem dúvidas.

Prof. Marcelo Viana Salomão – Eu não tenho a menor dúvida disso, porque, embora seja um órgão da Secretaria da Fazenda, eles levam muito a sério a função de julgadores. E, para chegar nesta posição, comprovadamente se deve ter domínio do direito tributário. Então, parece-me que realmente seria um desrespeito com quem está lá, cumprindo essa função, se dizer: "Apesar de vocês serem julgadores administrativos, independentes, com conhecimento técnico, iremos ignorar, desprezar, a decisão de vocês de que a Administração, com base no direito positivo, não tem direito ao crédito em questão, e levaremos isso a juízo". Essas eram essas as ponderações que eu queria fazer.

Coordenador da Mesa (Prof. Eduardo Domingos Bottallo) – Essa questão é extremamente polêmica. Eu peço vênia para discordar da posição do Prof. Paulo Conrado – e, curiosamente, pelos próprios fundamentos que ele levantou.

Sigo, com relação ao tema, as lições do Prof. Celso Antônio Bandeira de Mello, que, com sua reconhecida autoridade, sustenta a possibilidade de ocorrer a coisa julgada administrativa dentro de pressupostos que levem em conta julgamentos proferidos no âmbito do contraditório administrativo, que foi equiparado ao judicial, nos termos do art. 5º, LV, da CF.

Reconheço, entretanto, que são sérios e importantes os argumentos contrários a este ponto de vista. Lembro, finalmente, a Súmula 473 do STF, que trata da anulação, pelo Judiciário, de atos administrativos. "Anulação", e não "revogação", que são figuras completamente diferentes uma da outra. A anulação pelo Judiciário, por vício de forma ou de competência, é sempre possível; a revogação, que envolve apreciação do mérito do ato, nem sempre o é.

Platéia (Dr. Moisés) – Dr. Bottallo, é ainda sobre a questão da coisa julgada, só um "adendozinho", porque o tema foi por mim colocado, exatamente para levantar estas questões. Concordo com a Mesa, e não com o Dr. Paulo Conrado, quanto às questões colocadas, principalmente a do Dr. Bottallo, no sentido de que o processo administrativo tributário, os recursos e as defesas foram equiparados constitucionalmente ao processo judicial. Se esta colocação constitucional é válida, porque deu o mesmo valor às defesas e recursos em processo administrativo que aos recursos e à defesa no processo judicial, se isto é válido, entendo eu que existe efetivamente coisa julgada em processo administrativo tributário. E o que eu quero colocar, para estudo e reflexão de todos, é se pode existir a coisa julgada. Ocorre muito no Tribunal de Impostos e Taxas, por exemplo – a Dra. Maria Leonor conhece isso, o Dr. Marcelo, como advogado atuante no Tribunal de Impostos e Taxas, sabe disso –, a Fazenda faz autuação de uma determinada matéria, é possível um crédito ou não é possível um crédito, uma situação é tributável ou não-tributável, e, ao invés de fazer um auto de infração grande, divide por períodos, são vários autos de infração, a tese jurídica é exatamente a mesma, as partes envolvidas são as mesmas, Fazenda Estadual, o mesmo contribuinte, no mesmo estabelecimento, a mesma inscrição fiscal, e os processos são julgados separadamente.

Num determinado processo – no primeiro, vamos dizer –, o contribuinte tem sua tese confirmada, não é devido imposto ou é permitido o crédito naquela situação. Entendo eu que este caso preliminar, que foi julgado, este único que foi julgado, sendo as mesmas partes, a mesma matéria, apenas períodos diversos, vigente ainda em todos os períodos, a mesma legislação, faz coisa julgada administrativa. E o que o contribuinte poderia eventualmente invocar a seu favor. É esta a colocação.

Coordenador da Mesa (Prof. Eduardo Domingos Bottallo) – A próxima questão diz respeito à *Prescrição intercorrente no processo administrativo.*

Muitos sustentam que não ocorre prescrição nem decadência no curso do processo administrativo tributário. Uma antiga decisão do STF endossa este entendimento pela consideração de que, na instauração do aludido processo, com a formalização do lançamento, cessou a contagem do prazo decadencial e não corre a contagem do prazo prescricional exatamente em função da suspensão da exigibilidade do crédito, determinada pelo art. 151, III, do CTN.

Pois bem. O Prof. Eurico de Santi escreveu excelente trabalho a respeito, exatamente nessa linha. Eu acho que o problema não é exatamente de prescrição intercorrente, embora, por uma questão de tradição, seja este o termo empregado. Todavia, a questão, a meu ver, é mais de *perempção*, ou seja, a perda do direito pelo seu não-exercício por parte de quem tem o dever de fazê-lo.

Com efeito, a Fazenda Pública é que tem o ônus de fazer com que o processo administrativo chegue ao seu desfecho. Se ela não cumpre com esse ônus, deve responder pelas conseqüências. Neste caso, a principal delas será a perda do direito de receber seu crédito.

Recentemente, um fortíssimo argumento veio, a meu ver, reforçar essa tese, que é o *princípio da celeridade processual*, extensivo ao processo administrativo, que a Emenda Constitucional 45/2004 inseriu no corpo do art. 5º da CF (inciso LXXVIII). Como se sabe, os preceitos do art. 5º são de eficácia plena e aplicação imediata, razão pela qual deles se podem extrair imediatas conseqüências, dentre as quais a de impor sanções (em sentido amplo) ao Estado quando, sem que haja empecilhos jurídicos para tanto, deixa de assegurar o andamento rápido do processo administrativo.

Profa. Maria Leonor Leite Vieira – É rapidinho! Eu concordo com tudo que o Prof. Eduardo comentou, realmente com tudo. O impulso é da Fazenda, tem que ser rápido, tem que ser célere, eu só acho que ainda não está na lei, no Código Tributário Nacional; está na Constituição também que compete à lei complementar estabelecer sobre decadência e prescrição. Eu só acho que isso (prescrição intercorrente) não está na lei. Quando eu leio o Código Tributário Nacional, quando eu leio as leis reguladoras de procedimento administrativo, nas leis, de maneira alguma, não está. Mas são dois casos no Tribunal de Impostos e Taxas que me chamaram a atenção, dois casos e que foi reconhecida a prescrição intercorrente: nos dois casos o processo ficou parado numa gaveta por mais de cinco anos, não saiu dali. É uma situação, uma circunstância, especialíssima. Mas nos outros casos o projeto está em discussão, nós também temos casos que já estão há 13, 15, 16 anos aguardando uma decisão e ela não vem. A inconformidade é constante. Por isso eu concordo com tudo, mas só acho que não está na lei. Chame-se de *prescrição intercorrente* – é uma tese em que, de vez em quando, a cada 10, 12 anos, esse assunto reaparece para ser discutido –, de *perempção*, chame-se de outro nome que seja, eu só acho que não está na lei. E, por isso, eu não enxergo esse parâmetro, eu já virei de cabeça para baixo a legislação procurando isso, tem que ser julgado em cinco anos. Eu realmente não consigo enxergar isso. Só isso, mas eu concordo com tudo o que o Dr. Eduardo falou.

Coordenador da Mesa (Prof. Eduardo Domingos Bottallo) – Vamos tratar, agora, do seguinte tema: *Efeitos da ação direta de inconstitucionalidade sobre decisão transitada em julgado.*

Prof. Paulo Conrado [*texto sem revisão do autor*] – Bom, decisão transitada em julgado, suponho sentença, retomando a questão anterior, mas, enfim, parece-me que a coisa julgada é protegida constitucionalmente, de modo que ela não seria atingida por essa decisão do STF, a não ser pelos mecanismos que o próprio sistema contempla para relativização da coisa julgada. Essa é uma expressão que está muito em moda, "relativização da coisa julgada". Mas é uma expressão que, parece-me, chega às raias da infantilidade, porque tudo em Direito é relativo, senão não é Direito. Inclusive a coisa julgada é relativa. O que há, sim, é uma discussão sobre as dimensões dos instrumentos de relativização da coisa julgada. Alguns querem que tudo relativize a coisa julgada. Parece-me que aí é que está o equívoco: o instrumento de relativização da coisa julgada é único, é ação rescisória nas hipóteses do art. 485 do CPC. E uma das hipóteses ali contempladas, do inciso V, diz com a violação de literal disposição de lei. Não existe violação a literal disposição de lei. Até porque o trabalho que a autoridade jurisdicional faz quando produz a sentença não é um trabalho matemático; o que existe ali é interpretação. O que há, sim, parece-me, é colidência de interpretações: a interpretação vertida na sentença que transitou em julgado colide com a interpretação dada pelo STF, por exemplo, o julgamento de uma ação direta de inconstitucionalidade. E aí, então, é possível propor ação rescisória, desde que no biênio. Parece-me que esse é o limite que nós experimentaríamos. Não é a tese vencedora, a tese que vem se mostrando vencedora contempla a possibilidade de se relativizar a coisa julgada por meio da chamada *ação declaratória de inexistência de ato jurídico*, fundada numa teoria que foi construída – "construída" não é a palavra mais adequada –, uma teoria que foi desenvolvida mais recentemente pelo Prof. Cândido Dinamarco, a partir de casos de investigação de paternidade. Nada tem a ver com matéria tributária, e não obstante isso vem-se incorporando à teoria da *querella nulitatis* [*inaudível*] também é Direito Tributário que me parece equívoco frontal. Em princípio eu diria isso, Prof. Bottallo.

Coordenador da Mesa (Prof. Eduardo Domingos Bottallo) – Enquanto distribuo entre os Colegas de Mesa as perguntas, que não param de chegar, vou tratar brevemente da questão atinente às *Dificuldades dos contribuintes em obter a certidão negativa de débitos por conta de empecilhos burocráticos*. Várias solicitações nesse sentido chegaram à Mesa.

Todos nós que atuamos na área tributária enfrentamos esse tipo de problema, que realmente é desesperador, tanto para o cliente como para o advogado.

Estamos cada vez mais nos aproximando daquele mundo tenebroso do *1984*, e, assim, vítimas de um sistema que nem sempre funciona bem. Muitas vezes acontece que o contribuinte erra no preenchimento de uma guia. Ele pagou o tributo, mas errou no preenchimento da guia; o sistema não aceita. O caso vai para a Procuradoria, o contribuinte recebe a informação de que seu nome já está no CADIN, e quando comparece ao órgão, com a comprovação de que o tributo está pago, ele tem que colocar tudo num envelope – é o "instituto do envelopamento" –, só que os envelopes demoram um ano para serem abertos, porque não há gente para abrir os envelopes, de tantos envelopes que existem, lá, para serem abertos. Neste entretempo, o contribuinte perdeu o crédito e, às vezes, seu próprio negócio, já que não pode obter a CND, e sem a CND ele não pode participar de licitações ou praticar uma série de atos essenciais à sua sobrevivência.

Então, numa circunstância como essa, não vamos encontrar soluções específicas nas leis ou nos códigos. Temos que contar com a sensibilidade do Poder Judiciário e, mais que isto, com nossa capacidade, como advogados, de provocar essa sensibilidade por parte do juiz. Com muita freqüência acontece de o juiz negar uma liminar ou outra solicitação feita pela parte exatamente porque o pedido não foi bem formulado ou instruído, o processo não está bem documentado. Então, o juiz não pode atender, pela própria incapacidade das partes em expor suas razões. O STF já editou três súmulas deixando claro que o contribuinte não pode ser impedido de exercer suas atividades como meio de forçá-lo ao pagamento de tributos (Súmulas 70, 323 e 547). Eu acho que a adequada utilização desses verbetes pode ser um bom caminho para minorar os gravames que são impostos aos contribuintes pelas razões aqui apontadas.

Eu distribuí entre os Colegas algumas questões. Vou começar aqui pelo Prof. Marcelo, por favor.

Prof. Marcelo Viana Salomão – A pergunta é: *É legal a resistência do Fisco Estadual em negar ou autorizar a emissão de talonário de notas fiscais para empresas devedoras de tributos?*.

Não! As súmulas que o Prof. Bottallo acabou de citar evidenciam isso de forma cristalina. O fato de estar devendo, ou discutindo uma acusação fiscal, não impede o contribuinte de continuar trabalhando. O Fisco tem seus meios – aliás, bem facilitados – para cobrar seus créditos, mas, para tanto, não tem poder nem direito de impedir as empresas de continuarem trabalhando.

E, aí, a continuação da pergunta é muito interessante, porque mostra a falta de sentido dessa atuação do Fisco. Tal ato não é contraditório, pois sem nota fiscal é que a empresa não pode prosseguir com suas atividades e deixar de pagar tributos. Por isso, exatamente por isso, esta postura não tem sentido prático, além de ser absolutamente inconstitucional. Perfeita, como sempre, a colocação do Prof. Botallo ao citar as súmulas do STF que impedem esta conduta da Administração – salvo engano, as de ns. 70 e 323.

Depois me perguntam se acredito que *as Varas da Fazenda Pública no Estado de São Paulo favorecem o Fisco Estadual em suas decisões, e se isso não configuraria desrespeito à separação de Poderes.*

Não, não acredito. Pode até haver uma tendência de pensamento favorável ao Fisco e suas teses, mas efetivamente não acredito em favorecimento. No dia em que deixar de acreditar no Poder Judiciário, terei que parar de advogar.

Profa. Maria Leonor Leite Vieira – A questão que veio aqui para mim pergunta sobre tudo, pergunta sobre ritos, processo judicial, procedimento administrativo, prazo para julgamento. Não dá para a gente falar sobre tudo – instâncias, recursos. Mas eu vou me deter num dos pontos, e peço desculpas para quem fez o questionamento, mas não tem jeito de abarcar tudo.

Princípios norteadores específicos no processo judicial e procedimento administrativo tributário. Eu acho que não se pode perder de vista o art. 5º, LV, da CF, que diz que ao contencioso judiciário ou administrativo são assegurados "o contraditório e a ampla defesa, com os meios e recursos a ela inerentes". Eu acho que, por ali, a gente já retira e faz o desdobramento de todos os princípios de que devem estar imbuídos o procedimento judicial ou o procedimento administrativo.

Eu ainda lembraria o princípio da verdade material e da verdade formal. A distinção do processo judicial é que é muito mais fechado, tem regras muito mais estreitas; e o procedimento administrativo é mais informal, como diz o Prof. Eduardo Bottallo, num excelente trabalho sobre isso. A verdade material, a busca da verdade material, pode até não estar nos autos, mas, se está no mundo, tem que ser trazida para os autos. E no Poder Judiciário o que não está nos autos não está no mundo. Então, é preciso levar para o juiz, que não vai fazer esta procura. É claro que quando falo em *verdade material* eu tenho que levar em conta o prazo do procedimento administrativo; a discussão, naquele momento do julgamento, não pode falar: "Pare aí, porque eu tenho outra prova, aqui, para demonstrar" – é claro que não é isso. Nos termos das leis reguladoras do procedimento, naqueles prazos demarcados, há procura dessa verdade material; a razoabilidade e tantos outros. Mas acho que, na pergunta específica, os princípios norteadores estão ali no art. 5º, LV, para ser bem rápida, como pediu o Dr. Eduardo Bottallo.

Prof. Paulo Conrado [*texto sem revisão do autor*] – Antes de falar das perguntas, eu queria só de retomar o tema que foi trabalhado pelo Prof. Bottallo, o problema dos pedidos de revisão. Há uma situação específica em relação à qual efetivamente eu não me conformo, por isso faço questão, aqui, de tratar do assunto.

Há aquela hipótese que foi aqui mencionada, do "limbo", em que o crédito tributário foi constituído, inscrito em dívida ativa, mas não foi ajuizada a respectiva execução, e o contribuinte aguarda a execução, precisa obter CND e, enfim, cria toda essa situação de "guerra psicológica". Lamentavelmente, alguns agentes administrativos fazem isso propositadamente. E não falo isso por "chute", mas porque eu já ouvi isso da boca de tantos. De modo que nós temos, aqui, de fato, uma situação muito complicada, que seria resolvida, por exemplo, pela tal ação cautelar que foi antes mencionada ou, como o Prof. Bottallo sugeriu, a declaratória, anulatória, com pedido de tutela antecipada.

Mas aqui me parece que há um problema que deve ser lembrado, sobre a atuação da Administração Pública em juízo. A Fazenda Pública, no processo, é parte, mas ela não deixa de ser Fazenda Pública. De modo que a atuação dela no processo não pode ser analisada como a de uma parte qualquer, que tem, no caso, cinco anos para propor ação, e tanto faz propor no primeiro dia ou no último dia do quinto ano. Do ponto de vista processual está tudo bem, mas do ponto de vista administrativo não está nada bem, porque o agente administrativo deliberou não fazer aquilo que ele deve fazer no momento primeiro em que ele tinha oportunidade para tanto. Do ponto de vista administrativo parece-me que há um problema seriíssimo, essa omissão é um ato administrativo que deveria ser fundamentado no procedimento administrativo. Caberia ao procurador responsável pelo ajuizamento da ação dizer que não vai propor a ação, muito embora tudo esteja em termos, por tal ou qual razão, inclusive revelando expressamente, não apenas de maneira oral, a "guerra psicológica" que muitas vezes pretende travar com o contribuinte.

Muito bem, estabelecido isso, sendo certo que, como parte, o sujeito tem disponibilidades, mas a Administração Pública, enquanto tal, não tem disponibilidade, tem deveres, diria aos Srs. que o contribuinte que tem problemas em relação à CND, daquele crédito que está no "limbo", deve pedir ao Poder Judiciário o reconhecimento do seu direito subjetivo de não sofrer os efeitos danosos decorrentes da inércia da Administração em relação àquilo que ela tinha dever de fazer. Se não está fazendo, já está prejudicando o Erário. De outra parte, está prejudicando um direito individual, sobre prejudicar o Erário. Resolve em ação popular – que não vai ser resolvida nunca, porque ninguém vai propor. Mas, em relação aos direitos individuais, é necessário de fato que eles sejam protegidos nessa situação, lembrando sempre – e esse é o ponto que me parece importante nesse detalhe todo, nessa história toda – que para essas situações de "limbo" Fazenda Pública não é parte; ela é parte no processo, mas antes de ser parte ela é Fazenda Pública, e titulariza deveres. Quer-me parecer que toda ação de execução fiscal proposta fora do prazo prescricional seria daquelas que engendrariam não apenas a extinção do processo, senão também um ofício da autoridade jurisdicional para o Ministério Público Federal instaurar a ação penal competente, porque alguém deixou de fazer aquilo que deveria ser feito no prazo devido.

Esse – parece-me – é o tipo de pensamento que devemos começar a cultivar, ainda que paulatinamente, doravante, para, no mínimo, dar um pouco mais de seriedade, celeridade, brevidade, à atuação do procurador, da Administração, da Fazenda, no processo, que não pode ficar vestido exclusivamente com o manto de uma parte qualquer, porque ele não é uma parte qualquer, está aí titularizando deveres da Administração.

A pergunta que me foi passada, Prof. Bottallo, fala singelamente sobre o problema da declaração de inconstitucionalidade dos processos administrativos tributários. Eu já tive a oportunidade de me manifestar favoravelmente à tese. Hoje eu diria que não, não me parece que a Administração, que as cortes administrativas teriam competência para declarar inconstitucionalidade de lei. Como disse, Srs., tive oportunidade de falar o contrário, mas, melhor refletindo, hoje pelo menos, meu pensamento é nesse sentido.

Parece-me que o julgador administrativo opera num tipo de processo especificamente, anulatório, uma ação, a ação administrativa, decorrente da impugnação apresentada pelo contribuinte, é tal qual a anulatória de débito fiscal. A anulatória tem em vista um ato administrativo que será apreciado à luz da lei que o inspirou. Se é esse o tipo de processo que a Corte Administrativa ajuíza, fará ela o exame de legalidade. Se o auto de infração está de acordo, se o ato administrativo está de acordo com a legislação que o norteia. Parece-me que esse é o limite da atuação do órgão julgador administrativo. Por isso, não admitiria a idéia de exame de constitucionalidade, não me parece que a idéia de dizer "deixo de aplicar a lei para não declarar inconstitucionalidade" não seja o exame de inconstitucionalidade. Isso me parece que é uma corruptela de linguagens, simplesmente para não dizer expressamente que está declarando a inconstitucionalidade.

É o que penso a respeito desse assunto, nesse momento.

Coordenador da Mesa (Prof. Eduardo Domingos Bottallo) – Sem pretender polemizar a questão, entendo existir uma sensível diferença entre declarar a inconstitucionalidade e negar aplicação de uma lei inconstitucional. Tenho para mim que a única fonte legítima para determinar a não-aplicação da Constituição é a própria Constituição. Se não está escrito na Constituição "eu não me aplico no processo administrativo", é porque ela se aplica. Declarar a inconstitucionalidade de uma lei, no sentido de bani-la do sistema, só o Judiciário pode; negar a aplicação, em um caso concreto, de uma lei inconstitucional, acho que os tribunais administrativos não só podem como devem fazê-lo.

Passo, agora, a palavra ao Prof. Salomão.

Prof. Marcelo Viana Salomão – A pergunta é do meu caro amigo Klaus Marques. A Constituição Federal de 1988 tem um dispositivo determinando a existência do princípio da ampla defesa e do contraditório. E, com isso, entendo que equiparou o procedimento administrativo ao processo judicial. Com base nisso, é possível falar em um *duplo grau de jurisdição obrigatório em procedimento administrativo*?

No meu modo de ver, sim. O Constituinte usou o termo "recurso"; "recurso", obrigatoriamente, quer dizer da possibilidade de se levar para outra instância a matéria já decidida em instância inferior. Então, no meu modo de ver, é obrigatório no Brasil que haja segunda instância no processo administrativo. Isso quer dizer que, se algum Município – vejam onde eu quero chegar – não tiver o segundo grau de jurisdição, a inscrição será nula, uma vez que o Código Tributário Nacional vincula a regularidade da inscrição a um regular processo administrativo. Ora, somando-se esta regra com a ordem constitucional de que tem que haver o duplo grau também na seara administrativa, obrigatoriamente resultará nula aquela inscrição. Esta é minha opinião.

E há outra pergunta, também do Dr. Klaus: *A exigência de depósito recursal ou arrolamento de bens como condição para admissibilidade de recursos administrativos é constitucional*?

No meu modo de ver, não. É inconstitucional, porque a Constituição, quando garante o direito ao contraditório e à ampla defesa no administrativo, nada fala em relação a depósito. A Constituição traz o direito e não o vincula a nada. Além disso, o Código Tributário Nacional, de forma peremptória, diz que, entre as causas de suspensão, uma é o depósito e a outra é o recurso administrativo, isto é, a impugnação administrativa.

Aquele argumento fazendário de que, quando o Código Tributário Nacional fala em recurso administrativo, diz que será "nos termos da lei" seria uma autorização para que a lei pudesse criar a exigência do depósito, no meu entender, não tem condições jurídicas de sobreviver. É que, em face do nosso direito positivo, não consigo acatar tal pensamento, apesar de todo meu respeito pelos que o defendem. Honestamente, não consigo entender que o Código Tributário Nacional, ao dizer "nos termos da lei", no dispositivo em questão, tenha chegado ao ponto de dizer que nos termos da lei se poderia, inclusive, repetir o inciso anterior do mesmo dispositivo legal. Não consigo admitir uma interpretação que diga que um inciso possa passar a ter a mesma regra jurídica prevista no inciso anterior. Segundo o Fisco é exatamente isso que se daria: duas regras completamente distintas – uma que estabelece que o depósito, por si só, já suspende a exigibilidade do crédito e outra em que a simples interposição de defesa administrativa traz o mesmo efeito – passariam a ser idênticas, retirando todo o poder da defesa administrativa e mais uma vez criando um dispositivo que diga que é o depósito que suspende. Inaceitável, para mim é ilógico e ilegal!

Profa. Maria Leonor Leite Vieira – A pergunta é: *Sendo o tributo sujeito a lançamento para homologação e tendo o contribuinte medida judicial que suspenda a exigibilidade desse crédito, se pode a Fazenda exigir o adimplemento desse tributo após operada a decadência e não tendo lançado o crédito tributário por meio de auto de infração.*

É um assunto que vem sendo discutido já há bastante tempo. Tenho para mim que, sem dúvida alguma, opera-se a decadência se o Fisco não tiver lançado. O juiz não é autoridade lançadora. O *caput* do art. 142 do CTN é muito claro, diz que quem pode lançar é a autoridade administrativa competente. Se eu vou ao Poder Judiciário com uma cautelar, antecipação de tutela, uma cautelar em uma ação declaratória, quando eu faço essa petição inicial de uma ação judicial, eu não estou oferecendo dados para fazer lançamento algum, eu estou dizendo para o juiz: "vou trazer uma bicicleta da França, sou pessoa física, não quero pagar ICMS", então eu quero que declare se existe ou não existe a relação jurídica. Mas o juiz não é autoridade lançadora, quem tem o poder e dever de lançar é a Fazenda Pública, por seu órgão próprio, específico. Acho, sem dúvida alguma, que se opera decadência, e tenho prestado atenção em quanto de crédito tributário não tem o Fisco recebido com a decadência já tendo ocorrido. Quando deposita, por exemplo, e depois transforma em renda, converte em renda, sem verificar se o Fisco tinha lançado ou se o Fisco não tinha lançado, acho que se opera a decadência, não tem o direito de fazê-lo, já que decadência é a perda do direito de lançar, por inércia. Não lançou, a não ser aqueles casos específicos, mas são específicos mesmo, excepcionais, em que o juiz diz: "Não lance, está impedido de lançar". Mas isso é raro acontecer.

PROF. PAULO CONRADO [*texto sem revisão do autor*] – É uma pergunta do Dr. Aldo de Paula Jr. tendo em vista a provável mudança de entendimentos do STF em relação aos créditos de IPI, decorrentes de aquisições sujeitos à alíquota-zero. Se o Tribunal poderia atribuir efeitos *ex nunc* ao novo entendimento que porventura adotaria em relação a esta questão.

Parece-me que sim. O art. 27 da legislação de regência, do controle e das ações de controle, autoriza que o STF, de fato, manipule os efeitos da decisão que profere de acordo com a situação concreta, até que esse dispositivo seja declarado inconstitucional. Imagino que nós devamos entendê-lo compatível com a Constituição, e especialmente porque não me parece que a declaração de inconstitucionalidade tenha o efeito automático e infalível de extirpar do sistema a norma que foi assim reconhecida, derrubando-se tudo que fora construído até então com base nessa mesma norma.

Aqueles que se sentem atingidos por normas individuais e concretas produzidas à luz da norma declarada inconstitucional vão ter que tomar providências necessárias, se o tempo for possível. E, no caso, ações anulatórias de atos administrativos ou ações rescisórias, parece-me que, se o STF atribuir efeito *ex nunc* a esse entendimento, isso fica inviabilizado. A eficácia, parece-me que a sorte que efetivamente pretende atingir o art. 27 da Lei 9.868 é exatamente essa, evitar que determinadas declarações de inconstitucionalidade sejam geratrizes de ações individuais futuras. O STF teria o poder de manipular a eficácia das suas decisões, e isso me parece que é absolutamente natural, não pode ser encarado sob olhos exclusivamente jurídicos, na medida em que a Corte Suprema vai estar funcionando, nesse momento, como Corte acima de tudo política, de forma a apaziguar o direito e o jurisdicionado e não criar uma situação de insurreição eventualmente, uma situação de insurreição coletiva.

COORDENADOR DA MESA (PROF. EDUARDO DOMINGOS BOTTALLO) – Temos mais duas perguntas. Vou procurar, então, brevemente, tratar de abordá-las.

A primeira delas versa tema também bastante discutido, ou seja, *a validade do dispositivo da lei da Previdência Social que institui a responsabilidade solidária dos sócios das pessoas jurídicas no tocante ao pagamento das contribuições para a Previdência Social.*

Eu, pessoalmente, entendo que essa questão se coloca no plano das normas gerais do direito tributário. Conseqüentemente, a instituição deste tipo de responsabilidade solidária por meio de lei ordinária, a meu ver, é inválida. Reitero, porém, que o assunto está em aberto, inclusive no âmbito jurisprudencial.

Há uma outra pergunta quanto à *legitimidade ativa do estabelecimento-matriz para postular, em nome de filial, a repetição de indébito.*

Parece-me que negar esta legitimidade, em princípio, faz algum sentido. Isso porque como os Srs. sabem, o Código Tributário Nacional estabelece o princípio da personalidade tributária autônoma dos estabelecimentos (art. 126, III). Aliás, nesse ponto o Código Tributário Nacional antecipou-se à figura que o Código Civil de 2002 consagrou em seu art. 1.143, ao fixar que *pode o estabelecimento ser objeto unitário de direitos e de negócios jurídicos, translativos ou constitutivos, que sejam compatíveis com sua natureza.* Na mesma linha, a recente Lei de Falências veio dar mais substância à idéia de autonomia do estabelecimento, ao prever a possibilidade de os estabelecimentos serem alienados autonomamente, sem que essa negociação gere responsabilidade de natureza tributária.

De modo que faz sentido que o Judiciário venha a entender que cada estabelecimento é que deve ser parte legítima para postular a repetição dos tributos gerados pela atividade nele exercida.

Com isso, encerro as questões que estavam a meu cargo. O Prof. Salomão tratará, agora, de questão pertinente a crimes fiscais.

PROF. MARCELO VIANA SALOMÃO – Mais uma pergunta: *Com relação ao crime fiscal, como interpretar a necessidade, ou não, do prévio parecer da Administração Pública? Poderia ser interpretado como "parecer", aqui entre aspas, para esse caso estrito, crime fiscal, a decisão favorável ao contribuinte?.*

Sim, me parece que é exatamente isso, e felizmente a situação hoje está tranqüila, pois o STF decidiu muito bem esta questão, liderado por magnífico voto do eminente Min. Peluso, que, como sabemos, é um grande publicista. Nesta decisão o STF deixou claro que, se se está verificando, no processo administrativo fiscal, se é devido, ou não, o tributo, não há como admitir que antes desta conclusão o contribuinte já se submeta a um processo crime. Isso porque quem tem competência para dizer se aquele lançamento está correto, ou não, é um tribunal administrativo, competente para tanto. E autorizar uma ação penal simultânea equivaleria a um total desrespeito a tais Cortes e a suas decisões. A interpretação oposta a esta, feita por alguns juízes e até tribunais, gerou um dos maiores absurdos que esse país viveu em termos jurídicos, permitindo condenações em nível penal antes do julgamento tributário, que acabou por revelar não haver um centavo de tributo devido, bem como nenhuma desobediência a regras tributárias.

Quem vive no Interior, como eu, sabe que inúmeras pessoas passaram por isso. Vi várias sofrendo, chorando, e me dizendo que nunca tinham procurado um escritório de Advocacia, e que tiveram que fazer isso porque um delegado lhes colocou o dedo na cara, chamando-as de sonegadoras. No início da vigência desta legislação tributária também o Ministério Público não contava com promotores que dominassem o direito tributário, razão pela qual inúmeras manifestações simplesmente consideravam que todo e qualquer auto de infração equivalia a um caso de sonegação digno de punição penal. Foi lamentável, horrível, e deixou marcas em inúmeros inocentes. Cito em especial a classe dos produtores rurais, que, totalmente desinformados sobre isso, foram constantemente humilhados em minha região. Isso porque, como a prescrição intercorrente ainda não foi reconhecida no processo administrativo, várias vezes o processo criminal acabou antes do tributário, onde posteriormente o contribuinte saiu vencedor. Aprendi sobre a superposição da lei tributária com vários professores aqui da Mesa, ou seja, que o direito tributário é um direito de superposição com relação às outras matérias, pois é posterior a elas. Prova disso é que, para analisarmos uma norma de incidência de IPTU, obrigatoriamente temos que verificar o direito civil, para dele extrair o significado de "bem imóvel", de "propriedade" etc. O direito penal tributário eu só vou poder aplicar depois que no tributário tiver sido constatado efetivamente algum tipo de ilicitude; antes, nunca, pois não há como ocorrer um ilícito penal tributário se não houve uma infração tributária.

Por isso, penso que andou muito bem o STF ao deixar claro que efetivamente há que se esperar o fim do processo administrativo para que se possa dar início ao processo penal.

Coordenador da Mesa (Prof. Eduardo Domingos Bottallo) – Em primeiro lugar agradeço profundamente ao Prof. Paulo Conrado, ao Prof. Marcelo Salomão e à Profa. Maria Leonor, pela brilhante participação.

Cabe-me também agradecer aos Colegas que participaram desta Oficina, louvando o interesse demonstrado, bem como a qualidade das perguntas que endereçaram à Mesa.

Muito obrigado a todos! [*Palmas*]

2ª OFICINA
IMPOSTO SOBRE SERVIÇOS DE QUALQUER NATUREZA

Coordenador da Mesa: Prof. Aires F. Barreto

Participantes da Mesa: Profa. Betina Treiger Grupenmacher, Profa. Maria Rita Ferragut, Profa. Susy Gomes Hoffmann

Coordenador da Mesa (Prof. Aires F. Barreto, Presidente do IDEPE) – Estamos iniciando os trabalhos da Oficina relativa ao "Imposto sobre Serviços de Qualquer Natureza".

As perguntas formuladas foram divididas entre as três jovens professoras aqui presentes, que são especialistas no assunto. Homem é uma classe em minoria, não é? [*Risos*] Para não dizer em extinção... Elas vão responder às questões formuladas, sem embargo de as outras componentes, se quiserem, poderem fazer aditamentos a essa mesma questão. O propósito é esgotar a resposta a essas perguntas e, se tempo houver, cuidar de novas questões.

Enfim, o importante é que venhamos a atingir o objetivo, qual seja, o de tentar eliminar as dúvidas que possam ter nossos Congressistas relativamente a esse tributo – eu não sei se digo "simples" ou "complexo" –, o ISS.

Vou iniciar dando a palavra à Profa. Betina Grupenmacher, para responder à primeira questão.

PROFA. BETINA TREIGER GRUPENMACHER – Boa tarde! Separei, aqui, uma primeira questão que entendo versar sobre tema de extrema relevância, especialmente após a publicação da Lei Complementar 116, e que diz respeito ao local em que é prestado o serviço. A questão está posta nos seguintes termos: *Entendendo que o ISS poderá ser cobrado no local onde o serviço é efetivamente prestado, poderá o Município determinar sua retenção na fonte, sendo que o prestador de serviços tem sede em outra unidade da Federação?*.

A resposta é *sim*, o Município pode, em sua legislação, inserir regra que determine a retenção do ISS devido por prestadores de serviço sediados em outras unidades da Federação. Entendo que o Município pode prever isso na legislação em função do disposto no art. 6º – se não me engano – da Lei Complementar 116, que prevê a hipótese de responsabilidade tributária do tomador do serviço, o qual deverá reter o valor relativo ao ISS quando o serviço for prestado naquele Município.

Imagino eu que essa regra tenha sido inserta na legislação em função das decisões reiteradas do STJ no sentido de que o tributo é devido no local da prestação do serviço. Obviamente, essas decisões referem-se ao Decreto-lei 406/1968, em relação ao qual se criticava a constitucionalidade do art. 12, "a", que estabelecia como local em que é devido o ISS o domicílio do prestador, quando este não tivesse estabelecimento prestador no local da prestação do serviço.

Bom, essa regra suscitou problema da seguinte natureza. Há, na verdade, uma inconsistência interna no texto, o art. 3º estabelece o local em que é devido o tributo e manteve a regra do domicílio do prestador; há, portanto, uma disposição explícita na Lei Complementar 116 no sentido de que, não havendo estabelecimento prestador no local da prestação do serviço, o tributo deve ser recolhido no domicílio do prestador. Não obstante a existência dessa regra, o art. 6º prevê que o Município pode conter, na sua legislação, regra determinando que haja retenção do valor do ISS antes do pagamento da remuneração.

Na prática, tal conflito normativo gerou a seguinte conseqüência: os pequenos Municípios tomadores de serviços, que não têm, dentro do seu território, muitos prestadores de serviço – são aqueles que, vamos assim dizer, "importam" serviços de outros Municípios –, inseriram em suas legislações essa possibilidade, essa determinação de que o tomador de serviços, naqueles Municípios, deve reter 5% do valor da remuneração a titulo de ISS antes de pagar a remuneração. Não obstante, os grandes Municípios, as Capitais, onde estão efetivamente as empresas prestadoras de serviços, entendem que a regra aplicável é a do art. 3º, que diz que, se não houver estabelecimento prestador, por exemplo, nesses pequenos Municípios, o tributo deve ser recolhido no domicílio do prestador, onde estão as sedes dessas empresas prestadoras de serviços.

Então, o que está acontecendo é que grandes empresas prestadoras de serviços, que atuam em inúmeros Municípios, devem se sujeitar a duas legislações conflitantes: a do Município onde estão sediadas, que determina que elas paguem o imposto lá, na sede, em cumprimento ao disposto no art. 3º, e nos locais em que prestam serviços o valor do imposto já é retido na fonte por determinação da legislação do Município onde está sendo prestado o serviço. Tais empresas acabam se sujeitando a uma dupla incidência tributária, porque o Município em que elas estão sediadas cobra o ISS e o Município onde foi prestado o serviço, o "tomador do serviço", retém também o ISS, porque assim está autorizado no art. 6º.

O que as autoridades fazendárias municipais têm alegado em relação a essa matéria é que as decisões do STJ se referem ao Decreto-lei 406, e agora, então, o STJ tem que decidir novamente o que já havia definitivamente decidido, quando declarou inaplicável a regra da alínea "a" do art. 12, a qual diz que o tributo deve ser recolhido no local da prestação de serviço. Os procuradores dessas Capitais, desses grandes Municípios, têm argumentado que as decisões do STJ não são mais aplicáveis, porque elas se referiam ao Decreto-lei 406, e agora temos que provocar os Tribunais Superiores a novamente se manifestarem sobre regra que é literalmente a mesma. Não há qualquer alteração.

Profa. Maria Rita Ferragut – Boa tarde a todos! Eu gostaria de adicionar o seguinte. A questão do local da prestação do serviço envolve tanto o ponto exposto pela Profa. Betina, de se definir efetivamente qual é o Município competente para tributar o serviço prestado dentro de seu território, bem como a posição do STJ não com relação à Lei Complementar 116, mas com relação à legislação anterior *versus* o art. 3º da Lei Complementar 116 *versus* a legislação ordinária de todos os Municípios. Este é um primeiro aspecto, que é muito delicado.

O Município de Belo Horizonte, que utilizo a título ilustrativo – porque diversos Municípios têm, hoje, legislação ordinária no mesmo sentido –, estabelece que o ISS deve ser recolhido para aquele Município se o serviço for prestado dentro de Belo Horizonte e o estabelecimento prestador estiver fora ou, caso o serviço não seja prestado no Município, mas o estabelecimento prestador estiver lá situado, o ISS também deve ser recolhido para aquele Município. Assim, em qualquer das situações você sempre tem que pagar ISS para Belo Horizonte. Por isso a questão é realmente delicada.

Um outro ponto que eu gostaria de colocar para vocês é se poderia haver substituição tributária, e se o tomador poderia ser eleito como sujeito passivo para o recolhimento do ISS. Entendo que sim. E em quais situações? Sempre que houver um vínculo entre o tomador do serviço e o prestador, o imposto que o tomador do serviço for obrigado a repassar para o Fisco dever ser pago para o Município em que o ISS for devido. Eu não sei se grande parte de vocês, aqui, mora e trabalha em São Paulo, mas a Prefeitura, recentemente, publicou legislação, ainda não regulamentada, que obriga toda empresa que prestar serviços em São Paulo a se cadastrar na Prefeitura para comprovar que está estabelecida em outro Município e que tem estrutura neste local. Caso ela não o faça, o tomador de serviços aqui de São Paulo deve, necessariamente, a partir da regulamentação, que ainda não foi feita, reter o ISS e pagar para São Paulo. Então, dentro desta situação, imaginem se o serviço for prestado em Jundiaí, a empresa for estabelecida em Jundiaí, mas o contratante estiver estabelecido em São Paulo. Pela regra da lei complementar e pela jurisprudência, o ISS não deveria ser pago em São Paulo, pois está tudo em Jundiaí. Mas, em função do decreto, se o prestador de Jundiaí não estiver cadastrado na Prefeitura de São Paulo, o tomador, quando for pagar o valor do serviço, deverá necessariamente realizar a retenção. Então, essa é uma legislação que causa muita estranheza, porque primeiro obriga o estabelecimento a se cadastrar, estabelecimento de outro espaço territorial, e depois porque submete à retenção um imposto que não seria devido a ela.

A questão do ISS precisa necessariamente ser resolvida, porque assim é um desrespeito muito grande para com o contribuinte. O contribuinte não se nega a pagar o ISS, mas ele precisa saber quem é o único credor. Infelizmente, a lei complementar, quando publicada, frustrou a expectativa de muita gente, porque deveria ter efetivamente dirimido o conflito de competência, e não o fez de uma forma adequada para grande parte dos serviços que estão previstos na Lista.

Com relação ao local, eu concordo com a Betina, e entendo que deva ser também o local da prestação do serviço, e não do estabelecimento prestador. Quando coincidirem local do estabelecimento e local da prestação, teremos a situação ideal, sem divergência. Mas sempre em que houver conflito entre essas duas localidades meu entendimento é no sentido de que deveria prevalecer o local da prestação.

Profa. Susy Gomes Hoffmann – Boa tarde a todos! Eu só gostaria de fazer uma pequena complementação, entendendo que essa questão é superpolêmica, ela traz à mente uma série de dúvidas, a questão do local da prestação do serviço. Para mim parece que o comando constitucional já aponta que o ISS tem que ser pago para o Município em que efetivamente foi prestado o serviço. Então, quando realmente vem uma consulta de alguma empresa, eu sempre encaminho e respondo no seguinte sentido: "Em que local ocorreu a prestação de serviço? Atenção, não faça retenção do valor do imposto sobre o serviço se este não aconteceu aqui, porque a tendência jurisprudencial será a de se pacificar o próprio entendimento do STJ de prevalecer o efetivo local da prestação de serviço, de tal modo que só valerá a regra do que já vinha no decreto e agora na Lei Complementar 116 nos casos de conflito de competência ou de dúvida mesmo". Porque em alguns serviços não dá para saber em que local foram prestados.

Em nossos comentários eu trazia alguns exemplos, e antes até brinquei com o Dr. Aires, pois citamos tanto, Dr. Aires, Dr. Bottallo, Dr. José Eduardo, que eu já nem sei se o exemplo é meu ou se é de alguns deles. Mas, enfim, nos casos dos serviços de encomenda, empresa localizada, por exemplo, no Município de São Paulo contrata empresa que está estabelecida no Município de Campinas para pegar uma encomenda no Município de Jundiaí e entregar no Município de São José dos Campos. Onde é devido esse ISS? Aí, eu acho que vale uma regra geral. Aí, sim, a lei complementar pode falar: "É no local onde está estabelecida a empresa prestadora". E alguns tipos de serviços possibilitam até mesmo o planejamento tributário, para que a empresa se estabeleça no local onde tem a menor alíquota. Ora, uma empresa que tem um serviço de administração, desde que ela realmente esteja naquele Município, pode fazer essa opção, que não cabe para outros serviços – por exemplo, os serviços de limpeza vão realmente sempre ocorrer no local onde há a prestação de serviços de limpeza. Assim, em alguns serviços não teremos dúvidas, em outros serviços sempre vai permanecer a dúvida. E aí, sim, eu acho que a regra geral da lei complementar vai ser valiosa. Acredito, ainda, que não há divergência entre nós, aqui, com relação ao art. 3º da Lei Complementar 116, porque muitas pessoas falam: "Não, só vai estar no local da prestação nesse rol do art. 3º". Parece-me que não. O entendimento é no sentido de que o rol do art. 3º da Lei Complementar 116 é exemplificativo, quando ele fala quais vão ser devidos no local da prestação, e não taxativo. Não podemos entender tal rol como taxativo.

Um exemplo claro que eu dou aqui, também – nunca lembro se é meu, ou se é de todos os que já escreveram, e já escreveram tão bem –, é o caso da prestação de serviços médicos na indústria, ou seja: se eu tenho uma empresa que presta serviço médico ambulatorial, porque na minha empresa sou obrigada a ter um médico e uma enfermeira o tempo todo, e é uma empresa terceirizada que faz isso, eu acho que não há dúvida de que esse serviço é prestado no Município onde está a indústria, tanto que tem um posto avançado daquela prestadora de serviços dentro da indústria, eu tenho lá um médico, uma enfermeira, todo um equipamento e tudo mais; e esse serviço não está relacionado no art. 3º. Então, parece-me também que esse rol do art. 3º não é taxativo.

Eram esses os esclarecimentos que eu gostaria de fazer.

Coordenador da Mesa (Prof. Aires F. Barreto, Presidente do IDEPE) – Até agora só se confirmou o seguinte, de modo muito claro: os homens que se cuidem! Eu gostaria de pôr à reflexão das três jovens o seguinte aspecto. No art. 6º está dito o seguinte: "Os Municípios, mediante lei, poderão atribuir, de modo expresso, a responsabilidade, pelo crédito tributário, a terceira pessoa vinculada ao fato gerador da respectiva obrigação, excluindo a responsabilidade do contribuinte".

Como o tema é *responsabilidade*, por substituição ou não, a questão, em face de um tributo federal, é matéria muito simples, porque só concorre o chamado *critério material*. Mas quando tenho um tributo estadual ou municipal (Municípios são cerca de 5.500), atua, com o critério material, um *critério territorial*. Qual é a conseqüência, quando aqui está dito: "excluindo a responsabilidade do contribuinte"? Eu pergunto: o Município "A" pode excluir a responsabilidade do contribuinte do Município "B"? Minha lei tem eficácia no Município "B"? Ou só posso excluir a responsabilidade dos meus contribuintes (os do Município "A")?

A minha conclusão é: para haver essa atribuição de responsabilidade, eu tenho que limitá-la àquela situação em que (a) tenho a prestação de serviços no meu Município e (b) o tomador está no meu Município. Fora disso não é possível haver responsabilidade, senão afrontando a Constituição.

Eu gostaria que meditassem sobre esse aspecto. Na próxima *Revista Dialética de Direito Tributário* deverá sair um artigo meu comentando exatamente isso. Defendo que o ISS é devido no local da prestação. Vou adiantar, desde logo, que o local do estabelecimento, o local onde está o tomador do serviço, é, na maioria das vezes, irrelevante. Primeiro porque não me parece que o ISS seja um imposto sobre o tomador de serviços, senão sobre a prestação de serviços. Segundo, o local do tomador nem sempre é relevante. O cidadão pede que seu alfaiate faça um terno (ele está domiciliado em São Paulo), mas ele, alfaiate, está em Santo André, é lá que ele faz o terno. A prestação de serviço se dá em Santo André. Ele pode até receber seu terno em Recife, porque o casamento é lá. Por aí, já fica claro que o local onde está o tomador, na maioria dos casos, não tem a menor relevância para o fato *prestação de serviços*. É preciso cautela em relação a isso, e cautela com relação ao princípio da territorialidade das leis, para que se tenha um bom equacionamento do problema, que é complicado, que é difícil. Enquanto isso, como disse a Profa. Betina, o pobre do contribuinte vai ter que pagar lá e cá.

Sugiro que mantenhamos a mesma ordem. Há, agora, um outro grupo de questões a serem abordadas, e eu pediria o seguinte. Sei que é difícil, que os temas não são fáceis – aliás, se fossem fáceis, os Srs. não perguntariam, porque eu sei que os Srs. sabem os fáceis e os difíceis. Mas os difíceis os Srs. querem compartilhar com alguém, os fáceis os Srs. nem precisam compartilhar. Então, como o tempo é curto, se as três ilustres Professoras fossem sintéticas nas suas respostas, será possível responder a todas as questões. Se sobrar tempo, retomem o tema "A", "B" ou "C". Com a palavra a Profa. Betina.

PROFA. BETINA TREIGER GRUPENMACHER – A segunda questão diz respeito à *incidência de ISS na sociedade de cooperativas e de ISS na subcontratação*.

Apesar de a questão ser bastante controvertida, vou tentar examiná-la de maneira sintética, tal qual foi posta a questão.

Quando se fala em *cooperativas* há unanimidade no sentido de que temos dois tipos de atos: o *ato cooperativo*, que é um *ato interno*, e o *ato externo*, que é aquele ato relacionado à atividade da cooperativa em relação à comunidade. Então, suponhamos que estejamos falando de uma cooperativa médica. Há um ato interno entre os cooperados e outro ato externo em que o médico presta serviços aos usuários.

A análise que faço em relação ao ato cooperativo é que ele não se subsume à hipótese de incidência do ISS. Acho que o ato cooperativo não se subsume a qualquer das hipóteses de incidência, ou seja, aos arquétipos tributários definidos na Constituição Inclusive e especialmente no que diz respeito ao ISS, por quê? Porque acho que a atividade que a cooperativa realiza em relação aos seus cooperados é uma atividade de representação, ou seja, a cooperativa é mandatária dos cooperados, ela é procuradora dos cooperados, para representá-los na captação de contratos remunerados na sociedade. Então, o que a direção – vamos assim dizer – ou aqueles que atuam dentro da cooperativa para que ela, enfim, seja ativa e alcance seus objetivos fazem é, na verdade, representar o cooperado, e tal fato não é um fato imponível. O fato "ser procurador de", "ser mandatário de", não está descrito em qualquer dos arquétipos constitucionais. No caso do ISS, está escrito na Constituição: "prestar serviço". Não entendo que o ato cooperativo caracterize, em si mesmo, uma forma de prestação de serviço, porque a prestação de serviço sujeita à tributação por via do ISS é aquela atividade remunerada em que há cobrança de uma taxa de administração. É certo que a cooperativa não cobra do cooperado para representá-lo, captando contratos na sociedade, não cobra taxa de administração; se cobrar, ela ficará descaracterizada como cooperativa. Por quê? Porque qualquer forma de cobrança que realize pode caracterizar uma forma de faturamento, lucro, rendimento, e as cooperativas não faturam, não têm renda. Enfim, meu entendimento, até sinteticamente falando, é que a cooperativa paga, qualquer que seja sua natureza, IPTU, IPVA e ITBI, se adquirir algum imóvel. Além disso não há capacidade contributiva no ato cooperativo, e o ato cooperativo em si não se subsume em hipótese de incidência de ISS. Então, o ISS é devido, tratando-se de cooperativa, no que diz respeito ao ato externo, ou seja, do médico com o paciente, por exemplo, que é fruto desses contratos captados na sociedade. Aí, sim, o médico prestou serviços, e vai pagar o ISS respectivo. Aliás, em regra, as cooperativas já retêm esse ISS e recolhem ao Município.

Profa. Susy Gomes Hoffmann – Acho que a Maria Rita, então, vai falar sobre sociedade cooperativa? Não? Acho que a questão da sociedade cooperativa já está muito bem explicada pela Dra. Betina. A gente poderia passar para um tema que realmente gerou bastante discussão em nossa prévia discussão, que trata sobre *o que compõe a base de cálculo do ISS*. E aqui, na Mesa, nós já tínhamos nos dividido, e estou "menorzinha", porque de um lado está o Dr. Aires, a Maria Rita, e aqui estamos a Betina e eu... Mas vamos lá.

A questão é controversa. Tanto o decreto-lei como, agora, a lei complementar determinam que a base de cálculo do ISS é o preço do serviço. Quanto a isso não há dúvida, até a Constituição fala: o imposto sobre o serviço, sobre a prestação do serviço, ou seja, sobre o negócio, aquele negócio oneroso, vai realmente ensejar o ISS. Agora, a questão que fica é: *o que compõe o preço do serviço*? Aqui, cito até um texto do Prof. Eduardo Bottallo em que ele coloca que a base de cálculo só pode realmente ser o preço do serviço prestado. Mas como apurar esse preço de serviço? A Maria Rita já citou a legislação de São Paulo, e eu vou citar a legislação de Campinas, Município onde eu moro. Lá, eles colocam assim: considera-se *preço do serviço* o valor contratado, mais todos os reembolsos de despesas, mais os acessórios – e há umas cinco linhas sobre tudo que compõe o preço do serviço. Então, isso seria constitucional, essa disposição da legislação municipal, que efetivamente indica o que compõe o preço do serviço?

Parece-me que a doutrina já debateu bastante e já está pacificada no sentido de que a prestação do serviço, esse negócio que enseja o ISS, é um negócio contratual, é um negócio, como o próprio nome diz, é um contrato entre as partes, escrito ou não, em que se acorda e determina qual é o objeto da contratação, qual é o serviço que vai ser contratado e o valor que vai ser pago para a prestação desse serviço.

Então, o preço do serviço tem que estar intimamente ligado ao negócio contratado, ao núcleo da contratação. Até aí ficaria muito simples, mas daqui vem uma série de questionamentos frente a exemplos mesmos, pois em alguns serviços haverá dúvida sobre o valor da prestação. Um exemplo desse tipo de prestação de serviços que enseja dúvidas, inclusive com entendimento jurisprudencial dividido no STJ, é sobre a base de cálculo para a prestação dos serviços de locação de mão-de-obra, das empresas que prestam serviços de mão-de-obra temporária. Há uma decisão do STJ que entende que a base de cálculo será somente o preço do serviço, e aí o preço do serviço é o preço da comissão, do valor, ou seja, a empresa "A" contrata a empresa "B" para que essa empresa "B" coloque funcionários em sua empresa de forma temporária. A empresa "A" vai definir qual é o empregado que ela quer, qual é o valor que ela quer pagar, de tal modo que esse empregado é da empresa "B", mas com as definições e especificações da empresa "A". E o que ganha a empresa "B"? Ela recebe uma comissão sobre o valor de custo desse empregado. Nesse contexto há uma decisão do STJ que vai entender no sentido de que o valor tributável pelo ISS é o valor da comissão, e uma outra decisão do STJ entendendo que o valor tributável pelo ISS é o valor total pago pela empresa "A" para a empresa "B", de tal modo que engloba o valor da comissão e todo o valor pago – está lá, encargos sociais e tudo, tudo que é realmente repassado da empresa "A" para a empresa "B".

Uma outra questão que também foi alvo de decisão do STJ – e é público – é a questão da empresa "Localiza": ela foi autuada pelo Município de Belo Horizonte, no sentido de que o Município entendia que o valor que o cliente reembolsava para a empresa a título de reposição do combustível deveria integrar o valor do preço do serviço e ser tributável pelo ISS.

A "Localiza" entendia esse valor recebido a título de gasolina como reembolso, e não recolhia sobre ele o ISS. Foi autuada, e o STJ entendeu que essa autuação foi equivocada, porque esse valor era um reembolso de despesas e não integraria a base de cálculo do ISS, porque a prestação do serviço, lá, era a locação do carro – devemos abstrair a discussão sobre a constitucionalidade da incidência do ISS sobre a locação de bens móveis.

Uma outra decisão a ser citada, e desfavorável ao contribuinte, é relativa aos planos de saúde. O plano de saúde entendia que a base de cálculo seria só o valor da administração dele, como é o caso da tributação do plano de saúde para a COFINS, mais ou menos um cálculo igual ao das empresas de seguros, em que se retira todo o valor do sinistro, de modo que essa é base que serve para o cálculo da COFINS. Para fins de ISS, o STJ já entendeu que o valor deveria ser o valor total recebido por aquela administradora do plano de saúde.

Então, a controvérsia é: *o que integra esse preço do serviço*? É tudo que recebe, ou só o valor, realmente, do preço? Eu entendo que o contrato é fundamental para decidir a questão, pois somente pode ser solucionada a questão colocada olhando para o contrato que foi feito, ou seja, verificando se o preço do serviço está relacionado àquele serviço que foi devidamente contratado. Se foi contratado um serviço de agenciamento em que se vai pagar uma comissão sobre os valores recebidos por aqueles funcionários, sei que, aqui, dividem-se as opiniões, mas eu entendo que o valor a ser tributável a título de ISS é composto somente pelo valor dessa comissão. Distinguindo-se, nesse caso, aquilo que foi ingresso e realmente aquilo que é a receita, na esteira do posicionamento do Prof. Eduardo Bottallo que já foi publicado em revista, acho que na *Dialética*.

Então, é esse o posicionamento primeiro que eu coloco. Depois temos as discussões das *subcontratações*, mas talvez possamos primeiramente discutir o que compõe a base de cálculo e depois, se for o caso, a questão da subcontratação, porque há previsão específica para a questão da construção civil, em que podem ser descontados da base de cálculo os valores que já foram pagos para as subempreiteiras.

Vou passar a palavra para a Profa. Maria Rita, para ela colocar o outro lado. Já vi o Dr. Aires escrevendo, estou gelada, acho melhor parar de falar...

Profa. Maria Rita Ferragut – Gostaria de colocar o seguinte. Eu tenho que a base de cálculo é o preço do serviço, que é composto por quê? Pelas despesas relacionadas a esta prestação mais o lucro do prestador de serviços, segundo a lição de nosso mestre, Dr. Aires Barreto.

Na minha visão, eu, prestador de serviço, não posso pretender que seja objeto de tributação exclusivamente o lucro, porque, para que eu execute determinado serviço, existem as despesas, os gastos. Então, quando ofereço para meu cliente um serviço e o respectivo preço, esse preço visa a remunerar, ou seja, propiciar não só o lucro, mas o ressarcimento das despesas necessárias à prestação. O que é diferente de despesas extraordinárias, e que é diferente também de um exemplo que a Susy citou – e concordo com ela –, do agenciamento. Assim, se sou contratada para fazer um agenciamento de transporte internacional de carga, por exemplo, e meu serviço é o agenciamento, para que a carga saia de São Paulo e chegue a Miami é necessário que eu contrate uma empresa de transporte aéreo, é necessário um despachante, é necessário o pagamento dos tributos incidentes na exportação; então, essas despesas são do agenciado, de meu cliente, e integram a base de cálculo do ISS.

Agora, uma situação que é diferente é a seguinte: na cessão de mão-de-obra, se meu condomínio contrata empresa terceirizada para oferecer serviços de limpeza, por exemplo, os funcionários que vão prestar serviços dentro de meu condomínio são funcionários dessa empresa, prestadora de serviço. É ela quem tem relação contratual com os funcionários, ela que elege e contrata pessoas, ela que estabelece todas as regras da prestação de serviço. Sou mera tomadora, e todas as despesas de folha e encargos sociais são de competência da prestadora, e por isso não deveriam ser objeto de exclusão da base de cálculo do ISS, tendo em vista a minha premissa de que a base de cálculo é o preço do serviço, composto por despesas e lucro. Se essas despesas forem despesas de meu contratante, não integram a base de cálculo. Se essas despesas forem necessárias à prestação, devem integrar a base de cálculo.

Profa. Betina Treiger Grupenmacher – Há algumas formas de prestação de serviço em que o que compõe o preço não é apenas o valor que remunera a efetiva prestação de serviço, mas também valores referentes a materiais que necessariamente devem ser empregados para que a prestação de serviço seja realizada de maneira eficiente. Esses materiais são meios necessários à prestação do serviço.

Minha conclusão em relação a essa matéria é que os chamados *insumos necessários* à prestação de serviços – e vamos, aqui, abstrair a questão, que já foi muito bem colocada pela Profa. Maria Rita, referente à mão-de-obra – não podem compor a base de cálculo para fins de incidência do ISS. Não tenho dúvida, realmente, de que, quando leio a Constituição, lá está escrito que o imposto incide sobre a prestação, e não sobre os insumos necessários à prestação do serviço.

Esses insumos, inclusive, já foram objeto de incidência de ICMS, e o prestador de serviços, além de não poder se creditar desses valores, ainda deverá pagar ISS sobre o ICMS que já foi pago – ou seja, nós temos, aí, imposto sobre imposto.

Tomemos como exemplo os médicos ortopedistas que utilizam uma prótese para fazer uma cirurgia de perna, de bacia etc., que tem um custo muito alto. Na verdade, o preço do serviço deles pode ser 1.000 ou 2.000 Reais, mas a prótese, em si, custa 5.000 Reais, e aquele paciente dificilmente vai ter acesso à aquisição direta da prótese do fornecedor. Então, ele vai ter que pagar o ISS sobre 10.000 Reais, sendo que ele gastou 7, por exemplo, numa prótese. Não consigo admitir a inclusão do valor dos insumos na base de cálculo do ISS. Inclusive, há uma súmula do STJ que em relação aos hospitais, que determina que o ISS incida sobre as refeições, medicamentos etc. Acho que essa súmula, além de legislar em matéria tributária, equiparou o hospital a uma drogaria. Assim como a decisão do STF em matéria de ICMS para os restaurantes equiparou o restaurante ao supermercado. Uma coisa é vender alimentos, outra coisa é utilizar esses alimentos para prestação de serviço. Uma coisa é vender materiais médicos, outra é utilizá-los para prestação de serviços.

COORDENADOR DA MESA (PROF. AIRES F. BARRETO, PRESIDENTE DO IDEPE) – Não, eu não vou brigar! A Profa. Betina sabe que o ponto de vista dela é incomum, é um ponto de vista estritamente particular.

Desejo, em relação às questões abordadas, fazer três referências rápidas. A primeira é a de que *plano de saúde* não é prestação de serviço. *Plano de saúde* é seguro, é uma atividade securitária. Pouco importa se não há emissão de apólice. O que releva é saber é o que, quando alguém contrata um plano de saúde, a chamada "administradora" de Plano de Saúde se propõe a realizar para o associado. E o que se propõe? Ela se propõe a indenizar alguém pela ocorrência de evento futuro, incerto, eventualmente de natureza mórbida, caso ocorra – tal como se faz com o seguro de veículo.

Trocando "pessoas" por "veículos" – claro que não estou comparando pessoas com coisas –, o resto é absolutamente igual. É atividade presidida pela álea, ou seja: não há comutatividade, e o ISS só pode incidir sobre contrato comutativo. Os tribunais não têm acompanhado esse entendimento, mas eu queria salientar que recentemente se admitiu – no caso da "Amil", se bem me lembro – tratar-se de atividade securitária.

Segunda observação: *trabalho temporário*. Eu tive a felicidade de fazer uma sustentação oral, no caso da "Gelre", e, depois de um voto contrário do Relator, que era o culto Min. Luiz Fux, alguma coisa dita na sustentação chamou a atenção do Min. José Delgado, que pediu vista. A Turma, reavaliando o caso a partir da percuciente análise do Min. Delgado, entendeu que o preço do serviço era, exclusivamente, o valor das comissões.

A terceira observação diz respeito ao problema da *subcontratação*. Em matéria de subcontratação o melhor trabalho a respeito desse assunto é a brilhante tese da Profa. Elizabeth Nazar, do qual descuidei durante muito tempo. Reconheci, recentemente, que errei por muito tempo, e só tomei consciência de quanto eu errara depois que eu reli o trabalho da Profa. Elizabeth. Ela mostra o seguinte: é preciso enfocar se estamos diante do mesmo serviço ou de serviços diferentes. Se for o mesmo serviço, pouco importa o número de prestadores. Se eu tenho que realizar aquele mesmo serviço, só vou ter uma prestação – e, portanto, não há por que não possibilitar a dedução de todas as chamadas *subempreitadas*. Um alerta: se os serviços forem diferentes, é outra coisa. A Profa. Maria Rita falou, agora há pouco: aqui, é o serviço de agenciamento, nada tem a ver com o serviço de transporte propriamente dito, que é prestado por outras pessoas. O agenciamento paga ISS sobre agenciamento, e o transporte sujeita-se ao ISS pelo serviço de transporte, justamente, porque são serviços diferentes.

Finalmente, é preciso atentar para situações em que há *compartilhamento*. Isto é, quando vários prestadores desenvolvem um esforço conjunto para uma única prestação. Essa situação ocorre muito no campo da intermediação imobiliária. Tem alguém que quer vender um imóvel, e que conhece alguém que tem um comprador, que, por sua vez, é amigo do outro que conhece o vendedor; enfim, reúnem-se três, quatro, cinco corretores para realizar um único negócio, uma única prestação de serviços. Então, nesse caso, há necessidade de compartilhar as receitas respectivas. Vedá-lo implica ofensa à Constituição.

Tudo isso está muitíssimo bem-explicado e explorado no trabalho da Profa. Elizabeth Nazar Carrazza, que, como eu disse, destaca-se nesse rol de mulheres inteligentes, e que poderia estar aqui, com melhores resultados para o grupo, presidindo esta sessão.

PROFA. MARIA RITA FERRAGUT – A próxima questão que foi colocada diz respeito a *ISS sobre serviços prestados em águas marítimas*. O que eu gostaria de inicialmente colocar para vocês é se os Municípios têm, ou não, competência para tributar um serviço prestado fora do território nacional, mas dentro da plataforma continental. A CF, no art. 20, § 1º, estabelece que a plataforma continental pertence à União Federal, ou seja, é uma zona de competência da União.

Existem o mar territorial e a zona econômica. O mar territorial é composto por até 12 milhas marítimas, partindo do território, e das 12 milhas até 200 milhas a zona econômica. Então, até essas 200 milhas, todo serviço que for prestado é passível de tributação pelo ISS, segundo a Lei Complementar 116.

Mas, em meu entendimento, os Municípios não têm competência para isso, ainda que seja um serviço previsto na Lista, pois apenas a União Federal poderia tributar.

COORDENADOR DA MESA (PROF. AIRES F. BARRETO, PRESIDENTE DO IDEPE) – Não entendi bem esse finalzinho, aí.

PROFA. MARIA RITA FERRAGUT – É que a União poderia cobrar mediante exercício de competência residual, art. 154, I, da CF. Se a União criasse uma lei prevendo essa tributação, ela poderia ocorrer validamente, embora hoje ela não exista.

PROFA. SUSY GOMES HOFFMANN – Então, vou passar para uma outra questão.

COORDENADOR DA MESA (PROF. AIRES F. BARRETO, PRESIDENTE DO IDEPE) – Eu queria a palavra só para dizer o seguinte: eu subscrevo em número, gênero e grau tudo que foi dito pela Profa. Maria Rita.

PROFA. MARIA RITA FERRAGUT – Ainda bem!

PROFA. SUSY GOMES HOFFMANN – Uma outra questão que foi colocada, e entra, agora, na questão da materialidade do ISS, é a questão da *Lista*. A gente já discutiu bastante se a Lista do ISS deve ser considerada taxativa ou exemplificativa, e o STJ já decidiu sobre esse tema, entendendo que tal Lista é taxativa. Então, superando essa questão – apesar de, particularmente, não concordar com ela –, há uma pergunta sobre se deveria haver uma *relação lógica entre os itens e os subitens*, ou seja, se de uma tal maneira o subitem estiver totalmente fora do item haverá, aí, alguma ilegalidade.

Parece-me o seguinte: uma vez que há opção por uma classificação, essa classificação deve ser lógica. Então, se eu tenho o gênero, que é a prestação do serviço, aqui serão elencadas as prestações de serviço, espécies dessas prestações de serviço, de modo que a espécie estaria no item, e as subespécies nos subitens. Mas parece-me que o legislador, quando tentou fazer essa Lista abarcar todas as hipóteses, deu, realmente, algumas "derrapadas": alguns subitens não se encaixam dentro do item, e alguns itens são completamente equivocados – assunto que vai ser tema, aqui, depois; por exemplo, a locação de bens móveis. Cito, por exemplo, um absurdo, que seria o item 25, que trata dos serviços funerários. Obviamente, dentro dessa espécie – serviços funerários – só poderia haver um detalhamento desses serviços funerários, e no subitem 25.01 consta "funerais", inclusive fornecimento de caixão, urna ou esquife, ou seja, "fornecimento de caixão" é objeto de incidência do ICMS.

Eu só queria registrar o posicionamento que, em tese, dentro de uma classificação se espera: a indicação do gênero – prestação de serviço – e, aí, a espécie e subespécies. Mas, efetivamente, não é isso que se encontra, pois ao detalharmos a Lista encontramos muitos subitens com problemas.

PROFA. BETINA TREIGER GRUPENMACHER – Em continuidade ao que a Dra. Susy estava falando, de fato existem algumas inconsistências internas na legislação. Uma delas é a não-equivalência entre item e subitem. Mas acho que isso não afasta a possibilidade de tributação por parte do Município, em homenagem ao princípio da autonomia municipal. Tratando-se de um *serviço* – na verdadeira acepção do termo –, o Município pode tributar ainda que não haja consonância entre o item e o subitem.

Outra questão aqui suscitada é a referente às *locações* e aos *contratos de* ***leasing***. Essa situação do contrato de *leasing* é bastante importante, bastante peculiar, no sentido de que locação não é serviço; portanto, não está sujeita à incidência do ISS. Então, não obstante o legislador a tenha excluído da Lista de Serviços, há subitens que, de uma forma "disfarçada", incluem a locação de bens móveis como sujeita à incidência do ISS. Nesse sentido, eles seriam tão inconstitucionais quanto a locação de bens móveis em si, tal qual foi reconhecida pelo STF.

O fato é que os contratos de *leasing*, no meu entendimento, não têm a natureza de contrato de locação, e, portanto, não estariam sujeitos À incidência do ISS pelo só fato de estarem incluídos na Lista de Serviços. Eu acho que essa atividade, essa..., enfim, esse instituto, esse contrato de *leasing*, não se subsume à hipótese de incidência do ISS.

A incidência sobre esse contrato, no meu entendimento, é de ICMS após o pagamento do valor residual, que muitas vezes, hoje, é antecipado, é pago de maneira antecipada. Então, no momento em que uma empresa "X" faz um contrato de *leasing* em relação a equipamento – um carro etc. –, ela vai pagando aqueles valores mensais, valores, estes, que conferem aparência de contrato de locação ao contrato de *leasing*. Quando, ao final do contrato, é pago o valor residual, há transferência da propriedade desse bem – ou seja, isso se assemelha à comercialização do bem –, e aí, no meu entendimento, a incidência é do ICMS, e não do ISS.

PROFA. SUSY GOMES HOFFMANN – Aqui, uma questão sobre *franquia*, e nós três decidimos que quem deve responder a respeito de *ISS sobre a franquia* é o Prof. Aires, porque ele fez um parecer excelente sobre o tema. e pode falar para a gente aqui sobre o ISS sobre as franquias

COORDENADOR DA MESA (PROF. AIRES F. BARRETO, PRESIDENTE DO IDEPE) – Confesso que nem estou preparado para analisar essa questão. Cuido de tantos assuntos, que acabo esquecendo de alguns. Mas o fato é que *franquia* não é prestação de serviços. De um modo geral, as pessoas que analisam a questão da franquia pretendem – e já vi muitos escritos nesse sentido – que haja uma miscelânea de obrigações de dar e obrigações de fazer. Quem faz essa afirmação olha o contrato de franquia de duas perspectivas: da de quem realiza – o chamado "franqueador" – e da do "franqueado" – que é quem recebe. Claro, se eu olhar da perspectiva do franqueado, vou encontrar uma série de obrigações de fazer. "O Sr. tem que manter a vitrina de igual forma, tem que fazer isso, tem que fazer aquilo etc.". Mas a perspectiva não é a de quem está recebendo. No contrato de franquia se tem que olhar é quem está prestando, ou seja, a visão tem que ser do ângulo do franqueador, e não do franqueado. O franqueador está apenas cedendo direitos à utilização de marca ou de produto, de tal sorte que o que está havendo é uma cessão de direitos, insuscetível de ser tributada por via de ISS.

Eu lembro que os Srs. têm encontrado, aqui e acolá, decisões judiciais dizendo o seguinte: dado que essa situação não se subsume a qualquer outro imposto, logo, é prestação de serviços. Lastimavelmente, isso existe, e com mais freqüência do que gostaríamos. Todavia, se isso fosse correto, para quê teríamos um dispositivo constitucional dizendo: "A União poderá criar outros impostos além dos discriminados, desde que sejam criados por lei complementar, sejam não cumulativos (...)" etc.? É porque vários "signos presuntivos de riqueza" – para recorrer à terminologia de Alfredo Augusto Becker – não foram colhidos, seja porque o legislador constitucional não quis, seja porque se esqueceu de fazê-lo. Não importa. Muitos são os "signos presuntivos de riqueza" que não foram contemplados na Constituição Federal. Nós não temos um imposto sobre o patrimônio líquido. Nós não temos um imposto específico sobre a transmissão de bens móveis. Aliás – desculpem-me se eu enveredo para outro campo –, é muito comum o cometimento desses equívocos. Mesmo nesse caso em que o STF decidiu que locação não era serviço, houve um Ministro que ficou impressionado com a circunstância de que o guindaste podia ser objeto de reparação, entendendo que poderia haver prestação de serviço de reparo, porque o guindaste, quando quebra, tem que ser consertado. Só que, se quebrar o guindaste, quem o conserta, ainda que seja o locatário, o faz por conta do locador, é o locador. Assim, é o locador que é responsável pela manutenção, em condições de uso, daquele guindaste, de tal forma a prestar o chamado "auto-serviço" – ou seja, presta o serviço para si mesmo, ele mantém aquilo em condições de utilização.

A mesma coisa ocorre no caso da franquia para que ele, franqueado, possa vender o produto, para que possa utilizar a marca. Ou seja: são condições, instrumentos, insumos, para que ele possa realizar aquela cessão de direitos. Conseqüentemente, não há prestação de serviços alguma – o que, infelizmente, tem ocorrido. Aqui se falou de *taxatividade* e de *exemplificatividade*. O que ocorre, porém – a expressão é do Prof. Souto Borges, não é minha –, é que o legislador complementar transformou o ISS num "rei Midas", que tudo que tocava virava ouro. O legislador complementar transformou-se em um legislador supraconstitucional. Ora, diz: "Isso aqui, agora, é serviço: bota na Lista". Depois, tira da Lista, não é mais serviço. Bota de novo, vira serviço. O que acaba prevalecendo é a voracidade fiscal dos Municípios. O Congresso aprovou aquilo que os Municípios mandaram. Os Municípios mandaram: "Ponha lá, locação não é serviço, mas quem sabe passa...". Baleeiro jamais podia imaginar que nós chegássemos nesse estágio ou nesse estado. Ele disse no passado, prefaciando o livro do Amílcar de Araújo Falcão – *Introdução ao Direito Tributário* –, que "o Fisco, tal pantagruel gigantesco, põe guardanapo e talher em todas as mesas, mercê de uma legislação luxuriante, cheia de coloridos". Só que ultimamente só o faz com ofensa à Constituição.

PROFA. SUSY GOMES HOFFMANN – Eu tenho uma questão sobre a *indicação da alíquota máxima*. Na verdade, algumas Prefeituras realmente tiveram essa dúvida quando veio a Lei Complementar 116, porque a Emenda Constitucional já havia previsto a alíquota mínima de 2%, aí vem a lei complementar e dispõe que a alíquota máxima do ISS será de 5%. Ocorre que em alguns Municípios havia indicações de alíquotas superiores a 5%, de tal modo que permaneceu a dúvida sobre a "legalidade" dessa legislação municipal. Ou seja, a questão era: precisaria de outra lei municipal do ISS para consertar essa alíquota, isto é, adequá-la ao teto de 5%, ou essa lei complementar teria o condão simplesmente alterar de 6 para 5% essa legislação municipal?

A questão é complicada, no sentido de a doutrina toda indicar, em face do princípio da legalidade, que todo ente tributante – União, Estado ou Município – tenha uma lei que especifique todos os aspectos da regra-matriz, e aí, se formos para o aspecto quantitativo, há necessidade de previsão legal para a base de cálculo e para a alíquota. Qual lei? A lei municipal. Mas, por outro lado, havia uma lei municipal que previa uma alíquota, e aí veio a lei complementar, no tempo, e dispôs assim: "Só que essa alíquota não pode subir até este patamar". E como ficaria a questão? Acho que houve um erro na técnica legislativa, deveria ter havido uma *vacatio legis*, uma previsão para que os Municípios se adequassem e editassem a nova lei. Não existindo, eu entendo que valeria a alíquota na parte que não excedesse, ou seja, a alíquota está clara em 6% no Município, não é? Vem uma lei complementar e dispõe: "No máximo 5%". Ela valeria até chegar essa lei complementar. Mas eu entendo também que, apesar de a lei não ter previsto esta regra de transição, isso deveria valer até o próximo exercício financeiro, porque daria tempo para o legislador municipal refazer essa lei e aí, sim, adequar-se à legislação federal. Mas isso é uma criação para dar certo com o princípio da legalidade Parece-me que o Prof. Aires tem um artigo nesse sentido, não tem? Cita até o Prof. Souto, no entendimento segundo o qual a lei municipal continuaria a valer até a alíquota de 5%, até a alíquota máxima prevista na lei federal.

COORDENADOR DA MESA (PROF. AIRES F. BARRETO, PRESIDENTE DO IDEPE) – A lição é do Prof. Souto Borges, que escreveu, em 1975, *Fixação das Alíquotas Máximas do ISS*, dizendo: "Se nós tivermos uma alíquota acima daquela fixada por lei complementar, a lei municipal perde a eficácia relativamente ao excedente".

Temos uma situação excepcionalíssima de possibilidade de cabimento de uma alíquota superior a 5%. Dirão os Srs. que não pode, porque há uma lei complementar dizendo que a alíquota máxima é 5%. Eu digo que pode. Procurem no "Ato das Disposições Constitucionais Transitórias", acho que o artigo é o art. 83, e lá está dito que será possível criar um adicional da alíquota do ISS, de até meio ponto percentual na alíquota do ISS, ou do imposto que vier a substituí-lo, sobre serviços supérfluos.

Então, é possível, sem ofensa à lei complementar – porque a Constituição está acima da lei complementar –, que venha a ocorrer a aplicação desse acréscimo de até 0,5%, na hipótese de serviço supérfluo. O que há de equivocado é o que vem depois. O art. 83 do ADCT prevê: "Lei federal definirá os produtos e serviços supérfluos". Na verdade, não pode haver uma interpretação literal: não é *lei federal*, é *lei nacional*, porque lei federal não pode subordinar o Município e nem dizer para o Município o que é supérfluo, ou não.

Profa. Maria Rita Ferragut – Minha próxima questão diz respeito a *conflito de competência entre o ICMS e o ISS.*

Para responder a essa questão, entendo que o mais adequado seja a fixação de algumas premissas. A primeira delas é de que nós não podemos perder de vista que o ISS implica, necessariamente, obrigação de fazer, ao passo que o ICMS, obrigação de dar. A afirmação é simples, acredito que ninguém discorde dela. Mas em casos concretos nem sempre é fácil determinar se estou diante de uma obrigação de fazer ou de uma obrigação de dar, porque existem serviços que são prestados com o fornecimento de mercadorias, existem mercadorias que são vendidas mediante uma prestação prévia de serviços.

Como, então, resolver? Se eu tenho obrigação de dar: ICMS; obrigação de fazer: ISS. Para resolver eventual conflito de competência é necessário, ao meu ver, que se tenha sempre em mente a questão da preponderância. Então, é fundamental que eu considere qual é a atividade-fim do serviço que estou prestando, da atividade mercantil. Atividade-fim e atividade-meio, outro critério a ser considerado. Só assim entendo ser possível resolver grande parte de nossos conflitos. E, sempre que for impossível decidir num caso concreto, é necessário ir ao Judiciário, e à lei complementar. Embora ela tenha muito pouco sobre isso, existe o art. 146 da CF, que permite que seja feita essa distinção. Mas eu acredito que nossas dúvidas se resolveriam dessa forma: estou diante de uma obrigação de dar ou de fazer? É de fazer? A princípio, o ISS. A atividade preponderante que estou exercendo é uma prestação de serviços? Sim, é uma prestação de serviços, não importa que, para que prestaro serviço, eu precise utilizar materiais: eu tributarei aquele serviço com ISS.

Coordenador da Mesa (Prof. Aires F. Barreto, Presidente do IDEPE) – Estou muito triste, porque vou ter que discordar, frontalmente. [*Risos*]

Tenho dito que existem decisões judiciais apoiando esse entendimento, dizendo que prevalece o critério de preponderância. E não vamos confundir com a *preponderância* de que trata o art. 1º da lei complementar, que versa outra coisa. O que se pretende, no art. 1º, com o termo "preponderante" é: "Pouco importa se se desenvolve uma atividade industrial em 97%, uma atividade comercial em 2%. Se se desenvolver uma atividade, de 1% que seja, a título de serviço, será objeto de tributação". Não vamos confundir o que está dito no art. 1º da Lei Complementar 116/2003 com o critério de preponderância que tem campeado por aí.

"Preponderância" não é um critério jurídico, é um critério econômico. Nós temos que distinguir a atividade em função de critério jurídico, de uma obrigação de dar ou de fazer, nunca em função de um critério econômico. Costumo até fazer uma brincadeira com a história de "critério econômico", para dizer o seguinte: Se nós fôssemos pensar, por exemplo, no fornecimento de refeição do bar da esquina, o que predomina? Lá, predomina o material, o arroz, o feijão, a mandioca. E no Fasano, no Máximo, no Maksoud, vai predominar o quê? O aparato: a toalha de linho, o talher de prata, o garçom, que serve à francesa... Sei lá, bota pela esquerda, tira pela direita. Aliás, eu queria lembrar o seguinte: vocês não eram nascidos, os grandes jantares chamavam "banquetes". Pois bem. Num banquete a uma grande autoridade, evento solene, formalíssimo, para cerca de 400 convidados, deram-nos um cardápio único, no qual vinha escrito assim: "Contrafilé a primaveril, ramalheteira de legumes". Pensei: "Deve ser um manjar dos deuses". Quando veio, era um simples bife à jardineira. Então, vejam: o bife à jardineira, no bar da esquina, pagaria ICMS, porque predominam os ingredientes; já no outro, lá no Maksoud, no Máximo, pagaria ISS, porque predomina o serviço. No bar do meio-termo, [*risos*] conforme o caso, será: "Sai uma feijoada ao ISS", [*risos*] "Sai uma macarronada ao ICMS" [*risos*] – e por aí afora. Ou seja, o critério da preponderância, penso eu, não pode ser aplicado; temos que encontrar o caminho, a solução, analisando a natureza jurídica das obrigações: de dar ou de fazer. Os valores dos materiais, quando fornecidos, não deixam de ser instrumentos, ingredientes, de uma prestação de serviços. Assim como não se descaracteriza a operação como mercantil embora haja tarefas, serviços (não juridicamente falando). Por exemplo: "Comprei esse jogo de copos; por favor, embrulhe-o para mim. É para presente" – a atividade de embrulhar todos sabem que é um "serviço", em sentido amplo. Mas o embrulhar se faz como tarefa da obrigação de dar. Imaginemos a compra de uma geladeira, para ficar com um exemplo singelo. A geladeira custa 1.000 Reais. Aqui, o preço FOB, ou seja, posto na porta do meu estabelecimento, custa 1.000 Reais. "Ah! Você quer comprar essa geladeira, entregue na sua casa? Então, vai custar 1.100 Reais, porque tem mais o transporte." "Ah! Você quer que ela seja instalada? Posta funcionando? Então vai custar mais outros 100 Reais, 1.200 Reais.". Daí já se vê que é preciso verificar como é feita a contratação – preço FOB, preço CIF, enfim, em que termos ela foi feita. Só então eu vou saber responder: primeiro, se é o preço específico do bem, ou não. "A geladeira custa 1.000 Reais, seja se você vier retirar aqui na loja, seja se for entregue devidamente instalada"; ou seja, se o transporte e a instalação estão embutidos na obrigação de dar, ou não. Há um transporte, em tese; que, em princípio, é um serviço; mas, se há uma instalação, outro serviço como mera tarefa, não posso dizer que "houve uma operação mercantil e duas prestações de serviço". Não, não houve senão uma operação mercantil. É preciso verificar onde é que se dá, quando é que ocorre, segundo a contratação, o adimplemento da obrigação. Só então vou saber se é ISS ou se é ICMS. Não se diga – porque eu não vou contra as lições da Profa. Beth – que eu estou afirmando que o ISS é sobre contratos, não. O ISS incide sobre fatos, mas ele é iluminado, ele é explicitado, ele é constatável na sua especificidade, a partir do exame dos contratos. É preciso verificar, portanto, quando se exaure o adimplemento da obrigação assumida.

É preciso examinar com muita cautela a contratação, o momento de implemento da obrigação. Com isso se solucionam todos os problemas, fruto da verificação entre obrigação de dar e de fazer. Vejam! Tanto isso é certo, que a única exceção está na construção civil. No passado havia um pouco mais de empenho visando a solucionar essa questão dos conflitos de competência. Na construção civil havia o problema da dedução, ou não, do valor dos materiais. Era porque se entendia, segundo boa doutrina no campo de direito civil, que, nesse caso, concorrem, simultaneamente, uma obrigação de dar e uma obrigação de fazer. Há muitos civilistas que vêem na construção civil a essência de duas concomitantes obrigações. Se assim for, nesse caso, como é que se faz? Então, dispondo sobre conflitos de competência – nesse caso, legitimamente –, veio a lei complementar e disse: "Sobre os serviços, ISS; sobre os materiais, ICMS". Bem ou mal, não importa, mas decidindo em função de uma área legítima – qual seja, a dos conflitos de competência. Quanto ao problema de um corte material, se é bom, se é ruim, nós podemos questionar, também, no campo de direito civil, se é bom dizer que o menor de 16 é totalmente incapaz, ou se o marco deveria ser 14. Estabelecido um marco, porém, enquanto vigorar aquela legislação, é preciso admitir que era, em princípio, boa.

Não me parece, porém, com a devida vênia, que o critério da predominância possa ser aplicado, porque, como critério econômico, não nos ajuda.

Profa. Maria Rita Ferragut – Uma rápida réplica, com todo respeito, é claro, Dr. Aires. Eu não consigo nem chegar ao princípio da preponderância no critério exclusivamente econômico. Quando eu coloco que ele deve ser utilizado para análise desses conflitos de competência, é no sentido de que a norma geral e abstrata, que foi criada para tributar pelo ISS ou pelo ICMS, deve considerar qual é o serviço que vai ser prestado, qual é a mercadoria que vai ser vendida. E essa norma geral e abstrata deverá ser analisada no sentido de que o que predomina é a circulação do bem ou serviço; é a venda da geladeira, como o Sr. mencionou. Então, se eu vou até uma loja e compro uma geladeira, em que pese a poder existir uma prestação de serviço, ela é acessória à compra. Por isso, vejo uma preponderância jurídica, porque houve uma circulação de mercadoria, e não uma prestação de serviço. O que é muito diferente de um contrato em que divido os valores entre os serviços e as mercadorias, para fins de "planejamento fiscal". Tal fato poderia ser questionado, porque, se comprei a geladeira, seu valor não pode ser inferior ou equivalente à instalação. Então, eu não vejo como um critério econômico.

PROFA. SUSY GOMES HOFFMANN – Eu só queria acrescentar que essa questão tem me preocupado. Há um mês, ao dar uma aula para os fiscais do ICMS do Paraná, a terra da Profa. Betina – e é há uma preocupação muito grande, lá –, o tema da palestra era sobre prova e entrou nisso. Mas a preponderância obriga a que se olhe para o negócio. E eu entendo que, aí, realmente você tem que olhar para o contrato. Analisando assim, pela ótica da prova, tenho que ver o contrato. Isto é, posso ir até a loja e comprar só uma televisão? Ou eu posso ir até a loja e tenho que comprar a televisão e os serviços adicionais de assistência técnica? Nos dois casos, teremos o mesmo preço? A mesma coisa que o Prof. Aires falou, ou eu vou ter preços distintos? Porque, por exemplo, se eu tiver a opção, pois, no meu caso, eu não entendo nada de instalar televisão, e se eu puder pagar para que seja feita a instalação, eu vou aceitar. E aí me parece que vou estar frente a dois negócios. É lógico que os fiscais do ICMS quase me mataram quando eu falei isso, mas porque, no caso, entendiam que era um suposto planejamento tributário, por isso que a prova é fundamental. Mas se, no caso, a pessoa, o consumidor, vai até a loja para comprar a televisão, e não para comprar o serviço de instalação, então, bom, cada caso é um caso, então eu acho que realmente é um caso que vai ter muita polêmica. E eles deram outro exemplo, que é a questão da cozinha planejada: Você compra a cozinha, ou você compra a montagem? Bom, você compra os móveis da cozinha e compra a instalação da cozinha; e aí, se for pela tese da preponderância, que eles gostariam que fosse, seria só ICMS. Se considerarmos que estamos frente a dois negócios, aí, teremos que ver como foi feito esse negócio. Tenho dois contratos? O da aquisição da matéria-prima e o da prestação de serviços de montagem? Agora, é lógico que não pode haver abuso aí, colocar 10 Reais para matéria-prima e 200 Reais para prestação de serviços. Mas a minha resposta, ali, foi olhar a prova do negócio, se havia contrato, se existiam pagamentos em separado. É uma questão que eu acho que vem preocupando bastante a fiscalização.

COORDENADOR DA MESA (PROF. AIRES F. BARRETO, PRESIDENTE DO IDEPE) – Há uma questão que gostaria de formular, mas é melhor chegar aqui à frente, por favor, para que todos possam ouvir. [*Inaudível*]

PROFA. BETINA TREIGER GRUPENMACHER – Em relação aos *serviços cartoriais* minha posição é distinta daquela que tenho em relação à tributação por via do ISS relativamente aos demais serviços públicos. No caso dos serviços cartoriais eu acompanho a decisão recente do STJ, se não me engano, no sentido de que o cartório, na verdade, aquele que tem o cartório, que cuida do cartório, enfim, recebe essa incumbência, essa prerrogativa, através de um concurso público. Aqueles que trabalham no cartório equiparam-se – isso, falando de uma maneira genérica – aos servidores públicos. As cobranças feitas pelos cartórios têm natureza de emolumentos, e só podem ser majoradas por lei. Daí concluo que no caso dos cartórios, efetivamente, o ISS não é devido, porque o regime é de direito público. Razão pela qual são imunes à incidência do referido imposto.

PLATÉIA – A minha questão consiste quase em colocar uma pergunta que provavelmente será feita no próximo Congresso. Passando a discutir a lei geral das microempresas, vários projetos tramitando, uma das idéias que está caminhando é transportar o sistema do SIMPLES Federal para esta lei geral das microempresas, aproveitando a brecha que está lá na Constituição, do recolhimento unificado, e coisa semelhante. O Município adere ou não ao SIMPLES Federal. Democraticamente, desculpe, respeitando o federalismo, o Município adere ou não. A idéia parece que caminha no sentido de transplantar. Se formos olhar o SIMPLES Federal, se a empresa tiver só serviço, joga uma alíquota sobre faturamento. A Constituição diz, pressuposto da Constituição, prestação de serviço, não seria o faturamento da empresa a base de cálculo do ISS, só que no SIMPLES o ISS é calculado a uma alíquota sobre faturamento. Se a empresa tiver ICMS, só ICMS; mas se a empresa tiver prestação de serviço ou ISS, partilha a alíquota, tanto percentual para ISS, diminui a alíquota única e diminui uma parte para ISS. E aí eu chego ao absurdo de dizer, o exemplo que vocês deram, que a empresa que faz a entrega da geladeira tem 0,0% do faturamento do ISS, então vou pegar e jogar uma alíquota de metade para o ISS sobre faturamento, sobre tudo. A minha dúvida é a seguinte: se transportar esse SIMPLES Federal, mesmo com base nesse artigo da Constituição, que eu acho que não permitiria esse tipo de transporte, não estaríamos diante de uma inconstitucionalidade, mesmo visando a simplificar, que é o discurso que está sendo usado? Vamos simplificar, só que a simplificação tem que respeitar os princípios constitucionais. Acho que esse é um problema que nós vamos ter. Os parlamentares, como tem sido dito neste Congresso Tributário, não entendem muito da questão jurídica. Eu temo que a atenção pela facilidade, para a simplicidade, vá acabando gerar uma distorção no ISS, fazendo criar no Brasil um novo tributo, que seria um ISS sobre faturamento. E preocupa aos Municípios, inclusive, a pressão, que tende a aumentar o limite de microempresa em nível federal, é um limite que pega todas as empresas dos Municípios. Ou seja, outro risco que está embutido nessa discussão é a possibilidade de os Municípios deixarem de fiscalizar o ISS, porque todas as suas empresas vão estar englobadas no limite de microempresa federal, e tudo vai ficar por conta da Receita Federal. Essa é só uma questão, eu acho que a gente vai ver isso mais à frente. Obrigado.

Profa. Betina Treiger Grupenmacher – Apesar de a simplificação ser um benefício, realmente, um benefício tributário – e isso é tudo que nós queremos, porque nós só pagamos impostos –, juridicamente analisada essa legislação, ela apresenta dois grandes problemas. É uma afronta ao princípio federativo. É uma lei federal que vai estabelecer regras relativas a tributos da competência da União, dos Estados e dos Municípios. Não tenho dúvida alguma de que o regime é benéfico, mas, juridicamente, afronta o princípio federativo.

Profa. Maria Rita Ferragut – Só queria adicionar o seguinte. Concordo com a Profa. Betina, desde que estejamos partindo da premissa de que o SIMPLES seria imposto pelos Municípios. Se for faculdade a instituição, nos termos em que a emenda vier a criar, será benéfica, o contribuinte poderá adotá-la e não haverá afronta à capacidade contributiva e à materialidade, da mesma forma que ocorre com o lucro presumido. Então, não haveria afronta à autonomia dos Municípios. Se for uma imposição, sem dúvida haverá ofensa.

Platéia – Uma sociedade uniprofissional é tributada pela alíquota fixa, e presta serviço em outro Município. Esse Município exige a inscrição municipal e quer tributar pelo valor do faturamento. Como é que a gente pode solucionar esse impasse?

Profa. Susy Gomes Hoffmann [*texto sem revisão da autora*] – Temos duas questões, aqui, com relação à sociedade uniprofissional. Nós já discutimos antes essa questão, até passou por aqui, nas nossas questões. Primeiro, eu acho que essa tributação diferenciada para sociedades uniprofissionais, não encontra respaldo na Constituição, porque, se é um imposto sobre serviços, a base de cálculo só pode ser a prestação de serviço. Parece-me que é lógico, tem todo um arrazoado e uma argumentação sobre a responsabilidade específica para esta sociedade. Mas o ISS é sobre a prestação do serviço. Então, nesse sentido, parece-me que não seria possível uma tributação de ISS, de uma forma fixa, por valores fixos.

Ultrapassada essa questão, teríamos que analisar se vigoram, ou não, as disposições do Decreto-lei 406 com relação às sociedades uniprofissionais. A Profa. Betina, que fez um estudo nesse sentido, entendeu que sim, se o Município aceitar esse tipo de tributação. Alguns Municípios, em suas legislações, não prevêem esta tributação específica para as sociedades uniprofissionais. Por exemplo, no serviço advocatício de um escritório de Campinas prestado no Município de São Paulo, São Paulo poderia reter pelo valor do faturamento se sua legislação não tem a previsão das sociedades uniprofissionais, e Campinas tem.

Aí eu acho que a solução é considerar o local da prestação de serviço, o da atividade-fim, ainda que a empresa esteja em São Paulo. É preciso considerar onde está localizado o escritório que está prestando o serviço. Agora, se, por exemplo, o Município de São Paulo não prevê a possibilidade da cobrança com os valores fixos e meu escritório está em São Paulo, eu não vejo como exigir a obrigatoriedade desse tipo de [*interrupção*]

Platéia [*a mesma pessoa*] – O fato concreto é: a empresa está sendo tributada pela alíquota fixa, ganhou inclusive judicialmente, e vai prestar efetivamente o serviço num outro local, um serviço médico que vai ser prestado, por exemplo, num hospital. Então, presta o serviço lá, o Município pretende cobrar pela alíquota fixa, e não cobrar pelo faturamento.

PROFA. SUSY GOMES HOFFMANN – Então, cabe aí anotar, onde é o local da prestação de serviços? Porque, se é um serviço médico, e ele está prestando num hospital, parece-me que a prestação do serviço está sendo num hospital, salvo se eu não entendi a questão. Porque na Advocacia a gente pode falar: "Meu aparato está no meu escritório, é onde estão todos os meus arquivos". Agora, quanto ao médico que está realizando o serviço dele naquele hospital, não há dúvidas de que o serviço está sendo realizado no Município onde está localizado o hospital. E, aí, se nesse Município a legislação prevê essa forma de atenção, eu não vejo outra saída que não seja de ter o valor aí, como receber o valor já com desconto da retenção.

PLATÉIA – Permita-me. A lei complementar admite a alocação em regime especial, no caso do serviço médico, ajustaria dentro da lei, artigo complementar.

PROFA. BETINA TREIGER GRUPENMACHER – Não, não tem explicitamente, tem só o art. 10, em relação ao qual há toda uma polêmica. Acredito que, se aquele médico pagou o ISS fixo no Município onde ele tem o estabelecimento prestador, não pode ser tributado novamente, porque, aí, haveria dupla incidência, por mais que a base de cálculo seja fixa, eu pessoalmente questionaria a cobrança, questionaria.

O art. 9º, § 3º, sofreu alterações, que são as alterações do Decreto-lei 834 e, posteriormente, da Lei Complementar 56, que modificaram a redação do § 3º para a sociedade de profissionais. Então, essa modificação, no dizer de Kelsen, é uma derrogação, é uma revogação parcial, ou seja, é uma revogação; e a revogação da lei revogadora não restabelece os efeitos da lei revogada. O que acontece é que o § 1º está mantido, porque ele não foi derrogado nem pelo Decreto-lei 834, nem pela Lei Complementar 56. Isso faz com que não só os profissionais habilitados, mas todos que exerçam de maneira pessoal possam se beneficiar da tributação fixa, porque a tributação fixa está prevista no § 1º do art. 9º. Então, isso abriu um leque enorme para que os Municípios tivessem que tributar de maneira fixa todos, não só os habilitados que estavam no § 3º. E isso fez com que os Municípios, nas suas novas legislações, mantivessem a tributação fixa das sociedades de profissionais, para evitar que todos aqueles que prestam serviços de forma pessoal – o eletricista, o pintor, vamos assim dizer, a manicure – pudessem invocar o benefício da tributação fixa das sociedades de profissionais. Estando mantido pelos Municípios, não pela Lei Complementar 116, o benefício da tributação fixa, eu acho que não se pode pagar duas vezes, que é hipótese de questionamento. Não, simplesmente, não pagar, lógico.

PLATÉIA – É constitucional legislação criada pelo Município com redução de base de cálculo que visa à redução efetiva da alíquota abaixo de 2%?

PROFA. MARIA RITA FERRAGUT – O brasileiro é um sujeito esperto, não é? Quando a Constituição Federal foi alterada, com o advento da Emenda, a alíquota mínima de 2% passou a ser obrigatória. Então, muitas pessoas entenderam que o problema da "guerra fiscal" que existia em Santana de Parnaíba e em vários Municípios aqui perto de São Paulo poderia ser amenizado. Alguns desses Municípios mantiveram a alíquota mínima de 2% e reduziram a base de cálculo. não vejo inconstitucionalidade nisso, porque quem detém a competência tributária é o Município. Ele pode, livremente – segundo Prof. Roque –, dispor sobre essa competência. Então, se ele reduz a base de cálculo por um ato discricionário, não vejo limite constitucional para isso.

PLATÉIA – Não, não, tudo bem, aí é outra coisa. Mas a restrição está na legislação, na Constituição existe esta restrição, porque, quando se fez essa briga pela alíquota mínima, colocou-se esse parágrafo exatamente porque se sabia que, reduzida a base de cálculo, de 90%, em 5%, resultaria a alíquota de 0,5%, de Barueri. Então, existe a discussão...

PROFA. MARIA RITA FERRAGUT – Mesmo assim, a Emenda Constitucional submete-se às cláusulas pétreas, ao federalismo. Eu desconhecia essa restrição, mas ainda assim entendo que o Município poderia diminuir a base de cálculo, em função da autonomia das pessoas políticas.

PLATÉIA – Mas o Município não é obrigado a ter ISS, é?

PROFA. MARIA RITA FERRAGUT – Exatamente.

PLATÉIA (DR. LEONARDO) – Prof. Aires, boa tarde! Meu questionamento diz respeito à materialidade do ISS. Partindo da premissa de que, juridicamente falando, a Lista seria taxativa, chegamos à conclusão de que, apesar disso, nem todos os serviços constantes da Lista seriam, efetivamente, serviços tributáveis. Diante disso, dois serviços me chamam a atenção. Primeiro, se o serviço de representação, ou representação comercial, realizaria esse conceito de serviço tributável pelo ISS – na medida em que me parece que o critério para delimitação da definição do serviço tributável é efetivamente o prestador –, diante da peculiaridade, naquela contratação, do prestador de serviço. E muitas empresas que ostentam esse caráter de "representação comercial" em alguns Municípios, ao mesmo no que eu tenho conhecimento, estão sendo tributadas pelo ISS.

Então, a indagação diz respeito à questão da representação comercial, e também a serviços de industrialização por encomenda, se seriam tributáveis pelo ISS.

PROFA. BETINA TREIGER GRUPENMACHER – Todos os serviços que estão descritos na Lista devem sofrer essa avaliação, ou seja, seu enquadramento dentro do conceito do que é "serviço", fazendo uma avaliação genérica. Até porque não tenho meu conceito próprio, mas, para mim, "serviço" é aquela prestação – vamos assim dizer –, de natureza física ou intelectual, sob um contrato oneroso, a alguém que necessita, por alguém que tem condições de realizar aquela atividade. Então, enquadrando-se dentro disso é "serviço". Acho que "representação" é uma atividade de prestação de serviço e está sujeita, sim, à incidência do ISS, porque é uma atividade pessoal, sem emprego necessário de um material; é naturalmente uma prestação de serviços.

Em relação a conflito – acho que a Profa. Maria Rita falou –, eu solucionaria também em função da preponderância da atividade. Acho que esse problema já foi resolvido, ou seja, se houver uma preponderância da atividade – vamos assim dizer – industrial em relação ao serviço propriamente dito, a incidência é de IPI; se houver preponderância na obrigação de fazer, a incidência é de ISS.

PLATÉIA (O MESMO) – Mas, nesse caso, a industrialização vem de terceiros, também?

PROFA. BETINA TREIGER GRUPENMACHER – Por encomenda. Por encomenda especialmente, eu acho que essa expressão "por encomenda" já desloca a competência para o ISS. Enfim, uma escultura, um quadro por encomenda, um *software* por encomenda, tudo que é por encomenda, que é específico para alguém, envolve, predominantemente, uma prestação de serviço.

PLATÉIA – Professora, mas, nesse caso, será que eles não quiseram atingir uma atividade intermediária da industrialização? Por exemplo, eu sou uma montadora, só que eu não gosto ou eu não quero, ou não é viável para mim, produzir uma peça de pequeno porte, porque o ferramental não me é interessante. Eu passo isso a um terceiro, e isso volta para mim para incorporar num produto, por um exemplo.

PROFA. BETINA TREIGER GRUPENMACHER – Aí continua a questão da preponderância da atividade: você encomendou não uma peça, mas milhares; então, a preponderância, apesar de você ter feito essa encomenda, é essa obrigação de dar, entendeu?

PLATÉIA – Não seria nunca tributado, mas se fosse para uso próprio, aí poderia embargar como ISS.

PROFA. BETINA TREIGER GRUPENMACHER [*texto sem revisão da autora*] – Realmente, a Administração Fazendária tem seus conceitos tendenciosos, que a gente nem tem muito como consertar. Peço desculpas se tiver alguém, aqui, da Administração. [*Risos*] Ter, sempre tem, não é? Mas [*inaudível*] estaria muito pró-contribuinte. Eu continuo dizendo que sou pró-Constituição, e não pró-contribuinte. Mais alguma pergunta?

PLATÉIA – Sim, eu gostaria de fazer uma colocação. A Sra. mesma colocou, a respeito de alguns itens que não se coadunam com a caracterização de prestação de serviços. Salvo engano, 3.5 ou 3.6, que é realmente a questão da locação de andaimes, palcos, estrutura móveis de uso temporário: não estariam em conflito com a questão da locação, só por [*inaudível*] o termo? Aliás, o próprio termo, em si, já é conflituoso, que é a cessão do direito de uso de todas essas estruturas?

PROFA. BETINA TREIGER GRUPENMACHER [*texto sem revisão da autora*] – É, como eu falei, permanece inconstitucional, porque só foi, na verdade, eliminado o item "locação de bem móveis", vamos assim dizer; os subitens permaneceram. Agora, eu vou dar uma notícia que não é tão boa: como a composição do STF foi alterada, muitos dos Ministros que votaram favoravelmente à inconstitucionalidade da locação se aposentaram. Como o "Governo" – entre aspas, falando de maneira genérica – está apostando que no novo julgamento vai, enfim, haver reconhecimento da constitucionalidade dessa incidência, já foi encaminhada pelo Congresso uma proposta de lei no sentido de incluir novamente a locação na Lista de Serviços. Eu acho que para ver se ela vai ter um sucesso ou, enfim, um destino diferente no STF. E a mesma coisa em relação a sociedades profissionais, onde, agora, foi eliminado principalmente o art. 9º do Decreto-lei 406. Até fazendo um esclarecimento para as pessoas, eis que não foi muito claro meu encerramento em relação a sociedades profissionais: por enquanto, enquanto não for revogado, a gente nem sabe se vai ser aprovada essa revogação explícita do art. 9º, a manutenção do § 1º, eu repito, é uma aventura enorme. Todos os serviços, agora, desde que prestados em caráter pessoal, em sociedade ou não, podem ser tributados de forma simples, não é?

Então, essas são duas situações que não foram contempladas pela Lei Complementar 116, mas que já estão a caminho de uma solução diferente. Mais alguma questão?

PLATÉIA – Boa noite! Meu nome é Maria Concepción, eu trabalho numa multinacional e a matriz é no exterior. Ela fabrica equipamentos médicos, equipamentos de ressonância magnética, tomografia computadorizada etc. Muito bem, eles fabricam e vendem aqui, diretamente, no Brasil. A empresa aqui no Brasil intermedeia essas vendas. Na realidade, eu tenho duas perguntas para a Banca. Quando nós intermediamos essas vendas, a matriz fatura diretamente para o hospital ou para o laboratório – como, por exemplo, Fleury –, e nós, por nossa vez, faturamos o que nós chamamos de vendas *ident*, nós faturamos nessa condição. Então, o efeito da Lei Complementar 116 é considerado exportação de serviço quando o serviço é prestado no país, é considerado exportação desde que o resultado seja lá fora. Uma outra empresa, uma outra multinacional, chegou a fazer uma consulta, aqui, para a Prefeitura Municipal de São Paulo, perguntando se esse ISS seria devido, exatamente na mesma a operação, venda *ident*. E a resposta da Prefeitura foi no sentido de que entendia que o resultado acontecia aqui no país, porque é gerada uma compra de alguém aqui no país. Então, minha primeira pergunta é esta: gostaria de saber se a Banca entende que nesse caso haveria, ou não, incidência de ISS. Minha segunda pergunta, aproveitando a deixa, é sobre se nossa empresa aqui no Brasil presta serviços. Nós temos nosso departamento *service*; então, um hospital adquire um tomógrafo e depois de algum tempo ele quer um *software* atualizado, e nosso *software* é um *software*-padrão, que roda em qualquer máquina, em qualquer país do mundo. Então, eu vou até esse hospital e instalo esse novo *software*, que pode custar entre 300 e 500 mil Dólares. A questão que eu queria trazer para vocês – desculpem se já responderam, eu estava em outra sala até o momento – é quanto à tributação do ISS nessa remessa que faço a título de licenciamento de *software*.

PROFA. MARIA RITA FERRAGUT – Em relação à primeira pergunta que você fez, quando a empresa brasileira agencia essa venda, ela fatura contra o Fleury? Contra a empresa no exterior? Eu entendo que a exportação de serviço é imune, não haveria incidência, em função da imunidade. E a segunda questão que você colocou é sobre pagamento do licenciamento de ***software***? Se for isso, também não é passível de incidência, pois constituiu cessão de direito de uso.

PLATÉIA (DR. LUIZ) – Eu gostaria de saber da possibilidade que vem ocorrendo, de as instituições bancárias que se vêm se recusando a prestar informações à fiscalização municipal, sob a argumentação de que estariam quebrando o sigilo bancário prestando essas informações. Desde os números de correntistas, eles se recusam a prestar qualquer informação ao Município.

PROFA. MARIA RITA FERRAGUT – Desde que as informações que estejam sendo solicitadas digam respeito à própria instituição, e não a seus correntistas, não há sigilo. Caso contrário, entendo que existe.

PLATÉIA (O MESMO) – O Município solicitou a informação mais simples: qual é o número de correntistas desta agência. Eles se recusaram a fornecer.

PROFA. MARIA RITA FERRAGUT – Mas qual a relevância desse número, para fim de tributação?

PLATÉIA (O MESMO) – Uma agência, uma grande agência de um grande banco, declarou que no semestre todo tinha feito somente 20 operações de determinados serviços. Para que se tenha uma idéia.

PROFA. BETINA TREIGER GRUPENMACHER – Eu acho que aí, na verdade, estão se negando a realizar deveres instrumentais de informar tendentes à verificação da ocorrência do fato imponível do ISS, que é infração à lei tributária, não há dúvida alguma...

PROFA. MARIA RITA FERRAGUT – Eu gostaria de acrescentar uma coisa: as informações que o contribuinte é obrigado a prestar ao Fisco são as informações relacionadas ao fato jurídico tributário, seja direta, seja indiretamente, como quando possam levar à descoberta da verdade.

Se o Sr. está falando de fatos desassociados, aí, eu vejo que não tem cabimento, ele não teria competência para essa exigência. Mas se houver, no caso do seu Município, uma suspeita de que estão sendo omitida essas informações, sim, haveria direito. Caso contrário não, porque o número de correntistas da agência é um dado irrelevante para fins de base de cálculo do ISS.

PLATÉIA – Professora, posso fazer uma colocação? É que nas agências bancárias as operações financeiras abrangem diversos itens da Lista de Serviços. Um desses é sempre a emissão de talão de cheque. Isso é cobrado, isso é oneroso, e é suscetível ao ISS. Por exemplo, uma agência com 1.000 mil clientes, durante o ano, emitiu 20 talões de cheque. É compatível? Como é que o Município vai aferir isso?

PROFA. MARIA RITA FERRAGUT – Claro, sem dúvida.

PLATÉIA (DR. JOÃO RICARDO) – Meu nome é João Ricardo, sou aluno da Profa. Maria Rita. Na verdade, não é nem tanto uma indagação, mas uma provocação à Banca, voltando para uma questão que foi colocada pelo Prof. Aires e pela Profa. Maria Rita, com relação à tributação em decorrência da atividade preponderante, daquilo que estiver sendo externado no fato. [*Inaudível*] Então, daí – corrijam-me se estiver errado –, o que eu entendi foi que se em um determinado fato houver preponderância valorativa de um bem, eu terei uma tributação "X", um fato "X"; quando for serviço, uma tributação diferente – no caso, pelo ISS. Mas como ficaria a questão da Lista de Serviços? Ela, então, não seria, mais, nem taxativa, nem exemplificativa? No sentido de que algumas atividades podem estar listadas como atividades tributadas pelo ISS – então, é exemplificativa – mas, às vezes, dependendo de quem as estiver exercendo, poderá haver uma preponderância maior relativamente a um bem que a um serviço, ou vice-versa. Concluindo, não seria a atividade em si que estaria sendo tributada, mas *como* está sendo desempenhada aquela atividade. Então, como ficaria a questão da Lista de Serviços dentro dessa ótica?

PROFA. MARIA RITA FERRAGUT – A preponderância, para mim, diz respeito ao objeto do contrato, e não necessariamente vincula-se ao valor envolvido na prestação de serviço ou na entrega da mercadoria. Você compra um terno sob encomenda. Em que pese ao fato de o valor do serviço poder ser inferior ao do tecido, o que você encomendou foi um serviço específico, sob medida, que só pode ser entregue mediante entrega cumulativa de uma mercadoria.

PLATÉIA – A segunda questão, que foi abordada apenas superficialmente pela Profa. Susy, diz respeito à alíquota máxima. Sou procurador do Município de João Pessoa, e o que está acontecendo é que empresas que exploram serviços de diversão pública estão alegando que a Lei Complementar 100/1999 limitou a alíquota em 5%; todos os serviços tributáveis passaram a ter a alíquota fixada em 5%, certo? Estão alegando que a tributação levada a efeito nos anos seguintes, até 2006, é totalmente indevida, [*inaudível*] decisão de indébito, não existe decisão judicial ainda. Nossa posição é no sentido de que se refere unicamente ao serviço que ela criou, que foi o serviço de exploração de rodovias, certo? Então eu gostaria de saber da Sra. e dos demais qual a posição...

PROFA. SUSY GOMES HOFFMANN – Pelo que me lembro, agora eu entendi sua pergunta. Ela realmente estava aqui, mas eu tinha entendido que era essa discussão da parte da Lei Complementar 116. Pelo que me lembro do texto da Lei Complementar 100, realmente algumas pessoas questionaram se a partir dali não foi criada a alíquota máxima de 5%. Mas haveria possibilidade das duas interpretações. Eu, particularmente, pelo que me lembro, quando li, entendi que era 5% só para a exploração de rodovias. Agora, independentemente dessa questão, se fossem entendidos como teto os 5% já naquela época da Lei Complementar 100, porque eu não me recordo do dispositivo, acho que há um Município, talvez João Pessoa, que teve esse problema. E eu traria todo o embasamento das lições do próprio Prof. José Souto Maior Borges, que entende, nessa citação que o Sr. mesmo fez, no seu artigo, que essa legislação superveniente federal não tornaria inconstitucional ou traria impossibilidade da cobrança pelo Município, mas só naquilo que excedesse os 5%.

PLATÉIA – Então, talvez eles tenham razão. A alíquota era de 10%...

PROFA. SUSY GOMES HOFFMANN – Você tem, aí, a lei complementar?

PLATÉIA [*a mesma pessoa*] – O texto, eu tenho mais ou menos de cabeça, e diz que a alíquota máxima do imposto previsto nessa lei é 5%.

PROFA. SUSY GOMES HOFFMANN – Ah! Você falava do imposto, e não daquele caso específico... Acho que o Município de João Pessoa vai ter que preparar os precatórios para devolver...

PLATÉIA [*a mesma pessoa*] – Já li muito, encontrei pouco material, persiste a dúvida...

PROFA. SUSY GOMES HOFFMANN – Porque você falava sobre imposto, eu não vejo, não tenho dúvida...

PLATÉIA – Quando a gente fala de imposto disposto nessa lei, se você for na ementa, ela fala somente da questão, do imposto disposto na lei. O imposto disposto naquela lei é o ISS, não necessariamente sobre serviços específicos; desculpe, é o serviço específico que estava tratado naquela lei, não o ISS como um todo. Essa é a interpretação que tem sido dada pelos outros Municípios, que também estamos discutindo na Justiça, ninguém ainda tem vitória contrária a essa questão.

PROFA. BETINA TREIGER GRUPENMACHER [*texto sem revisão da autora*] – Na verdade, não foi a lei complementar que instituiu o ISS; ela instituiu territorialmente – enfim, ela disciplinou setorialmente esse serviço, especificamente. Então, no meu entendimento, não alcança todo serviço. E, nesse serviço específico, se ultrapassados os 5%, por óbvio que tem que ser devolvido, só nisso.

PROFA. SUSY GOMES HOFFMANN – Deixe-me fazer uma réplica, aqui. Mas, por outro lado, quantas leis não existem que tratam do tema para falar de um determinado assunto e nos dispositivos falam de outro... Acho que aí, talvez, a infelicidade do legislador, realmente, porque fala em alíquota de 5% do ISS.

PROFA. BETINA TREIGER GRUPENMACHER [*texto sem revisão da autora*] – Ma, aí, você vai ter que... aquela lei complementar, então, vale para todos os ...

PROFA. SUSY GOMES HOFFMANN – Mas talvez esse dispositivo... A gente não tem, às vezes, uma lei que vai falar do imposto de renda e tem um artigo, alguma coisa, que fala de um outro imposto? Ela trata dos serviços, de aumentar, trata do acréscimo. Na verdade, ela acrescenta o item 100 ou o item 101 à Lista – agora, estou me lembrando. Mas ela fala do imposto, o imposto é o ISS. É lógico que quem vai decidir isso é o Judiciário, mas eu não acho que é tão tranqüilo.

COORDENADOR DA MESA (PROF. AIRES F. BARRETO, PRESIDENTE DO IDEPE) – Diante do adiantado da hora, quero passar a palavra às três expositoras, para suas considerações finais, apenas adiantando nosso agradecimento pelo que aqui demonstraram suas culturas jurídicas, seu domínio amplo do imposto. Não houve uma só pergunta que não tenha sido fundamentadamente respondida, a demonstrar o conhecimento detalhado e integral que elas têm, todas, do ISS. Eu confesso que, mais que ninguém, aprendi, hoje. Não vai qualquer ironia, não. É verdade, aprendi muito. Aliás, eu tenho dito freqüentemente que nessas exposições, nesses diálogos, quem aprende mais é o professor, não é quem ouve, não, porque vão sendo verificados aspectos sobre os quais não se havia meditado, alternativas, outras visões. O Direito tem sua beleza exatamente porque não é a Matemática. Enfim, se os pensamentos fossem convergentes, se não houvesse qualquer divergência com a minha querida amiga, Profa. Maria Rita Ferragut, com quem tive o privilégio de trabalhar, não estaríamos reunidos aqui. Os juízes e promotores pensariam na mesma conformidade que nós, e logo estaríamos todos desempregados. [*Risos*]

Lembrem-se de que, quando fazemos um arrazoado – o exemplo não é meu, é do Prof. Paulo de Barros de Carvalho –, terminamos dizendo: "Meritíssimo, pedimos que V. Exa. faça justiça". A parte contrária, em seguida, contraditando tudo aquilo que dissemos, terminará sua adversativa pedindo a S. Exa. que faça justiça. O juiz decide no sentido "A" ou "B". A decisão dele, em nome da Justiça, eventualmente é reformada pelo Tribunal, para fazer justiça. Quem perde, por sua vez, recorre a Brasília, e, outra vez, eventualmente, é reformada a decisão do tribunal inferior, que passa por novo crivo, e outra vez é modificada, total ou parcialmente, pelo STF, tudo, sempre, em nome da justiça. De sorte que o bom e o bonito do Direito é nós convivermos com esses pontos de vista divergentes. Nenhum de nós é dono da verdade. Nenhum de nós tem o monopólio das soluções. E o importante da presença dos Srs., da participação dos Srs., não é para que concordem com nossos pontos de vista, mas é para que meditem sobre o que cada um falou e adotem o caminho "A" ou caminho o "B" (tenho certeza de que, aqui, nesta própria Mesa, a Profa. Susy, a Profa. Betina e a Profa. Maria Rita sairão mais convencidas num determinado rumo, relativamente a uma questão, em face das ponderações dos demais integrantes da Mesa e em face daquilo que ponderaram nas suas réplicas, nas suas observações). Essa é que é a beleza do Direito. Espero que tudo isso continue, no ano que vem, no novo Congresso. Vou passar a palavra às nossas ilustres Professoras, para suas considerações finais, começando pela Dra. Betina.

Profa. Betina Treiger Grupenmacher – Gostaria de agradecer ao IDEPE, na pessoa do seu Presidente, Prof. Aires Barreto, por esta oportunidade de estar aqui e de estar participando dessa inovação trazida pelo IDEPE, que foi excelente. Vivenciamos uma experiência interativa que alterou o modelo dos congressos brasileiros. Meus parabéns, e muito obrigada!

Profa. Maria Rita Ferragut – Gostaria de agradecer a atenção e a participação de vocês e fazer um pedido. As oficinas foram criadas neste Congresso, por isso é muito importante sabermos qual é a avaliação de vocês com relação ao que foi feito. Quando vocês preencherem a avaliação do Congresso, eu peço, por gentileza, se tiverem comentários, positivos ou negativos, que possam gerar um aperfeiçoamento para os nossos próximos Congressos, que o façam. A dialética que existe em uma Oficina, provada até em função do horário, é muito benéfica para o estudo do direito tributário, que é a proposta de todos nós. Muito obrigada, e um ótimo Congresso para todos nós!

Profa. Susy Gomes Hoffmann – Eu também gostaria muito de agradecer ao IDEPE pela oportunidade de participar desta Oficina. Acho que o ISS realmente é um imposto que traz uma série de questionamentos que, cada vez mais, em vez de diminuir, aumentam. Gostaria de finalizar agradecendo muito às pessoas que já estudam esse imposto há tanto tempo e trazem tanta bagagem para a gente, seja nos estudos do Prof. Geraldo Ataliba e dos aqui presentes, que são o Dr. Aires e a Dra. Beth Carrazza, são profundos conhecedores dos impostos municipais, do ISS. E, realmente, se não fossem os Srs., nós não conseguiríamos desenvolver a doutrina. Acho que a Maria Rita, a Betina e eu, realmente, nos debruçamos sobre essas lições. O Prof. Aires, hoje, comentou o trabalho da Profa. Beth. Tenho certeza de que nós três vamos sair daqui pedindo por favor para ela publicar o trabalho, pois estávamos discutindo até não poder mais e ela já havia resolvido a questão. Então, realmente, com essa dinâmica, ou seja, aquilo que foi estudado, ele vai sendo relido, reinterpretado e tomando realmente novos contextos. O Prof. Paulo sempre fala que escrevemos e não imaginamos como aquilo que escrevemos vai tendo novas ressonâncias e novas interpretações. E aqui eu lembro quando o Prof. Eurico até pediu para escrever, no livro em homenagem ao Prof. Paulo, sobre o ISS, e eu pensava, quando estava escrevendo, o que seria de mim se eu não tivesse o Prof. Aires, a Profa. Beth, o Prof. Roque, o Prof. José Eduardo, que escreveram antes. E este Congresso, com esse tanto de perguntas que vocês fizeram, indica que devemos continuar a estudar o tema. Então, fico muito feliz em ter participado dessa Oficina do ISS, com a presença de todos os Srs.

Coordenador da Mesa (Prof. Aires F. Barreto, Presidente do IDEPE) – O IDEPE agradece e pede que os Srs., juntamente comigo, aplaudam entusiasticamente nossas três expositoras. [*Palmas*]

3ª OFICINA
CONTRIBUIÇÕES SOCIAIS

COORDENADOR DA MESA: PROF. JOSÉ EDUARDO SOARES DE MELO

PARTICIPANTES DA MESA: PROFA. MARY ELBE QUEIROZ, PROFA. FABIANA TOMÉ, PROF. PAULO AYRES BARRETO

COORDENADOR DA MESA (PROF. JOSÉ EDUARDO SOARES DE MELO) – Vamos começar. A nossa idéia da Oficina é tratar dessas questões de "Contribuições Sociais" de forma bem prática, bem objetiva, e respondendo às questões.

Foram formuladas seis ou sete questões, e a nossa idéia é a seguinte: eu vou ler uma delas, respondo, e aí vamos debater. Se quiserem trocar idéias, a gente troca idéias; se quiserem contar casos práticos, aqui não tem "dono da verdade": nosso objetivo é discutir cada uma das questões. E, na hora em que esgotarmos a primeira, vamos passar para a segunda.

Uma das primeiras indagações seria sobre a *natureza jurídica das contribuições*. Em termos conceituais e práticos, eu penso que o STF, quando apreciou a contribuição social sobre o lucro em 1992, decidiu que tinha natureza tributária. O STF decidiu dessa forma, e reiteradamente vem colocando em várias decisões. O que é importante? É examinar a natureza jurídica, tributária, esse regime jurídico, e os efeitos práticos. Eu concordo com isso, têm natureza tributária. Vejam as contribuições sociais, as do art. 149, as sociais, as interventivas, as de interesse de categorias profissionais, as da seguridade. Mesmo a Constituição Federal tem contribuições de natureza facultativa. Aquela contribuição do art. 8º, V, que trata da filiação ao sindicato, como filiar, ou não, ao sindicato. É um ato voluntário? Eu não sou obrigado? Eu sou obrigado a pagar a OAB, se eu quiser eu me associo ao Instituto dos Advogados, à Associação dos Advogados e ao sindicato, mas o profissional é livre para ser sindicalizado, ou não.

O STF entendeu que essa contribuição, por ser facultativa, não tem natureza tributária. Todos insistimos na importância de dizer se é tributário ou não é tributário; é porque, se for tributário, devem ser observados todos aqueles princípios que nós conhecemos. No caso da sindical, não preciso de uma lei para criar quanto se paga por mês, quanto se paga por ano. No caso da sindical, pode ser exigida de imediato, não precisa esperar o primeiro dia do exercício, e muito menos o período nonagesimal. Podemos fazer uma análise das contribuições sociais, sua natureza tributária, que devam observar o regime jurídico tributário de forma integral, que basicamente são as do art. 149, onde entram o salário-educação, Fundo de Garantia, as CIDEs e as contribuições da seguridade, as do art. 195, que, embora observem o regime tributário, têm uma peculiaridade, que seria o período nonagesimal.

Então, minha colocação é a seguinte. O STF conceituou, já há mais de 10 anos, que as contribuições sociais têm natureza tributária. Deve-se seguir o regime jurídico tributário. E ontem, na palestra do Prof. Ataliba, fez-se uma colocação muito importante; a contribuição para a OAB é criada por uma resolução, não sei se do Conselho Federal, um provimento do Conselho, e não por lei; poderia ser questionado se realmente está seguindo o regime jurídico tributário.

PROFA. MARY ELBE QUEIROZ – ***Alguns Aspectos Controvertidos das Contribuições Sociais*** – Sob a denominação "contribuição", a CF de 1988, no seu art. 149, englobou várias figuras, reunindo diversos tipos de recolhimentos compulsórios que devem ser efetuados pelos contribuintes: (i) contribuições sociais; (ii) contribuições de intervenção no domínio econômico e contribuições de interesse de categorias profissionais.

Na verdade, as "contribuições", hoje, são utilizadas pela União (de acordo com o art. 149 da CF, somente a União tem competência para criar contribuições, salvo as previdenciárias dos Estados, Municípios e Distrito Federal) como um dos maiores instrumentos de arrecadação, vez que a receita das mesmas não tem que ser compartilhada com Estados, Municípios e Distrito Federal. No quadro dos tributos federais as contribuições representam 45,76% da arrecadação, perfazendo o total de R$ 175.726 bilhões no ano de 2005 (assim distribuídos: COFINS – 23,83%, CPMF – 8,13%, CSLL – 7,4%; PIS – 6,4%), superando até mesmo a arrecadação do IR – 34,58%).

Na tentativa de arrecadar mais, sempre são buscadas novas fórmulas e formas de, muitas das vezes, por via transversas, aumentar o valor a ser pago pelos contribuintes, na tentativa de disfarçar o crescimento da carga tributária incidente sobre a produção. É inegável, porém, que a ânsia de arrecadar deriva da ânsia de gastar dos governos. Todavia, quando a carga tributária é muito alta, e passa a interferir na economia, é preciso que haja uma racionalização na distribuição do respectivo ônus; do contrário produzirá o efeito inverso: retração da economia ou aumento de sonegação, que são fatores negativos sobre a arrecadação.

Muitas discussões em torno da cobrança das contribuições já foram levadas ao Judiciário, tendo os contribuintes obtido êxito em algumas delas, como na declaração de inconstitucionalidade (RE 346.084) da mudança de base de cálculo da COFINS e do PIS promovidas pela Lei 9.718/1998.

Apesar da consagração da legalidade com um dos pilares do nosso Estado Democrático de Direito, especialmente, no que se refere à obediência dos desígnios constitucionais que fixam as hipóteses para criação de contribuições, na prática, constata-se que a legislação ordinária tem procurado interpretar tais comandos de forma equivocada de modo a sempre aumentar a arrecadação de tributos. É o que se pode constatar, por exemplo, no tocante à incidência das contribuições do PIS e da COFINS sobre a importação e relativamente à não-cumulatividade nas operações internas. Inclusive, vale ressaltar que em relação às contribuições para o PIS e a COFINS existe uma verdadeira "inflação normativa", pois a todo o momento são editadas novas normas na tentativa de regulamentar e esclarecer a forma da respectiva apuração e recolhimento. Com esse objetivo, de 2003 até aqui (novembro/2005) já foram editadas mais de 60 instruções normativas pela Secretaria da Receita Federal.

Com relação ao PIS e à COFINS incidentes sobre importação é importante observar que a respectiva cobrança encontra seu fundamento nos arts. 149, § 2º, e 195, IV, da nossa Magna Carta. É também no citado § 2º, III, "a", do art. 149 que se encontra expressamente estabelecido que a base de cálculo das contribuições incidentes sobre a importação será o "valor aduaneiro", no caso de alíquota *ad valorem*.

É importante colocar que o significado da expressão "valor aduaneiro" já está expressamente determinado na legislação que rege o imposto de importação, com base em acordo internacional do qual o Brasil é signatário. O art. 75 do Regulamento Aduaneiro (o Regulamento Aduaneiro vigente, aprovado pelo Decreto 4.543/2002, tem como matriz legal o Decreto-lei 37/1966, com a redação do Decreto-lei 2.472/1988, e o Acordo Geral sobre Tarifas e Comércio – GATT 1994, Acordo de Valoração Aduaneira, promulgado pelo Decreto 1.355/1994) determina que, na hipótese de alíquota *ad valorem*, o valor aduaneiro, base de cálculo do imposto de importação, será apurado segundo as normas do art. VII do Acordo Geral sobre Tarifas e Comércio – GATT 1994. Já, o art. 76 dispõe que o valor aduaneiro será declarado pelo importador nos termos constantes do Acordo de Valoração Aduaneira. O art. 77 do mesmo diploma legal prevê que integram o valor aduaneiro, além do preço do produto, independentemente do método de valoração utilizado: I – o custo de transporte de mercadoria importada até o porto ou o aeroporto alfandegado de descarga ou o ponto de fronteira alfandegado onde devam ser cumpridas as formalidades de entrada no território aduaneiro; II – os gastos relativos a carga, a descarga e a manuseio associados ao transporte da mercadoria importada, até a chegada aos locais referidos no inciso I; e III – o custo do seguro da mercadoria durante as operações referidas nos incisos I e II.

Portanto, é cristalino que o significado do que seja "valor aduaneiro" já se encontra fixado em lei e – muito mais – deriva de conceito estabelecido internacionalmente por meio de Acordo do qual o Brasil faz parte, não podendo, por conseguinte, ser alterado ou definido livremente em outros diplomas legais relativos a outros tributos.

De acordo com a Lei 10.865/2004 (alterada pela Medida Provisória 252/2005), que criou as contribuições do PIS e da COFINS incidentes sobre a importação, a base de cálculo das mesmas é o valor aduaneiro. Contudo, ao definir o que seja "valor aduaneiro", a lei expressamente colocou que, para seus efeitos, o valor aduaneiro será entendido como o valor que servir ou que serviria de base para o cálculo do imposto de importação, acrescido do valor do imposto sobre operações relativas à circulação de mercadorias e sobre prestação de serviços de transporte interestadual e intermunicipal e de comunicação – ICMS incidente no desembaraço aduaneiro e do valor das próprias contribuições, na hipótese do inciso I do *caput* do art. 3º dessa lei.

Do confronto da legislação que rege a importação com a lei que criou as referidas contribuições, conclui-se que para o PIS e a COFINS incidentes sobre a importação foi dado um significado diverso e mais amplo que o conceito de "valor aduaneiro" já estabelecido na legislação brasileira para fins de importação e – repita-se – com base em acordo internacional.

Vale salientar que o novo conceito de "valor aduaneiro", além de afrontar e inovar o significado já existente, ainda incorre em flagrante multiplicidade de cobrança de tributos, quando faz incidir as contribuição sobre o ICMS e, muito mais, sobre o valor das próprias contribuições, o que agravou mais o peso de tal tributação e resultou em um grande aumento de arrecadação.

O cálculo das contribuições tornou-se tão difícil e complexo que, para tentar facilitar e chegar ao valor devido, foi inventada uma "fórmula mágica" para a respectiva apuração. Essa fórmula é retratada pela expressão aritmética a seguir, que já foi objeto de várias e sucessivas alterações por instruções normativas da Secretaria da Receita Federal (Instrução Normativa-SRF 572/2005):

$$X = \left[\frac{1 + e \times [a + b \times (1 + a)]}{(1 - c - d) \times (1 - e)}\right]$$

Já, com relação à suposta "não-cumulatividade" do PIS e da COFINS, prevista no art. 195, § 12, da CF, cumpre observar que o respectivo texto expressamente dispõe que: "A lei definirá os setores de atividade econômica para os quais as contribuições incidentes na forma dos incisos I, 'b', e IV do *caput* serão não-cumulativas".

Da simples leitura do texto da Carta Magna verifica-se que está bastante claro que a não-cumulatividade ali prevista será estabelecida em relação a setores de atividade econômica. Por conseguinte, o critério constitucional para ser estabelecida a não-cumulatividade levou em conta o exercício setorial de atividade econômica.

Examinando-se as Leis 10.637/2002 e 10.833/2003, constata-se que a lei ordinária, ao disciplinar as hipóteses da suposta não-cumulatividade para o PIS e para a COFINS, estabeleceu como critério para adentrar o respectivo regime a opção do contribuinte pela forma de tributação para o imposto sobre a renda/pessoa jurídica. De acordo com a lei, somente as pessoas jurídicas optantes pela tributação com base no lucro real é que também poderão optar pela sistemática da não-cumulatividade, sendo vedada a opção, por exemplo, a pessoas jurídicas optantes pelo lucro presumido ou arbitrado, pelo SIMPLES, imunes, órgãos públicos e autarquias etc., independentemente do setor ou atividade econômica em que atuem.

Confrontando-se os preceitos constitucionais com a lei ordinária, constata-se que as normas infraconstitucionais que regulam a não-cumulatividade estão em inteiro desacordo com as regras fixadas na Magna Carta, pois não foi respeitado o critério constitucional da setorialidade para inclusão, ou não, de uma pessoa jurídica na sistemática da não-cumulatividade.

Ainda vale ressaltar que a sistemática implantada na lei ordinária a título de não-cumulatividade, igualmente, contraria o conceito constitucional, tendo em vista que a não-cumulatividade (independentemente de ser técnica ou princípio) foi definida constitucionalmente. Consoante expressamente previsto no art. 153, § 3º, II, para o IPI, e no art. 155, § 2º, para o ICMS, o significado de "não-cumulatividade" foi estabelecido como: o IPI ou o ICMS será não-cumulativo, compensando-se o que for devido em cada operação com o montante cobrado nas anteriores.

Portanto, tendo em vista que a não-cumulatividade constante da lei ordinária, para o PIS e a COFINS, adotou forma diversa para o respectivo cálculo, inclusive, sem considerar todos os fatores que influenciam diretamente no preço do produto, tem-se como conseqüência que a cumulatividade das contribuições não esteja totalmente expurgada, contrariando, desse modo, o objetivo visado pela Constituição. Tal conclusão deriva do fato de que no respectivo cálculo não é considerado efetivamente o sistema de débito e crédito do tributo, inerente à não-cumulatividade. Na verdade, hoje vigora uma suposta não-cumulatividade que contraria o conceito estabelecido constitucionalmente para tal sistemática.

Por todo o exposto, pode-se concluir que, atualmente, a legislação que disciplina a incidência das contribuições para o PIS e a COFINS, nos aspectos aqui abordados, está em total desacordo com os preceitos constitucionais que regem nosso sistema tributário – o que induz à reflexão de que a cobrança das mesmas se encontra maculada por inconstitucionalidade que necessita ser submetida ao crivo do STF, como guardião da nossa Constituição.

Profa. Fabiana Tomé – Aproveitando o "gancho" da Dra. Mary Elbe, vale recordar o vídeo do Prof. Gerado Ataliba a que assistimos ontem. Ao se referir às contribuições, inclusive àquelas destinadas ao financiamento da seguridade social, previstas no art. 195 da CF, mencionou ele que, para que realmente tivéssemos uma contribuição que atendesse àquela finalidade, obedecendo aos princípios constitucionais, precisaríamos ter uma contribuição em que o legislador considerasse conjuntamente o faturamento, o lucro e a folha de salário. Isso seria o ideal. Por quê? Porque é perfeitamente possível que uma empresa pague folha de salários de valor baixo mas tenha um faturamento imenso, com um lucro que é também elevado. Nesse caso, a carga tributária da contribuição seria uma. Agora, se, diversamente, a empresa emprega muitas pessoas, tem folha de salários elevada e, com isso, também o faturamento se apresenta elevado, mas o lucro pode ser ínfimo. Desconsiderar tais diferenças é violar a capacidade contributiva, é ofender a isonomia entre os vários contribuintes nessas duas situações. Nem se argumente que, em virtude do princípio da solidariedade, as contribuições não se sujeitam aos princípios da isonomia e da capacidade contributiva, pois o ônus a ser suportado pela sociedade deve ser atribuído aos contribuintes de forma proporcional ao signo presuntivo de riqueza por eles ostentado.

Em relação a outras contribuições, como as CIDEs, também se observa violação aos preceitos constitucionais, pois se costuma eleger, simplesmente, materialidade qualquer que diga respeito a uma atividade econômica como pretexto para se instituir uma contribuição de intervenção no domínio econômico. Elege-se uma materialidade qualquer – como, por exemplo, na chamada CIDE-*royalties* ou CIDE-tecnologia. Neste caso, se a empresa adquirir tecnologia do exterior, terá que pagar uma contribuição que vai para um fundo voltado ao desenvolvimento tecnológico do país. Até aí, num primeiro momento, poder-se-ia afirmar existir relação entre a materialidade eleita e a finalidade da contribuição, pois selecionava os sujeitos situados em território nacional que fazem uso de tecnologia, de modo que estes contribuam para seu desenvolvimento no país. No entanto, pouquíssimo tempo depois adveio alteração legislativa segundo a qual pessoa que remeta valores a título de *royalties* para o exterior está obrigada a contribuir. Com isso, referida contribuição passa a conflitar com o texto constitucional, visto que a materialidade não tem relação com o destino dado ao produto da arrecadação. As contribuições devem servir como instrumento de atuação da União relativamente às circunstâncias que motivaram sua instituição. Esse requisito, porém, tem sido totalmente esquecido pelo legislador, de modo que as contribuições têm sido empregadas simplesmente para fins de elevar a arrecadação. Desse modo, acaba-se instituindo tributo cuja receita não precisa ser partilhada com as demais pessoas políticas, onerando-se determinado setor econômico. E justifica-se com o argumento insustentável de que em relação às contribuições, diversamente do que ocorre com os impostos, não existiriam limites constitucionais para sua criação. Quem, em sã consciência, ousaria dizer que a União poderia instituir imposto sobre a renda e, daí a pouco, outro imposto sobre a renda e, logo em seguida, mais um imposto sobre a renda? Com as contribuições é isso que tem acontecido: várias contribuições incidentes sobre o faturamento, várias sobre a folha de salário, várias sobre receitas operacionais – que não deixa de ser o faturamento. A ausência de limites explícitos não pode ser justificativa para tal absurdo, pois há limites que decorrem da própria sistemática constitucional. Deixo registrada essa provocação, para que possamos pensar e melhor discutir o assunto.

PROF. PAULO AYRES BARRETO – Minha ponderação inicial sobre esse tema segue o caminho que já foi trilhado pelos meus professores, Prof. José Eduardo, Profa. Mary Elbe, Profa. Fabiana Tomé.

Nós temos dois caminhos para examinar as contribuições. Se olharmos todas as contribuições existentes no ordenamento jurídico, fica difícil buscar uma linha lógica entre elas. O caminho tem que ser justamente o inverso, ou seja, deve haver um esforço para buscar identificar o que é uma contribuição. Esse esforço, que foi bem desenvolvido pelo Prof. José Eduardo Soares de Melo, na sua obra sobre o tema, e pela Profa. Fabiana, é fundamental.

Genericamente, se olharmos qualquer Código Tributário da Espanha, Itália, Portugal, Uruguai, Argentina, haverá uma clara conceituação do que é "contribuição". Há um Modelo de Código Tributário para a América Latina, feito pelo Instituto Latino-Americano de Lei Tributária, e um Modelo de Código Tributário feito pelo Centro Americano de Assuntos Tributários. Esses modelos prescrevem ser a contribuição um tributo que decorre de atividade estatal que gera benefício ou vantagem para o contribuinte. No Brasil não tivemos esse mesmo cuidado. O Código Tributário de 1966 fala de imposto, taxa e contribuição de melhoria. Percebe-se que isso não resolveria todo o problema das atividades impositivas nessa seara. Dois ou três dias depois da publicação, insere-se no Código um dispositivo para dizer que, além dos tributos que estão lá referidos, devem ser considerados também como tributos Fundo de Garantia, a contribuição sindical, etc. Há de se demonstrar que o tema já surge positivado de forma insuficiente. A Constituição de 1988 faz referência a uma série de contribuições. O que me parece fundamental é buscar o chamado "traço mínimo", o que é tipicamente uma contribuição, ou seja, o que toda contribuição necessariamente deverá ter. A partir desse *traço mínimo* é que se poderá verificar verdadeiramente o que é contribuição. Nesse primeiro momento, gostaria de colocar essa questão para levantar o debate.

COORDENADOR DA MESA (PROF. JOSÉ EDUARDO SOARES DE MELO) – Vou colocar algumas coisas, quem quiser "bater bola" e participar, tudo bem, o objetivo, aqui, é termos liberdade.

O Paulo colocou o ponto de vista conceitual. Eu preciso ter um critério, as notas essenciais, para ver se há utilidade em distinguir, naquela obrigação tributária, a figura da contribuição, ou não. Então, todos lemos e sabemos que às vezes a contribuição apresenta a natureza de um imposto, PIS, COFINS, faturamento, receita, lucro. Tudo bem. Às vezes tem a fisionomia de uma taxa, contribuição do trabalhador. Penso que a Constituição dá outra característica, que é a destinação constitucional, a parafiscalidade. Há dois artigos doutrinários maravilhosos, que estão na *RDTributário* 55, do Luciano Amaro e da Misabel Derzi, que classificam os tributos. Depois de 1988 a *destinação* tornou-se a grande característica: se aquele valor que está sendo arrecadado a título de contribuição não for para fundo, para órgão, para a seguridade, para OAB, não é contribuição; então, será um imposto disfarçado, ou uma taxa disfarçada.

A Mary Elbe levantou uma questão importante: base de cálculo é o valor aduaneiro, isso no PIS/COFINS-Importação. Por quê? Porque veio a Emenda Constitucional 33, quando introduziu uma modificação no art. 149, foi muito clara para falar em base de cálculo do valor aduaneiro, que é o acordo de valoração aduaneira acolhido pelo Brasil.

E também para não deixar de pegar o "gancho" da Fabiana, quando lembrou o artigo do Ataliba: a menção que fez ontem de reunir as bases de cálculo. Ele disse o seguinte: uma corretora de valores pode ter um lucro muito grande, um faturamento expressivo, mas não tem quase mão-de-obra; então, se o grande objetivo da contribuição é fazer com que alguém (empregador e empresa) recolha, para determinado fundo, indiretamente aquilo vai para os funcionários, para mão-de-obra, no caso da corretora de valores isso não existe, porque não tem quase empregado, muitas vezes não tem empregado. Outro exemplo que o Ataliba dava era o seguinte: empresas de juta no Nordeste que precisam muito de mão-de-obra, e com faturamento inexpressivo; então, vão recolher muito pouco, se for sobre o faturamento, e haverá uma destinação muito significativa. Em primeiro lugar a questão do PIS/COFINS-importação, que veio a ser disposta nas Emendas Constitucionais 33 e 42. A Mary Elbe levantou muito bem a discussão da base de cálculo, valor aduaneiro; mostrou, mas não disse que ontem o *Diário Oficial* publicou instrução normativa da Receita Federal do Brasil de 20 de outubro que já revoga as anteriores, e contém essa fórmula complicadíssima.

Profa. Mary Elbe Queiroz [*texto sem revisão da autora*] – Gostaria de acrescentar que realmente eu tenho convicção, dentro do que fizeram, de que a fórmula, a primeira fórmula, a segunda, já estamos na décima fórmula, isso é inconstitucional. Agora, o que é importante é que essas questões hoje levantadas no Judiciário me preocupam. Como o Judiciário vai reagir, não é? Porque uma das questões que também me foram colocadas – não estou fugindo do tema, que é as contribuições –, por exemplo, a questão da destinação: se a contribuição não for destinada, aplicada, na finalidade para a qual foi criada, seria inconstitucional? A decisão disse: "Não, não interessa, essa não é questão de direito tributário, é questão de direito financeiro que [*inaudível*] responsabilidade fiscal, ou seja, não interessa se foi ou se não foi, criou, tem que pagar". Então, aí, volta para mim a questão anterior. Inclusive, algum juiz de primeira instância já está dando pela inconstitucionalidade do conceito de "valor aduaneiro" introduzido pela Lei. Mas me preocupa, por exemplo, eu dizer para meus clientes: "Vamos entrar com a ação e vocês parem de pagar", não é? Porque as conseqüências, depois... Hoje já se está vendo o crédito pleno do IPI etc., alíquota-zero. Então, eu acho que é inconstitucional, não sei se vocês concordam em que o conceito foi amplamente alargado, distorcido, desvirtuado, tudo que tem direito e mais alguma coisa. Mas seria o caso de se pensar em entrar com ações e o cliente parar de pagar a contribuição?

Platéia – Só para eu entender, pelo que acompanhei, a discussão da base de cálculo PIS/COFINS-importação, quanto ao conceito de "valor aduaneiro", se referia ao ICMS integrar, ou não, a base de cálculo de PIS/COFINS-importação, e eu anotei uns pontos que ainda não tinha realmente analisado, que é a questão de PIS e COFINS já integrarem quando se calcula o IPI ou o imposto de importação, já fazendo parte também dessa base de cálculo. Mas, só para recordar, no conceito de "valor aduaneiro" a discussão é só do ICMS, não é isso? Ou você levantou, agora, uma outra questão, mas que não está ligada a valor aduaneiro, e sim à materialidade, mesmo, dos tributos?

Profa. Mary Elbe Queiroz [*texto sem revisão da autora*] – O que é o "valor aduaneiro", não é? Está lá definido que seria o valor da operação, taxa, não sei o que lá, etc. Isso é uma coisa. Eu não estou discutindo o valor aduaneiro que está no regulamento para fins de imposto de importação. O que eu discuto é que aqui se diz que o valor aduaneiro vai ser a base de cálculo. Então, se no regulamento aduaneiro já se conceitua, para PIS/COFINS-importação, o valor aduaneiro da base de cálculo é o mesmo valor aduaneiro que é para o imposto de importação que está lá no regulamento. Seria a lógica. Só que a lei do PIS/COFINS-importação diz que, para fins do PIS/COFINS-importação, o valor aduaneiro é valor aduaneiro mais ICMS, IPI, mais PIS/COFINS etc. E dentro do ICMS e do IPI? Dentro do ICMS já tem PIS/COFINS, não é? Você já tem IPI, ou seja, você está tendo uma tri-incidência de cada um, e esse ficou sendo o conceito de "valor aduaneiro". Então, eu discuto o conceito de "valor aduaneiro", porque valor aduaneiro para fins de PIS e COFINS não é só valor aduaneiro, é valor aduaneiro mais isso "tudinho" que fica sendo o valor aduaneiro. É para confundir, realmente.

Platéia [*a mesma pessoa*] – Pelo que eu lembro do próprio conceito do GATT de "valor aduaneiro", se a gente for admitir, não for discutir "valor aduaneiro", ele permitiria essa tri-tributação aí, com exceção do ICMS. ICMS é que não estaria dentro do conceito. Agora, o imposto de importação e o IPI, não estou lembrando se estão fora do valor aduaneiro.

Coordenador da Mesa (Prof. José Eduardo Soares de Melo) – Essa instrução normativa preceitua: quando pagar PIS e COFINS relativamente à importação de bens e pelo serviço prestado no exterior, há essas fórmulas loucas, e específicas, imposto de importação, IPI, as contribuições para o PIS/PASEP, para CO-

FINS-importação, ICMS, quaisquer outros impostos e taxas. Há cerca de quatro ou cinco meses atrás foi celebrado um convênio de ICMS ampliando a base sobre o que seriam as despesas aduaneiras. E vem toda despesa do porto, capatazia, estiva, conferente, arrumador, consertador, o adicional ao frete para renovação da Marinha Mercante, a taxa do SISCOMEX, o ISS compreendeu o valor aduaneiro. Então, essa técnica de incluir diversos tributos na base de cálculo é muito fácil. Preço do bem importado, mais a contribuição ao PIS, contribuição ao PASEP e quaisquer outras despesas. Somo tudo, depois ponho o IPI e o ICMS. O valor aduaneiro, a pauta internacional, não vai tratar das despesas de capatazia, não vai se referir ao ISS jamais, que é um problema nosso. Acho que nesse assunto a Mary Elbe está cheia de razão, porque realmente são elementos estranhos ao valor aduaneiro, e principalmente porque a Emenda 33 centrou a base de cálculo nisso.

PLATÉIA – Boa tarde a todos! Especificamente quanto à questão da base de cálculo do PIS/COFINS sobre importação e valor aduaneiro, parece-me que nós já tivemos uma discussão muito parecida com esta há algum tempo atrás, relativamente à contribuição sobre administradores autônomos, onde a Constituição se havia utilizado de um conceito jurídico, certo? E o Governo, tentando ampliar, tentou dizer que *pro labore* era igual a salário. Nisso, até o Tribunal se posicionou pelo sentido científico daquela base de cálculo estabelecida na Constituição. Quanto ao valor aduaneiro, até fazendo uma análise, eu me reporto um pouco à palestra do Prof. Paulo de Barros Carvalho, hoje, quando ele refere os valores que temos de ter sempre ao interpretar uma norma jurídica – e evidentemente não pode ser um valor individual, tem que ser um valor coletivo –, temos sempre que utilizar o fator histórico. Ou seja, quando promulgada a Emenda Constitucional que instituiu ou que permitiu a instituição dessa contribuição sobre a importação, a própria Emenda Constitucional, o constituinte com poder derivado, se utilizou de um conceito jurídico, "valor aduaneiro", que historicamente vinha definido no sistema jurídico brasileiro como sendo o regulamento aduaneiro. Ou seja, parece-me que não se trata, aí, de a Constituição se reportar ou ficar condicionada a uma disposição de regulamento, mas a própria Constituição referindo esse conceito existente por muitos anos na história jurídica brasileira como sendo aquele regulamento aduaneiro; a Constituição, sim, constitucionalizando o conceito que naquele momento era vigente do sistema jurídico brasileiro.

COORDENADOR DA MESA (PROF. JOSÉ EDUARDO SOARES DE MELO) – Vou colocar um outro problema. A Emenda Constitucional 33, quando começou a tratar da CIDE-combustível, dispôs sobre o valor aduaneiro como uma espécie de base de cálculo; mas, quando introduziu, no art. 195, o § 4º, a COFINS-importação, não falou de "valor aduaneiro". Então, o que me ocorreu é o seguinte: eu posso considerar como base de cálculo elementos estranhos, elementos que ocorrem depois do negócio jurídico mercantil? Porque, veja, quando faço a importação de um bem, ou contrato um serviço do exterior, deveria pagar um tributo aduaneiro apenas sobre aquele bem. Os valores tributários que se agregam ocorrem depois do fato gerador. Então, essa legislação PIS/COFINS-importação, que segue o modelo do regulamento aduaneiro, é muito clara: o fato gerador, no caso do bem, é a entrada de mercadoria ou o registro de DI.

Então, o art. 195, § 4º, nem cogita de valor aduaneiro, quer dizer, nem é necessário seguir aqueles cinco métodos para apurar o valor aduaneiro.

PLATÉIA – A Receita Federal fica se manifestando e várias vezes, então, revoga, manifesta-se novamente, para dar um conceito de uma coisa que já tem conceito, que o *valor aduaneiro* já era definido e conceituado. E ela fica elucubrando em cima de uma mesma conceituação. Isso é, cria realmente uma indignação na hora de uma interpretação e mesmo na hora de cálculo...

COORDENADOR DA MESA (PROF. JOSÉ EDUARDO SOARES DE MELO) – Vou colocar uma outra questão, ainda dentro da pauta da importação. Essa legislação permite PIS e COFINS relativamente a serviços prestados no exterior, fato gerador é o elemento financeiro, pagamento, remessa e tudo o mais. Agora, qual é o conceito, o que eu devo considerar como "serviço"? O que é um "serviço prestado no exterior"? Evidentemente, não pode ser a nossa Lista da Lei Complementar 116/2003, que é só para ISS. É um conceito, ou o quê? Qual é o conceito de "serviço" para efetuar a remessa? Porque, se sou uma empresa nacional e contrato uma atividade no exterior que não é importação de bens, é a realização de determinado negócio jurídico, eu entendo que aquilo não é serviço. Vamos supor que eu esteja pagando uma locação, um arrendamento mercantil, e que ocorre toda no exterior; tenho que fazer a remessa, posso fazer a remessa, mas não quero pagar PIS e COFINS, porque para o nosso direito privado aquilo não é "serviço".

Profa. Mary Elbe Queiroz [*texto sem revisão da autora*] – Essa questão de serviços é interessante, a outra questão é a locação de bens, que isso seria faturamento, não seria receita. A Ministra Eliana em um julgamento dizia que não haveria incidência porque não estaria caracterizado. Mas hoje volto novamente para o Judiciário, estou meio preocupada com o Judiciário, hoje eu acho que como o conceito de "contribuição" – todo mundo deve contribuir – , está tão alargado, é para contribuir, mesmo? De qualquer jeito? Fiquei preocupada. Se ouvirem, aquilo vai ser um caos.

Então, eu acho que vão interpretar que isso é serviço, que locação deve, que tudo vai incidir. Ou seja, nada mais será passível de fugir à aplicação. Essa questão da remessa da importação, da finalidade para que foi isso, é muito preocupante.

Uma outra questão é a da não-cumulatividade das contribuições no PIS e COFINS. Até uma coisa que foi colocada, a mão-de-obra, que a pessoa não pode nem se creditar de mão-de-obra. Que não-cumulatividade é essa, se da mão-de-obra que você emprega você não pode se creditar? Essa é uma outra distorção. Mas a questão que foi formulada é se haveria previsão constitucional para não-cumulatividade baseada na forma de tributação das pessoas. Não. Não há base constitucional, nem com essa Emenda, agora, n. 47 – que remendaram, para tentar ajustar, não é? Não conseguiram. O que se tinha antes? Você tinha que poderia haver diferenciação das contribuições em relação à atividade econômica, à utilização intensiva de mão-de-obra. Agora, na Emenda 47 – bem recente, acho que é de agosto, sei lá, todo dia sai uma –, constam "porte da empresa" e "condição estrutural do mercado de trabalho". Foram incluídas mais duas condições. Mas, olhando para a Constituição – já estão no n. 48 as Emendas –, isso não constitucionalizou a não-cumulatividade que hoje existe no PIS e na COFINS. Por quê? Porque ela hoje é colocada em termos da forma de tributação pelo imposto sobre a renda. Então, se você opta pelo lucro real, você tem direito à não-cumulatividade e não vai poder ser não-cumulativa, você tem que ser não-cumulativa, e dependendo das exceções, ou seja, obriga, não é uma opção. Já, o lucro real presumido é opção do contribuinte, se seu lucro é presumido, e obrigatoriamente estará no sistema cumulativo.

Então, também acho que não existe – digamos assim – um respaldo constitucional para a forma como foi implantada na prática a não-cumulatividade. Ou seja, existe a previsão da não-cumulatividade, mas com base em quê? Porque eu opto pelo presumido, sou obrigada à não-cumulatividade, e aí não vou nem discutir se nós temos não-cumulatividade, ou por que não temos não-cumulatividade. Daí os recordes de arrecadação que acontecerem, exatamente por quê? Porque algumas empresas, muito poucas, foram beneficiadas, mas a grande maioria passou a pagar mais com a nova fórmula da não-cumulatividade.

Entendo, sim, que não há base constitucional para a forma da não-cumulatividade que hoje está colocada, distinguida em relação ao lucro presumido e em relação ao lucro real, que são formas de apuração de outro imposto. Essa é outra questão que preocupava.

E só para falar na Emenda 37 também, que foi interessante. O Poder Executivo estava mudando as alíquotas do PIS/COFINS-importação, e ele não tinha respaldo. Aí, a Emenda 37 agora diz que o Poder Executivo vai poder alterar as alíquotas – ou seja, abriu também uma exceção aos princípios da legalidade e da anterioridade para o PIS/COFINS-importação. E aí fica a questão. Isso já é, está dentro, foi emenda constitucional. E, aí, ficou constitucional, porque virou emenda e porque entrou na Constituição?

Platéia – Eu acho que essa Emenda 47 deixou realmente mais aberto ainda para essa interpretação. Conceito de "condição estrutural de mercado". É o conceito de porte da empresa, realmente, é número de funcionários, é faturamento. Agora, uma coisa que me aflige há algum tempo é o conceito de "atividade econômica". Eu posso ter alíquotas diferenciadas em razão da atividade econômica, isso desde a

Emenda 20. Então, eu tinha algumas situações na legislação infraconstitucional de alíquotas de quase 12% de PIS e COFINS, se for contar os dois, para cosméticos, e também tenho para alguns medicamentos até alíquota-zero e para indústria de perfumaria, sabonetes, uma alíquota diferenciada.

Agora, na Classificação Nacional de Atividades Econômicas (CNAE) todos eles fazem parte de indústria química. Então, o que é "atividade econômica"? Temos alíquotas diferentes dentro de uma raiz de CNAE que é a mesma, indústria química. Se eu for para o Código Civil, então, ele dispõe que o empresário vai poder se organizar nas seguintes atividades econômicas: prestação de serviço, indústria e comércio. Será que aí há a divisão de atividades econômicas? Será que é mais amplo assim? É um assunto que me aflige bastante entender esse conceito de "atividade econômica". Até agora não consegui entender.

COORDENADOR DA MESA (PROF. JOSÉ EDUARDO SOARES DE MELO) – A questão da não-cumulatividade enseja uma dúvida, se ela é obrigatória ou facultativa. Quando se trata do ICMS e do IPI, é obrigatória, com aquelas restrições previstas na Constituição. Eu pensei o seguinte: num tributo tipo PIS/COFINS-faturamento, que tinha uma grande semelhança com ICMS e IPI – ou seja, eu poderia ter várias etapas de faturamento, naquele ciclo econômico –, então, seria razoável entender que se poderia considerar uma não-cumulatividade implícita. É claro que, na prática, um empresário que fosse aplicar não-cumulatividade de PIS e COFINS sem ter uma lei ia ser autuado. E veio a primeira não-cumulatividade, que foi a do PIS antes da Emenda 42, e depois veio a da COFINS. E me lembro de um dos melhores trabalhos do Marco Aurélio Greco: quando estou tratando de um modelo constitucional, de um ciclo econômico que vai da produção, consumo, com várias etapas, então, a não-cumulatividade realiza-se de forma tranqüila e objetiva; agora, quando estou tratando de PIS e COFINS, que lidam com conceitos de "faturamento" e "receita", meu faturamento não é igual ao faturamento do outro, eu posso ter aquele bem, aquela mercadoria circulando, mas os faturamentos são diferentes.

Então, eu pensei que a não-cumulatividade, em termos práticos, não é obrigatória. O legislador pode criar, com todas as restrições que fez, ou não, naquele método de descontar, a título de crédito, tem que considerar todos os gastos, inclusive com a mão-de-obra? E, pior: ele pode separar quem opta pelo lucro presumido, quem é imune, ou A substituição tributária? Talvez possa diferenciar, possa tributar mais o banco, ou seja, pode considerar uma alíquota maior para as instituições financeiras, uma alíquota menor para o segmento comercial. Mas não fez nada disso. E o pior é que a gente chega à conclusão de que muitos prestadores de serviços, na hora em que forem obrigados a adotar a não-cumulatividade, passam a 7,6% da COFINS e 1,65% do PIS e passam a ter uma carga tributária muito maior.

PROFA. FABIANA TOMÉ – Um dos pontos cruciais dessa questão, ao meu ver, é o próprio conceito de "não-cumulatividade". Essa é uma das indagações que surgiu com o advento da não-cumulatividade do PIS e da COFINS. Será que essa não-cumulatividade tem um conteúdo constitucional? É a mesma do ICMS? É a mesma do IPI? Eu diria que – pelo menos na forma como eu vejo – a técnica pela qual se opera essa não-cumulatividade é diferente, até mesmo porque no IPI e no ICMS há um bem que é objeto da circulação, como Prof. José Eduardo acabou de mencionar, enquanto que no PIS e na COFINS eu tenho uma figura diversa, que é o faturamento, o qual pode advir de vários tipos de atividades.

Agora, considerada a não-cumulatividade como um conceito em si, talvez possamos dizer que é a mesma. Nesse sentido, tem-se por "não-cumulatividade" a ausência de cumulação, em que não há incidência em cascata, em que não há superoneração, uma duplicidade ou triplicidade de oneração, de um mesmo elemento. No caso do PIS e da COFINS tem-se o "faturamento", ou seja, são valores que circulam e são objeto de tributação. Exemplificando: eu, Fabiana, aufiro um faturamento, decorrente de pagamento que me é feito pelo Prof. Paulo Ayres. Posteriormente, ao vender bens ou prestar serviços ao Prof. José Eduardo, ele também aufere um faturamento. Recaindo a tributação sobre todos esses faturamentos, de modo integral, tem-se *cumulatividade*.

Então, a técnica da não-cumulatividade, no PIS e na COFINS, acaba sendo diferenciada. Mas o conceito, ao meu ver, é único – ou seja, não pode haver cumulação. Daí que, não obstante referida técnica não-cumulativa careça de obrigatoriedade, se o legislador optar por tornar não-cumulativos esses tributos, terá de observar e respeitar o conceito de "não-cumulatividade". Se o legislador optou por determinar que as prestadoras de serviços se sujeitarão ao PIS e à COFINS não-cumulativos, essas contribuições tem que ser realmente não-cumulativas. Se, por um lado, o Constituinte derivado possibilitou que o legislador infraconstitucional definisse as atividades econômicas sujeitas à não-cumulatividade, de outro lado, não deixou a opção de se instituir uma não-cumulatividade "parcial". Assim, ao escolher um setor para ser não-cumulativo, o legislador precisa o creditamento integral, sem restrições.

O legislador não pode, porém, escolher esse setor ao seu bel-prazer. Para escolher o setor da atividade econômica sujeito à não-cumulatividade, ele precisa considerar a cadeia econômica a que aquele setor se submete. Nesse sentido, já asseverou a Profa. Mary Elbe a impossibilidade de o legislador impor a cumulatividade ou não-cumulatividade em virtude da tributação pelo lucro real, pelo lucro presumido. Isso não é critério admissível. É necessário considerar o setor. Obviamente, o setor de prestação de serviços é diferente daquele que pratica comercialização de bens, que é diferente da indústria. Ainda, dentro de cada um desses setores há atividades econômicas que são diferenciadas, que têm um ciclo diferenciado, utilizando maior ou menor quantidade de insumos, e que, por isso, têm mais ou menos créditos para aproveitar. O ideal não seria, ao meu sentir, a edição de uma espécie de tabela, identificando, de modo minucioso, as atividades econômicas e, conforme a espécie de cadeia, o regime a que estão submetidas, bem como a alíquota correspondente.

Prof. Paulo Ayres Barreto – Por tudo isso, pode-se entender que o tema é bastante complexo. Eu faria até um raciocínio diferente do que foi feito nos autos. Ao retomar a perspectiva que a Profa. Mary Elbe trouxe muito claramente, percebe-se que o Judiciário ignora o relevo da destinação do produto da arrecadação. Isso genericamente ocorre, mas "há uma luz no fim do túnel". Há, pelo menos, um prenúncio de mudança de posicionamento do Judiciário, decorrente de uma decisão na ADI 2.925-8-DF, na qual se analisa um problema relativo à destinação de contribuição. O Judiciário afirma que a destinação é relevante, e só poderá ser aplicada nos fins que motivaram sua criação.

O STF tem uma primeira sinalização no sentido de dar o efetivo relevo à *destinação do produto da arrecadação*. Se isso é verdade, teoricamente, toda vez que se tiver que criar uma contribuição, qualquer que seja ela, ter-se-á que buscar uma paridade entre o custo de atividade estatal e a receita que essa contribuição vai gerar. Esses dois dados têm que ser compatíveis. Se houver excesso de arrecadação, caberá uma revisão legislativa, para promover essa adequação. Isso porque a contribuição é um tributo causal – o que foi colocado muito objetivamente pelo Prof. José Eduardo Soares de Mello, em seu livro –, tendo, portanto, que buscar sempre essa relação entre os custos e as receitas que a contribuição gera.

Toda essa digressão é para voltarmos ao tema da não-cumulatividade. Na regra de tributação das contribuições da seguridade social tem que se criar mecanismos que permitam arrecadar o que é necessário para custear a seguridade social. A Constituição é o melhor caminho para criar mecanismos que levem em conta a realidade, considerando o faturamento, lucro, folha de salários. Tudo isso com o objetivo de analisar precisamente as distorções existentes: faturamento, margem maior, margem menor, mão-de-obra mais intensiva, mão-de-obra menos intensiva – e assim por diante.

De certa forma, acaba-se tentando trilhar esse caminho por esses mecanismos transversos, e a não-cumulatividade é uma dessas formas. Acredito que, quando se fazia referência à atividade econômica, o que se olhava eram categorias do Código Civil: atividade industrial, comercial, serviços e atividade financeira. Por quê? Porque a atividade comercial é largamente cumulativa, assim como a atividade industrial, enquanto a atividade de prestação de serviços não é normalmente cumulativa. Dessa forma, pode-se afirmar que as três realidades são radicalmente distintas. Estou potencializando as distorções já existentes e procurando um mecanismo de equalização destas diferentes realidades econômicas, para que, ao se definir essa não-cumulatividade, se possa criar uma forma de atender às diferenças desses setores econômicos.

Assim, entendo que a não-cumulatividade do PIS e da COFINS é diferente da não-cumulatividade do IPI e do ICMS. Ao analisar PIS e COFINS deve-se considerar o que gera a receita. Todo esforço que se tiver, dentro de uma empresa, que seja fundamental para a geração daquela receita será tributado pelo PIS e COFINS. E, para que não haja cumulação, se tem que se assegurar o direito a crédito.

Ao contrário do que busca a Receita Federal, o conceito de não-cumulatividade é bem amplo. Ao adotarmos essa amplitude, manteremos a essência de uma não-cumulatividade, no que se acreditava previamente à sua instituição.

Para concluir, as atividades econômicas são várias. Portanto, não acho que devemos, aqui, criar "n" segmentações para "n" setores de atividades. O conceito é macro. O importante é entendermos que a não-cumulatividade do PIS e da COFINS é diferente da não-cumulatividade do IPI e ICMS.

Coordenador da Mesa (Prof. José Eduardo Soares de Melo) – A Receita Federal tem respondido a consultas sobre aplicabilidade da não-cumulatividade. Quando o Paulo Ayres falou que não se aplicam os conceitos, os critérios de IPI e ICMS, que é uma verdade, na própria Receita há respostas sobre a consideração de insumo. Será que aquele contribuinte, aquele industrial, que utiliza uma determinada matéria-prima, um produto intermediário, pode considerar, para efeito de pagar menos, PIS e COFINS, pode descontar aqueles gastos? Vem a Receita e fala que só se aquele insumo participar direta, imediata ou integralmente daquele produto. Essa era uma discussão antiga no âmbito do IPI. Eu tenho direito a crédito; crédito financeiro, e não crédito físico.

Há controvérsias sobre a contribuição social sobre o lucro líquido (CSLL) em especial, inclusive quanto à dedutibilidade em incentivos fiscais. Eu gostaria de saber se quem tratou dessa questão, desse assunto, está presente. Não? Bom. Porque não dá para compreender. Então, vou puxar um outro "gancho", aqui. Fabiana é a craque da CIDE. Veja o seguinte: o Governo descobriu na CIDE uma grande fonte de arrecadação. No modelo da Constituição de 1988 não havia a causa ou a materialidade, e sim para quem vai o dinheiro, não é? Marco Aurélio Greco fala tanto na validação finalística! Com a Emenda 33 passou-se a ser tratada a CIDE-combustível de CIDE-petróleo... E em quase todas essas CIDEs que foram criadas até agora o que vemos é o seguinte, a propósito de intervenção no domínio econômico: institui-se a contribuição para arrecadar de particulares que estejam ligados àquele segmento econômico, mas elas não são nem transitórias, porque a gente vê na contribuição dois pontos principais: intervenção e domínio econômico. Se é *intervenção* é uma área de atuação em que o Poder Público não tem competência, é a área de atuação dos particulares, então, vai intervir numa área que não é de sua atuação; e o *domínio econômico*, então, seriam as atividades deferidas às pessoas privadas, mas toda a legislação que trata de CIDE não estabelece um caráter de transitoriedade, ou seja, de termo final. Por que o certo seria o seguinte: a indústria cinematográfica não está muito bem, está desarranjada; então, o Governo vai interferir nesta área, precisa arrecadar dinheiro, e vai arrecadar dos exibidores cinematográficos durante algum tempo, aplicar aquele dinheiro para reorganizar, e depois "cair fora".

Profa. Fabiana Tomé – Quando trabalhamos com a questão das contribuições, temos que examinar exatamente essa validação finalística, essa causa, finalidade ou destinação prevista na Constituição. O art. 149, ao autorizar a União a instituir contribuições, prescreve que serão sociais, de intervenção no domínio econômico ou de interesse das categorias profissionais ou econômicas, e servirão de instrumento de atuação da União nas respectivas áreas. Precisa haver, portanto, a *necessidade*. Exige-se que a coletividade, que determinado setor da economia, ou certo segmento social, demande profunda união, de modo que o valor instituído e arrecadado deve ser aplicado naquela finalidade.

Poder-se-ia argumentar, genericamente, tanto com relação às contribuições sociais ou interventivas, bem como a respeito de qualquer tributo, que sua instituição, aumento ou diminuição interferem no âmbito social e no econômico. Será que é isso que o Constituinte quis dizer? Entendo que não. Examinando o texto constitucional, observamos existirem dispositivos que regulam a ordem social, bem como a ordem financeira e econômica. Somente para atingir os objetivos previstos nesses capítulos é que o legislador pode instituir contribuições.

Voltemos nossa atenção, agora, para o art. 174 da CF. Este atribui ao Estado a função de agente normativo e regulamentador da atividade econômica, exercendo fiscalização, incentivo e planejamento, sendo este último determinante para o setor público e indicativo para o setor privado. Disso se conclui que, para ser possível uma intervenção no domínio econômico, o setor tem que demandar, precisar de tal intervenção para seu desenvolvimento. Além disso, a intervenção não pode consistir na mera instituição da CIDE, exigindo que o produto arrecadado seja destinado ao setor da atividade econômica eleito.

Outro dado importante: o próprio constituinte considera a intervenção do Estado como algo excepcional. Desse modo, as CIDEs devem apresentar caráter de provisoriedade, cessando sua exigência tão logo sejam alcançadas as finalidades pretendidas com sua criação. É o que se conclui com base em uma interpretação sistemática.

Já ouvi dizer que está tramitando no Congresso um projeto para instituir uma CIDE para ser cobrada das indústrias de fumo, indústrias de cigarros – quer dizer, para desestimular aquela atuação. Tal pretensão não está em consonância com os dispositivos constitucionais, pois não serve como instrumento de atuação da União na respectiva área. Como diz o Prof. Paulo Ayres – que recebeu recentemente, na sua tese de Doutorado, nota 10, em que trabalha muito bem essa questão –, é preciso ter uma causa, e essa causa justifica-se em razão de uma *destinação*. Por isso, não considero constitucional uma CIDE que tenha caráter exclusivamente desestimulador de certa atividade.

Prof. Paulo Ayres Barreto – Em concordância com o que disse a Profa. Fabiana, precisamos definir o que é "contribuição". Quando se vai cuidar da CIDE, deve-se identificar o que vêm a ser "intervenção" e "domínio econômico".

Trata-se de três conceitos jurídicos distintos. Entendo que toda contribuição, genericamente, só há de ser instituída se há efetivamente uma atividade estatal que gere alguma vantagem ou benefício para o contribuinte que esteja selecionado dentro de um grupo especificamente determinado. Embora muitos não vejam, nas contribuições sociais há este benefício e esta vantagem para o contribuinte, em face de uma determinada atividade estatal. Na contribuição de melhoria, onde a atividade estatal já está no antecedente da regra-matriz de incidência (na realização da obra pública), a obra pública deve necessariamente gerar uma valorização. Caso contrário não cabe o tributo.

As contribuições do interesse de categorias profissionais só podem ser instituídas no interesse de tais categorias, e assim por diante.

Na CIDE, para ficar compatível com todo esse discurso anterior, tem-se que olhar para a classificação que propõe o Prof. Celso Antônio Bandeira de Mello. Para ele a atividade do Estado pode ser uma atividade no exercício do poder de polícia ou uma atividade empresarial, uma atividade de fomento ou incentivo. Para se criar essa figura da intervenção coerentemente com a estrutura de toda e qualquer contribuição, tem-se que imaginar que ela só cabe se for para intervir, temporariamente, no domínio econômico ou no domínio privado, de forma a gerar um recurso que se volte para o próprio grupo objeto da intervenção, no sentido positivo de incentivar ou fomentar aquele mesmo grupo. Com isso, têm-se todas as contribuições com as mesmas características, o mesmo perfil, com a mesma estrutura, dentro de um conceito que me parece coerente com o texto constitucional. Nesse contexto a intervenção seria positiva.

Profa. Mary Elbe Queiroz [*texto sem revisão da autora*] – Essa coisa me deixa muito preocupada, pelo seguinte: você vai para o § 4º do art. 177 da CF e ele dispõe que os recursos arrecadados "serão destinados" – aí vem – ao pagamento de subsídios ao preço de transporte de álcool combustível, gás natural e seus derivados, derivados de petróleo, ao financiamento de projetos ambientais relacionados com a indústria do petróleo e do gás e ao financiamento de programas de infra-estrutura de transportes. Então, está definido para onde vai a contribuição. Com a Emenda 42, o que foi que aconteceu? Da CIDE, 25% foram destinados aos Estados. Não satisfeito, com a Emenda 44 o Constituinte aumentou de 25 para 29% a distribuição das CIDEs para Estados e Municípios.

E aí? Será que ela foi para os Estados aplicarem? Vocês colocaram a questão da provisoriedade. Quando criaram era CPMF – eu não me lembro, eu era muito pequena naquele tempo –, era provisória, o nome era "provisória". Você colocou bem, bastava olhar o sistema – um sistema, não é? Então, se é um sistema, basta ler o sistema que você entende, não precisa nem colocar expresso. Mas no caso da CPMF era expresso, "provisória", e até hoje o "P" continuou: "permanente", não é? Quer dizer, se nós morrermos daqui a 70 anos, ou quando fizermos 100 anos, ainda estaremos pagando essa CIDE e outras mais, se continuar do jeito que vai... E, voltando à questão da destinação, preocupa-me profundamente, porque quem estava participando no Congresso naquela época, dessa Emenda 47, o argumento era: vamos dar para os Estados e os Estados se comprometem a dar esta destinação constitucional. Foi?

Coordenador da Mesa (Prof. José Eduardo Soares de Melo) – Em 1967/1968 criou-se uma figura jurídica chamada adicional ao frete para renovação da Marinha Mercante, e os importadores foram ao Judiciário e disseram que não era taxa, porque não havia contraprestação de serviço público. Mudaram o nome do tributo, passou a ser "taxa de renovação da Marinha Mercante". Aí, disseram que era uma figura *sui generis*, e nada se resolveu. Antes da Constituição de 1988 o nome do tributo mudou mais uma vez, dizendo-se que era "adicional ao frete para Renovação da Marinha Mercante". Veio a Constituição de 1988, e se pensou se essa figura jurídica, que tinha por materialidade serviço de transporte, não seria igual ao ICMS, serviço de transporte. Dois trabalhos memoráveis, um do Gilberto de Ulhôa Canto, outro do Sacha Calmon, infelizmente de nada adiantaram.

Porque o Judiciário entendeu que os dois coexistem, que o adicional ao frete foi recepcionado, e mais, nesta decisão o STF foi categórico: "Pouco importa se já não existe mais o fundo da Marinha Mercante", porque existem outras destinações. E o que acontece? Este adicional ao frete, que é calculado sobre o frete e que vai vigorar *ad aeternum*, serve como base de cálculo do ICMS quando alguém importa, serve como base de cálculo do PIS e da COFINS.

Prof. Paulo Ayres Barreto – O Fundo de Emergência foi criado em face de situação emergencial. O problema é que estamos sempre em estado de emergência e, conseqüentemente, 20% de tudo que se arrecada de contribuição é usado com essa justificativa. Pode-se observar a distorção, o desvio, a desestruturação do sistema, que está posta de forma absolutamente cabal. O que se pode fazer é apontar todos esses problemas, como foi feito exatamente no caso da CIDE-combustível.

Coordenador da Mesa (Prof. José Eduardo Soares de Melo) – A Medida Provisória 258, passou a competência do INSS para a Receita Federal Brasil, e contribuições previdenciárias, e uma delas contribuições de terceiros, então, são contribuições que não eram da competência do INSS, são outras contribuições, e que agora serão da Receita Federal Brasil, que vai fiscalizar, arrecadar, cobrar e indenizar em 3,5%, ou seja, um mero cobrador arrecadador.

Vejam que problema, a gente sempre estuda que tributação precisa ter segurança e certeza. Faço um confronto com a Constituição, verifico se os princípios foram aplicáveis, pago ou vou discutir. Existem contribuições de terceiros que nos incomodam e as que não são aceitas. Primeiro, o art. 240 da CF, que ressalva do subitem 195.1 aquelas contribuições dos empregadores, sobre as folhas de salários, que se enquadrem no plano do sistema sindical, SESC, SENAI, SESI e SENAC, vejam, são serviços sociais autônomos, criados por uma legislação de 1940/1950, e que têm destinação para particulares. Normalmente os tributos ou vão para as pessoas de direito público – Estado, Distrito Federal, ou Município –, ou vão para órgãos de fundos públicos. Aqui, no caso, a destinação é particular. Então, veio o art. 240 da CF, fez a ressalva, e não disse para quem era, e se entendeu que essas contribuições, que já existiam antes de 1988, foram recepcionadas e se enquadram no art. 149 como genéricas.

Foram criadas outras contribuições para o SEBRAE. Muito justo, não é? Então, o que acontece com outras contribuições que foram criadas após a Constituição de 1988 que têm a natureza jurídica de compulsórias, em relação ao que se discutiu? Vou dar apenas dois exemplos. Criou-se o SEBRAE, por uma lei federal. Nem se discute o serviço que presta. Muito bem, como adicionais daquelas contribuições do SESI e do SENAI. O Judiciário foi chamado, porque os contribuintes disseram: "Se foram ressalvadas as contribuições do art. 240, porque já existiam, essa contribuição do SEBRAE é nova e se destina a uma entidade privada"; o STF decidiu recentemente que tem a natureza de CIDE.

Primeira questão: pode ser exigida de quaisquer empresas, mesmo das sociedades anônimas e empresas de grande porte?

Aí vem a segunda questão: SESC e SENAC têm por objetivo o ensino profissional, a formação das pessoas que trabalham no transporte. Será que os industriais têm que recolher essa contribuição? Por quê? Porque os beneficiários, seus empregados, são industriários, não são prestadores de serviço de transporte. E a terceira questão que o Judiciário já enfrentou é a seguinte: as empresas recolhem sobre as suas folhas de salários um determinado percentual que vai para o SESC, para o SENAI, empregados do comércio, empregados da indústria. Mas, e os prestadores de serviço, as empresas de vigilância, os hospitais? Um hospital, um prestador de serviço, tem que recolher para um determinado fundo, para uma determinada entidade privada, eu não vou ser beneficiado? O Judiciário, pelo menos o STJ, num primeiro momento decidiu que sim. E coloco o seguinte: essa chamada "contribuição de terceiros" deveria ter uma vinculação específica com a pessoa que puxa o dinheiro do bolso, que paga, ou seja, SESC, só deveriam as empresas do comércio recolher ou as empresas e indústrias prestadoras de serviço?

Profa. Mary Elbe Queiroz [*texto sem revisão da autora*] – [*inaudível*] grandes contribuem para as pequenas [*truncamento*]. As Micro e Pequenas empresas brasileiras, vejam o que o próprio Supremo Tribunal colocou da seguinte forma: que seria a contribuição na intervenção no domínio econômico. Se você for para a natureza mesmo, não seria, não é? Vejam, então, quando se fala de contribuição está tudo realmente tumultuado. E aí vem o Judiciário e acolhe, no caso, a pequena não paga, a micro e a pequena empresas que são beneficiárias dos serviços não contribuem nem para o próprio SEBRAE, não é? Quem contribui são as grandes. E o absurdo dos absurdos é as prestadoras de serviço grandes e pequenas contribuírem para o SENAC, não é? Que no caso é comércio, porque a gente não tem confederação. E, se não existe confederação e não é reconhecida, por que já existe no Ministério do Trabalho o projeto de lei e não é aprovada a Confederação Nacional das Prestadoras de Serviço? Exatamente porque a arrecadação sairia. Veja-se onde chega a distorção! E aí vem só um alerta, ainda para os prestadores de serviço, na questão do corporativismo; já, já, volto para o SEBRAE. É que as prestadoras de serviço de profissão mais ou menos regulamentada que eram do Decreto-lei 2.397 não pagam COFINS por conta de que existe a isenção da Lei Complementar 70 e o STJ vem dizendo que o STF está dizendo que é para pagar a COFINS, que no caso não precisaria de lei complementar para reger esta matéria, que seria de lei ordinária.

E aí o grave é que, porque não paga COFINS, acha-se que se deve pagar COFINS; a própria Receita Federal entende que a Lei 9.430 teria revogado a isenção da Lei Complementar 70.

Então ela acha que deve, mas o pessoal acha que não deve. E o STJ vem concedendo. Acho que quando chegar no STF ele vai dizer que é devida realmente. Então, é preciso estar alerta.

Mas, já prevendo isto, está sendo gestado um projeto de lei dizendo que dispensa as prestadoras de serviços das contribuições, mas aumenta a base de cálculo da CSLL e do imposto sobre a renda delas – ou seja, o que estava na MP 232, que teve aquela resolução que não aconteceu, vai, agora, voltar sob outra forma. Então, é bom vocês estarem alertas. Inclusive, amanhã tem uma reunião na Confederação Nacional de Prestadoras de Serviço para discutir, porque uma das barreiras é que não vai poder entrar nesta lei geral da micro e pequena empresa, no projeto tem isso aí, mas está havendo um movimento grande do Fisco contra a entrada das prestadoras de serviço em geral, escritórios de Advocacia, consultoria etc., na lei geral das micros e pequenas empresas. Fica, aqui, o alerta.

A questão do SEBRAE é uma outra distorção do que se faz com a contribuição. Precisa-se de dinheiro, cria-se nova contribuição. Lembra há dois anos atrás, quando se devia pagar um atrasado aos velhinhos, não sei por quê e nem me lembro o que era? Só sei que havia uma fila de velhinhos que me preocupou profundamente. E aí, o que acontece? A primeira providência consiste em criar uma contribuição. Se não tivesse havido revolta, teria sido criada mais uma contribuição.

A desmoralização da contribuição está no caos: era taxa de iluminação, não poderia ser taxa; e aí se criou a contribuição, e virou constitucional. E vocês, por acaso, têm alguma dúvida de que alguém, algum dia, vai dizer que isto é inconstitucional? E não interessa se a luz do poste da minha rua está apagada. Porque é para a iluminação pública, e está lá.

Agora, minha colocação como cidadã: eu acho que nós, mais qualquer outra pessoa, temos que começar, deixar de lutar por nosso SEBRAE, porque teria interesse corporativista. E pensar numa coisa muito maior, porque estão avançando, extrapolando, realmente, a capacidade contributiva. E cada vez mais estão aparecendo contribuições – e vão aparecer mais contribuições, enquanto nós não nos preocuparmos. E ai diz: é a Receita... não é a Receita... Não estou defendendo também a Receita... cada governo que entra diz: eu quero dinheiro, entra o prefeito, entra o governador é aí cada um que seja mais inteligente, buscar mecanismos. E a União achou mecanismos mais inteligente que foi exatamente esta questão de "contribuições" e enquanto a gente não [*inaudível*], eu acho de uma grande importância, estou doida para conhecer, se você puder me mandar sua tese, antes mesmo de publicar, depois eu adquiro o livro com autógrafo... Eu acho que a gente precisa se aprofundar, porque o "ralo" do momento é a contribuição. Se fizermos uma análise da arrecadação tributária dos últimos anos, veremos que em determinado momento o "campeão" era o IRPF, depois o ICMS. Mas, hoje, as contribuições avançam assustadoramente.

E eu volto para o começo da minha fala: o que realmente me preocupa é a questão da complexidade; me preocupa é que as empresas são obrigadas a pagar simplesmente porque faturaram. E hoje vemos empresas com vários regimes dentro delas, e me preocupa a questão da complexidade quando se passa a adaptar a lei à realidade. Por exemplo, no Brasil se passou a tributar a importação, para equalizar o mercado, porque a indústria pagava PIS e COFINS e o produto interno importado entrava sem pagar. Muito justo. Só que, aí, o insumo para industrializar e para vender passou a ser tributado. Então, todo dia sai uma nova norma para ajustar a tributação à realidade.

Deve haver racionalidade nessa questão da elaboração de normas. Já propus, na época da Reforma Tributária, discutindo numa reunião de conselho: "Vocês precisam de quanto? X? Vamos fazer o seguinte: vamos pegar 'x' de empresas arrecadando. Mas isso vai dar impostos juntos: ICMS, PIS, COFINS... Vamos transformar em um só imposto, pelo menos simplifica". A reação: "Ah, mas isso vai resultar em imposto de mais de 30%, 40%!". Ao que eu retruquei: "A gente já paga isso, mas, como paga 'parceladinho', não percebe!". Aqui entra uma série de questões com as quais a gente só se preocupa muito imediatamente – imoralidade, transparência... Mas acho que a preocupação deve ser muito maior.

PROFA. FABIANA TOMÉ – E aí entra a função do Judiciário, não é? Porque, se tivéssemos um Judiciário com pulso firme, o SEBRAE – sem querer entrar na questão corporativa –, ainda que fosse contribuição de intervenção do domínio econômico, do que eu, cá, tenho as minhas dúvidas (pois penso que seria contribuição de interesse de categoria profissional ou econômica, abrangendo micro e pequenas empresas), não poderia ser exigido de toda a coletividade. Considerando que a CIDE tem que servir como incentivo para aquele determinado setor e tem que apresentar caráter de provisoriedade, o campo dos possíveis contribuintes deve ser restrito aos que dela se beneficiam. Sei que tal conclusão acarreta pensamentos do tipo: "Mas como é que eu vou exigir o tributo da pequena e micro empresa, que eu quero incentivar?". Tal indagação decorre exatamente da problemática do destino da arrecadação, pois, atualmente, quando se institui uma contribuição, se tem mera elevação da carga tributária, sem a correspondente contraprestação por parte do Estado. Por isso, ninguém quer pagá-las. Se, diversamente, o produto arrecadado fosse bem empregado, as micro e pequenas empresas, por exemplo, recolheriam a contribuição para que o ente federal as beneficiasse. Isso, sim, corresponderia à previsão constitucional.

Agora, a sistemática empregada para fins de elaboração legislativa torna essa contribuição mais problemática ainda, não é? Porque, já que ela é um adicional ao SESC-SENAC, SESI-SENAI, só abrangeria aquelas regras-matrizes, ou seja, se restringiria aos contribuintes de tais contribuições. E isso nos leva de volta para a questão que o Prof. José Eduardo levantou: contribuintes do SESC-SENAC são só os comerciantes, ou também abrangem, por exemplo, os prestadores de serviços de vigilância? Qual o conceito de "comerciante"? Aquela lista veiculada na Consolidação das Leis do Trabalho serve para determinar o que *é* "comerciante" ou o que *não é* "comerciante"? Se partirmos da premissa de que aquilo lá não serve para determinar o que é "comerciante", eu tenho que ir além, eu tenho que ir ao direito civil, ao direito privado, ao direito comercial ou empresarial. O advento do Código Civil de 2002 não autoriza que se coloque tudo no mesmo "pacote", por considerar que "prestadores de serviço" e "comerciantes" são, ambos, "empresários". Ora, cada qual exerce atividade peculiar, tanto que um está sujeito ao ISS e outro ao ICMS. Então, se a contribuição ao SEBRAE é um adicional do SESC, será que prestadores de serviço se enquadrariam no critério pessoal passivo? Certamente, não – sob pena de violação ao princípio da estrita legalidade tributária.

PROF. PAULO AYRES BARRETO – Há uma disposição clara que permite que o INCRA, por exemplo, seja suportado pela empresa urbana, em adição a tudo isso que já foi dito. Essa é uma distorção do sistema. O sistema tem três palavras-chaves que fazem com que aquela ditadura que determinava decisões do Judiciário no passado tenha transmudado numa outra ditadura: a *ditadura da necessidade arrecadatória*. Em face da ditadura da necessidade arrecadatória, existem três palavras-chaves que resolvem todo e qualquer problema do Fisco. São três antibióticos de largo espectro: um é chamado de "contribuição", que já resolve 90% dos problemas. Quando não resolve os 10 adicionais e surge um problema em relação à contribuição, se resolve dizendo que se trata de "contribuição de intervenção no domínio econômico". Como ninguém sabe o que é isso, dizer que a contribuição de intervenção é de domínio econômico resolve outros 8% adicionais do problema Quando essas duas referências, ("contribuição" e "intervenção no domínio econômico") não resolvem os problemas, agrega-se a terceira referência: a expressão mágica "solidariedade", que resolve todo e qualquer problema.

COORDENADOR DA MESA (PROF. JOSÉ EDUARDO SOARES DE MELO) – Quando saiu essa CIDE-combustível, os Profs. Roque e Bottallo elaboraram um parecer, com diversos argumentos, e disseram o seguinte: se é monopólio do Governo o refino, todas as atividades operacionais com petróleo, o que vai instituir uma contribuição para intervir no próprio âmbito de atuação dele? E a coisa acabou passando batida.

PLATÉIA – Parece-me, pela nossa conversa até agora, que um dos temas recorrentes é exatamente a falta de aplicação do produto de arrecadação das contribuições na finalidade às quais elas se destinam.

Hoje, isso – como foi dito – é o grande "ralo", digamos assim, por onde o Governo está aumentando a carga tributária. E hoje nós vemos que a receita bate recorde de arrecadação, e temos um crescimento pífio do PIB. Isso é um empobrecimento da sociedade civil, em detrimento do Estado. Então, a questão que eu gostaria de colocar é: nós, os profissionais do Direito, somos uma massa crítica que tem que, de alguma forma, que reagir a essa situação. Mesmo depois de encerrado o Congresso, devemos voltar para nossos Estados e trabalhar essas questões. Gostaria de saber se os Srs. vêem alguma alternativa de reação no âmbito judicial a essa questão, ou seja, a fiscalização da sociedade na efetiva aplicação dos recursos. Nós tivemos a CPMF, todas as contribuições para a seguridade social e para a saúde, e me parece que nesse período a saúde não melhorou, muito menos a seguridade social. Então, pergunto o seguinte: essa não-aplicação não ensejaria a própria inconstitucionalidade da contribuição, ensejando um pedido de restituição da sociedade? É apenas uma idéia que eu lanço...

COORDENADOR DA MESA (PROF. JOSÉ EDUARDO SOARES DE MELO) – O empréstimo compulsório sobre o combustível estabelecia que seria restituído, mas não sob a forma de dinheiro, porém em quotas de um fundo que ninguém viu. É, mas o STF decidiu que aquele empréstimo compulsório era inconstitucional, porque a restituição era da essência do compulsório, para recompor o patrimônio que fui obrigado a entregar. E, como era dado em quotas de fundo, e não em dinheiro, seria inconstitucional. Agora, daí a receber é um outro problema. Então talvez se possa adotar – é uma idéia que não sei se funciona – a idéia de que, se é da essência da contribuição sua destinação, não pode haver *desvio de finalidade*.

PLATÉIA – Eu não queria alongar, porque sei que todo mundo quer ir embora logo. Mas não poderia me furtar a dar uma sugestão para os membros da Mesa e pedir que fosse levada à Direção do Congresso.

Nós temos participado de Congressos todos os anos, e vimos ontem o Prof. Geraldo fazendo duras críticas, brigando pelas suas posições. E hoje mesmo tive a oportunidade de ver o Prof. Paulo de Barros Carvalho falar sobre *segurança jurídica*, preocupado com a situação. E, na linha do nosso Colega, aqui, que perguntou para a Mesa quais seriam as soluções adotadas para que essa situação se modificasse, vejo uma ansiedade nas palavras do Prof. Paulo Ayres, da Profa. Mary Elbe, e de todos, em querer melhorar a situação. Queria propor à Direção do Congresso que tirássemos, como resultado prático e objetivo destas discussões, uma declaração de comprometimento, onde todos os participantes do Congresso – e principalmente seus idealizadores – fizessem um coro único no sentido de tentarmos mudar essa situação como fomentadores dessa idéia. Porque aqui nós temos advogados, temos professores, temos formadores de opinião, temos até pessoas ligadas ao próprio Fisco, no caso, mas não adianta só a bela Profa. Fabiana falar em indignação, não adianta só isso. Temos que nos indignar e tomar atitudes firmes, positivas. E como é que a gente faz?

Eu ouvi alguém falar em *desobediência civil*, ouvi alguma coisa assim. Nós temos que tomar alguma atitude em relação ao Estado, para forçar inclusive o Judiciário e os próprios Ministros do STF a mudarem seu comportamento. Se nós não o fizermos, através das nossas pressões profissionais, nosso trabalho e com as entidades, vamos continuar batendo na mesma tecla, não é?

Então, o que eu peço, não estou sugerindo nada de diferente, é que dentro do âmbito diretivo do Congresso se coloque assim, como uma tirada final, porque vi que todos os palestrantes criticaram a situação hoje existente na parte tributária. E nós que estamos aqui, que viemos em busca de alguma coisa a mais – inclusive, como o próprio Prof. Paulo de Barros falou, isto aqui é uma atividade política –, não estamos aqui apenas discutindo parte técnica; temos que mobilizar e fazer força, como faz uma FIESP quando precisa de alguma coisa lá em Brasília. Temos que aproveitar esses fóruns de debates para fazer pressão. E temos que "fazer a cabeça" dos nossos contribuintes clientes, não é? Nossos amigos que estão no Júri, os juízes de primeira instância com quem a gente tem relacionamento, toda essa gente e todos nós aqui, que participamos de Universidades, "fazer a cabeça" dos nossos alunos, dos nossos colegas, para que haja um movimento de maior vulto para tentar diminuir essa ganância do Estado. É isso que eu queria dizer. [*Palmas*]

PROFA. MARY ELBE QUEIROZ [*texto sem revisão da autora*] – Eu só quero dizer que você está perfeitamente coberto de razão, porque o nosso Legislativo e, agora, o nosso Judiciário só funcionam sob pressão. Particularmente, quando posso, tenho tentado fazer emendas, discutir com os deputados amigos. E eles não muitas vezes têm a mínima noção do que estão fazendo, e funciona o *lobby* do mais forte. Daí por que eu acho importante fazer *lobby*, até porque, no final das contas, quem paga a carga tributária alta somos nós, como consumidores finais. Não adianta ter ilusão de que está aumentando a carga da empresa. Não é a dela, não: é a nossa, como consumidores finais. E vou fazer um alerta, porque já é a terceira vez neste ano que entro numa reunião e as pessoas não sabem da Lei 11.051: considerando que você faz compensação de um imposto seu, a que você tinha direito – o crédito não precisa ser nem de IPI –, se for considerada não declarada, haverá autuações e multas de 150%. Fica o alerta: passou isso, ninguém viu. Ontem eu estava numa reunião com um monte de advogados, e eles "caíram para trás" quando eu disse que essa mesma lei diz que quem distribuir lucro e estiver em dívida vai ser multado, é crime etc. Essas coisas passam, e ninguém nem notou, e até hoje muita gente não sabe que pode estar incorrendo em risco. Você tem toda razão, não é só a gente chegar aqui e criticar; precisa haver uma mobilização da sociedade, um movimento de cidadania realmente, para que a gente consiga pelo menos estabelecer regras conhecidas assegurando que vamos pagar muito, mas vamos pagar deste jeito, sabendo o que é, do jeito que é, já que a gente não pode fazer outra coisa. Você tem toda razão, acho que tem o apoio de todo mundo. Da minha parte, obrigada! Foi muito bom discutir com você.

COORDENADOR DA MESA (PROF. JOSÉ EDUARDO SOARES DE MELO) – Muito bem, agradecemos a todos aqui, e continuaremos amanhã cedinho.

ENTREGA DE PRÊMIOS DO CONCURSO

PROF. JOSÉ EDUARDO SOARES DE MELO – Após a brilhante palestra do Prof. Aires Barreto, devolvo a palavra ao Prof. Bottallo, para entrega dos prêmios do Concurso.

PROF. EDUARDO DOMINGOS BOTTALLO – Eu queria inicialmente cumprimentar o Prof. Aires Barreto, saudá-lo pela brilhante palestra que nos ofereceu.

Como todos sabem, nós lançamos, há um ano atrás, um concurso nacional para premiar jovens autores, limite máximo de 35 anos. Portanto, de certa forma, estamos premiando os meninos que estão aqui, sentadinhos, jovens autores nas áreas que foram mais cultuadas pelo Prof. Ataliba, o direito tributário e o direito constitucional.

Nós, até pelas próprias dimensões de um Instituto com é o IDEPE, não tivemos condições e também não tivemos a preocupação de fazer um grande *marketing* em torno deste prêmio. Usamos os meios de divulgação ao nosso alcance, e isso, de certa forma, nos surpreendeu em termos de retorno, porque a quantidade de trabalhos que recebemos, de todos os quadrantes do território nacional, foi muito superior à que esperávamos receber. E, sobretudo, também nos surpreendeu a qualidade desses trabalhos. A Comissão Julgadora, formada por eminentes Juristas – Prof. Aires Barreto, Prof. Celso Antônio Bandeira de Mello, Prof. Carlos Mário Velloso, Prof. José Souto Maior Borges, Prof. Roque Carrazza, Prof. Paulo de Barros Carvalho e por mim próprio –, teve uma dificuldade muito grande para selecionar esses trabalhos. A mesma dificuldade que – com o perdão da comparação – nosso técnico Parreira tem para escalar a Seleção Brasileira. É a dificuldade do excesso de craques. E isso, de certa forma, também nos deixou muito animados, porque é muito freqüente dizer que há um declínio na cultura, há um declínio no nível das novas gerações que aparecem para substituir aqueles que se consideram já, como eu disse há pouco, nomes de ruas e de praças. Mas não é verdade. O fato é que as novas gerações estão cada vez mais pujantes, cada vez mais dinâmicas e cada vez mais dispostas a ocupar seu lugar e dar uma contribuição efetiva para o desenvolvimento do Direito no Brasil, em que pese às dificuldades enormes que nosso país tem que enfrentar.

A idéia era premiar, a princípio, cinco trabalhos. Ao fim, ao cabo, a Comissão entendeu de acrescentar mais um trabalho, justamente porque entendeu que seis mereceriam a láurea. Não existe classificação nesses trabalhos. E também eu gostaria de deixar claro que este prêmio, do ponto de vista material, é muito singelo: ele se restringe a um diploma e a um exemplar do livro que o IDEPE e a Editora Quartier Latin publicaram, com algumas palavras de reconhecimento aos laureados.

Mas, substancialmente, esse Prêmio não tem preço, porque, na verdade, ele propiciará a esses jovens autores, que estão começando agora sua vida profissional e acadêmica, o privilégio de terem sido selecionados por uma Comissão do nível daquela que eu acabei de enumerar.

Recebemos trabalhos de todos os quadrantes do território nacional, e também não-intencionalmente a classificação obedeceu a esse mesmo critério. Tivemos trabalhos selecionados do Nordeste, tivemos trabalhos selecionados da Região Sudeste e tivemos trabalhos selecionados do Sul do país. De modo que agora é o momento de homenagear esses jovens autores. Vou chamá-los na ordem alfabética, exatamente em função do critério, que a Comissão adotou, de não estabelecer qualquer tipo de classificação para os vencedores.

Chamo, em primeiro lugar, o Dr. Alexandre Macedo Tavares, de Santa Catarina, que foi agraciado pelo trabalho "A Interpretação Estrita como Barreira do '*Tsunami* Tributário' Provocado pela Imprevisível Onda de Medidas Provisórias". É um tema, assim, bastante "hecatômbico". Peço ao Prof. Sacha Calmon que faça a entrega desse prêmio ao Alexandre, por favor. [*Palmas*]

Chamo, agora, de São Paulo, o Dr. Fábio Soares de Melo, que foi agraciado com o trabalho "Imposto sobre Produtos Industrializados e Imposto sobre Serviços – Impossibilidade das Referidas Exigências sobre Importações de Produtos Industrializados e Prestação de Serviço", e convido o Prof. José Eduardo Soares de Melo, avô do autor, para que possa fazer a entrega do prêmio. [*Palmas*]

Dr. Francisco Miranda Pinheiro Neto, do Ceará, autor do trabalho "Um Estudo acerca da Utilização da Súmula Vinculante no Direito Tributário". E convido o Min. Otávio Noronha para entregar o trabalho ao agraciado. [*Palmas*]

Chamo, agora, o Dr. Júlio Rafael Virgens Werneck Taborda, do Rio Grande do Sul, que foi laureado com o trabalho "Controle Fiscal dos Preços e Transferência no Brasil", e convido o Prof. Roque Antonio Carrazza para que entregue o prêmio ao laureado. [*Palmas*]

Dra. Lílian Márcia Balmante Emerick, do Rio de Janeiro, autora do trabalho "O Princípio da Igualdade e o Mínimo Existencial – O Tratamento no Sistema Constitucional". E convido nossa Diretora, Profa. Maria Leonor, para que faça a entrega do prêmio. [*Palmas*]

Finalmente, de São Paulo, eu chamo o Dr. Marcelo de Azevedo Granato, autor do trabalho "Hermenêutica e Valor – Uma Interpretação do Art. 108 do CTN", e convido o Prof. Eugênio Doin Vieira para fazer a entrega do prêmio ao agraciado. [*Palmas*]

Ainda que redundante, são os nossos sinceros desejos que esse prêmio – que, volto a dizer, é muito expressivo no seu significado substancial – possa servir de estímulo a que esses jovens moços, esses jovens autores, prossigam na brilhante carreira que têm pela frente.

Devolvo a palavra ao Prof. José Eduardo Soares de Melo.

Prof. José Eduardo Soares de Melo – Antes de encerrar nossa oração, quero agradecer ao Tribunal de Impostos e Taxas, na pessoa de sua Presidente, a Dra. Olga Castilho Arruda, e de seu Diretor, o Dr. Rafael Zuli Neto, pela oferta, aos Congressistas, dos ementários, legislação específica de grande utilidade para todos nós.

E, agora, a palavra ao Prof. Eugênio Doin Vieira, nosso orador maior, que dispensa qualquer apresentação. E vocês saberão por quê, ao final de sua fala.

SESSÃO DE ENCERRAMENTO

PROF. EUGÊNIO DOIN VIEIRA – A música é o esperanto da emoção e da arte. Através dela os homens se comunicam, ultrapassando as barreiras da linguagem e os limites da geografia.

Entre as manifestações musicais destaca-se, pela facilidade de compreensão, a prática do *bel canto*. Na atualidade, a Espanha nos oferece alguns valores primazes neste campo, e entre eles as figuras ímpares de José Carreras e de Plácido Domingo. Eles cantam e encantam o mundo. Mas, registram seus biógrafos, misturando história e legenda, que nem sempre assim ocorreu, nessa simbiose de emoções artísticas.

José Carreras, catalão, filho de Barcelona, representa o espírito rebelde da Catalunha, ansiosa por afirmação e autonomia. Plácido Domingo, de tradicional estirpe espanhola, originário de Madri, pretende, politicamente, a reafirmação da hegemonia da Capital madrilenha.

Em função dessa discordância, tornaram-se politicamente inimigos. De inimigos políticos, transformaram-se em adversários artísticos e profissionais, de tal forma que, num determinado momento, nenhum dos dois aceitava compromissos de espetáculo público que não contivesse a cláusula da proibição da presença, por qualquer forma, daquele que era o seu maior adversário.

Mas, na década de 80 do século passado, José Carreras viu-se na contingência de enfrentar o inimigo maior, a leucemia. Impossibilitado de atividade artística, percorreu o mundo, buscando os melhores profissionais, os mais requintados laboratórios, os mais especializados hospitais, na esperança da recuperação e da cura. Nos Estados Unidos, substituiu a linfa e a medula óssea. Estava em caminho da recuperação quando, pela própria contingência financeira do trabalho, esgotaram-se-lhe os recursos. Homem de posses, viu-se, de repente, praticamente na pobreza. Sem condições de continuar o tratamento, na angústia do desespero, foi informado de que em Madri havia uma novel instituição cuja finalidade precípua era fornecer recursos aos doentes de câncer que necessitassem de tratamento. Dobrando o orgulho e a cerviz, acorreu a essa instituição. Nela foi recebido generosamente, e dentro de pouco tempo tinha condições de prosseguir seu tratamento, levá-lo a bom termo e recuperar-se de todo.

Restabelecido, pelo menos parcialmente, nos seus patrimônios materiais, através da volta à atividade artística, entendeu que era obrigação sua não só agradecer à instituição que o amparara, como a ela se filiar, inclusive, quiçá, contribuindo financeiramente, para que ela prosseguisse nos seus objetivos. Dirigiu-se a Madri, buscou os escritórios da instituição, estudou-lhe as cartas constitutivas e os estatutos – e qual não foi sua surpresa enorme ao verificar que ela era criada, dirigida e subvencionada por alguém chamado Plácido Domingo...

A emoção o empolgou. Imediatamente buscou aquele que, sendo seu maior inimigo, fora seu maior benfeitor. Encontrou-o em espetáculo público. Genuflexo, manifestou sua gratidão e seu desejo de reconciliação. Abraçaram-se diante do auditório e das câmaras de televisão, choraram juntos, reconciliaram-se, e partiram para a jornada gloriosa da manifestação musical através das vozes maviosas de que a vida os dotara.

Ao repórter impertinente, que indagou de Plácido Domingo por que daquela forma ajudara aquele que era seu maior competidor, seu maior rival, seu grande inimigo, ele respondeu: "Carreras tem uma voz maravilhosa, que o mundo não poderia perder tão prematuramente".

***

XIX Congresso Brasileiro de Direito Tributário! Antes de mais nada, queremos agradecer aos Congressistas, cansados e incansáveis, que permaneceram aqui até este momento. Originalmente, vamos nos dirigir à Presidência, e nos informam os folhetos e a publicidade que a Presidência transcende o mundo material, que estamos sendo presididos por Geraldo Ataliba!

Há uma Presidência virtual que apenas para nós reafirma aquilo que sabemos há tanto tempo: a presença permanente e o intercâmbio continuado entre os que vivem aqui e os que vivem do outro lado da vida. Geraldo Ataliba, homenageado a todos os títulos, foi mencionado nesta Casa e neste Congresso com a merecida assiduidade. Ressaltaram a contribuição específica que ele deu ao direito tributário, estabelecendo os conceitos de "tributo vinculado" e "tributo não-vinculado", que divulgou por todo o país, distinguindo e precisando as expressões "fato imponível" e "hipótese de incidência", ressaltando o fortalecimento dos entes federativos, entes públicos, regionais, Estados e Municípios, à luz da nova Constituição.

Nós, que chegamos a este mundo jurídico batidos pela sanção revolucionária, encontramos na PUC/SP um abrigo que era, naquele instante, um caldo de cultura do Direito em terras brasileiras. Lá pontificavam figuras do porte de Franco Montoro, de Oswaldo Aranha Bandeira de Mello, de Tércio Sampaio Ferraz, de Antônio Sampaio Dória, de Eduardo Domingos Bottallo.

Mas, o que nos marcou na figura de Geraldo Ataliba, eu diria, mais que essas contribuições específicas para o direito tributário, foi seu espírito de agitador. Ele conseguiu mobilizar no país inteiro o interesse pelo estudo jurídico-tributário. Ele criou o IDEPE. Em conseqüência do IDEPE, gerou o Congresso Brasileiro de Direito Tributário, hoje em sua XIX edição. Ele iniciou, pelo seu prestígio pessoal, os contatos, as visitas e a presença dos melhores Mestres do direito tributário nos idiomas hispânico e italiano. Assim, tivemos conosco, em circunstâncias diversas, Franco Gallo, Victor Huckmar, Héctor Villegas, Ferreiro Lapatza, Humberto Medrano, Eugène Lejeune, Juan Ramallo, Horacio Bercum e muitos outros que, graças a essa *dinâmica* pessoal e a essa inquietação permanente que o caracterizavam, vieram até nós, trazer-nos suas lições, e permutarem conosco seus conhecimentos.

Consolidou Geraldo Ataliba aquilo que chamamos de *Escola de Direito Tributário da PUC*. Irreverentemente, como chamávamos nós, os "Ataliba's boys". Roque Antonio Carrazza, Aires Fernandino Barreto, Elizabeth Nazar Carrazza, Estevão Horvath, e tantos outros. Este, a nosso ver, um dos maiores méritos deste homem que marcou sua presença no mundo tributário brasileiro e que, talvez equivocadamente para nós, dentro dos conceitos da Divina Sabedoria, nos deixou muito cedo. Este Congresso comemora 10 anos da sua partida.

A nós, ainda uma vez, foi delegada a tarefa de sair da planície e, como veterano professor de província, vir falar neste encerramento Falando sem as preocupações da filigrana jurídica, da precisão terminológica, da exatidão doutrinária, porque vimos falar agora, num momento de despedida, e as despedidas se fazem com o coração. E é com o coração que queremos falar, para ressaltar sobretudo aquele que tem o mérito maior na realização desses Congressos e deste Congresso: sem dúvida, Aires Fernandino Barreto, Presidente do IDEPE, essa figura de homem bom, que nos acostumamos a admirar.

As Mesas de Trabalho, as Comissões Científicas que sustentaram todo o esforço, Paulo de Barros Carvalho e seu elenco de colaboradores; a Comissão Executiva, com Maria Leonor Vieira e seu *staff*; a Comissão de Trabalhos, com Marcelo Fortes e um conjunto de laboriosos professores; a turma do fundamental e indispensável apoio logístico e os conferencistas, José Eduardo Soares de Melo, Paulo de Barros Carvalho, Eduardo Domingos Bottallo, Aires Fernandino Barreto, Roque Antonio Carrazza (*mon enfant gaté*) – sobre cada um deles poderíamos discorrer, como já o fizeram alguns antecessores, inclusive o

Prof. Bottallo, porque são todos detentores de um riquíssimo *curriculum* pessoal.

Tivemos neste Seminário e ainda hoje a presença de dois ilustres Ministros do STJ. O Min. José Augusto Delgado, rio-grandense-do-norte, que este ano comemora 10 anos de STJ e 40 de judicância; e o Min. João Otávio Nogueira de Noronha, aqui presente, dublê de jurista e de artista de cinema, meu Colega, porque somos ambos ex-profissionais do Banco do Brasil; Professor, que tem uma característica que o diferencia de nós, pois todos nós temos um coração para vibrar, para amar, para sofrer, para sentir; ele é tricordiano, três corações, isso o distingue de todos nós. Jovem, já tem em seu *curriculum* múltiplas condecorações pelos trabalhos realizados. Nós agradecemos a ele não só a palestra proveitosa, inteligente e didática com que nos brindou, mas também o esforço da presença até este momento final.

As ausências sentidas, por motivo justíssimo, são a de José Souto Maior Borges e do nosso inefável Carlos Mário Velloso, dois dos maiores amigos de Geraldo Ataliba. Claro que merecem uma palavra todos os palestrantes das Mesas de Debates, e em especial estes jovens autores de teses e de trabalhos – um deles da minha terra, Santa Catarina, e eu o saúdo especialmente –, e que hoje marcam uma primeira e expressiva vitória no seu mundo de estudo jurídico. Estamos certos de que essa vitória representará para eles estímulo para uma jornada proveitosa, profícua, eficiente e brilhante, mesmo. Vamos acompanhá-los de perto.

Mas há um personagem ao qual nós dedicamos sempre uma atenção especial. A planície. Os Congressistas que compareceram, não falaram, não escreveram, não palpitaram, não interromperam, não apartearam, mas ouviram, acenaram, vibraram, sorriram e estabeleceram essa corrente de pensamento que faz o êxito, que faz o encantamento, que faz a eficiência desse nosso Congresso.

Não podemos imaginar uma Mesa ilustre, de grandes autoridades, com uma platéia vazia. E os nossos participantes têm demonstrado, através dos anos – advogados, pareceristas, procuradores, jovens juízes, agentes do Fisco, estudantes –, que são eles o elemento fundamental no nosso Congresso. Alguns vêm de longe, nem todos são próximos. Alguns vêm de cidades que precisaríamos localizar no mapa. De Arapongas, de Marabá, de Concórdia, de Rondonópolis, de Cururipe, de Piraquara, de Passo Fundo – "bem para lá do fim do mundo" – e de Araras, de Itatiba, de Santa Rosa, de Olinda e de Votuporanga. Não são recantos perdidos no mapa desse país continente! São pontos luminosos, onde brilha a presença do IDEPE, através desses mensageiros da tarefa tributária.

A eles, nós saudamos em especial. E eles são tão bem representados, aqui, pelo nosso Régis Pereira Lima, 19 presenças no Congresso. É o primeiro que chega, é o primeiro que vai embora. No próximo ano iremos homenageá-lo, porque serão 20 as suas participações. Vem de Uberlândia, traz aquele elã dos homens da primeira hora, e prossegue conosco até agora.

São numerosas as instituições públicas e privadas que têm prestigiado o Congresso. Só a Escola Fazendária do Estado de São Paulo nos enviou 30 Congressistas. Instituições, bancos, empresas, nos ajudaram a obter o êxito de inegavelmente nos reconhecer esse trabalho.

Queremos registrar a participação da graça efetiva das mulheres, em sua tarefa de ocupar, cada vez mais, os lugares historicamente reservados para os homens. Nós as saudamos, ainda que preocupados – e quem participa das notícias do mundo, quem lê os jornais, sabe que é cada vez maior o número de mulheres que dirigem países, que comandam nações. Nós as saudamos, aqui, mencionando Elizabeth Nazar Carrazza, Lúcia Valle Figueiredo, Misabel Derzi, Regina Helena Costa, Consuelo Yoshida, Anna Emília Cordelli Alves, Mary Elbe Queiroz, Maria Leonor Leite Vieira, Betina Grupenmacher (que fiz questão de incluir só para poder dizer "Grupenmacher"), [*risos na platéia*], Rosoléa Folgosi – e tantas outras não mencionadas, mas presentes no Congresso e no nosso coração.

Geraldo Ataliba! É momento de prestarmos uma homenagem aos que partiram, destacando a sua figura e evocando a sua imagem. Geraldo Ataliba – com sua competência, com sua inteligência, com sua eloqüência, com sua veemência, com sua experiência, com sua coerência, com sua percuciência, mas também com sua independência, com sua intransigência, com sua persistência, com sua contundência, com sua impaciência e com sua irreverência – marcou duas etapas no direito tributário brasileiro. E hoje nós podemos dizer "aG" e "dG", antes de Geraldo Ataliba e depois de Geraldo Ataliba.

Mas há outros companheiros que partiram e que buscaremos rememorar, numa tentativa de presença fotográfica que não foi fácil e que é heterogênea.

[*Seguiu-se a exibição das fotos citadas*]

Este é Alfredo Augusto Becker, o grande tributarista do Rio Grande do Sul, que marcou época e que renovou os conceitos do tributo, famoso criador do *Nosocômio Jurídico Tributário*.

Mas queremos lembrar, ainda, outros companheiros nossos, igualmente merecedores da nossa manifestação.

Aliomar Baleeiro! Os jovens o conhecem pelo nome e pelas obras, por isso que são jovens. Outros conviveram com ele e admiraram sobretudo o seu talento, a singeleza das suas exposições e a precisão dos seus conceitos.

Eis Antônio Sampaio Dória, companheiro da PUC, colega e amigo de muitos dos presentes, que também partiu, talvez cedo demais.

Quem não conhece Célio de Freitas Batalha? Nós memoramos com muitas saudade as horas de convivência nos Cursos de Especialização da PUC e os momentos de estudo conjunto. Nós, Célio, Anna Emília Cordelli Alves, preparando os trabalhos, as teses e os temas que a Escola da PUC nos proporcionava.

Esguio, distante, difícil, até na fotografia, Cléber Giardino; os que conviveram com ele sabem que talento extraordinário que tinha, e não é fácil nos convencermos de que tenha partido tão cedo.

O do meio na foto, Fábio Fanucchi, famoso a seu tempo, como tributarista, como contabilista emérito, como professor, nós o saudamos também.

E há outras figuras presentes, que dá para reconhecer: nosso colega de estudo da PUC/SP, Francisco Otávio de Almeida Prado, partiu muito jovem, também.

Pérsio Oliveira Lima, perda relativamente recente, companheiro de muitos trabalhos, de muitos Congressos da nossa PUC.

E, encerrando, uma figura exponencial, que poucos de nós conheceram, mas que reverenciamos pelo nome e pela obra: o de óculos, Rubens Gomes de Souza.

A morte não apaga lembrança. Eles, como Geraldo Ataliba, vivem não só nas obras, nos trabalhos que deixaram, mas vivem na nossa emoção, no nosso coração, e traçaram trilhas luminosas que nos compete seguir. Homenageá-los é da própria natureza humana: uma demonstração de carinho e de gratidão com aqueles que prepararam os nossos caminhos.

Este Congresso nos permitirá, hoje, uma palavra de ordem pessoal. Registram os historiadores do Papado que, quando Pio XII, sábio e filósofo, completou 90 anos, reuniu-se o Colégio dos Cardeais para homenageá-lo. E o Cardeal Primaz, cumprimentando em nome de todos, disse: "Santidade, estamos orando ao Senhor para que Vossa Santidade chegue aos 100 anos". Como todo sábio e filósofo, Pio XII tinha aquela fina ironia das pessoas especiais Sorriu, e disse: "100 anos, meus filhos? Não coloquemos limite na bondade divina!". [*Risos na platéia*]

E no ano bom de 2006 estaremos realizando o *XX Congresso*. No ano bom de

2006, se a ilimitada bondade divina nos permitir, se o descuido dos diretores do IDEPE nos propiciar, estaremos aqui fazendo nosso 20º encerramento. Estaremos também, por essa época, completando nosso 80º aniversário. É tempo de ensarilhar as armas, é tempo de abrirmos caminho para os jovens que vêm vindo. E esperamos, se a vida nos propiciar esse prazer, que essa, pela última vez, em 2006, será a oportunidade em que nos abraçaremos a todos, aos que ficaram e aos que já tiveram que regressar, aos quais abraçaremos espiritualmente.

Eis nossa mensagem de fé e de esperança, com que sempre buscamos encerrar o nosso Congresso. Despedidas. Não admito que os 500 da Galiléia que aqui se reúnem, privilegiados neste país de gente pobre e miserável, se mantenham distantes do mundo lá de fora, mundo instigante, desafiador, paradoxal, onde a explosão tecnológica produz efeitos imprevisíveis, com crescimento das desigualdades e das reivindicações populares, por conseqüência.

Tantas vezes já falamos aqui, falamos em prosa, falamos em verso. E tratamos de temas palpitantes e presentes do mundo atual. O fim da "guerra fria", o fim do equilíbrio de forças, a globalização e o neo-imperialismo, as leis do mercado e a hegemonia do financeiro, o esvaziamento do conceito de soberania nacional e o crescimento da *pax romana* liderada pelo Governo Bush. A debilitação dos grandes organismos internacionais e o extermínio sistemático de povos e de etnias como recurso tolerado e institucionalizado pelo mundo, que a ele fecha os olhos.

De repente, neste nosso Brasil, fazendo contraponto com os *tsunamis* e com os furacões devastadores – que têm, significativamente, o nome de mulheres –, enfrentamos agora, constrangidos, o purgar da corrupção em nosso país, aflorando nos três Poderes, em especial no Poder Legislativo.

Vamos nós, Congressistas, homens do Direito, pessoas presumivelmente lúcidas, líderes desta comunidade nacional, enfiar a cabeça no primeiro buraco, como faz o avestruz diante do perigo? Achamos que *chega* de moral vitoriana, *basta* da convenção hipócrita! Precisamos pôr um fim às soluções sofistas, é momento de pensarmos. E é a pensar que eu convido os meus Colegas, neste instante. Como no credo de Rui Barbosa, acreditamos nos valores eternos do espírito, na ética, na dignidade, no primado da Justiça e do Direito, na lição clássica de Franco Montoro, na democracia representativa, na grandeza dessa Pátria que nos abriga, trazendo nas veias o sangue de tão variadas procedências e etnias. Somos desafiados a revalorizar esses valores da dignidade humana, como única forma de tornar a vida digna de ser vivida. Acima dos partidos, acima das paixões, a grandeza do ser humano, criado à imagem e semelhança de Deus, para destinos eternos mais altos e maiores! Nós, o sal da terra; nós, o fermento dos homens; nós, a quem não compete o direito de se omitir e de calar, e de silenciar.

Os governantes, cabe a nós escolhê-los, e escolhê-los bem. Eles são transitórios, ocasionais, passageiros. Nós, o Povo, a Pátria, a Nação, continuaremos, nos perpetuaremos, na presença da nossa cultura, das gerações que nos sucederão, da Pátria que se perpetua, sim, enquanto são substituídos os príncipes do poder transitório. Podemos descrer eventualmente dos homens, não podemos descrer das instituições. Após este aprendizado doloroso que estamos vivendo, como uma fênix mitológica que renasce das cinzas, ressurgirá, sim, um novo Brasil, um novo país, mais de acordo com nossos sonhos, mais moldado às nossas esperanças, mais forte nos seus valores espirituais eternos.

Vamos meditar sobre isso no retorno ao recesso dos nossos lares e ao recanto das nossas tendas árabes de trabalho. Agora, na despedida, vamos falar um pouco de amor e de esperança, de otimismo e de confiança, de dignidade humana e de imortalidade, espiritualidade e de fé, de fraternidade, e de busca da felicidade. Não são valores abstratos, não, como ressaltaram muito bem os Ministros que falaram aqui, agora. Eles estão expressos na chamada Carta-cidadã, como anseio e como esperança de um povo.

Vamos falar, então, das pequenas coisas belas da vida. Dos ipês que se engalanam banhados de ouro na *terra brasilis*, nesta primavera. Das pitangueiras, no caminho dos juristas, a Av. Sumaré, pejadas de jóias vermelhas. No milagre da maternidade que se perpetua, das crianças que continuam a nascer e a sorrir, prenunciando e desejando um futuro melhor. Falemos dos gestos de amor, de carinho, de renúncia e dedicação, como o desse grande tenor espanhol, gestos que denunciam a origem divina de nossas almas imortais. Falemos na certeza de que a renovação, a evolução e o progresso de toda a Humanidade são fatalidades históricas e dependem exclusivamente da evolução de cada um de nós. Nós, sim, o sol da terra; nós, a quem muito foi dado.

Vamos partir, não vamos dispersar. Na quietude das noites estreladas ou no bulício das manhãs laboriosas, centenas de pequenos fachos de luz se acenderão por todo esse Brasil. São os Congressistas do IDEPE, são os homens do Direito e da Justiça, são os pensadores que buscam realizar o sonho de um mundo melhor. Em oportunidades outras, nós conversamos aqui, e lembramos o exemplo que nos dá o nosso rio Tietê. Nascido aqui, a poucos quilômetros do oceano que está à vista, ele poderia, numa jornada simples, monótona, medíocre, repousar logo em suas águas. Mas não! E ele aceita o desafio do destino, ruma para o Oeste, atravessa campos, irriga cidades, movimenta usinas, enriquece agriculturas, e, depois de uma jornada de produção, de labor, de fé, vai repousar em águas de prata.

Vamos fazer como o Tietê! Não aceitemos os limites da mediocridade, não nascemos para isso. Vamos buscar os altiplanos. Na expressão de Fernando Pessoa, "navegar é preciso, viver não é preciso". Sejamos assim, busquemos, dentro das nossas características, de nossas possibilidades pessoais, fazer o melhor possível para tornar este mundo melhor. Não nos abalemos em excesso, ainda que saibamos agir, quanto aos problemas todos que espocam ao nosso redor e que exigem a nossa atenção.

Nós nos despedimos neste instante, como irmão mais velho que bebe na sabedoria e no entusiasmo dos jovens. E eu vos espero, a todos, no ano bom de 2006, para, debruçados nos estudos das questões tributárias, reafirmarmos também os verdadeiros valores da vida.

Partamos, é findo o nosso trabalho. Vamos de coração leve, vamos de cabeça erguida! Prosseguiremos nesta maravilhosa aventura que é a vida do Homem na Terra!

Muito obrigado a todos! [*Muitas palmas*]

O CRÉDITO DE ICMS DECORRENTE DE OPERAÇÃO SUJEITA A BENEFÍCIO FISCAL CONCEDIDO AO VENDEDOR POR OUTRO ESTADO SEM PREVISÃO EM CONVÊNIO E AS MEDIDAS A SEREM TOMADAS PELO ESTADO PREJUDICADO (DO ADQUIRENTE)[1]

ALDO DE PAULA JR.
Mestrando em Direito Tributário pela PUC/SP –
Professor Assistente do IBET

1. Descrição do cenário e delimitação do objeto. 2. A competência tributária e os convênios em matéria de ICMS. 3. A invalidade dos benefícios fiscais de ICMS carentes de previsão em convênio e a reação do Estado prejudicado: 3.1 O ciclo de positivação jurídica da norma da não-cumulatividade: da norma constitucional ao ato de aplicação. Adequação necessária. 4. A reação do Estado prejudicado ao benefício fiscal inconstitucional: 4.1 O ato normativo inconstitucional e sua não-aplicação – 4.2 Outra postura: a concessão de benefícios fiscais equivalentes pelo Estado prejudicado. 5. Resumo e conclusões.

1. Descrição do cenário e delimitação do objeto

A CF de 1988 outorga, no art. 155, II, aos Estados a competência para instituir o ICMS sobre "operações relativas à circulação de mercadorias e sobre prestações de serviços de transporte interestadual e intermunicipal e de comunicação, ainda que as operações e as prestações se iniciem no exterior".

O § 2º do mesmo art. 155 prescreve que o ICMS "será não-cumulativo, compensando-se o que for devido em cada operação relativa à circulação de mercadorias ou prestação de serviços com o montante cobrado nas anteriores pelo mesmo ou outro Estado ou pelo Distrito Federal".

Este mecanismo,[2] aliado à incidência sobre operações interestaduais, caracteriza o ICMS como um imposto de fortes repercussões econômico-financeiras entre os Estados – o que, entre outras conseqüências, justifica a adoção de critérios uniformes em relação à sua incidência, local de pagamento, identificação de sujeitos passivos e de benefícios fiscais.

Neste contexto surge o art. 155, § 2º, XII, "g", da Constituição da República, condicionando à lei complementar a disciplina da "forma como, mediante delibera-

1. Agradecemos ao amigo Thiago Buschinelli Sorrentino pelas intrigantes e sempre pertinentes provocações que em muito contribuíram para a elaboração deste texto.

2. Não nos interessa, para o presente estudo, a discussão sobre a qualificação da não-cumulatividade como princípio ou regra, porque alheia aos estreitos propósitos da investigação científica a que nos propusemos.

ção dos Estados e do Distrito Federal, isenções, incentivos e benefícios fiscais serão concedidos e revogados".

A Lei Complementar 24/1975, que "dispõe sobre os convênios para a concessão de isenções do imposto sobre operações relativas à circulação de mercadorias", preencheu este espaço, e foi recebida pela Constituição da República como norma regulamentadora daquele dispositivo constitucional.

Os benefícios fiscais em matéria de ICMS dependem, portanto, dos convênios celebrados no âmbito do CONFAZ (Conselho Nacional de Política Fazendária, ligado ao Ministério da Fazenda), nos termos da Lei Complementar 24/1975, e qualquer ofensa a esta condição é tida, pelo STF, como ofensa direta ao art. 155, § 2º, XII, "g", da CF.[3]

Ao presente trabalho científico interessa esta violação.[4]

Analisaremos as relações surgidas da concessão unilateral de benefícios fiscais sem previsão em convênio e os instrumentos postos pelo sistema do direito positivo para sanar esta patologia, para responder ao seguinte:

(i) Pode o Estado prejudicado desconsiderá-los, unilateralmente?

(ii) Pode o Estado prejudicado editar norma geral e abstrata que determine a não-aplicação do benefício inconstitucional em seu âmbito interno?

(iii) Pode o Estado prejudicado conceder idêntico benefício fiscal em resposta ao anterior?

Com este objetivo, analisaremos de forma crítica as normas que regulamentam a concessão de benefícios fiscais em matéria de ICMS veiculadas na Lei Complementar 24/1975 e sua relação com as normas internas dos Estados Federados e com a Constituição, sempre com vistas à aplicação prática dos enunciados que nos propomos traçar.

Pelo corte epistemológico adotado, consideraremos como "benefícios fiscais" aqueloutros incentivos que não a isenção e a não-incidência, porque estas já impedem a utilização do crédito de ICMS nas operações subseqüentes, por expressa determinação constitucional (art. 155, § 2º, II, da CF de 1988). A título de exemplo, podemos citar os créditos presumidos, a devolução do valor do imposto devido, a redução de base de cálculo, o diferimento do pagamento do imposto – dentre outros.

Os incentivos fiscais delimitam o gênero, dentro do qual incluem-se todos os estímulos econômico-jurídico-financeiros que tomam como critério e parâmetro de concessão os tributos:

"A expressão 'incentivo fiscal' comporta diversas valorações, tendo sido utilizada, ao longo do tempo, para referir as mais diversas modalidades de normas fiscais, algumas exonerativas, outras agravadoras da carga tributária. Todas, porém, tendentes a estimular, incentivar, animar o contribuinte a adotar determinados comportamentos.

"Trata-se de regras jurídicas de motivação dos particulares na adoção de tal ou qual espécie de comportamento, que coincide com os interesses e objetivos considerados imprescindíveis ou desejáveis à obtenção do bem-estar social e/ou do desenvolvimento nacional, na estimação estatal,

3. "A orientação do Tribunal é particularmente severa na repressão à guerra fiscal entre as unidades federadas, mediante a prodigalização de isenções e benefícios fiscais atinentes ao ICMS, com afronta da norma constitucional do art. 155, § 2º, II, 'g' – que submete sua concessão à decisão consensual dos Estados, na forma de lei complementar (ADI n. 84-MG, 15.2.1996, Galvão, *DJU* 19.4.1996; ADI/MC n. 128-AL, 23.11.1989, Pertence, *RTJ* 145/707; ADI/MC n. 902, 3.3.1994, Marco Aurélio, *RTJ* 151/444; ADI/MC n. 1.296-PI, 14.6.1995, Celso; ADI/MC n. 1.247-PA, 17.8.1995, Celso, *RTJ* 168/754; ADI/MC n. 1.179-RJ, 29.2.1996, Marco Aurélio, *RTJ* 164/881; ADI/MC n. 2.021-SP, 25.8.1999, Corrêa; ADI n. 1.587, 19.10.2000, Gallotti, *Informativo* n. 207, *DJU* 15.8.1997; ADI/MC n. 1.999, 30.6.1999, Gallotti, 31.3.2000)" (ADI/MC 2.352-7-ES).

4. Tomaremos como premissa metodológica a inconstitucionalidade da concessão de benefícios fiscais sem previsão em convênio.

traduzida em normas legais (v. A. R. Sampaio Dória). (...).

"Esses mecanismos de direcionamento de comportamentos traduzem-se em atos normativos que consistem, geralmente, no abrandamento ou na supressão da imposição tributária geral. Reduzem-se ou eliminam-se certas cargas tributárias para, a partir dessa desoneração, atrair o particular para a prática daquela atividade eleita pelo Estado como sendo de importância especial ou estratégica, em determinadas situações ou momentos.

"Os incentivos fiscais manifestam-se, assim, sob várias formas jurídicas, desde a forma imunitória até a de investimentos privilegiados, passando pelas isenções, alíquotas reduzidas, suspensão de impostos, manutenção de créditos, bonificações, créditos especiais – dentre eles os chamados créditos-prêmio – e outros tantos mecanismos, cujo fim último é, sempre, o de impulsionar ou atrair os particulares para a prática das atividades que o Estado elege como prioritárias, tornando, por assim dizer, os particulares em participantes e colaboradores da concretização das metas postas como desejáveis ao desenvolvimento econômico e social, por meio da adoção do comportamento ao qual são condicionados."[5]

2. *A competência tributária e os convênios em matéria de ICMS*

Um dos fatores que caracterizam a Federação Brasileira é a autonomia político-administrativa dos entes federativos, garantida pelo poder de auto-organização mediante as Constituições Estaduais e as Leis Orgânicas (do Distrito Federal e dos Municípios), conforme arts. 25, 29 e 32 da CF.

A auto-organização é condicionada à obediência aos princípios da Constituição Federal e à competência legislativa nela estabelecida (supra).

Mas, para que se garanta a autonomia político-administrativa, faz-se necessária a outorga de autonomia financeira, e neste ponto surgem a competência tributária (arts. 153-156) e o repasse constitucional de receitas tributárias (arts. 157-162).

Roque Antonio Carrazza aponta para a competência tributária as seguintes características: "I – privatividade; II – indelegabilidade; III – incaducabilidade; IV – inalterabilidade; V – irrenunciabilidade; e VI – facultatividade do exercício".[6]

Estas características denotam na doutrina clássica, baseada no federalismo norte-americano, a supervalorização do ente federativo, em oposição uns aos outros e principalmente em relação à União. Contudo, nossa Constituição de 1988 não adotou modelo tão rigoroso, excludente ou *dual*.

O art. 154 reserva à União a competência residual (inciso I) e a competência para instituição de impostos extraordinários, "compreendidos ou não em sua competência tributária", em caso de guerra externa ou sua iminência.

O art. 155, § 2º, XII, "e", da CF de 1988 confere à União aptidão para, mediante lei complementar, "excluir da incidência do imposto, [*ICMS*] nas exportações para o exterior, serviços e outros produtos além dos mencionados no inciso X, 'a'".

O art. 156, § 3º, II, da CF outorga mesma competência à União, mas em matéria de ISS.

O art. 156, III, dispõe que o Município terá competência para tributar os "serviços de qualquer natureza, (...), definidos em lei complementar".

5. Geraldo Ataliba e José Arthur Lima Gonçalves, "Crédito-prêmio de IPI – Direito adquirido – Recebimento em dinheiro", *RDTributário* 55/166-167, Ano 15, janeiro-março/1991.

6. Roque Antônio Carrazza, *Curso de Direito Constitucional Tributário*, 21ª ed., São Paulo, Malheiros Editores, 2005, p. 481.

O art. 155, § 2º, XII, "g", por sua vez, condiciona a concessão de benefícios fiscais em matéria de ICMS à prévia edição de convênios entre os Estados.

Por estas e por outras características, vislumbramos que o modelo adotado pela Constituição de 1988 para a competência tributária não é privativo, exclusivo, fechado, mas temperado com a possibilidade, excepcional, de modulação desta competência por norma infraconstitucional federal.

Trata-se de prevalência, em determinadas e específicas hipóteses, da norma nacional, editada pela União, enquanto representante de todas as unidades federativas, em detrimento da norma local, pautada por motivos de relevante interesse nacional.

A regra é a autonomia no exercício da competência tributária; mas tal autonomia cede espaço aos interesses nacionais, notadamente em casos de guerra ou sua iminência (impostos extraordinários), de interesse nacional (comércio exterior ou normas gerais previstas no art. 146 da CF de 1988) e de equilíbrio da federação (ICMS e ISS).

Os reflexos jurídicos, aqui analisados, demonstram que esse federalismo cooperativo e redistributivo tem caracteres centrípetos sob o ângulo legislativo, embora pareça contraditório que, para realizar a descentralização política, se tenha que concentrar atividades dessa natureza. A razão está na circunstância de que a descentralização não abarca todas as matérias. Kelsen examina exaustivamente o tema, nessa linha, lembrando que não há qualquer obstáculo para que se conceda um procedimento por instâncias, a partir da comunidade local menor até a mais ampla, ou uma faculdade de revogação ou de reforma da instância superior sobre a inferior.[7] A Constituição Brasileira não hierarquiza, propriamente, os corpos autônomos, sob o aspecto abordado por Kelsen, mas essa sua observação, de que não há obstáculo para que se atribuam procedimentos diversos a esses corpos, é própria da Federação, pois, "a autonomia é, somente, uma forma especial de administração do Estado", e nada impede que a competência legislativa seja repartida de modo a que se defira a um corpo autônomo central a emissão da lei que determine a uniformização do conteúdo da lei emitida pelos demais corpos autônomos descentralizados.

"Esse novo federalismo cumpre, no Brasil, sob a ótica jurídica, esse tipo de descentralização incompleta, pois se atribui à União a emissão da lei complementar de normas gerais regulando diversas matérias constitucionais e tendo eficácia determinante sobre o conteúdo da lei que ela e os demais corpos autônomos descentralizados emitem."[8]

Como visto, a Federação não é centrífuga, ou seja, os Estados não são, em absoluto, plenamente independentes no concerto federativo. Pelo contrário, sua autonomia só existe no seio do regime federativo do qual fazem parte, e a responsável pela manutenção deste pacto é a União Federal, legítima guardiã do equilíbrio federativo, que pode, inclusive, intervir nos Estados para defendê-lo (art. 34 da CF de 1988).

Neste cenário, interessam-nos o papel dos convênios de ICMS e as relações interestatais surgidas pelo descumprimento do art. 155, § 2º, XII, "g", da CF.

3. A invalidade dos benefícios fiscais de ICMS carentes de previsão em convênio e a reação do Estado prejudicado

Após breve análise da Federação no sistema constitucional brasileiro de 1988, podemos ingressar no núcleo do presente

7. Cf. Hans Kelsen, *Teoría General del Estado*, trad. de Luis Legaz y Lacambra, México, Nacional, 1979, pp. 237 e ss.

8. Edvaldo Brito, "Federalismo tributário", in *Cadernos de Direito Constitucional e Ciência Política*, 18/142, Ano 5, São Paulo, Ed. RT, janeiro-março/1997.

trabalho, que dividiremos em duas partes: a primeira analisará a validade dos benefícios fiscais concedidos sem previsão em convênio; a segunda, partindo da premissa de que tais benefícios são inconstitucionais, os instrumentos legítimos para sua correção.

3.1 O ciclo de positivação jurídica da norma da não-cumulatividade: da norma constitucional ao ato de aplicação. Adequação necessária

Em matéria de ICMS a competência tributária dos Estados recebe, do legislador constituinte originário, condicionantes e conformadores expressos, sempre com vistas à uniformidade desse tributo de âmbito nacional, embora de competência regional. Vejamos:

(i) Resolução do Senado Federal estabelecerá as alíquotas aplicáveis às operações e prestações interestaduais e de exportação (art. 155, § 2º, IV).

(ii) É facultado ao Senado Federal (art. 155, § 2º, V): (a) estabelecer, mediante resolução, alíquotas mínimas nas operações internas; e (b) fixar alíquotas máximas nas mesmas operações para resolver conflito específico que envolva interesse de Estados.

(iii) Salvo deliberação, mediante convênio, em contrário dos Estados e do Distrito Federal, as alíquotas internas não poderão ser inferiores às interestaduais (art. 155, § 2º, VI).

(iv) Em operações interestaduais com consumidor final adotar-se-á a alíquota (art. 155, § 2º, VII): (a) interestadual, quando o destinatário for contribuinte do imposto; (b) interna, quando consumidor.

(v) Imunidades (art. 155, § 2º, IX).

(vi) Não-inclusão do IPI em sua base de cálculo quando a operação, realizada entre contribuintes e relativa a produto destinado a industrialização ou a comercialização, configure fato gerador dos dois impostos (art. 155, § 2º, XI).

(vii) Regulamentação por lei complementar dos tópicos elencados no art. 155, § 2º, XII, do qual destacamos sua alínea "g": "regular a forma como, mediante deliberação dos Estados e do Distrito Federal, isenções, incentivos e benefícios fiscais serão concedidos e revogados".

Este último item, interpretado em consonância com o art. 150, § 6º, da CF, alia à exigência de "lei específica" em matéria de isenções a previsão anterior em convênio celebrado pelos Estados.[9]

O STF, instado a se manifestar sobre a matéria, construiu sedimentado entendimento sobre a inconstitucionalidade da concessão, pelo Estado, de benefícios fiscais sem amparo em anterior convênio celebrado no âmbito do CONFAZ.[10]

Este entendimento tem por fundamento axiológico a proteção à uniformidade do ICMS entre os Estados e o desestímulo à chamada "guerra fiscal", prática danosa ao equilíbrio federativo, às finanças dos Estados, que teriam redução do valor do ICMS que lhes compete e pela utilização de créditos de ICMS concedidos por outros Estados ao seu arrepio – o que, em última instância, também afetaria a concorrência com os contribuintes locais.

Mas a inconstitucionalidade da norma que concede o benefício fiscal sem previsão em Convênio afeta a validade da utilização do crédito escritural pelo adquirente em caso de destaque na nota fiscal de venda?

9. Não integra o corte epistemológico por nós proposto a análise da espécie legislativa necessária à concessão dos benefícios fiscais no âmbito interno, se lei ordinária, decreto do Executivo ou decreto legislativo (Carrazza). Para afastar esta discussão, alheia ao nosso objeto, tomaremos as expressões genéricas "ato normativo" ou "norma".

10. STF, ADI 84-MG, 15.2.1996, Galvão, *DJU* 19.4.96; ADI/MC 128-AL, 23.11.1989, Pertence, *RTJ* 145/707; ADI/MC 902, 3.3.1994, Marco Aurélio, *RTJ* 151/444; ADI/MC 1.296-PI, 14.6.1995, Celso; ADI/MC 1.247-PA, 17.8.1995, Celso, *RTJ* 168/754; ADI/MC 1.179-RJ, 29.2.1996, Marco Aurélio, *RTJ* 164/881; ADI/MC 2.021-SP, 4.8.1999, Corrêa; ADI 1.587, 19.10.2000, Gallotti, *Informativo* 207, *DJU* 15.8.1997; ADI/MC 1.999, 30.6.1999, Gallotti, *DJU* 31.3.2000; ADI/MC 2.352, 19.12.2000, Pertence, *DJU* 9.3.2001.

Para respondermos a esta questão faz-se necessária breve incursão nos fundamentos jurídicos do crédito escritural, ou seja, a análise da não-cumulatividade.

O direito ao crédito escritural do ICMS tem sede constitucional no art. 155, § 2º, da CF: "§ 2º. O imposto previsto no inciso II [*ICMS*] atenderá ao seguinte: I – será não-cumulativo, compensando-se o que for devido em cada operação relativa à circulação de mercadorias ou prestação de serviços com o montante cobrado nas anteriores pelo mesmo ou outro Estado ou pelo Distrito Federal; II – a isenção ou não-incidência, salvo determinação em contrário da legislação: a) não implicará crédito para compensação com o montante devido nas operações ou prestações seguintes; b) acarretará a anulação do crédito relativo às operações anteriores".

O inciso I condiciona a utilização do crédito na compensação do montante devido à sua "cobrança" na operação anterior ("montante cobrado nas anteriores"), o que nos leva à identificação e análise da etapa anterior do ciclo de positivação jurídica, cuja regularidade é necessária ao aproveitamento válido do crédito.

A não-cumulatividade, conforme observado pelo Min. Cézar Peluso, tem por finalidade:

"(...) implementação de valores 'como o da justiça da tributação, o do respeito à capacidade contributiva do administrado, o da uniformidade na distribuição da carga tributária' (Paulo de Barros Carvalho, 'Isenções tributárias do IPI, em face do princípio da não-cumulatividade', in *Revista Dialética de Direito Tributário* 33/156, São Paulo, Dialética), e não decorre da definição do fato gerador, da base de cálculo ou do contribuinte do imposto, mas de norma independente, inserida no próprio texto constitucional, conforme observa Gilberto de Ulhôa Canto ao analisar este princípio em relação ao ICM:

"'2.20 Ela (a não-cumulatividade) é assegurada pela regra que prevê o abatimento, em cada operação, do montante pago nas anteriores, regra, esta, que não incide sobre nenhum dos elementos da própria obrigação tributária, porque diz respeito ao modo pelo qual o tributo será recolhido. É claro que a eficácia da regra é, em termos práticos, a mesma que ela teria se em seu lugar a Constituição houvesse baseado a não-cumulatividade do tributo em elementos da própria obrigação. Mas é importante deixar marcada a diferença porque, como regra sobre o recolhimento, a compensação do imposto devido com o já pago terá de ser examinada dentro desse contexto, e a sua observância compulsória se cinge à finalidade a que se destina.

"'2.21 A não-cumulatividade do ICM não é apenas um fenômeno econômico ou financeiro, embora sejam desta índole alguns dos seus fundamentos. É, também, principalmente, fenômeno jurídico a partir de quando a Constituição a enuncia como característica do tributo, que em virtude dela não poderá ser instituído e cobrado 'em cascata'. O primeiro efeito da não-cumulatividade é que o montante global de ICM que grava determinada mercadoria ao fim do seu ciclo de produção e circulação não poderá exceder o produto da multiplicação da sua alíquota real pelo valor da última operação por ele tributada. A referência à alíquota real justifica-se pelo fato de o ICM ser calculado 'por dentro'.

"'2.22 Outro efeito da não-cumulatividade do tributo é homólogo do primeiro: em qualquer fase do processo de produção e circulação por ele atingido o seu montante acumulado será apurado mediante a multiplicação da alíquota real pelo valor da mercadoria até então agregado.

"'2.23 Para que esses efeitos sejam logrados é necessário que cada contribuinte possa abater do montante do ICM calculado como devido sobre o valor da operação de que decorrerá a saída da mercadoria por ele promovida todos os recolhimentos anteriormente feitos pelos contribuintes que o antecederam no ciclo econômico. (...).

"'2.24 O direito assegurado como forma de manter-se o ICM como imposto não-cumulativo é exercitável pelo contribuinte nos termos em que a Constituição o enuncia e a legislação complementar o regula. Ele não se insere no âmbito da própria obrigação tributária, já que não afeta o fato gerador, a base de cálculo ou o contribuinte. O seu efeito sobre o recolhimento do imposto consiste em determinar que em cada operação de saída o montante que o contribuinte irá desembolsar seja reduzido pelo montante pago nas operações anteriores. Trata-se de modalidade meramente financeira de garantir que o valor do imposto a ser desembolsado por qualquer contribuinte será apenas a diferença entre o montante que resulte da operação por ele promovida e o total recolhido pelos contribuintes que o antecederam no ciclo de produção e circulação' ('ICM – Não-cumulatividade abatimento constitucional', *RDTributário* 29-30/203)."[11]

Ou seja, a norma da não-cumulatividade apóia-se na *incidência* do ICMS ocorrida nas operações anteriores e tem por finalidade a divisão da carga tributária da cadeia entre seus participantes (afastando a incidência em cascata).

É pacífico na doutrina e na jurisprudência a desnecessidade da prova do efetivo pagamento do imposto pelo vendedor (eficácia social da norma), bastando a *incidência* do ICMS na operação anterior (eficácia técnica e jurídica).

Contudo, qual a extensão semântica da "incidência" na operação anterior?

Para os efeitos do presente trabalho, tomaremos o termo "incidência" com o significado de subsunção ideal do fato jurídico tributário à previsão hipotética e abstrata contida na regra-matriz de incidência que ocorre como etapa lógica (pressuposta) do ato de criação da norma individual e concreta que cria o fato jurídico tributário.

Paulo de Barros Carvalho observa: "Sem uma norma individual e concreta, constituindo em linguagem o evento contemplado na regra-matriz, e instituindo também em linguagem o fato relacional, que deixa atrelados os sujeitos da obrigação, não há que se cogitar de tributo. (...). E esse ato aplicativo será, inexoravelmente, um segmento de linguagem que tanto pode ser produzido pela entidade tributante como pelo próprio sujeito passivo, nos casos em que a lei assim determinar".[12]

A incidência, portanto, está intimamente ligada ao ato de aplicação realizado pela autoridade administrativa (ato administrativo de lançamento) ou pelo particular (lançamento por homologação), e a subsunção integral das normas aplicáveis ao evento condiciona sua validade.

Podemos analisá-la sob o aspecto formal (documentos de formalização), mas seu conteúdo material (eficácia técnica e jurídica da norma do ICMS na operação, composta a partir de todos os enunciados aplicáveis ao caso concreto) é determinante.

No percurso de positivação do direito, desde a norma constitucional ao ato individual e concreto do contribuinte que documenta a utilização do crédito, passando pela lei que institui a regra-matriz de incidência, pela nota e pelos livros fiscais, todo ato de criação normativa é, ao mesmo tempo, ato de aplicação do Direito, e eventual vício neste processo transfere-se ao produto, conforme será analisado no tópico seguinte.

Ou seja, a Constituição incide no ato de produção legislativa que dá origem à lei complementar, que incide no ato de produção do convênio-ICMS, que incide na norma estadual concessiva do benefício fiscal, que incide na operação praticada pelo vendedor, desonerando-o[13] ou concedendo-lhe

11. Trecho do voto do Min. Cézar Peluso no RE 370.682-SP, rel. Min. Ilmar Galvão.

12. Paulo de Barros Carvalho, *Fundamentos Jurídicos da Incidência*, São Paulo, Saraiva, 1999, p. 220.

13. Tomaremos, para efeitos do presente trabalho, a norma isencional como de comportamento que se volta à conduta do contribuinte, conferindo-lhe o direito ao não-pagamento, na esteira da doutrina de Pedro Lunardelli (*Isenções Tributárias*, São

um benefício fiscal que acarrete a desoneração (crédito presumido, diferimento do pagamento, liberação do pagamento do ICMS condicionada ao investimento etc.).

Eventual vício de *adequação* nesta cadeia normativa transfere-se para o produto, e, especificamente em relação ao objeto de nosso estudo, a ausência de previsão em convênio fulmina o benefício fiscal concedido de inconstitucionalidade.

O vício da norma que introduz o benefício fiscal sem amparo em convênio transfere-se para o ato de aplicação, pela necessária relação de subordinação vertical da cadeia normativa.

Aliás, o art. 8º da Lei Complementar 24/1975 prescreve de forma expressa a nulidade do benefício fiscal concedido em desconformidade aos seus preceitos: "Art. 8º. A inobservância dos dispositivos desta Lei acarretará, cumulativamente: I – a nulidade do ato e a ineficácia do crédito fiscal atribuído ao estabelecimento recebedor da mercadoria; II – a exigibilidade do imposto não pago ou devolvido e a ineficácia da lei ou ato que conceda remissão do débito correspondente".

Ainda que o ICMS seja destacado na nota fiscal pelo vendedor (formal), se tal documento não tem fundamento de validade legítimo, ele também é inconstitucional, e, por isso, inválido (nulo – vício material).

A nota fiscal nada mais é que um documento que converte em linguagem competente (fato jurídico) a operação de circulação de mercadoria ou de prestação de serviço efetivamente realizada (evento). Tem existência distinta da operação, mas é dela totalmente dependente, devendo retratar com fidelidade seus exatos termos *de fato* e *de direito*.

Podemos identificar como *elementos de fato* deste documento os eventos materiais por ela documentados em toda sua extensão de espaço, tempo e valor; e como *elementos de direito* a adequada aplicação das normas gerais e abstratas relativas à operação. Sua validade depende da adequação de ambos os aspectos, em conjunção aditiva, não havendo que se falar na existência isolada de apenas um deles.

Em um exemplo concreto, se o valor real da operação foi de 100 Reais, a nota fiscal não poderia considerá-lo como de 1.000 Reais (erro de fato); ao mesmo tempo, não poderia destacar como incidido o ICMS se na realidade não houve tal incidência (pela concessão de benefícios fiscais ao vendedor) (erro de direito).

Uma objeção que poderia ser levantada a esta conclusão é a proteção à boa-fé do comprador, que não teria elementos suficientes para aferir a validade da incidência anterior, e este não seria seu papel. Além do mais, eventual ilegalidade/inconstitucionalidade do vendedor não poderia repercutir na responsabilidade do comprador de boa-fé.

Como exposto anteriormente, o direito ao crédito escritural de ICMS parte da norma constitucional e exige a *incidência material* (entendida como adequada subsunção do *evento* ao conjunto normativo a ele aplicável) na operação anterior. É dever do adquirente, para adequada utilização do crédito, postular a regularidade na positivação da etapa anterior, sob o risco de, ao menos por negligência ou imprudência, tomar como válido crédito fiscal sem a

Paulo, Dialética, 1999): "O antecedente será a previsão hipotética da concretização da aludida conduta 'X', enquanto no conseqüente haverá a prescrição de uma relação jurídica também entre Fisco e contribuinte, composta pelo dever subjetivo de o Fisco não exigir a prestação (débito isencional) e o correspectivo direito subjetivo de o contribuinte não ser exigido (crédito isencional). Assim, a conduta 'X', que até o advento da norma de isenção correspondia à materialização da hipótese da regra tributária, passa agora a ser elemento do conjunto hipotético da norma de isenção. (...). Diante disso, verificamos que 'exclusão do crédito tributário', a que se refere o aludido art. 175, I, do diploma tributário, aponta para a relação jurídica correspectiva ao conseqüente da norma de isenção, dentro da qual aparecerá o direito subjetivo (relação de crédito isencional) de o contribuinte não cumprir a prestação (está permitido omitir a conduta de prestar), vinculado ao dever subjetivo (débito isencional) de o Fisco não exigir tal prestação" (p. 76).

necessária verificação da legislação aplicável à hipótese.

O adquirente não pode alegar em seu proveito a ignorância da lei aplicável.

Ademais, em um aspecto pragmático econômico-financeiro, as operações sujeitas a tais benefícios fiscais são, em regra, praticadas em valores inferiores aos usuais de mercado, o que afastaria, inclusive, supostos prejuízos pela desconsideração dos créditos fiscais delas decorrentes.

Quanto à responsabilidade por débito de terceiro, o adquirente não é cobrado do ICMS que seria devido ao Estado vendedor, pela inconstitucionalidade do benefício fiscal concedido sem previsão em convênio, ou seja, não lhe é transferida a responsabilidade pelo débito de ICMS do vendedor (que se utilizou dos benefícios fiscais inconstitucionais).

O que ocorre é que o Estado prejudicado não considera como legítimo o crédito decorrente da operação beneficiada de forma inconstitucional.

Neste sentido, em caso de declaração de inconstitucionalidade do ato normativo que concede o benefício fiscal sem previsão em convênio por controle concentrado, o vendedor poderia ser cobrado, pelo Estado outorgante, do ICMS que deixou de recolher, e o Estado prejudicado poderia ressarcir-se do comprador em caso de utilização do crédito relativo a este benefício inconstitucional.

Na hipótese de desconsideração, pelo Estado prejudicado, do crédito inconstitucional antes desta decisão, sua posterior edição em nada prejudica as relações a ela anteriores.

4. A reação do Estado prejudicado ao benefício fiscal inconstitucional

Partindo da premissa da inconstitucionalidade da concessão unilateral de benefícios fiscais sem previsão anterior em convênio, surge a questão central do presente trabalho: quais os efeitos desta inconstitucionalidade para o Estado prejudicado?

Poderia, *sponte sua*, desconsiderar tais benefícios em seu âmbito interno? Poderia editar norma geral e abstrata que determinasse a não-aplicação do benefício fiscal inconstitucional em seu território? Poderia conceder benefício semelhante aos seus contribuintes, para afastar a desigualdade? Deveria socorrer-se do Judiciário para cassar a norma violadora?

A resposta a estas questões transita necessariamente pela natureza do ato inconstitucional e pelos instrumentos para seu controle.

4.1 O ato normativo inconstitucional e sua não-aplicação

O direito positivo organiza-se como um sistema[14] escalonado de normas vigentes em um determinado espaço geográfico em dado tempo histórico, articulado segundo os princípios da hierarquia e da coordenação.[15] Ou seja, existem normas fundantes e normas fundadas; normas que dispõem sobre a formação de outras normas e normas que disciplinam diretamente a conduta intersubjetiva.

Este sistema prevê sua própria criação, do âmbito mais abrangente e abstrato até o círculo individual e concreto, que disciplina e vincula especificamente a conduta realizada pelo sujeito de direitos. Este o ciclo de positivação do Direito: "Constituição,

14. "As características do conceito geral do sistema são a ordem e a unidade. Eles encontram a sua correspondência jurídica nas idéias da adequação valorativa e da unidade interior do Direito; estas não são apenas pressuposições de uma jurisprudência que se entenda a si própria como ciência e premissas evidentes dos métodos tradicionais de interpretação, mas também, e sobretudo, conseqüências do princípio da igualdade e da 'tendência generalizadora' da Justiça; portanto, mediatamente, da própria 'idéia de Direito'" (Claus-Wilhelm Canaris, *Pensamento Sistemático e Conceito de Sistema na Ciência do Direito*, 2ª ed., Lisboa, Fundação Calouste Gulbenkian, 1996, p. 279).

15. Hans Kelsen, *Teoria Pura do Direito*, São Paulo, Martins Fontes, 1998, pp. 33 e ss.

lei, regulamento, ato administrativo e sentença, ato de execução, são simplesmente as etapas típicas da formação da vontade coletiva do Estado Moderno".[16]

No campo tributário o processo de positivação "parte das competências tributárias, delineadas constitucionalmente, avançando para o exercício destas competências, fontes materiais que produzem a lei (lex), ao lançamento tributário que juridiciza a incidência tributária, constituindo a obrigação tributária e seu fundamento, o fato jurídico tributário".[17]

De início, reiteramos a observação feita por Kelsen[18] de que todo ato de criação de direito positivo é, ao mesmo tempo, ato de aplicação do direito positivo (superior), ou seja, quando o Legislativo edita a lei (e, assim, cria direito positivo), segue os limites formais e materiais a ele impostos pela Constituição (e, assim, aplica a Constituição); o mesmo acontece com o agente fiscal de rendas que efetua o lançamento tributário, cria norma individual e concreta, mas aplica a lei.

Este encadeamento exige, para sua validade, a *adequação* ao procedimento (forma) e ao conteúdo (matéria), sob pena de vício (nulidade ou anulabilidade).

Neste contexto, a defesa da constitucionalidade das normas surge como um instrumento de validação e controle da força normativa da Constituição, ou seja, garantia de sua superioridade hierárquica.

Sem a defesa da constitucionalidade, normas inferiores poderiam contradizer seus dispositivos e permanecer em vigor – o que jogaria por terra a força normativa da Constituição, transformando-a em uma Carta de intenções inútil.

Kelsen observa que, entre as medidas técnicas "que têm por objeto garantir a regularidade das funções estatais, a anulação do ato inconstitucional é a que representa a principal e mais eficaz garantia da Constituição".[19]

E continua: "A nulidade significa que um ato que pretende ser um ato jurídico, especialmente um ato estatal, não o é objetivamente por ser irregular, isto é, por não preencher os requisitos que uma norma jurídica de grau superior lhe prescreve. O ato nulo carece de antemão de todo e qualquer caráter jurídico, de sorte que não é necessário, para lhe retirar sua qualidade usurpada de ato jurídico, um outro ato jurídico. Se, em vez disso, tal ato fosse necessário, não estaríamos diante de uma nulidade, mas de uma anulabilidade. Todos, autoridades públicas e cidadãos em geral, têm o direito de examinar em todas as circunstâncias a regularidade do ato nulo, de declará-lo irregular e de tratá-lo, em conseqüência, como não-válido, não-obrigatório. Somente na medida em que o direito positivo limite esse poder de examinar qualquer ato que pretenda ter o caráter de ato jurídico e

16. Hans Kelsen, *Jurisdição Constitucional*, São Paulo, Martins Fontes, 2003, p. 125.

17. Eurico Marcos Diniz de Santi e Paulo César Conrado, "Controle direto de constitucionalidade e repetição do indébito tributário", *Revista Dialética de Direito Tributário* 86/28, São Paulo, Dialética, novembro/2002.

18. "Cada grau da ordem jurídica constitui, pois, ao mesmo tempo, uma produção de Direito com respeito ao grau inferior e uma reprodução do Direito com respeito ao grau superior.

"A idéia de regularidade se aplica a cada grau, na medida em que é aplicação ou reprodução do Direito. Porque a regularidade nada mais é que a relação de correspondência de um grau inferior com um grau superior da ordem jurídica. Não é apenas na relação entre os atos de execução material e as normas individuais – decisão administrativa e sentença –, ou também entre esses atos de execução e as normas legais ou regulamentos gerais, que podem ser postuladas a regularidade e as garantias técnicas apropriadas para assegurá-la, mas também nas relações entre o decreto e a lei, e entre a lei e a Constituição. Assim, as garantias da legalidade dos decretos e da constitucionalidade das leis são tão concebíveis quanto as garantias da regularidade dos atos jurídicos individuais.

"Garantias da Constituição significam, portanto, garantias da regularidade das regras imediatamente subordinadas à Constituição, isto é, essencialmente, garantias da constitucionalidade das leis" (Hans Kelsen, *Jurisdição Constitucional*, cit., p. 126).

19. Hans Kelsen, *Jurisdição Constitucional*, cit., p. 148.

de decidir sobre a sua regularidade, reservando-o sob condições precisas a certas instâncias determinadas, é que um ato que sofra de um vício jurídico qualquer pode não ser considerado *a priori* nulo, mas somente anulável. Na ausência de tal limitação, qualquer ato jurídico viciado deveria ser considerado nulo, isto é, como não sendo um ato jurídico. De fato, os diversos direitos positivos contêm restrições acentuadas ao poder que, em princípio, cabe de direito a qualquer um de tratar os atos irregulares como nulos. Em geral, os atos dos particulares e os atos das autoridades são tratados de forma diferente quanto a esse aspecto. Em linhas gerais, constata-se uma tendência a tratar os atos das autoridades públicas, inclusive os atos irregulares, como válidos e obrigatórios enquanto outro ato de outra autoridade não os faz desaparecer. A questão da regularidade ou da irregularidade dos atos das autoridades não deve ser decidida pura e simplesmente pelo cidadão ou pelo órgão estatal a que estes se dirigem pedindo obediência, mas pela própria autoridade que produziu o ato cuja regularidade é contestada, ou por uma outra autoridade cuja decisão é provocada por meio de um procedimento determinado".[20]

A questão que nos interessa diretamente é se o Estado prejudicado pode deixar de aplicar a norma tida por inconstitucional diretamente ou por meio da edição de outra norma, cujo conteúdo reconhece a não-aplicação da norma que concede benefícios fiscais por outro Estado sem amparo em convênio.

É pacífico em nossa prática constitucional que o Judiciário pode, pelo controle difuso ou concentrado, reconhecer a incompatibilidade da norma com a Constituição Federal, deixando de aplicá-la ao caso concreto ou retirando-a do sistema, respectivamente. Mas seria tal competência *privativa*? Os Estados estariam impedidos de editar norma que veiculasse tal juízo?

20. Idem, ibidem, pp. 140-141.

Em artigo doutrinário sobre a possibilidade de controle de constitucionalidade pelo julgador administrativo,[21] concluímos que a expressão "controle de constitucionalidade" admite pelo menos duas acepções: (i) não-aplicação de ato normativo, por colidente com a Constituição Federal; (ii) edição de norma individual e concreta (controle difuso) ou geral e concreta (controle concentrado) que "declara" a inconstitucionalidade da norma. E tal controle, no Brasil, não é exclusivo do Poder Judiciário:

"A expressão 'controle de constitucionalidade' deve ser tomada em seu sentido mais amplo, de modo a albergar toda e qualquer verificação de compatibilidade do ato normativo com seu fundamento de validade máximo, que é a Constituição Federal. Como visto acima, o ato de produção de Direito é ao mesmo tempo ato de aplicação do Direito, e controlar a constitucionalidade nada mais é que verificar a adequação e regularidade desta aplicação tomando-se como parâmetro a Constituição Federal.

"Neste cenário, podemos destacar as seguintes normas constitucionais:

"(i) O art. 23 prescreve que: 'É competência comum da União, dos Estados, do Distrito Federal e dos Municípios: I – zelar pela guarda da Constituição, das leis e das instituições democráticas e conservar o patrimônio público'.

"(ii) O art. 49, V, atribui ao Congresso Nacional competência exclusiva para 'sustar os atos normativos do Poder Executivo que exorbitem do poder regulamentar ou dos limites de delegação legislativa'.

"(iii) O art. 52, X, outorga ao Senado Federal competência para 'suspender a execução, no todo ou em parte, de lei declara-

21. Aldo de Paula Jr., "Decisão administrativa e a análise da constitucionalidade da lei: pode o julgador administrativo anular o lançamento por reconhecer a inconstitucionalidade da lei que o fundamenta?", in Aldo de Paula Jr. e Marcelo Salomão (orgs.), *Processo Administrativo Tributário Federal e Estadual*, São Paulo, Editora MP, 2005.

da inconstitucional por decisão definitiva do Supremo Tribunal Federal'.

"(iv) Na seção relativa ao 'Processo Legislativo', o art. 66, § 1º, outorga ao Presidente da República o poder de vetar, total ou parcialmente o projeto de lei 'inconstitucional ou contrário ao interesse público'.

"(v) O art. 97 fixa a chamada 'cláusula de reserva de Plenário' para a declaração de inconstitucionalidade, ao prescrever que 'somente pelo voto da maioria absoluta de seus membros ou dos membros do respectivo Órgão Especial poderão os tribunais declarar a inconstitucionalidade de lei ou ato normativo do Poder Público'.

"(vi) O art 102, *caput*, prescreve que 'compete ao Supremo Tribunal Federal, *precipuamente*, a guarda da Constituição', e em seu inciso I, 'a', a competência para 'processar e julgar, originariamente', 'a ação direta de inconstitucionalidade de lei ou ato normativo federal ou estadual e a ação declaratória de constitucionalidade de lei ou ato normativo federal'.

"(vii) Pelo inciso III do art. 102, o STF tem competência para 'julgar, mediante recurso extraordinário, as causas decididas em única ou última instância, quando a decisão recorrida: a) contrariar dispositivo desta Constituição, b) declarar a inconstitucionalidade de tratado ou lei federal; c) julgar válida lei ou ato de governo local contestado em face desta Constituição; d) julgar válida lei local contestada em face de lei federal'.

"(viii) O art. 102, § 2º, com a redação que lhe atribui a Emenda Constitucional 45/2004, dispõe que 'as decisões definitivas de mérito, proferidas pelo Supremo Tribunal Federal, nas ações diretas de inconstitucionalidade e nas ações declaratórias de constitucionalidade produzirão eficácia contra todos e efeito vinculante, relativamente aos demais órgãos do Poder Judiciário e à Administração Pública direta e indireta, nas esferas federal, estadual e municipal'.

"(ix) O art. 103, por sua vez, outorga legitimação para propositura da ação direta de inconstitucionalidade e da ação declaratória de constitucionalidade.

"Destes dispositivos, verificamos que o controle de constitucionalidade não é privativo do Judiciário, tampouco do STF.[22]

"O que é 'privativo' do Supremo Tribunal Federal é realizar tal controle com 'eficácia contra todos e efeito vinculante, relativamente aos demais órgãos do Poder Judiciário e à Administração Pública direta e indireta, nas esferas federal, estadual e municipal', quando profere decisão de mérito na ação direta de inconstitucionalidade ou na ação declaratória de constitucionalidade.

"Ou seja, o controle concentrado de constitucionalidade (contra lei em tese, com a declaração de nulidade da lei, com efeitos *erga omnes*, *ex tunc* (em regra) e vinculantes) é privativo do STF.

"A eficácia *erga omnes* não é privativa da decisão de mérito em ação direta de inconstitucionalidade ou ação declaratória de constitucionalidade, porque o Congresso Nacional, ao 'sustar os atos normativos do Poder Executivo que exorbitem do poder regulamentar ou dos limites de delegação legislativa', também produz esta eficácia, mas não é vinculante ao Poder Judiciário."

Mas esta ausência de exclusividade autorizaria o Estado prejudicado a deixar de aplicar a norma que concede o benefício sem amparo em convênio?

Entendemos que sim.

Não se trata, a hipótese, de "declaração de inconstitucionalidade" na acepção utilizada pelo Poder Judiciário, mas de não-aplicação de norma por inconstitucionalidade.

A distinção não é meramente sintática, mas semântica e pragmática.

22. O art. 102 da CF utiliza-se do termo "precipuamente" (derivado de "precípuo" = mais importante; principal, essencial – *Dicionário Eletrônico Houaiss da Língua Portuguesa*), que pode ser substituído por "principalmente", nunca por "exclusivamente".

Em outras palavras, poder-se-ia exigir do Estado prejudicado o cumprimento de uma norma inconstitucional? Qual a sanção pelo descumprimento de uma norma inconstitucional?

Nosso sistema jurídico-positivo adota, com esteio na doutrina de Rui Barbosa,[23] a teoria da nulidade dos atos inconstitucionais;[24] ou seja, o ato normativo produzido em desconformidade com a Constituição contém um vício intrínseco que fulmina sua validade *ab initio*.[25]

23. "Essa conseqüência *[nulidade do ato inconstitucional]* resulta evidentemente da própria essência do sistema. Onde se estabelece uma Constituição, com delimitação da autoridade para cada um dos grandes Poderes do Estado, claro é que estes não podem ultrapassar essa autoridade sem incorrer em incompetência, o que em Direito equivale a cair em nulidade. *Nullus est major defectus quam defectus potestatis*.

"A invalidade da ação dos poderes políticos fora do círculo dos textos constitucionais é o dogma cardeal do constitucionalismo americano. A evolução lógica desse dogma foi traçada admiravelmente por Marshall, o supremo expositor da Constituição Americana.

"Reproduzirei aqui, em sua íntegra, essa página deslumbrante de claridade: "'Toda a construção do Direito Americano tem por base a noção de que o povo possui originariamente o direito de estabelecer, para o seu futuro governo, os princípios, que mais conducentes se lhe afigurem à sua utilidade. O exercício desse direito original é um insigne esforço: não pode, nem deve repetir-se freqüentemente. Os princípios, que destarte uma vez se estabeleceram, consideram-se, portanto, fundamentais. E, como a autoridade, de que eles dimanam, é suprema, e raro se exerce, esses princípios têm destino permanente. A vontade primitiva e soberana organiza o governo, assinando-lhe os diferentes ramos, as respectivas funções. A isto pode cingir-se; ou pode estabelecer raias que eles não devam transpor. Nesta última espécie se classifica o governo dos Estados Unidos. Definiram-se e demarcaram-se os poderes da legislatura; e, para que sobre tais limites não ocorresse erro, ou deslembrança, fez-se escrita a Constituição. Com que fim se estipulariam esses poderes, e com que fim se reduziria essa estipulação a escrito, se os limites prescritos pudessem ser ultrapassados exatamente por aqueles que ela se propunha a coibir? Acabou-se a distinção entre os governos de poderes limitados e os de poderes indefinidos, se os confins, que se estabelecem, não circunscreverem as pessoas, a que se impõem, e ficarem igualmente obrigativos os atos permitidos e os atos defesos. Ou havemos de admitir que a Constituição anula qualquer medida legislativa que a contrarie, ou anuir em que a legislatura possa alterar por medidas ordinárias a Constituição. Não há contestar o dilema. Entre as duas alternativas não se descobre meio-termo. Ou a Constituição é uma lei superior, soberana, irreformável por meios comuns; ou se nivela com os atos de legislação usual, e, como estes, é reformável ao sabor da legislatura. Se a primeira proposição é verdadeira, então, o ato legislativo contrário à Constituição não será lei; se é verdadeira a segunda, então, as Constituições escritas são absurdos esforços do povo, por limitar um poder de sua natureza ilimitável. Ora, com certeza, todos os que têm formulado Constituições escritas sempre o fizeram com o intuito de assentar a lei fundamental e suprema da nação; e, conseguintemente, a teoria de tais governos deve ser que qualquer ato da legislatura ofensivo da Constituição é nulo. Esta doutrina está essencialmente ligada às Constituições escritas, e, portanto, deve-se observar como um dos princípios fundamentais de nossa sociedade' (*The Writings of John Marshall, Late Chief-Justice of the United States, upon the Federal Constitution*, Bost., 1839, pp. 24-25).

"Esta demonstração, bem se vê, não assenta em considerações peculiares à Nação Americana. Baseia-se menos em seus textos que na índole de seu regímen constitucional, que a Constituição Brasileira reproduz, e que se aplica, em geral, a todas as Constituições escritas com separação limitativa dos Poderes" (Rui Barbosa, *Obras Completas de Rui Barbosa*, vol. XX, t. V, Rio de Janeiro, MEC, 1958, pp. 58-60).

24. "A lei ou é constitucional ou não é lei. Lei inconstitucional é uma contradição em si. A lei é constitucional quando fiel à Constituição; inconstitucional, na medida em que a desrespeita, dispondo sobre o que lhe era vedado. O vício da inconstitucionalidade é congênito à lei e há de ser apurado em face da Constituição vigente ao tempo de sua elaboração" (STF, Pleno, ADI 2-DF, rel. Min. Paulo Brossard, *DJU* 21.11.1997, *Ementário* 1.892-01/1).

25. "O repúdio ao ato inconstitucional decorre, em essência, do princípio que, fundado na necessidade de preservar a unidade da ordem jurídica nacional, consagra a supremacia da Constituição. Esse postulado fundamental de nosso ordenamento normativo impõe que preceitos revestidos de 'menor' grau de positividade jurídica guardem, 'necessariamente', relação de conformidade vertical com as regras inscritas na Carta Política, sob pena de ineficácia e de conseqüente inaplicabilidade. Atos inconstitucionais são, por isso mesmo, nulos e destituídos, em conseqüência, de qualquer carga de eficácia jurídica.

"A declaração de inconstitucionalidade de uma lei alcança, inclusive, os atos pretéritos com base nela praticados, eis que o reconhecimento desse supremo vício jurídico, que inquina de total nulidade os atos

O ato normativo que veicula benefício fiscal sem previsão em convênio existe, porque introduzido no sistema por agente competente (o Estado), mas seu conteúdo carece de fundamento válido – o que acarreta sua invalidade intrínseca.[26]

Já nos idos de 1979 o STF deparou-se com questão semelhante ao analisar a validade de decreto do Governador do Estado de São Paulo que "determina aos órgãos a ele subordinados que se abstenham da prática de atos que impliquem a execução de dispositivos legais vetados por falta de iniciativa do Poder Executivo" (Pleno, Repr. 980-SP, rel. Min. Moreira Alves, j. 21.11.1979, m.v.), e concluiu pela possibilidade de não-aplicação do ato normativo inconstitucional pelo chefe do Poder Executivo:

"2. Antes da admissão da ação direta de declaração de inconstitucionalidade da lei em tese, a opinião de que o Poder Executivo não é obrigado a cumprir leis que considere inconstitucionais foi acolhida por esta Corte, como salienta Caio Tácito em comentário publicado na *RDA* 59/339 e ss., onde se lê: 'A compreensão de que o exame da constitucionalidade das leis não é monopólio do Poder Judiciário (embora sujeito a seu controle final) tem, pelo menos, dois precedentes respeitáveis na jurisprudência do STF: '(i) em acórdão relatado pelo ilustre Min. Nélson Hungria, a unanimidade do Tribunal Pleno manteve o decreto do então Prefeito Jânio Quadros que declarou nulos e sem efeito, tendo em vista a inconstitucionalidade das leis estaduais em que se fundavam, atos administrativos que beneficiavam certos funcionários (RMS 2.497, *RDA* 42/230); (ii) em acórdão, também unânime, relatado pelo ilustre Min. Cândido Mota, o Tribunal Pleno manteve a recusa do Governador do Estado da Paraíba em executar a Lei estadual 1.551, por entendê-la inconstitucional (RMS 4.211, *RTJ* 2/386)'.

"Esse elenco é consideravelmente ampliado pelo eminente Min.o Prado Kelly em voto que proferiu no MS 16.003 (in *RDP* 5/240-241): (...).

"Nesse sentido, aliás, se inclinava grande parte da doutrina em nosso país – embora alguns dos autores restringissem tal faculdade ao chefe do Poder Executivo, quando na defesa de prerrogativas próprias –, como se vê no minucioso estudo feito por Miranda Lima, in *RDA* 81/466 e ss.

"Em lapidar voto, proferido em causa em que esta questão não era decisiva para o julgamento, o eminente Min. Eloy da Rocha bem sintetizou a fundamentação jurídica justificadora dessa posição:

"'Sr. Presidente, estou de acordo com o eminente Min. Relator.

"'Embora não tenha interesse decisivo no caso em tese que se está discutindo, contudo quero, também, a ele me referir, para dizer que o meu entendimento coincide com o do Sr. Min. Prado Kelly. É preciso, naturalmente, não confundir o processo de elaboração da lei com o ato de execução. Intervêm, na feitura da lei, os dois Poderes, tanto o Legislativo como o Executivo, este através da sanção ou do veto e da promulgação. Sancionada e promulgada, ou exclusivamente promulgada, a lei,

emanados do Poder Público, desampara as situações constituídas sob sua égide e inibe – ante a sua inaptidão para produzir efeitos jurídicos válidos – a possibilidade de invocação de qualquer direito.

"A declaração de inconstitucionalidade em tese encerra um juízo de exclusão, que, fundado numa competência de rejeição deferida ao Supremo Tribunal Federal, consiste em remover do ordenamento positivo a manifestação estatal inválida e desconforme ao modelo plasmado na Carta Política, com todas as conseqüências daí decorrentes, inclusive a plena restauração de eficácia das leis e das normas afetadas pelo ato declarado inconstitucional. Esse poder excepcional – que extrai a sua autoridade da própria Carta Política – converte o Supremo Tribunal Federal em verdadeiro legislador negativo" (STF, Pleno, ADI/QO 652-MA, rel. Min. Celso de Mello, *DJU* 2.4.1993).

26. Distinguimos, com Pontes de Miranda, o plano da existência do da validade, e admitimos um ato normativo existente, porque publicado e promulgado, porém inválido se com conteúdo impróprio (enunciado-enunciado) ou por vício no procedimento (ato de enunciação).

pode suceder que ao Presidente da República se depare a contingência de cumprir a Constituição ou a lei – o Sr. Min. Oscar Saraiva já o mencionou. Conforme norma constitucional expressa – art. 83, parágrafo único –, que não é apenas forma literária no texto da Constituição, o Presidente da República, no ato da posse, presta o compromisso de 'cumprir a Constituição da República, observar as suas leis (...)'. Ora, o Presidente da República, que assumiu esse compromisso, quando na presença de conflito entre a lei e a Constituição, não tem opção: não se pode recusar a cumprir a Constituição.

"'Apresenta-se a objeção de que ao Presidente da República falta o poder de escolher entre a Constituição e a lei. Parece-me que assim não é. É verdade que, generalizada a tese, poderia haver abuso, mormente quando qualquer funcionário igualmente se julgasse com esse mesmo poder. Mas não há lugar para a extensão. Pelo art. 78 da Constituição, o Poder Executivo é exercido pelo Presidente da República. A este incumbe expedir decretos e regulamentos para a fiel execução das leis. O funcionário integra as forças da ação administrativa, mas o Poder Executivo é exercido pelo Presidente da República. Não se conclui que o Presidente da República possa declarar inconstitucional a lei. Não o pode fazer. Essa declaração, sabidamente, compete, nos termos da Constituição, tão-só ao Terceiro Poder, o Poder Judiciário. Mas, entre a ausência de poder para a declaração de inconstitucionalidade da lei e o dever de cumprir a lei inconstitucional, existe distinção fundamental. O Presidente da República, o Poder Executivo, não é obrigado a cumprir a lei inconstitucional. É claro que, uma vez que não tem o poder de declarar a inconstitucionalidade, corre o risco de, com o propósito de cumprir a Constituição, inobservar a lei, em caso em que ela deva ser observada.'

"Assim, acompanho, inteiramente, o voto do eminente Min. Relator (MS n. 16.003, loc. cit., pp. 245-246)" (trecho do voto do Min. Moreira Alves).[27]

A esta possibilidade poder-se-ia objetar ofensa ao princípio da separação dos Poderes, visto que tal atribuição seria privativa do Judiciário, e ao pacto federativo, por desconsideração a norma de outro Estado.

Quanto à primeira objeção, saliento que em nosso sistema constitucional tal exclusividade não ocorre e além do mais, também os Estados, Distrito Federal e Municípios têm por atribuição a defesa da Constituição (art. 23, I, da CF de 1988), subordinando-se diretamente a seus dispositivos.

A este respeito manifestou-se Moreira Alves:

"A premissa e a conclusão dessa tese, [*impossibilidade de não-aplicação pelo Executivo*] porém, eram, a meu ver, inconsistentes. Aquela, [*separação dos Poderes*] porque confundia a elaboração da lei com a sua execução; esta, [*privatividade do controle pelo Judiciário*] porque, como bem acentua Frederico Marques (*apud* Miranda Lima, ob. cit., p. 472): 'Não é só o Judiciá-

27. Pela clareza, vale a transcrição de trecho do voto do Min. Leitão de Abreu na Repr. 980-SP: "Entre os autores que, de modo inequívoco, sufragam essa doutrina se encontra Hely Lopes Meirelles, para quem a questão se coloca nestes termos: 'Quem descumpre lei inconstitucional' – escreve o insigne publicista – 'não comete ilegalidade, porque está cumprindo a Constituição. Ocorre, porém – continua –, que, como os atos públicos trazem em si a presunção de legitimidade, não cabe ao particular negar-lhes validade por entendimento próprio, sem que antes obtenha do Judiciário a declaração de invalidade. Com a Administração, todavia, a situação é diversa, porque a presunção de legitimidade milita a favor dos atos de todos as agentes do Poder Público. Nivelados no plano governamental, o Executivo e o Legislativo praticam atos de igual categoria, e com idêntica presunção de legitimidade. Se assim é, não há de negar ao chefe do Executivo a faculdade de recusar-se a cumprir ato legislativo inconstitucional, desde que por ato administrativo formal e expresso (decreto, portaria, despacho, etc.) declare a sua recusa e aponte a inconstitucionalidade de que se reveste' (*Direito Municipal Brasileiro*, 3ª ed., Ed. RT, pp. 848-849)".

rio que possui o poder de controlar a constitucionalidade do ato emanado do órgão do Poder Público. Se a última palavra sobre a questão está com os juízes e os tribunais, nada impede, porém, que os outros Poderes também a resolvam, na esfera de suas atribuições. A diferença entre o controle judiciário e a verificação de inconstitucionalidade de outros Poderes reside em que o primeiro é definitivo *hic et nunc*, enquanto a segunda está sujeita a exame posterior pelas Cortes de Justiça'" (Repr. 980-SP).

Também não há ofensa ao pacto federativo, porque os Estados e o Distrito Federal se encontram em mesmo plano hierárquico e detêm o mesmo feixe de competências legislativo-administrativas constitucionais, e eventual conflito entre eles deve ser resolvido pelo Poder Judiciário, por força do art. 102, I, "f", da CF de 1988.

Outra objeção que poderia ser levantada a esta possibilidade é a legitimidade do governador do Estado para ajuizar a ação direta de inconstitucionalidade, contra o ato normativo que veicula a isenção sem previsão em convênio, no STF. Ou seja, se o governador tem legitimidade para provocar o controle concentrado (art. 103, V, da CF de 1988), não poderia descumprir a norma por inconstitucionalidade.[28]

Esta objeção, contudo, parte de uma petição de princípio: que o controle de constitucionalidade é privativo do STF.

Se o controle (em acepção ampla) não é exclusivo do STF, pode o governador do Estado prejudicado deixar de cumprir a norma inconstitucional; mas, ao fazê-lo, arcará com as conseqüências de eventual entendimento desfavorável do Judiciário proferido em controle difuso ou concentrado, conforme observado por Moreira Alves (Repr. 980-SP): "Não tenho dúvida em filiar-me à corrente que sustenta que pode o chefe do Poder Executivo deixar de cumprir – assumindo os riscos daí decorrentes – lei que se lhe afigure inconstitucional. A opção entre cumprir a Constituição ou desrespeitá-la para dar cumprimento a lei inconstitucional é concedida ao particular para a defesa de seu interesse privado. Não o será ao chefe de um dos Poderes do Estado para a defesa não do seu interesse particular, mas da supremacia da Constituição que estrutura o próprio Estado?".

A via do controle concentrado tem por virtudes a retirada da norma inconstitucional do sistema jurídico-positivo, em regra com efeitos *ex tunc* (art. 27 da Lei 9.868/1999), e a produção de efeitos vinculantes e *erga omnes* (art. 102, § 2º, da CF de 1988) – o que garante a uniformização do entendimento e a estabilização das relações que tenham tal norma por substrato legal; mas estas características não afastam a possibilidade de não-aplicação pelo governador do Estado prejudicado.

Como argumento de reforço, podemos invocar o aspecto pragmático de tal desconsideração pelo Estado prejudicado: o

28. A esta objeção respondeu o Min. Moreira Alves, ainda sob a égide da Constituição de 1967, que restringia ao Procurador-Geral da República, agente subordinado ao Presidente da República, a legitimidade para a propositura da ação direta de inconstitucionalidade: "Essa orientação, como se vê, se apóia em fundamentos puramente pragmáticos: as conseqüências concretas do ato praticado em observância de lei tida como inconstitucional, ou ser a recusa de sua aplicação o único meio de levar a questão a exame do Judiciário. Ora, em matéria constitucional dessa gravidade, em que estão em jogo princípios como o da supremacia da Constituição, da separação dos Poderes e das prerrogativas deles em sua esfera de competência, não se podem apresentar soluções com base em critério meramente pragmático. É mister que haja um fundamento jurídico, para decidir se pode, ou não, o Poder Executivo, ao praticar ato no âmbito estrito de suas atribuições, deixar de cumprir lei que se lhe afigure contrária à Constituição, cujo respeito impõe necessariamente a observância de sua supremacia. A vingar critério pragmático dessa ordem, ter-se-ia de admitir, no Direito Brasileiro, que ao chefe do Executivo Federal não seria lícito deixar de cumprir lei que se lhe afigure inconstitucional, pois, embora o titular exclusivo da ação direta de declaração de inconstitucionalidade seja o Procurador-Geral da República, este é funcionário demissível *ad nutum* daquele, que disporia, portanto, sempre de meio para, afinal, obter a manifestação do Judiciário sobre a constitucionalidade, ou não, de uma lei" (Repr. 980-SP).

Judiciário, ao analisar a não-aplicação, pelo Estado prejudicado, do ato normativo que veicula benefício fiscal sem previsão em convênio, concluirá, se mantido o entendimento do STF sobre a inconstitucionalidade de tais benefícios, pela licitude do descumprimento, por exemplo:

(i) O contribuinte que se apropriou de crédito de ICMS com amparo em norma de outro Estado que concede benefício fiscal sem amparo em convênio (n1) é autuado pelo Estado prejudicado pela redução ilegítima de seu débito de ICMS.

(ii) O contribuinte oferece defesa administrativa onde pleiteia a validade dos créditos, porque tal dispositivo (n1) não fora declarado inconstitucional pelo STF.

(iii) A autuação é mantida na esfera administrativa e proposta execução fiscal.

(iv) Nos embargos à execução o contribuinte reitera as razões sobre a vigência, validade e eficácia do dispositivo que fundamenta os créditos (n1).

(v) O Judiciário pode, em controle difuso, reconhecer a inconstitucionalidade do ato normativo que concedeu o benefício fiscal sem previsão em convênio (n1) e julgar improcedentes os embargos, mantendo integralmente o débito.

O mesmo raciocínio aplica-se à anulatória e à declaratória – ou seja, o Judiciário apreciará a validade do ato normativo que concedeu a isenção e o reconhecerá inconstitucional, chancelando o descumprimento do Estado prejudicado.

Podemos identificar outra possível objeção ao descumprimento do ato normativo que veicula isenção sem previsão em convênio: o Estado prejudicado poderia sofrer processo de intervenção política (art. 34 da CF) por ofensa a norma de outro Estado?

Entendemos que não.

A intervenção federal é mecanismo excepcional que somente se legitima diante do preenchimento de uma das condições taxativas do art. 34 da Constituição da República, e em nenhuma delas encontramos a hipótese de ofensa ou descumprimento de lei estadual.

O inciso VI admite a intervenção para "prover a execução de lei federal, ordem ou decisão judicial" – o que não abrange a hipótese de descumprimento de norma estadual. Além do mais, tal interpretação analógica é impossível, uma vez que os Estados se encontram em mesmo nível hierárquico-normativo.

Por outro lado – e como argumento de reforço –, há que se ponderar se o inciso VI do art. 34 compreende a hipótese de inexecução de lei federal, pelo Estado, por motivo de inconstitucionalidade.

Por exigir análise prévia sobre a caracterização do descumprimento a "lei federal, ordem ou decisão judicial", o Constituinte originário condiciona a decretação da intervenção ao "provimento, pelo Superior Tribunal de Justiça, de representação do Procurador-Geral da República, no caso de recusa à execução de lei federal" (art. 36, IV, da CF de 1988) e "no caso de desobediência a ordem ou decisão judiciária, de requisição do Supremo Tribunal Federal, do Superior Tribunal de Justiça ou do Tribunal Superior Eleitoral" (art. 36, II, da CF de 1988).

Nesta hipótese, se o STJ entender que o descumprimento da norma federal ampara-se em dispositivo constitucional, não dará provimento à representação.[29]

29. O STF tem jurisprudência assentada sobre a impossibilidade de decretação de intervenção quando o descumprimento da ordem judicial se ampara em cláusula constitucional que também prescreve deveres correlatos, *verbis*: "Precatórios judiciais – Não-configuração de atuação dolosa e deliberada do Estado de São Paulo com finalidade de não-pagamento – Estado sujeito a quadro de múltiplas obrigações de idêntica hierarquia – Necessidade de garantir eficácia a outras normas constitucionais, como, por exemplo, a continuidade de prestação de serviços públicos – A intervenção, como medida extrema, deve atender à máxima da proporcionalidade – Adoção da chamada relação de precedência condicionada entre princípios constitucionais concorrentes" (IF 298, rel. Min. Gilmar Mendes, *DJU* 27.2.2004).

Mesmo pela aplicação do inciso VI do art. 34, não há que se falar em ruptura do pacto federativo na hipótese de não-aplicação de norma federal por contrária à Constituição, conforme observado por Kelsen ao analisar o sistema austríaco da Constituição de 1920: "Se a relação de subordinação do assim chamado Estado-membro para com o Estado central é sancionada juridicamente – na medida em que a desobediência a ordens do Estado central implica penalidades para o órgão que representa o Estado-membro –, tal sanção só pode ser considerada politicamente admissível se a ordem for legal sob todos os aspectos".[30]

E se, ao final, a norma for declarada constitucional pelo Judiciário, o Estado-membro não sofreria sanção política pelo descumprimento se a dúvida quanto à constitucionalidade fosse consistente e fundamentada, a ponto de caracterizar "erro jurídico escusável"; caso contrário as sanções seriam aplicáveis. Mais uma vez nos socorremos de Kelsen: "Se, portanto, o chefe estadual recusa obediência a uma instrução da União por considerá-la ilegal, a Corte Constitucional – qualificada em virtude de sua composição como órgão conjunto de União e Estados – deve antes de mais nada decidir se a instrução é legal e apenas em caso afirmativo aplicar a pena ao chefe estadual. Justamente no caso de desobediência a injunções concretas é que o elemento subjetivo de culpa, aqui também, como em todos os casos de responsabilidade ministerial, parte integrante do mérito que condiciona a pena, dificilmente poderá – havendo uma correta interpretação das disposições constitucionais – desempenhar algum papel prático. De fato, a desobediência a uma ordem inequívoca, na medida em que esta prove ser legal – e este é mesmo um risco que o chefe estadual desobediente toma para si –, deve ser qualificada ao menos como desídia. No entanto, a Corte Constitucional, numa decisão absolutória, apoiou-se justamente na falta de elemento subjetivo de culpa, e num caso de desobediência a uma ordem federal aceitou 'erro jurídico escusável'. Contra a ordem que lhe fora transmitida, o chefe estadual acusado havia objetado não apenas ilegalidade material, mas também ausência da competência formal do Governo Federal; a ordem diria respeito a matéria que não entrava na competência da União, mas sim na esfera de atividade do Estado. Desse modo, porém, estava afirmada a existência de um conflito de competência entre União e Estado, o qual não poderia ter sido decidido num processo penal por desobediência do chefe estadual, mas sim e somente num processo específico sobre o conflito de competência, a ser movido pela União ou pelo Estado perante a Corte Constitucional".

Nestes termos, concluímos que o Estado prejudicado pode deixar de aplicar o ato normativo de outro Estado que concede benefícios fiscais de ICMS sem amparo em convênio, sujeitando-se, entretanto, ao entendimento final do Poder Judiciário sobre a validade da norma e, conseqüentemente, sobre a legitimidade de seu descumprimento.

No mesmo sentido, é constitucional norma geral e abstrata editada pelo Estado prejudicado que determina a não-aplicação, em seu âmbito territorial, do ato normativo de outro Estado que veicula benefícios fiscais de ICMS sem amparo em convênio.

4.2 Outra postura: a concessão de benefícios fiscais equivalentes pelo Estado prejudicado

Após a análise da possibilidade do descumprimento da norma concessiva de benefícios fiscais sem previsão em convênio pelo Estado prejudicado e da constitucionalidade da norma geral e abstrata por ele editada que determina a não-aplicação da norma inconstitucional, perscrutaremos a validade da edição, pelo Estado prejudicado, de benefícios fiscais equivalentes,

30. Hans Kelsen, *Jurisdição Constitucional*, cit., p. 44.

também sem a necessária previsão em convênio.

A veiculação de equivalentes benefícios fiscais pelo Estado prejudicado buscaria o restabelecimento da igualdade e a anulação dos efeitos em relação à concorrência entre as empresas localizadas nas unidades federativas envolvidas.

Entendemos que a repetição, pelo Estado prejudicado, da inconstitucionalidade praticada pelo Estado concedente é inconstitucional, porque, para que o benefício fiscal seja válido, é imprescindível a previsão anterior em convênio.

Conforme observado pelo Min. Sepúlveda Pertence no julgamento da ADI/MC 2.377, "inconstitucionalidades não se compensam", *verbis*: "ICMS – 'Guerra fiscal' – Concessão unilateral de desoneração do tributo por um Estado Federado, enquanto vigorem benefícios similares concedidos por outros – Liminar deferida. A orientação do Tribunal é particularmente severa na repressão à 'guerra fiscal' entre as unidades federadas, mediante a prodigalização de isenções e benefícios fiscais atinentes ao ICMS, com afronta da norma constitucional do art. 155, § 2º, II, 'g', que submete sua concessão à decisão consensual dos Estados, na forma de lei complementar (ADI n. 84-MG, 15.2.1996, Galvão, *DJU* 19.4.1996; ADI/MC n. 128-AL, 23.11.1989, Pertence, *RTJ* 145/707; ADI/MC n. 902 3.3.1994, Marco Aurélio, *RTJ* 151/444; ADI/MC n. 1.296-PI, 14.6.1995, Celso; ADI/MC n. 1.247-PA, 17.8.1995, Celso, *RTJ* 168/754; ADI/MC n. 1.179-RJ, 29.2.1996, Marco Aurélio, *RTJ* 164/881; ADI/MC n. 2.021-SP, 4.8.1999, Corrêa; ADI n. 1.587, 19.10.2000, Gallotti, *Informativo* n. 207, *DJU* 15.8.1997; ADI/MC n. 1.999, 30.6.1999, Gallotti, *DJU* 31.3.2000; ADI/MC n. 2.352, 19.12.2000, Pertence, *DJU* 9.3.2001). As normas constitucionais, que impõem disciplina nacional ao ICMS, são preceitos contra os quais não se pode opor a autonomia do Estado, na medida em que são explícitas limitações. O propósito de retaliar preceito de outro Estado, inquinado da mesma balda, não valida a retaliação: inconstitucionalidades não se compensam. Concorrência do *periculum in mora* para a suspensão do ato normativo estadual que, posto inspirado na razoável preocupação de reagir contra o Convênio-ICMS 58/1999, que privilegia a importação de equipamentos de pesquisa e lavra de petróleo e gás natural contra os produtos nacionais similares, acaba por agravar os prejuízos igualmente acarretados à economia e às finanças dos demais Estados-membros que sediam empresas do ramo, às quais, por força da vedação constitucional, não hajam deferido benefícios unilaterais".[31]

Em desabono a esta tese, poder-se-ia alegar: se o Estado prejudicado pode descumprir a norma inconstitucional, por que não pode editar idêntico benefício para anular os efeitos (sobre a concorrência) daquele concedido pelo outro Estado?

A resposta apóia-se na distinção entre as situações: (i) na primeira hipótese (descumprimento), o Estado prejudicado, por vinculado diretamente à Constituição, deixa de aplicar a norma inconstitucional, sujeitando-se, contudo, à palavra final do Judiciário; (ii) na segunda hipótese, a Constituição impede a concessão (válida) de benefícios fiscais sem previsão em convênio.

A hipóteses distintas, soluções diversas.

5. Resumo e conclusões

Após a análise sobre a validade da concessão unilateral de benefício fiscal de ICMS sem amparo em convênio e sua repercussão nas relações entre os Estados e os adquirentes dos produtos (ou serviços) a ele sujeitos, construímos as seguintes conclusões:

5.1 O direito ao crédito escritural de ICMS decorre da aplicação da cláusula

31. STF, ADI/MC 2.377, rel. Min. Sepúlveda Pertence, *DJU* 7.11.2003; no mesmo sentido: ADI/MC 1.247, *DJU* 8.9.1995.

constitucional da não-cumulatividade e exige como condição necessária a incidência do bloco normativo do imposto (a norma de incidência é construída levando-se em consideração todos os enunciados-prescritivos relativos à situação regulada) na operação anterior, entendida em seu aspecto real, e não meramente formal (destaque na nota fiscal), e a regularidade no ciclo de positivação.

5.2 A concessão de benefícios fiscais em matéria de ICMS sem amparo em convênio é inconstitucional.

5.3 A inconstitucionalidade do ato normativo que veicula benefício fiscal sem previsão em convênio contamina a validade do ato de aplicação que o tem por substrato, tornando-o nulo (art. 8º da Lei Complementar 24/1975).

5.4 A expressão "controle de constitucionalidade" admite pelo menos duas acepções: (i) não-aplicação de ato normativo, por colidente com a Constituição Federal; (ii) edição de norma individual e concreta (controle difuso) ou geral e concreta (controle concentrado) que "declara" a inconstitucionalidade da norma.

5.5 O "controle de constitucionalidade" (acepção ampla) não é privativo do Poder Judiciário.

5.6 Pode o Estado prejudicado deixar de aplicar a norma inconstitucional em seu âmbito interno, porque subordinado à Constituição Federal.

5.7 A não-aplicação, pelo Estado prejudicado, da norma que concede benefício fiscal sem amparo em convênio não a retira do sistema jurídico-positivo.

5.8 O descumprimento da norma inconstitucional pelo Estado prejudicado sujeita-o ao provimento final jurisdicional sobre a validade de sua conduta, porque o ato normativo descumprido é vigente e obrigatório.

5.9 A norma geral e concreta produzida pelo STF em controle concentrado retira o ato normativo inconstitucional do sistema, em regra com efeitos *ex tunc* (art. 27 da Lei 9.868/1999), vinculantes e *erga omnes* (art. 102, § 2º, da CF de 1988), o que garante a uniformização do entendimento e a estabilização das relações que tenham tal norma por substrato legal; mas estas características não afastam a possibilidade de não-aplicação pelo governador do Estado prejudicado.

5.10 A legitimidade constitucional do governador prejudicado para ajuizar ação direta de inconstitucionalidade não o obriga a cumprir o ato normativo inconstitucional, porque o "controle de constitucionalidade" (acepção ampla) não é privativo do STF.

5.11 A não-aplicação do ato normativo inconstitucional não ofende a tripartição de Poderes, porque o Estado prejudicado tem o dever de zelar pela Constituição (art. 23, I, da CF de 1988), devendo aplicá-la em detrimento de norma infraconstitucional com ela incompatível.

5.12 A não-aplicação do ato normativo estadual inconstitucional não ofende o pacto federativo, porque os Estados encontram-se em um mesmo nível hierárquico político-normativo, todos subordinados à Constituição, e não estão obrigados a cumprir norma inconstitucional.

5.13 Não cabe sanção política ou jurídica ao Estado prejudicado que descumpre ato normativo estadual inconstitucional.

5.14 No mesmo sentido, é constitucional norma geral e abstrata editada pelo Estado prejudicado que determina a não-aplicação, em seu âmbito territorial, do ato normativo de outro Estado que veicula benefícios fiscais de ICMS sem amparo em convênio.

5.15 A concessão, pelo Estado prejudicado, de benefício fiscal de conteúdo idêntico ao outorgado pelo Estado concedente é inconstitucional, porque, para que o benefício fiscal seja válido, é imprescindível a previsão anterior em convênio.

EFICÁCIA DO ART. 3º DA LEI COMPLEMENTAR 118/2005

André Parmo Folloni

1. Introdução. 2. A primeira questão. Quando se inicia o prazo prescricional para o pleito judicial de repetição do indébito tributário nos tributos sujeitos a lançamento por homologação: 2.1 "Obrigação tributária" enquanto relação jurídica tributária efectual e geral e "crédito tributário" enquanto relação jurídica tributária intranormativa e individual – 2.2 "Crédito" e "crédito tributário" nos arts. 150, § 1º, 156, VII, e 168, I, do CTN – 2.3 A questão subjacente. O que extingue o crédito, afinal: o pagamento apenas, ou o pagamento acrescido da homologação? – 2.4 Não há condição resolutória – 2.5 As respostas da questão subjacente e da primeira questão. O pagamento antecipado extingue um "crédito" (dever integrante da obrigação tributária – relação efectual) e a homologação, expressa ou tácita, extingue a possibilidade de outro "crédito" (crédito tributário constituído pelo lançamento – relação intranormativa). Ambos, somados, necessários para a extinção do "crédito", de acordo com o art. 156, VII, do CTN. Só com ambos, portanto, inicia-se o prazo prescricional – 2.6 A interpretação jurisprudencial autêntica, divergente da nossa, é, no plano normativo, a única relevante. 3. Segunda questão. Será o art. 3º da Lei Complementar 118/2005 preceito interpretativo?: 3.1 Pressuposto da resposta: definir o que é "lei interpretativa" – 3.2 A resposta da segunda questão: não se trata de norma interpretativa. 4. A última questão. A eficácia do art. 3º da Lei Complementar 118/2005: 4.1 Uma opção. O art. 3º da Lei Complementar 118/2005 revogou os preceitos do Código Tributário Nacional com ele incompatíveis – 4.2 Outra opção. O art. 3º da Lei Complementar 118/2005 não tem eficácia alguma – 4.3 Síntese. 5. Resumo. 6. Conclusões.

1. Introdução

Pretende-se, aqui, tecer uma análise da eficácia que detém o art. 3º da Lei Complementar 118/2005, assim redigido: "Para efeito de interpretação do inciso I do art. 168 da Lei n. 5.172, de 25 de outubro de 1966 – Código Tributário Nacional, a extinção do crédito tributário ocorre, no caso de tributo sujeito a lançamento por homologação, no momento do pagamento antecipado de que trata o § 1º do art. 150 da referida Lei".

Para tal, é exigência prévia proceder à interpretação do art. 168, I, do CTN, que prescreve o prazo prescricional de cinco anos, contados da data da extinção do crédito tributário, para a propositura da ação de repetição de indébito. Nos casos de tributos sujeitos a lançamento por homologação, duas possibilidades interpretativas se apresentam na doutrina e na jurisprudência: para uns o crédito se extingue definitivamente com o mero pagamento antecipado, nada obstante reste pendente condição resolutória (CTN, art. 150, § 1º); para outros o crédito só se extingue definitivamente com o implemento da condição (a homologação ou o fim do prazo decadencial para que seja feita – CTN, arts. 150, §§ 1º e 4º, e 156, VII). Aceita a primeira interpretação, o prazo prescricional de cinco anos conta-se a partir do momento do pagamento. Essa a interpretação adotada pelo art. 3º da Lei Complementar 118/2005 ("Para efeito de interpretação ... a extinção do crédito tributário ocorre, no caso de tributo sujeito a lançamento por homologação, no momento do pagamento antecipado ..."). Aceita a segunda, o prazo prescricional conta-se a partir do momento da homologação expressa ou, na falta desta – o que, aliás, é a regra –, do *dies ad quem* do prazo decadencial para o lançamento de ofício (a homologação tácita). Neste caso, o prazo dilata-se para até 10 anos, contados a partir do pagamento antecipado (5 anos até a homologação, prazo decadencial do Fisco, e mais 5 de prazo prescricional para o contribuinte). Essa é a interpretação jurisdicional pacificada no STJ. De nosso ponto de vista, equivocadas ambas as exegeses, embora o efeito prático do nosso entendimento, adiante exposto, seja idêntico ao que ocorre se adotada essa interpretação jurisprudencial pacificada. No plano teórico (científico-dogmático) outra interpretação pode ser proposta, e é a que a seguir descreveremos, nada obstante mantenhamos em consciência que no plano normativo a questão já se encontra pacificada pela interpretação jurisprudencial autêntica – a do STJ.

Para verificar a eficácia própria do art. 3º da Lei Complementar 118/2005 em nosso ordenamento jurídico, faz-se necessário, antes, entender quando se inicia o prazo para a propositura da ação de repetição de indébito, que o preceito pretende fixar.

2. A primeira questão. Quando se inicia o prazo prescricional para o pleito judicial de repetição do indébito tributário nos tributos sujeitos a lançamento por homologação

O problema apenas se soluciona quando se elucida se o pagamento é extintivo do crédito tributário ou se, diferentemente, o é apenas o pagamento acrescido da homologação. Mas, para tal, é necessário que se fixe um sentido único à expressão "crédito tributário", tal qual se encontra no CTN, nos arts. 156, VII, e 168, I. Será necessário, também, definir o que é "obrigação tributária" para os efeitos do Código, diferençando-a do "crédito tributário". Trata-se de trabalho de depuração de linguagem, essencial ao conhecimento científico. Esse empreendimento já foi realizado pela doutrina, de forma mais que satisfatória. Vejamos:

2.1 "Obrigação tributária" enquanto relação jurídica tributária efectual e geral e "crédito tributário" enquanto relação jurídica tributária intranormativa e individual

O pagamento antecipado, na dicção do Código, extingue o crédito tributário, sob condição resolutória da ulterior homologação do lançamento. Mas "crédito tributário" é, para o Código Tributário, relação jurídica tributária *intranormativa* que apenas surge do lançamento tributário, ato administrativo constitutivo do crédito tributário e privativo da autoridade administrativa (CTN, art. 142, *caput*). Nesse sentido a perplexidade de Alcides Jorge Costa: "Mas se o pagamento extingue o crédito e se este é constituído pelo lançamento, como conciliar as coisas?".[1]

O pagamento antecipado é o cumprimento da prestação, a cargo do sujeito passivo, que surge imediatamente da ocorrência do fato gerador e que, por isso mesmo, dispensa o ato administrativo de lançamento. Essa prestação é parte constitutiva da relação jurídica tributária *efectual* ("obrigação tributária") que surgira quando da ocorrência do fato gerador, não parte constitutiva do crédito tributário, relação jurídica tributária intranormativa, que nem ainda surgiu. O pagamento antecipado, portanto, extingue inapelavelmente a obrigação tributária que surgira com a ocorrência do fato jurídico tributário *stricto sensu*. Esse pagamento já era exigível: nada tem a ver, portanto, com o pagamento antecipado a que se refere Pontes de Miranda, como aquele feito antes de exigível a dívida.[2] No direito tributário brasileiro, obrigações de dar

1. *Apud* Sacha Calmon Navarro Coêlho, *Curso de Direito Tributário Brasileiro*, 6ª ed., p. 700.

2. Pontes de Miranda, *Tratado de Direito Privado*, t. IV, p. 537.

dinheiro ao Estado a título de tributo podem advir diretamente do fato gerador *in concreto* (no caso dos tributos sujeitos a "lançamento por homologação") ou indiretamente do fato gerador e diretamente do lançamento tributário (tributos sujeitos a lançamento direto ou por declaração). No primeiro caso o direito positivo chama a relação jurídica nascida com a ocorrência do fato jurídico tributário *stricto sensu* "obrigação tributária"; nos segundo e terceiro casos a relação jurídica surge com o ato administrativo de lançamento e se chama "crédito tributário". Nesses casos, do fato gerador não surge imediatamente a obrigação de pagamento; o que dele surge é o dever de lançar (segundo caso) ou o dever de declarar (terceiro caso). E, nesse segundo caso apontado, a norma que descreve o fato gerador *in abstracto* é norma de competência dirigida à autoridade administrativa para que edite o lançamento, crie direito – não se dirigindo, portanto, ao contribuinte, para que pague. Seu único destinatário é o Fisco.

A consideração segundo a qual a expressão "obrigação tributária" no Código corresponde a uma relação jurídica geral e a expressão "crédito tributário" no mesmo Código corresponde a uma relação jurídica individual, a primeira surgida com a ocorrência do fato gerador *in concreto* e a segunda apenas com a edição do lançamento tributário, deve-se, originariamente, até onde vai nosso conhecimento, ao intelecto poderoso de José Souto Maior Borges, que já edificara tal construção doutrinária em 1984, há quase um quarto de século atrás: "(...) é utilizada pelo Código Tributário Nacional a terminologia 'obrigação tributária', para estremar a obrigação de caráter geral e abstrato (arts. 113, § 1º, e 114) em contraposição à obrigação de caráter individual e concreto (art. 142, *caput*) (...). A obrigação tributária principal, genérica e abstratamente considerada, tem sua origem com a ocorrência concreta do fato jurídico tributário (CTN, arts. 113, § 1º, e 114). Mas o crédito tributário só vem a surgir com o lançamento (CTN, art. 142, *caput*). Nesses termos, o fato jurídico tributário constitui tão-somente a obrigação tributária principal, de caráter geral e abstrato, por isso mesmo que contemplada em lei revestida desses atributos. É com esse sentido que se deve distinguir a obrigação de caráter geral e abstrato, prevista no art. 113, § 1º, obrigação definida em lei, da obrigação de caráter individual e concreto, referida no art. 142, *caput*, obrigação individualizada e concretizada pela norma individual que o lançamento estabelece".[3]

Já, as expressões "relação jurídica efectual" e "relação jurídica intranormativa" para denominá-las foram, ao que se sabe, introduzidas originariamente na doutrina tributarista por Eurico Marcos Diniz de Santi, que, ao resgatar aquela construção teórica de seu injusto e injustificado ostracismo, deu extraordinário desenvolvimento às lições: "Relações jurídicas efectuais exsurgem de fatos jurídicos juridicizados por normas de comportamento. Relações jurídicas intranormativas, de fatos jurídicos, fontes do Direito, que, juridicizados por normas de estrutura, inovam o ordenamento jurídico como normas individuais e concretas (...). A relação jurídica tributária efectual eqüivale [*sic*], na terminologia do Código Tributário Nacional, à obrigação tributária em sentido estrito (...) reservamos a expressão 'crédito tributário' para designar a relação jurídica tributária intranormativa (...)".[4]

Uniformizada está, portanto, a linguagem de sobrenível, sem ambigüidade ou vagueza, como exige o discurso científico: "obrigação tributária" é relação jurídica tributária efectual, que surge imediatamente do fato jurídico tributário *stricto sensu* e tem por objeto o pagamento, pelo sujeito passivo, de tributo ao sujeito ativo (CTN, art. 113, § 1º – abstraída a penalidade pecu-

3. José Souto Maior Borges, *Lançamento Tributário*, 2ª ed., pp. 420 e 439 (1ª ed. como vol. IV da coleção *Tratado de Direito Tributário*, publicada em 1981).

4. Eurico Marcos Diniz de Santi, *Lançamento Tributário*, 2ª ed., pp. 78, 178 e 183.

niária); "crédito tributário", por sua vez, é relação jurídica tributária intranormativa, que surge imediatamente do lançamento tributário ou do auto de infração e tem por objeto o pagamento, pelo sujeito passivo, de tributo ou multa ao sujeito ativo (CTN, art. 142, *caput*). Na obrigação surgida imediatamente da ocorrência do fato gerador nunca haverá multa, porque é esse fato um evento lícito.

2.2 "Crédito" e "crédito tributário" nos arts. 150, § 1º, 156, VII, e 168, I, do CTN

Contudo, na dicção do Código Tributário, o pagamento antecipado e a homologação do lançamento extinguem o crédito tributário (art. 156, VII). Há, ainda, o prescrito no art. 150, § 1º, do CTN, segundo o qual o pagamento antecipado extingue o crédito sob condição resolutória da ulterior homologação do pagamento. Consideração de extrema relevância para este estudo, uma vez que o prazo para a propositura da ação de repetição de indébito se inicia com a extinção do crédito tributário (CTN, art. 168, I). Mas não significam as expressões "crédito" e "crédito tributário", aí, a relação jurídica intranormativa, como nas considerações anteriormente expendidas. Porque em casos de lançamento por homologação não há, inicialmente, crédito tributário constituído por ato administrativo de lançamento. Há apenas a obrigação tributária. Portanto, "crédito", nessas hipóteses, não é a relação jurídica tributária intranormativa, que ainda não existe e, havendo homologação ou decadência, jamais existirá. Há que se atribuir outra significação.

O art. 156 do CTN, ao tratar das causas de extinção do crédito tributário, enumera, em seu inciso I, o *pagamento*. Pagamento de crédito tributário, isto é, cumprimento de prestação integrante de relação jurídica tributária intranormativa criada pelo ato administrativo de lançamento tributário. Nenhum problema, aqui.

Já, no art. 156, VII, há como causa extintiva do "crédito" o pagamento e a homologação do lançamento, nos casos em que se aplica o art. 150, é dizer, nos casos de "lançamento por homologação". Como "crédito", aqui, entenda-se o direito de receber, que assiste à Fazenda Pública, o pagamento do tributo devido com a ocorrência do fato gerador, antecipado a qualquer lançamento – direito, esse, integrante de uma relação jurídica tributária efectual, que o próprio Código já havia denominado "obrigação tributária". "Crédito tributário" como o direito de recebimento, direito subjetivo integrante da relação jurídica tributária que surgira com a ocorrência do fato jurídico tributário, como verificado no primeiro Paulo de Barros Carvalho.[5]

Há confusão conceitual no Código. Aqui não há ato administrativo constitutivo do crédito tributário (relação jurídica intranormativa), mas há obrigação (relação jurídica efectual) que surge imediatamente

5. Paulo de Barros Carvalho, *Curso de Direito Tributário*, 10ª ed., p. 255. Com a tese com a qual chegou à titularidade da cadeira de Direito Tributário na Faculdade de Direito do Largo de S. Francisco (USP), Paulo de Barros Carvalho passou a adotar posicionamento teorético bastante diverso do que vinha adotando anteriormente. Dentre vários aspectos de mudança, um merece, aqui, destaque: anteriormente Paulo de Barros Carvalho sustentava que a relação jurídica tributária surgia com a ocorrência do "fato jurídico tributário", assim entendido o evento ocorrido no mundo fenomênico, e denominava "crédito tributário" o dever acometido ao sujeito passivo, integrante daquela relação jurídica que surgira com a incidência, sem aplicação, como fazemos nessa passagem, não em todas. Hoje, sustenta o surgimento da relação apenas com a ocorrência do fato jurídico tributário, mas agora entendido este como a descrição daquele evento em linguagem jurídica competente, contida no antecedente de uma norma jurídica concreta e individual, advinda da incidência da norma abstrata e geral, incidência que fundiu com a aplicação, afastando a anterior distinção. Em razão disso, fazemos referência a um *primeiro* Paulo de Barros Carvalho (anterior à tese) e a um *segundo* Paulo de Barros Carvalho (posterior). A tese foi, posteriormente, publicada em 1988 como *Direito Tributário: Fundamentos Jurídicos da Incidência*. O livro consultado neste trabalho é a 2ª edição (*Direito Tributário: Fundamentos Jurídicos da Incidência*, 2ª ed., São Paulo, Saraiva, 1999), embora a obra já se encontre em 3ª edição (2003), pouco alterada em relação à 2ª.

da ocorrência do fato gerador, dispensando lançamento. O pagamento extingue essa obrigação. E a homologação (expressa ou tácita) extingue não a relação jurídica tributária intranormativa, que não surgiu, mas a possibilidade de seu surgimento. Homologado o pagamento ou sobrevindo a decadência, desaparece a chance de lançar criando crédito tributário (relação jurídica tributária intranormativa). No próprio Código encontra-se a referência ao lançamento como privativo da autoridade administrativa e constitutivo do crédito tributário (CTN, art. 142, *caput*). Duas coisas diversas: a relação jurídica que surge quando ocorre o fato gerador (efectual – obrigação tributária) e a relação jurídica que surge quando ocorre o lançamento tributário (intranormativa – crédito tributário). Nos "lançamentos por homologação", a princípio, há apenas a relação jurídica tributária efectual, que surge logo da ocorrência do fato jurídico tributário *stricto sensu*. O pagamento antecipado a extingue, e pode ser homologado. Essa homologação (expressa ou tácita – o fim do prazo decadencial) extingue a possibilidade de constituição do crédito pelo lançamento. Nada impede, contudo, que o Fisco discorde do pagamento, e essa discordância configura fato jurídico que tem como conseqüente o dever de lançar, criando relação jurídica tributária intranormativa, a ser extinta mediante novo pagamento. Há um prazo para essa discordância: o prazo decadencial.

Por que, então, a referência ao pagamento como extintivo do crédito tributário no art. 156, VII, do CTN? Só se pode concluir que a expressão "crédito tributário", na linguagem-objeto, revela ambigüidade, referindo-se ora ao crédito tributário enquanto relação jurídica intranormativa, ora ao dever do sujeito passivo integrante da obrigação tributária enquanto relação jurídica efectual e, ainda, ora enquanto adição das duas, como no art. 156, VII. Cabe à metalinguagem doutrinária dissipar, na medida do possível, tal ambigüidade, substituindo a linguagem-objeto por outra mais adequada. E identificar, em cada um dos incisos, se a palavra "crédito" do art. 156, *caput*, significa "crédito tributário" (relação jurídica tributária intranormativa) ou o direito subjetivo integrante da relação jurídica tributária efectual (obrigação tributária).

Que crédito extingue o pagamento e a homologação previstos no art. 156, VII, do CTN?

O pagamento extingue a relação efectual, a obrigação tributária, e não eventual relação jurídica intranormativa, que ainda não nasceu e que poderá nem nascer. A homologação (ou a decadência – homologação "tácita") extingue a possibilidade de criação normativa da relação jurídica intranormativa. "Crédito", aqui, portanto, refere-se a ambas as relações jurídicas. Essa ambigüidade da expressão "crédito tributário" é demonstrada por Eurico Marcos Diniz de Santi.[6] Porém, note-se que a homologação do pagamento não extingue propriamente o crédito tributário, que ainda não surgiu, mas a possibilidade de sua constituição. A extinção do "crédito" no art. 156, VII, do CTN refere-se à extinção (i) da obrigação tributária e (ii) da possibilidade de constituição do crédito tributário.

O pagamento antecipado é apenas extintivo da relação jurídica tributária efectual ("obrigação tributária"), e o é em definitivo, nada obstante permaneça o prazo decadencial à autoridade administrativa para discordar do pagamento antecipado e, nesse caso, proceder ao lançamento, criando outra relação jurídica tributária, agora intranormativa, e que com a primeira não se confunde, chamada – agora, sim – "crédito tributário". E este crédito tributário extingue-se, ou, melhor, extingue-se a possibilidade de sua constituição pela homologação ou pela decadência. É a lição de quarto de século de José Souto Maior Borges: "Porque não se distinguiu entre obrigação de caráter geral e abstrato (CTN, arts. 113, § 1º, e 114) e obrigação de caráter in-

6. Eurico Marcos Diniz de Santi, *Lançamento Tributário*, cit., 2ª ed., p. 183.

dividual e concreto (CTN, art. 142, *caput*) é que a doutrina não conseguiu superar as dificuldades emergentes do relacionamento entre essas duas categorias no tocante à formação do débito tributário".[7]

Ocorrendo o fato jurídico da discordância – que aqui não nos interessa –, surge o dever de lançar (deve-ser o lançamento), que deve ser cumprido enquanto ainda não transcorrido o prazo decadencial. O cumprimento do dever que surgira com a incidência da norma que prevê esse lançamento é também aplicação do Direito, porque cria norma jurídica. Trata-se de norma de competência.

E por que a utilização, no Código, da expressão "crédito" e sua ligação ao "lançamento por homologação" mesmo sem ato administrativo? Essa é indagação que extravasa a pesquisa estritamente dogmática, mas que pode revelar o desejo (ideológico?) de desconsiderar a possibilidade de tributo sem lançamento, que efetivamente existe, nos tributos sujeitos ao "lançamentos por homologação" – que, aliás, são a grande maioria. Assim, simplesmente se considera a atividade do sujeito passivo como "lançamento" para que seja evitada a menção a tributos sem lançamento. O raciocínio é, novamente, de Alcides Jorge Costa.[8]

2.3 A questão subjacente. O que extingue o crédito, afinal: o pagamento apenas, ou o pagamento acrescido da homologação?

Mas aqui se chega ao ponto que se pretende enfrentar: o pagamento sem a homologação extingue, por si só, o crédito, ou há a necessidade do ato administrativo homologatório? A questão apresenta-se porque o prazo para a repetição do indébito tributário se inicia quando da extinção do crédito, *ex vi* do art. 168, I, do CTN. O mesmo Código determina que, em relação aos tributos sob "lançamento por homologação", a extinção se dá com "o pagamento antecipado e a homologação do lançamento" (art. 156, VII). Anteriormente havia definido que o crédito é extinto pelo pagamento, mas que pende a condição resolutória da homologação, e o "lançamento" do sujeito passivo considera-se homologado ou expressamente, mediante ato administrativo (CTN, art. 150, *caput* e § 1º), ou com o fim do prazo decadencial para a homologação (CTN, art. 150, § 4º).

Se se entende pela primeira alternativa acima posta, entende-se que o prazo prescricional para a repetição do indébito se inicia com o mero pagamento. Se se entende pela segunda alternativa acima posta, entende-se que o prazo prescricional para a repetição de indébito se inicia apenas com a homologação ou, na sua ausência, com o fim do período decadencial. A chave da questão está na primeira oração de cada um dos períodos acima: depende, o prazo para a prescrição da ação de repetição de indébito, de se considerar extinto o crédito com o pagamento e sem necessidade de qualquer outra providência ou, diversamente, com o pagamento acrescido da homologação ou do fim do prazo decadencial ("homologação tácita"). Vejamos como se responde a essa questão, não sem antes depurar um pouco mais a linguagem: "homologação tácita" nada mais é que expressão imprecisa a indicar a decadência da possibilidade de lançamento, que não é, em rigor, um direito, mas um dever administrativo funcional (CTN, art. 142, parágrafo único). Não se dá homologação tácita, mas desaparece o dever de lançar e, com ele, o direito de lançar (quem deve lançar também necessariamente pode, tem o direito de lançar, porque o dever pressupõe o poder – ensina Paulo de Barros Carvalho ao criticar, com fundamentos lógicos, as expressões doutrinárias "poder-dever" e "de-

7. José Souto Maior Borges, *Lançamento Tributário*, cit., 2ª ed., p. 450.

8. *Apud* Sacha Calmon Navarro Coêlho, *Curso de Direito Tributário Brasileiro*, cit., 6ª ed., p. 700.

ver-poder"[9]). Entretanto, na linguagem-objeto, com a conclusão do prazo decadencial considera-se homologado o lançamento, naquilo que parcela da doutrina denomina "homologação tácita", não sem sofrer críticas de outro segmento doutrinário (que defende a impossibilidade de atos administrativos tácitos).[10] Explica a expressão Sacha Calmon Navarro Coêlho: "(...) o decurso do prazo e a inação da Fazenda Pública terão os mesmos efeitos de uma homologação expressa, daí a expressão *homologação tácita* ('quem cala, consente')".[11]

2.4 Não há condição resolutória

O Código Tributário Nacional prevê o prazo decadencial que se inicia quando do pagamento para que a autoridade administrativa, discordando do pagamento efetuado, lance a diferença. Ocorrendo isso, dá-se o que o Código denomina "condição resolutória" (chamada pelo direito civil "resolutiva", *ex vi* dos arts. 124 e ss. do CC). Embora referida a "negócios jurídicos" – e de "negócio jurídico" o tributo não se trata, como observam Alcides Jorge Costa e Sacha Calmon Navarro Coêlho –, antes do implemento da condição resolutória o negócio jurídico se reputa "perfeito e acabado" (CTN, art. 117, II; e CC, art. 127).[12]

Discordando a Administração Pública – isto é, não homologando o pagamento do contribuinte –, perfaz-se uma condição. Segundo o Código, a homologação é condição resolutória da extinção. Contudo, "condição resolutória" é aquela que resolve um negócio que, dantes, era perfeito e acabado. Se a homologação fosse condição resolutória, como diz o Código, então, teríamos uma conseqüência teratológica: ao homologar, ao concordar com o pagamento efetuado pelo sujeito passivo, a Administração Pública paradoxalmente estaria a resolver a extinção da relação jurídica tributária e a fazê-la ressurgir, desconsiderando o pagamento com o qual concordara. *Homologando, estaria não homologando*! Mas não é absolutamente o que ocorre: a homologação – precisamente o inverso – extingue o crédito (CTN, art. 156, VII), não o recria. Impossível tentar outorgar qualquer sentido ao texto: trata-se de preceito contraditório. Ou a condição resolutiva é a não-homologação – ao contrário do disposto no Código –, ou se trata de condição suspensiva (o pagamento só teria efeito extintivo quando se implementasse a condição, pois anteriormente a isso estaria suspenso) – também diferentemente do disposto no Código. Lecionam nesse sentido Luciano Amaro e Eurico Marcos Diniz de Santi. Na lição do primeiro: "Outra impropriedade está na menção da natureza *resolutória* (ou resolutiva) *da homologação*. Ora, os sinais aí estão trocados. Ou se deveria prever, como condição *resolutória*, a *negativa* de homologação (de tal sorte que, implementada essa negativa, a extinção estaria resolvida), ou teria de definir-se, como condição *suspensiva*, a *homologação* (no sentido de que a extinção ficaria suspensa até o implemento da condição)".[13] Ficam, portanto, claramente sem razão aqueles que consideram que por existir a previsão de condição resolutória é que o pagamento é definitivo. É definitivo, não há dúvida, mas por outra razão: porque extingue definitivamente a relação jurídica tributária efectual (obrigação tributária), nada adiantando, porém, quanto ao surgimento, ou não, da re-

9. Paulo de Barros Carvalho, *Direito Tributário: Fundamentos Jurídicos da Incidência*, cit., 2ª ed., p. 227. Pela adequação da expressão "dever-poder", v. Eurico Marcos Diniz de Santi, *Decadência e Prescrição*, 3ª ed., p. 115.

10. Sobre o silêncio da Administração Pública, v. Marçal Justen Filho, *Curso de Direito Administrativo*, p. 191.

11. Sacha Calmon Navarro Coêlho, *Liminares e Depósitos Antes do Lançamento por Homologação: Decadência e Prescrição*, p. 51.

12. Cf. Eurico Marcos Diniz de Santi, *Decadência e Prescrição*, cit., 3ª ed., p. 268, e Sacha Calmon Navarro Coêlho, *Curso de Direito Tributário Brasileiro*, cit., 6ª ed., p. 344.

13. Luciano Amaro, *Direito Tributário Brasileiro*, 11ª ed., p. 366. No mesmo sentido, cf. Eurico Marcos Diniz de Santi, *Decadência e Prescrição*, cit., 3ª ed., p. 269.

lação jurídica tributária intranormativa mediante lançamento (crédito tributário), que permanece possível enquanto não sobrevenha a homologação ou a decadência, que – aí, sim – uma ou outra extinguirá a possibilidade de seu surgimento. Dessa "impropriedade" se pode concluir: *não há condição alguma, suspensiva ou resolutiva*: o pagamento extingue o crédito (aqui, relação efectual), definitivamente. O fato "pagamento" é fato jurídico que tem como conseqüência a extinção desse crédito. Como não se extingue algo provisoriamente, trata-se de extinção definitiva. Quer dizer: houve pagamento, e este é extintivo da relação jurídica que o tinha como objeto prestacional. Logo, nessa ordem de considerações, o pagamento já extingue a relação jurídica tributária efectual, embora se mantenha, enquanto em curso o prazo decadencial, a possibilidade de constituição, via lançamento, da relação jurídica tributária intranormativa. Essa outra possibilidade – a de surgimento da relação jurídica tributária intranormativa com o lançamento – só será extinta com a homologação expressa ou com o fim do prazo decadencial.

2.5 As respostas da questão subjacente e da primeira questão. O pagamento antecipado extingue um "crédito" (dever integrante da obrigação tributária – relação efectual) e a homologação, expressa ou tácita, extingue a possibilidade de outro "crédito" (crédito tributário constituído pelo lançamento – relação intranormativa). Ambos, somados, necessários para a extinção do "crédito", de acordo com o art. 156, VII, do CTN. Só com ambos, portanto, inicia-se o prazo prescricional

Essa a nossa interpretação do art. 156, VII, do CTN. O pagamento extingue definitivamente o crédito, assim entendido o comportamento obrigatório do sujeito passivo da obrigação tributária (relação jurídica tributária efectual), surgida quando da ocorrência do fato jurídico tributário *stricto sensu*. Não há qualquer condição resolutória, dada a incontornável contradição do dispositivo que a prevê. Mas a discordância da autoridade administrativa em relação ao pagamento efetuado é fato jurídico que tem como conseqüência o surgimento do dever de lançar, constituir o crédito tributário (relação jurídica tributária intranormativa). O prazo para tal é o decadencial. Sobrevindo esse prazo ou havendo homologação expressa, há nova extinção, agora da possibilidade de lançamento de ofício, sub-rogatório do lançamento por homologação e constitutivo de crédito tributário (relação jurídica tributária intranormativa).

Diferente em fundamentos teóricos daquela adotada na jurisprudência do STJ. Por isso mesmo que contrária à jurisprudência pacificada – reconheçamos, com humildade –, *irrelevante no plano normativo*, embora mantenha talvez alguma relevância própria no plano científico. Contudo, de efeitos práticos idênticos: o prazo prescricional para a repetição do indébito tributário inicia-se com a homologação expressa ou tácita (é dizer: com a sobrevinda do prazo decadencial para a discordância acerca do pagamento antecipado). Porque essa construção de direito positivo prevê, para a extinção do crédito tributário, as duas ocorrências: o pagamento e a homologação, *ex vi* do art. 156, VII, do CTN.

Haveria alguma impossibilidade lógico-jurídica ou no patamar da Teoria Geral do Direito que impedisse essa construção jurídico-positiva, isto é, que se considere extinto o crédito tributário com o pagamento acrescido da homologação ou da decadência (homologação tácita)? Indaga-se isso porque, nos casos em que se aplica o art. 150 do CTN ("lançamento por homologação"), a extinção da relação jurídica tributária se dá com o pagamento e a homologação de lançamento. Há necessidade de extinção da relação jurídica tributária efectual e, a ela somada, extinção da possibilidade de constituição via lançamento ou auto de infração da relação jurídica tributária intranormativa. Apenas assim se extingue o "crédito", *ex vi* do art. 156, VII, do CTN. *Pagamento + homologação*. A conjunção coordenativa "e" é aditiva. Há necessidade de ambos. O Código expressamente os requer, juntos, adicionados, perfazendo um todo comum, único, como condição da extinção da relação jurídica tributária. Esse o entendimento de Paulo de Barros Carvalho: "Não obstante o pagamento antecipado seja uma forma de pagamento, a legislação aplicável requer que ele se conjugue ao ato homologatório a ser realizado (comissiva ou omissivamente) pela Administração Pública. Apenas dessa maneira dar-se-á por dissolvido o vínculo, diferentemente do que ocorre nos casos de pagamento de débito tributário constituído por lançamento, em que a conduta prestacional do devedor tem o condão de pôr fim, desde logo, à obrigação tributária".[14]

Estaria, contudo, absolutamente impedido de fazê-lo por eventuais condicionamentos lógico-jurídicos ou de Teoria Geral do Direito? Se a resposta a essa pergunta for positiva, então, o Código Tributário Nacional não pode, por impossibilidade lógica, prescrever que a extinção da relação jurídica tributária apenas se dá com o pagamento acrescido da homologação (tácita ou expressa). Só o pagamento antecipado já a extinguiria – e, então, o momento desse pagamento é o átimo do início do prazo prescricional para a ação de repetição de indébito. Se, contudo, a resposta for negativa – isto é, não houver impedimentos de ordem lógico-jurídica ou de Teoria Geral do Direito –, então, nada impede que o Código prescreva a necessidade de pagamento mais homologação (expressa ou tácita) para a extinção do crédito. Nesse caso, o *dies a quo* da contagem do prazo prescricional será aquele em que ocorrer a homologação do pagamento (expressa ou tácita). No primeiro caso, prazo prescricional de 5 anos; no segundo, prazo de até 10 anos. Essa a resposta que procuramos; essa a questão cuja resposta resolverá o problema.

E a resposta é, seguramente, negativa. A construção do lançamento tributário é matéria de direito positivo brasileiro, precisamente do Código Tributário Nacional, ao veicular normas gerais de direito tributário (CF, art. 146, III, "b"). E nada impede que o direito positivo brasileiro considere extinto o crédito, naqueles tributos sujeitos ao que denomina "lançamento por homologação", quando ocorram o pagamento e a homologação expressa ou tácita (decadência). Um mais a outra. A extinção da relação jurídica tributária efectual e, mais, somada à, acrescida da extinção da possibilidade de lançamento constitutivo da relação jurídica tributária intranormativa. Novamente José Souto Maior Borges: "Mas o lançamento não corresponde a um conceito lógico-jurídico, senão a um dado normativo construído pelo direito positivo. E a lei brasileira construiu a figura do lançamento por homologação, traçando-lhe um perfil *para cuja conformação é necessária* a homologação expressa ou tácita da atividade realizada pelo sujeito passivo"[15] (grifamos).

Aí está. Nem o "crédito tributário" é extinto com o pagamento, como na interpretação adotada na Lei Complementar 118/2005, nem é extinto com a homologação (expressa ou tácita, o fim do prazo decadencial), como na interpretação do STJ. Trata-se o pagamento de causa extintiva de uma relação jurídica (obrigação tributária) e homologação de causa extintiva de outra relação jurídica (crédito tributário). Ambas as interpretações confundem (fundem em uma só) as duas relações jurídicas, que são diversas – uma efectual e surgida quando da ocorrência do fato gerador (obrigação tributária), e outra intranormativa, surgida quando da edição do ato administrativo de lançamento tributário (crédito tributário). Na legítima construção do direito positivo, para que se considere

14. Paulo de Barros Carvalho, *Curso de Direito Tributário*, 17ª ed., p. 476.

15. José Souto Maior Borges, *Lançamento Tributário*, cit., 2ª ed., p. 390.

extinto o crédito no caso de tributos sujeitos ao "lançamento por homologação", há necessidade de extinção de ambas as relações: extinção da relação efectual (obrigação tributária) com o pagamento e extinção da possibilidade de lançar e, conseqüentemente, da possibilidade de irradiação da relação jurídica intranormativa (crédito tributário). Apenas com ambas se considera extinto o crédito tributário; e, portanto, apenas com a adição das duas providências (pagamento e homologação) se inicia o prazo prescricional para o contribuinte promover a ação judicial de repetição de valores indevidamente recolhidos aos cofres públicos.

2.6 A interpretação jurisprudencial autêntica, divergente da nossa, é, no plano normativo, a única relevante

Será essa, nossa, a única interpretação correta dos arts. 150 e 156, VII, do CTN? Não cremos nessa possibilidade. Há que se presumir que sempre é possível haver duas ou mais interpretações possíveis. O estudioso ou o aplicador do Direito optam por aquela interpretação que melhor os convence; apenas isso. Essa é a que melhor nos convence. Não é a única, porém. Há a interpretação segundo a qual o pagamento antecipado – e só ele – extingue o crédito, que, contudo, é contrária (e nega aplicação) ao art. 156, VII, do CTN. E há a interpretação do STJ, que não desconsidera aquele preceito. Pode haver outras. A divergência confirma a tese kelseniana segundo a qual não há apenas uma interpretação possível do texto legal, mas este forma uma moldura na qual cabem, muitas vezes, várias possibilidades de interpretação.[16] No caso, duas possibilidades sustentadas por estudiosos de gabarito equivalente, e ambas sustentadas pela jurisprudência, que acabou, após oscilação, por pacificar a segunda. Tal situação, como leciona Celso Antônio Bandeira de Mello, torna bastante difícil que alguém tenha "supedâneo racional incontendível para pretender que a própria opinião é a única logicamente admissível perante aquele caso. Outras igualmente poderão ser propostas, e alguém, mesmo discordando, terá que admitir-lhes o cabimento".[17] Todas possíveis e relevantes no plano científico. Apenas uma existente no plano normativo: a adotada pelo STJ. Novamente – e como de costume –, o recurso é a José Souto Maior Borges: "A interpretação do Direito pelo órgão competente para a produção da norma conduz à aplicação de normas jurídicas. A Ciência do Direito não aplica normas. Apenas descreve as normas, e na formulação de proposições descritivas consiste o seu objeto. A opinião científico-doutrinária em contrário, a partir do momento em que, por um ato de vontade, esse órgão competente edite a norma, optando por uma entre as alternativas de interpretação possíveis, perde qualquer relevância jurídica".[18]

Preferiríamos, contudo, entendendo que "Direito" é o direito positivo e também a ciência que o tem por objeto – como, aliás, de acordo com o mesmo autor –, manter a relevância *jurídica* de todas as interpretações no plano *científico* (Dogmática Jurídica) e de apenas uma no plano *normativo* (direito positivo). O "jurídico" é o científico e o normativo.[19]

3. Segunda questão. Será o art. 3º da Lei Complementar 118/2005 preceito interpretativo?

Não enfrentaremos, aqui, os temas da retroatividade das leis interpretativas nem

16. Hans Kelsen, *Teoria Pura do Direito*, 3ª ed., p. 366.

17. Celso Antônio Bandeira de Mello, *Discricionariedade e Controle Jurisdicional*, 2ª ed., 5ª tir., p. 43.

18. José Souto Maior Borges, *Lançamento Tributário*, cit., 2ª ed., p. 103.

19. Sobre "Direito" como se referindo ora ao direito positivo e ora à Ciência do Direito, v. José Souto Maior Borges, *Curso de Direito Comunitário. Instituições de Direito Comunitário Comparado: União Européia e MERCOSUL*, p. 57. Antes dessa publicação já o sustentava – e ainda sustenta – o mesmo Paulo de Barros Carvalho (*Curso de Direito*

de sua admissibilidade no sistema jurídico-positivo brasileiro. Muitos e excelentes estudiosos não admitem a existência dessas leis; outros a admitem, mas não sua retroatividade. Para os efeitos deste trabalho, essas questões apenas teriam sentido se o art. 3º da Lei Complementar 118/2005 fosse preceito interpretativo. Não o é, contudo. E, não o sendo, descabe discutir sua possibilidade no sistema (a lei é possível porque não é interpretativa) e sua retroatividade (a lei não pode retroagir porque não é interpretativa).

3.1 Pressuposto da resposta: definir o que é "lei interpretativa"

Antes de qualquer outra consideração: o fato de a lei dizer que é interpretativa não a faz assim. O fato de uma contribuição dizer que é contribuição não a faz assim (CTN, art. 4º, I). Se assim fosse, bastaria apor o rótulo "interpretativa", e qualquer lei tributária poderia pleitear sua retroatividade (CTN, art. 106, I). Da mesma forma, o fato de a lei não dizer que é interpretativa não a impede de ser. Nos dois sentidos o raciocínio de Hugo de Brito Machado.[20] Logo, não bastam os exames literais do art. 3º da Lei Complementar 118/2005 ("... para efeito de interpretação ...") e a referência do art. 4º da lei ao art. 106, I, do CTN; é necessário avaliar seu conteúdo e realizar o cotejo com o preceito legal anterior que a lei pretende interpretar.

"Lei interpretativa" é, na doutrina nacional, aquela que se limita a aclarar o sentido da lei anterior sem impor obrigação, proibição ou permissão novas. Na doutrina, o que fazem as leis interpretativas é tão-somente explicar "com fórmulas elucidativas sua mensagem antes obscura" (Paulo de Barros Carvalho), porque "restringem-se a esclarecer dúvidas existentes na lei interpretada (...)" (José Jayme Macedo de Oliveira), procedem à "determinação do conceito (...)" (Valdir de Oliveira Rocha), buscam "dirimir dúvidas, estancar obscuridades que estariam presentes no comando original interpretado" (Sacha Calmon Navarro Coêlho e Valter Lobato), têm a função de "esclarecer o sentido e o alcance da lei anterior (...)", "esclarecer dúvida surgida com um dispositivo de lei anterior" (Hugo de Brito Machado), "eliminar dúvidas (...)" (Sérgio Feltrin Corrêa), "aclarar, esclarecer outro texto obscuro (...)" (Paulo Roberto Lyrio Pimenta), com ela "o legislador reduz a incerteza e a insegurança causadas pela lei primeira (...)" (Marciano Seabra de Godoi), pelo quê a lei interpretativa se traduz em "simples declaração do sentido e alcance da outra (...)" (Carlos Maximiliano), e tais leis "nenhum elemento novo aduzem ao texto interpretado (...)" (Serpa Lopes), consistindo em instrumento para o legislador "esclarecer a sua vontade (...)" (Caio Mário da Silva Pereira).[21]

Mas não é essa eficácia simplória a que apresenta o art. 3º da Lei Complementar 118/2005.

3.2 A resposta da segunda questão: não se trata de norma interpretativa

Em primeiro lugar, é possível afirmar que o prazo prescricional para a propositura

Tributário, cit., 10ª ed., p. 1). Anteriormente o fizera Lourival Vilanova (*As Estruturas Lógicas e o Sistema do Direito Positivo*, 2ª ed., p. 176).

20. Hugo de Brito Machado, "A questão da lei interpretativa na Lei Complementar 118/2005: prazo para repetição do indébito", *Revista Dialética de Direito Tributário* 116/66 e 59, respectivamente.

21. Paulo de Barros Carvalho, *Curso de Direito Tributário*, cit., 10ª ed., p. 94; José Jayme Macedo de Oliveira, *Código Tributário Nacional*, p. 259; Valdir de Oliveira Rocha, in Ives Gandra da Silva Martins (coord.), *Comentários ao Código Tributário Nacional*, vol. I, p. 64; Sacha Calmon Navarro Coêlho e Valter Lobato, "Reflexões sobre o art. 3º da Lei Complementar 118. Segurança jurídica e a boa-fé como valores constitucionais. As leis interpretativas no direito tributário brasileiro", *Revista Dialética de Direito Tributário* 117/115; Hugo de Brito Machado, "A questão da lei interpretativa na Lei Complementar 118/2005: prazo para repetição do indébito", cit., *Revista Dialética de Direito Tributário* 116/58-59; Sérgio Feltrin Corrêa, in Vladimir Passos de Freitas (coord.), *Código Tribu-*

da ação de repetição de indébito não é mais objeto de dúvida desde que a jurisprudência do STJ se orientou por uma das interpretações possíveis. Inexiste essa dúvida no direito positivo brasileiro. Porque, ainda que existentes manifestações diversas na doutrina – *o que nunca deixará de ser cientificamente relevante* –, no plano normativo a dúvida está desfeita pela interpretação autêntica do STJ, o órgão constitucionalmente definido como competente para tal (CF, art. 105, III).

Sempre se deve considerar, inicialmente, que um determinado preceito legal possa admitir mais de uma interpretação possível. É a clássica consideração kelseniana do preceito legal como um quadro ou moldura dentro do qual cabem várias interpretações, já referida. A interpretação que define o sentido que prevalecerá é a interpretação jurisprudencial autêntica. Ocorrido isso, as demais perdem relevância no plano normativo. Dissipa-se a dúvida. Não há mais qualquer incerteza a ser sanada por lei interpretativa. Há, ao contrário, certeza jurisprudencialmente criada. Qual a incerteza que a matéria provoca, relevante no plano normativo, a ser aclarada via lei interpretativa? Nenhuma.

Portanto, o art. 3º da Lei Complementar 118/2005 não é preceito interpretativo, porque não visa a aclarar situação de dúvida, e isso, precisamente, porque situação de dúvida inexiste.

tário Nacional Comentado, 2ª ed., p. 525; Paulo Roberto Lyrio Pimenta, "A aplicação da Lei Complementar 118/2005 no tempo: o problema das leis interpretativas no direito tributário", *Revista Dialética de Direito Tributário* 116/110; Marciano Seabra de Godoi, "A Lei Complementar 118/2005 e o polêmico conceito de 'lei expressamente interpretativa'", *Revista Fórum de Direito Tributário* 15/76; Carlos Maximiliano, *Hermenêutica e Aplicação do Direito*, 11ª ed., p. 92; Serpa Lopes, *apud* Sacha Calmon Navarro Coêlho e Valter Lobato, "Reflexões sobre o art. 3º da Lei Complementar 118. Segurança jurídica e a boa-fé como valores constitucionais. As leis interpretativas no direito tributário brasileiro", cit., *Revista Dialética de Direito Tributário* 117/113; e Caio Mário da Silva Pereira, *Instituições de Direito Civil*, 5ª ed., vol. I, p. 178.

Em segundo lugar – e também por isso –, a lei efetivamente pretende a alteração do *dies a quo* do prazo prescricional para a ação de repetição de indébito. Porque diz o dispositivo interpretando que: "O direito de pleitear a restituição extingue-se com o decurso do prazo de 5 (cinco) anos, contados, nas hipóteses dos incisos I e II do art. 165, da data da extinção do crédito tributário" (CTN, art. 168, *caput* e inciso I). Pois bem. Nos casos de lançamento direto, a extinção ocorre com o pagamento (CTN, 156, I): a data é a data do pagamento. Já, nos casos de "lançamento por homologação" a extinção ocorre com o pagamento acrescido da homologação (expressa ou "tácita", isto é, o decurso do prazo decadencial – CTN, 156, VII). A data será a da homologação (ou o fim do prazo decadencial). Mas o dispositivo-intérprete (!) prescreve que a extinção ocorre no momento do pagamento antecipado, sem necessidade de homologação. Pretende retirar a adição contida no art. 156, VII, do CTN. Pode, contudo, fazê-lo? Qual a eficácia do dispositivo que apresenta esse sentido objetivo?

4. A última questão. A eficácia do art. 3º da Lei Complementar 118/2005

Firmados todos esses pressupostos, finalmente estamos aparelhados a identificar qual a eficácia própria do art. 3º da Lei Complementar 118/2005 no ordenamento jurídico brasileiro.

Em metalinguagem doutrinária, assim pode ser descrita a alteração provocada pela Lei Complementar 118/2005: onde está escrito que o crédito é extinto com o pagamento e (acrescido da) a homologação, leia-se (deve-ser lido, deve-ser interpretado) que o crédito é extinto com o pagamento, e mais nada. Há clara alteração legislativa – e, portanto, de norma interpretativa não se trata. Pretende-se suprir, por via oblíqua, uma expressão existente e válida no Código Tributário Nacional. Melhor seria simplesmente modificar o dispositivo do art. 156, VII, do CTN, suprimindo a expressão "e a homologação do lançamento nos termos do disposto no art. 150 e seus §§ 1º e 4º". Mas, aí – e concessão seja feita à consideração político-fazendária –, não haveria como sustentar a retroatividade...

Pode a lei expressamente interpretativa pretender, na prática, retirar, suprimir uma expressão válida do texto interpretando, ou isso desfaz seu caráter de lei interpretativa? Salta aos olhos a resposta: a lei deixa o propósito de meramente aclarar e passa a modificar o texto interpretando. No texto interpretando – vimos no item 2 deste trabalho – há necessidade de pagamento e de homologação para a extinção do crédito. De ambos, da soma, da adição, não de um só, nem o primeiro, nem o segundo. Mas o novo preceito suprime a necessidade do segundo. Altera, portanto, a normatividade anterior, não se reduzindo a apenas esclarecer dúvida interpretativa, porque dúvida não há desde a fixação do entendimento jurisprudencial. Não é de lei interpretativa que se trata, portanto.

Não é novidade a alteração legislativa intentando modificar jurisprudência firmada. É o que se faz, com notável e nefasta regularidade, no plano constitucional. Já nos manifestamos, anteriormente, a respeito: "Aliás, abrindo-se breve parêntese político, é de se observar que procede-se assim, atualmente: o STF decide que um tributo qualquer é inconstitucional. O que faz, então, o Fisco? Move todas suas forças até que, com *lobby* intenso, obtenha a alteração constitucional que lhe convenha. Esse procedimento já houvera sido adotado, por exemplo, quando da declaração de inconstitucionalidade da cobrança de IPTU segundo alíquotas progressivas (edição da Emenda Constitucional 29) e da declaração de inconstitucionalidade da cobrança de ICMS nas importações por não-comerciantes (edição da Emenda Constitucional 33). Tais procedimentos foram denominados por Tércio Sampaio Ferraz Jr. 'revogação legislativa das decisões judiciais'; Ricardo Lobo Torres preferiu chamá-los 'correção da jurisprudência constitucional'".[22]

Não sendo interpretativo o preceito do art. 3º da Lei Complementar 118/2005, dois caminhos exegéticos aparecem. Um deles: não sendo o preceito realmente interpretativo e, não obstante, sustentando a pretensão de meramente interpretar, nada faz. Não tem eficácia alguma no ordenamento jurídico. Mesmo porque não alterou o Código Tributário Nacional, que continua com a mesma redação anterior. O outro: o preceito novo é incompatível com o preceito anterior, e, portanto, revoga-o, porque *lex posterior derogat priori*. Vejamos ambas, a iniciar pela segunda.

4.1 Uma opção. O art. 3º da Lei Complementar 118/2005 revogou os preceitos do Código Tributário Nacional com ele incompatíveis

Seja como for sua formulação literal, há uma lei posterior. Uma lei complementar posterior, que tem o condão de alterar a lei complementar anterior, mesmo que não expressamente, porque *lex posterior derogat priori*. Assim, não há necessidade de alteração do art. 150, §§ 1º e 4º, ou do art. 156, VII, do CTN para que esses preceitos percam sua validade. Havendo lei posterior em sentido contrário, a invalidação é automática, porque não se tem que fazer qualquer outra consideração sobre a especialidade ou a hierarquia, que eventualmente poderiam influir naquele critério de solução de antinomias. O órgão competente editou nova norma que corta a validade da norma anterior, expulsando-a do sistema. Inválida por derrogação implícita (não expressa em cláusula do tipo "revoga-se o disposto no art. ...").

Como não se trata de lei interpretativa, é lei nova, devendo assim ser considerada,

22. André Parmo Folloni, "Natureza jurídica da 'contribuição' sobre iluminação pública", *A&C – Revista de Direito Administrativo e Constitucional* 14/29.

como explicou o Min. Sepúlveda Pertence: "Se, no entanto, a título de lei interpretativa, a segunda lei extrapola da interpretação, é lei nova, que altera a lei antiga, modificando-lhe ou adicionando-lhe normas inexistentes. E assim há de ser examinada".[23] Se é lei nova, revoga a lei anterior com ela incompatível.

A explicação, no plano da Teoria Geral do Direito, é de Norberto Bobbio: "O critério cronológico, chamado também de *lex posterior*, é aquele com base no qual, entre duas normas incompatíveis, prevalece a norma posterior: *lex posterior derogat priori*".[24] Como não há qualquer antinomia entre os critérios, porque não se cogita de especialidade material ou de hierarquia formal entre os instrumentos normativos, aplica-se o cronológico. Realmente inexiste, nesse caso, qualquer possibilidade de aplicação dos critérios hierárquico e da especialidade. Há apenas um, e é o aplicável. E – ensina Tércio Sampaio Ferraz Jr. – "se esses critérios são aplicáveis, a posição do sujeito não é insustentável, pois ele tem uma saída".[25] A saída é sustentar a derrogação da lei prévia pela lei superveniente com ela incompatível.

Para José Souto Maior Borges esse critério não é, contudo, absoluto, porque depende do direito positivo que se está a analisar. Para o autor é perfeitamente possível que o direito positivo estabeleça justamente o contrário. E nos fornece um exemplo de aplicação dessa consideração ao direito positivo brasileiro quando cogita dos preceitos relativos à inadmissão de emendas constitucionais (CF, art. 60, § 4º): a norma posterior não derrogará a norma anterior, mas é precisamente o contrário o que ocorrerá.[26] Porque – explica aquele professor – "essa não é consideração que possa ser resolvida à luz de considerações lógicas ou exclusivamente doutrinárias e sem referibilidade empírica ao direito positivo. A sua solução depende de consulta ao direito positivo – base empírica da testabilidade dos acertos e desacertos doutrinários".[27] Seja como for, fato é que, no caso, o direito positivo brasileiro resolve o problema, de acordo com o prescrito no Decreto-lei 4.657, de 4.9.1942, a Lei de Introdução ao Código Civil Brasileiro, em seu art. 2º, § 1º: "A lei posterior revoga a anterior quando expressamente o declare, quando seja com ela incompatível ou quando regule inteiramente a matéria de que tratava a lei anterior".

Posto não haja declaração expressa de revogação, e sim de interpretação, o que, como demonstrado, não há é lei, naquele preceito, incompatível com a anterior. É lei nova incompatível com a lei velha. Retira-lhe, portanto, a validade. Vale, *ex nunc*, o prazo de cinco anos, contado da extinção do crédito tributário, que se opera quando do pagamento antecipado, e não mais quando ocorre o pagamento antecipado e a ele se acresce a homologação expressa ou o decurso do prazo decadencial ("homologação tácita"). Sem qualquer possibilidade de retroação, porque de lei interpretativa não se trata. Mas válida e eficaz: revogou a legislação anterior naquilo que com ela é incompatível. Entendimento análogo vem sendo, até o momento, adotado pelo STJ: "O art. 3º da Lei Complementar n. 118/2005, a pretexto de interpretar os arts. 150, § 1º, e 160, I, do CTN, conferiu-lhes, na verdade, um sentido e um alcance diferente daquele dado pelo Judiciário. Ainda que defensável a 'interpretação' dada, não há como negar que a lei inovou no plano normativo, pois retirou das disposições inter-

23. STF, voto do Min. Sepúlveda Pertence na ADI/MC 605, rel. Min. Celso de Mello, de decisão publicada em 5.3.1993.

24. Norberto Bobbio, *Teoria do Ordenamento Jurídico*, 10ª ed., p. 92.

25. Tércio Sampaio Ferraz Jr., *Introdução ao Estudo do Direito: Técnica, Decisão, Dominação*, 3ª ed., p. 207.

26. José Souto Maior Borges, *Curso de Direito Comunitário. Instituições de Direito Comunitário Comparado: União Européia e MERCOSUL*, cit., p. 212.

27. Idem, ibidem, p. 213.

pretadas um dos seus sentidos possíveis, justamente aquele tido como correto pelo STJ, intérprete e guardião da legislação federal. Portanto, o art. 3º da Lei Complementar n. 118/2005 só pode ter eficácia prospectiva, incidindo apenas sobre situações que venham a ocorrer a partir da sua vigência".[28]

4.2 Outra opção. O art. 3º da Lei Complementar 118/2005 não tem eficácia alguma

De outro lado, há vozes doutrinárias de incontestável relevância a sustentar a absoluta ineficácia do preceito em comento. Nesse ponto de vista, o preceito novo não é incompatível com a lei anterior, que, por isso mesmo, permanece válida e vigente.

Se o preceito não é interpretativo, mas diz que é, então, nada é. Não tendo feito qualquer alteração no texto do Código Tributário Nacional, mas pretendendo apenas impor uma interpretação – e não podendo fazê-lo, porque de preceito interpretativo não se trata –, nada faz. Manda que interprete, porém não o pode fazer. Eficácia alguma sobra ao art. 3º da Lei Complementar 118/2005. Por isso, trata-se de preceito "vazio de normatividade, sendo que tentou apenas interpretar dispositivos já contidos no Código Tributário Nacional e não revogados". Essa é a lição de Sacha Calmon Navarro Coêlho e Valter Lobato, que prosseguem: "É evidente que o art. 3º da Lei Complementar 118/2005 não tem nenhum comando normativo, estando esse comando nos dispositivos preexistentes e não revogados, que tenta interpretar (...)".[29]

28. STJ, excerto da ementa do julgado no REsp 714.397-SP (1ª T., rel. Min. Teori Albino Zavascki, j. 12.4.2005, *DJU* 2.5.2005).

29. Sacha Calmon Navarro Coêlho e Valter Lobato, "Reflexões sobre o art. 3º da Lei Complementar 118. Segurança jurídica e a boa-fé como valores constitucionais. As leis interpretativas no direito tributário brasileiro", cit., *Revista Dialética de Direito Tributário* 117/122.

4.3 Síntese

Tendemos a seguir a primeira orientação, análoga àquela que parece se formar no STJ: o dispositivo revoga os anteriores com ele incompatíveis, tendo, sim, eficácia jurídica. Eficácia, porém, *ex nunc*, sem que se cogite de retroatividade, porque de norma interpretativa não se trata. Desde a vigência e eficácia técnica daquele preceito no ordenamento jurídico, o prazo para a repetição do indébito tributário ficou, por força da Lei Complementar 118/2005, reduzido para 5 anos, modificando-se o prazo anterior, que poderia chegar a até 10 anos.

Contudo, trata-se de novidade normativa (levada a efeito neste ano) e, também, de questão rara: a lei interpretativa em matéria tributária. De modo que nada impede – aliás, tudo postula – uma maior reflexão sobre o problema. A primeira impressão é essa aqui exposta; contudo, em Ciência, a primeira impressão raramente é a que fica.

*5. **Resumo***

O art. 3º da Lei Complementar 118/2005 não é preceito interpretativo, porque (i) pretende a alteração no regramento do *dies a quo* do prazo prescricional para a propositura da ação de repetição de indébito nos casos de tributo sujeito a homologação e porque (ii) não há dúvida, em sede normativa, a ser sanada, uma vez que a jurisprudência já pacificara seu entendimento sobre o assunto há 10 anos. Esse prazo inicia-se apenas com a extinção do crédito tributário, que ocorre com o pagamento antecipado acrescido da homologação expressa ou tácita (decurso do prazo decadencial para lançamento de ofício). Mas com a Lei Complementar 118/2005 a data de início da contagem do prazo fica alterada para a data do pagamento antecipado. Há alteração, e, como *lex posterior derogat priori*, o prazo se alterou. Mas se mantém, ainda, a possibilidade de entender não haver qualquer alteração, uma vez que a norma se pretende interpretativa mas não o é, não tendo qualquer eficácia nesse sentido.

6. Conclusões

6.1 Ambas as exegeses acerca da data da extinção do crédito tributário nos casos de tributos sujeitos a "lançamento por homologação" – a do art. 3º da Lei Complementar 118/2005 e a do STJ – estão equivocadas, porque não levam em consideração a existência de duas relações jurídicas tributárias, uma efectual, constituída pelo fato gerador *in concreto* e chamada "obrigação tributária" (CTN, art. 113, § 1º), e outra intranormativa, constituída pelo lançamento tributário e chamada "crédito tributário" (CTN, art. 142, *caput*).

6.2 O pagamento antecipado extingue a obrigação tributária que surgira com o fato jurídico tributário *stricto sensu*. A homologação expressa ou o fim do prazo decadencial ("homologação tácita") extingue a possibilidade de constituição do crédito tributário pelo lançamento.

6.3 Há necessidade de ambos (pagamento antecipado e homologação, expressa ou tácita; um extintivo da obrigação tributária e outro extintivo da possibilidade de constituição do crédito tributário) para que haja a "extinção do crédito" a que se refere o art. 156, VII, do CTN.

6.4 Logo, o prazo prescricional para a propositura da ação de repetição de indébito nos casos de tributos sujeitos a lançamento por homologação inicia-se quando ocorrem ambos (pagamento mais homologação), o que pode ocorrer em até 5 anos da data do pagamento antecipado (prazo decadencial). Isso prolonga o prazo prescricional para até 10 anos (5 até a homologação e, a partir dela, somada ao pagamento antecipado, mais 5 anos para a propositura da ação de repetição de indébito).

6.5 Essa interpretação, contudo, embora pleiteie relevância no plano teórico-dogmático, não tem qualquer relevância no plano normativo, porque aí prevalece a interpretação autêntica do órgão competente para a aplicação do Direito – no caso, o STJ.

6.6 Por não pretender sanar dúvidas – que inexistem, em razão da unificação de entendimento no plano jurisprudencial – e por pretender efetivamente alterar o prazo prescricional da ação de repetição de indébito tributário nos casos de tributo sujeito a lançamento por homologação, o art. 3º da Lei Complementar 118/2005 não é preceito interpretativo, embora a literalidade do preceito assim indique.

6.7 Em razão disso, duas possibilidades de eficácia do preceito: (i) eficácia revogadora dos dispositivos do Código Tributário com ele incompatíveis, com redução *ex nunc* do prazo prescricional da ação de repetição de indébito no caso de tributos sujeitos a lançamento por homologação para cinco anos; e (ii) nenhuma eficácia, pois de preceito interpretativo não se trata, e a única pretensão legal é interpretar, e não revogar, o Código Tributário.

6.8 Das duas, melhor nos convence a primeira, e a ela tomamos posição de apoio, o que não impede uma eventual evolução do pensamento, porque a modificação de entendimento só está interditada àquele que tem vaidade excessiva ou já parou de pensar, despedindo-se, assim, da comunidade científica.

Referências bibliográficas

AMARO, Luciano. *Direito Tributário Brasileiro*. 11ª ed. São Paulo, Saraiva, 2005.

BANDEIRA DE MELLO, Celso Antônio. *Discricionariedade e Controle Jurisdicional*. 2ª ed., 5ª tir. São Paulo, Malheiros Editores, 2001.

BOBBIO, Norberto. *Teoria do Ordenamento Jurídico*. 10ª ed. Brasília, UnB, 1999.

CARVALHO, Paulo de Barros. *Curso de Direito Tributário*. 10ª ed. São Paulo, Saraiva, 1998; 17ª ed. 2005.

—————. *Direito Tributário: Fundamentos Jurídicos da Incidência*. 2ª ed. São Paulo, Saraiva, 1999.

COÊLHO, Sacha Calmon Navarro. *Curso de Direito Tributário Brasileiro*. 6ª ed. Rio de Janeiro, Forense, 2002.

__________. *Liminares e Depósitos Antes do Lançamento por Homologação: Decadência e Prescrição*. São Paulo, Dialética, 2000.

__________, e LOBATO, Valter. "Reflexões sobre o art. 3º da Lei Complementar 118. Segurança jurídica e a boa-fé como valores constitucionais. As leis interpretativas no direito tributário brasileiro". *Revista Dialética de Direito Tributário* 117. São Paulo, Dialética, junho/2005.

CORRÊA, Sérgio Feltrin. In: FREITAS, Vladimir Passos de (coord.). *Código Tributário Nacional Comentado*. 2ª ed. São Paulo, Ed. RT, 2004.

FERRAZ JR., Tércio Sampaio. *Introdução ao Estudo do Direito: Técnica, Decisão, Dominação*. 3ª ed. São Paulo, Atlas, 2001.

FOLLONI, André Parmo. "Natureza jurídica da 'contribuição' sobre iluminação pública". *A&C – Revista de Direito Administrativo e Constitucional* 14. Belo Horizonte, outubro-dezembro/2003.

FREITAS, Vladimir Passos de (coord.). *Código Tributário Nacional Comentado*. 2ª ed. São Paulo, Ed. RT, 2004.

GODOI, Marciano Seabra de. "A Lei Complementar 118/2005 e o polêmico conceito de 'lei expressamente interpretativa'". *Revista Fórum de Direito Tributário* 15. Belo Horizonte, Fórum, 2005.

JUSTEN FILHO, Marçal. *Curso de Direito Administrativo*. São Paulo, Saraiva, 2005.

KELSEN, Hans. *Teoria Pura do Direito*. 3ª ed. São Paulo, Marins Fontes, 1987.

LOBATO, Valter, e COÊLHO, Sacha Calmon Navarro. "Reflexões sobre o art. 3º da Lei Complementar 118. Segurança jurídica e a boa-fé como valores constitucionais. As leis interpretativas no direito tributário brasileiro". *Revista Dialética de Direito Tributário* 117. São Paulo, Dialética, junho/2005.

MACHADO, Hugo de Brito. "A questão da lei interpretativa na Lei Complementar 118/2005: prazo para repetição do indébito". *Revista Dialética de Direito Tributário* 116. São Paulo, Dialética, maio/2005.

MARTINS, Ives Gandra da Silva (coord.). *Comentários ao Código Tributário Nacional*. vol. I. São Paulo, Saraiva, 2002.

MAXIMILIANO, Carlos. *Hermenêutica e Aplicação do Direito*. 11ª ed. Rio de Janeiro, Forense, 1991.

OLIVEIRA, José Jayme Macedo de. *Código Tributário Nacional*. São Paulo, Saraiva, 1998.

PEREIRA, Caio Mário da Silva. *Instituições de Direito Civil*. 5ª ed., vol. I. Rio de Janeiro, Forense, 1976.

PIMENTA, Paulo Roberto Lyrio. "A aplicação da Lei Complementar 118/2005 no tempo: o problema das leis interpretativas no direito tributário". *Revista Dialética de Direito Tributário* 116. São Paulo, Dialética, maio/2005.

PONTES DE MIRANDA, F. C. *Tratado de Direito Privado*. Atualização de Vilson Rodrigues Alves. t. IV. Campinas, Bookseller, 2000.

ROCHA, Valdir de Oliveira. In: MARTINS, Ives Gandra da Silva (Coord.). *Comentários ao Código Tributário Nacional*. vol. I. São Paulo, Saraiva, 2002.

SANTI, Eurico Marcos Diniz de. *Decadência e Prescrição*. 3ª ed. São Paulo, Max Limonad, 2004.

__________. *Lançamento Tributário*. 2ª ed. São Paulo, Max Limonad, 2001.

SOUTO MAIOR BORGES, José. *Curso de Direito Comunitário. Instituições de Direito Comunitário Comparado: União Européia e MERCOSUL*. São Paulo, Saraiva, 2005.

__________. *Lançamento Tributário*. 2ª ed. São Paulo, Malheiros Editores, 1999.

VILANOVA, Lourival. *As Estruturas Lógicas e o Sistema do Direito Positivo*. 2ª ed. São Paulo, Max Limonad, 1997.

PRESCRIÇÃO DO DIREITO DO CONTRIBUINTE À RESTITUIÇÃO DO INDÉBITO TRIBUTÁRIO E A NORMA "INTERPRETATIVA" VEICULADA PELO ART. 3º DA LEI COMPLEMENTAR 118/2005

(Ensaio sobre a aplicabilidade de norma no tempo)[1-2]

Thiago Buschinelli Sorrentino

*1. Cenário de trabalho. 2. Norma "interpretativa". Tipo de operação no contexto da Teoria dos Sistemas. A questão dos sistemas de hierarquização não-linear (*tangled hierarchy *e* strange loops*). 3. Critérios de aplicação da norma no tempo. Hipótese de incidência da norma de prescrição do crédito do contribuinte (art. 106, I, do CTN): 3.1 Norma, tempo e aplicação. "Autopoiese" e programas de limitação – 3.2 O quadro de soluções possíveis fundado na ambigüidade e na vagueza do Código Tributário Nacional e a operação do art. 3º da Lei Complementar 118/2005. 4. "Retroação" do art. 3º da Lei Complementar 118/2005. O art. 106, I, do CTN e o art. 5º, XXXVI, da CF: 4.1 A questão – 4.2 Perspectiva do jurisdicionado – 4.3 Perspectiva do órgão jurisdicional – 4.4 Conformidade aos arts. 2º, 24, I, 60, § 4º, III, 92 e 146, III, "b", da CF. O problema da separação de Poderes. 5. Conclusões. 6. Resumo final.*

1. Cenário de trabalho

Este ensaio deverá investigar a estrutura e o alcance do disposto no art. 3º da Lei Complementar 118, de 9.2.2005,[3] respondendo às seguintes indagações:

(a) Qual é o *tipo de operação* realizada pela norma prevista no art. 3º da Lei Complementar 118/2005 no *sistema jurídico*? Como os influxos provenientes da comunicação *jurisdicional* e *doutrinária* afetam a determinação do alcance do dispositivo?

(b) Uma norma que se auto-refira como "interpretativa" viola a divisão de competência constitucional conhecida como "separação de Poderes"?

(c) Para um "fato jurídico do indébito" ocorrido antes da existência do enunciado "interpretativo", mas que será colhido por ato de aplicação de Direito durante a vigência da nova norma, há proibição para que o órgão jurisdicional aplique tão-somente os antigos enunciados?

(d) Para a mesma situação, há direito subjetivo do sujeito passivo à aplicação de orientação mais benéfica, fundada na antiga redação dos enunciados?

O aspecto metodológico e heurístico da investigação reporta-se preponderantemente à *Teoria dos Sistemas*, com notável influência de Niklas Luhmann, à Teoria Analítica (e por essa razão não se invoca ferramental próprio da Hermenêutica ou da Erística[4]) e aos instrumentos tradicionais

1. O autor agradece ao amigo Aldo de Paula Jr. pelos gentis e valiosos comentários e críticas realizados durante a elaboração desta digressão.

2. Todas as citações de obras estrangeiras são versões livres do autor, com base nos textos contidos nos livros referenciados.

3. *DOU* 9.2.2005 (ed. extra).

4. Isto é, a técnica de argumentação voltada à adesão dos espíritos às proposições, baseada principalmente na habilidade verbal.

da metodologia científica (postulados de coerência sintática).

Respeitado tão restrito escopo, o trabalho não deverá atingir proposições categóricas quanto à validade ou invalidade da norma "interpretativa", senão estudá-la como *operação de comunicação* e, a partir dali, propor uma estrutura de reconstrução de sentido (única ressalva feita quanto à análise da disposição quanto à "separação de Poderes", em razão do tipo de operação que deverá ser proposta para a norma).

Assumidos aqueles limites, segue-se com o ensaio.

*2. Norma "interpretativa". Tipo de operação no contexto da Teoria dos Sistemas. A questão dos sistemas de hierarquização não-linear (***tangled hierarchy** *e* **strange loops***)*

O Presidente da República fez publicar, em 9.2.2005, a Lei Complementar 118, cujo art. 3º tem a seguinte redação: "Art. 3º. Para efeito de interpretação do inciso I do art. 168 da Lei n. 5.172, de 25 de outubro de 1966 – Código Tributário Nacional, a extinção do crédito tributário ocorre, no caso de tributo sujeito a lançamento por homologação, no momento do pagamento antecipado de que trata o § 1º do art. 150 da referida Lei".

Por seu turno, o art. 168, I, do CTN é assim enunciado: "Art. 168. O direito de pleitear a restituição extingue-se com o decurso do prazo de 5 (cinco) anos, contados: I – nas hipótese dos incisos I e II do art. 165, da data da extinção do crédito tributário; (...)".

O emprego do signo "interpretação" implica dois influxos de sentido relevantes para a pragmática jurídica, um de característica erística e outro de determinação do alcance temporal da aplicação da norma.

No campo erístico, o signo "interpretação" sugere a equivalência de sentido entre a norma "interpretada" e a norma "interpretante", como se o alcance afirmado por esta fosse constante, independentemente do encadeamento de atos de comunicação (e, portanto, do tempo). Vale dizer, afirma-se que a norma de prescrição *sempre teve um sentido passível de valoração em termos de "verdade" e "falsidade"; qualquer sentido dissonante é, portanto, "falso"*.[5]

Quanto aos critérios de aplicação temporal, a palavra "interpretativa" remete ao art. 106, I, do CTN, que determina que "a lei aplica-se a ato ou fato pretérito, em qualquer caso, quando seja expressamente interpretativa, excluída a aplicação de penalidade à infração dos dispositivos interpretados".

Tendo em vista que o direito positivo se manifesta por meio de linguagem verbal,[6] é útil indagar *como* o sistema jurídico *formal* constrói significações, responde às contradições e remete aos elementos que lhe são externos.

Reporto-me ao dito por ocasião das considerações acerca da possibilidade de revisão judicial de decisões administrativas fiscais favoráveis aos contribuintes.[7]

5. A orientação firmada pelo STJ para a aplicação das normas de decadência e prescrição seguia em sentido diverso. Como ficou conhecida, a "tese dos 10 anos" ou a "tese dos 5 mais 5" articulava o momento da extinção do direito do sujeito ativo à revisão do procedimento de apuração e recolhimento a cargo do contribuinte ("homologação") como termo inicial do prazo de contagem do prazo prescricional, porquanto a revisão é o ato jurídico que extinguia o crédito tributário (cf., *v.g.*, Eurico Marcos Diniz de Santi, *Prescrição e Decadência no Direito Tributário*, São Paulo, Max Limonad, 2000, pp. 266 e ss.).

6. Cf. Niklas Luhmann, "Operational closure and structural coupling: the differentiation of the legal system", *Cardozo Law Review* 13/1.419, 1991-1992; Paulo de Barros Carvalho, *Direito Tributário: Fundamentos Jurídicos da Incidência*, 2ª ed., São Paulo, Saraiva, 1999; Gregório Robles, *O Direito como Texto: Quatro Estudos de Teoria Comunicacional do Direito*, Barueri/SP, Manole, 2005.

7. Thiago Buschinelli Sorrentino, "Decisão final do processo administrativo e sua revisão pelo Poder Judiciário: pode o Fisco ingressar em juízo para rediscutir o débito?", in Aldo de Paula Jr. (org.), *Processo Administrativo Tributário*, São Paulo, MP Editora, 2005.

O direito positivo articula-se em *operações de comunicação*.[8] A comunicação, no sistema jurídico, "surge pela divisão da realidade por intermédio de distinção altamente artificial entre enunciação e informação, ambas tomadas como eventos possíveis dentro de um processo contínuo que usa recursivamente os resultados dos estágios antecedentes e antecipa os futuros".[9]

O sistema jurídico ainda reduz a complexidade[10] inerente à experiência humana, e o faz com base na *diferenciação binária* entre o que pertence e o que não pertence ao sistema.[11] Identificada a pertinência, passa-se à distinção à razão da legalidade.[12]

Para alcançar tal grau de especialização, o sistema jurídico é operacionalmente fechado, por produzir "suas próprias operações, suas próprias estruturas, e seus próprios limites por suas próprias operações; não pela aceitação de qualquer determinação externa ou, certamente, por qualquer outro tipo de delimitação. (...). Como parte do sistema social, o sistema jurídico é sistema auto-organizado, autodeterminado. Não há nada mais, nenhum outro sistema externo, que poderia cumprir tal papel".[13]

O fechamento operacional do sistema jurídico pressupõe a adoção da idéia de *circularidade*, em que a produção de normas jurídicas ("programas") somente se dá com base nos próprios "elementos" do sistema, isto é, de comunicações anteriores. É o próprio sistema, no constante impulso, que distingue dados elementos de comunicação como "legais".

Como afirma Luhmann, dizer que um sistema é operativamente fechado não implica o reconhecimento de isolação.[14] A saturação de sentido para as normas jurídicas sofre o influxo de *acoplamentos estruturais*,[15] que operam como mecanismos altamente seletivos para a colheita e *versão*[16]

8. Luhmann ("Operational closure and structural coupling: the differentiation of the legal system", cit., *Cardozo Law Review* 13/1.423) exclui do sentido possível de "comunicação" as acepções de "ação comunicativa" e de "transmissão de mensagens ou informações".

9. Idem, ibidem, p. 1.419.

10. "Cada experiência concreta apresenta um conteúdo evidente que remete a outras possibilidades que são ao mesmo tempo complexas e contingentes. Com *complexidade* queremos dizer que sempre existem mais possibilidades do que se pode realizar. Com *contingência* entendemos o fato de que as possibilidades apontadas para as demais experiências podem ser diferentes das esperadas; ou seja, que essa indicação pode ser enganosa por referir algo inexistente, inatingível, ou algo que após tomadas as medidas necessárias para a experiência concreta (...) não mais está lá" (Niklas Luhmann, *Sociologia do Direito II*, São Paulo, Edições Tempo Brasileiro, 1985, p. 45).

11. O sistema jurídico reproduz a sociedade em um aspecto específico por meio de comunicação. O aspecto retrata a manutenção de expectativas contrafáticas.

12. Afirma Gunther Teubner ("The autonomy of the law: an introduction to legal *autopoiesis*", in David Schiff e Richard Nobles, *Jurisprudence*, Londres, Buttleworth, 2003) que "o que ocorre com a sociedade moderna é o crescimento de linguagens especializadas. Este é um sistema de diferenciação. Mas a diferenciação não ocorre no estrato da diferenciação funcional (Direito é um sistema de resolução de disputas, Política é um sistema de tomada de decisões) etc., mas na linguagem. Diferentes sistemas de comunicação codificam o mundo em formas diferentes. O sistema legal codifica o mundo no que é legal e ilegal. A Medicina codifica o mundo no que é saudável e insalubre. A Ciência codifica o mundo no que verdadeiro ou falso. A Contabilidade constrói o mundo em débitos e créditos. A Economia percebe o mundo em termos de lucros e perdas".

13. Niklas Luhmann, "Operational closure and structural coupling: the differentiation of the legal system", cit., *Cardozo Law Review* 13/1.425.

14. Idem, ibidem, p. 1.431.

15. A expressão "acoplamentos estruturais" refere-se, aqui, a quaisquer elementos do sistema jurídico, sejam estruturas, sejam normas, que determinem como o conjunto deve reagir aos demais sistemas presentes no ambiente, inclusive quanto ao plano semântico (o que implica a necessidade de conceituação especial para a idéia de "abertura cognitiva"). Compare-se com a acepção empregada por Luhmann (ob. ult. cit.), especialmente em *Introducción a la Teoría de Sistemas*, Alamos, Javier Torres Nafarrate, 1996.

16. É importante salientar que, para a *Teoria dos Sistemas*, como concebida por Luhmann, não há trocas diretas entre sistema e ambiente, no sentido de transferência recíproca de "elementos" ou "informações". O sistema jurídico, de acordo com seu código e programas, irá *recodificar* os "elementos" externos na própria linguagem, como determinado pelas próprias operações.

de irritações contidas no ambiente, dentro do qual se inserem outros sistemas.

No plano sintático observa-se que as relações entre as normas jurídicas são eminentemente *prescritivas*. A imputação deôntica permite o abandono do modelo de verdade por correspondência, para imputar aos antecedentes normativos conseqüências arbitrárias.

Os conceitos, como operadores pertinentes às diferenças internas do sistema jurídico,[17] somente se tornam jurídicos com explícita referência nos textos de direito positivo.

Prosseguindo ainda mais na idéia, o significado e a significação das palavras usadas nos textos de direito positivo podem ser previamente definidos pela função política (geralmente pela indicação de critérios de uso),[18] ou construídos dinamicamente durante a aplicação do Direito pelos órgãos jurisdicionais, administrativos ou políticos.

Por ser um sistema operacionalmente fechado, mas cognitivamente aberto, o direito positivo é *autopoiético*.

Sobreleva-se da observação do direito positivo à luz da idéia de *autopoiese* que o sistema jurídico se distingue por intermináveis *fluxos de positivação*, em que se reproduz sentido jurídico por meio de comunicação.

A idéia de pertinência ao sistema está ligada primordialmente à existência da comunicação jurídica anterior à qual a comunicação atual se refere, isto é, à *recursividade*. Uma multa "ilegal", por exemplo, não deixa de ser "jurídica", isto é, de pertencer ao sistema jurídico, pelo juízo que o suposto infrator faz dela.[19]

Em sistemas autopoiéticos "todas as operações ganham a própria unidade pela produção de operações subseqüentes".[20]

Para controle de eventuais desvios nesse fluxo,[21] o sistema jurídico desenvolve novas comunicações, desta vez sobre si mesmo. O fluxo de positivação pode, então, ser alterado, para afirmar, confirmar ou infirmar as comunicações anteriores, sem perda do caráter dinâmico. A *autopoiese* que gera "anomalias" é a mesma que as "corrige".

Como sustenta Paulo Pimenta, "é válida a norma à medida que o editor consegue ficar imunizado contra reações de des-

17. Niklas Luhmann, "Operational closure and structural coupling: the differentiation of the legal system", cit., *Cardozo Law Review* 13/1.431.

18. Como apresentam Alchourrón e Bulygin ("Definiciones y normas", in *Analisis Lógico y Derecho*, p. 447.): "(...) o legislador *normalmente* formula as normas em linguagem corrente, que supõe ser entendida por todos os integrantes da sociedade, e *[portanto]* não aclara o sentido dos termos que usa, dando por certo que os destinatários os entendem no mesmo sentido em que tenham sido usados. Apenas excepcionalmente o legislador se vê compelido a aclarar o sentido de alguma expressão, quando dá a esta um sentido especial, distinto do que tem em uso comum".

19. O exemplo é de Teubner ("The autonomy of the law: an introduction to legal *autopoiesis*", cit., in David Schiff e Richard Nobles, *Jurisprudence*). O autor ainda utiliza a produção de células cancerosas ou "doentes" como metáfora biológica para explicar o juízo de existência de normas jurídicas inválidas. As células cancerosas continuam a ser células, compostas pelos mesmos elementos das células "sadias", mesmo que cada arranjo seja dissonante dos programas empregados pelo sistema celular. Complementando a idéia, a "cura" da célula *deviante*, tal como da própria norma jurídica *inválida*, dá-se dentro e pelas operações do próprio sistema.

20. Niklas Luhmann, "Operational closure and structural coupling: the differentiation of the legal system", cit., *Cardozo Law Review* 13/1.419.

21. Niklas Luhmann (*Sociologia do Direito II*, cit., pp. 84088) define "controle" como "o exame crítico de processos decisórios objetivando uma intervenção transformadora no caso de o processo decisório, em seu desenrolar, seu resultado ou suas conseqüências, não corresponder às considerações do controle". Prosseguindo, diz que "a mais concreta e mais objetiva dessas formas de controle, o *controle hermenêutico* da interpretação do sentido de normas jurídicas e da persuasão de argumentos, deriva sua necessidade da circunstância de que o processo da decisão jurídico está tipicamente orientado não em função do seu resultado, mas sim em função de que seus diversos procedimentos e argumentos possam ser controlados. (...). Um controle adequado do Direito tem que acompanhar o processo decisório ou repeti-lo".

confirmação da mensagem normativa, o que se dá por outra norma".[22]

No modelo dedutivo-subsuntivo o fluxo de positivação costuma ser representado em diagramas de hierarquia em "forma de árvore", em que cada nível oferece os limites sintáticos e semânticos de validade para os níveis inferiores ou subordinados.

Exemplificando, a comunicação-lançamento é antecedida pela comunicação-regulamentação em ato(s) infra-ordinário(s), a qual, por sua vez, é antecedida pela comunicação-legal ordinária, até que se atinja a comunicação-constituição. A validade de cada nível de comunicação é aferida pela subsunção aos níveis superiores.

A questão de fundo está em se perguntar se a construção de sentido de qualquer um daqueles níveis de fundamentação de validade *se esgota em si mesma*, isto é, se o sentido é composto apenas por elementos pertencentes ao mesmo nível.

Toda comunicação jurídica pressupõe um conjunto de signos comungados por um grupo definível de usuários.[23] Embora, como afirma Ferdinand de Saussure, a arbitrariedade do signo não implique livre escolha do significado pelo utente,[24] ainda assim o conjunto de símbolos da linguagem escrita compõe uma tessitura altamente instável.

A instabilidade tem origem na *ambigüidade* e *vagueza* dos signos;[25] ou, de forma mais precisa, no arranjo a que os signos são submetidos pela linguagem, em um dado processo de comunicação.

Mesmo quando o legislador lança mão das *definições legais* – que, no entendimento de Bulygin e Alchourrón, são sempre *prescritivas*[26-27] – é possível que a definição do sentido de uma dada norma permaneça problemática porquanto ainda exista um número de soluções possíveis maior que os critérios eleitos pelo legislador ou recuperados da linguagem comum consigam resolver.

A dificuldade de se demonstrar a pertinência de uma proposição qualquer a um dado nível de direito positivo representa a *incompletude do sistema*.

Essa noção de *incompletude* afasta-se da idéia tradicional de indagação sobre a existência ou inexistência de norma aplicável a um caso ("lacunas").

Dizer que qualquer nível do direito positivo é incompleto significa tão-somente o reconhecimento da possibilidade de existência de uma proposição qualquer (ou mais) que não pode ser afirmada ou refutada ("comprovada") *somente* com base nas normas de processamento e formação daquele subsistema, isto é, de mesmo nível ou de nível "superior".

No cenário em estudo, a incompletude manifesta-se durante as tentativas de se afirmar ou refutar as proposições "o pagamen-

22. Paulo Pimenta, *Efeitos da Decisão de Inconstitucionalidade em Direito Tributário*, São Paulo, Dialética, 2002, p. 20.

23. "A Língua existe na coletividade sob a forma duma soma de sinais depositados em cada cérebro, mais ou menos como um dicionário cujos exemplares, todos idênticos, fossem repartidos entre os indivíduos. Trata-se, pois, de algo que está em cada um deles, embora seja comum a todos e independa da vontade dos depositários" (Ferdinand de Saussure, *Curso de Lingüística Geral*, 26ª ed., São Paulo, Cultrix, 2004, p. 27).

24. Ferdinand de Saussure, *Curso de Lingüística Geral*, cit., 26ª ed., p. 83.

25. "Seria, sem dúvida, ingênuo crer que a cada palavra corresponde uma entidade única que é seu sentido, e que nós possamos – por meio de algum tipo de intuição intelectual – apreender tal entidade" (Carlos Alchourrón e Eugenio Bulygin, "Definiciones legales", in *Analisis Lógico y Derecho*, p. 442).

26. "Estipulativas", no original (Carlos Alchourrón e Eugenio Bulygin, "Definiciones legales", cit., in *Analisis Lógico y Derecho*, p. 447).

27. As funções das definições legais, segundo Alchourrón e Bulygin, são: (i) dar maior precisão a um termo, quando seu sentido é muito vago na linguagem comum; (ii) ampliar o alcance de um termo, incluindo em sua significação situações que nele não estão claramente dispostas; ou (iii) introduzir um termo novo, que não tem uso na linguagem comum (Carlos Alchourrón e Eugenio Bulygin, "Definiciones legales", cit., in *Analisis Lógico y Derecho*, p. 448).

to antecipado de valor devido a título de tributo lançado por homologação deve ser considerado como extinção do crédito tributário" e "o exercício ou a perda do direito ao exercício da homologação deve ser considerado como extinção do crédito tributário".

A incompletude dos níveis normativos não é um vício ou defeito do sistema jurídico, mas é característica de qualquer sistema recursivo e auto-referente. O sistema jurídico também possui mecanismos destinados à manutenção do objetivo pragmático da comunicação jurídica, o que mitiga carga negativa da incompletude.

O direito positivo lida com a incompletude de um nível qualquer atribuindo à comunicação subseqüente, do mesmo ou de outro nível, a preservação da informação presente ("assumida") na comunicação anterior, ainda que seja para confirmá-la, afirmá-la ou infirmá-la.

Operacionalmente, compete à etapa de comunicação subseqüente a precisão do critério de uso aplicável à definição de sentido. Do ponto de vista semântico, a escolha torna-se *justificável* pela *aceitação* à referência da comunicação aos acoplamentos que caracterizam a abertura cognitiva do sistema do Direito.

Como, então, pode ser representado esse fluxo de construção de sentido e aplicação do Direito?

O padrão *strange loops* oferece um método interessante de raciocínio.

Douglas Hofstaeder afirma que o fenômeno *strange loops* "ocorre sempre que, pela movimentação ascendente (ou descendente) através dos níveis de qualquer sistema hierarquizado, nós nos encontramos inesperadamente bem no mesmo local do qual partimos".[28] A expressão *tangled hierarchy*, por seu turno, é às vezes utilizada pelo autor para descrever sistemas nos quais os *strange loops* podem ser encontrados.

Um dos tipos de *strange loops* ocorre quando há uma "interação entre níveis na qual o nível superior alcança o nível mais baixo para lhe influenciar, enquanto ao mesmo tempo é determinado pelo nível mais baixo".[29]

O sistema jurídico utiliza a própria recursividade e circularidade para resolução da ambigüidade e vagueza.

Cada comunicação jurídica reporta-se à anterior e antevê o encadeamento à subseqüente; a comunicação atual repete a anterior em outro nível (como uma etapa necessária ao cumprimento de uma tarefa). Com a redundância e circularidade o sistema jurídico ganha unidade – fechamento operacional e abertura cognitiva, ambos determinados pelos programas e códigos do próprio sistema.

A eliminação da ambigüidade e da vagueza pelas *escolhas de critérios de uso* dá-se de forma legítima pelo exercício da função legislativa. Como as comunicações jurídicas não são lineares e o sistema jurídico brasileiro não outorga à função legislativa papel *privativo* de *estabilização de sentido*, a atividade jurisdicional também exerce a remoção da ambigüidade e da vagueza (a competência para a estabilização, pela adoção de critérios, estende-se à função legislativa, ainda que não de forma absoluta e privativa).[30]

Nesse sentido, diz Marcelo Neves que "a decisão [*do juiz, no caso narrado*] não é um simples resultado da *aplicação da regra*, pois assume a posição de metalinguagem em relação à regra, falando desta (tanto descritiva quanto prescritivamente) enquanto sua linguagem objeto e, dessa maneira, atribuindo-lhe sentido".[31]

28. Douglas Hofstaeder, *Gödel, Escher, Bach: an Eternal Golden Braid*, Nova York, Basic Books, 1999, p. 10.

29. Idem, ibidem, p. 709.

30. Tanto a função legislativa quanto a função judicial "estabilizam" sentido, se por "estabilização" se entender também o desenho de critérios de uso e concreção para as comunicações anteriores, quando aplicáveis. Somente a comunicação jurisdicional, contudo, tende à *definitividade* (pelo trânsito em julgado).

31. Marcelo E. Neves, "E se faltar o décimo segundo camelo? Do Direito expropriador ao Direi-

Nesse contexto, a atividade jurisdicional ocupa posição de centro nas operações do sistema jurídico. Essa posição deriva do papel das decisões judiciais na estabilização de sentido das normas jurídicas e é um mecanismo de controle da recursividade indiscriminada.

A doutrina dogmática, sem perda de seu caráter metalingüístico,[32] também constitui comunicação jurídica. A produção de sentido sobre a linguagem-objeto dos textos jurídicos é absorvida pelo sistema jurídico pela identidade de código – a comunicação doutrinária afirma, confirma ou infirma sentido para as normas jurídicas. Em razão da ausência da tendência à definitividade ou à observância obrigatória, a carga semântica doutrinária ocupa posição periférica no sistema jurídico.

Ademais, a doutrina dogmática também pode servir como acervo recursivo, ao qual novas comunicações jurídicas se referirão, para imbricação na tessitura própria do direito positivo.

Tanto a atividade jurisdicional quanto a produção doutrinária dogmática apresentam um núcleo comum – preservar a informação anteriormente veiculada, escolhendo, se necessário, critérios de uso.

Nesse contexto, a determinação do art. 3º da Lei Complementar 118/2005 é comunicação jurídica que se encadeia diretamente à comunicação representada pelo art. 168, I, do CTN não para lhe "aclarar" a significação, mas para definir-lhe critérios de uso.

A conclusão relevante no âmbito deste trabalho reporta-se ao papel do art. 3º da Lei Complementar 118/2005: uma etapa de comunicação diretamente encadeada à comunicação originária no art. 168, I, do CTN, cuja função é definir-lhe critérios de uso e, portanto, sentidos possíveis.

Esses sentidos possíveis são resultantes de cálculos entre significações, cuja resultante não se confunde com a norma até então existente. Tem-se, assim, uma norma completamente nova para prescrever condutas pertinentes ao direito do contribuinte à restituição de quantias pagas indevidamente a título de tributo – e não, como se poderia supor, "apenas" enunciação mais precisa para uma significação já existente.[33]

3. Critérios de aplicação da norma no tempo. Hipótese de incidência da norma de prescrição do crédito do contribuinte (art. 106, I, do CTN)

3.1 Norma, tempo e aplicação. "Autopoiese" e programas de limitação

Paulo de Barros Carvalho define o fluxo de positivação do Direito como a partida "de concepções abrangentes, mas distantes, para chegar às proximidades da região material das condutas intersubjetivas, ou, em terminologia própria, iniciando-se por normas jurídicas gerais e abstratas, para chegar a normas individuais e concretas, e (...) deve ser necessariamente percorrido, para que o sistema alimente suas expectativas de regulação efetiva dos comportamentos sociais".[34]

No campo da tributação o fluxo de positivação estabelece no sistema jurídico brasileiro as relações conversas que enlaçam sujeitos ativos e passivos pela obrigação[35] de pagamento de quantia em dinhei-

to invadido", in André Jean Arnaud (org.), *Niklas Luhmann: do Sistema Social à Sociologia Jurídica*, Rio de Janeiro, Lumen Juris, 2004, p. 152.

32. Cf. Paulo de Barros Carvalho, *Curso de Direito Tributário*, 13ª ed., São Paulo, Saraiva, 2000, pp. 4 e ss.

33. A solução desse cenário, com arrimo no cálculo de sentidos, provavelmente levaria à conclusão de que a norma interpretativa não pertence a nível inferior ao da norma interpretada, porquanto destinada à alteração da significação da primeira. A classificação da norma do art. 3º da Lei Complementar 118/2005 na categoria "interpretativa" seria considerada falaciosa.

34. Paulo de Barros Carvalho, *Direito Tributário: Fundamentos Jurídicos da Incidência*, cit., 2ª ed., p. 217.

35. A relação conversa à *obrigação* ao pagamento é a *permissão* para recebimento das quantias.

ro.[36] Isso não sem antes transitar pela própria instituição da regra-matriz de incidência tributária e dos respectivos fundamentos de validade, entre eles eventuais normas gerais em matéria tributária (art. 146, III, da CF de 1988), legislação pertinente ao respectivo ato legislativo[37] e a própria Constituição Federal.

Cada etapa do fluxo de positivação representa também uma etapa comunicacional. O implemento de cada estágio de comunicação pressupõe observância às instruções colocadas pelos programas do sistema jurídico. Nesse sentido, o processo de aplicação do Direito – instruções que no mais das vezes também pressupõem a feitura de *escolhas* – pode ser mapeado em uma Rede de Transição Recursiva (RTN).[38-39]

Um dos nódulos comuns a qualquer RTN relativa ao sistema jurídico diz respeito à identificação das normas aplicáveis ao caso em exame, especialmente no que se refere ao *tempo*. Quer dizer, uma das perguntas necessárias em qualquer ato de aplicação do Direito é: *quais normas formam o conjunto aplicável ao caso, posto que cada norma foi introduzida no sistema jurídico em momentos diferentes?*

Com efeito – como assevera Eugenio Bulygin –, "cada vez que uma nova norma é agregada a um sistema jurídico teremos um sistema diferente, porque o conjunto das normas que pertencem ao sistema será distinto (...)".[40]

Bulygin convencionou chamar o intervalo entre os dois momentos temporais nos quais uma norma é introduzida ou eliminada do sistema de *tempo externo da norma*.[41]

Como a aplicação das normas também se refere a acontecimentos temporais, a seqüência de todos os momentos nos quais a norma é aplicável a algum caso é chamada *tempo interno da norma*.[42]

O tempo interno da norma não é linear e não coincide necessariamente com o tempo externo. É possível que uma norma já não pertencente ao sistema jurídico *contemporâneo* ao ato de aplicação do Direito seja aplicável ao caso. Ainda, é possível que uma norma que não houvera sido introduzida no sistema quando verificado o caso lhe seja aplicável.

A comparação entre sistemas normativos diferentes mas subsumidos ao mesmo âmbito de jurisdição coloca ao aplicador a necessidade de identificação de *critérios de aplicabilidade*. Por exemplo, disposições que determinam que *normas de aplicação temporal previamente restrita* devem ser aplicadas com preferência às demais, ou que a *punição menos gravosa* deve ser aplicada em preferência às demais, ainda que *inexistente no "tempo do fato" mas*

36. A modalização obrigacional cujo objeto é a entrega de moeda não é traço distintivo das obrigações tributárias. Tampouco é o fato de ser o respectivo fundamento de validade veiculado por *lei*. Geraldo Ataliba (*Hipótese de Incidência Tributária*, 5ª ed., 8ª tir., São Paulo, Malheiros Editores, 1999, p. 34) sugere a identificação das relações jurídicas tributárias pelo método da exclusão, em que se evidencia a diferença entre *multa*, *obrigação convencional*, *indenização por dano* e *"tributo"*.

37. Em razão da circularidade, o fundamento de validade de dada norma independe do tipo de veículo introdutor. *E.g.*, uma emenda constitucional extrai fundamento de validade tanto do Regimento Interno das Casas do Congresso Nacional (que dispõe sobre como deve ser *enunciada* a emenda) quanto da própria Constituição Federal.

38. Acrônimo para *Recursive Transitive Network*.

39. Uma RTN "é um diagrama demonstrativo de vários caminhos que podem ser seguidos para que se possa completar uma tarefa. Cada caminho consiste de um número de *nódulos*, ou pequenas caixas com palavras nelas, jungidas por *arcos*, ou linhas com flechas. O título geral para a RTN é escrito separadamente à esquerda, e os primeiro e último nódulos têm as palavras *início* e *fim* neles. Todos os outros nódulos possuem instruções curtas para serem seguidas, ou então os nomes de outras RTNs. Cada vez que você atingir um nódulo, você deverá seguir as instruções contidas nele, ou então pular para a RTN indicada nele, e seguir as respectivas instruções" (Douglas Hofstaeder, *Gödel, Escher, Bach: an Eternal Golden Braid*, cit., p. 131).

40. Eugenio Bulygin, "Tiempo y validez", in *Analisis Lógico y Derecho*, p. 198.

41. Idem, ibidem.

42. Idem, ibidem, p. 199.

existente no momento da aplicação, são critérios de aplicação.

A modulação dos efeitos normativos na linha referencial do tempo é válida e possível em sistemas de comunicação orientados por relações deônticas e prescritivas, cujos sentidos e valores de verdade não se prendem à necessária correspondência à concreção.

3.2 O quadro de soluções possíveis fundado na ambigüidade e na vagueza do Código Tributário Nacional e a operação do art. 3º da Lei Complementar 118/2005

O fluxo de positivação do crédito tributário tem etapas de comunicação marcantes, sintetizadas genericamente pela (i) *constituição do fato jurídico do indébito tributário* (que se refere a um evento no tempo – o *fato gerador*), (ii) *tentativa de manutenção ou infirmação desse fato por comunicação administrativa* (em procedimento de comunicação fixado no tempo) e (iii) *tentativa de manutenção ou infirmação desse fato por comunicação jurisdicional* (em comunicação que também se fixa no tempo).

Como sugere Eurico Marcos Diniz de Santi, há três hipóteses-padrão para as regras de prescrição do direito do contribuinte, fundadas: (i) na não-ocorrência de desfazimento de decisão administrativa denegatória de restituição e na não-ocorrência de decisão administrativa denegatória da restituição; (ii) na ocorrência de decisão denegatória de restituição; e (iii) na ocorrência do desfazimento de decisão.[43]

Até a edição da Lei Complementar 118/2005 a ambigüidade e a vagueza dos enunciados dos arts. 150, § 4º, 168, I, e 173, I, do CTN permitiam que a norma geral de prescrição do direito do contribuinte à restituição do indébito recebesse, ao menos, dois sentidos disjuntivos-exclusivos.

43. Eurico Marcos Diniz de Santi, *Prescrição e Decadência no Direito Tributário*, cit., pp. 256 e ss.

O quadro de universos possíveis para a reconstrução da norma de prescrição era composto, ao menos, de duas soluções verossímeis.

A primeira considerava que o termo inicial do prazo prescricional (elemento da hipótese de incidência da norma de prescrição) era o "pagamento antecipado indevido" (art. 150, § 1º, do CTN), porquanto a "extinção do crédito tributário" não dependia da verificação de conformidade, pela autoridade fiscal, do procedimento adotado pelo contribuinte ("homologação"). A "homologação" limitava-se à aposição de estabilidade ao procedimento, proibindo nova revisão por iniciativa fiscal.

A segunda solução possível, *interpretando* os mesmos dispositivos, afirmava que o termo inicial do prazo prescricional deveria ser a "homologação do crédito tributário", porquanto somente após tal fato é que o crédito tributário seria extinto *definitivamente*. Como a "homologação tácita" somente ocorre após cinco anos contados do fato gerador, o prazo prescricional somente teria início após a exaustão daquele prazo (art. 150, § 4º, do CTN). Daí a epítome "tese dos 10 anos" ou "tese dos 5 mais 5 anos".

No conjunto das operações, o sistema jurídico lida com a ambigüidade e a vagueza atribuindo às operações de comunicação subseqüentes a fixação do sentido das operações antecedentes. O risco de interminável redundância, a repetição indefinida dos processos de comunicação para infirmar ou afirmar as etapas anteriores, é resolvido pelas operações de centro: certas comunicações trazem estabilidade ao sentido, porque há programas proibindo que essas comunicações sejam modificadas.

O art. 3º da Lei Complementar 118/2005 apôs critério de uso específico para a regra geral de prescrição (i), para fixar que a norma incide para fulminar o direito à repetição, nos casos de créditos constituídos pelo método de "homologação", sobre a omissão do contribuinte em ajuizar demanda por cinco anos, *contados do pagamento antecipado*.

Esse sentido é contraditório à proposição que afirma que a extinção do crédito tributário se dá somente após a homologação (e, portanto, considera que a extinção do crédito se dá somente após a incidência da norma de decadência das autoridades fiscais).

Note-se, contudo, que mesmo antes da promulgação da Lei Complementar 118/2005 os arts. 150, §§ 1º e 4º, e 168, I, do CTN podiam ser "interpretados" para determinar o cálculo da prescrição da repetição do indébito tributário em cinco anos, contados a partir do "pagamento antecipado" da obrigação tributária.

Noutro dizer, a escolha de critério efetuada pelo legislador *já se encontrava no espectro de sentidos possíveis atribuíveis aos dispositivos*.

Naqueles parâmetros, o jurisdicionado (tanto o contribuinte quanto o sujeito ativo) tinha a *expectativa contrafática* de que a decisão jurisdicional iria alinhar-se à orientação *mais favorável ao contribuinte*.

Esta expectativa era devidamente fomentada pela reiterada jurisprudência do STJ no sentido da aplicação do prazo prescricional somente após o transcurso do prazo para homologação, "porque assim se alinhava a jurisprudência do STJ, *criando influência não vinculante* em relação aos demais atos de aplicação".[44]

As decisões emanadas do STJ, conquanto o órgão de superposição seja incumbido da uniformização do sentido dado às leis federais (art. 105, III, "c", da CF), somente irradiam estabilidade de sentido para a causa de pedir e o pedido que lhes são relacionados (comunicação "em linha").

A observância obrigatória de precedentes judiciais por comunicações transversais, isto é, que não têm o precedente como etapa de comunicação concatenada em linha, somente se dá para as decisões proferidas pelo STF, em controle concentrado de constitucionalidade (art. 102, § 2º), e nas orientações sumuladas, se introduzidas no sistema pelo procedimento previsto no art. 103-A da CF.

Portanto, por mais favoráveis que fossem os precedentes do STJ, não era possível atribuir a eventual demanda proposta anteriormente à vigência da Lei Complementar 118/2005 certeza de critérios.

Como já decidiu a 2ª Turma do STF por ocasião do julgamento da Recl./AgRg 3.316,[45] um órgão jurisdicional pode validamente proferir decisões contrárias à orientação predominante até então firmada sem que isso constitua usurpação de competência ou ofensa às próprias decisões.

Do voto do Ministro Relator, Joaquim Barbosa, transcreve-se a seguinte passagem:

"Obviamente a Corte não usurpa a própria competência.

"Também é improvável que negue autoridade às próprias decisões, pois isso seria, quando muito, mudança de sua jurisprudência.

"Por outro lado, se a Corte entende que a reclamação contra decisões de outros tribunais não pode ser sucedâneo de recurso para efeito de uniformização de jurisprudência (Recl. n. 724/AgR, rel. Min. Octávio Gallotti, Pleno, j. 26.3.1998), com muito mais razão não poderia admitir a reclamação contra seus próprios atos."

Portanto, a orientação jurisdicional, ainda que relevante para a determinação da estabilidade necessária à segurança jurídica (c.f. art. 11 do RISTF), não é imanentemente vinculatória, a ponto de proibir os órgãos jurisdicionais à adoção de solução possível dissonante.

A menção ao quadro de soluções possíveis levanta uma questão que merece ser enfrentada: os enunciados do Código Tributário Nacional antes da introdução do art. 3º da Lei Complementar 118/2005 permi-

44. Aldo de Paula Jr., *Notas Taquigráficas*.

45. Rel. Min. Joaquim Barbosa, *DJU* 26.8.2005.

tiam mesmo ao órgão jurisdicional a escolha do critério de uso mais adequado? O sistema jurídico e a linguagem não possuem regras aceitas para que se determinasse tão-somente um único sentido possível para os dispositivos, como as regras de boa interpretação e hermenêutica? Deixar ao órgão jurisdicional a precisão do sentido não inverte a "ordem natural" de criação e aplicação do Direito?

Dentro do discurso jurídico, a apresentação de razões heurísticas, nelas compreendidas as referências analíticas, hermenêuticas e erísticas, tem papel relevante. A dialética jurídica de controle é representada pela apresentação de argumentos que propõem a prevalência de um sentido sobre outro, em que uma solução "é mais correta que outra", por estes ou aqueles fundamentos (valor de lógica difusa).

A adjudicação de significação e significados aos símbolos depende de *aceitação* e *consenso* entre os utentes de uma determinada Língua. O campo de conotação e de denotação não costuma não ser tão preciso, oferecendo uma série de respostas aceitáveis de acordo com as regras de formação da linguagem natural – e, no caso em estudo, da linguagem jurídica.

As palavras não têm sentido imanente que pudesse restar violado pela atribuição de significação diversa da esperada, se a significação atribuída está de acordo com os parâmetros da linguagem. Toda violação depende de parâmetros, e tais regras são definidas pela linguagem sincrônica e diacrônica (natural e jurídica).

Os programas e acoplamentos estruturais do direito positivo, que demarcam distinções artificiais para o próprio sistema (as definições legais), não são, no mais das vezes, suficientes para remover totalmente a ambigüidade e a vagueza.

O sistema jurídico brasileiro, então, permite que o fluxo de positivação se estenda por algum tempo e se alongue em algumas fases, nas quais a dialética da aceitação e do consenso é invocada.

Por exemplo, o juiz de primeira instância aceita ou refuta a comunicação que lhe é apresentada; essa decisão pode ser aceita ou não pelo jurisdicionado, que invoca nova etapa de comunicação para infirmar a sentença. A expectativa do jurisdicionado, no momento da sentença, foi frustrada. Contudo, a frustração não impede que a expectativa seja mantida e renovada, porque a matéria pode ser devolvida ao conhecimento de outro órgão jurisdicional. Eventualmente o jurisdicionado perde a possibilidade de manter a expectativa ao provimento favorável, pelo programa da segurança jurídica (*e.g.*, trânsito em julgado, preclusão, prescrição e decadência etc.).

Exaurida a possibilidade jurídica de manutenção da expectativa contrafática, a aceitação, ou não, da decisão se torna irrelevante para a modificação do fluxo de positivação em si (continua sendo relevante para desdobramentos do fluxo, como, por exemplo, a juridicização da conformação da conduta social à decisão: o processo de execução).[46]

As regras para verificação da pertinência de uma proposição a outra são sistematizadas em *Teorias da Verdade* (*e.g.*, a Teoria da Conformação Semântica, de Tarski). O juízo sobre o "acerto" de uma decisão judicial ou de proposições dogmáticas segue os parâmetros de uma ou outra Teoria da Verdade.

É irrelevante para essa digressão o estudo sobre qual Teoria da Verdade seria aplicável ao discurso jurídico, porquanto não se busca afirmar a prevalência de "uma interpretação" sobre "outra interpretação".

É importante reconhecer, contudo, que as proposições jurídicas, por não serem operativas quanto à concreção, não desafiam violações da espécie causa-efeito fundadas na concreção. Noutro dizer, uma pro-

46. É certo que ruídos externos, ainda que não processados pelo sistema do Direito, podem causar o colapso dos acoplamentos estruturais (*e.g.*, a ausência de efetividade social).

posição jurídica "equivocada" não leva à retorsão imanente, automática e objetiva do sistema jurídico, como em um tipo de dispositivo *deus ex machina*.

Por essa razão, "certas" ou "erradas", "verdadeiras" ou "falsas", "pertinentes" ou "impertinentes", as proposições jurídicas somente adquirem estabilidade de sentido de forma altamente artificial: pelo trânsito em julgado, pela preclusão, pela prescrição e decadência etc. O sistema jurídico extrai estabilidade da instabilidade, acerto do erro, ordem do caos.

4. "Retroação" do art. 3º da Lei Complementar 118/2005. O art. 106, I, do CTN e o art. 5º, XXXVI, da CF

4.1 A questão

O cenário que se vem delineando pode assim ser sintetizado:

(a) Até a promulgação da Lei Complementar 118/2005 a ambigüidade e a vagueza de algumas das palavras dos enunciados dos arts. 150, §§ 1º e 4º, e 168, I, do CTN permitiam que lhes fossem adjudicados dois sentidos possíveis:[47] (a1) o prazo de prescrição deveria ser contado a partir do recolhimento indevido, porque a "extinção do crédito" se dava com o "pagamento antecipado", ou (a2) o prazo de prescrição deveria ser contado a partir da proibição de revisão do pagamento pelas autoridades fiscais, porquanto a "extinção do crédito" somente se daria com a "homologação", expressa ou tácita. O conjunto de normas ao qual pertence esse matiz de possibilidades será chamado de "S_1".

(b) O critério de uso que removia artificialmente a ambigüidade e a vagueza e transformava o "campo de respostas possíveis" (o "infinito", isto é, a possibilidade latente) em uma única resposta (o "finito", isto é, a possibilidade realizada) era determinado pelo processo orientado por *strange loop* na decisão judicial. A redundância e a circularidade do sistema do Direito (uma *tangled hierarchy*) validavam a construção de sentido recíproca (a decisão judicial define o alcance da norma mais geral, tanto quanto a norma mais geral influi no sentido da decisão judicial).

(c) A partir da promulgação da Lei Complementar 118/2005, a nova comunicação altera os critérios de uso possíveis, removendo o universo possível (a2). Como a comunicação legislativa complementar *antecede* sintaticamente a comunicação jurisdicional, espera-se que a definição de sentido pelo processo orientado por *strange loop* também seja limitada. O conjunto de normas ao qual pertence a norma modificada será chamado de "S_2".

"S_1" e "S_2" têm tempos externos bem definidos (entrementes, entre as promulgações do Código Tributário Nacional e da Lei Complementar 118/2005 e o período posterior). Comparando-se os dois sistemas, umas das questões que surgem é a seguinte:

Qual norma deve reger a restituição de um indébito quando o "pagamento indevido" (fato jurídico do indébito) ocorre durante a existência de "S_1", mas o "ato de aplicação" (decisão judicial) ocorre durante a existência de "S_2"? Noutro dizer, indaga-se se o fato relevante para determinação da norma aplicável é o pagamento indevido ou a decisão que o reconhece e determina a restituição.

A indagação comporta abordagens diferentes em razão da perspectiva do jurisdicionado-sujeito passivo ou do órgão jurisdicional.

4.2 Perspectiva do jurisdicionado

Determina o art. 5º, XXXVI, da CF que "a lei não prejudicará o direito adquirido, o ato jurídico perfeito e a coisa julgada".

O art. 168, I, do CTN tem por hipótese de incidência a "extinção do crédito tributário". Antes da existência da Lei Com-

47. Por questões pragmáticas, as soluções possíveis foram reduzidas a duas.

plementar 118/2005 não havia um único sentido possível, aplicável de forma vinculante e com amplitude geral (*erga omnes*), que pudesse ser creditado aos arts. 150, § 4º; 168, I, e 173, I, do CTN.

A questão era saber se a extinção do crédito tributário correspondia ao "pagamento antecipado indevido" ou à "homologação, expressa ou tácita".

A decisão jurisdicional que deveria fixar o sentido possível aplicável (*strange loop – tangled hierarchy*), em qualquer grau de jurisdição, poderia validamente optar pela extensão mais restrita e contrária à pretensão do contribuinte e à própria orientação predominante do STJ[48] (aplicar a "tese dos 5 anos" em prejuízo da "tese dos 10 anos").

Assim, o quadro no qual se inseria a expectativa do jurisdicionado não era de certeza de critérios, determinados pelo Legislativo ou pelo trânsito em julgado, mas de possibilidade de adoção de critério mais favorável em razão de reiterada opção realizada por órgão judicial de superposição.

Portanto, a Lei Complementar 118/2005 não ofende o direito do contribuinte à prestação jurisdicional conforme a orientação da "tese dos 10 anos", porquanto a adoção da orientação, por qualquer órgão jurisdicional, inclusive o próprio STJ, não era obrigatória.[49]

4.3 Perspectiva do órgão jurisdicional

Questão um pouco mais complexa se dá quando há consideração do problema do ponto de vista do órgão jurisdicional.

Para "pagamentos indevidos" ou respectivas ações judiciais apresentadas anteriormente à existência da Lei Complementar 118/2005 mas cujos respectivos atos de aplicação sejam posteriores àquele marco o sistema jurídico continua permitindo a opção entre os sentidos até então possíveis? Haverá violação do art. 106, I, do CTN se o órgão jurisdicional considerar a "homologação" como "extinção do crédito tributário"?

Assim dispõe o art. 106, I, do CTN, *verbatim*: "Art. 106. A lei aplica-se a ato ou fato pretérito: I – em qualquer caso, quando seja expressamente interpretativa, excluída a aplicação de penalidade à infração dos dispositivos interpretados; (...)".

O art. 106, I, do CTN opera como programa de definição do tempo interno da norma. Determina-se que o sistema que contenha enunciado expressamente interpretativo, ainda que existente somente após o "tempo no fato",[50] seja aplicado em detrimento do sistema existente "no mesmo tempo no fato" (isto é, no "tempo do fato"[51]).

48. O sistema jurídico brasileiro determina observância obrigatória às decisões proferidas em controle concentrado de constitucionalidade por ação direta de inconstitucionalidade e ação declaratória de constitucionalidade (art. 102, § 2º) ou de orientação sumulada pelo STF, nos termos do art. 103-A da CF. Quanto à orientação predominante no STJ relativa ao termo inicial do prazo de prescrição do crédito do contribuinte, eventual decisão discrepante das instâncias originárias poderia ser submetida a controle (*v.g.*, art. 105, III, "c", da CF, sem prejuízo das demais alíneas), para ser reformada ou confirmada (as decisões não são vinculantes ao próprio tribunal, que pode modificar a orientação – cf., *v.g.*, 2ª T., Recl./AgRg 3.316, rel. Min. Joaquim Barbosa, *DJU* 26.8.2005).

49. Isso não quer dizer que, por uma questão de segurança jurídica, previsão e constância, os tribunais não devam preservar a reiterada aplicação das razões consolidadas em precedentes. A afirmativa limita-se à constatação de que a manutenção da orientação do precedente não é critério de validade geral das decisões jurisdicionais (as exceções – que *infirmam* a regra geral, dando azo à criação de diversas regras *específicas* – foram abordadas na nota anterior).

50. "Algo diverso, porém, é o tempo *no fato*, isto é, a ocasião a que alude o enunciado factual, dando conta da ocorrência concreta de um evento" (Paulo de Barros Carvalho, *Fundamentos Jurídicos da Incidência Tributária*, 2ª ed., São Paulo, Saraiva, 1999, p. 123).

51. "*O tempo* do fato *é aquele instante no qual o enunciado denotativo, perfeitamente integrado como expressão dotada de sentido, ingressa no ordenamento do direito posto, não importando se veiculado por sentença, por acórdão, por ato administrativo ou por qualquer outro instrumento introdutório de normas individuais e concretas*" (Paulo de Barros Carvalho, *Fundamentos Jurídicos da Incidência Tributária*, 2ª ed., São Paulo, Saraiva, 1999, p. 122).

A definição do alcance do *tempo interno da norma*, conquanto discrepante do *tempo externo*, é latente em sistemas autopoiéticos e prescritivos.

Eventual limitação surge de programas.

Por desdobramento do disposto no art. 5º, II, e no art. 150, I, da CF, os parâmetros normativos para juridicização de fatos lhes devem ser contemporâneos (se a obrigatoriedade decorre de "lei", os termos da obrigação devem ser definidos pela "lei" existente no momento em que ocorre o "fato que implica a obrigação").

A fixação dos parâmetros de controle e juridicização pelo critério de sincronismo ao fato é ainda reforçada pelo disposto no art. 5º, XXXVI, da CF, se a norma assíncrona for mais prejudicial que a norma contemporânea.

Ambas as normas estabelecem programas que limitam a possibilidade imanente de o sistema jurídico brasileiro ponderar o alcance da aplicação dos enunciados normativos no tempo.

Contudo, o sistema jurídico brasileiro possui um programa específico voltado ao controle da modulação do alcance temporal dos novos enunciados jurídicos.

A determinação do art. 5º, XXXVI, da CF opera como limite[52] à criação de programas que modifiquem os critérios de aplicação da norma relativos ao tempo interno.

A menção à violação do *direito adquirido*, constante do art. 5º, XXXVI, da CF pode ser lida como programa voltado à fixação dos limites temporais de aplicação normativa: os fatos deverão usualmente ser juridicizados pelas normas existentes, vigentes e eficazes no mesmo momento atribuído a tais fatos, sem prejuízo da previsão de hipóteses específicas em que normas de existência posterior (tempo externo) devam ser aplicadas com prevalência às normas contemporâneas (*e.g.*, a *retroatividade benigna da lei penal*).

O *direito adquirido* visa, nesse contexto, à preservação dos sistemas jurídicos frente à confusão na assincronia entre o *ato de aplicação do Direito* e o *fato juridicizado*, bem como à modificação indiscriminada do *tempo interno da norma* ("normas de exceção").

O campo de soluções possíveis para um determinado caso jurídico deve ser fixado em razão dos enunciados normativos contemporâneos ao fato, se não houver programa normativo válido que indique prevalência de um enunciado diacrônico sobre o enunciado contemporâneo (*e.g.*, "retroatividade benigna").

O campo de soluções possíveis incorpora-se no sistema jurídico de referência, contemporâneo ao fato regulado,[53] e, portanto, também é colocado a salvo de novas determinações e prescrições inseridas posteriormente no sistema.

Como o ato de aplicação recupera as normas contemporâneas ao fato jurídico, recuperam-se também a ambigüidade e a vagueza que permitem à operação subseqüente de comunicação a opção pelos critérios de precisão.

Qualquer alteração relevante nos sentidos possíveis da norma, ainda que sob o título de "interpretação", implica a inovação do sistema jurídico. Remover a ambigüidade e a vagueza no discurso jurídico resulta, efetivamente, na formação de uma norma que, embora subsumível à comunicação anterior, com ela não se confunde em alcance e extensão.

A fixação de sentido em operações de centro não constitui risco à significação da norma jurídica aplicada, porquanto a comunicação jurisdicional é pressuposto da própria estabilidade daquela significação.

Dito de outro modo, a extensão do *direito que se adquiriu* depende do ato de aplicação, e, assim, tal ato não leva à infir-

52. "Limite" é, aqui, entendido de forma ampla, inclusive para denotar a determinação de competência sem os elementos decotados pela norma de *limitação*.

53. Com as exceções já apontadas.

mação, mas, sim, à *afirmação* do sentido da norma aplicada.

Strange loops são comuns e esperados nas comunicações jurisdicionais e doutrinárias.

Por outro lado, o mesmo não se dá com a modificação de enunciados por comunicações de mesmo nível. Um enunciado de lei ordinária modificador do enunciado de outra lei ordinária não está somente fixando sentido no curso do processo de positivação, mas está, ao final, *alterando o campo de soluções possíveis para todos os atos de aplicação que façam referência a tal enunciado*.

A aplicação de um enunciado posterior (diacrônico) à solução de um determinado caso é possível se tal enunciado consista na redução de carga punitiva (art. 5º, XL, da CF).

Para as demais hipóteses a aplicação "retroativa" será válida se não houver modificação substancial do campo de soluções possíveis baseadas no enunciado modificado.

Assim, a constitucionalidade do art. 106, I, do CTN pressupõe que a norma rotulada como "interpretativa" não modifique substancialmente o sentido possível da norma "interpretada".

Há uma grande dificuldade de mera manutenção de sentido nas operações de comunicação realizadas em sistemas autopoiéticos, ordenados por *tangled hierarchy* e submetidos às relações *strange loops*.

Especialmente no sistema jurídico, que é prescritivo, os processos de remoção de ambigüidade e vagueza dos conceitos dos termos pela positivação e concreção tendem à modificação do sentido possível constante na operação anterior (quando o sentido deixa de ser possível para ser específico).

A determinação do art. 3º da Lei Complementar 118/2005 não estabelece relação de equivalência com as demais disposições do Código Tributário Nacional, para tão-somente preservar com precisão a carga semântica anteriormente estabelecida. A disposição realiza uma escolha legislativa, reduzindo o campo de acepções possíveis, pela escolha de um critério de uso específico – "a expressão 'extinção definitiva do crédito' deve ser usada na acepção de 'pagamento antecipado indevido'".

Embora o jurisdicionado não tenha direito adquirido à aplicação da solução mais favorável, expressamente afastada pela Lei Complementar 118/2005, a determinação constante do respectivo art. 3º não pode modificar o sistema jurídico existente no instante ao qual se refere o fato jurídico do pagamento indevido.[54]

A validade do programa previsto no art. 106, I, do CTN pressupõe, portanto, que o respectivo enunciado não seja lido como permissão para que qualquer enunciado seja aplicado a fatos assíncronos, tão-somente pela atribuição do rótulo de "interpretação".

Sempre que a "interpretação" redundar na diminuição ou aumento do campo de soluções possíveis anteriormente projetadas, ou modificar o sentido possível dos enunciados anteriores, a inserção da nova norma modificará o próprio sistema jurídico.

A juridicização dos fatos assíncronos aos novos enunciados está, de forma geral, resguardada das modificações. Preservam-se, no interregno, a ambigüidade e a vagueza dos antigos enunciados ("S_1").

4.4 Conformidade aos arts. 2º, 24, I, 60, § 4º, III, 92 e 146, III, "b", da CF. O problema da separação de Poderes

Para esse modelo de trabalho, o art. 3º da Lei Complementar 118/2005 consiste em um ato de comunicação, encadeado em um fluxo específico, que modifica o alcance semântico possível de comunicação anterior, destinada à fixação da norma geral de prescrição do direito do contribuinte à restituição por indébito tributário.

54. Isto é, o sentido.

Com a aplicação dos conceitos de *strange loops* e *tangled hierarchies*, além daqueles da Teoria dos Sistemas de Luhmann, concluiu-se que as comunicações jurisdicionais ocupam papel central no sistema jurídico, pois são elas que processam, com ânimo de estabilidade, informações sobre a licitude ou ilicitude de quaisquer "objetos".

Diz-se ainda que compete aos membros do Poder Judiciário interpretar as leis.

A inserção de norma "interpretativa" pelo Poder Legislativo não ofenderia, então, a independência entre as funções de Estado e mesmo a própria mecânica de construção de sentido normativo?

A resposta parece ser negativa.

Embora os órgãos jurisdicionais executem operações centrais no sistema jurídico, e somente essas operações tendam à estabilidade, isso não quer dizer que *somente* o Poder Judiciário produza comunicação jurídica. O exercício de função legislativa pode validamente (e, ainda, *com legitimidade social*) determinar critérios de uso para as comunicações jurídicas.

Aliás, no sistema jurídico brasileiro a existência de comunicação jurídico-legislativa é pressuposto para a comunicação jurídico-jurisdicional, ainda que o alcance de sentido da comunicação anterior somente possa ser definido com maior exatidão após a comunicação subseqüente.

Por essas razões, não se observa risco à separação de Poderes com a promulgação da Lei Complementar 118/2005, especialmente o respectivo art. 3º.

5. Conclusões

5.1 O art. 3º da Lei Complementar 118/2005 opera como etapa de comunicação diretamente articulada ao art. 168, I, do CTN para definir-lhe critério de uso.

5.2 Até a existência do enunciado do art. 3º da Lei Complementar 118/2005 os arts. 150, § 4º, 168, I, e 170, I, do CTN estabeleciam um quadro de universos ou soluções possíveis para a precisão do sentido da norma de prescrição do direito do contribuinte à restituição do indébito. Esse quadro de potencialidades fundava-se na ambigüidade e vagueza das palavras que compunham os enunciados mencionados.

5.3 A fixação de critérios de uso se dá, no sistema jurídico brasileiro, em relações de padrão *strange loops*, coordenados por programas específicos do sistema. Em sistemas chamados de *tangled hiearchies* os elementos de níveis mais "baixos" também se referem aos elementos de níveis mais "altos" para lhes definir o alcance.

A remoção das ambigüidades e vaguezas dos textos de direito positivo, como condição pragmática para a continuidade do fluxo de positivação do Direito (uma Rede de Transição Recursiva), operava-se com tendência à estabilização de sentido na comunicação jurisdicional. A comunicação jurídica dogmática opera como acervo recursivo para outras comunicações, concatenando-se às comunicações jurídicas precedentes (sentenças, textos de lei etc.) sem ânimo de estabilização.

5.4 A comunicação legislativa tem legitimidade para a determinação de critérios de uso, concatenando-se às comunicações precedentes para alterar-lhes o quadro de soluções possíveis ("legislação positiva" – arts. 2º, 48, 60, § 4º, III, e 92 da CF de 1988). O art. 3º da Lei Complementar 118/2005, ao diminuir o campo de soluções possíveis para a fixação de sentido da norma de prescrição, não contrariou a fixação de competência usualmente chamada de "separação de Poderes".

5.5 O enunciado constante do art. 5º, XXXVI, da CF opera como programa no sistema jurídico destinado ao controle da modulação da amplitude temporal dos enunciados normativos, determinando que os enunciados existentes e vigentes na mesma coordenada temporal dos eventos a serem juridicizados devam ser aplicados em prejuízo de enunciados introduzidos posteriormente (tempo externo da norma *vs.* tempo interno da norma).

5.6 Os enunciados dos arts. 150, § 4º, 168, I, e 170, I, do CTN projetavam, em razão da ambigüidade e vagueza, um quadro de soluções possíveis e verossímeis que abrangiam a "tese dos 10 anos" e a "tese dos 5 anos" ("S_1").

Em razão da orientação firmada pelo STJ em comunicações jurídicas desvinculadas do peculiar e respectivo processo de positivação, a *expectativa contrafática* da aplicação da solução mais benéfica era fortalecida perante os jurisdicionados-sujeitos passivos.

O fortalecimento, contudo, não descaracterizava a *expectativa* em *certeza*.

Não há impedimento para que o órgão jurisdicional decida sobre a causa de pedir estabilizada em "S_1" em sentido contrário à pretensão do contribuinte.

A decisão discrepante da orientação firmada pelo STJ, ainda que alinhada ao determinado pela Lei Complementar 118/2005, não tem como fundamento necessário a nova norma; antes, aloja-se no campo de soluções possíveis permitidas pelos antigos enunciados normativos (certamente, por uma questão de segurança jurídica, é conveniente que os órgãos de primeira e segunda instâncias sigam a orientação firmada pelo órgão de superposição, incumbido da harmonização da interpretação normativa).

O art. 5º, XXXVI, da CF estabelece a prevalência do enunciado anterior sobre o enunciado novo; o quadro demarcado pelos enunciados dos arts. 150, § 4º, 168, I, e 170, I, do CTN não continha uma única solução possível, definida por critérios de uso precisos.

5.7 A validade das decisões judiciais proferidas durante a existência do art. 3º da Lei Complementar 118/2005 mas referentes aos recolhimentos indevidos anteriores não depende da observância da nova norma.

A prevalência dos enunciados anteriores sobre os novos enunciados preserva também a ambigüidade e a vagueza que projetam um campo de soluções possíveis. As comunicações jurisdicionais poderão, em operações marcadas por *strange loops*, definir o critério de uso para os arts. 150, § 4º, 168, I, e 170, I, do CTN, optando pela aplicação da "tese dos 10 anos" ou pela "tese dos 5 anos".

6. Resumo final

O ensaio objetiva investigar a estrutura e o alcance do disposto no art. 3º da Lei Complementar 118, de 9.2.2005, respondendo às seguintes indagações:

(a) Qual é o tipo de operação realizado pela norma prevista no art. 3º da Lei Complementar 118/2005 no sistema jurídico? Como os influxos provenientes da comunicação jurisdicional e doutrinária afetam a determinação do alcance do dispositivo?

(b) Uma norma que se auto-refira como "interpretativa" viola a divisão de competência constitucional conhecida como "separação de Poderes"?

(c) Para um "fato jurídico do indébito" ocorrido antes da existência do enunciado "interpretativo", mas que será colhido por ato de aplicação de Direito durante a vigência da nova norma, há proibição para que o órgão jurisdicional aplique tão-somente os antigos enunciados?

(d) Para a mesma situação, há direito subjetivo do sujeito passivo à aplicação de orientação mais benéfica, fundada na antiga redação dos enunciados?

O discurso jurídico é analisado como operação de comunicação. Afirma-se que o sistema jurídico é composto por um fluxo interminável de operações de comunicação encadeadas.

Reconhece-se que o sistema jurídico é recursivo, auto-referente e autopoiético. A unidade do sistema se dá em razão de fechamento operacional e abertura cognitiva.

O fechamento operacional determina que cada operação de comunicação jurídica refira-se, e antecipe, a outra operação de comunicação. Jurídica. A comunicação processa-se mediante um código específico (pertinência/impertinência – licitude/ilicitude) e de acordo com os programas do próprio sistema. Não há trocas articuladas em sincategoremas de "causa e efeito" entre o Sistema Jurídico e o ambiente. A relação entre sistemas é altamente seletiva, e ocorre apenas pela versão de dados externos em código interno.

A abertura cognitiva determina que o sentido jurídico deve ser reconstruído de acordo com os acoplamentos estruturais e programas internos, referindo-se ao ambiente por meio dos códigos do sistema.

O sistema jurídico é uma *tangled hiearchy*, ou seja, um conjunto ordenado também por *strange loops*. *Strange loops* são relações hierárquicas não-lineares e circulares onde diferentes níveis determinam-se e influenciam-se reciprocamente.

Os *strange loops* manifestam-se na comunicação jurídica pela permissão, às etapas subseqüentes, para a escolha e determinação de critérios de uso para as comunicações anteriores. Isso ocorre porque a ambigüidade e a vagueza dos enunciados jurídicos projetam, no mais das vezes, um quadro de universos ou soluções possíveis.

Esse quadro de soluções possíveis revela a incompletude do sistema do Direito, entendida como a dificuldade de comprovação da pertinência de uma proposição a determinado nível tão-somente com base nos elementos desse nível. Por exemplo, não há como se afirmar com precisão irrefutável que os pagamentos feitos à guisa de instrução devam ser deduzidos da base de cálculo do imposto sobre a renda e proventos de qualquer natureza, por não comporem o conceito constitucional de "renda".

Tanto as comunicações jurídicas-legislativas como as comunicações jurídicas-jurisdicionais podem ser articuladas em *strange loops*.

Antes da existência do enunciado do art. 3º da Lei Complementar 118/2005 os enunciados dos arts. 150, §§ 1º e 4º, 168, I, e 170, I, do CTN projetavam matiz de soluções possíveis que, em redução, abarca ao menos dois universos: a "tese dos 10 anos" e a "tese dos 5 anos", conforme se atribuísse à expressão "extinção do crédito tributário" o sentido de "pagamento antecipado" ou de "perda do direito ao lançamento pela homologação, expressa ou tácita".

A orientação fixada pelo STJ era no sentido da aplicação da "tese dos 10 anos". A observância àquela orientação, conquanto importante à noção de "segurança jurídica", não era obrigatória nem ao próprio STJ, nem aos demais órgãos jurisdicionais.

Assim:

6.1 O art. 3º da Lei Complementar 118/2005 opera como etapa de comunicação diretamente articulada ao art. 168, I, do CTN para definir-lhe critério de uso.

6.2 Até a existência do enunciado do art. 3º da Lei Complementar 118/2005 os arts. 150, § 4º, 168, I, e 170, I, do CTN estabeleciam um quadro de universos ou soluções possíveis para a precisão do sentido da norma de prescrição do direito do contribuinte à restituição do indébito. Esse quadro de potencialidades fundava-se na ambigüidade e vagueza das palavras que compunham os enunciados mencionados.

6.3 A fixação de critérios de uso se dá, no sistema jurídico brasileiro, em relações de padrão *strange loops*, coordenados por programas específicos do sistema. Em sistemas chamados de *tangled hiearchies* os elementos de níveis mais "baixos" também se referem aos elementos de níveis mais "altos" para lhes definir o alcance.

A remoção das ambigüidades e vaguezas dos textos de direito positivo, como condição pragmática para a continuidade do fluxo de positivação do direito (uma Rede de Transição Recursiva), operava-se com tendência à estabilização de sentido na comunicação jurisdicional. A comunicação jurídica dogmática opera como acervo recursivo para outras comunicações, concatenando-se às comunicações jurídicas precedentes (sentenças, textos de lei etc.) sem ânimo de estabilização.

6.4 A comunicação legislativa tem legitimidade para a determinação de critérios de uso, concatenando-se às comunicações precedentes para alterar-lhes o quadro de soluções possíveis ("legislação positiva" – arts. 2º, 48, 60, § 4º, III, e 92 da CF de 1988). O art. 3º da Lei Complementar 118/2005, ao diminuir o campo de soluções possíveis para a fixação de sentido da norma de prescrição, não contrariou a fixação de competência usualmente chamada de "separação de Poderes".

6.5 O enunciado constante do art. 5º, XXXVI, da CF opera como programa no sistema jurídico destinado ao controle da modulação da amplitude temporal dos enunciados normativos, determinando que os enunciados existentes e vigentes na mesma coordenada temporal dos eventos a serem juridicizados devam ser aplicados em prejuízo de enunciados introduzidos posteriormente (tempo externo da norma *vs.* tempo interno da norma).

6.6 Os enunciados dos arts. 150, § 4º, 168, I, e 170, I, do CTN projetavam, em razão da ambigüidade e vagueza, um quadro de soluções possíveis e verossímeis que abrangiam a "tese dos 10 anos" e a "tese dos 5 anos" ("S_1").

Em razão da orientação firmada pelo STJ em comunicações jurídicas desvinculadas do peculiar e respectivo processo de positivação, a *expectativa contrafática* da aplicação da solução mais benéfica era fortalecida perante os jurisdicionados-sujeitos passivos.

O fortalecimento, contudo, não descaracterizava a *expectativa* em *certeza*.

Não há impedimento para que o órgão jurisdicional decida sobre a causa de pedir estabilizada em "S_1" em sentido contrário à pretensão do contribuinte.

A decisão discrepante da orientação firmada pelo STJ, ainda que alinhada ao determinado pela Lei Complementar 118/2005, não tem como fundamento necessário a nova norma; antes, aloja-se no campo de soluções possíveis permitidas pelos antigos enunciados normativos (certamente, por uma questão de segurança jurídica, é conveniente que os órgãos de primeira e segunda instâncias sigam a orientação firmada pelo órgão de superposição, incumbido da harmonização da interpretação normativa).

O art. 5º, XXXVI, da CF estabelece a prevalência do enunciado anterior sobre o enunciado novo; o quadro demarcado pelos enunciados dos arts. 150, § 4º, 168, I, e 170, I, do CTN não continha uma única solução possível, definida por critérios de uso precisos.

6.7 A validade das decisões judiciais proferidas durante a existência do art. 3º da Lei Complementar 118/2005 mas referentes aos recolhimentos indevidos anteriores não depende da observância da nova norma.

A prevalência dos enunciados anteriores sobre os novos enunciados preserva também a ambigüidade e a vagueza que projetam um campo de soluções possíveis. As comunicações jurisdicionais poderão, em operações marcadas por *strange loops*, definir o critério de uso para os arts. 150, § 4º, 168, I, e 170, I, do CTN, optando pela aplicação da "tese dos 10 anos" ou pela "tese dos 5 anos".

INSTITUTO GERALDO ATALIBA – IDEPE
Instituto Internacional de Direito Público e Empresarial
PRESIDENTE: PROF. AIRES BARRETO

XX CONGRESSO BRASILEIRO DE DIREITO TRIBUTÁRIO

25, 26 e 27 de outubro de 2006

PRESIDENTE DO CONGRESSO
EUGÊNIO DOIN VIEIRA

CONFERENCISTAS CONVIDADOS
MIN. PEÇANHA MARTINS
PROFA. MISABEL DERZI

PROFESSORES (MESAS DE DEBATES E OFICINAS)
AIRES F. BARRETO – ALCIDES JORGE COSTA – ANNA EMÍLIA CORDELLI ALVES – BETINA TREIGER GRUPENMACHER – EDUARDO DOMINGOS BOTTALLO – EURICO DE SANTI – ELIZABETH NAZAR CARRAZZA – ESTEVÃO HORVATH – FABIANA TOMÉ – JOSÉ ARTUR LIMA GONÇALVES – JOSÉ EDUARDO SOARES DE MELO – JOSÉ SOUTO MAIOR BORGES – MARIA LEONOR LEITE VIEIRA – MARIA RITA FERRAGUT – MARCELO VIANA SALOMÃO – MARY ELBE QUEIROZ – OSÍRIS DE AZEVEDO LOPES FILHO – PAULO AYRES BARRETO – PAULO DE BARROS CARVALHO – REGINA HELENA COSTA – RENATO LOPES BECHO – ROBERTO QUIROGA MOSQUERA – ROQUE ANTONIO CARRAZZA – SACHA CALMON NAVARRO COÊLHO – SIDNEY SARAIVA APOCALYPSE – SUSY GOMES HOFFMANN – VALDIR DE OLIVEIRA ROCHA

TEMÁRIO

Direitos Fundamentais e Tributação

• Emendas Constitucionais e Tributação
• Segurança Jurídica em Face da Recorrente Alteração de Posicionamento dos Tribunais Superiores
• Proporcionalidade em Matéria Tributária •

Tributos Municipais

• ISS: Local da Prestação e Estabelecimento Prestador. Retenção na Fonte e Cadastramento. "Guerra Fiscal"
• Instituições Financeiras: ISS e IOF. Conflitos
• Industrialização por Encomenda: ISS, IPI e ICMS
• Bases de Cálculo Diversas para ITBI e IPTU •

Imposto de Renda e Planejamento Tributário

• O Conceito de "Estabelecimento Permanente", para Fins do Imposto sobre a Renda
• O Tratamento Fiscal e Previdenciário Dispensado aos Prestadores de Serviços Intelectuais
• Os Tratados e Planejamento Tributário Internacional
• Elisão Fiscal e Planejamento Tributário •

Tributos Estaduais

• Efeitos Jurídicos da "Guerra Fiscal" no ICMS
• Importação de Bens, Mercadorias e Serviços
• ICMS: Tributação em Casos de Fusão, Incorporação e Cisão de Empresas •

Contribuições

• Contribuições: Classificação, Destinação e Limites
• A Incidência das Contribuições nas Importações
• PIS e COFINS. Não-Cumulatividade. Aspectos Relevantes
• PIS e COFINS. Tributação de Receita e Faturamento em Face das Decisões do STF •

Processo Administrativo e Judicial

• Súmulas Vinculantes em Matéria Tributária
• Normas de Relacionamento entre Fisco e Contribuinte
• Processo Administrativo Eletrônico e Garantias Constitucionais dos Contribuintes
• Denúncia Espontânea e os Tributos Sujeitos a "Lançamento por Homologação": Implicações
• Denúncia Espontânea nos Deveres Acessórios
• Provas, Presunções e Ficções no Direito Tributário. Pautas Fiscais
• Depósito e Garantias Recursais
• Prescrição e a Lei Complementar 118/2005
• Prescrição Intercorrente
• Consulta e Regime Especial
• Garantias e Privilégios do Crédito Fiscal em Face da Lei Complementar 118/2005 •

Responsabilidade Tributária, Compensação e Parceria Público-Privada

• Responsabilidade do Sócio e Administrador pelas Dívidas Tributárias da Empresa. Solidariedade Tributária e a Nova Lei de Falências
• Compensação em Matéria Tributária
• Regime Tributário das Remunerações de Serviços Públicos e Parcerias Público-Privadas •

OFICINAS

• Processo Administrativo •
• Processo Judicial •
• Imposto de Renda •
• ICMS •
• ISS •
• Contribuições •

TEMAS

• Emendas Constitucionais e Tributação •
• ISS: Local da Prestação e Estabelecimento Prestador •
• Responsabilidade do Sócio e Administrador pelas Dívidas Tributárias da Empresa •
• Prescrição •

XX CONGRESSO BRASILEIRO DE DIREITO TRIBUTÁRIO
(Outubro/2006)

Chegamos, em 2006, ao XX Congresso Brasileiro de Direito Tributário, promovido pelo Instituto Geraldo Ataliba – IDEPE, marco que nos enche de orgulho, confirmando que o evento se inclui entre os mais significativos momentos do calendário jurídico brasileiro.

Para comemorar este acontecimento, solicitamos aos ilustres Juristas que presidiram ou participaram de Congressos anteriores a elaboração de um breve texto apontando aqueles que, em sua opinião, foram os momentos mais marcantes do evento.

Com muita satisfação, passamos, a seguir, a reproduzir estes depoimentos, deixando consignado nosso melhor reconhecimento a seus subscritores.

A Diretoria do IGA – IDEPE

I CONGRESSO BRASILEIRO DE DIREITO TRIBUTÁRIO
Breve Reminiscência

XAVIER DE ALBUQUERQUE

Exercia eu, havia pouco, a Presidência do STF quando, em princípios de 1981, o IBET (Instituto Brasileiro de Estudos Tributários) e o IDEPE (Instituto Internacional de Direito Público e Empresarial) promoveram a realização, em São Paulo do *I Congresso Brasileiro de Direito Tributário*, cuja temática o direcionava a aspectos jurídicos do ICM e do ISS e se enfeixava no dístico "15 Anos da Reforma Tributária: Avaliação da Experiência".

Em correspondência datada de 16 de fevereiro daquele ano, que me dirigiram os Coordenadores, fui convidado a presidir a Sessão Solene Inaugural do dito Congresso. "Agradeço a deferência do convite – respondi-lhes, sem tardança –, que a representatividade das instituições que o promovem e a importância do conclave induzem-me a aceitar".

Foi pena, para mim, que os compromissos de Presidente do STF não me permitissem mais que a presença ao ato inaugural, realizado no Museu de Arte Moderna de São Paulo – tolhendo-me, quem sabe, a ambição de assistir às conferências e aos debates que ocuparam os quatro dias subseqüentes. Tive informação – posteriormente documentada pela publicação dos anais na prestigiosa *Revista de Direito Tributário* (ns. 19-20 e 21-22) – do alto nível que os marcou.

Prova provada, contudo, de tal excelência revelou-se na notável aptidão do importante encontro para se fazer suceder por novo colóquio, e este por outro, e o outro por outro mais, até se nos deparar a realização iminente, após um quarto de século, do esperado *XX Congresso Brasileiro de Direito Tributário*.

II CONGRESSO BRASILEIRO DE DIREITO TRIBUTÁRIO

PAULO DE BARROS CARVALHO

Tenho saudosas recordações do *II Congresso Brasileiro de Direito Tributário*, realizado em São Paulo, no ano de 1986, o qual tive a honra de presidir. Naquela ocasião, em que se comemorava o 20º aniversário da promulgação do Código Tributário Nacional, tivemos a oportunidade de refletir sobre esse diploma, examinando-o de forma sistemática e considerando o texto constitucional então vigente.

Contávamos com a participação do Prof. Geraldo Ataliba, contribuindo, de forma contundente, para o desenvolvimento não só das letras jurídico-tributárias do país, mas do próprio direito público brasileiro.

Aquele encontro – assim como todas as demais edições do Congresso Brasileiro de Direito Tributário – permitiu debates calorosos, servindo ao aprimoramento dos estudos jurídicos.

É imensa minha satisfação por participar, ativamente, de tão memoráveis reuniões da comunidade jurídico-tributária brasileira.

IV CONGRESSO BRASILEIRO DE DIREITO TRIBUTÁRIO

José Souto Maior Borges

Do *IV Congresso Brasileiro de Direito Tributário* recordo a bela saudação do Prof. Roque Carrazza, na sessão de abertura, em que comunicou minha eleição unânime, pelo Conselho Departamental da Faculdade de Direito, para Professor Honorário da PUC/SP, acolhendo proposta generosa do meu amigo Prof. Geraldo Ataliba. A então Diretora da Faculdade de Direito da PUC, Profa. Elisabeth Nazar Carrazza, na qualidade de Presidente do Conselho Departamental, delegou ao Prof. Roque Carrazza o encargo de formalizar minha eleição nessa Sessão Solene de Abertura do Congresso. Foi um momento de rara sensibilidade!

Exerci a Presidência desse Congresso com toda a sobriedade e dedicação que me foram possíveis. Trabalhos notáveis e marcantes conferências foram realizados nessa oportunidade, porém nenhum deles me marcou tanto a emoção, porque a minha eleição para a altíssima investidura foi o resultado de uma conspiração de amizades e afinidades de eleição na PUC/SP. Amizades de que tanto me orgulho! Um patrimônio de afeto não sujeito a crises e que nada perturbou, só consolidou-se, ao longo do tempo.

Apenas lamento, como uma lembrança terna, o "adormecimento" posterior e precoce de Geraldo Ataliba, deixando para mim, e no que me toca, a sensação de um inacabado hino de louvor ao Direito e às instituições constitucionais. E um débito de amizade e dádivas generosas que – ai de mim! – não mais poderá ser resgatado.

V CONGRESSO BRASILEIRO DE DIREITO TRIBUTÁRIO
Respeito à Constituição

Aires F. Barreto

Com subida honra, fomos escolhidos pelo mestre Geraldo Ataliba para presidir o *V Congresso Brasileiro de Direito Tributário*.

Incumbidos de proceder à Abertura do conclave, o aspecto marcante consistiu na descrição que fizemos de um sonho, em que a figura central era o *respeito à Constituição*. O sonho, lastimavelmente, prossegue como tal, três lustros depois, sem se ter tornado realidade...

Eis um trecho desse nosso sonho, publicado na *RDTributário* 56/92:

"Permitam-me, Srs. Congressistas, que, retrocedendo um pouco no tempo, lhes fale sobre um sonho.

"Sonhei que morava num país cuja população conhecia todos os seus direitos, porque eles eram difundidos e respeitados. Sonhei que, nesse país, o salário mínimo era justo e capaz de atender às necessidades, assim do trabalhador como as de sua família, com alimentação, transporte, lazer, higiene e educação. Sonhei que os trabalhadores eram bem remunerados e que participavam dos lucros das empresas.

"As expressões 'arrocho salarial' e 'congelamento de preços' eram desconhecidas neste país dos meus sonhos, e nele não havia greves, porque desnecessárias. Sonhei! Sonhei que os empresários, por intermédio de seus advogados, podiam bater às portas do Poder Judiciário, sem receber a pecha de 'sócios da inflação'. O povo era saudável, instruído e vivia feliz. Sonhei! Sonhei, Srs. Congressistas, que o Executivo desse país tinha por lema fundamental o respeito à Constituição. Que apenas em situações excepcionalíssimas, e absolutamente urgentes, se valia da emissão de medidas provisórias. Regra era a lei, após amplo e detido debate no Congresso. Sonhei que, nesse país, havia o devido respeito à propriedade privada. Bloqueios ocorridos em países vizinhos eram objeto de escárnio do nosso povo, e de acerba crítica dos governantes. A Previdência Social era paradigma de probidade, eficiência e rapidez.

"Sonhei que nesse país jamais se cogitara em impedir o Judiciário de conceder medidas liminares contra o Governo. Nesse mesmo país, nenhum integrante do Legislativo jamais praticara qualquer política de clientelismo. O Legislativo era tão atuante, que nenhuma sessão deixara de se realizar por falta de *quorum*. Reedições de medidas provisórias não eram toleradas, porque ofensivas ao bom funcionamento do sistema democrático. Todas as leis requeridas pela Constituição já haviam sido votadas.

"O Judiciário desse país contava com recursos humanos desejados, com salários compatíveis e com toda a infra-estrutura necessária à séria prestação jurisdicional. Ricos ou pobres tinham a Justiça ao seu alcance, porquanto a postulação judicial era acessível.

"Acordando desse sonho, Srs. Congressistas, tomei-me de tristeza, porque me dei conta da enorme distância entre o sonho e a realidade. De concreto, de real, há muito pouco. O desrespeito à Constituição é a regra; o descaso à cidadania transforma os cidadãos do nosso país em meros súditos. Entre tantas decepções e tristezas, um consolo: o Poder Judiciário, a cada passo e cada vez com maior desassombro, ainda se constitui em baluarte das nossas instituições, incansável guardião da nossa Constituição.

"Entendo, Srs. Congressistas, que alguma coisa deve ser feita; que, no nosso campo, não apenas poderíamos, mas deveríamos contribuir para a preservação do Estado de Direito, demonstrando que, respeitando a ordem jurídica, ressurge a Nação, digna, forte, altaneira. Nos momentos de maior crise, uma Nação só não ruirá completamente enquanto não ruírem de vez as instituições jurídicas. Por isso, exaltamos, todos, as firmes decisões que vêm sendo tomadas pelo Poder Judiciário em defesa dos princípios constitucionais, asseguradores de direitos individuais. Estamos certos de que o Poder Judiciário, como sempre, prosseguirá na sua rígida e incansável vigília, cerceando os excessos e desrespeitos à Constituição, tão largamente praticados nos últimos tempos. A aquiescência ao nosso convite de tantos e tão renomados juristas, professores, advogados, aplicadores da lei, vindos de todos os quadrantes deste Brasil, demonstra o respeito que cada qual e todos devotam à Constituição. Comparecimento tão maciço constitui marcante exemplo de empenho e determinação de juristas, professores e advogados no sentido de ver rigorosamente observada e cumprida a Lei das Leis. Evidencia sobretudo que o meu sonho são os meus sonhos, são os nossos sonhos.

"Unimo-nos todos, pelo firme e inabalável propósito de cumprir e obedecer à Constituição, sem indagar dos seus defeitos ou insuficiências, mesmo que não seja ela, neste ou naquele ponto, a Constituição que idealizávamos. Imbuídos deste propósito é que atuaremos neste Congresso. Lembramo-nos de que examinar a Constituição é versar o mais precioso tesouro nacional. A isto, acrescento: examinar e estudar os princípios constitucionais é penetrar na alma da Constituição. Vamos debater, pois, neste Congresso, a alma da Constituição, sua essência, seus pilares, suas vigas-mestras. Neste debate, fatalmente ocorrerão convergências e divergências. Mas, ainda assim, não haverá vencedores ou vencidos. Ganhará apenas o Direito, com o prestígio da segurança jurídica, a solidificação do verdadeiro Estado do Direito, no nosso país. Para atingir estes objetivos, seremos cada vez mais firmes no propósito de defender a Constituição e a sua observância. Persistiremos todos, tenazmente, sem desertar da nossa missão. Não vacilaremos; não cederemos, não recuaremos. Ao desrespeito, responderemos com respeito; aos abusos, com o exercício da cidadania; ao medo, com a coragem; ao ceticismo, com a confiança inabalável de que é possível renascer das cinzas e construir uma Nação invejada e invejável. Marcharemos seguros, firmes, determinados, irredutíveis, no caminho cívico da perene busca do elevado destino do nosso país. Marcharemos juntos para ver na nossa Constituição assim as velas da nossa liberdade como a âncora do nosso porto seguro.

"O exemplo deste Congresso, Srs., haverá de frutificar, estimulando a incessante exaltação desses valores, permitindo, com isso, precisamente, a construção do Brasil dos meus sonhos, dos seus sonhos, dos nossos sonhos."

***

Esperemos que o sonho do passado seja a realidade do futuro. E que a realidade pretérita seja, para nós, o feliz sonho do presente. Se assim for, Geraldo e todos os seus discípulos, em alegria resplandecente, serão gratos a todos que têm construído o nosso imenso Brasil.

VII CONGRESSO BRASILEIRO DE DIREITO TRIBUTÁRIO

ROQUE CARRAZZA

Tive a honra de presidir o *VII Congresso Brasileiro de Direito Tributário*, que se realizou, como de hábito, em São Paulo, entre os dias 15 e 17.9.1993.

Recordo-me que, quando da instalação dos trabalhos, por sugestão do saudoso mestre Geraldo Ataliba, o Plenário aprovou uma *moção* no sentido de que era inconstitucional o § 2º do art. 2º da EC 3, de 17.3.1993, que estabelecia que o IPMF (imposto provisório sobre movimentações financeiras) não precisaria atender ao disposto no art. 150, III, "b", da CF (princípio da anterioridade tributária), podendo, pois, ser exigido de imediato, isto é, assim que entrasse em vigor a lei complementar que o instituísse.

Esta moção foi imediatamente enviada ao gabinete de cada um dos Ministros do STF, porque no dia seguinte (16.9.1993) o assunto seria julgado, pelo Plenário.

Pois bem. No dia 16 de setembro, no período da tarde, estávamos ouvindo a conferência do Prof. Sacha Calmon Navarro Coêlho, justamente sobre o IPMF, quando alguém se aproxima e me comunica que, por maioria de votos, o STF acabara de declarar a inconstitucionalidade do predito § 2º do art. 2º da EC 3/1993. Imediatamente passei a notícia aos colegas Congressistas, que prorromperam em aplausos e manifestações de júbilo, pois a decisão vinha ao encontro seja da nossa moção, seja da própria conferência em curso.

Registro, ainda, por oportuno, que no último dia do Congresso, por uma destas estranhas coincidências, estava programado para falar o Min. Francisco Rezek, do STF, que, acerca do assunto, fora voto vencido, entendendo constitucional a ampliação, por meio de emenda constitucional, do rol de tributos (no caso, o IPMF) que não precisam obedecer ao princípio da anterioridade. Um pouco receoso com a reação do Plenário, logo tratou de justificar sua posição contrária, o que fez com a verve e o espírito diplomático que sempre o caracterizaram. Logo, porém, o Ministro se tranqüilizou, ao ser tratado com simpatia e perceber que todos respeitavam sua opinião, fruto, afinal, de convicção doutrinária amadurecida.

IX CONGRESSO BRASILEIRO DE DIREITO TRIBUTÁRIO

EDUARDO DOMINGOS BOTTALLO

O *IX Congresso Brasileiro de Direito Tributário*, que tive o privilégio de presidir, realizou-se nos dias 13 a 15.9.1995, e o fato mais marcante a ele associado ocorreu não propriamente ao longo de sua realização, mas exatos dois meses após seu encerramento: o prematuro e inesperado falecimento de Geraldo Ataliba, em 15 de novembro daquele ano.

Foi aquele, pois, o último Congresso que contou com a participação do inolvidável Jurista.

No evento, Ataliba estava empenhadíssimo na elaboração de uma proposta ao Congresso Nacional – que se mantém atual – visando a unificar as contribuições patronais para custeio da Previdência Social, previstas no art. 195, I, da CF. Sua idéia era associar as três bases de incidência indicadas nesse preceito, de sorte a premiar, com compensações nas áreas do faturamento e do lucro, as empresas que revelassem maior capacidade de absorção de mão-de-obra. Uma idéia criativa e generosa, como era marca do excepcional tributarista.

Foi também durante a realização do Congresso que se manifestaram os primeiros sinais da moléstia que logo o levaria do nosso convívio. A mim, pessoalmente, restou o consolo de então ter recebido das mãos do Mestre o título de Sócio Honorário do Instituto que hoje leva seu nome.

XIV CONGRESSO BRASILEIRO DE DIREITO TRIBUTÁRIO

José Eduardo Soares de Melo

Em razão da generosidade dos queridos companheiros de Diretoria, tive a honra e o orgulho de presidir o Congresso que encerrou o segundo milênio, procurando dar continuidade à obra imortal de Ataliba, que conferiu seriedade científica aos estudos tributários, liderando a Escola Paulista de Direito Tributário da Pontifícia Universidade Católica de São Paulo – PUC/SP durante quase três décadas.

Naquele Congresso foram proferidas conferências memoráveis por ilustres Juristas de renome internacional (Desembargadora. federal Anna Maria Pimentel, Profs. Paulo de Barros Carvalho, Ricardo Lobo Torres e Sacha Calmon Navarro Coêlho), discorrendo sobre a importância e os efeitos das medidas provisórias e da lei complementar e a transparência fiscal, que deve nortear a cidadania e a ordem democrática.

O evento fora marcado pela análise de significativas questões jurídicas a serem consideradas no século XXI, versando sobre temas diversificados, como "sigilo bancário", "comércio eletrônico", "serviços de comunicação", "responsabilidade dos administradores" e "preços de transferência".

Merece registro especial a saudação aos Congressistas promovida pelo nosso querido tribuno Eugênio Doin Vieira, figura humana dotada de significativos predicados, homenageando carinhosamente todos aqueles que participam dos nossos Congressos, e sempre levando mensagem de esperança e amor aos nossos semelhantes.

XV CONGRESSO BRASILEIRO DE DIREITO TRIBUTÁRIO

José Artur Lima Gonçalves

Tivemos a honra de presidir, em outubro/2001, o *XV Congresso Brasileiro de Direito Tributário* do Instituto Geraldo Ataliba – IDEPE.

A Presidência da Comissão Científica foi ocupada pelo Prof. Paulo de Barros Carvalho; a Presidência da Comissão de Trabalhos foi ocupada pelo Dr. Eurico de Santi; e o Presidente da Comissão Organizadora foi o Dr. Sidnei Apocalypse. Destaco a incansável participação da Dra. Maria Leonor Leite Vieira na organização geral do evento. Estávamos, portanto, nas mãos competentes de bons amigos.

Tivemos o privilégio de ouvir conferências proferidas pelos Drs. Andrade Martins, Eduardo Bottallo, Franciulli Netto e Roque Carrazza.

O momento histórico já não era bom para o meio jurídico. Todos lembram que naquela época fomos surpreendidos – apenas para dar um exemplo – com a edição das Leis Complementares 104 e 105, que introduziram em nosso ordenamento diversas normas que causaram perplexidade em matéria tributária.

Na Abertura do Congresso, dissemos: "Hoje, mais do que nunca, o Estado Brasileiro está totalmente desorganizado. As mais básicas instituições constitucionais estão sendo diariamente desrespeitadas pelos próprios agentes do Estado. (...). Se a combatividade de Geraldo Ataliba estivesse aqui presente e disponível, certamente a conclusão seria no sentido de que não é desrespeitando a Constituição que vamos conseguir superar os terríveis desafios que estão aí para serem enfrentados. (...). Um terço do PIB já está comprometido com a carga tributária, e mesmo assim o Estado Brasileiro continua incapaz de assegurar ao cidadão as condições mais mínimas necessárias para o desenvolvimento dele próprio e de sua família".

Hoje, passados cinco anos, infelizmente constatamos que a situação só piorou. A carga tributária está ainda maior, e o Estado cada vez pior.

Aos que puderem consultar os anais do XV Congresso, recomendo especial atenção para a conferência do então Ministro do STJ Franciulli Netto. O saudoso Juiz discorreu acerca da inconstitucionalidade da utilização da taxa SELIC para correção dos tributos, e o fez com inigualável contundência e com sua habitual ironia. Criticou veementemente a tentativa de transformar a ação de tributar em investimento financeiro, como se o Estado fosse ou pudesse ser, em face do tributo, um rentista portador de título de crédito. Parece-me que foi esta conferência o ponto alto daquele evento.

Aproveito para parabenizar a Diretoria do Instituto Geraldo Ataliba – IDEPE, na pessoa do Dr. Aires Barreto, pela realização do XX Congresso Brasileiro de Direito Tributário, que certamente repetirá o sucesso dos encontros anteriores.

XVI CONGRESSO BRASILEIRO DE DIREITO TRIBUTÁRIO

SACHA CALMON NAVARRO COÊLHO

O que mais me impressionou foi a sempre sentida e presente atuação do Prof. Geraldo Ataliba, a comandar o espetáculo sem nos melindrar, tão grande era sua liderança, além da figura humana que ostentava, atencioso com todos os amigos, especialmente com a minha pessoa.

Penso que uma homenagem maciça devemos lhe prestar neste XIX Congresso.

XVIII CONGRESSO BRASILEIRO DE DIREITO TRIBUTÁRIO

MARIA LEONOR LEITE VIEIRA

A Presidência do *XVIII Congresso Brasileiro de Direito Tributário*, em 2004, sensibilizou-me sobremaneira, por muitas razões. Entre elas, pela discussão, durante três dias, do fenômeno da incidência tributária sob a batuta da segurança jurídica, em relevante momento histórico, em que se debatia, com muito afinco, a Reforma Tributária, muitas vezes sem a devida atenção ao texto demarcado pela Constituição Federal, o que exigiu muito estudo e concentração de todos os conferencistas, palestrantes e congressistas, gerando interessantes debates e impulsionando a todos para que, mais e mais, sopesemos a relevância do papel que cada um exerce na sociedade e o que, realmente, merece abordagem mais profunda para um verdadeiro Estado de Direito.

Alguns marcos merecem, aqui, ser relembrados: naquele ano, o IGA – IDEPE teve o orgulho de entregar ao Prof. Paulo de Barros Carvalho o título de Presidente de Honra, pela sua trajetória em razão de atuação acadêmico-profissional que impulsiona a todos para o estudo da Ciência, e, também, de homenagear a Desa. federal Anna Maria Pimentel, que presidia, à época, o egrégio TRF da 3ª Região.

DOUTRINA

SOBRE A RESOLUÇÃO 71/2005

PAULO DE BARROS CARVALHO

1. Introdução. 2. Desenvolvimento do tema: 2.1 A interpretação do Direito como construção de sentido – 2.2 Primazia constitucional – 2.3 Sobre a validade das normas jurídico-tributárias – 2.4 Controle de constitucionalidade das normas jurídicas – 2.5 A resolução nos quadros dos veículos introdutores de normas – 2.6 O art. 52, X, da CF e o papel da resolução do Senado – 2.7 Distinção entre a norma emitida pelo STF quando declara a inconstitucionalidade de determinada lei, no controle difuso, e aquela expedida pelo Senado por intermédio da resolução – 2.8 A Resolução 71/2005 e seus efeitos quanto à vigência do crédito-prêmio de IPI. Eficácia sintática e semântico-pragmática. 3. Das respostas às indagações.

1. Introdução

Em 27.12.2005 foi publicada a Resolução 71 do Senado Federal, suspendendo a execução de termos veiculados pelos Decretos-leis 1.724/1979 e 1.894/1981, atinentes ao benefício conhecido por "crédito-prêmio de IPI".

Eis o inteiro teor do instrumento normativo:

Resolução n. 71, de 2005

O Senado Federal, no uso de suas atribuições que lhe são conferidas pelo inciso X do art. 52 da Constituição Federal e tendo em vista o disposto em seu Regimento Interno, e nos estritos termos das decisões definitivas do Supremo Tribunal Federal,

Considerando a declaração de inconstitucionalidade de textos de diplomas legais, conforme decisões definitivas proferidas pelo Supremo Tribunal Federal nos autos dos RE ns. 180.828, 186.623, 250.288 e 186.359,

Considerando as disposições expressas que conferem vigência ao estímulo fiscal conhecido como "crédito-prêmio de IPI", instituído pelo art. 1º do Decreto-lei n. 491, de 5 de março de 1969, em face dos arts. 1º e 3º do Decreto-lei n. 1.248, de 29 de novembro de 1972; dos arts. 1º e 2º do Decreto-lei n. 1.894, de 16 de dezembro de 1981, assim como do art. 18 da Lei n. 7.739, de 16 de março de 1989; do § 1º e incisos II e III do art. 1º da Lei n. 8.402, de 8 de janeiro de 1992, e, ainda, dos arts. 176 e 177 do Decreto n. 4.544, de 26 de dezembro de 2002; e do art. 4º da Lei n. 11.051, de 29 de dezembro de 2004,

Considerando que o Supremo Tribunal Federal, em diversas ocasiões, declarou a inconstitucionalidade de termos legais com a ressalva final dos dispositivos legais em vigor, Resolve:

Art. 1º. É suspensa a execução, no art. 1º do Decreto-lei n. 1.724, de 7 de dezembro de 1979, da expressão "ou reduzir, temporária, ou definitivamente, ou extinguir", e, no inciso I do art. 3º do Decreto-lei n. 1.894, de 16 de dezembro de 1981, das expressões "reduzi-los" e "suspendê-los ou extingui-los", preservada a vigência do que remanesce do art. 1º do Decreto-lei n. 491, de 5 de março de 1969.

Art. 2º. Esta Resolução entra em vigor na data de sua publicação (grifei).

Diante da relevância do tema, objeto de recentes disputas e reviravoltas jurisprudenciais, pretendo desenvolver estudo sobre os efeitos da Resolução 71/2005, relacionando-a ao controle de constitucionalidade das leis no Brasil e ao papel do Senado Federal no exercício da competência que lhe foi outorgada pelo art. 52, X, da CF. Para circunscrever os principais pontos do trabalho, proponho indagações, que substanciam os tópicos mais relevantes do tema, ao meu parecer.

São elas:

Primeira: Quais os efeitos da Resolução 71, de 27.12.2005, sobre o crédito-prêmio de IPI?

Segunda: Quais os limites da competência do Senado Federal contida no art. 52, X, da CF? O Senado Federal deve limitar-se a suspender a execução de dispositivos declarados inconstitucionais com base em mero juízo político; deve expor as premissas que serviram como base para expedição da resolução ou, ainda, pode expor as premissas que serviram como ponto-de-apoio para a expedição da resolução?

Terceira: Qual a natureza da expressão contida na resolução do Senado Federal em seu art. 1º: "preservada a vigência do que remanesce do art. 1º do Decreto-lei n. 491, de 5 de março de 1969?". Constitui ato de interpretação de lei federal da competência privativa do STJ, ou é ato de interpretação necessário, verdadeiro pressuposto para o exercício da competência privativa do Senado Federal prevista no art. 52, X, da CF?

Quarta: Está correto o entendimento de que não houve invasão de competência do STJ?

Quinta: Quais os efeitos da afirmação da subsistência do crédito-prêmio de IPI? Tal afirmação obriga os demais Poderes?

2. *Desenvolvimento do tema*

2.1 *A interpretação do Direito como construção de sentido*

O ser humano vive imerso num universo de signos, decodificando-os a cada instante para se situar no mundo de sua existência. A multiplicidade de sistemas sígnicos faz com que sua trajetória de vida seja uma atividade contínua de interpretação, lidando com códigos das mais variadas espécies. E o Direito se oferece ao nosso conhecimento como extrato de linguagem prescritiva de condutas intersubjetivas, reguladas pelo legislador com o objetivo de canalizá-las em direção aos valores cuja implantação se almeja na sociedade.

A interpretação do Direito, em tempos atuais, com os recursos da Semiótica e das teorias analíticas do discurso, pressupõe o contato primeiro e necessário com o plano da expressão ou da literalidade textual. A partir de então, tem início o muitas vezes penoso processo de geração de sentido, já que as significações se situam na instância do conteúdo do texto, devendo ser *construídas* pelo sujeito do conhecimento. Nesse caminho gerativo, superados os obstáculos de natureza sintática, o agente ingressa nos domínios da Semântica e da Pragmática, como intervalos semióticos imprescindíveis ao trabalho de elaboração, pesquisando as relações dos veículos sígnicos com as realidades, materiais ou imateriais, que eles pretendem significar, bem como os vínculos estabelecidos entre os signos e seus usuários (Pragmática).

Em outras palavras – e colocando entre parênteses as especulações lógico-sintáticas, sem as quais não se pode pensar em sentido semântico –, o jurista aparece como o intérprete, por excelência, dos textos prescritivos do Direito posto, atravessando, com sua análise construtiva, o sistema das normas positivadas, no qual os comportamentos interpessoais se encontram modalizados em obrigatórios (O), proibidos (V) e permitidos (P).

Bem verdade que não se pode priorizar qualquer das dimensões semióticas, em detrimento das demais. Contudo, o momento semântico chama a atenção pelo modo intenso como qualifica e determina as questões submetidas ao processo dialógico preparatório da decisão, seja ela a judicial ou a de caráter meramente administrativo. Daí a exclamação de Alfredo Augusto Becker, cheia de força retórica, segundo a qual *o jurista nada mais seria que o semântico da linguagem do Direito*. Em qualquer juízo ou tribunal as demandas girariam em torno de discussões sobre o conteúdo de significação dos diversos institutos, categorias e formas do Direito posto. O *dubium* jurídico estaria incisivamente denunciado por problema de feição semântica, embora tais dificuldades não apareçam sozinhas, pela ocorrência inafastável dos aspectos sintáticos e pragmáticos inerentes a toda linguagem.

Por todo o exposto, não mais se pode cogitar da utilidade hermenêutica do brocardo segundo o qual "se a lei for clara, não se faz necessário interpretá-la", porque, como objeto cultural vertido em expressões lingüísticas, os textos jurídicos sempre estarão sujeitos a interpretação. Aliás, como é intuitivo, a clareza de um enunciado apenas se fará notar após a construção de seu sentido, como frisou Raimundo Bezerra Falcão.[1]

2.2 Primazia constitucional

A Constituição, instrumento primeiro e soberano, que se sobrepõe aos demais veículos introdutores de normas, abriga, em grande parte, regras de estrutura, quer dizer, normas que prescrevem como outras normas devem ser produzidas, modificadas ou extintas, sob pena de invalidade. São verdadeiras *sobrenormas*, porque falam não diretamente da conduta que suscita vínculos tributários, mas do conteúdo ou da forma que as regras hão de conter. É na Lei das Leis que estão consignadas as permissões para os Legislativos da União, dos Estados, do Distrito Federal e dos Municípios instituírem seus tributos, como também é lá que estão fixados os limites positivos e negativos da atividade legiferante daquelas pessoas, como a indelegabilidade da competência tributária impositiva. Igualmente, é o texto constitucional portador dos grandes princípios que servem como diretrizes supremas a orientar o exercício das prerrogativas tributárias, consagrando os postulados que imprimem certeza e segurança às pretensões fiscais do Estado e, em contrapartida, preservam e garantem os direitos básicos dos cidadãos.

Os conceitos até aqui aduzidos permitem ver a ordem jurídica brasileira como um sistema de normas, algumas de comportamento, outras de estrutura, concebido pelo homem para motivar e alterar a conduta no seio da sociedade. É composto por subsistemas que se entrecruzam em múltiplas direções, mas que se afunilam na busca de seu fundamento último de validade semântica, que é a Constituição do Brasil. E esta, por sua vez, constitui também um subsistema – o mais importante –, que paira, sobranceiro, sobre todos os demais, em virtude de sua privilegiada posição hierárquica, ocupando o tópico superior do ordenamento e hospedando as diretrizes substanciais que regem a totalidade do sistema jurídico nacional.

O texto da Constituição é o espaço, por excelência, das linhas gerais que informam a organização do Estado, como vimos, limitando-se – como adverte o saudoso Celso Ribeiro Bastos – a tracejar as características dominantes das várias instituições que a legislação comum posteriormente desenvolve, atribuindo-lhes compostura final. No seu repertório, como decorrência, há predomínio quantitativo das regras de organização, que são mais numerosas que as regras de comportamento.

Nossa Constituição é da categoria das *rígidas* – o que significa dizer que para sua alteração existe procedimento mais solene e complexo que o exigido para a elaboração das leis ordinárias. Os quatro plexos normativos que conhecemos – o sistema nacional, o sistema federal, os sistemas estaduais e os sistemas municipais – estão racionalmente determinados na Carta Magna Brasileira, que consagra a Federação, o voto direto, secreto, universal e periódico; a separação dos Poderes e os direitos e garantias individuais (art. 60, § 4º, I-IV), como valores jurídico-políticos intangíveis.

1. *Hermenêutica*, p. 262.

2.3 Sobre a validade das normas jurídico-tributárias

As normas jurídicas, proposições prescritivas que são, têm sua valência própria. Delas não se pode dizer que sejam verdadeiras ou falsas, atributos imanentes às proposições descritivas da Ciência do Direito. Mas as normas jurídicas serão sempre *válidas* ou *inválidas*, com referência a determinado sistema "S". E "ser norma válida" quer significar que mantém relação de pertinencialidade com o sistema "S", ou que nele foi posta por órgão legitimado a produzi-la, mediante procedimento estabelecido para esse fim.

A validade não é, portanto, atributo que qualifica a norma jurídica, tendo *status* de relação: é o vínculo que se estabelece entre a proposição normativa e o sistema do Direito posto, de tal sorte que, ao dizermos que uma norma "N" é válida, estaremos expressando que ela pertence ao sistema "S".

A ponência de normas em dado sistema serve para introduzir novas regras de conduta para os cidadãos como, também, modificar as que existem, ou até para expulsar outras normas, cassando-lhes a juridicidade. Uma regra, enquanto não abrogada por outra, continua pertencente ao sistema, e, como tal, reveste-se de validade. A despeito de tais esclarecimentos, continua pertinente a afirmação segundo a qual uma norma só tem sua validade retirada através de outra norma que o determine. Confirmação eloqüente desse asserto está na disposição do art. 52, X, do Texto Constitucional vigente.

No caso de declaração de inconstitucionalidade de norma pela Suprema Corte, tratando-se de controle difuso, suspende-se a eficácia da regra mediante resolução do Senado, até que seja ela revogada pelo órgão competente. Dito de outro modo, significará que certa norma até então vigente na ordem jurídica nacional teve sua inconstitucionalidade declarada pelo STF, que comunica tal decisão ao Senado da República. Este, pela figura legislativa da "resolução", manda suspender a eficácia técnica daquela regra, que permanece vigente sem poder atuar, continuando também válida até que o órgão que a promulgou venha a expulsá-la do sistema.

É intuitivo crer que a *validade* se confunde com a *existência*, de sorte que afirmar que "uma norma existe" implica reconhecer sua validade em face de determinado sistema jurídico. Do quê se pode inferir: ou a norma existe, está no sistema – e é, portanto, válida –, ou não existe como norma jurídica. Sempre que o juiz deixa de aplicar uma norma, por entendê-la inconstitucional, opinando por outra, para ele mais adequada às diretrizes do ordenamento, nem por isso a regra preterida passa a inexistir, permanecendo válida e pronta para ser aplicada em outra oportunidade.

2.4 Controle de constitucionalidade das normas jurídicas

A Carta da República prevê dois modos de controle de constitucionalidade das regras jurídicas: (i) *inconstitucionalidade por ação* e (ii) *inconstitucionalidade por omissão*.[2] A primeira ocorre na hipótese de serem produzidos atos legislativos ou administrativos em dissonância com as prescrições constitucionais, seja quanto à forma, seja quanto ao conteúdo. Já, a segunda acontece quando não houver a prática de atos-de-fala legislativos ou administrativos expressamente exigidos pela Lei Maior. Em ambos os casos é possível acionar o Poder Judiciário para que, reconhecendo a incompatibilidade vertical (comissiva ou omissiva), afaste a vigência da norma expedida em contradição com o texto constitucional ou, na hipótese de omissão, dê ciência ao Poder competente para adotar as providências necessárias.

O *judicial review* dos atos comissivos, por sua vez, pode ser classificado em (i)

2. CF, art. 102, I, "a", e III, "a", "b" e "c", e art. 103 e seus §§ 1º a 3º.

controle concentrado, que se realiza mediante ação direta de inconstitucionalidade distribuída à Suprema Corte de Justiça, e (ii) *controle difuso*, segundo o qual cabe a qualquer cidadão argüir a invalidade, ao discutir caso concreto, atribuindo-se a todos os membros do Poder Judiciário a prerrogativa de declarar a incompatibilidade entre a norma e o texto constitucional.

Além dos critérios de *legitimatio* e competência, as duas espécies de controle de invalidade também se diferenciam em virtude dos efeitos de suas decisões.

No *controle concentrado*, se o STF declarar a inconstitucionalidade de uma norma, ela será expulsa do ordenamento jurídico positivo e, como conseqüência, não poderá mais ser aplicada em casos futuros. Em outro dizer, a decisão proferida no controle concentrado, veiculando *regra geral e abstrata*, opera efeitos *erga omnes*,[3] ou seja, atinge todas as pessoas e situações previstas na hipótese ou no conseqüente da norma reputada inconstitucional, e *vinculantes*, obrigando a todos os membros do Poder Judiciário e da Administração Pública.

Por outro giro, no *controle difuso*, como o juiz declara a inconstitucionalidade de determinada norma em caso especificamente considerado, *incidenter tantum*, os efeitos são *inter partes*, ou seja, a decisão judicial, por veicular *regra individual e concreta*, diz respeito tão-somente às pessoas envolvidas na demanda, de acordo com as normas processuais sobre eficácia subjetiva da sentença.[4]

Agora, quando o STF declara a inconstitucionalidade de normas jurídicas no controle difuso, introduzindo outras regras individuais e concretas aptas a solucionar o litígio, operando, desse modo, efeitos *inter partes*, a Constituição prevê a obrigatoriedade de aquela Corte informar ao Senado Federal, a quem competirá suspender a vigência, no todo ou em parte, das leis declaradas inconstitucionais pela via de exceção. A resolução do Senado, portanto, expedida nos moldes do art. 52, X, da Carta de 1988, tomando como fundamento de validade norma individual e concreta proferida pela Suprema Corte, introduz no ordenamento de direito positivo *nova regra*, mas de caráter *geral e abstrato*, recortando a eficácia técnico-sintática da norma reputada inválida pelo STF e impedindo, desse modo, sua incidência sobre casos futuros.

2.5 *A resolução nos quadros dos veículos introdutores de normas*

O texto constitucional, lei suprema de nosso ordenamento jurídico, estabelece, no art. 5º, II: "ninguém será obrigado a fazer ou deixar de fazer alguma coisa senão em virtude de lei".

Entenda-se "lei" no sentido amplo, e teremos o quadro dos instrumentos primários de introdução de normas no Direito Brasileiro, válido para as quatro ordens jurídicas que compõem o sistema total. A lei e os estatutos normativos que têm vigor de lei são os únicos veículos credenciados a promover o ingresso de regras inaugurais no universo jurídico brasileiro, pelo quê as designamos por *instrumentos primários*. Todos os demais diplomas regradores da conduta humana, no Brasil, têm sua juridicidade condicionada às disposições legais, quer emanem preceitos gerais e abstratos, quer individuais e concretos. São, por isso mesmo, considerados *instrumentos secundários* ou *derivados*, não apresentando, por si só, a força vinculante que é capaz de alterar as estruturas do mundo jurídico-positivo. Realizam os comandos que a lei autorizou, e na precisa dimensão que lhes foi estipulada. Ato normativo infralegal que extrapasse os limites fixados pela lei que lhe dá sentido jurídico de existência

3. Art. 102, § 2º, da CF de 1988: "As decisões definitivas de mérito, proferidas pelo Supremo Tribunal Federal, nas ações diretas de inconstitucionalidade e nas ações declaratórias de constitucionalidade produzirão eficácia contra todos e efeito vinculante, relativamente aos demais órgãos do Poder Judiciário e à Administração Pública direta e indireta, nas esferas federal, estadual e municipal".

4. Conforme o art. 472 do CPC.

padece da coima de *ilegalidade*, que o sistema procura repelir.

Sintetizemos, para assertar que os instrumentos introdutórios de normas se dividem em instrumentos primários – a "lei", na acepção lata – e instrumentos secundários ou derivados – os atos de hierarquia inferior à lei, como os decretos regulamentadores, as instruções ministeriais, as portarias, circulares, ordens de serviço etc.

Essa classificação dos instrumentos introdutórios é aplicável ao ordenamento como um todo, valendo para a ordem jurídica do Estado Federal da mesma forma que para o sistema nacional, para os sistemas estaduais e para os sistemas municipais. Por decorrência lógica, é o critério que deve ser adotado no plano das relações tributárias.

Dentre os instrumentos primários de introdução de normas no sistema do direito positivo brasileiro figuram as *resoluções*, que, tanto do Congresso Nacional como do Senado, à semelhança dos decretos legislativos, são aprovadas por maioria simples, sendo promulgadas pela Mesa do Senado ou do Congresso, conforme o caso. Ainda que não sejam leis em sentido estrito, revestem-se do *status* jurídico próprio da lei ordinária e, atuando em setores que a Constituição lhes demarca, são também instrumentos primários de introdução de normas tributárias. Nesse campo da disciplina jurídica importam mais as resoluções do Senado Federal, restando para a resolução do Congresso aprovar a delegação de poderes legislativos ao Presidente da República, que pode dispor sobre matéria tributária. Fica fora de dúvida, porém, que o Constituinte cometeu mais atribuições ao Senado, que, por via de resolução, fixará as alíquotas máximas do imposto sobre heranças e doações (CF, art. 155, § 1º, IV), bem como estabelecerá as alíquotas de ICMS aplicáveis às operações e prestações, quer as interestaduais, quer as de exportação (CF, art. 155, § 2º, IV). Ao lado disso, conferiu-lhe a faculdade de estipular as alíquotas mínimas de ICMS nas operações internas (CF, art. 155, § 2º, V, "a") e também as máximas, nas mesmas operações, quando houver conflito específico que envolva interesse de Estado (CF, art. 155, § 2º, V, "b").

2.6 O art. 52, X, da CF e o papel da resolução do Senado

Dentre as prerrogativas atribuídas à resolução do Senado, interessa-nos ressaltar aquela estabelecida no art. 52, X, da Carta de 1988: "Art. 52. Compete privativamente ao Senado Federal: (...) X – suspender a execução, no todo ou em parte, da lei declarada inconstitucional por decisão definitiva do Supremo Tribunal Federal".

Como penso ter demonstrado, a decisão de inconstitucionalidade proferida pela Suprema Corte, no controle difuso, é *incidental*, ou seja, não configura o pedido imediato da demanda, mas apenas pressuposto lógico para conceder o bem da vida pleiteado por uma das partes envolvidas no processo. Desse modo, por operar efeitos *inter partes*, a declaração não prejudica a vigência da norma jurídica, que poderá, inclusive, ser aplicada em outras situações.

Para que o entendimento firmado pelo STF, na via de exceção, adquira efeitos *erga omnes*, o Senado tem que expedir uma resolução com ponto-de-apoio no art. 52, X, da Carta Republicana. Esse instrumento primário de introdução de normas no sistema, tendo *status* de lei, veiculará regra geral e abstrata hábil para suprimir a eficácia técnico-sintática da norma declarada inválida, cassando-lhe a vigência. Intrometendo uma norma na cadeia de positivação da lei reputada inconstitucional, impede-se o movimento de concrescência, tornando-a, por esse modo, sintaticamente ineficaz.

2.7 Distinção entre a norma emitida pelo STF quando declara a inconstitucionalidade de determinada lei, no controle difuso, e aquela expedida pelo Senado por intermédio da resolução

Muita diferença há entre a norma veiculada pela decisão do STF, no controle difuso de inconstitucionalidade das leis, e aquela introduzida pela resolução do Senado, nos moldes do art. 52, X, da CF de 1988. Sob o aspecto fenomenológico, são duas regras distintas, especialmente quanto aos graus de generalidade e concretude de suas hipóteses e conseqüências normativas. Com efeito, a norma emitida pela Suprema Corte é individual e concreta. Individual, porque obriga tão-somente as partes relacionadas na demanda; concreta, na medida em que o antecedente normativo refere-se a acontecimento no passado. Por outro lado, a regra expedida pelo Senado, mediante a resolução do art. 52, X, da Carta de 1988, é geral e abstrata. Geral, porquanto vincula todos os sujeitos de direito; abstrata, pois, ao contrário da norma construída pelo STF, seu suposto normativo não se reporta a qualquer fato pretérito especificamente considerado.

Demonstra-se, dessa maneira, que a resolução inaugura o ordenamento jurídico ao expedir regra geral e abstrata, tomando como fundamento de validade, além do disposto no art. 52, X, da CF, a própria norma individual e concreta veiculada pela decisão do STF no controle difuso de inconstitucionalidade das leis, atribuindo-lhe efeitos *erga omnes*. Por esse motivo, consiste grave erro lógico o argumento segundo o qual o papel do Senado, ao emitir a resolução prevista no art. 52, X, do texto constitucional, seria apenas o de *chancelar* ou *autenticar* as decisões proferidas pela Suprema Corte, no controle difuso de inconstitucionalidade das leis. Como se viu, a prerrogativa do Senado vai além de meramente apor sua assinatura sobre um ato judicial que introduz normas individuais e concretas; a resolução toma como ponto-de-apoio referida norma para construir outra regra de caráter geral e abstrato, conferindo eficácia *erga omnes* ao entendimento sufragado pelo STF. Aliás, o Senado pode suspender a execução, *no todo ou em parte*, da lei declarada inconstitucional pela Corte Máxima de Justiça. Ou seja, a Casa Senatorial não precisa concordar com todos os termos da decisão do STF, podendo ficar aquém, se assim compreender, por motivos de conveniência e oportunidade; e tal ato não poderá ser desconstituído pelo Poder Judiciário – pelo quê se afirma, peremptoriamente, que a resolução expedida nos termos do art. 52, X, da Magna Carta não é ato de chancela, mas decisão autônoma, privativa e com força de lei, submetendo a seus ditames todos os Poderes da República.

2.8 A Resolução 71/2005 e seus efeitos quanto à vigência do crédito-prêmio de IPI. Eficácia sintática e semântico-pragmática

O STF, nos RE 180.828, 186.359, 186.623 e 250.288, declarou a inconstitucionalidade das expressões "ou reduzir, temporária ou definitivamente, ou extinguir", constantes do art. 1º do Decreto-lei 1.724/1979, e "reduzi-los" e "suspendê-los ou extingui-los", previstas no art. 3º do Decreto-lei 1.894/1981, por constituir hipótese inválida de delegação de competência legiferante ao Ministro da Fazenda.

Com a declaração de inconstitucionalidade das referidas expressões, o Poder Judiciário reconheceu que o Decreto-lei 1.658/1979 não teria o condão de revogar o art. 1º do Decreto-lei 491/1969, em 30.6.1983, razão pela qual se tornou pacífico o entendimento de que o crédito-prêmio de IPI teria plena validade, vigência e eficácia até os dias de hoje, conferindo às empresas exportadoras de produtos nacionais o direito de aproveitarem o valor do benefício para compensar com tributos vencidos ou vincendos, administrados pela Secretaria da Receita Federal.

Recentemente, porém, a 1ª Seção do STJ, nos autos do REsp 541.239-DF, contrariando a jurisprudência firmada pela própria Corte, decidiu que as declarações de inconstitucionalidade proferidas pelo STF não repercutiram sobre a vigência do Decreto-lei 1.658/1979, motivo pelo qual o benefício do crédito-prêmio de IPI teria sido revogado em 30.6.1983.

Não obstante, em 27.12.2005 foi publicada a Resolução 71 do Senado Federal, nos seguintes termos:

"Art. 1º. É suspensa a execução, no art. 1º do Decreto-lei n. 1.724, de 7 de dezembro de 1979, da expressão 'ou reduzir, temporária ou definitivamente, ou extinguir', e, no inciso I do art. 3º do Decreto-lei n. 1.894, de 16 de dezembro de 1981, das expressões 'reduzi-los' e 'suspendê-los ou extingui-los', preservada a vigência do que remanesce do art. 1º do Decreto-lei n. 491, de 5 de março de 1969.

"Art. 2º. Esta Resolução entra em vigor na data de sua publicação."

Como se percebe, o Senado publicou a Resolução 71, de 27.12.2005, nos estritos termos de sua competência privativa estabelecida no art. 52, X, da Constituição da República, veiculando norma geral e abstrata para atribuir projeção *erga omnes* às decisões proferidas pelo STF. Com isso, elimina-se a vigência dos Decretos-leis 1.724/1979 e 1.894/1981 na parte em que conferiam ao Ministro da Fazenda poderes para reduzir, suspender ou extinguir o crédito-prêmio, impedindo sua incidência sobre casos futuros. Eis o que poderíamos chamar de *eficácia sintática* da norma aprovada pela Resolução 71/2005: referida regra interpõe-se no fluxo de positivação daqueles decretos-leis, inibindo sua percussão.

Mas, além desse efeito sintático, a Resolução 71/2005 – como sói acontecer com as normas jurídicas – também opera resultados de ordem semântico-pragmática. Com efeito, o Senado Federal, ao afastar da competência do Ministro da Fazenda poderes para reduzir, suspender ou extinguir o crédito-prêmio de IPI, trabalha com a premissa segundo a qual o incentivo é plenamente válido, vigente e eficaz, até os nossos dias. Aliás, na Exposição de Motivos da resolução, o senador Amir Lando tece diversos argumentos no sentido da existência, em nosso sistema jurídico positivo, do benefício instituído pelo art. 1º do Decreto-lei 491/1969. Sustentar o contrário – ou seja, que o Senado teria laborado inutilmente, na medida em que o crédito-prêmio do IPI fora revogado em junho/1983 – é construir um sem-sentido deôntico, pressupondo a inconsistência e a irracionalidade no interior do ordenamento do direito positivo; o que me parece descabido.

Sobremais, a Resolução 71/2005 altera a ordem jurídico-brasileira, representando Direito novo, e com força de lei, devendo, desse modo, ser respeitada por todos até que seja retirada do sistema pelo procedimento previsto para tanto. Em outras palavras, enquanto aquele ato do Senado Federal estiver pertencendo ao conjunto das normas válidas no Brasil, sua observância é imperiosa, apenas desaparecendo se for revogada por outra regra geral e abstrata de igual ou superior nível, ou se for declarada inconstitucional pelo Poder Judiciário, mantendo-se, com isso, o sistema de freios e contrapesos idealizado pela Carta de 1988.

Desse modo, a Resolução 71/2005, além de suspender a vigência de expressões constantes dos Decretos-leis 1.724/1979 e 1.894/1981, deixa claro que o crédito-prêmio de IPI, instituído pelo art. 1º do Decreto-lei 491/1969, vigora em toda sua plenitude até os nossos dias, conferindo às empresas exportadoras o direito de compensar tais valores com tributos vencidos ou vincendos, administrados pela Secretaria da Receita Federal. Aliás, é exatamente essa a função da frase final do art. 1º da Resolução 71, dispondo ficar "preservada a vigência do que remanesce do art. 1º do Decreto-lei n. 491, de 5 de março de 1969".

E, ao fazê-lo, o Senado não extrapola sua prerrogativa constitucional; antes, cumpre-a rigorosamente, porquanto o reconhecimento de que o crédito-prêmio está em vigor é pressuposto lógico-jurídico para suspender a execução das expressões contidas nos Decretos-leis 1.724/1979 e 1.894/1981. Afinal, não faria sentido o Senado excluir do quadro de competências do Ministro da Fazendo a possibilidade de reduzir, suspender ou extinguir o benefício instituído pelo Decreto-lei 491/1969 se, porventura, tal incentivo não mais vigorasse em nosso sistema.

3. *Das respostas às indagações*

Sedimentadas tais premissas, transcrevo, uma vez mais, as questões formuladas inicialmente, passando a enfrentá-las de maneira objetiva.

Primeira: Quais os efeitos da Resolução 71, de 27.12.2005, sobre o crédito-prêmio de IPI?

Resposta: A Resolução 71/2005 opera efeito *sintático*, interpondo regra no interior da cadeia de positivação dos Decretos-leis 1.724/1979 e 1.894/1981 no que diz respeito às expressões declaradas inconstitucionais pelo STF, inibindo-lhes a incidência sobre casos futuros. Além disso, a resolução deixa muito claro que o crédito-prêmio de IPI vigora em toda sua plenitude, até os dias de hoje. Eis seu aspecto semântico-pragmático.

Segunda: Quais os limites da competência do Senado Federal contida no art. 52, X, da CF? O Senado Federal deve limitar-se a suspender a execução de dispositivos declarados inconstitucionais com base em mero juízo político; deve expor as premissas que serviram como base para expedição da resolução; ou, ainda, pode expor as premissas que serviram como ponto-de-apoio para a expedição da resolução?

Resposta: Todo ato emitido pelo Poder Público deve ser motivado, como forma de garantir o controle e a observância dos direitos fundamentais dos cidadãos. O Senado Federal, ao expedir resoluções com apoio no art. 52, X, da Carta da República, também submete-se àquele princípio, devendo expor, com clareza, as premissas sobre as quais atua ao suspender a execução de termos declarados inconstitucionais pelo STF, no controle difuso de invalidade das leis e atos normativos.

Terceira: Qual a natureza da expressão contida na resolução do Senado Federal em seu art. 1º: "preservada a vigência do que remanesce do art. 1º do Decreto-lei n. 491, de 5 de março de 1969?". Constitui ato de interpretação de lei federal da competência privativa do STJ, ou é ato de interpretação necessário, verdadeiro pressuposto para o exercício da competência privativa do Senado Federal prevista no art. 52, X, da CF?

Resposta: O enunciado é redundante, porque, ao suspender a execução de expressões introduzidas pelos Decretos-leis 1.724/1979 e 1.894/1981, afastando do Ministro da Fazenda a prerrogativa de reduzir, sustar ou extinguir o benefício do crédito-prêmio, é evidente que o Senado trabalha com o pressuposto de que o incentivo vigora em toda sua extensão. Desse modo, sob o aspecto semântico-pragmático, a parcela final do art. 1º da Resolução 71/2005 denota, com força de lei, a plena validade, vigência e eficácia do art. 1º do Decreto-lei 491/1969, conferindo às empresas exportadoras de produtos nacionais a possibilidade de compensar o valor do crédito-prêmio de IPI com tributos vencidos ou vincendos, administrados pela Secretaria da Receita Federal.

Quarta: Está correto o entendimento de que não houve invasão de competência do STJ?

Resposta: Compete ao STJ uniformizar a interpretação do direito federal, construindo normas individuais e concretas aptas a conferir contornos mais precisos às regras gerais e abstratas expedidas pelo Poder Legislativo. Nesse ponto é possível observar como as diferentes funções do poder político se relacionam e se harmonizam: de um lado, a *função legislativa*, exercida mediante a produção de normas gerais e abstratas; de outro, a *função jurisdicional*, tendo por objetivo aplicar o Direito aos casos protocolares, sacando normas individuais e concretas a fim de dirimir conflitos de interesses.

Pois bem. No exame do caso sob análise, observa-se que o Senado, ao expedir a Resolução 71/2005, exerceu *função legislativa* típica, veiculando normas gerais e impessoais, com ponto-de-apoio no art. 52, X, da CF, tornando ineficazes, sob o enfoque técnico-sintático, expressões veiculadas pelos Decretos-leis 1.724/1979 e 1.894/1981, que, por sua vez, foram objeto de declarações de inconstitucionalidade, no controle difuso, pelo STF.

Logo, permanecendo o Senado dentro de sua faixa de competências constitucionais, está correto o entendimento no sentido de não ter havido invasão do domínio *jurisdicional* do STJ.

Quinta: Quais os efeitos da afirmação da subsistência do crédito-prêmio de IPI? Tal afirmação obriga os demais Poderes?

Resposta: Reconhecida, como foi, a plena vigência do Decreto-lei 491/1969, por intermédio de resolução do Senado, expedida de acordo com o art. 52, X, da CF – e, portanto, com *status* de lei –, certo é que todos os Poderes da República devem sujeitar-se às suas prescrições, conferindo às empresas exportadoras o direito de compensarem o valor do crédito-prêmio de IPI com tributos vencidos ou vincendos, administrados pela Secretaria da Receita Federal.

São Paulo, 15 de fevereiro de 2006

GRÁFICA PAYM
Tel. (011) 4392-3344
paym@terra.com.br

RDT 94

XIX CONGRESSO BRASILEIRO DE DIREITO TRIBUTÁRIO – SESSÃO DE ABERTURA: *Homenagem a* GERALDO ATALIBA – PAULO DE BARROS CARVALHO • ***CONFERÊNCIAS***: *O Princípio da Segurança Jurídica no Campo Tributário* – PAULO DE BARROS CARVALHO • *Contribuições Sociais no Sistema Tributário* – JOSÉ EDUARDO SOARES DE MELO • *Base de Cálculo Concreta – Modificação acima da Correção Monetária e Princípio da Estrita Legalidade Tributária* – AIRES F. BARRETO • ***MESAS DE DEBATES***: *A) Ordem Tributária e Interdisciplinariedade* • *B) Tributos Estaduais e Municipais* • *C) Processo Judicial e Procedimento Administrativo* • *D) Contribuições* • *E) Alterações no CTN e Compensação* • *F) República e Constituição Federal* • ***OFICINAS***: *Processo Judicial/Procedimento Administrativo* • *Imposto sobre Serviços de qualquer Natureza* • *Contribuições Sociais* • ***SESSÃO DE ENCERRAMENTO*** – EUGÊNIO DOIN VIEIRA • ***TESES APROVADAS NO XIX CONGRESSO***: *O crédito de ICMS decorrente de operação sujeita a benefício fiscal concedido ao vendedor por outro Estado sem previsão em convênio e as medidas a serem tomadas pelo Estado prejudicado (do adquirente)* – ALDO DE PAULA JR. • *Eficácia do art. 3º da Lei Complementar 118/2005* – ANDRÉ PARMO FOLLONI • *Prescrição do direito do contribuinte à restituição do indébito tributário e a norma "interpretativa" veiculada pelo art. 3º da Lei Complementar 118/2005 (ensaio sobre a aplicabilidade de norma no tempo)* – THIAGO BUSCHINELLI SORRENTINO • ***XX CONGRESSO BRASILEIRO DE DIREITO TRIBUTÁRIO – DEPOIMENTOS***: XAVIER DE ALBUQUERQUE – PAULO DE BARROS CARVALHO – JOSÉ SOUTO MAIOR BORGES – AIRES F. BARRETO – ROQUE CARRAZZA – EDUARDO DOMINGOS BOTTALLO – JOSÉ EDUARDO SOARES DE MELO – JOSÉ ARTUR LIMA GONÇALVES – SACHA CALMON NAVARRO COÊLHO – MARIA LEONOR LEITE VIEIRA • ***DOUTRINA***: *Sobre a Resolução 71/2005* – PAULO DE BARROS CARVALHO

MALHEIROS EDITORES

Revista de Direito Tributário

106